法律硕士联考常考重难点专题讲解

（非法学与法学通用）

（第 2 版）

白文桥　主编

中国人民大学出版社

·北京·

图书在版编目（CIP）数据

法律硕士联考常考重难点专题讲解：非法学与法学通用/白文桥主编．—2版．—北京：中国人民大学出版社，2020.8

ISBN 978-7-300-28398-2

Ⅰ.①法… Ⅱ.①白… Ⅲ.①法律-研究生-入学考试-自学参考资料 Ⅳ.①D9

中国版本图书馆 CIP 数据核字（2020）第 128771 号

法律硕士联考常考重难点专题讲解（非法学与法学通用）（第 2 版）

白文桥　主编

Falü Shuoshi Liankao Changkao Zhong-nandian Zhuanti Jiangjie（Feifaxue yu Faxue Tongyong）

出版发行	中国人民大学出版社		
社　　址	北京中关村大街 31 号	邮政编码	100080
电　　话	010 - 62511242（总编室）	010 - 62511770（质管部）	
	010 - 82501766（邮购部）	010 - 62514148（门市部）	
	010 - 62515195（发行公司）	010 - 62515275（盗版举报）	
网　　址	http://www.crup.com.cn		
经　　销	新华书店		
印　　刷	北京溢漾印刷有限公司	版　次	2019 年 8 月第 1 版
规　　格	185 mm×260 mm　16 开本		2020 年 8 月第 2 版
印　　张	23.75	印　次	2020 年 8 月第 1 次印刷
字　　数	726 000	定　价	59.00 元

前　　言

本书是一本"非标准"复习用书，是专门为法律硕士联考考生打造的"重型武器"。所谓的"非标准"，意思是它不具备一般法律硕士综合辅导用书所具有的基础性、系统性和全面性的特点，也不具备一般法律硕士题型专项突破用书所具有的专攻性、单一性的特点，它具有以下几个特点。

1. 重要性。本书知识点，均以专题形式讲解，其中，民法学专题部分原则上按照民法典体例顺序排列，有关知识产权专题的内容排在最后。本书所讲的知识点并不是考试需要掌握的全部知识点，但一定是经常考查的重要知识点。所谓"重要知识点"，就是考查频度较高，不断重复考查的知识点。例如，刑法学中的因果关系、事实认识错误、共同犯罪的认定、自首、抢劫罪、盗窃罪、贪污罪等，民法学中的民事法律行为、物权的变动、所有权的取得、担保、债的变动、合同相关知识、各类侵权责任等，法理学中的法的作用、法的实施、法律方法、法治、法与社会，中国宪法学中的违宪审查、国家结构形式、公民的基本权利、国家机构等，中国法制史中的西周、唐朝、明朝、清末、民国法律制度等，都是考查频度极高的知识，本书对这些考查频度高的知识，均以专题的形式进行讲解。

2. 疑难针对性。大家知道，考试命题最重要的考查方向，就是从有迷惑性的疑难角度出发。近几年，随着报考人数的增加，考试难度较早些年有很大提升，考题已经不囿于单一的、基础性的知识，而是朝着更具疑难性的方向命题。比如，在对刑法中的不作为犯罪知识点的考查上，不是单纯地囿于不作为构成犯罪的条件或者不作为义务来源的角度要求考生进行简单判断，而是掺入许多疑难性的知识，从而使考题难度较前几年明显加大。本书在讲解重要知识点的时候，兼顾讲解了考试可能考查的疑难角度。

3. 深刻性。本书对知识点的讲解，深入浅出，以"例"服人。本书将考试重点、难点融于大量的例题中进行讲解，避免了单一的枯燥乏味的复述。本书讲解的角度在于对重点、难点的提升，因此例题限于单项选择题、多项选择题、专业课案例分析题和综合课分析题，而且例题侧重于案例，中国法制史部分则遴选了部分史料中的案例。大量的例题讲解，有利于考生在解题实践中，深入理解知识点。

4. 拓展性。每个专题后，都配有例题拓展，深挖可能考查的命题角度，例题拓展部分难度更大，而且综合性较强。拓展性例题有利于进一步加深对知识点的理解。

以上特点，决定了本书的目的在于拔高、在于提分，希望考生能够合理使用本书，获取高分，顺利通过考试。

编者

目　　录

第一部分　刑法学

专题一　刑法的空间效力

※【重点难点】刑法的空间效力所解决的是一国刑法在什么地域、对什么人适用的问题，涉及对国内犯（发生在本国领域内的犯罪）与国外犯（发生在本国领域外的犯罪）的效力。对国内犯适用的是属地原则，对国外犯适用的是属人原则、保护原则和普遍管辖原则。在适用顺序上，能够适用属地原则的，不得适用其他原则；能够适用属人原则的，不得适用保护原则和普遍管辖原则；能够适用保护原则的，不得适用普遍管辖原则。

例1-1（多选）：下列犯罪中，应当适用我国刑法确定刑事管辖权的是（　　）。

A. A国公民甲在我国从事制毒活动，并将毒品走私出境在B国贩卖

B. C国公民乙在其本国境内将我国公民张某的大量贵重财物劫走

C. 我国公民丁在D国首都将D国公民打成重伤

D. 无国籍人丁在美洲从事跨国贩卖妇女的犯罪活动。某日在我国旅游时被我国警方抓获

【讲解】 A项表述中，甲制造毒品的犯罪行为发生在我国境内，适用属地管辖，选A项。B项表述中，案件发生在我国领域外，是外国人针对我国公民的犯罪（抢劫罪），适用保护管辖，选B项。C项表述中，案件发生在我国领域外，是我国公民在域外犯罪（故意伤害罪），适用属人管辖，选C项。D项表述中，案件发生在我国领域外，既不是我国公民域外犯罪，也不是外国人针对我国国家或者公民犯罪，但丁所从事的犯罪活动属于国际条约规定的罪行，且我国《刑法》也规定了拐卖妇女罪，适用普遍管辖，选D项。

【答案】 ABCD

※【重点难点】属地原则：对发生在本国领域内的犯罪，适用本国刑法。凡在中华人民共和国领域内犯罪的，除法律有特别规定的以外，都适用本法。凡在中华人民共和国船舶或者航空器内犯罪的，也适用本法。犯罪的行为或者结果有一项发生在中华人民共和国领域内的，就认为是在中华人民共和国领域内犯罪。

例1-2（多选）：下列选项中，适用属地原则确认我国刑事管辖权的是（　　）。

A. 外国公民甲在A国唆使我国境内的陈某实施贩毒活动

B. A国公民乙在公海上将B国公民约翰打成重伤，约翰在我国医院救治，但抢救无效死亡

C. C国公民在我国购买了专门用于伪造货币的机器，并将机器运至C国从事伪造货币的犯罪活动

D. 我国公民赵某在我国乘坐国际列车去D国旅游，当列车驶入D国境内时，赵某和E国公民赛普夫因争抢就餐座位发生争执，赵某一怒之下用刀将赛普夫杀死

【讲解】A项表述中，在共同犯罪场合，共同犯罪行为有一部分发生在我国领域内或者共同犯罪结果有一部分发生在我国领域内，就认为是在我国领域内犯罪。A项为属地管辖。B项表述中，根据"遍在说"，犯罪的行为或者结果有一项发生在我国领域内的，就认为是在我国领域内犯罪。B项为属地管辖。C项表述中，C国公民购买伪造货币的机器的行为，属于伪造货币罪的预备行为。该预备行为发生在我国领域内。在预备犯的场合，预备行为实施地就是犯罪地。预备行为发生在我国领域内的，即认定为在我国领域内犯罪。C项貌似普遍管辖，但应属于属地管辖。D项表述中，凡在我国船舶或者航空器内犯罪的，也适用我国刑法，但不包括国际列车和国际汽车。由于赵某在实施犯罪行为时，国际列车已经驶出我国境内，不能适用属地管辖，但赵某是中国人，因而应适用属人管辖。

【答案】ABC

※【重点难点】《刑法》第6条中表述的"除法律有特别规定的以外"，主要是指以下四种情况：（1）享有外交特权和豁免权的外国人的刑事责任，通过外交途径解决。（2）香港、澳门特别行政区发生的犯罪由当地的司法机关适用当地的刑法。（3）民族自治地方不能全部适用本法规定的，可以由自治区或者省的人民代表大会根据当地民族的政治、经济、文化的特点和本法规定的基本原则，制定变通或者补充的规定，报请全国人民代表大会常务委员会批准施行。（4）不适用刑法典，刑法典颁布后国家立法机关制定了特别刑法，特别刑法在效力上优先适用。

例1-3（单选）：某国驻华商社工作人员穆斯塔法策划、参与了国内犯罪分子走私犯罪活动。对穆斯塔法的刑事责任问题，应当（　　）。

A. 适用我国法律追究其刑事责任　　B. 通过外交途径解决
C. 适用其本国法律追究其刑事责任　　D. 直接驱逐出境

【讲解】A项表述中，穆斯塔法在我国领域内犯罪，应适用属地原则解决其刑事责任问题。B项表述中，穆斯塔法并非外交人员，不能通过外交途径解决其刑事责任问题。C项表述不妥，应适用我国法律，不能适用其本国法，以维护司法主权。D项表述中，驱逐出境是一种刑罚方法，须经法院判决后方能适用，不能未经法院判决就直接驱逐出境。

【答案】A

※【重点难点】属人原则：对本国公民在国外犯罪，适用本国刑法。中华人民共和国公民在中华人民共和国领域外犯本法规定之罪的，适用本法，但是按本法规定的最高刑为3年以下有期徒刑的，可以不予追究。中华人民共和国国家工作人员和军人在中华人民共和国领域外犯本法规定之罪的，适用本法。

例1-4（单选）：下列犯罪中，应当依据我国刑法适用属人管辖原则的是（　　）。

A. 外国公民甲乘坐外国轮船在公海上从事贩毒活动
B. 外国公民乙乘坐外国轮船旅游，在我国某港口短暂停靠时将外国公民约翰打成重伤
C. 外国公民丙乘坐外国游轮在公海上将中国公民韩某的贵重物品盗走
D. 中国公民丁在欧洲某国劫走该国公民雷诺大量财物

【讲解】A项表述适用普遍管辖。B项表述适用属地管辖。C项表述中，外国公民丙在我国领域外针对我国公民犯罪，适用保护管辖。D项表述属于我国公民在域外犯罪，适用属人管辖。

【答案】D

※【重点难点】保护原则：对于外国人在外国实施的侵犯本国家和公民权益的行为，适用本国刑法。外国人在中华人民共和国领域外对中华人民共和国国家或者公民犯罪，而按本法规定的最低刑为3年以上有期徒刑的，可以适用本法，但是按照犯罪地的法律不受处罚的除外。适用保护管辖应具备如下3个条件：侵犯我国国家或者公民利益；法定最低刑为3年以上有期徒刑；所犯之罪按照犯罪地的法律也受处罚。所实施的行为，按犯罪地法律不认为是犯罪的，不适用我国刑法。

例1-5（单选）：A国公民甲在其境内组织人员从事多起抢劫、暗杀等犯罪活动，其中一起抢劫案件针对的是我国公民刘某经营的商铺。A国公民甲针对刘某实施的犯罪，适用我国刑法的依据是（　　）。

A. 属地管辖原则　　B. 保护管辖原则　　C. 属人管辖原则　　D. 普遍管辖原则

【讲解】A国公民甲针对刘某实施的犯罪，是外国公民在域外针对我国公民的犯罪，适用保护管辖原则。

【答案】B

※**【重点难点】**普遍管辖原则：对于国际公约或者条约所规定的犯罪，不论犯罪人的国籍、犯罪地、侵害对象，缔约国或参加国均可行使刑事管辖权。对于中华人民共和国缔结或者参加的国际条约所规定的罪行，中华人民共和国在所承担条约义务的范围内行使刑事管辖权的，适用本法。适用对象是：我国缔结或者参加的国际公约规定的犯罪，如劫机、恐怖主义、酷刑、贩卖人口、战争罪、种族灭绝罪等。适用后果是：立即逮捕；或起诉或引渡。我国依据该原则定罪量刑的法律依据：适用我国刑法而非国际条约或者外国刑法。

例1-6（单选）：甲系墨西哥公民，因多次组织在本国实施恐怖活动，被墨西哥当局通缉。甲从未针对中国进行过任何犯罪活动。甲于2018年到中国旅游，被中国警方抓获。我国司法机关对甲采取的下列措施中，正确的是（　　）。

A. 对甲应依据中国缔结或参加的国际条约定罪量刑

B. 对甲应依据墨西哥刑法定罪量刑

C. 对甲应立即批准逮捕

D. 对甲应依据属地原则行使刑事管辖权

【讲解】A、B、D项表述中，对甲应适用普遍管辖原则行使刑事管辖权，定罪量刑的法律依据是我国刑法中有关普遍管辖原则的规定，而非外国刑法或者国际条约。C项表述中，适用普遍管辖原则的后果是：立即逮捕；或起诉或引渡。

【答案】C

例题拓展

例1-7（多选）：下列关于我国刑法适用范围的表述，正确的是（　　）。

A. 某外国商人甲在我国境内犯侵犯公民个人信息罪，对甲的刑事责任应通过外交途径解决

B. 中国国家工作人员乙在外国叛逃，我国应依据属地管辖原则追究乙的刑事责任

C. 中国公民丙在中国领域外实施诈骗行为，按照我国刑法规定的最高刑为3年以下有期徒刑的，也可以适用中国刑法追究刑事责任

D. A国公民丁和我国公民赵某在A国共同实施一起合同诈骗犯罪行为，我国可以依据属人管辖权对该合同诈骗案行使刑事管辖权

【讲解】A项表述中，外国商人甲在我国境内犯罪，因甲并非外交人员，其刑事责任不能通过外交途径解决。B项表述中，中国国家工作人员乙在中国领域外犯我国刑法规定之罪，依照属人管辖原则追究其刑事责任。C项表述中，中国公民丙在域外犯罪，适用属人管辖原则。根据《刑法》第7条规定，中国公民在中国领域外犯刑法规定之罪的，适用刑法，但是按刑法规定的最高刑为3年以下有期徒刑的，可以不予追究。这里的"可以不予追究"，反义解释就是，3年以下的，原则上不追究，但"也可以追究"。D项表述中，赵某是我国公民，属于域外犯罪，我国对该合同诈骗案（仅针对中国公民赵某）行使刑事管辖权的依据是属人管辖。不过，D项表述并非"遍在说"（《刑法》第6条第3款）中对共同犯罪的处理原则，因为"遍在说"适用的前提是"属地管辖原则"。此外，D项表述中的A国公民丁，我国无法行使刑事管辖权。

【答案】CD

例1-8（单选）：下列犯罪行为中，我国行使刑事管辖权的做法，正确的是（　　）。

A. A国公民甲携带贩卖的毒品乘坐B国飞机在我国机场换乘时，被我国司法机关抓获，我国

可以依据普遍管辖权追究甲的刑事责任

B. C 国公民汤姆等人在 D 国领海劫持了一艘 E 国游艇后，驾驶该游艇途经我国领海回 C 国时，被我国警方抓获。我国可以依据属地管辖权追究汤姆等人的刑事责任

C. 中国公民李某在美国强奸了中国公民郑某（女），被美国法院以强奸罪追究刑事责任。李某回到中国后，对李某仍然可以依据我国刑法追究其刑事责任

D. 外国公民阿姆杜拉将一枚炸弹邮寄到我国某市，致使二人被炸死，五人被炸伤。对阿姆杜拉应适用属人管辖追究其刑事责任

【讲解】A 项表述中，甲的行为属于贩卖毒品罪（或者在无证据证明存在贩卖毒品行为及目的时认定为非法持有毒品罪），根据"遍在说"，由于在我国机场被抓获，对 A 国公民甲适用属地管辖原则追究其刑事责任。B 项表述中，对 C 国公民汤姆等人应适用普遍管辖原则追究其刑事责任。B 项表述的情形不能适用"遍在说"，因为行为和结果都没有发生在我国领域，在途经我国领域时，其劫持行为已经结束，因而不能适用属地管辖原则，这不同于 A 项表述的情形，A 项表述中，甲在途经我国领域时，至少可以认定为在我国境内存在非法持有毒品的行为，或者认定为在我国境内存在贩卖毒品的预备行为或者未遂行为（具体情况具体分析）。C 项表述中，从维护国家司法主权角度出发，我国刑法规定外国法院的刑事判决对我国没有约束力，因而可以按照我国刑法对行为人追究刑事责任。不过，考虑到在外国已经受到刑事审判，可以对被告人免除或者减轻处罚（《刑法》第 10 条）。D 项表述中，犯罪结果地在我国领域，因而对阿姆杜拉应按照属地管辖原则追究其刑事责任。

【答案】C

专题二　不作为犯罪

※【重点难点】危害行为有作为和不作为之分。作为是指积极的行为，即行为人以积极的身体活动实施某种被刑法禁止的行为。从表现形式看，作为是积极的身体动作。不作为是指消极的行为，即行为人消极地不履行法律义务而危害社会的行为，是行为人能够履行而不履行的危害行为。从表现形式看，不作为是消极的身体动作。尽管作为只能是积极而为，不作为通常是消极不为，但又不能绝对以积极与消极、动与静来区分作为与不作为。作为与不作为的区别，关键在于是否与负有特定法律义务相联系。与作为违反禁止性规范不同，不作为违反的是命令性规范。

例 2-1（多选）：下列选项中，构成不作为犯罪的是（　　）。

A. 甲非法持有毒品 50 克

B. 锅炉工乙没有按时给锅炉加水，导致锅炉爆炸，造成重大人员伤亡和财产损失

C. 纳税人丙采取涂改账本、销毁账册方法逃税，数额巨大

D. 路人丁见到李某落水而见危不救

【讲解】A 项表述中，甲构成非法持有毒品罪，对于持有型犯罪，一般认为属于作为犯罪。B 项表述中，乙有按时给锅炉加水的作为义务，乙没有按时加水违反加水的作为义务，构成不作为的爆炸罪。C 项表述中，区分作为与不作为的关键不在于身体有无动静，而在于造成结果的关键行为有无违反义务规范。逃税罪只能由不作为形式构成，即行为人有依法履行向国家缴纳税款的特定法律义务，能履行而不履行。但是，逃税罪往往表现为行为人积极地涂改账本、销毁账册的积极行为，而不是消极地身体静止。D 项表述中，不作为犯罪的义务来源须有法律的明文规定，但路人丁不负有救助落水人的法定义务，丁不构成犯罪。

【答案】BC

※【重点难点】成立不作为犯罪需要具备如下三个条件：（1）行为人负有某种特定义务；（2）行为人能够履行义务；（3）行为人不履行特定义务，造成或可能造成危害结果。成立不作为犯

罪在主观上要求行为人具有故意和过失，不作为犯既可以是故意犯罪，如放火罪，也可以是过失犯罪，如过失致人死亡罪。

例 2-2（单选）： 下列实行犯罪中，既可以由作为实施，也可以由不作为实施的是（　　）。

A. 交通肇事罪　　　　　　　　　　B. 抢劫罪

C. 拒不执行判决、裁定罪　　　　　D. 组织卖淫罪

【讲解】 本题表述的"实行犯罪"指的是实行犯。A 项表述中，交通肇事罪既可以由作为方式实施，也可以由不作为方式实施，不作为方式构成的交通肇事罪，例如，甲明知在高速路上不得停车而将卡车停在高速公路上，结果在大雾天气导致后车追尾，造成重大损失。甲负有将卡车移出高速公路的作为义务，但由于甲的不作为，使交通安全处于危险状态，甲的行为构成不作为的交通肇事罪。B 项表述的抢劫罪只能是作为犯。C 项表述的拒不执行判决、裁定罪只能是不作为犯。D 项表述的组织卖淫罪只能是作为犯。

【答案】 A

※**【重点难点】** 不作为犯罪的义务来源有：（1）法律上的明文规定。（2）行为人职务、业务上的要求。（3）行为人的法律地位或法律行为所产生的义务。（4）先前行为引起的义务。

例 2-3（多选）： 下列情形构成不作为犯罪的是（　　）。

A. 孩童小强溺水，其父在河岸上见危不救，导致小强溺水而死

B. 乙有扶养能力，但将其丧失生活能力的父母遗弃

C. 丙路过一高楼时发现高楼起火燃烧，但丙没有报警

D. 窃贼丁在公交车上将乘客林某的钱包盗走，另一乘客吴某看见丁盗窃而未阻止

【讲解】 A 项表述中，父亲负有救助其子小强的义务，这是基于法律地位（监护）所产生的义务，违反该义务构成不作为犯罪。B 项表述中，乙负有赡养义务，这是基于法律的规定（《民法典》）所产生的义务，违反该义务构成不作为犯罪。C 项表述中，丙没有救助火灾的职务或业务要求的义务，这不同于负有职务要求的消防员的救助火灾的义务，丙的行为不构成不作为犯罪。D 项表述中，吴某既没有职务或业务要求的阻止义务，也不存在基于法律地位所产生的阻止义务，更不存在法律规定的阻止义务，吴某的行为不构成不作为犯罪。

【答案】 AB

例 2-4（单选）： 甲向乙的饮料中投毒，看到乙喝了几口之后将饮料递给丙，因担心罪行败露，甲并未阻止丙喝下剩余的饮料，导致乙、丙均死亡。关于本案，下列表述不正确的是（　　）。

A. 甲的行为构成投放危险物质罪　　B. 甲对乙构成作为犯罪

C. 甲对丙构成不作为犯罪　　　　　D. 甲对丙的不作为义务来源于其先行行为

【讲解】 A 项表述中，甲的行为构成故意杀人罪，因为甲的投毒行为没有危及公共安全，不构成投放危险物质罪。B 项表述中，甲对乙当然是作为犯罪。C、D 项表述中，甲基于其投毒的先行（前）行为引起的危险，负有消除危险的义务（谁引起的危险，谁就要消除危险），但甲并未阻止丙喝饮料，因而对丙构成不作为的故意杀人罪。

【答案】 A

例 2-5（单选）： 下列情形构成不作为犯罪的是（　　）。

A. 甲男与乙女系恋人，后来乙女提出分手，甲男声称如果分手就自杀，但乙女执意分手，甲男便跳河自杀身亡。乙女构成不作为故意杀人罪

B. 赵男与梁女系夫妻，梁女明知赵男受贿数额巨大而不加制止，梁女构成不作为受贿罪

C. 游泳教练丙带着初学游泳的学员丁到河流游泳，当丁游入深水区时，丙不加制止导致丁被淹死

D. 武某正在河中游泳，突然发现何某在深水中挣扎，但武某并未及时救助，导致何某溺水死亡

【讲解】 A 项表述中，甲男的自杀风险并非乙女本人创设，也不存在乙女引起的先前行为，因而乙女不构成不作为故意杀人罪。B 项表述中，基于法律地位或法律行为所产生的义务属于不作为

构成犯罪的义务来源，这种地位或行为存在于父母与子女、监护人与被监护人、保姆与婴儿等之间，但夫妻之间、成年兄弟姐妹之间，因系平等主体，并不存在这种法律地位或者法律行为所产生的不作为的义务来源，因而也就不存在不作为犯罪。C项表述中，属于因先前行为产生的不作为犯罪。D项表述中，何某陷于危险，非武某造成，不存在先前行为引起的义务；何某与武某也不存在法律地位上的特殊关系，我国刑法又没有规定"见危不救"罪，武某亦无法律规定的救助义务，因而武某不构成不作为犯罪。

【答案】 C

※ **【重点难点】** 纯正不作为犯和不纯正不作为犯：纯正不作为犯是指行为人的行为构成了法定犯罪行为本身就是不作为的犯罪。纯正不作为犯只能以不作为的形式来实现。不纯正不作为犯是指行为人因不作为而构成了法定犯罪行为本身应是作为的犯罪。不纯正不作为犯既可以通过作为的方式来实现，也可以通过不作为的方式来实现，通过不作为的方式来实现，就成为不纯正的不作为犯。

例2-6（单选）： 下列实行犯罪中，属于纯正不作为犯的是（　　）。

A. 玩忽职守罪　　　　　　　　　　　B. 盗窃罪

C. 巨额财产来源不明罪　　　　　　　D. 代替考试罪

【讲解】 A项表述的玩忽职守罪表现为不履行职责（不作为）或者不正确履行职责（乱作为），即：玩忽职守罪既可以作为方式实施，也可以不作为方式实施，为不纯正不作为犯。B项表述的盗窃罪只能以作为方式实施。C项表述的巨额财产来源不明罪是典型的纯正不作为犯。其他较为典型的纯正不作为犯还有丢失枪支不报罪，不报安全事故罪，逃税罪，遗弃罪，拒不履行信息网络安全管理义务罪，拒不执行判决、裁定罪，隐瞒境外存款罪，放纵制售伪劣商品犯罪行为罪，放纵走私罪，拒传军令罪，拒不救援友邻部队罪，等等。D项表述的代替考试罪只能以作为方式实施。

【答案】 C

例2-7（单选）： 关于不作为犯，下列说法正确的是（　　）。

A. 不纯正不作为犯因违反罪刑法定原则而不为罪

B. 不纯正不作为犯属于实害犯

C. 见危不救的行为属于纯正不作为犯

D. 纯正不作为犯只能由刑法明文规定

【讲解】 A项表述中，罪刑法定原则当然适用于不纯正不作为犯，因为是否构成犯罪是由刑法明文规定的，刑法没有明文规定为犯罪的，不构成犯罪，当然也不构成不作为犯罪（包括纯正不作为犯和不纯正不作为犯）。B项表述中，不纯正不作为犯包括实害犯（如故意杀人罪）、危险犯（如放火罪），也可以是行为犯或抽象危险犯（如拒不履行信息网络安全管理义务罪）。C项表述中，见危不救可能构成不作为犯罪，也可能不构成犯罪，倘若行为人负有救助义务，或者因先前行为引起的救助义务，或者因法律地位或法律行为引起的救助义务等，违反上述救助义务而不予救助的，构成不作为犯罪，但没有上述救助义务，则不构成犯罪。D项表述中，纯正不作为犯就是由法律明文规定的只能由不作为方式构成的犯罪。

【答案】 D

例题拓展

例2-8（多选）： 下列关于不作为犯罪的相关表述，正确的有（　　）。

A. 保姆张某不给婴儿喂奶任其饿死，张某的行为构成不作为的故意杀人罪

B. 甲、乙追赶盗走甲自行车的窃贼丙，丙无路可逃跳入河中，甲、乙有能力救助而不救助，致使丙被淹死，甲、乙的行为构成不作为的故意杀人罪

C. 刑法规定，将代为保管的他人财物非法占为己有，数额较大，拒不退还的，构成侵占罪。该罪以拒不退还为成立条件，属于不作为犯罪

D. 逃税罪是一种不履行纳税义务的行为，只能由不作为构成

【讲解】A项表述中，保姆负有基于法律地位或法律行为而产生的义务，倘若违反该义务，导致婴儿饿死，构成不作为的故意杀人罪。B项表述中，当先前行为制造了法益侵害的危险时，防止侵害结果的发生成为作为义务的来源。甲、乙的追赶行为导致丙处于危险状态，甲、乙有救助义务，否则构成不作为犯。C项表述中，侵占罪是将代为保管的他人财物、他人的遗忘物或者埋藏物非法据为己有，拒不退还或者拒不交出的行为。侵占罪的核心要素是"非法据为己有"，而拒不退还是为了掩饰"非法据为己有"，只有在非法据为己有之后，又经要求退还而拒不退还的，才构成侵占罪。换言之，"拒不退还"或者"拒不交出"是对"非法据为己有"的强调，"非法据为己有"与"拒不退还"并非并列关系。从"非法据为己有"的角度分析，侵占罪是作为犯而非不作为犯。D项表述中，逃税罪是典型的不作为犯罪。

【答案】ABD

专题三　刑法中的因果关系

※【重点难点】刑法中的因果关系是指危害行为与危害结果之间的一种客观的引起与被引起的联系。这里的"危害行为"指的是实行行为。因果关系中的危害行为不包括预备行为，因为预备行为不可能发生实害结果，也没有探讨因果关系的必要。刑法中的因果关系只有在实害犯或结果犯中探讨才有重要意义，因为实害犯的既遂必须以实害结果的发生为要件，并且这一实害结果必须与危害行为之间存在因果关系，如果某一结果的发生与行为人的行为之间没有因果关系，则不能要其对这一结果承担责任。在行为犯和危险犯中，一般不存在解决刑法中因果关系的问题，自然没有探讨因果关系的必要。但是，在危险犯既遂后，如果出现加重结果，则可能属于结果加重犯，对于结果加重犯，需要探讨因果关系问题。

例3-1（单选）：下列选项中，甲的行为与乙的死亡结果存在因果关系的是（　　）。

A. 甲自制一个面人，诅咒其仇人乙三日内出门被车撞死，结果乙在三日内果然出门被车撞死

B. 甲意欲致乙死亡，便劝乙乘坐火车，期待乙在偶然的事故中死亡，乙结果死于火车事故

C. 甲因心怀怨恨而放火报复，致使包括乙在内的多人被烧死

D. 甲开车撞伤乙，乙在住院治疗期间因病房楼起火被烧死

【讲解】A项表述中，甲并没有实施刑法分则规定的故意杀人的实行行为，即甲的诅咒行为不是实行行为，且对于迷信犯、愚昧犯不定罪、不处罚，因此，甲的行为与乙的死亡结果之间并不存在因果关系。B项表述中，由于甲的"劝说"行为并非实行行为，因而不能认定存在因果关系。C项表述中，放火罪属于危险犯，不存在因果关系的认定问题，但放火致人死亡属于放火罪的结果加重犯，对于结果加重犯，应当判断基本犯中的实行行为与加重结果之间存在因果关系，否则不能认定为结果加重犯。甲放火烧死包括乙在内的数人，放火行为与死亡结果之间存在因果关系。D项表述中，乙的死亡因其他因素的介入（医院起火）导致因果关系中断，换言之，医院起火才是乙死亡的直接原因，甲的行为与乙的死亡结果之间没有因果关系。

【答案】C

※【重点难点】非常态情形因果关系的认定：（1）在特定条件下的行为所导致的结果发生，应当认定存在因果关系。（2）行为与被害人行为相遇或被害人的行为介入导致结果发生，应当认定存在因果关系。（3）两行为相接导致结果发生，应当认定存在因果关系。（4）数行为共同作用导致危害结果发生，应当认定存在因果关系。

例3-2（多选）：下列选项中，甲的行为与乙的死亡结果存在刑法上的因果关系的是（　　）。

A. 甲与素不相识的乙发生口角，甲推了乙肩膀一下并踢了一脚，乙忽觉胸部不适继而倒地，在医院就医时死亡。经鉴定，乙因患有冠状粥样硬化性心脏病，致急性心力衰竭死亡

B. 甲在穷乡僻壤致乙受伤，走两天的路程才找到一所简陋的医院，乙不治身亡

C. 甲欲杀乙，在山崖边导致乙重伤昏迷后离去，乙苏醒过来后，刚迈了两步便跌下山崖摔死

D. 甲存在杀人的故意，点燃乙身穿的衣服，乙跳入水中溺死

【讲解】A项表述中，被害人乙受到打击后导致心脏病发作而死，系危害行为与特殊体质结合导致危害结果，应当认定甲的行为与乙的死亡结果之间存在因果关系。B项表述中，甲将乙打伤，但因条件恶劣（穷乡僻壤、医院简陋）乙不治身亡，甲的行为与恶劣条件结合导致危害结果，应当认定甲的行为与乙的死亡结果之间存在因果关系。C项表述的情形道理同B项，因为"在山崖边上"也属于恶劣条件。D项表述中，甲试图烧死乙，乙为躲避危害行为而跳河淹死，即甲的危害行为与乙的行为相遇或相接导致危害结果的发生，甲的行为与乙的死亡结果之间存在因果关系。

【答案】ABCD

※【重点难点】因果关系的中断：由于介入因素的存在，会导致因果关系的中断。这里的"介入因素"不包括被害人本身的行为介入，因为被害人本身的行为介入应当认定为存在因果关系，对于被害人本身行为的介入，可以认定为"行为与被害人行为相遇"的情形。

例3-3（多选）：下列选项中，甲的行为与乙的死亡结果存在刑法上的因果关系的是（　　）。

A. 甲以杀人的故意殴打乙导致乙受伤，乙乘救护车送往医院途中发生交通事故车毁人亡

B. 甲以杀人故意用枪将乙打伤后，乙在医院遇到火灾被烧死

C. 甲突然将乙推下车，导致乙被后面的车辆轧死

D. 甲唆使赵某杀乙，并给赵某提供了杀人工具，赵某将乙杀死

【讲解】A项表述中，甲出于杀乙的故意致乙受伤，但由于交通事故这一介入因素导致乙死亡，使甲的行为与乙的死亡结果之间的因果关系中断，甲的行为与乙的死亡结果之间没有因果关系。B项表述的情形道理同A项，其中导致因果关系中断的介入因素是火灾。C项表述中，甲将乙推下车，结果乙被车轧死，乙的死亡结果是甲的行为所致，存在因果关系。D项表述中，甲是教唆犯，赵某是实行犯，实行犯既遂，教唆犯也既遂（"一人既遂，整体既遂"）。在实行犯的行为与死亡结果之间存在因果关系时，那么，教唆犯的行为与死亡结果之间也应认定为存在因果关系。

【答案】CD

 例题拓展

例3-4（单选）：甲、乙、丙共同故意伤害丁，丁死亡。经查明，甲、乙都使用铁棒，丙未使用任何凶器；尸体上除一处致命伤外，再无其他伤害；可以肯定致命伤不是丙造成的，但不能确定是甲造成还是乙造成的。关于本案，下列表述正确的是（　　）。

A. 丙不成立故意伤害罪

B. 甲成立故意伤害（致死）罪，丙成立故意伤害罪但不属于伤害致死

C. 甲、乙、丙的行为与丁的死亡之间存在因果关系

D. 丙的行为与丁的死亡之间不存在因果关系

【讲解】A、B项表述中，对于共同犯罪，一人既遂，整体既遂。甲、乙成立故意伤害（致死）罪（故意伤害罪的结果加重犯），则丙也成立故意伤害（致死）罪。当然要区别对待，丙应认定为从犯（起次要作用的实行犯），应当从轻、减轻或者免除处罚。C、D项表述中，对于共同犯罪，在正犯或实行犯的行为与结果之间存在因果关系时，其他共犯的行为也应认定为与结果之间存在因果关系。

【答案】C

例3-5（单选）：关于因果关系的认定，下列表述正确的有（　　）。

A. 甲以杀人的故意对乙实施暴力，造成乙重伤休克。甲以为乙已经死亡，为隐匿罪迹，将乙抛入河中，导致乙溺水而亡。甲的杀人行为与乙的死亡之间不存在因果关系

B. 丙基于杀害的故意用刀砍关某，见关某受伤后十分痛苦，便将其送往医院。但医生的治疗存在重大失误，导致关某死亡。丙的行为与关某的死亡之间没有因果关系

C. 陈某违规将行人洪某撞伤，洪某昏倒在路中央，陈某驾车逃逸。1分钟后，超速驾驶的冯某发现洪某时已来不及刹车，将洪某轧死。陈某的行为与洪某的死亡之间没有因果关系

D. 丁伤害戊后，警察赶到。在警察将戊送医院途中，车辆出现故障，致戊长时间得不到救助而死亡。丁的行为与戊的死亡之间不具有因果关系

【讲解】A项表述中，甲对乙的死亡存在因果关系的认识错误，但因果关系的认识错误并不影响因果关系的认定，甲的行为与乙的死亡之间存在因果关系。B项表述中存在介入因素（医生治疗失误），导致因果关系中断，丙的行为与关某的死亡之间不存在因果关系。C项表述中，陈某将洪某撞倒在路上（第一个行为），很容易导致躺在路上的洪某被过往的其他车辆再次撞击（第二个行为）。相对于第一个行为而言，第二个行为应是"正常"的因素，换言之，实施第一个行为之后，发生第二个行为是高概率事件。因此，第二个行为不中断第一个行为与死亡结果之间的因果，陈某的行为与洪某的死亡之间存在刑法上的因果关系。关于C项表述的因果关系认定的情形，《考试分析》没有阐述。具言之，《考试分析》对于介入因素的阐述，并没有区分是通常的，还是异常的，仅仅说明介入因素会导致因果关系中断。C项涉及的基本理论是：第一个行为是否可大概率导致第二个行为（介入因素）具有通常性？一般而言，如果第一个行为大概率导致第二个行为的介入，并且介入因素是通常的，则不阻断第一个行为与结果之间的因果关系，就如C项表述的情形；倘若第二个行为的介入是异常的，或出现概率很低的，则阻断第一个行为与结果之间的因果关系。D项表述中，丁打伤戊，但因遭遇恶劣条件（车辆出现故障无法及时送医救治），导致戊死亡，应当认定丁的行为与戊的死亡结果之间存在因果关系，D项表述与上述例3-2题中B、C项表述的道理相同。

【答案】B

专题四　未成年人犯罪

※【重点难点】我国刑法将刑事责任年龄分为：（1）完全负刑事责任年龄阶段。《刑法》第17条第1款规定：已满16周岁的人犯罪，应当负刑事责任。（2）相对负刑事责任年龄阶段。《刑法》第17条第2款规定：已满14周岁不满16周岁的人，犯故意杀人、故意伤害致人重伤或者死亡、强奸、抢劫、贩卖毒品、放火、爆炸、投放危险物质罪的，应当负刑事责任。（3）完全不负刑事责任年龄阶段。不满14周岁的人，不负刑事责任。（4）减轻刑事责任年龄阶段。《刑法》第17条第3款规定：已满14周岁不满18周岁的人犯罪，应当从轻或者减轻处罚。未成年人是指已满14周岁不满18周岁的人。

例4-1（单选）：甲15周岁，对于甲实施的下列行为，应当负刑事责任的是（　　）。

A. 绑架罪　　　　B. 盗窃罪　　　　C. 抢夺罪　　　　D. 贩卖毒品罪

【讲解】已满14周岁不满16周岁的人，对8种犯罪行为负刑事责任，包括故意杀人、故意伤害致人重伤或者死亡、强奸、抢劫、贩卖毒品、放火、爆炸、投放危险物质。

【答案】D

※【重点难点】已满14周岁不满16周岁的人，犯故意杀人、故意伤害致人重伤或者死亡、强奸、抢劫、贩卖毒品、放火、爆炸、投放危险物质罪这8种犯罪的，应当负刑事责任。（1）8种犯罪指的是犯罪行为而不是具体罪名。14～16周岁的人，只要实施上述8种犯罪行为，就应承担刑

事责任；如果该行为包括在其他罪名中，应当单独评价该行为，从而进一步认定为8种罪名。例如，绑架杀人，行为人虽然对绑架行为不负刑事责任，但对杀人行为负刑事责任，因而应当认定为故意杀人罪。(2) 8种犯罪行为中包括故意伤害致人重伤或者死亡，不包括轻伤在内。故意伤害致人重伤或者死亡包括转化犯，如使用暴力使被非法拘禁的人重伤或者死亡；但对于结果加重犯不负刑事责任，如非法拘禁致人重伤或者死亡，不负刑事责任。当然，如果行为人对结果加重犯的基本犯行为承担刑事责任，其也承担加重结果的刑事责任。例如，14～16周岁的行为人，抢劫致人重伤或者死亡、强奸致人重伤或者死亡，应对抢劫罪和强奸罪的基本犯和结果加重犯都承担刑事责任。(3) 8种犯罪行为包括强奸，这里的强奸包括普通的强奸罪和奸淫幼女。换言之，14～16周岁的行为人，实施奸淫幼女行为的，即使是在经幼女同意自愿与行为人发生性关系的情况下，一般也应承担强奸罪的刑事责任。但是，已满14周岁不满16周岁的人偶尔与幼女发生性行为，情节轻微、未造成严重后果的，不认为是犯罪。该条款一般是指男少年与幼女因谈恋爱而自愿发生性关系，家属不要求追究刑事责任，或者幼女的父母不要求追究刑事责任的情形。(4) 8种犯罪行为中包括抢劫。这里的抢劫包括《刑法》第263条规定的普通的抢劫罪、第267条第2款规定的携带凶器抢夺、第289条规定的首要分子实施的聚众"打砸抢"。但14～16周岁的未成年人实施的《刑法》第269条规定的转化型抢劫行为，不能认定为抢劫罪，可以以手段行为定罪（故意伤害罪重伤、故意杀人罪）。已满14周岁不满16周岁的人盗窃、诈骗、抢夺他人财物，为窝藏赃物、抗拒抓捕或者毁灭罪证，当场使用暴力，故意伤害致人重伤或者死亡，或者故意杀人的，应当分别以故意伤害罪或者故意杀人罪定罪处罚。此外，抢劫枪支、弹药、爆炸物、危险物质罪与一般的抢劫罪构成特别法条和一般法条的法条竞合关系。因此，14～16周岁的人，实施抢劫枪支、弹药、爆炸物、危险物质行为的，应当承担抢劫罪的刑事责任。但是，对于抢劫商业秘密、印章、国有档案等非财物的，不承担刑事责任。

例4-2（单选）：甲（15周岁）实施的下列行为中，应当承担刑事责任的是(　　)。

A. 甲驾驶汽车撞死撞伤多人后逃逸

B. 甲受王某指使将王某仇人的汽车砸毁

C. 甲帮助乙将其偷来的一辆汽车卖掉

D. 甲帮助乙将债务人丙非法拘禁，在拘禁期间，甲将丙打成重伤

【讲解】A项表述中，交通肇事罪为过失犯罪，对于过失犯罪，14～16周岁的未成年人都不负刑事责任。B项表述中，王某把甲当作犯罪工具利用，王某构成故意毁坏财物罪，甲不构成犯罪。C项表述中，甲的行为属于掩饰、隐瞒犯罪所得的行为，但不构成掩饰、隐瞒犯罪所得罪。D项表述中，乙构成非法拘禁罪，甲的行为虽不构成非法拘禁罪，但在非法拘禁丙期间，甲将丙打成重伤，甲应对故意伤害行为负刑事责任。

【答案】D

例4-3（单选）：下列关于未成年人行为的定性，正确的是(　　)。

A. 甲，15周岁，在火车站抢夺一女游客金项链，为窝藏赃物而将该女游客打成轻伤，甲构成故意伤害罪

B. 乙，14周岁，在商场盗窃数枚金首饰，为抗拒抓捕而当场使用暴力，将售货员打成重伤，乙的行为构成故意伤害罪

C. 丙，15周岁，将大量毒品走私出境，对丙应以走私毒品罪定罪处罚

D. 丁，14周岁，抢夺大量国有档案，对丁应以抢劫罪定罪处罚

【讲解】A项表述中，15周岁的甲为窝藏赃物而将被害人打成轻伤，由于并非重伤，因而甲对其抢夺行为不负刑事责任。B项表述中，14周岁的乙盗窃后为抗拒抓捕而将售货员打成重伤，不能认定为转化型抢劫，而应以故意伤害（重伤）罪定罪处罚。C项表述中，8种犯罪行为包括贩卖毒品，但不包括走私毒品。D项表述中，14～16周岁的人实施抢劫枪支、弹药、爆炸物、危险物质行为的，应当承担抢劫罪的刑事责任。但是，对于抢劫商业秘密、印章、国有档案等非财物的，不承担刑事责任。

【答案】B

※**【重点难点】**（1）刑法所规定的年龄，是指实足年龄，刑法特别使用"周岁"一词，旨在限定为实足年龄，而不是指虚岁。周岁按照公历的年、月、日计算，从周岁生日的第2天起算。例如，已满14周岁，是指过了14周岁生日，从第二天起，才是已满14周岁，即整整活了14年。（2）已满14周岁不满16周岁的人使用轻微暴力或者威胁、强行索要其他未成年人随身携带的生活、学习用品或者钱财数量不大，且未造成被害人轻微伤以上或者不敢正常到校学习、生活等危害后果的，不认为是犯罪。已满16周岁不满18周岁的人具有上述情形的，一般也不认为是犯罪。（3）已满16周岁不满18周岁的人出于以大欺小、以强凌弱或者寻求精神刺激，随意殴打其他未成年人、多次对其他未成年人强拿硬要或者任意损毁公私财物，扰乱学校及其他公共场所秩序，情节严重的，以寻衅滋事罪定罪处罚。（4）已满16周岁不满18周岁的人实施盗窃行为未超过3次，盗窃数额虽已达到"数额较大"标准，但案发后能如实供述全部盗窃事实并积极退赃，且具有下列情形之一的，可以认定为"情节显著轻微危害不大"，不认为是犯罪：①系又聋又哑的人或者盲人；②在共同盗窃中起次要或辅助作用，或者被胁迫；③具有其他轻微情节的。已满16周岁不满18周岁的人盗窃未遂或者中止，可不认为是犯罪。已满16周岁不满18周岁的人盗窃自己家庭或者近亲属财物，或者盗窃其他亲属财物但其他亲属要求不予追究的，可不按犯罪处理。（5）已满14周岁不满18周岁的人犯罪，不适用死刑（包括死缓）。未成年人犯罪只有罪行极其严重的，才可以适用无期徒刑。对已满14周岁不满16周岁的人犯罪一般不判处无期徒刑。除刑法规定"应当"，对未成年罪犯一般不判处附加剥夺政治权利。对未成年罪犯实施刑法规定的"并处"没收财产或者罚金的犯罪，应当依法判处相应的财产刑；对未成年罪犯实施刑法规定的"可以并处"没收财产或者罚金的犯罪，一般不判处财产刑。对未成年罪犯判处罚金刑时，应当依法从轻或者减轻判处，并根据犯罪情节，综合考虑其缴纳罚金的能力，确定罚金数额。但罚金的最低数额不得少于500元人民币。对被判处罚金刑的未成年罪犯，其监护人或者其他人自愿代为垫付罚金的，人民法院应当允许。

例4-4（单选）：关于处理未成年人犯罪案件，下列表述正确的是（ ）。

A. 对未成年人不得判处剥夺政治权利

B. 对犯罪时不满18周岁的罪犯，应当减轻或者免除处罚

C. 对已满14周岁不满18周岁的罪犯，不适用死缓

D. 对未成年人犯罪不得独立适用附加刑

【讲解】A项表述中，除刑法规定"应当"，对未成年罪犯一般不判处附加剥夺政治权利。B项表述中，对犯罪时不满18周岁的罪犯，应当从轻或者减轻处罚。C项表述中，对已满14周岁不满18周岁的罪犯，不适用死刑（包括死缓）。D项表述中，对于未成年人犯罪，除刑法规定"应当"，不得独立适用附加刑。

【答案】C

例4-5（单选）：下列关于处理未成年人犯罪的表述，正确的是（ ）。

A. 对未成年人适用罚金刑时，应当依法从轻或者减轻判处

B. 对未成年人犯罪不能适用无期徒刑和死刑

C. 对未成年人盗窃病人财物致使病人无钱治病死亡的，应当负刑事责任

D. 对未成年人犯罪不得适用没收财产刑

【讲解】A项表述中，对未成年罪犯判处罚金刑时，应当依法从轻或者减轻判处，并根据犯罪情节，综合考虑其缴纳罚金的能力，确定罚金数额。B项表述中，已满14周岁不满18周岁的人犯罪，不适用死刑（包括死缓）。未成年人犯罪只有罪行极其严重的，才可以适用无期徒刑。对已满14周岁不满16周岁的人犯罪一般不判处无期徒刑。C项表述中，14～16周岁的未成年人对盗窃罪不负刑事责任。D项表述中，对未成年罪犯实施刑法规定的"并处"没收财产的犯罪，应当依法判处；对未成年罪犯实施刑法规定的"可以并处"没收财产的犯罪，一般不判处。

【答案】A

例题拓展

例4-6（单选）：甲男（15周岁）与乙女（16周岁）因缺钱，共同绑架富翁之子丙，成功索取30万元赎金。甲担心丙将来可能认出他们，提议杀丙，乙同意。乙给甲一根绳子，甲用绳子勒死丙。关于本案的定性，不正确的是（　　）。

　　A. 甲、乙在故意杀人范围内成立共同犯罪

　　B. 甲构成故意杀人罪，乙构成绑架罪

　　C. 甲、乙构成绑架罪的共同犯罪

　　D. 对甲、乙不适用死刑缓期二年执行

【讲解】A、B、C项表述中，甲、乙在故意杀人的范围内成立共同犯罪，但甲不构成绑架罪，乙构成绑架罪。甲对绑架罪不负刑事责任，因而甲、乙二人不成立绑架罪的共同犯罪。D项表述中，甲、乙都不满18周岁，因而不适用死刑（包括死缓）。

【答案】C

例4-7（案例）：沈某，2000年7月11日出生。2012年至2014年6月之间，沈某伙同他人多次盗窃，累计盗窃各类财物总计约10万余元。2014年7月11日晚，沈某被几个朋友邀请到一酒店吃饭，当晚10时许，因沈某等大声喧哗导致邻座几个客人不满，双方发生争吵，沈某一怒之下掏出随身携带的匕首将对方的赵某刺倒，致其当场死亡。沈某见状，立即外逃。当晚11时许，在外逃途中，沈某看到路上一人臂下夹着手包，一边走一边打手机，心想该人肯定有钱，想到其外逃不知何时是个终点，需要钱，随即掏出匕首将持包人刺伤，把包和手机抢走，包内有现金1万余元和其他物品。沈某到乡下亲戚家躲避1年多。2015年10月11日，沈某外出闲逛，见路边停着一辆轿车未锁车门，将车开走准备卖掉。行驶途中，因操作生疏，轿车撞上一棵大树，沈某弃车逃跑。事后查明，轿车的司机当时正在5米外的烟摊买烟，认为很快就会回来，没有锁车。2016年7月12日0时5分，沈某在一车站抢夺一女子挎包时，被当场抓获。挎包内有钱包、手机等物品，总价值约1万余元。沈某被抓获后交代了上述全部行为。

　　请分析沈某的行为性质及量刑情节。

【参考答案】（1）沈某的行为性质：①沈某2012年至2014年6月之间实施盗窃行为时，不满14周岁，不负刑事责任。②沈某2014年7月11日晚实施的故意杀人行为和抢劫行为，是在其生日当天实施的，尽管与已满14周岁仅不足两小时和一小时，也属于不满14周岁，因而也不负刑事责任。③沈某2015年10月11日盗窃机动车并致机动车撞毁的行为，不属于《刑法》规定的8类应当负刑事责任的犯罪行为，因而也不负刑事责任。④沈某2016年7月12日0时5分抢夺挎包时，尽管刚过其16周岁生日5分钟，也属于已满16周岁，应当追究其抢夺罪的刑事责任。

　　（2）沈某存在的量刑情节：①沈某被抓获后交代了抢夺行为，该行为为司法机关已经掌握，可以成立坦白，可以从轻处罚。②沈某未满18周岁，对其所犯抢夺罪，应当从轻或者减轻处罚。

专题五　罪　　过

※**【重点难点】**罪过是指犯罪人对自己的行为所造成的危害后果所持的故意或者过失的心理态度，是犯罪主观方面的主要内容。罪过包括故意和过失两种形式。犯罪故意是指行为人明知自己的行为会发生危害社会的结果，并且希望或者放任这种结果发生的心理态度。故意包括直接故意和间接故意。犯罪过失是指行为人应当预见自己的行为可能发生危害社会的结果，因为疏忽大意而没有预见，或者已经预见而轻信能够避免，以致发生危害结果的心理态度。过失包括疏忽大意过失和过

于自信过失。此外，还有意外事件和不可抗力两种无罪过形式。刑法中的直接故意、间接故意、过于自信过失、疏忽大意过失，其认定主要是从认识因素、意志因素两个层面进行的。认定具体案件中的行为人的主观心态时，也应将其心理事实与刑法规定的罪过形式相对比，看是否具备刑法规定的全部认识因素和意志因素，而不能仅仅从行为人的心理事实层面判断。

例5-1（单选）：下列选项中，存在犯罪目的的罪过形式是（　　）。

A. 直接故意　　　　B. 间接故意　　　　C. 疏忽大意过失　　　D. 过于自信过失

【讲解】犯罪目的存在于直接故意中，间接故意和过失犯罪不存在犯罪目的，因而直接故意又称为有目的的故意，而间接故意又称为无目的的故意。

【答案】A

※**【重点难点】**犯罪故意包括直接故意和间接故意。（1）直接故意是指行为人明知自己的行为会发生危害社会的结果，并且希望这种结果发生的心理态度。从认识因素上看，是行为人明知行为必然或可能导致结果（明知）。从意志因素上看，是行为人希望结果发生（积极追求）。直接故意的要点在于意志因素方面，亦即行为人对于结果的发生抱有追求、希望的目的，无论是认识到结果发生的可能性是大是小，只要具有追求结果的目的，即应认定为直接故意。（2）间接故意是指行为人明知自己的行为可能发生危害社会的结果，并且放任这种结果发生的心理态度。从认识因素上看，行为人认识到结果发生的可能性很大，但并非必然发生，还是有不发生的余地。从意志因素上看，行为人放任危害结果的发生。放任是既不追求，也不反对，而不采取积极措施防止结果发生；结果发生与否，都不违背行为人的意志。由于行为人知道行为导致结果的概率很大，仍然实施行为，故其虽不追求结果但仍偏向于结果发生。换言之，间接故意更倾向于结果发生，而不是倾向于结果不发生。间接故意包括三种情形：①为实现某个犯罪意图或目的，而放任另一犯罪结果发生。②为实现某个非犯罪的意图或目的，而放任犯罪结果发生。③突发性故意犯罪，不计后果，放任结果发生。

例5-2（单选）：甲意图杀死乙，便趁乙当晚值班时放火烧毁值班室，不料将顶替乙值班的同事丙烧死。甲对丙死亡所持的心理态度是（　　）。

A. 直接故意　　　　B. 间接故意　　　　C. 疏忽大意过失　　　D. 过于自信过失

【讲解】本题属于事实认识错误中的对象错误。根据"法定符合说"，明知对象是"人"而杀害，知道"人死亡"的结果还积极追求，就具有直接杀人的故意，而无须认识到具体为何人。本案中，明知值班室里有"人"，为积极追求死亡结果而放火，应当认定为直接故意。尽管出现了对象错误，但属于具体事实认识错误，对于对象是"人"的认识并无错误，故应认定为直接故意。

【答案】A

例5-3（单选）：甲为杀死仇人乙，置乙旁边正在玩耍的丙的生死于不顾而开枪射击，结果导致丙死亡。甲对丙死亡所持的心理态度是（　　）。

A. 直接故意　　　　B. 间接故意　　　　C. 疏忽大意过失　　　D. 过于自信过失

【讲解】甲为实现杀死仇人乙的目的，而放任另一危害结果即丙的死亡结果的发生，甲对丙死亡所持的主观心理态度为间接故意。

【答案】B

例5-4（单选）：甲为了掩盖自己贪污大量公款的事实，企图放火烧毁会计室。甲深夜放火时发现乙在会计室睡觉，明知放火可能烧死乙，但仍然放火，也没有采取任何措施防止乙死亡，乙被烧死。甲对乙的死亡所持的心理态度是（　　）。

A. 疏忽大意过失　　　B. 过于自信过失　　　C. 直接故意　　　D. 间接故意

【讲解】甲旨在烧毁账簿，不是希望乙死亡，而是对乙的死亡持听之任之的态度，这便是放任的心理态度，甲对乙的死亡所持的心理态度是间接故意。

【答案】D

例5-5（多选）：下列选项中，行为人对犯罪结果的主观心理态度是间接故意的是（　　）。

A. 丈夫为了杀妻，在妻子的食物中投放毒药，明知孩子可能分食有毒食物，由于杀妻心切而

不顾孩子死亡

B. 甲上山打猎，发现一只野兔，而恰此时在野兔附近有一小孩在玩耍，为了打中野兔，甲置小孩生死于不顾，开枪射击，结果将小孩打死

C. 甲、乙、丙、丁四人打麻将过程中，甲输了很多钱，赢家乙便挖苦甲，甲十分恼怒，突然拔出刀子将乙捅成重伤

D. 甲将自己亲生的婴儿以 3 万元的价格卖给人贩子

【讲解】A 项表述中，对于为实现某个犯罪意图或目的，而放任另一犯罪结果发生的，属于间接故意。B 项表述中，对于为实现某个非犯罪的意图或目的，而放任犯罪结果发生的，属于间接故意。C 项表述中，对于突发性故意犯罪，不计后果，放任结果发生的，属于间接故意。D 项表述中，甲将亲生的婴儿卖给人贩子，具有明显的出卖目的，在主观上存在贩卖儿童的直接故意。

【答案】ABC

例 5-6（单选）：甲贩运假烟，驾车路过某检查站时，被工商执法部门拦住检查。检查人员乙正登车检查时，甲突然发动汽车夺路而逃。乙抓住汽车车门的把手不放，甲为摆脱乙，在疾驶时，突然急刹车，导致乙头部着地身亡。甲对乙死亡所持的心理态度是（　　）。

A. 直接故意　　　B. 间接故意　　　C. 疏忽大意过失　　　D. 过于自信过失

【讲解】A 项表述中，甲并不积极追求乙的死亡，不是直接故意。甲只为摆脱乙，并不具有杀人的直接故意，只是采用了不计后果的方法。B 项表述中，甲为逃避检查，不顾抓着车门的乙，在疾驶中突然急刹车，致乙身亡，甲明知其行为会发生危害后果，并且放任这种结果的发生，是间接故意。C、D 项表述中，由以上分析可知甲不构成过失。

【答案】B

※【重点难点】故意认识的内容（"明知"的范围）属于事实性认识，即故意的成立都需要具备明知的认识要素。首先，每个故意犯罪的罪名都有不同的犯罪故意，各有自己的故意内容。例如，故意杀人罪的成立要求有杀人故意，故意伤害罪的成立要求有伤害故意，杀人故意和伤害故意就是两种不同的故意。甲实施用刀砍乙的行为，如果甲明知此举会造成伤害结果，即有伤害故意；如果明知此举会造成死亡结果，就有杀人故意。这说明，对结果的认识，是成立具体故意的必要认识内容。认识的结果因素不同，成立的故意也有所不同。再如，甲在实施盗窃行为，如果认识到皮包里是财物，则可认为具有盗窃（财物）罪的故意；如果认识到皮包里有手枪，则可认为具有盗窃枪支罪的故意。这说明，对对象的认识，也是成立具体故意的必要认识内容。总之，故意认识的内容限于客观要素，客体要素、主体要素（行为主体）、主观要素（目的、动机）与故意认识的内容无关，行为、对象、结果、因果关系、时间、地点、方法等诸客观事实才属于故意认识的内容，而数额、次数、情节等"量"的要素例外。下面从正反两个方面具体讲解故意认识的内容：（1）成立故意犯罪的必要认识要素。成立故意犯罪，行为人必要的认识内容有：①行为的内容与社会意义。但仅需认识到行为的社会性质，而无须认识到行为的法律属性（违法性认识），即违法性认识不属于故意犯罪的"明知"的范围。例如，甲诈骗乙的财物，甲只需认识到甲在实施诈骗行为，诈骗对象是乙的财物，即应认定为具有诈骗的故意，而无须知晓诈骗行为是法律禁止的（违法性认识）。②发生结果的可能。对于危害结果的认识，并不要求很具体，只需认识到构成要件的结果，即认定为有故意（法定符合说）。例如，甲朝人群中开枪，只要知道会有死亡结果发生，就应当认定为有杀人的故意，至于具体谁会死亡，或者误认为乙会死亡，结果造成丙死亡，均不影响杀人故意的成立。③对于以特定对象为必要构成要素的犯罪，要求认识到特定对象。例如，盗窃枪支罪故意的成立要求认识到对象是枪支。④对行为与结果之间因果关系基本部分的认识。⑤对于以特定时间、地点和方法为必要构成要素的犯罪，特定的时间、地点、方法也属于故意认识的内容。（2）成立故意犯罪不需要认识的要素。①并非一切客观事实都能够成为故意认识的内容，对于数额（如数额较大、数额巨大）、次数（如盗窃 3 次）、情节（如误以为情节不严重而实际情节严重）等"量"的要素，不是故意认识的内容（或许行为人已经认识到，或许没有认识到，但无论如何，都不是故意认识的内容）。②"重大损失""损失巨大"等"损害结果"（并非构成要素中的"危害结果"）也不属

于故意认识的内容。例如，明知自己实施滥用职权行为，但确实不知会造成重大损失，实际造成重大损失的，也认定为存在故意，成立滥用职权罪。③责任要素，如责任年龄、责任能力等，不属于故意认识的内容。对于责任年龄、责任能力等没有认识的，不影响故意的成立。

例5-7（单选）： 关于故意的认识内容，下列表述正确的是（　　）。

A. 成立奸淫幼女型强奸罪，要求行为人认识到对方是不满14周岁的幼女

B. 成立拐卖妇女罪，要求行为人认识到拐卖妇女的目的是出卖

C. 成立走私废物罪，要求行为人认识到走私废物的行为是刑法所不允许的

D. 成立盗窃罪，要求行为人认识到盗窃数额较大

【讲解】 A项表述中，对于以特定对象为必要构成要素的犯罪，要求认识到特定对象，奸淫幼女型强奸罪的行为对象是不满14周岁的幼女，行为人必须认识到行为对象是不满14周岁的幼女，否则不构成奸淫幼女型强奸罪。B项表述中，故意认识的范围是客观方面的诸客观事实情况，而犯罪目的是主观方面的要素，不可能成为故意认识的内容。C项表述中，违法性认识并非故意认识的内容。D项表述中，数额、次数、情节等"量"的要素并非故意认识的内容。类似的例子如，行为人误认为偷的东西仅值600元实际上值1万元，这种盗窃数额的多寡并不是构成盗窃罪故意需要认识的内容，只要认识到盗窃的对象是财物，就认为其具有盗窃的故意。换言之，行为人误认为偷的东西仅值600元实际上值1万元，是认识到了对象是"财物"，只不过没有认识到"数额较大"，仍认为其具有盗窃故意。

【答案】 A

例5-8（单选）： 关于故意认识的内容，下列选项中正确的是（　　）。

A. 成立挪用公款罪，要求行为人认识到自己是国家工作人员

B. 成立抢劫罪，要求行为人认识到自己年龄已满14周岁

C. 成立贩卖淫秽物品牟利罪，要求行为人认识到自己以牟利为目的

D. 成立传播淫秽物品罪，要求行为人认识到物品的淫秽性

【讲解】 A项表述中，行为主体并非客观方面的诸客观事实，因而不是故意认识的内容。B项表述中，责任年龄并非故意认识的内容。C项表述中，目的为主观方面的要素，而非诸客观方面的事实，不是故意认识的内容。D项表述中，行为的内容与社会意义（性质）属于故意认识的内容，而淫秽性属于行为性质（意义），属于故意认识的内容。

【答案】 D

※【重点难点】 犯罪过失分为疏忽大意过失和过于自信过失。（1）疏忽大意过失是指行为人应当预见自己的行为可能发生危害社会的结果，因为疏忽大意而没有预见，以致发生这种结果的心理态度。疏忽大意过失是一种无认识过失。（2）过于自信过失是指行为人已经预见到自己的行为可能发生危害社会的结果，但轻信能够避免，以致发生危害结果的心理态度。从认识因素上看，行为人预见到结果可能发生，已经认识发生结果的可能性。从意志因素上看，行为人轻信能够避免，即相信能够避免结果发生（反对结果发生）。需要注意的是，不要认为只要其反对结果发生，就一定是过失，因为过于自信过失的构成，不仅需要行为人反对结果发生（"避免"），而且需要具备"轻信"要素，即其具有客观依据避免结果不发生。明知发生可能性较大，仅仅嘴上说反对结果发生，而客观上却没有任何避免措施的，应当认定为间接故意。

例5-9（单选）： 甲带自己的4岁儿子小明到桥上玩，甲提着小明的双手将其悬于桥栏处，开玩笑说要把他扔到河里去，小明边喊害怕边挣扎，甲手一滑，小明掉入河中。甲急忙去救，小明已溺水而死。甲对小明的死亡所持的心理态度是（　　）。

A. 直接故意　　　　B. 间接故意　　　　C. 疏忽大意过失　　　D. 过于自信过失

【讲解】 甲已经认识到自己的行为可能发生的结果，但自信能够避免，属于过于自信过失，甲构成过失致人死亡罪。

【答案】 D

例5-10（单选）： 患者甲在住院治疗期间，当班药剂师乙发药时只看包装盒，未核对药品名

称，错将氯化琥珀胆碱作为乙酰胺发给治疗医生丙，丙以为氯化琥珀胆碱是乙酰胺的别名，没有核查便将药配好给患者打肌肉注射，导致甲死亡。乙、丙对甲的死亡所持的心理态度是( )。

    A. 直接故意   B. 间接故意   C. 疏忽大意过失   D. 过于自信过失

【讲解】本案中，乙发错药，丙用错药，乙、丙分别构成医疗事故罪。乙和丙属于从事诊疗业务的医务人员，其违反的是诊疗护理规范中特别加以规定的注意义务，属于业务过失。一般而言，如果过失发生在职务、业务工作中，行为人是特种职务、业务从业者，行为人的行为违反了职务、业务方面的规范、规章、管理，则存在疏忽大意过失。

【答案】C

※【重点难点】对于直接故意、间接故意、疏忽大意过失、过于自信过失、无罪过事件的认定和判断，十分必要。(1) 两种过失的区别是：疏忽大意的过失事先对危害结果的发生没有预见，所以又称为无认识的过失；过于自信的过失事先对危害结果的发生有所预见，故又称为有认识的过失。(2) 疏忽大意过失与意外事件的区别是行为人对危害结果的发生是否应当预见（能否预见）。具体而言，在意外事件中，行为人对损害结果的发生是不可能预见的；在疏忽大意过失中，行为人对危害结果的发生是应当预见、并且是能够预见的，只是由于疏忽大意而没有预见。意外事件不构成犯罪，而疏忽大意的过失是过失犯罪。过失有一般过失和业务过失之分，对于一般过失，例如，甲、乙、丙三人同住一宿舍，甲为消灭老鼠而购买毒鼠强后加入芝麻糊中。如果甲未尽妥善保管义务，外出时忘记了，直接将毒物放置在公用的桌子上，乙、丙因误食而死亡，则应当认定甲有疏忽大意过失；但如果甲尽了妥善保管义务，外出时将毒物锁在自用的桌子抽屉里，被乙、丙盗食，则甲无过错，是意外事件。对于业务过失，例如，仓库保管员违反上工时不准抽烟的规定，在棉花仓库里抽烟导致火灾，应当认为具有过失。(3) 间接故意与过于自信过失的关键区别是：在间接故意的情况下，行为人对危害结果的发生是放任的，持无所谓的态度，是不反对的，容忍的；在过于自信过失的情况下，行为人对危害结果的发生是反对的，但由于过于自信，没有想到结果真的会发生。换言之，间接故意是"认识到结果发生的可能性大，而不反对"，过于自信过失是"认识到结果可能发生（概率大小皆可），有客观依据可以避免（采取了防止危害结果发生的措施）"。

例 5 - 11 （单选）：张某和赵某长期一起赌博，某日两人在工地发生争执，张某推了赵某一把，赵某倒地后后脑勺正好碰在石头上，导致颅脑损伤，经抢救无效死亡。关于张某的行为，下列定性正确的是( )。

    A. 张某的行为构成故意杀人罪   B. 张某的行为构成过失致人死亡罪

    C. 张某的行为构成故意伤害罪   D. 赵某的死亡属于意外事件

【讲解】本案的难点在于过失与无罪过事件的区别。推搡行为属于一般日常行为，不能据此认定有伤害或杀害故意，因此而造成后果的一般认定为过失。但问题在于，张某是否有过失？根据题意，推搡的行为发生在"工地"，一般人可以预见地形复杂而造成危险的后果，张某未预见，属于疏忽大意过失，应当认定为张某构成过失致人死亡罪，而非意外事件。

【答案】B

例题拓展

例 5 - 12 （单选）：关于犯罪故意，以下说法正确的是( )。

A. 甲在走私大宗淫秽物品入境时不知道其走私的是淫秽物品，误认为其是普通货物，则甲不具有走私淫秽物品罪的故意，也不能构成任何犯罪

B. 行为人乙多次实施敲诈勒索行为，但乙在进行第三次敲诈行为时，误以为是第二次敲诈行为，但这并不影响敲诈勒索罪故意的成立

C. 成立故意毁坏财物罪，要求行为人认识到毁坏财物数额较大

D. 国家机关工作人员丙履行职务时滥用职权，给国家和人民利益造成重大损失。如果甲没有认识到会给国家和人民利益造成重大损失，则不构成滥用职权罪

【讲解】A项表述中，走私淫秽物品罪的故意要求明知对象是淫秽物品；甲虽不具有走私淫秽物品罪的故意，但其认识到对象是普通货物、物品，具备了故意认识的内容（对象），具有走私普通货物、物品罪的故意，可以构成走私普通货物、物品罪。B项表述中，次数并非故意认识的内容。C项表述中，数额并非故意认识的内容。D项表述中，"重大损失"并非故意认识的内容，不影响故意的成立，因而丙的行为构成滥用职权罪。

【答案】B

例5－13（单选）：某日晚间6时，管某的妻子产下一名健康女婴。值班护士在查房时，发现女婴的被子盖至眉毛处，便提醒管某不要盖得过于严密以免窒息，并动手将被子盖至女婴的下巴处，露出鼻子呼吸。第二日凌晨2时，因女婴啼哭，管某便掀起被角，轻拍女婴胸部，见女婴安静后，将被子盖至女婴的眉毛处，继续靠在椅子上休息，不久便睡着了。5时许，管某醒来发现被子盖住女婴整个面部，女婴已死亡。管某对女婴死亡所持的心理态度是（　　）。

    A. 直接故意   B. 间接故意   C. 疏忽大意过失   D. 过于自信过失

【讲解】按照一般人的一般认知能力，在睡觉时将被子盖到眉毛处，并不至于产生致人窒息死亡的后果，但本案的被害人具有特殊性，是没有自我保护能力刚刚出生的婴儿。尽管管某最初并不具备预见婴儿可能窒息死亡的预见能力，但是其被值班护士提醒后，已经具有预见义务，属于能够预见的情形。管某因为疏忽大意，护理不当而致初生女婴死亡，属于疏忽大意过失。

【答案】C

专题六　事实认识错误

※**【重点难点】**刑法上的认识错误包括法律认识错误和事实认识错误。法律认识错误是指行为人对自己行为的法律性质发生误解，包括假想犯罪、假想非罪和此罪、刑误以为彼罪、刑。事实认识错误是指行为人对与自己行为有关的事实情况有不正确的理解，包括客体错误、对象错误、手段错误、行为偏差、因果关系错误和其他事实认识错误。对于事实认识错误，通常采取"法定符合说"，按照"法定符合说"，行为人预想事实与实际发生的事实法律性质上是相同的，不能阻却行为人对因错误而发生的危害结果承担故意的责任。反之，法律性质不同的，则阻却行为人对因错误而发生的危害结果承担故意的责任。这里所称的法律性质相同，是指属于同一犯罪构成范围内的情形；法律性质不同，是指属于不同犯罪构成的情形。

例6－1（多选）：下列情形中，属于事实认识错误的有（　　）。

A. 甲以为走私贵重金属不构成犯罪

B. 乙欲杀死张三，但却误杀了李四

C. 丙认为毒驾构成危险驾驶罪

D. 丁盗窃路人挎包里的财物，不料窃得一把手枪

【讲解】A项表述中，我国《刑法》第151条规定了走私贵重金属罪，甲以为走私贵重金属不构成犯罪，这属于法律认识错误中的假想非罪。B项表述属于事实认识错误中的客体错误。C项表述中，毒驾不构成危险驾驶罪，丙认为毒驾构成危险驾驶罪，这属于法律认识错误中的假想犯罪。D项表述属于事实认识错误中的客体错误。需要注意的是：事实认识错误是行为人对于客体、对象、危害结果、因果关系、手段等事实产生错误认识。法律认识错误是行为人对于行为的法律性质或者法律定性产生错误认识。倘若行为人对事实搞错了，如杀错了人，这在法律上构成杀人罪，行为人对杀人行为在法律上的定性不存在问题，但在事实上搞错了杀害的对象，属于事实认识错误，而不是法律认识错误。

【答案】BD

※【重点难点】客体错误是指行为人预想侵犯的对象与实际侵犯的对象在法律性质上不同（分属不同的犯罪构成）。客体错误阻却行为人对错误的事实承担故意的罪责。对于客体错误，按照行为人意图侵犯的客体定罪。

例6-2（多选）：甲窃取了乙的提包，以为包里装有大量现金，但发现提包里面还有一支手枪。对于甲的行为的定性，下列表述正确的有（　　）。

A. 甲构成盗窃罪　　　　　　　　　　B. 甲的行为属于客体错误

C. 甲构成盗窃枪支罪　　　　　　　　D. 甲的行为属于法律认识错误

【讲解】A、B项表述中，甲原本具有盗窃普通财物的故意，但却发现盗窃的是特殊财物——手枪，盗窃普通财物和盗窃手枪分属于不同犯罪构成——盗窃罪和盗窃枪支罪，甲的行为属于客体错误。C项表述中，对于客体错误，按照意图侵犯的客体定罪，甲意图侵犯的客体是普通财物所有权，应当认定为盗窃罪。D项表述中，甲对"盗窃"这一法律性质没有认识错误。

【答案】AB

※【重点难点】对象错误是指行为人预想侵犯的对象与行为人实际侵犯的对象在法律性质上是相同的（属于同一犯罪构成要件）。对于对象认识错误的，根据"法定符合说"，行为人的行为没有超出同一犯罪构成所侵犯对象的范围，也没有使犯罪客体的性质发生变化，因此对象认识错误不影响对行为性质的认定。客体错误不同于对象错误：客体错误的事实分属不同的犯罪构成，对象错误的事实属于同一犯罪构成。

例6-3（单选）：甲、乙等人夜晚在某居民小区寻衅滋事，遭该小区保安的追赶。甲在奔跑中感觉背后有保安追赶上来，拔刀转身朝后面的身影刺去，结果刺死了紧随其后的同伙乙。甲的行为属于（　　）。

A. 客体错误　　　　B. 对象错误　　　　C. 正当防卫　　　　D. 自救行为

【讲解】A、B项表述中，甲刺死的无论是保安还是乙，都没有超出故意杀人罪的同一犯罪构成，因而属于对象错误，倘若分属于不同犯罪构成，才是客体错误。C项表述中，本案没有不法侵害发生，也不是基于保护合法权利免受不法侵害的目的，缺乏构成正当防卫的起因条件和主观条件，不属于正当防卫。D项表述中，自救行为以保护合法权利为前提，本案不存在这种前提。

【答案】B

※【重点难点】手段错误，也称为工具错误，是指行为人对犯罪手段发生误用。换言之，行为人意图使用的工具足以造成危害结果，但是由于行为人对工具存在错误认识，而实际使用了不能导致危害结果发生的工具。对于手段认识错误的，不影响故意的罪过性质，但由于没有得逞，属于犯罪未遂。

例6-4（多选）：下列选项中，属于手段错误的情形有（　　）。

A. 甲用罂粟壳作为火锅底料以招揽生意　　B. 乙误把白糖当作砒霜毒杀人

C. 丙错将窝藏行为误认为包庇行为　　　　D. 丁误将茶水当作食用油实施放火行为

【讲解】A项表述中，甲对用罂粟壳作为火锅底料这一事实并不存在事实认识错误，也就无所谓手段错误。B项表述中，乙本想毒死人，但由于用错工具，导致不可能毒死人，属于手段错误。C项表述中，将窝藏误以为包庇，是将此罪误以为彼罪，属于法律认识错误。D项表述的情形道理同B项。

【答案】BD

※【重点难点】行为偏差（目标打击错误）是指行为人预想打击的目标与实际打击的目标不一致。对行为偏差一般采取法定符合说，即适用对象辨认错误的认定方法解决。假如预想打击的目标与实际打击的目标在法律规定的范围内一致，不妨碍行为人对误击的目标承担故意罪责；假如在法律规定的范围内不一致，则阻却对误击的目标承担故意罪责。值得一提的是，行为偏差实际侵犯的对象既可以属于同一犯罪构成，也可以分属不同犯罪构成。（1）行为偏差和客体错误的关系：客体错误实际侵犯的对象在法律性质上分属不同的犯罪构成。行为偏差实际侵害的对象也可以分属不同

的犯罪构成，这称之为"预想打击的目标与实际打击的目标在法律规定的范围内不一致"的情况。但二者有别：客体错误是行为人主观辨认错误造成的，而行为偏差不存在主观辨认错误，而是因客观能力不足（如枪法不准）造成的；客体错误按照意图侵犯的客体定罪，对于认识错误的事实不仅不承担故意的罪责，而且也不再评价，而行为偏差只是阻却对误击的目标承担故意罪责，但并不阻却过失犯罪，应当依据想象竞合犯从一重罪处断。（2）行为偏差和对象错误的关系：对象错误实际侵犯的对象在法律性质上属于同一犯罪构成。行为偏差实际侵犯的对象也可以属于同一犯罪构成，这称之为"预想打击的目标与实际打击的目标在法律规定的范围内一致"的情况。二者的关键区别是：对象错误都是因行为人主观上辨认错误造成的，而行为偏差是因行为人客观上能力不足造成的。

例6-5（单选）：张某举枪射击甲，但由于头一次杀人，举枪射击时，手不断颤抖，最终没有瞄准，但却击中甲身旁不远处的乙，导致乙死亡。甲的行为属于(　　)。

A. 客体错误　　　　B. 对象错误　　　　C. 手段错误　　　　D. 行为偏差

【讲解】张某并不存在主观辨认上的错误（并没有认错人），只是由于心里害怕导致客观能力不足（枪法不准），结果导致误击（杀错人），属于行为偏差。

【答案】D

※**【重点难点】**因果关系认识错误是指行为人对自己的行为和所造成的结果之间因果关系的实际情况发生误认。因果关系认识错误的情形包括：（1）行为造成了预定的结果，但误以为没有造成该结果。（2）行为没有造成预定的结果，但误以为造成了该结果。（3）知道行为已经造成了预定的结果，但对造成结果的原因有误解。

例6-6（单选）：甲交通肇事将路人乙撞成重伤，但甲因天气雾霾大而误以为没有撞着人，便开车而去。甲的行为属于(　　)。

A. 手段错误　　　　B. 行为偏差　　　　C. 因果关系错误　　　　D. 对象错误

【讲解】甲将路人乙撞成重伤，造成了预定的结果，但甲误以为没有造成危害结果，换言之，乙的重伤结果是由甲的危害行为造成的，这种因果关系是存在的，但是甲却误认为不存在因果关系，甲的行为属于因果关系错误。

【答案】C

※**【重点难点】**关于事实上的认识错误，有两点须注意：（1）下列情形属于广义上的事实认识错误，但不成立故意犯罪，仅存在有无犯罪过失的认定问题：①误用了对象或方法造成损害后果。人们在日常生活或者工作中，可能因为误认了对象或误用了方法而造成损害后果。例如，在狩猎过程中误将人当作野兽而杀伤的。②误认事实造成损害结果（行为性质错误）。行为人可能因为误认了事实，如误将便衣警察的盘查认作罪犯打劫，而误认为自己的行为性质是正当的、合法的，常见的如"假想防卫""假想避险"的情形。这类错误也属于广义上的事实认识错误。上述两种情形中，因为行为人本来就没有犯罪故意，所以不成立故意犯罪，仅存在有无犯罪过失的认定问题。值得一提的是，由于事实认识错误采取"法定符合说"，而"法定符合说"并不排除故意罪责，这是"法定符合说"的基本原理，因此，对于上述事实认识错误的情形，只能作为"法定符合说"的例外情形处理。（2）行为人在故意犯罪中发生认识错误，但既没有造成预期的犯罪结果，也未能造成预期之外的犯罪结果的，则属于不能犯的问题，没有必要适用事实认识错误的理论来解决或认定这些问题，亦即不属于事实认识错误。例如，甲在夜晚谋杀乙时，把乙宅院内拴在树下的驴的影子误认为乙的身影，开枪射击，没有造成任何结果。

例6-7（多选）：医生甲在医疗过程中因发错药而导致住院病人乙死亡。对此，下列表述正确的是(　　)。

A. 甲的行为构成过失致人死亡罪　　　　B. 甲的主观心态属于疏忽大意过失

C. 甲的行为属于因果关系错误　　　　D. 甲的行为属于事实认识错误

【讲解】A、B项表述中，甲的主观心理状态属于疏忽大意过失，在疏忽大意"过失"中，有一般过失和业务过失之分，本题表述的是业务过失，医生肯定是"应当预见"的，因"未能预见"造成病人死亡的，构成过失致人死亡罪。C项表述中，在行为与死亡结果之间，甲不存在认识错误。D项表述中，按照"法定符合说"，事实认识错误不排除故意罪责，换言之，构成故意犯罪是"法定符合说"坚持的前提。本案中，甲构成过失犯罪，不应当属于事实认识错误。不过，D项表述的情形属于"法定符合说"的例外，应当认定为属于事实认识错误的特殊情形。

【答案】 ABD

例6-8（多选）： 下列选项中，属于事实认识错误的情形是（　　）。

A. 甲将男人孙某误以为是女人而实施"奸淫"

B. 乙将仇人常某勒昏，乙误以为常某已死而将常某陈尸河底

C. 丙误以为小红（女）是小丽（女）而予以奸淫

D. 丁误以为仇人的尸体是活人而开枪"杀害"

【讲解】 A、D项表述属于不能犯，没有产生任何危害结果，不是事实认识错误。B项表述属于事实认识错误中的因果关系错误。C项表述属于事实认识错误中的对象错误。

【答案】 BC

 例题拓展

例6-9（单选）： 甲为杀害仇人乙而在偏僻处埋伏，见一黑影过来，以为是乙，便开枪射击。黑影倒地后，甲发现死者竟然是自己的父亲。事后查明，甲的子弹并未击中其父亲，其父亲患有严重心脏病，因听到枪声后过度惊吓死亡。关于甲的行为，下列表述正确的是（　　）。

A. 甲构成故意杀人罪未遂　　　　B. 甲的行为构成过失致人死亡罪

C. 甲的行为属于对象错误　　　　D. 甲的行为与其父的死亡之间不存在因果关系

【讲解】 A、B、C项表述中，按照"法定符合说"，事实认识错误排除故意罪责，因而甲的行为不构成过失致人死亡罪。但不论甲击打的目标是仇人乙，还是其父亲，并没有超出故意杀人罪的同一犯罪构成，属于对象错误，不影响故意杀人罪既遂的认定。针对D项表述，这道题存在对象错误和因果关系错误两种事实认识错误。甲故意杀乙时，误将自己的父亲认为是仇人乙，这是对象错误。甲的父亲听到枪声后受到惊吓，心脏病发作而死，这属于被害人特异体质的因果关系问题，对于在特定条件下的行为所导致的结果发生（包括被害人有特异体质），应当认定存在因果关系。

【答案】 C

例6-10（单选）： 关于事实认识错误，下列表述正确的是（　　）。

A. 甲本欲电话诈骗乙，但拨错了号码，对接听电话的丙实施了诈骗，骗取丙大量财物，甲的行为属于对象错误，成立诈骗罪既遂

B. 甲本欲枪杀乙，但由于未能瞄准，将乙身边的丙杀死，甲的行为成立过失致人死亡罪

C. 甲本欲盗窃仓库中枪支，但回家发现所盗木箱中装满弹药，甲的行为属于客体错误

D. 甲将丙的照片交给杀手乙，让乙杀丙，但乙误将丁当成丙予以杀害。甲、乙的行为属于对象错误

【讲解】 A项表述中，甲本欲诈骗乙，但却诈骗了丙，无论诈骗谁，都没有超出诈骗罪的同一犯罪构成，构成诈骗罪既遂，属于对象错误。B项表述中，属于事实认识错误中的行为偏差，不影响故意犯罪既遂的认定。C项表述中，《刑法》第127条规定了盗窃、抢夺枪支、弹药、爆炸物、危险物质罪，可见，无论盗窃的是枪支还是弹药，都没有超出盗窃枪支、弹药、爆炸物、危险物质罪的同一犯罪构成，属于对象错误，而不是客体错误。需要注意的是，选择性罪名仅限于行为或者对象的选择，一般包括三种情况：（1）行为是选择的，对象是单一的，如《刑法》第363条规定的制作、复制、出版、贩卖、传播淫秽物品牟利罪；（2）行为是单一的，对象是选择的，如《刑法》第369条规定的破坏武器装备、军事设施、军事通信罪；（3）行为和对象均是选择的，如《刑法》

第 280 条规定的伪造、变造、买卖国家机关公文、证件、印章罪。对于行为选择的错误，例如，将窝藏误以为包庇的，属于法律认识错误中的误以此罪为彼罪。但是，属于行为对象认识错误的，则属于事实认识错误中的对象错误。例如，误以为是枪支而盗窃，但客观上盗窃了弹药的，由于没有超出盗窃枪支、弹药罪的同一犯罪构成，因此属于对象错误。D 项表述中，甲主观上并没有辨认错误，但由于客观能力不足（选的杀手不合格）导致杀错人，属于行为偏差。实行犯乙主观上想杀丙，但误杀了丁，这属于主观辨认错误，属于对象错误。D 项表述的甲、乙的行为属于对象错误是不正确的。

【答案】A

专题七 故意犯罪的停止形态

※【重点难点】(1) 只有故意犯罪而且只有直接故意犯罪才存在未完成形态即预备、未遂、中止等停止形态。同时，在直接故意犯罪中，也并非都存在这些停止形态。大多数直接故意犯罪都存在停止形态，但少数犯罪不存在这些停止形态。例如，有的犯罪有预备和中止，但没有未遂，如煽动分裂国家罪、煽动暴力抗拒法律实施罪等。再如，对于举动犯，不存在犯罪未遂，但有犯罪预备、中止形态。(2) 间接故意和过失犯罪不存在完成形态和未完成形态，仅仅存在罪与非罪的问题。

例 7－1（单选）：下列关于犯罪形态的说法，正确的是（　　）。

A. 过失犯可以成立预备犯　　　　　　B. 直接故意犯罪都有未遂形态

C. 间接故意犯罪可以成立未遂犯　　　D. 未完成形态存在于直接故意犯罪中

【讲解】A 项表述中，过失犯罪不存在预备、未遂、中止等未完成形态。B 项表述中，未遂形态只能存在于直接故意犯罪中，但并非直接故意犯罪都存在未遂形态，举动犯就没有未遂形态。C 项表述中，间接故意犯罪不存在未完成形态。D 项表述中，预备、未遂、中止等未完成形态只能存在于直接故意犯罪中。

【答案】D

※【重点难点】犯罪既遂是指犯罪人的行为完整地实现了刑法分则条文所规定的全部犯罪构成的事实。犯罪既遂是犯罪的完成形态。从判断犯罪既遂的标准分析，我国刑法分则采取构成要件（齐备）说，大体上，刑法分则对犯罪既遂的认定可以分为实害犯、危险犯、行为犯（包括举动犯）三种情况：(1) 实害犯。对于实害犯，行为必须已造成法定的实害结果才是犯罪的既遂。例如，故意杀人罪以死亡为既遂；绑架罪以绑架控制行为完成、人质被控制住，脱逃显著困难为既遂；抢劫罪以取财或造成被害人轻伤以上后果为既遂；盗窃罪，对于一般财物，以失控加控制为既遂标准，对于无形财产，以控制为既遂。(2) 危险犯（具体危险犯）。危险犯的既遂标准是行为人实施的危害行为造成法律规定的发生某种危害结果的现实危险状态。只要行为足以造成某种严重后果发生的危险（危险状态），就是该罪的既遂。典型的危险犯如危害公共安全罪中的放火罪、决水罪、爆炸罪、投放危险物质罪、以危险方法危害公共安全罪、破坏交通工具罪、破坏交通设施罪、破坏电力设备罪等。对于危险犯的既遂，例如，放火罪的既遂采取独立燃烧说，即引火物离开目的物，目的物达到独立燃烧的程度作为本罪的既遂；破坏交通工具罪，以足以使交通工具发生倾覆、毁坏作为本罪的既遂。(3) 行为犯。行为犯是只要实施某种犯罪行为即告既遂。这类犯罪的既遂并不要求造成物质性的和有形的实害结果或危险结果，而是以行为完成为标志。诬告陷害罪，刑讯逼供罪，绑架罪，拐卖妇女、儿童罪，脱逃罪等，都是行为犯。举动犯也属于行为犯，如参加恐怖活动组织罪、煽动分裂国家罪等。对既遂犯，按照刑法分则条文规定的法定刑处罚。

例 7－2（单选）：下列关于犯罪既遂的说法，正确的是（　　）。

A. 只要达到犯罪目的就构成犯罪既遂　　B. 危险犯的既遂不要求实际危害结果的发生

C. 犯罪行为实行完毕就构成犯罪的既遂　　D. 参加黑社会性质组织罪属于预备犯

【讲解】针对A项表述，我国《刑法》对犯罪既遂的认定标准采取构成要件齐备说，而不是以犯罪目的是否达到作为既遂标准。例如，脱逃罪的目的即便没有达到，但如果符合刑法分则规定的既遂标准，也可以构成犯罪既遂。B项表述中，危险犯的既遂标准是行为人实施的危害行为造成法律规定的发生某种危害结果的现实危险状态，不要求实际危害结果的发生。只要行为足以造成某种严重后果发生的危险（危险状态），就是该罪的既遂。C项表述中，犯罪行为实行完毕未必就是犯罪既遂，行为犯在犯罪行为实行完毕可以构成既遂，但实害犯和结果犯的既遂并不以行为实行完毕为既遂标准。D项表述中，"参加"在本质上属于预备行为，但刑法分则将其规定为实行行为（刑法分则规定的故意犯罪形态都是实行形态），此为"预备行为实行化"。

【答案】B

例7-3（多选）：下列选项中，成立犯罪既遂的是（　　）。

A. 甲违章驾驶机动车，撞死2人、撞伤5人后逃逸

B. 乙乘夜抢劫一女子，但分文未得，气急败坏之下将该女子打成重伤

C. 丙生产伪劣产品，货值金额达到30万元，但尚未销售就被查处

D. 保姆丁窃取雇主家里相机一台（价值3万元），将其藏在雇主家外的某隐蔽场所

【讲解】A项表述中，甲构成交通肇事罪，交通肇事罪为过失犯罪，过失犯罪无所谓既遂，仅存在罪与非罪的问题。B项表述中，乙构成抢劫罪，劫财未得或者造成被害人轻伤以上后果之一的，即构成抢劫罪既遂。针对C项表述，根据《最高人民法院、最高人民检察院关于办理生产、销售伪劣商品刑事案件具体应用法律若干问题的解释》的规定，生产、销售伪劣产品的数额已经达到5万元的，即构成生产、销售伪劣产品罪的既遂，未达到5万元这一数额的，属于一般违法行为。伪劣产品尚未销售，货值金额达到销售金额3倍（15万元）以上的，以生产、销售伪劣产品罪（未遂）定罪处罚。针对D项表述，丁构成盗窃罪，对于盗窃罪既遂和未遂的认定标准，如果属于一般财物，采取失控加控制说，如果属于无形财产，采取控制说。保姆丁偷去的是一般财物，采取失控加控制说，即被害人失去财物的控制后，犯罪人控制住财物。D项表述中，保姆丁已将财物挪出雇主的家，雇主对财物已经失去控制，且财物被丁所控制，是盗窃罪既遂。

【答案】BD

※【重点难点】由于犯罪既遂是犯罪的终结，犯罪既遂后不再成立犯罪未遂、犯罪中止，事后退赃、退赔、挽救损失应认定为悔罪情节，不影响犯罪既遂的成立，只可能影响量刑。

例7-4（单选）：陈某趁珠宝柜台的售货员接待其他顾客时，伸手从柜台拿出一个价值5 000元的金戒指，攥在手中，然后继续假装观看柜台。几分钟后，售货员发现少了一个戒指并怀疑陈某，便立即报告保安人员。陈某见状，速将戒指扔回柜台后逃离。陈某的行为应认定为（　　）。

A. 盗窃罪既遂　　　B. 盗窃罪预备　　　C. 盗窃罪未遂　　　D. 盗窃罪中止

【讲解】对于盗窃罪既遂和未遂的认定标准，如果属于一般财物，采取失控加控制说，如果属于无形财产，采取控制说。对于一般财物，如果属于小件物品，行为人将财物握在手里、放入口袋、藏入怀中、夹在腋下，即为既遂；如果属于大宗物品，移出特定控制范围即为既遂，如搬出商店、带出工厂、挪到门外等。

【答案】A

例7-5（多选）：下列情形应当认定为犯罪既遂的有（　　）。

A. 甲为勒索赎金而绑架控制了一孩童，因该孩童哭闹而将其送回家门口

B. 乙在火车铁轨上已放好大石块，试图颠覆火车，但在火车到达前一刻又主动将石头移除，避免了倾覆事故的发生

C. 国家工作人员丙挪用公款5万元用于孩子学费，在4个月后主动归还了该公款

D. 丁明知陈某意图盗窃，仍为其提供仓库钥匙。第二天，丁后悔，向陈某索回钥匙，陈某将配置的假钥匙冒充真钥匙归还给丁，丁不知。陈某利用丁提供的钥匙打开仓门从仓库中窃取大量财物

【讲解】A项表述构成绑架罪既遂，至于归还孩童，应认定为犯罪既遂之后的悔罪。B项表述中，乙避免火车倾覆危险的发生，属于破坏交通工具罪的犯罪中止。C项表述中，构成挪用公款罪的既遂，至于事后归还公款的行为，不影响既遂的成立。D项表述中，丁未能客观有效地阻止陈某盗窃行为的发生，不是犯罪中止，而是犯罪既遂。

【答案】ACD

※**【重点难点】**为了犯罪，准备工具、制造条件的，是犯罪预备。对于预备犯，可以比照既遂犯从轻、减轻处罚或者免除处罚。犯罪预备具有以下三个特征：(1) 行为人主观上具有为了便利实行、完成某种犯罪的主观意图。(2) 客观上犯罪人进行了准备工具、制造条件等犯罪的预备活动。(3) 犯罪的预备行为由于犯罪分子意志以外的原因被阻止在犯罪的准备阶段，未能进展到着手实行犯罪。具言之：①犯罪预备终结于预备阶段，即事实上未能着手实行犯罪；如果已经着手实行了犯罪，就不可能是犯罪预备。②未能着手实行犯罪是由于行为人意志以外的原因。所谓意志以外的原因，是指足以阻止其犯罪意志、迫使其不得不停止预备行为、不再继续实行犯罪的各种主客观因素。

例7-6（单选）：甲预谋偷录乙受贿事实，以迫使乙交付大量钱财。一日，甲得知乙在宾馆接受他人大额贿赂，便携带袖珍录音录像设备到宾馆拍录。到宾馆后，发现乙并未在宾馆，甲便悻悻而归。甲的行为属于(　　)。

A. 犯罪既遂　　　B. 犯罪预备　　　C. 犯罪未遂　　　D. 犯罪中止

【讲解】甲试图通过偷录偷拍以敲诈钱财，甲的行为构成敲诈勒索罪。需要注意的是，甲的行为并非构成抢劫罪，因为抢劫罪是通过暴力、胁迫或者其他方法当场劫财，而本案表述的情形并非采取暴力、胁迫或者其他方法当场劫财，仅是通过偷拍偷录的事实进行敲诈，是敲诈勒索罪。甲为敲诈作了准备，敲诈勒索还没有进行到实行阶段便被阻止，属于犯罪预备。

【答案】B

例7-7（单选）：下列情形中，属于犯罪预备的是(　　)。

A. 甲以出卖为目的，买到一婴儿，但尚未出手即被抓获

B. 乙为炸死仇人而制造了大量炸药

C. 丙为毒死妻子而在水杯中下毒，但念于夫妻情分，便偷偷将毒药倒掉

D. 丁组织多人从事卖淫活动

【讲解】A项表述中，甲构成收买被拐卖的儿童罪。对于以出卖为目的，收买被拐卖的妇女、儿童的，属于拐卖妇女、儿童的预备行为，但刑法分则将其规定为独立的犯罪的，则不能认定为拐卖妇女、儿童罪的预备行为，而应认定为收买被拐卖的妇女、儿童罪的实行行为，属于收买被拐卖的妇女、儿童罪的既遂。B项表述中，乙为炸死仇人而制造了大量炸药，但还没有实施刑法分则规定的杀人的实行行为，因而是故意杀人罪预备。C项表述中，属于预备阶段的犯罪中止。D项表述属于组织卖淫罪的犯罪既遂。

【答案】B

※**【重点难点】**犯罪预备不同于犯意表示。犯意表示停留在思想表露的范畴，而不是任何犯罪行为，对外界不发生现实的影响，故不认为是犯罪。而犯罪预备越过了思想认识阶段，实施了为犯罪准备工具、制造条件的行为，并有进一步发展至犯罪的实行的可能，在重视犯罪预防的背景下，具有一定的可罚性，故刑法将其确立为一种犯罪的未完成形态。

例7-8（单选）：下列情形中，属于犯意表示的是(　　)。

A. 甲通过发送短信方式向不特定社会公众募集资金

B. 乙发邮件邀请同事共谋监守自盗事宜

C. 丙向其朋友表示要抢劫银行

D. 丁为杀人而购买一把菜刀

【讲解】A项表述中，甲的行为已经逾越思想认识阶段，属于非法吸收公众存款罪的实行行为，而非犯意表示。B项表述中，对于共谋行为、邀请共犯人、谋划犯罪计划等，都属于逾越思想认识

阶段的犯罪预备行为。C项表述中，丙的表示还没有跨越思想认识阶段，也没有实施任何行为（包括预备行为和实行行为），属于犯意表示。D项表述中，丁的行为属于为杀人而进行的预备行为。

【答案】C

※**【重点难点】**预备行为和实行行为的实质区别在于：能否直接侵害犯罪客体。预备行为是犯罪活动在具体犯罪实行行为以前停止下来，而实行行为则是行为人已经着手实行犯罪。例如，为实施故意杀人这个实行行为而配置毒药，配置毒药的行为本身是不可能造成人死亡的，刑法分则也没有将配置毒药的行为规定为故意杀人罪的实行行为，亦即，配置毒药的行为还没有直接侵犯犯罪客体，因而不是实行行为，而是预备行为。需要注意的是：途中行为（犯罪人尚在前往犯罪地点途中的情况）、尾随行为（行为人尾随被害人伺机侵害的情况）、守候行为（犯罪人埋伏或等候在预定地点准备实施加害行为的情况）、寻找行为（犯罪人公然或秘密寻找预定的犯罪对象欲加害的情况，如提着刀在商场找人）都是预备行为，而不是实行行为，因为上述行为并没有直接侵犯犯罪客体。

例7-9（单选）：下列情形中，属于犯罪的实行行为的的有（　　）。

A. 甲为乘夜抢劫而对作案地点进行地形查看

B. 乙为盗窃钱财而对作案目标进行了长期跟踪

C. 丙为骗得钱财而将被害人的手提包进行调换

D. 丁为谋杀刘某而花20万元雇用杀手

【讲解】A、B、D项表述属于犯罪预备。C项表述中，丙调包的行为属于已经着手诈骗的实行行为，且包已经调换，构成诈骗罪既遂。

【答案】C

※**【重点难点】**已经着手实行犯罪，由于犯罪分子意志以外的原因而未得逞的，是犯罪未遂。对于未遂犯，可以比照既遂犯从轻或者减轻处罚。犯罪未遂具有以下特征：（1）犯罪分子已着手实行犯罪。（2）犯罪未得逞。（3）犯罪未得逞是由于犯罪分子意志以外的原因。所谓犯罪分子意志以外的原因，是指违背犯罪分子本意的原因。犯罪未得逞并不是犯罪分子自愿的，而是由于不可克服的客观障碍造成的。犯罪分子意志以外的原因主要有：第三者的阻力、自然力的阻力、物质的障碍、犯罪人能力不足、认识发生错误等。

例7-10（多选）：下列选项中，属于已经着手实行犯罪的情形有（　　）。

A. 甲在夜间跟踪秦某（女），找机会实施奸淫

B. 乙举刀追杀仇人宋某，但在举刀砍宋某时被警察抓获

C. 丙在路上发现仇人胡某，便举刀走过去杀胡某，但在10米外被警察拦住

D. 丁进入银行抢劫，因未能打开保险柜而一无所获

【讲解】A项表述中，甲跟踪秦某，为实施奸淫做准备，尚未着手强奸的实行行为，属于预备行为。B项表述中，乙举刀杀宋某，直接侵犯犯罪客体，应当认定为故意杀人罪的着手，由于意志以外的原因没有得逞，属于故意杀人罪未遂。C项表述中，丙的行为尚不能即刻直接侵害生命，不能认定为故意杀人罪的实行行为。要注意B项和C项的案情差别。D项表述中，丁已经着手抢劫银行的实行行为，构成抢劫罪未遂。

【答案】BD

例7-11（单选）：甲欲枪杀仇人乙，但早有防备的乙当天穿着防弹背心，甲的子弹刚好打在防弹背心上，乙毫发无损。甲见状一边逃离，一边说："我早晚会收拾你。"甲的行为属于（　　）。

A. 犯罪未遂　　　　B. 犯罪既遂　　　　C. 犯罪预备　　　　D. 犯罪中止

【讲解】甲已经着手实施杀人行为，但由于意志以外的原因而未得逞，属于犯罪未遂。

【答案】A

例7-12（多选）：下列行为中，属于犯罪未遂的有（　　）。

A. 甲试图杀死妻子，便在饭碗中下毒，甲的妻子中毒后被邻居发现送往医院获救

B. 乙为制造火车颠覆事故，试图在铁轨上安放定时炸弹，在安放之际，被巡道员发现制止

C. 丙乘夜抢劫乙，但发现乙是熟人，便以开玩笑为由放弃抢劫

D. 丁入室行窃，听到门外有脚步声，误认为有人回家不能盗窃而逃走，实际上是风吹物落的声音

【讲解】犯罪未遂是因犯罪分子意志以外的原因而未得逞的犯罪形态，意志以外的原因很多。A、B项：此为第三者的介入致使犯罪未遂。C项：此为认识发生错误导致的犯罪未遂。D项：此为主观认识错误及自然力的原因导致的犯罪未遂。

【答案】ABCD

※【重点难点】犯罪未遂的分类。(1) 根据犯罪实行行为是否完成，可以将犯罪未遂区分为实行终了的未遂和未实行终了的未遂。实行终了的未遂，是指行为人把实现犯罪意图必要的行为实施完毕的未遂。未实行终了的未遂，是指行为人没有把实现犯罪意图必要的行为实施完毕的未遂。(2) 根据犯罪实行行为能否实际达到既遂状态，可以将犯罪未遂区分为能犯未遂和不能犯未遂。能犯未遂，是指有可能达到既遂的未遂。不能犯未遂，是指因事实认识错误，不可能达到既遂的未遂。不能犯未遂根据表现形式的不同，又可以分为：①工具（手段、方法）不能犯的未遂，是指犯罪人由于认识错误而使用了按其客观性质不能实现行为人犯罪意图，同时也不能构成既遂的犯罪工具，以致犯罪未遂。②对象不能犯的未遂，是指由于行为人的错误认识，使得犯罪行为所指向的犯罪对象在行为时不在犯罪行为有效作用范围内，或者具有某种属性，而使得犯罪不能既遂，只能未遂。

例 7-13（多选）：甲乘夜进入某机关财务室行窃，甲撬开保险柜后，发现保险柜里面没有现金，甲悻悻而去。关于甲的行为的定性，正确的是（　　）。

A. 甲的行为属于不能犯未遂
B. 甲的行为属于事实认识错误
C. 甲的行为属于未实行终了的未遂
D. 甲的行为可以比照盗窃罪（既遂）从轻或者减轻处罚

【讲解】A项表述中，甲的行为属于不能犯未遂中的对象不能犯未遂。针对B项表述，按照《考试分析》的观点，甲的行为不属于事实认识错误。C项表述中，甲的盗窃行为已经实施完毕，是实行终了的未遂。D项表述中，根据《刑法》第 23 条第 2 款规定，对于未遂犯，可以比照既遂犯从轻或者减轻处罚。

【答案】AD

※【重点难点】在犯罪过程中，自动放弃犯罪或者自动有效地防止犯罪结果发生的，是犯罪中止。对于中止犯，没有造成损害的，应当免除处罚；造成损害的，应当减轻处罚。犯罪中止的特征（成立条件）有：(1) 时间性：在犯罪过程中。(2) 自动性：自动放弃犯罪或者自动有效地防止犯罪结果发生。(3) 客观有效性：中止不仅仅是良好的愿望，还应当有客观的放弃犯罪或防止犯罪结果发生的实际行动，并有效地防止犯罪结果发生。

例 7-14（单选）：甲用枪杀害乙，连开两枪未击中后，本还能继续开枪将乙杀死，但甲放弃了继续开枪。甲的行为构成（　　）。

A. 犯罪既遂　　　　B. 犯罪预备　　　　C. 犯罪未遂　　　　D. 犯罪中止

【讲解】犯罪明显告一段落归于未遂后，有某种补救行为的，不成立中止。在犯罪过程中，自动放弃可重复加害行为的，可以成立中止。

【答案】D

例 7-15（单选）：下列情形构成犯罪中止的有（　　）。

A. 甲持刀欲前往乙家杀乙，走到乙家门口时，因害怕杀人会判死刑，就放弃杀人念头
B. 乙正欲实施强奸时，听到外面院门响动，以为来人了，即起身逃跑
C. 丙用工具撬开仓库门后，在往外搬运财物时突遇狂风暴雨，丙便停止搬运，打算第二天找机会再来搬运
D. 丁想杀害仇人戊，在瞄准对方正要扣动扳机时发现对方不是戊而是他人，而放弃了犯行

【讲解】自动性即自动放弃犯罪是犯罪中止区别于犯罪预备和犯罪未遂的根本特征。自动放

犯罪的原因很多。A项表述中，甲的行为成立犯罪中止（预备阶段），这是因害怕受到刑罚惩罚而自动中止犯罪。B项表述中，乙放弃犯罪并非出于自动，而是在犯罪实际上能够进行到底，而认为遭遇客观障碍不可能进行到底的情况下，由于做贼心虚而撤离犯罪，不成立犯罪中止。C项表述中，丙只是暂时放弃犯行，等待时机完成犯罪计划，不能认定为犯罪中止，而是犯罪未遂。D项表述中，丁在实施侵害个人专属法益的犯罪时，因为发现对方不是自己所要侵害的对象而放弃犯行的，应认定为杀人未遂，而不能认定为杀人中止。

【答案】A

※【重点难点】自动性是犯罪中止的本质特征，也是它与犯罪预备、犯罪未遂区别的标志。自动性即自动放弃犯罪，与此相对，预备犯、未遂犯是遭遇意志以外的原因而"被迫放弃犯罪"。在把握自动放弃犯罪时，要注意自动放弃犯罪不必一律达到真诚悔悟的程度。犯罪人的真诚悔悟是自动性最典型、最理想的情况，但却不是成立犯罪中止的要件，如果犯罪人经他人规劝或者害怕受到惩罚或报应而自动放弃犯罪的，虽未达到真诚悔悟的程度，但也成立犯罪中止。

例7－16（单选）：甲正在撬保险柜时，其同伙打手机给甲，告知该保险柜中没有钱财，甲信以为真，便离去。实际上，保险柜内储有现金10万元。甲的行为构成（   ）。

A. 犯罪未遂 B. 犯罪预备 C. 犯罪中止 D. 犯罪既遂

【讲解】本案中，甲认为撬开保险柜也不可能既遂，不得不最终放弃，是犯罪未遂，而不是犯罪中止。一般而言，只要行为人认为可能既遂而不愿达到既遂的，即使客观上不可能既遂，也是犯罪中止；反之，只要行为人认为不可能既遂而放弃的，即使客观上可能既遂，也是未遂。

【答案】A

※【重点难点】犯罪中止可以从时间上分为预备阶段的犯罪中止和实行阶段的犯罪中止。预备阶段的犯罪中止，是指发生在预备过程、着手实行犯罪之前的犯罪中止。实行阶段的犯罪中止，是指发生在着手实行犯罪以后的犯罪中止。实行阶段的犯罪中止可细分为未实行终了的中止和实行终了的中止。未实行终了的中止即发生在着手实行犯罪以后、犯罪行为实行终了之前的犯罪中止。实行终了的中止即犯罪行为实行终了、行为人自动有效地防止犯罪结果发生的犯罪中止。

例7－17（单选）：强奸犯甲在着手对被害人实施暴力行为的过程中，由于被害妇女的劝说而放弃了对其进一步要实施的奸淫行为。甲的行为属于（   ）。

A. 预备阶段的中止   B. 未实行终了的中止
C. 实行终了的中止   D. 积极中止

【讲解】强奸犯甲已经着手实行犯罪，不是预备阶段的中止，在着手对被害人实施暴力行为的过程中，基于被害妇女的劝说而放弃了对其进一步要实施的奸淫行为，属于未实行终了的中止、消极中止。《考试分析》没有列出积极中止和消极中止这一分类。消极中止和积极中止是根据对中止行为不同的要求所作的区分。消极中止即犯罪人仅需自动停止犯罪行为的继续实施便可成立的犯罪中止。其行为方式为不作为形式，也就是自动停止犯罪的犯罪中止。预备阶段的中止和未实行终了的中止在大多数情况下都是消极中止。积极的中止即犯罪人不但需要自动停止犯罪的继续实施，而且还需要以积极的作为形式去防止既遂的犯罪结果发生才能成立的犯罪中止。实行终了的中止和少数未实行终了的中止属于积极中止。

【答案】B

例题拓展

例7－18（单选）：下列关于犯罪停止形态的表述，正确的是（   ）。
A. 甲绑架儿童乙后，向其家属勒索赎金未果，甲只好将乙放走，甲成立犯罪未遂
B. 乙基于杀人的故意对陈某实施暴力，见陈某流血不止而心生怜悯，将陈某送往医院救治，

被害人治疗后仍鉴定为重伤。乙的行为属于犯罪中止

C. 丙欲杀杨某，在其水杯中投毒，见杨某喝下后极度痛苦送往医院救治，在途中因车祸，杨某被车撞死。事后查明丙所下毒药未达到致死量。丙的行为属于犯罪既遂

D. 丁参加恐怖组织，后经好友规劝退出了该恐怖组织。丁的行为属于犯罪中止

【讲解】A项表述中，甲构成绑架罪既遂。B项表述中，陈某没有死亡，乙的行为属于犯罪中止。C项表述中，杨某因车祸而死，因果关系中断。需要注意的是，杨某死亡并非毒药致死，没有因果关系，且丙积极救助，因此成立犯罪中止。D项表述中，参加原本为预备性质的行为，但刑法分则规定为实行行为，因此，丁参加恐怖组织，构成犯罪既遂。

【答案】B

例7-19（多选）：甲在乙骑摩托车必经的偏僻路段精心设置路障，欲让乙摔死。丙得知甲的杀人计划后，诱骗仇人丁骑车经过该路段，丁果真摔死。关于本案的定性，正确的是（　　）。

A. 甲的行为属于对象错误　　　　　　B. 甲、丙构成共同犯罪

C. 甲和丙分别构成故意杀人罪既遂　　D. 甲的行为和丁的死亡之间存在因果关系

【讲解】A项表述中，无论是乙死亡，还是丁死亡，都没有超过故意杀人罪的同一犯罪构成，属于对象错误。B项表述中，甲、丙不存在共谋，丙是片面共犯，甲、丙之间不成立共同犯罪，但丙利用甲的行为造成丁死亡，丙可成立间接正犯。C项表述中，甲存在对象错误，不影响故意杀人罪既遂的成立。丙诱骗仇人丁，也构成故意杀人罪既遂。D项表述中，甲存在对象错误，对象错误不影响因果关系的认定。

【答案】ACD

例7-20（案例）：2018年3月的一个夜晚，赵某发现了独自一人晚归的李某，趁着夜色，他一路尾随，直到确定其进入暂住地房屋睡下。一股邪念涌上赵某心头，他一脚踹开李某的房门，以语言威胁，并拉扯李某的衣裤，意欲对其进行奸淫。李某一边喊叫一边挣扎，并告知赵某自己怀有身孕。得知李某怀孕后，赵某放弃了强奸的念头，随即开口索要财物，李某无奈将兜内的零钱全部拿给了他。此时在隔壁睡觉的房东听见有玻璃碎裂的声音，马上开灯查看，随后听见了李某的喊叫声。赵某一看情形不对，抓起李某的手机夺门而出。房东赶过去后报警。赵某逃回暂住地后，发现无人追来遂安下心来，并将手机以300元的价格卖给了某通讯器材经销店。不久赵某被警方抓获。赵某被抓获后，不但对上述事实供认不讳，而且还交代了警方尚未掌握的三年前盗窃商场金项链3枚的事实。

请分析：

（1）赵某的行为性质。并说明理由。

（2）赵某存在哪些量刑情节？并说明理由。

【参考答案】（1）赵某的行为性质及犯罪形态：①赵某闯入李某住所，违背李某意志，使用暴力、胁迫手段强行奸淫妇女，其行为已构成强奸罪。②赵某以非法占有为目的，使用胁迫手段当场劫取他人财物，其行为已构成抢劫罪，且属于入户抢劫。③赵某已经着手实行强奸行为，在犯罪过程中自动放弃犯罪，其行为属于犯罪中止。④赵某盗窃商场金项链3枚的事实，构成盗窃罪。⑤对赵某应以强奸罪、抢劫罪和盗窃罪实行数罪并罚。

（2）赵某适用的量刑情节：①赵某构成强奸罪中止，应当减轻处罚。②赵某对警方所控事实供认不讳，可以成立坦白，可以从轻处罚。③赵某还交代了警方尚未掌握的三年前盗窃商场金项链3枚的事实，构成特别自首，对赵某可以从轻或者减轻处罚。

专题八　共同犯罪的认定

※【重点难点】构成共同犯罪的条件有：（1）主体条件：有两个以上的犯罪主体。（2）客观要

件：必须具有共同犯罪的行为。(3) 主观要件：具有共同犯罪的故意。

例8-1（多选）：甲为了勒索财物试图绑架丙，甲找到自己的朋友乙共谋，恰好丙欠乙的货款2万元一直没有归还。甲、乙便将丙拘禁。关于本案，下列说法正确的是( )。

A. 甲构成绑架罪
B. 乙构成非法拘禁罪
C. 甲、乙构成绑架罪共同犯罪
D. 甲、乙构成非法拘禁罪共同犯罪

【讲解】 A项表述中，甲以勒索财物为目的将丙绑架，构成绑架罪。B项表述中，乙以索取债务为目的将丙非法拘禁，构成非法拘禁罪。C项表述中，乙没有绑架罪的故意，甲、乙不构成绑架罪的共同犯罪。D项表述中，甲、乙虽不构成绑架罪的共同犯罪，但可在非法拘禁的重合限度内承担共同犯罪的罪责。

【答案】 ABD

例8-2（多选）：甲唆使乙（14岁）盗窃金砖一块，又指使丙（15岁）将20克海洛因卖给吸毒者。关于本案，下列定性正确的是( )。

A. 甲、乙构成盗窃罪的共同犯罪
B. 甲、丙构成贩卖毒品罪的共同犯罪
C. 甲是盗窃罪的间接正犯
D. 丙是贩卖毒品罪的正犯

【讲解】 A、C项表述中，乙已满14周岁不满16周岁，不对盗窃罪负刑事责任，甲、乙不构成盗窃罪的共同犯罪，甲是间接正犯，乙不构成犯罪。B、D项表述中，丙已满14周岁不满16周岁，应对贩卖毒品罪负刑事责任，甲、丙构成贩卖毒品罪共犯，甲是教唆犯，丙是正犯（实行犯）。

【答案】 BCD

例8-3（单选）：甲、乙共谋杀害丙，相约翌日到丙家共同下手将丙杀死；甲如期到丙家，而乙未去，甲一人将丙杀死。关于本案，下列表述正确的是( )。

A. 甲、乙构成故意杀人罪既遂
B. 甲、乙构成故意杀人罪未遂
C. 甲构成故意杀人罪即遂，乙不构成犯罪
D. 甲、乙是故意杀人罪的正犯

【讲解】 A、B、C项表述中，二人以上共谋实行犯罪行为，但只有一部分人实施了犯罪，没有直接实行犯罪的共谋人构成所共谋的共同犯罪的行为。对于共谋行为，未参加实行的，也按照共犯处理。此外，根据"一人既遂，整体既遂"的共犯处理原则，甲、乙都构成故意杀人罪既遂。D项表述中，甲是正犯（实行犯），乙不是正犯。

【答案】 A

※ **【重点难点】** 下列情形貌似共同犯罪，但因缺乏共同故意或故意的内容不一致，不认为是共同犯罪：(1) 过失犯罪不构成共同犯罪。但有特例，即《最高人民法院关于审理交通肇事刑事案件具体应用法律若干问题的解释》（以下简称《交通肇事案件解释》）第5条第2款规定：交通肇事后，单位主管人员、机动车辆所有人、承包人或者乘车人指使肇事人逃逸，致使被害人因得不到救助而死亡的，以交通肇事罪的共犯论处。此为交通肇事罪的"过失共犯"。(2) 把他人当工具利用的不构成共同犯罪。这种情形称为间接正犯或间接实行犯。间接正犯分为两种情况：①利用没有责任能力或没有达到责任年龄的人去实行犯罪的，利用者与被利用者之间不是共犯，利用者为间接正犯。②利用不知情的人的行为。(3) 事前无通谋、事后提供帮助的行为不构成共同犯罪。事前无通谋的窝藏、包庇行为及窝藏、转移、收购、代为销售等掩饰、隐瞒犯罪所得及其产生收益的行为，不属于共同犯罪，应单独予以定罪处罚；但是，如果事前有通谋的，则应成立共同犯罪。(4) 过限行为不构成共同犯罪。实行过限行为是指在共同犯罪中，有共同犯罪人实施了超出共同犯罪故意范围的行为。实行过限行为由实施者个人承担责任，其他人不承担共犯责任。(5) "同时犯"不构成共同犯罪。同时犯是指二人以上同时以各自行为侵害同一对象，但彼此之间无意思联络的情况。(6) 在共同实行的场合，不存在片面共犯。所谓片面共犯，是指对他人犯罪暗中相助的情况。因为受到暗中相助的实行犯不知情，所以不能与暗中相助者构成共犯。但是，对于暗中相助者可按照从犯处理。

例 8-4（单选）：甲、乙共谋盗窃丙家，甲在外放风，乙入户盗窃。乙盗窃得手后被室主丙发现，乙为抗拒抓捕将丙打死。则（　　）。

A. 甲、乙构成抢劫罪共犯　　　　　B. 甲构成抢劫罪，乙不构成犯罪

C. 甲、乙构成必要共同犯罪形式　　D. 甲、乙成立盗窃罪共犯

【讲解】 A、B、D 项表述中，甲、乙共谋盗窃，甲构成盗窃罪，乙入户盗窃，为抗拒抓捕而使用暴力将丙打死，乙构成转化型抢劫罪，对于乙的实行过限行为，甲不负抢劫罪的刑事责任。此外，由于盗窃罪与抢劫罪二罪在盗窃罪的部分出现重合，故认为二人在盗窃罪的范围内成立共同犯罪。其他类似在重合部分成立共同犯罪的情形如：故意杀人罪和故意伤害罪重合于故意伤害罪；强奸罪与强制猥亵、侮辱罪重合于强制猥亵、侮辱罪；绑架罪与非法拘禁罪或者敲诈勒索罪重合于非法拘禁罪或者敲诈勒索罪；非法获取国家秘密罪与为境外窃取、刺探、收买国家秘密罪重合于非法获取国家秘密罪；等等。C 项表述中，甲、乙构成任意共犯形式。

【答案】 D

例 8-5（单选）：甲想通过广告、征订等方式推销其侵犯著作权人乙编写的考研教材，甲还指使事前与甲通谋的经销商丙帮助销售考研教材的复制品，获利达 60 万元。则（　　）。

A. 甲、丙构成侵犯著作权罪共同犯罪

B. 甲构成侵犯著作权罪，丙构成销售侵权复制品罪

C. 甲、丙构成侵犯著作权罪和销售侵权复制品罪共同犯罪，实行数罪并罚

D. 甲、丙构成销售侵权复制品罪共同犯罪

【讲解】 A 项表述中，对于未经著作权人许可，复制发行其文字作品的，构成侵犯著作权罪。根据《最高人民法院、最高人民检察院关于办理侵犯知识产权刑事案件具体应用法律若干问题的解释（二）》的规定，"复制发行"包括复制、发行或者既复制又发行的行为。侵权产品的持有人通过广告、征订等方式推销侵权产品的，属于"发行"。可见，甲构成侵犯著作权罪。丙与甲事前通谋，甲、丙构成侵犯著作权罪的共同犯罪。B 项表述中，由于甲、丙事前通谋，丙不构成销售侵权复制品罪。倘若甲、丙没有事前通谋，丙对甲侵犯著作权的作品予以销售的，才构成销售侵权复制品罪。C 项表述中，根据《最高人民法院、最高人民检察院关于办理侵犯知识产权刑事案件具体应用法律若干问题的解释》的规定，实施侵犯著作权犯罪，又销售该侵权复制品，构成犯罪的，应以侵犯著作权罪定罪处罚，销售侵权复制品的行为不再独立评价；实施侵犯著作权犯罪，又销售明知是他人的侵权复制品，构成犯罪的，应当实行数罪并罚。从本题表述的情形分析，丙销售的侵权复制品并非"他人"的侵权复制品，而是事前通谋行为，丙销售侵权复制品的行为被侵犯著作权罪吸收，不再独立评价。D 项表述的情形，其理由在 A、B、C 项解析中已述及。

【答案】 A

例 8-6（单选）：甲明知乙正在追杀丙，由于甲与丙有仇，便暗中设置障碍物将丙绊倒，乙乘机赶上丙，将丙杀死。甲在角落里目睹了丙被杀的全过程。对于本案，下列表述正确的是（　　）。

A. 甲、乙构成故意杀人罪的共同犯罪　　　B. 甲是主犯，乙是帮助犯

C. 甲是实行犯，乙是片面帮助犯　　　　　D. 甲、乙都是实行犯

【讲解】 A 项表述中，甲、乙属于片面共犯，片面共犯不能认定为共同犯罪。B、C 项表述中，认定为帮助犯须以构成共同犯罪为前提，不能将任何帮助行为都认定为共同犯罪中的帮助犯。既然不存在共同犯罪，也就无所谓主犯、帮助犯。甲、乙的情形属于片面共犯，乙是片面帮助犯。D 项表述中，甲是实行犯，乙并非实行犯，而是片面帮助犯。

【答案】 C

例 8-7（单选）：下列选项中，构成共同犯罪的有（　　）。

A. 乙欲对丙实施强奸行为时，甲在乙不知情的情况下，使用暴力将丙打伤，乙得以顺利实施奸淫行为

B. 医生甲与住院患者丙有仇，甲指使不知情的护士乙给丙注射毒药，致丙死亡，甲、乙构成共同犯罪

C. 甲试图入室盗窃，但苦于无法入室，便求助于乙，并说明用途。乙给甲提供一把万能钥匙，甲凭借这把钥匙，入室窃得大量钱财

D. 甲、乙互不相识，都和丙有仇，碰巧一次同时杀丙，甲开枪没有命中，乙将丙打死，甲、乙是故意杀人罪既遂

【讲解】A项表述的情形为片面共犯，片面共犯不构成共同犯罪。B项表述中，护士乙不知情，甲利用乙犯罪，甲是间接正犯，不构成共同犯罪。C项表述中，甲是盗窃罪的实行犯，乙没有实施刑法规定的盗窃罪的实行行为，不是实行犯，但甲提供了帮助，是帮助犯，甲、乙构成共同犯罪。D项表述中，甲、乙都是实行犯，但没有共同犯意，属于同时犯，同时犯不构成共同犯罪，甲构成故意杀人罪未遂，乙构成故意杀人罪既遂。

【答案】C

例8-8（多选）：甲教唆乙杀丙，乙将丙杀死后，为了焚尸灭迹，放火烧毁了丙家并导致附近多户居民房屋着火，但甲对乙的放火行为毫不知情。则（   ）。

A. 甲构成故意杀人罪

B. 乙构成故意杀人罪、放火罪

C. 甲、乙构成故意杀人罪、放火罪的共同犯罪

D. 对甲应当从重处罚

【讲解】A、B、C项表述中，甲、乙二人只成立故意杀人罪的共同犯罪，就放火罪而言，只能由乙个人单独承担刑事责任，因为乙实施的放火行为属于实行过限行为，甲对放火这一实行过限行为不承担责任。针对D项表述，根据《刑法》第29条第1款，教唆他人犯罪的，应当按照他在共同犯罪中所起的作用处罚。教唆不满18周岁的人犯罪的，应当从重处罚。可见，乙并非不满18周岁的人，对甲不能从重处罚，只能按照他在共同犯罪中所起的作用处罚。

【答案】AB

例8-9（单选）：甲、乙为索债共同将丙非法拘禁，乙外出时，甲单独向丙催债，并将丙打成重伤。则（   ）。

A. 甲构成非法拘禁罪，乙构成故意伤害罪

B. 甲、乙构成非法拘禁罪的共同犯罪，甲还构成故意伤害罪

C. 甲、乙构成故意伤害罪的共同犯罪

D. 甲、乙构成非法拘禁罪和故意伤害罪，对二人应实行数罪并罚

【讲解】甲、乙构成非法拘禁罪的共同犯罪。甲单独使用暴力致使丙受重伤，甲的行为转化为故意伤害罪（转化犯），但乙外出，并没有伤害的实行行为，乙的非法拘禁行为不转化，乙不构成故意伤害罪。

【答案】B

※【重点难点】共同犯罪的形式有：（1）根据共同犯罪是否能够任意形成为标准，可以将共同犯罪分为任意共同犯罪和必要共同犯罪。任意共同犯罪是指二人以上共同构成法律没有限制主体数量的犯罪。刑法分则条文规定的犯罪一般是以单个人犯罪为基准的，所以刑法分则中规定的大多数犯罪都是任意共同犯罪形态。必要共同犯罪是指二人以上共同构成法律规定其犯罪主体是二人以上、必须采取共同犯罪形式的犯罪，包括对向犯和众多犯。对向犯是指以存在二人以上相互对向的行为为要件的犯罪，包括：双方的罪名与法定刑相同的对向犯，例如，重婚罪、代替考试罪；双方的罪名与法定刑不同的对向犯，例如，贿赂罪中的行贿罪与受贿罪；只处罚一方行为的片面对向犯，如贩卖淫秽物品牟利罪，只处罚贩卖者，不处罚购买者。严格地说，由于片面对向犯只处罚一方，因而不是共同犯罪形式。众多犯是指以多人实施向着同一目标的行为为构成要件的犯罪。众多犯包括两种聚众性共同犯罪和集团性共同犯罪。（2）根据共同故意形成的时间为标准，可以将共同犯罪分为事前通谋的共同犯罪和事前无通谋（事中通谋）的共同犯罪。事前通谋的共同犯罪是指共同犯罪人在着手实行犯罪前就已经形成共同故意的共同犯罪。事前无通谋的共同犯罪是指各共同犯罪人的共同故意在着手实行过程中才形成的共同犯罪。（3）根据共同犯罪有无分工为标准，可以将

共同犯罪分为简单共同犯罪和复杂共同犯罪。简单共同犯罪是指各共同犯罪人均参与实行某一犯罪构成要件的行为，即每一个共同犯罪人都是实行犯的共犯形态，故又称为共同实行犯或共同正犯。复杂共同犯罪是指各共同犯罪人在共同犯罪中有所分工，存在着教唆犯、帮助犯和实行犯区别的共犯形态。(4) 根据共同犯罪人之间有无组织形式为标准，可以将共同犯罪分为一般共同犯罪和特殊共同犯罪。一般共同犯罪是指共同犯罪人之间无特殊组织形式的共同犯罪。特殊共同犯罪是指 3 人以上为多次实行某种或几种犯罪而建立起来的犯罪组织，又称为有组织犯罪或犯罪集团。

例 8－10（单选）： 甲教唆乙、丙盗窃银行，丁为乙、丙提供打开银行大门的钥匙。甲、乙、丙、丁的犯罪属于（　　）。

A. 必要共同犯罪　　　B. 简单共同犯罪　　　C. 特殊共同犯罪　　　D. 复杂共同犯罪

【讲解】 简单共同犯罪的共犯人都是实行犯，复杂共同犯罪的共犯人有实行犯，还有帮助犯、组织犯、教唆犯等其他共犯形态。本案中，甲是教唆犯，乙、丙是实行犯，丁是帮助犯，因而是复杂共犯。

【答案】 D

例 8－11（单选）： 下列选项中，构成共同犯罪的有（　　）。

A. 甲从小贩手中购买 100 张淫秽光碟

B. 国家工作人员乙向郑某索取巨额贿赂

C. 丙聚集多人扰乱公共场所秩序和交通秩序，情节严重

D. 丁答应严某，待窃得 5 部手机后，帮助其寻找销路

【讲解】 A 项表述中，对向犯包括只处罚一方行为的片面对向犯，如贩卖淫秽物品牟利罪，只处罚贩卖者，不处罚购买者，因而不构成共同犯罪。B 项表述中，对向犯包括双方的罪名与法定刑不同的对向犯，如行贿罪与受贿罪。受贿罪包括收受贿赂型受贿罪和索贿型受贿罪，对于索贿的，无所谓行贿，因而不构成共同犯罪。C 项表述中，在聚众性共同犯罪中，除了聚众扰乱公共场所秩序、交通秩序罪（《刑法》第 291 条）和聚众阻碍解救被收买的妇女、儿童罪只处罚首要分子外，刑法分则规定的其他聚众犯罪（如聚众扰乱社会秩序罪），都既处罚首要分子，又处罚积极参加者（聚众淫乱罪处的是首要分子和多次参加者）。D 项表述中，丁与严某事前通谋，构成盗窃罪的共同犯罪。

【答案】 D

例 8－12（单选）： 甲、乙夫妇因 8 岁的儿子严重残疾，生活完全无法自理而生活痛苦。某日，甲往儿子要喝的牛奶里放入"毒鼠强"时被乙看到，乙说："这是毒药吧，你给他喝呀？"见甲不说话，乙叹了口气后就走开了。毒死儿子后，甲、乙二人一起掩埋尸体并对外人说儿子因病而死。关于甲、乙行为的定性，下列表述正确的是（　　）。

A. 甲与乙构成故意杀人的共同犯罪　　　B. 甲构成故意杀人罪，乙构成包庇罪

C. 甲构成故意杀人罪，乙构成遗弃罪　　　D. 甲构成故意杀人罪，乙无罪

【讲解】 甲的行为构成故意杀人罪。乙明知甲往儿子的牛奶中放入毒药将会发生儿子死亡的后果，作为监护人的乙并没有制止，没有履行自己应尽的义务，构成不作为的故意杀人罪。而掩埋尸体是甲、乙二人犯罪后隐藏罪行的行为。甲、乙构成故意杀人罪的共同犯罪，其行为方式是作为和不作为的结合。

【答案】 A

例题拓展

例 8－13（多选）： 下列选项中，构成共同犯罪的有（　　）。

A. 甲、乙共谋杀丙，但届时由于乙肚子疼痛而没有前往犯罪地点，由甲一人杀死丙

B. 甲为了勒索赎金而扣押丙，甲的朋友乙得知后帮助甲勒索

C. 甲窃取他人财物后被被害人追赶，乙使用欺骗手段使甲摆脱被害人的追赶，使甲最终获得财物

D. 甲扶着乙的手在树林里的射击场练习射击，结果有一发子弹不小心击中了路过树林的农民丙，致其死亡

【讲解】A项表述中，甲、乙已有共谋，形成了共犯故意，甲、乙均有实行的意图，实行犯罪的只有甲，没有乙，但乙并没有切断自己的事前共谋行为与甲的实行行为之间的联系，应当认定为共同犯罪。B项表述中，事前无通谋共同犯罪的内容中有承继共犯之说。承继的共同正犯，是指前行为人已经实施了一部分正犯行为之后，后行为人以共同实施的意思参与犯罪，并对结果的发生起重要作用的情况。构成承继共犯，必须在犯罪终了之前（如果是状态犯，则在犯罪既遂之前；如果是继续犯，则在继续状态消除之前）。绑架罪属于继续犯，如果人质仍处于控制状态，这意味着犯罪行为没有终了，因而构成承继的共同犯罪。C项表述中，甲的盗窃行为已经既遂，盗窃罪属于状态犯，乙再行加入帮助（不论甲是否知道乙在提供帮助），不构成共同犯罪。D项表述中，过失犯罪不构成共同犯罪。

【答案】AB

例8-14（案例）：2016年5月，方某、魏某共谋到方某工作的单位盗窃职工工资。同年6月4日，二人在一饭店内再次预谋盗窃事宜。6月5日零时，方某骑摩托车带魏某窜至A建筑公司盗窃。魏某在方某的帮助下翻墙入院，进入员工宿舍窃取王某、文某人民币1000余元，后翻墙出院，与在外等候把风的方某会合。方某认为偷的钱太少，就让魏某再次入室盗窃，途中方某将一把匕首交给魏某。魏某再次翻墙入院，在进入另一员工宿舍盗窃时，惊醒了睡觉的员工陶某。魏某被陶某抓住后为逃脱抓捕，遂用匕首朝陶某胸腹部连刺数刀后翻墙逃跑。陶某因心脏、脾脏、肝脏被刺后，失血性休克而死亡。8月15日，方某向公安机关投案，如实供述所实施的行为，公安机关在方某的协助下，将魏某抓获归案。

请结合案情分析下列问题，并说明理由：

（1）方某、魏某的行为性质。

（2）方某、魏某的量刑情节。

【参考答案】（1）方某、魏某的行为性质：①方某与魏某共谋盗窃，从宿舍窃得人民币1000余元，属于入户盗窃，二人构成盗窃罪的共同犯罪。②方某与魏某共同构成抢劫罪。魏某在盗窃被发现后，为抗拒抓捕而使用暴力致使被害人陶某死亡，其入室盗窃和携带凶器盗窃的盗窃行为转化为抢劫罪。在实施第二次盗窃前，方某为魏某提供凶器匕首，其意图在于一旦盗窃被发现时使用匕首拒捕或劫取财物，表明其已考虑到盗窃时可能被发现，需使用暴力或暴力威胁的方法抗拒抓捕，主观上至少对持匕首实施暴力导致他人伤亡存在放任心态。因此，方某主观上存在转化型抢劫的故意。二人具有共同故意的认识，魏某实施的抢劫行为没有超出方某主观故意的范畴，不属于实行过限，方某、魏某构成抢劫罪的共同故意。③对方某和魏某，都应以盗窃罪和抢劫罪实行数罪并罚。

（2）方某、魏某的量刑情节：①魏某是主犯，对于魏某，应当按照其所参与的或者组织、指挥的全部犯罪处罚；方某为魏某抢劫提供帮助（匕首），是从犯，对方某，应当从轻、减轻处罚或者免除处罚（本案适合从轻）。②方某自动投案，如实供述自己罪行，构成自首。③方某协助公安机关抓捕同案犯，构成立功，可以从轻或者减轻处罚。

专题九 共同犯罪的种类及其刑事责任

※【重点难点】我国刑法以共同犯罪人在共同犯罪中所起的作用为主要标准，同时兼顾分工，

将共同犯罪人分为主犯、从犯、胁从犯和教唆犯四种。从作用上看，有主犯、从犯、胁从犯之分；从分工上看，有实行犯、组织犯、教唆犯、帮助犯之分。由于刑法分则不规定任意共同犯罪（组织卖淫罪和协助组织卖淫罪除外），且刑法分则规定的是实行犯，不规定非实行犯，因此，如果刑法分则规定了帮助行为、组织行为和教唆行为的，只能认定为实行行为，此谓"帮助行为实行化""组织行为实行化""教唆行为实行化"。例如，帮助毁灭、伪造证据罪，组织考试作弊罪，帮助信息网络犯罪活动罪，教唆他人吸毒罪，传授犯罪方法罪等，都应当依据刑法分则的规定认定为单独的实行犯，而不能认定为共同犯罪中的组织犯、教唆犯、帮助犯等共同犯罪形态。

例9-1（单选）：关于共同犯罪及各共犯人罪名的认定，下列说法正确的是（　　）。

A. 甲向乙借钱，骗乙说要用钱走私文物，乙信以为真将钱借给甲，甲实际上用于开公司。则乙可以构成走私文物罪的帮助犯

B. 甲向乙借汽车，称要用于对丙实施扣押以索取赌债，乙出借汽车后，甲实际上是用于绑架丙以勒索赎金。则乙构成非法拘禁罪的帮助犯，而非绑架罪的帮助犯

C. 甲成立某夜总会组织多人卖淫，乙被聘请为副总经理，协助管理卖淫女，则乙构成组织卖淫罪的帮助犯

D. 某快餐店店主甲明知乙开设赌场，仍然按照乙的要求每天为该赌场送盒饭，则甲属于开设赌场罪的帮助犯

【讲解】 A项表述中，正犯没有实施不法行为，帮助犯不能成立犯罪。B项表述中，正犯甲声称实施非法拘禁行为，按照共犯从属说（正犯是何种形态及罪名，组织犯、教唆犯、帮助犯等就应是何种形态及罪名，也就是所谓"从属于实行犯"），乙构成非法拘禁罪的帮助犯。甲实际实施的是绑架行为，乙有帮助非法拘禁的故意，而没有绑架的故意，因而不成立绑架罪的帮助犯。C项表述中，刑法分则将协助组织卖淫行为单独规定为犯罪，因而乙的行为是协助组织卖淫罪的正犯，而非组织卖淫罪的帮助犯。D项表述中，送盒饭是对日常生活的帮助，而不是对危害行为的帮助。

【答案】 B

※**【重点难点】** 在共同犯罪中，由于各共同犯罪人协同犯罪，形成了一个整体，所以每一个共同犯罪人都应对共同犯罪的整体行为及其危害结果负刑事责任。换言之，一旦共同犯罪成立，则"一部行为，全部责任"（有因果关系）。关于各类共犯人的刑事责任，根据《刑法》的规定，对于主犯，如果是组织、领导犯罪集团的首要分子，按照集团所犯的全部罪行处罚；其他主犯，应当按照其所参与的或者组织、指挥的全部犯罪处罚。对于从犯，应当从轻、减轻处罚或者免除处罚。对于被胁迫参加犯罪的胁从犯，应当按照他的犯罪情节减轻处罚或者免除处罚。教唆他人犯罪的，应当按照他在共同犯罪中所起的作用处罚。教唆不满18周岁的人犯罪的，应当从重处罚。如果被教唆的人没有犯被教唆的罪，对于教唆犯，可以从轻或者减轻处罚。

例9-2（单选）：甲教唆乙杀丁，丙为乙提供了凶器，乙杀死了丁。对此，下列表述正确的有（　　）。

A. 甲是教唆犯，对甲应当从重处罚

B. 甲、乙、丙形成简单共同犯罪形式

C. 丙是帮助犯，对丙应当从轻、减轻处罚或者免除处罚

D. 甲的教唆行为与丁的死亡之间存在因果关系，但丙的帮助行为与丁的死亡之间不存在因果关系

【讲解】 A项表述中，甲是教唆犯，对甲应当按照他在共同犯罪中所起的作用处罚。B项表述中，甲、乙、丙共同犯罪，但只有乙是实行犯，因而不是简单共同犯罪形式，而是复杂共同犯罪形式。C项表述中，丙是帮助犯，我国刑法仅在从犯中规定了一种帮助犯，即在共同犯罪中起辅助作用的帮助犯，丙为该类从犯，对于丙应当从轻、减轻处罚或者免除处罚。D项表述中，在共同犯罪中，实行犯的行为与危害结果之间存在因果关系，则组织犯、帮助犯、教唆犯等共犯形态与危害结果之间也存在因果关系。

【答案】 C

※【**重点难点**】主犯是指组织、领导犯罪集团进行犯罪活动的或者在共同犯罪中起主要作用的犯罪分子。（1）主犯包括：①组织、领导犯罪集团进行犯罪活动的首要分子。犯罪集团，是指3人以上为共同实施犯罪而组成的较为固定的犯罪组织。只有在认定犯罪集团的前提下才能认定这种类型的主犯。一个犯罪集团的首要分子，可能是1人，也可能不止1人。犯罪集团有一般犯罪集团和特殊犯罪集团之分，对于一般犯罪集团，适用刑法总则的规定，如盗窃集团；对于特殊犯罪集团，适用刑法分则的规定，如恐怖组织、黑社会性质组织。②在犯罪集团或者一般共同犯罪中起主要作用犯罪分子。（2）主犯不同于首要分子：犯罪集团中的首要分子都是主犯，但犯罪集团中的主犯不一定是首要分子。可构成共同犯罪的聚众犯罪中的首要分子是主犯，但不构成共同犯罪的聚众犯罪中的首要分子（当只有一人构成犯罪时），不存在主犯、从犯之分，其中的首要分子当然无所谓主犯。

※【**重点难点**】从犯是指在共同犯罪中起次要或辅助作用的犯罪分子。从犯包括：（1）在共同犯罪中起次要作用的实行犯（次要的实行犯、次要的教唆犯）。（2）在共同犯罪中辅助他人实行犯罪的帮助犯。

例 9 - 3（多选）：下列选项中，应当认定乙的行为属于共同犯罪中的从犯的是（　　　）。

A. 甲、乙共谋盗窃，甲入室行窃，乙则在外面放风

B. 甲窃得大量钱财后，找到乙请求乙协助销赃

C. 甲意欲盗窃他人汽车，让乙提供用于盗窃汽车的钥匙，乙第二天将钥匙交给甲

D. 甲、乙共谋杀丙，甲、乙在不同的方向举枪射击丙，甲打中丙的心脏致丙死亡，乙则击中丙的小腿

【**讲解**】A项表述中，一般而言，放风行为属于帮助行为，乙是从犯。B项表述中，甲构成盗窃罪，甲、乙事前没有通谋，乙的行为属于事后销赃，单独构成掩饰、隐瞒犯罪所得罪。C项表述中，甲是实行犯，乙是帮助犯。D项表述中，甲将丙打死，属于主犯，乙仅击中丙的小腿，属于在共同犯罪中起次要作用的实行犯，是从犯。

【**答案**】ACD

※【**重点难点**】胁从犯是指被胁迫参加犯罪的犯罪分子，即犯罪人是在他人的暴力强制或者精神威逼之下被迫参加犯罪的。被胁从的行为人身体未完全受强制、未完全丧失意志自由。

例 9 - 4（单选）：下列关于共同犯罪人刑事责任的说法，正确的是（　　　）。

A. 对组织、领导犯罪集团的首要分子，应当从重处罚

B. 对于从犯，可以从轻、减轻处罚或者免除处罚

C. 对于被胁迫参加犯罪的，应当按照他的犯罪情节减轻处罚或者免除处罚

D. 如果被教唆的人没有犯被教唆的罪，对于教唆犯，应当从轻或者减轻处罚

【**讲解**】A项表述中，对组织、领导犯罪集团的首要分子，按照集团所犯的全部罪行处罚。B项表述中，对于从犯，"应当"从轻、减轻处罚或者免除处罚。针对C项表述，根据《刑法》第28条的规定，C项表述正确。D项表述中，如果被教唆的人没有犯被教唆的罪，对于教唆犯，"可以"从轻或者减轻处罚

【**答案**】C

※【**重点难点**】教唆犯的刑事责任应当按照如下3种情况确定：（1）教唆他人犯罪的，应当按照他在共同犯罪中所起的作用处罚。这是指被教唆人犯了被教唆的罪的情况。教唆犯如果在共同犯罪中起主要作用的，按照主犯处罚；仅起次要作用的，按照从犯处罚。（2）如果被教唆的人没有犯被教唆的罪，教唆犯独自构成犯罪，但可以从轻或者减轻处罚。这种情形通常称为"教唆（本身）未遂"。"被教唆的人没有犯被教唆的罪"包括以下几种情况：①被教唆的人拒绝教唆犯的教唆的；②被教唆的人虽然接受教唆，但并没有实施犯罪行为的；③被教唆的人虽然接受教唆，但所犯之罪并非被教唆之罪，且二者之间不存在部分重合关系的；④被教唆的人实施犯罪并非教唆者的教唆行为所引起的。（3）教唆不满18周岁的人犯罪的，应当从重处罚。具体而言：①教唆已满16周岁不满18周岁的人犯任何罪，应当从重处罚。②教唆已满14周岁不满16周岁的人犯故意杀人、故意伤害

致人重伤或者死亡、强奸、抢劫、贩卖毒品、放火、爆炸、投放危险物质罪，应当对教唆犯从重处罚。③教唆已满14周岁不满16周岁的人犯《刑法》第17条第2款规定之外的罪，以及教唆不满14周岁的人犯任何罪，应按照间接正犯处理并从重处罚。教唆犯虽然具有独立的犯罪性和可罚性，却不是独立的罪名。对于教唆犯，应当按照所教唆的犯罪确定罪名。

例9-5（多选）： 甲教唆乙盗窃陈某的奔驰汽车，但乙接受教唆后，由于天黑看不清楚误将江某的奔驰汽车盗走。对此，下列表述正确的是（　　）。

A. 甲、乙构成盗窃罪共同犯罪　　　　B. 甲的行为构成教唆未遂

C. 甲、乙的行为属于犯罪既遂　　　　D. 乙的行为属于客体错误

【讲解】 甲教唆乙盗窃陈某的汽车，但由于发生事实认识错误中的对象错误，偷错了对象，由于没有超出盗窃罪的同一犯罪构成，甲、乙构成共同犯罪，且都属于盗窃罪既遂。

【答案】 AC

例9-6（多选）： 甲教唆乙入户盗窃，乙接受教唆后持砍刀乘夜进入丙家盗窃，被丙发现，乙为抗拒抓捕而将丙砍死。对此，下列定性正确的是（　　）。

A. 甲、乙构成抢劫罪共同犯罪　　　　B. 乙构成抢劫罪

C. 甲构成盗窃罪　　　　D. 甲、乙构成盗窃罪共同犯罪

【讲解】 甲教唆乙盗窃，乙实施了盗窃行为，甲、乙构成盗窃罪共同犯罪。乙为抗拒抓捕而将丙砍死，乙的盗窃行为转化为抢劫罪，对于乙的抢劫行为，甲不负刑事责任，但对于重合部分（盗窃罪），二者仍成立共同犯罪。

【答案】 BCD

※**【重点难点】** 共同犯罪与身份：（1）无身份者与有身份者一起共同犯罪的，利用了身份定有身份之罪，没有利用身份定无身份之罪。利用有身份者的身份实施共同犯罪的情形，例如，妻子甲（非国家工作人员）教唆丈夫（国家工作人员），让其利用管理国有资金的职务便利，侵吞单位公款的，由于利用了有身份者的身份，二人构成贪污罪的共同犯罪，乙是正犯，甲是教唆犯。对于利用有身份者的身份的情形，例如，《刑法》第382条第3款规定："与前两款所列人员勾结，伙同贪污的，以共犯论处。"没有利用身份者的身份共同实施犯罪的情形，例如，妻子甲（非国家工作人员）教唆丈夫乙（国家工作人员），让其利用熟悉作案环境的便利，窃取了国有公司出纳丙的钥匙，之后窃取该单位公款的，二人构成盗窃罪共犯而非贪污罪共犯。其中，乙是正犯，甲是教唆犯。（2）不同身份者相互勾结，各自利用各自身份的共同犯罪，以主犯（职权作用大者）身份定罪。《最高人民法院关于审理贪污、职务侵占案件如何认定共同犯罪几个问题的解释》指出："公司、企业或者其他单位中，不具有国家工作人员身份的人与国家工作人员勾结，分别利用各自的职务便利，共同将本单位财物非法占为己有的，按照主犯的犯罪性质定罪。"又如，最高人民法院《全国法院审理经济犯罪案件工作座谈会纪要》（以下简称《经济犯罪案件座谈会纪要》）中进一步明确指出："根据刑法关于共同犯罪的规定，非国家工作人员与国家工作人员勾结，伙同受贿的，应当以受贿罪的共犯追究刑事责任。非国家工作人员是否构成受贿罪共犯，取决于双方有无共同受贿的故意和行为。"不过，也有司法解释在定罪问题上存在倾向性。例如，《经济犯罪案件座谈会纪要》指出："对于国家工作人员与他人勾结，共同非法占有单位财物的行为，应当按照《最高人民法院关于审理贪污、职务侵占案件如何认定共同犯罪几个问题的解释》的规定定罪处罚。对于在公司、企业或者其他单位中，非国家工作人员与国家工作人员勾结，分别利用各自的职务便利，共同将本单位财物非法占有的，应当尽量区分主从犯，按照主犯的犯罪性质定罪。司法实践中，如果根据案件的实际情况，各共同犯罪人在共同犯罪中的地位、作用相当，难以区分主从犯的，可以贪污罪定罪处罚。"据此，该司法解释倾向于以贪污罪定罪处罚。总之，不同身份者相互勾结，各自利用各自的身份共同犯罪，按照主犯的犯罪性质定罪。这里的主犯，是指职权作用大者，亦即对于犯罪的得手有更大作用的身份。职务高者不一定都是主犯。当事务在二者职权范围之内时，以具有高位身份的人为主犯；但事务仅属其中一人的职权范围时，认为该人职权作用大，系主犯。作用一样大或者不能区分作用大小的，按各自的身份定罪。

例9-7（单选）：甲为非国家工作人员，是某国有公司控股的股份有限公司主管财务的副总经理；乙为国家工作人员，是该公司的财务部主管。甲与乙勾结，分别利用各自的职务便利，共同侵吞了本单位的财物100万元。对甲、乙行为的定性，下列表述正确的是（　　）。

A. 甲构成职务侵占罪，乙构成贪污罪　　B. 甲、乙构成职务侵占罪的共同犯罪

C. 甲、乙构成贪污罪的共同犯罪　　　　D. 甲是实行犯，乙是教唆犯

【讲解】 A、B、C项表述中，甲、乙两个共犯人中，甲是"主管财务"的副总经理，乙是财务部主管，二人对于犯罪行为所涉事务都有管理权，则职务高者也就是甲是主犯，甲的身份为非国家工作人员，故二人构成职务侵占罪的共同犯罪，选B项。倘若题目更改为副总经理甲"不主管财务"，就意味着甲对所涉事务没有管理权，则应当"按照特殊主体的身份定罪"，选C项。D项表述中，甲、乙都是实行犯，只不过身份不同。

【答案】 B

※【重点难点】 共同犯罪与犯罪未完成形态：（1）在共同犯罪中，如果全部是正犯（实行犯），那么任何一人造成危害结果，各正犯均应认定为既遂。如果正犯一人既遂，则共犯人整体既遂，当然，适用"一部行为，全部责任"是有条件的，即要求实行行为与危害结果之间存在因果关系。此外，如果整个共同犯罪归于未遂的，全体共同犯罪人也都成立犯罪未遂。如果全体共犯人一致中止犯罪的，自然所有共同犯罪人都成立犯罪中止。（2）在复杂共犯场合，因为除实行犯以外，还存在着组织犯、教唆犯或者帮助犯等非实行犯，这些非实行犯本人不直接实行犯罪，在这种情况下，通常整个共同犯罪的进程是"从属于实行犯"的进程，即实行犯是什么样的犯罪形态，那么非实行犯就是什么样的犯罪形态。（3）共同犯罪成立中止的条件有：①必须具备有效性。②中止的效力仅及于本人，不及于其他人。③缺乏有效性不能单独成立犯罪中止。

例9-8（多选）：甲与乙通奸后共谋毒杀乙的丈夫。为此甲弄来一包砒霜交给乙，由乙伺机下毒。乙因愧疚没有投毒，并到公安机关自首。对此，下列表述正确的是（　　）。

A. 乙的行为属于预备阶段的犯罪中止　　B. 乙的行为属于犯罪未遂

C. 甲的行为属于故意杀人预备　　　　　D. 甲的行为属于故意杀人中止

【讲解】 A、B项表述中，乙伺机下毒，换言之，乙并没有投毒的实行行为，因而不是犯罪未遂，而是预备阶段的犯罪中止。C、D项表述中，乙的行为属于预备阶段的犯罪中止，但甲的行为并非犯罪中止，而是犯罪预备。

【答案】 AC

例题拓展

例9-9（多选）：下列情形中，存在共同犯罪的有（　　）。

A. 甲教唆赵某入户抢劫，但赵某接受教唆后实施拦路抢劫

B. 乙为吴某入户盗窃望风，但吴某入户后实施抢劫行为

C. 非国家工作人员丙教唆国家工作人员孙某收受10万元贿赂，孙某接受了该贿赂

D. 丁买凶杀人，并告诉杀手文某不要造成其他损害，文某采用爆炸手段将被害人炸死，同时炸死炸伤多人，财产损失巨大

【讲解】 A项表述中，甲和赵某实施的行为并没有超出抢劫罪的同一犯罪构成，二人构成抢劫罪的共同犯罪。B项表述中，吴某是实行犯，乙望风，是从犯（帮助犯），二人在重合部分（盗窃罪）构成共同犯罪。C项表述中，国家工作人员与非国家工作人员共同受贿，按照特殊主体的身份定罪，以受贿罪共犯论处，D项表述中，丁买凶杀人，构成故意杀人罪，文某构成爆炸罪，二人在重合部分（故意杀人罪）构成共同犯罪。

【答案】 ABCD

例9-10（多选）： 关于共同犯罪，下列表述正确的是（　　）。

A. 为他人组织卖淫提供帮助的，以组织卖淫罪的帮助犯论处

B. 以出卖为目的，为拐卖妇女的犯罪分子接送、中转被拐卖的妇女的，以拐卖妇女的帮助犯论处

C. 税务人员与纳税人相互勾结，共同实施逃税行为，情节严重的，以逃税罪的共犯论处

D. 明知他人实施侵犯知识产权犯罪，而为其提供生产、经营场所的，以侵犯知识产权罪的共犯论处

【讲解】 A项表述中，为他人组织卖淫提供帮助的，刑法分则规定为单独的实行犯，即以协助组织卖淫罪定罪处罚，而不以组织卖淫罪的帮助犯论处。针对B项表述，根据《刑法》第240条第2款规定，拐卖妇女、儿童是指以出卖为目的，有拐骗、绑架、收买、贩卖、接送、中转妇女、儿童的行为之一的。据此，接送、中转行为属于拐卖妇女的实行行为，应以拐卖妇女罪的正犯论处，而不应认定为帮助犯。针对C项表述，根据相关司法解释，税务人员与纳税人相互勾结，共同实施逃税行为，情节严重的，以逃税罪的共犯论处。针对D项表述，根据相关司法解释，明知他人实施侵犯知识产权犯罪，而为其提供生产、经营场所的，以侵犯知识产权罪的共犯论处。

【答案】 CD

例9-11（单选）： 甲教唆乙敲诈丙的财物，但乙没有实施敲诈勒索行为，而是绑架了丙的儿子并向丙勒索赎金，则（　　）。

A. 甲、乙构成绑架罪共同犯罪

B. 甲属于教唆未遂

C. 对甲应当从轻或者减轻处罚

D. 甲是主犯，乙是从犯

【讲解】 A项表述中，甲并没有教唆乙实施绑架行为，甲、乙不成立绑架罪共同犯罪。B项表述中，被教唆的人虽然接受教唆，但所犯之罪并非被教唆之罪，且二者之间不存在部分重合关系的，属于教唆未遂。C项表述中，如果被教唆的人没有犯被教唆的罪，对于教唆犯，"可以"从轻或者减轻处罚。D项表述中，甲教唆未遂，无所谓共同犯罪，也无所谓主犯、从犯。

【答案】 B

例9-12（案例）： 何某（女）在某市某矿山打工期间，与任某关系暧昧，并多次发生性关系。2017年年底，宋甲、宋乙预谋骗取任某钱财，主动和任某联系，问任某是否有仇人，称可以找人替任某收拾仇人，条件是让任某出点钱，任某称等等再说。2018年3月，宋甲找到任某再提此事，任某授意让宋甲找人收拾何某丈夫兰某。对此，何某也知情。2018年4月，任某将通过何某了解到其夫兰某在某厂上班、住宿的情况，电话告知宋甲，宋甲、宋乙到某厂查看兰某的住宿情况，因人多二人感到无法下手，宋乙便提出用汽油倒在兰某住室门上烧兰某。2018年4月30日凌晨，宋甲、宋乙购买汽油后到兰某所在厂，将汽油泼到兰某住室的门上，点燃后逃离。兰某见房门着火后呼救，同院住宿的董某等人将火扑灭，兰某被烧伤。经法医鉴定，兰某的损伤程度属轻微伤，但三间房舍因着火都有所损坏。次日，宋甲告诉任某事已办成，并向任某索要人民币5万元。之后，任某得知兰某并未受到大的伤害，即电话告诉宋甲，宋甲答应再找人收拾兰某。2018年11月下旬、12月上旬，宋甲又纠集宋乙、陈某、喻某数次预谋伤害兰某，甚至到兰某回家路上拦截，但因未找到兰某而都未能得逞，后被公安机关抓获。

请分析任某、何某、宋甲、宋乙的行为性质及刑事责任。

【参考答案】（1）任某教唆宋甲等人采取暴力手段故意伤害兰某，但被教唆的人宋甲、宋乙所实施的行为只造成兰某轻微伤，被教唆的人的行为尚未构成故意伤害罪，也就是说，被教唆的人没有犯被教唆的罪，因而属于教唆未遂。对教唆人任某可以从轻或者减轻处罚。

（2）何某在知道任某将找人对兰某不利时，仍告诉其兰某的住宿、上班情况，客观上帮助任某实施犯罪，其行为已构成共同犯罪，但作用较小，系从犯。对何某，应当从轻、减轻处罚或者免除处罚。

（3）宋甲、宋乙等人实施的伤害行为仅导致兰某轻微伤，但宋甲、宋乙焚烧宿舍，造成三间宿舍损毁，构成放火罪的共同犯罪。该放火行为超出任某教唆范围，对此放火行为，任某不承担刑事

责任，只能由宋甲、宋乙共同承担放火罪的刑事责任。

（4）任某再次怂恿宋甲、宋乙伤害兰某，但因意志以外的原因，宋甲、宋乙没有伤到兰某，宋甲、宋乙的行为属于故意伤害罪预备，任某则属于犯罪未遂。对此，对宋甲、宋乙可以比照既遂犯从轻、减轻处罚或者免除处罚，对任某可以比照既遂犯从轻或者减轻处罚。

专题十　罪数形态

※【重点难点】我国通说上确定罪数的标准采取犯罪构成说。认定犯罪的过程，是将案情事实与刑法规定的罪名构成相对应的过程。案情事实对应于刑法规范最简单、最典型的情形，是一个案件事实对应一个犯罪构成，例如甲持刀砍杀乙，只触犯了故意杀人罪一个犯罪构成，当然只构成一个犯罪。但是，司法实践中也有大量的一个案件事实对应多个犯罪构成即触犯多个罪名构成的情况，例如甲盗割正在使用中的电线数额较大，同时造成大面积停电，就触犯了盗窃罪、破坏电力设备罪两个犯罪构成，就涉及最终宣判甲构成几个犯罪的罪数问题。是否触犯数个罪名构成，就一定认定为数罪呢？这不一定，例如前例，甲虽触犯了盗窃罪、破坏电力设备罪两个犯罪构成，但由于属于想象竞合犯，应按想象竞合犯择一重罪处断的规则处理。因此，必须有一套规则来处理罪数问题，这就是罪数规则。罪数规则主要包括：（1）刑法总则理论层面的罪数规则，这包括：①实质的一罪，主要有继续犯、想象竞合犯和结果加重犯。②法定的一罪，包括集合犯和结合犯。③处断的一罪，包括连续犯、牵连犯和吸收犯。（2）刑法分则与刑法解释（立法解释、司法解释）中明文规定的罪数规则。只有将上述两项内容结合运用，才能准确认定罪数。此外，与罪数规则相关的内容，如法条竞合犯、转化犯、事后不可罚等，也属于罪数探讨的问题。

例10-1（单选）：下列犯罪行为中，应当按照实质的一罪处理的是（　　）。

A. 甲伪造国家机关印章用于诈骗活动

B. 乙多次从事赌博活动

C. 丙杀死一家5口之后，出门又将串门的李某杀死

D. 丁为索取赌债而非法拘禁陶某达一个月之久

【讲解】A项表述为牵连犯，为处断的一罪。B项表述为集合犯，为法定的一罪。C项表述为连续犯，为处断的一罪。D项表述为继续犯，为实质的一罪。

【答案】D

※【重点难点】法条竞合是指在刑法中有一些条文之间在内容上存在重复或交叉的情况，其表现形式包括条文规定之间的重复、包容或交叉。法条竞合犯是指一行为同时触犯存在法条竞合关系的数个法条的犯罪形态。（1）成立法条竞合犯，需要具备如下条件：①行为人仅仅实施了一个犯罪行为。②一个行为同时触犯数个刑法规范，形式上同时符合数个不同的犯罪构成。③一行为同时触犯的数个刑法条文之间具有包括与被包括（包容与被包容）的关系。④对于法条竞合犯，只能适用其中的一个法律条文（只能按照一个犯罪来处理），而排斥其他条文的适用。（2）由于法条竞合是由于法律规定的内容有重复、交叉而产生的，换言之，一个犯罪行为之所以触犯数个法条是由立法技术上的原因造成的，所以法条竞合犯与犯罪形态无关，纯属法律适用问题。对法条竞合的处理原则是：①特别法（条）优于一般法（条），即特别法条排斥一般法条的适用。②在法律有特别规定的情形下，依照法律规定。优先适用重法条即属于法律规定的特别情形。

例10-2（单选）：甲以非法占有为目的，在签订合同过程中骗取对方当事人乙60万元定金后逃匿。甲的行为既符合合同诈骗罪的构成要件，也符合诈骗罪的构成要件。按照我国刑法理论，这种情形属于（　　）。

A. 牵连犯　　　B. 想象竞合犯　　　C. 法条竞合犯　　　D. 吸收犯

【讲解】诈骗罪与合同诈骗罪存在法条竞合关系，甲的行为不可避免地触犯了诈骗罪的法条和

合同诈骗罪的法条，属于法条竞合犯。

【答案】 C

例 10-3（多选）：下列关于刑法中法条竞合犯的说法，正确的是（ ）。

A. 法条竞合犯是指一个犯罪行为同时触犯数个罪名的犯罪形态

B. 法条竞合是应当优先适用重法条

C. 我国刑法规定的法条竞合可存在于总则条文和分则条文之间

D. 法条竞合是由于法律规定的内容有重复、交叉而产生的

【讲解】 A 项表述中，法条竞合犯是指一个犯罪行为同时触犯存在法条竞合关系的数个法条的犯罪形态。一个犯罪行为同时触犯数个罪名的犯罪形态是想象竞合犯，而非法条竞合犯。B 项表述中，法条竞合的适用规则首先是特别法优于一般法适用，而优先适用重法条只能在法律有特别规定的情形下适用。C 项表述中，刑法总则有关教唆犯的规定与刑法分则规定的教唆他人吸毒罪之间也存在法条竞合关系。法条竞合不仅存在于刑法分则条文之间，也存在于刑法总则条文与刑法分则条文之间。D 项表述中，法条竞合是由于法律规定的内容有重复、交叉而产生的，换言之，一个犯罪行为之所以触犯数个法条是由立法技术上的原因造成的，所以法条竞合犯与犯罪形态无关，纯属法律适用问题。

【答案】 CD

※ **【重点难点】** 转化犯是指行为人在实施一个基本犯罪时，在一定条件下转化为另一种更为严重的犯罪，并应当依照后一种犯罪定罪量刑的犯罪形态。转化犯是因刑法性质发生变化，需要选择新罪名进行评价的犯罪形态。例如，我国《刑法》第 269 条规定的转化型抢劫罪，就是行为人先实施了盗窃、诈骗、抢夺行为，后为了窝藏赃物、抗拒抓捕、毁灭罪证而当场使用暴力或者以暴力相威胁的，转化为抢劫罪。也有行为人在实施某个具体犯罪的过程中，产生了新犯意并进而实施其他犯罪的转化犯。

例 10-4（单选）：下列犯罪行为中，属于转化犯的是（ ）。

A. 甲以索取债务为目的的将沈某非法拘禁，在非法拘禁期间，使用暴力将沈某打成重伤

B. 乙开枪杀佟某，射击的结果导致佟某重伤，同时导致佟某身边的孩童死亡

C. 丙伪造货币后并对伪造的货币持有、使用

D. 丁多次传播淫秽物品以牟利

【讲解】 A 项表述中，非法拘禁他人，使用暴力致人伤残、死亡的，以故意伤害罪、故意杀人罪论处，此为转化犯。考试中比较常考的其他转化犯有：（1）刑讯逼供或者暴力逼取证言致人伤残、死亡的，以故意伤害罪、故意杀人罪论处。（2）虐待被监管人致人伤残、死亡的，以故意伤害罪、故意杀人罪论处。（3）聚众斗殴致人重伤、死亡的，以故意伤害罪、故意杀人罪论处。此外，《考试分析》还将使用暴力抗税致人重伤或者死亡，也认定为转化犯，即抗税罪转化为故意伤害罪、故意杀人罪（但本书认为应属于想象竞合犯）。B 项表述为想象竞合犯。C 项表述为吸收犯。D 项表述为集合犯。

【答案】 A

例 10-5（单选）：下列犯罪行为中，以故意伤害罪一罪定罪处罚的是（ ）。

A. 甲非法拘禁吴某，大力反扭吴某胳膊，致使胳膊被拧折

B. 乙为拦路抢劫江某而将其打成重伤

C. 丙在组织他人偷越国境时，将检查人员打成重伤

D. 丁强奸妇女陈某致陈某重伤

【讲解】 A 项表述中，非法拘禁罪转化为故意伤害罪，只定故意伤害罪一罪。B 项表述构成抢劫罪一罪。C 项表述中，对丙应以组织他人偷越国境罪和故意伤害罪实行数罪并罚（《刑法》第 318 条）。D 项表述中，对丁应以强奸罪的结果加重犯论处。

【答案】 A

※ **【重点难点】** 继续犯是指作用于同一对象的一个犯罪行为从着手到实行终了，犯罪行为与不

法状态在一定时间内处于继续状态的犯罪。（1）继续犯有 4 个特征：①一个犯罪故意。②侵犯同一客体（法益或社会关系）。③犯罪行为能够对客体形成持续、不间断的侵害。④犯罪完成、造成不法状态后，行为仍能继续影响不法状态，使客体遭受持续侵害。不法状态不能脱离犯罪行为而独立存在。（2）典型的继续犯有：①持有型犯罪，如非法持有毒品罪，非法持有假币罪，非法持有、私藏枪支、弹药罪，掩饰、隐瞒犯罪所得、犯罪所得收益罪。②窝藏型犯罪，如窝藏罪，窝藏毒品、毒赃罪。③不作为犯罪，如遗弃罪，逃税罪，拒不执行判决、裁定罪等。④侵犯公民人身自由的犯罪，如非法拘禁罪，绑架罪，拐卖妇女、儿童罪，虐待罪等。至于重婚罪是否属于继续犯，目前尚有争议。（3）继续犯不同于即成犯。即成犯的特点是行为、结果、法益、不法状态均随着犯罪完成而终结。如故意杀人罪就是如此，行为人的犯罪行为造成死亡结果，故意杀人的犯罪既遂。犯罪既遂，意味着犯罪行为结束和法益消灭。（4）继续犯不同于状态犯：①继续犯的不法状态从犯罪实行即行发生，一直存在于犯罪行为终止之前的整个犯罪过程中；状态犯的不法状态则发生于犯罪行为终止之后，而不存在于整个犯罪过程中。②继续犯是犯罪行为与不法状态同时继续；状态犯则只是不法状态的继续，而不存在犯罪行为的继续。

例 10 - 6（单选）： 下列犯罪行为中，属于继续犯的是（　　）。

A. 甲非法持有毒品 50 克

B. 乙窃得财物后将财物藏匿家中

C. 丙将仇人孙某打成重伤，孙某伤势一直持续而最终残疾

D. 丁杀死仇人一家后又将来仇人家串门的小孩杀死

【讲解】 A 项表述中，甲构成非法持有毒品罪，是继续犯。B 项表述中，乙构成盗窃罪，是状态犯。C 项表述中，丙构成故意伤害罪，是即成犯。D 项表述中，丁构成故意杀人罪，是连续犯。

【答案】 A

例 10 - 7（多选）： 某国有银行副行长甲利用职务便利将公款 100 万元挪用给其朋友乙开办的公司使用，一年后，公款尚未归还。为了应付上级账目核对和财务审计，甲指使财务部主管丙进行暂时平账。不久案发。对此，下列表述正确的是（　　）。

A. 甲、丙构成挪用公款罪共同犯罪　　　　B. 甲、丙构成贪污罪共同犯罪

C. 甲构成挪用公款罪，丙不构成犯罪　　　D. 甲、丙属于事前无通谋的共同犯罪

【讲解】 A、B、C 项表述中，甲、丙构成挪用公款罪的共同犯罪，而不是贪污罪的共同犯罪，因为甲只是挪用公款，并不具有非法占有公款的目的，题干中"暂时平账"就说明不存在非法占有目的，假如将"暂时平账"修改为"虚假平账，销毁账目"等字样，则属于贪污罪。此外，甲挪用公款后，虽然挪用公款行为已经既遂，但挪用公款罪属于继续犯，即挪用公款后，犯罪行为并未终了，不法状态一直处于继续状态，在不法行为尚未终了之前，丙作为后行为人故意加入的，构成共同犯罪。D 项表述中，丙是事中加入的，属于事前无通谋的共同犯罪。值得注意的是，假如对此题情形进行修改，使甲的行为构成贪污罪，由于贪污罪属于状态犯，状态犯在犯罪既遂时即为终了，此后，后行为人加入，则不构成共同犯罪，也就无所谓事中共犯。类似的例子如，甲窃得财物后，被害人在后面追赶，此时甲的朋友乙发现后便阻止了被害人的追赶。由于盗窃罪属于状态犯，甲已经构成盗窃罪既遂，此后，后行为人加入，不构成盗窃罪既遂，也无所谓共同犯罪。

【答案】 AD

※**【重点难点】** 想象竞合犯是指行为人实施一个犯罪行为同时触犯数个罪名的情况。（1）想象竞合犯的主要特征有：①行为人只实施了一个犯罪行为。行为人只实施一个举动，是一个行为；行为人实施多个举动，如为了杀人而连砍数刀，也是一个行为。②一个犯罪行为同时触犯了数个罪名。（2）处断原则。对于想象竞合犯，采取"从一重处罚"的原则。此外，刑法分则条文和有关司法解释中还有对想象竞合犯采取"择一重罪从重处罚"的规定，这主要指如下两种情况：①根据《刑法》第 307 条之一的规定，犯虚假诉讼罪，非法占有他人财产或者逃避合法债务，又构成其他犯罪的，依照处罚较重的规定定罪从重处罚。司法工作人员利用职权，与他人共同实施前 3 款行为的，从重处罚；同时构成其他犯罪的，依照处罚较重的规定定罪从重处罚。②根据 2013 年《最高

人民法院、最高人民检察院关于办理盗窃刑事案件适用法律若干问题的解释》（以下简称《盗窃案件解释》）第11条的规定，采用破坏性手段盗窃公私财物，造成其他财物损毁的，以盗窃罪从重处罚；同时构成盗窃罪和其他犯罪的，择一重罪从重处罚。上述"择一重罪从重处罚"的处断原则属于例外情形。（3）想象竞合不同于法条竞合。法条竞合是刑法规定的两罪本身就有重叠（一般存在必然重叠关系），而想象竞合是一个行为造成数个结果。例如，用非法拘禁手段绑架勒索，刑法本身就规定绑架行为包括非法拘禁的手段，故而绑架罪与非法拘禁罪是法条竞合关系（以绑架罪一罪论处），而不是想象竞合。此外，法条竞合，一行为触犯的数个刑法规范之间存在着此一规范规定的犯罪构成包容另一规范规定的犯罪构成的关系；想象竞合，一行为触犯规定的数个罪名的法条不存在上述犯罪构成之间的包容关系。（4）典型的想象竞合犯有：盗割高压电线，同时危害电力安全，触犯破坏电力设备罪的，以较重的破坏电力设备罪论处；使用破坏性手段盗窃，同时触犯盗窃罪和故意毁坏财物罪的；使用暴力妨害公务，致人轻伤，同时触犯故意伤害罪和妨害公务罪等；经济犯罪中的制售伪劣商品同时触犯其他罪，如没有专卖许可证销售香烟，触犯非法经营罪；销售冒充中华香烟的注册商标的香烟，触犯销售假冒注册商标的商品罪；销售劣质香烟，触犯销售伪劣产品罪；用含有毒性物质的工业盐冒充食用盐出售，销售额达到50万元，触犯生产、销售伪劣产品罪，生产、销售有毒、有害食品罪，假如没有获得食盐专卖许可，还触犯非法经营罪。想象竞合犯是一个行为触犯数个罪名，要择一重罪处断，但也有例外，下列情形属于一行为触犯数罪名，但是按照数罪论处：①《最高人民法院、最高人民检察院关于办理走私刑事案件适用法律若干问题的解释》第22条规定：在走私的货物、物品中藏匿《刑法》第151条（武器、弹药等）、第152条（淫秽物品、废物）、第347条（毒品）、第350条（制毒物品）规定的货物、物品，构成犯罪的，以实际走私的货物、物品定罪处罚；构成数罪的，实行数罪并罚。②《刑法》第204条第2款规定：纳税人缴纳税款后，采取前款规定的欺骗方法，骗取所缴纳的税款，依照本法第201条的规定（逃税罪）定罪处罚；骗取税款超过所缴纳的税款部分，依照前款的规定处罚（骗取出口退税罪）。

例10-8（单选）：甲进出口公司缴纳了50万元的税款后，采取虚报出口的手段，骗得税务机关退税90万元，后被查获。对甲公司行为的认定，正确的是（　　）。

A. 构成逃税罪

B. 构成骗取出口退税罪

C. 50万元构成逃税罪，剩余40万元构成骗取出口退税罪

D. 50万元构成骗取出口退税罪，剩余40万元构成逃税罪

【讲解】《刑法》第204条第2款规定，纳税人缴纳税款后，采取前款规定的欺骗方法，骗取所缴纳的税款的，依照本法第201条的规定（逃税罪）定罪处罚；骗取税款超过所缴纳的税款部分，依照前款的规定处罚（骗取出口退税罪）。

【答案】 C

例10-9（单选）：甲与乙素有仇怨。某日，甲找到机会将乙居住的住宅点燃，不但将乙烧死，而且烧毁住宅多间。甲的行为属于（　　）。

A. 法条竞合犯　　　B. 想象竞合犯　　　C. 继续犯　　　D. 转化犯

【讲解】甲通过放火的方式杀人，危及公共安全，甲的放火行为同时触犯故意杀人罪和放火罪，属于想象竞合犯，应择一重罪论处。

【答案】 B

※**【重点难点】**结果加重犯是指行为人实施基本犯罪构成的行为，同时又造成一个基本犯罪构成以外的结果，刑法对其规定较重法定刑的情况。（1）结果加重犯具有以下特征：①行为人实施了基本犯罪构成的行为。②行为产生了基本构成以外的加重结果。③行为人对加重结果有过错。④刑法规定了比基本犯罪较重的法定刑。（2）常见的结果加重犯有：放火、爆炸、投放危险物质、破坏交通工具、破坏交通设施、破坏电力设备等造成人身伤亡或者重大财产损失的；劫持航空器致人重伤、死亡或者使航空器遭受严重破坏的；交通肇事后因逃逸致人死亡的；生产、销售假药严重危害人体健康的；强奸致人重伤的、死亡的；非法拘禁致人重伤、死亡；拐卖妇女、儿童造成被拐卖的

妇女、儿童或者其亲属重伤、死亡或者其他严重后果的；虐待致人重伤、死亡的；暴力干涉婚姻自由致人死亡的；抢劫致人重伤、死亡的；组织、运送他人偷越国（边）境造成被组织人死亡的；非法行医致人死亡的；等等。（3）根据罪刑法定原则，结果加重犯以刑法明文规定为限，刑法分则没有明文规定结果加重犯的，不得认定为结果加重犯。常见的不属于结果加重犯的情形有：医疗事故致人死亡；侮辱、诽谤致人死亡；遗弃致人死亡；强制猥亵、侮辱致人重伤、死亡（想象竞合犯）；等等。

例 10-10（单选）：下列情形中，属于结果加重犯的是（   ）。

A. 刑讯逼供致人重伤   B. 抢夺致人死亡

C. 强制猥亵、侮辱他人致人死亡   D. 抢劫致人死亡

【讲解】A 项表述中，刑讯逼供致人重伤、死亡的，属于转化犯，而非结果加重犯。B 项表述中，抢夺致人重伤、死亡属于情节加重犯，而非结果加重犯（具体参见 2013 年《最高人民法院、最高人民检察院关于办理抢夺刑事案件适用法律若干问题的解释》第 3 条）。C 项表述中，刑法分则并未规定强制猥亵、侮辱致人重伤、死亡为强制猥亵、侮辱罪的结果加重犯，基于罪刑法定原则，强制猥亵、侮辱他人致人死亡的，不是结果加重犯。D 项表述中，抢劫致人死亡是典型的结果加重犯。

【答案】D

※【重点难点】结合犯是指两个以上各自独立成罪的犯罪行为，依据刑法的明文规定，结合成另一独立的新罪的犯罪形态。结合犯具有以下特征：（1）结合犯中的犯罪行为，是数个可以分别构成其他犯罪的行为结合而来的。（2）数个独立的犯罪结合成为一个新罪。数个独立的犯罪结合成一个新罪的方式是：甲罪＋乙罪＝丙罪（或甲乙罪），丙罪便是结合犯。或者是：A 罪＋B 罪＝C 罪。通说认为，我国刑法尚无结合犯的规定。但也有人认为，我国《刑法》规定的，实施绑架过程中故意杀害被绑架人的，拐卖妇女过程中奸淫被拐卖的妇女的，属于结合犯。（3）数个独立的犯罪结合成一个新罪，是根据刑法的明文规定。

例 10-11（单选）：符合结合犯的结合方式的是（   ）。

A. A 罪＋B 罪＝C 罪   B. A 罪＋B 罪＝A 罪

C. A 罪＋B 罪＝B 罪   D. A 罪＋B 罪＝C 罪＋D 罪

【讲解】结合犯是两个以上各自独立成罪的犯罪行为，依据刑法的明文规定，结合成另一独立的新罪。

【答案】A

※【重点难点】集合犯是指行为人以实施不定次数的同种犯罪行为为目的，实施了数个同种犯罪行为，刑法规定作为一罪论处的犯罪形态。典型的集合犯有以赌博为业的赌博罪、非法行医罪和制作、复制、出版、贩卖、传播淫秽物品牟利罪。（1）集合犯具有以下特征：①行为人以实施不定次数的同种犯罪行为为目的。②行为人实施了数个同种犯罪行为。③刑法将数个同种犯罪行为规定为一罪，集合犯是法定的一罪。（2）集合犯可认为是刑法对某种行为的规定具有特殊性，是只认为"一堆"动作才能构成一个行为，一个动作难以成立该行为。对于集合犯，刑法分则条文一般进行了明文特殊规定。

例 10-12（多选）：甲没有医生执业资格而行医 3 年多，导致 2 人死亡，3 人身体残疾。对此，下列表述正确的是（   ）。

A. 甲构成非法行医罪   B. 甲的行为构成结果加重犯

C. 甲是集合犯   D. 甲构成故意伤害罪和故意杀人罪，应当并罚

【讲解】A 项表述中，非法行医罪是指未取得行医资格的人非法行医，情节严重的行为。针对B、D 项表述，《刑法》第 336 条第 1 款规定：未取得医生执业资格的人非法行医，情节严重的，处3 年以下有期徒刑、拘役或者管制，并处或者单处罚金；严重损害就诊人身体健康的，处 3 年以上10 年以下有期徒刑，并处罚金；造成就诊人死亡的，处 10 年以上有期徒刑，并处罚金。据此，"严重损害就诊人身体健康"和"造成就诊人死亡"是非法行医罪的结果加重犯，既如此，不能认定为

故意伤害罪和故意杀人罪。C项表述中，多次非法行医，仍然只构成非法行医罪一罪，但行为人即使非法行医一次，情节严重的，如因非法行医造成就诊人身体健康受到严重损害，也构成非法行医罪，是集合犯。

【答案】ABC

※【重点难点】连续犯是指行为人基于同一或者概括的犯罪故意，连续多次实施犯罪行为，触犯相同罪名的犯罪。如连续杀人、连续盗窃、连续诈骗等。(1)连续犯的特征有：①行为人实施数个独立成罪的犯罪行为。②数个犯罪行为具有连续性。③数个犯罪行为出于同一或概括的故意。④数个犯罪行为触犯相同罪名。(2)确定连续犯的实际意义主要有：①追诉时效起算。犯罪行为有连续状态的，追诉时效从行为终了之日起计算。②在刑法溯及力方面，对于开始于1997年9月30日以前，连续到1997年10月1日以后的连续犯罪，应当适用修订刑法，一并进行追诉，但是修订刑法比原刑法所规定的构成要件和情节较为严格，或者法定刑较重的，在提起公诉时应当提出酌情从轻处理意见。换言之，犯罪行为由刑法（1997年刑法）生效前连续到刑法生效后的，如果新旧刑法都认为是犯罪的，即使现行刑法规定的处罚较重也适用现行刑法，但是在量刑时可以适当从宽处罚。③对于"次数加重犯"的认定，也具有一定的意义。次数加重犯，又称为多次加重犯，主要是指将"多次"规定为法定刑升格条件的多次犯。例如，《刑法》第263条规定的"多次抢劫"，对于"多次抢劫"的，法定刑升格，即对于"多次抢劫"的，加重处罚。

例10-13（单选）：下列犯罪行为中，构成连续犯的是(   )。

A. 甲以牟利为目的，多次制作、贩卖、传播淫秽物品

B. 乙多次从事盗窃行为

C. 丙为了报酬，杀死仇人一家五口

D. 丁多次从事抢劫行为

【讲解】A项表述中，是集合犯而非连续犯。集合犯和连续犯虽然同属于同种犯罪行为，但集合犯是法定的一罪，且前后行为时间间隔可大可小；而连续犯是处断的一罪，且前后行为时间间隔较小。B项表述中，《刑法》第264条规定的"多次盗窃"属于构成盗窃罪基本要件的多次犯，而非连续犯。"多次"盗窃不同于"连续"盗窃。C项表述中，丙基于同一杀人故意连杀数人，属于典型的连续犯。D项表述中，《刑法》第263条规定的"多次抢劫"，是抢劫罪法定刑升格条件的多次犯。

【答案】C

※【重点难点】牵连犯是指实施某个犯罪，作为该犯罪的手段行为或结果行为又触犯其他犯罪的情况。(1)牵连犯具有如下特征：①有一个最终的犯罪目的。②有两个以上的犯罪行为。③触犯了两个以上不同的罪名。④所触犯的两个以上罪名之间有牵连关系，即一罪或数罪是他罪的手段行为或结果行为。(2)常见的牵连犯的情形有：行为人出于诈骗的目的而伪造公文证件等用于诈骗犯罪，如伪造国家机关证件在招摇撞骗中使用，通过在医院缴费单上加盖私刻收费章这种欺骗手段而不缴纳治疗费的，盗窃信用卡又使用的，为擅自设立金融机构而伪造公文的，窃得存折又去骗领现金的。在经济犯罪中常见的牵连犯是假冒注册商标用于其制售的伪劣商品。例如，甲用工业酒精配制食用酒，并大量印制名牌酒的商标、包装，冒充名牌酒出售。(3)牵连犯的处断原则：择一重罪处罚，但法律另有规定的除外。这里的"法律另有规定的除外"，主要是指我国《刑法》分则中某些犯罪对如何处理牵连犯有特别规定的，只能按照《刑法》分则有关规定的条款处理。例如，《刑法》第198条规定，投保人、被保险人故意造成财产损失的保险事故，骗取保险金，投保人、受益人故意造成被保险人死亡、伤残或者疾病，骗取保险金，同时构成其他犯罪的，依照数罪并罚的规定处罚。该规定将原本属于牵连犯的情形规定为数罪并罚。

例10-14（多选）：章某以自己为受益人给妻子购买了人身保险，后杀死妻子，并以妻子意外死亡为由，申请并获得保险金50万元。对此，下列表述正确的是(   )。

A. 章某骗取保险金和杀害妻子的行为属于吸收犯

B. 章某的行为应以保险诈骗罪和故意杀人罪择一重罪处罚

C. 章某骗取保险金和杀害妻子的行为属于牵连犯

D. 章某的行为应以保险诈骗罪和故意杀人罪数罪并罚

【讲解】本案中，故意杀人行为和保险诈骗行为之间存在牵连关系，系牵连犯，但《刑法》第198条规定实行数罪并罚。

【答案】CD

※**【重点难点】**吸收犯是指一个犯罪行为因为是另一个犯罪行为的必经阶段、组成部分、当然结果，而被另一个犯罪行为吸收的情况。（1）吸收犯具有如下特征：①有数个危害行为。②犯数罪。③犯不同种数罪。④其中的一个行为吸收其他行为。⑤吸收犯属于实际的数罪、处断的一罪。（2）吸收犯的形式有：①吸收必经阶段的行为。②吸收组成部分的行为。③吸收当然结果的行为。（3）吸收犯的处断原则：对吸收犯只按吸收之罪处断，因为另一个罪被吸收，不实行数罪并罚。

例10-15（多选）：下列行为中，属于吸收犯的是（　　　）。

A. 甲制造枪支、弹药后又持有、私藏所制造的枪支、弹药的

B. 乙盗窃他人汽车后，谎称所窃的汽车为自己的汽车出卖给他人的

C. 丙骗取银行贷款后，用于走私普通货物、物品的活动

D. 丁制造毒品后又持有该毒品的

【讲解】A、D项表述中，持有型犯罪为典型的吸收犯，即之后的持有行为被先前的制造等行为所吸收。B项表述中，前行为盗窃汽车构成盗窃罪；但后行为谎称自己为车主将汽车卖与他人的行为，不能单独构成犯罪，因而不是吸收犯。首先，就本选项案情而言，后行为虽有骗的行为，但不能造成收买者财产受损，没有侵害新的法益，不能单独构成诈骗罪。其次，既然后面的掩饰、隐瞒行为不能单独构成犯罪，那么就与成立吸收犯要求前后数行为触犯数罪名相矛盾，因而不构成吸收犯。C项表述中，丙构成骗取贷款罪和走私普通货物、物品罪，应当数罪并罚。

【答案】AD

※**【重点难点】**事后不可罚行为是指在状态犯的场合，利用之前犯罪行为导致的状态或结果的事后行为。如果孤立地看，符合其他犯罪构成，具有可罚性；但由于已被之前犯罪行为或状态犯所包括评价，故对其实施的事后行为，没有必要另认定为其他犯罪单独予以处罚。事后不可罚行为的特征有：针对同一对象，侵犯同一客体（即没有侵犯新的客体或法益），前行为已经作出评价，后行为不再单独评价。

例10-16（单选）：下列犯罪行为中，表述正确的是（　　　）。

A. 甲将偷窃的汽车砸毁，甲的行为构成盗窃罪和故意毁坏财物罪，应当数罪并罚

B. 乙将盗窃的文物赝品冒充真迹卖给他人，骗取财物，应当对乙以盗窃罪和诈骗罪实行数罪并罚

C. 丙劫得一部电脑后，将其出卖，丙构成抢劫罪和掩饰、隐瞒犯罪所得罪，应当数罪并罚

D. 丁盗窃戊的存折后，假冒戊的名义从银行取出存折中的10万元存款，丁的行为构成盗窃罪和诈骗罪，应当数罪并罚

【讲解】A项表述中，甲将盗窃的财物予以毁坏的行为，并没有侵害新的客体或法益，所以，只定盗窃罪，而毁坏财物的行为属于事后不可罚行为，不另成立故意毁坏财物罪。B项表述中，乙将盗窃的文物赝品冒充文物真迹出卖，构成盗窃罪，又骗取财物，构成诈骗罪。由于之后骗取财物的行为侵犯了他人所有权，这属于侵害新的客体或法益的行为，应当认定为数罪，而不是事后不可罚行为。C项表述中，事后销赃行为是典型的事后不可罚行为，事后销赃行为不再单独评价，只定抢劫罪。D项表述中，如果都孤立地分析，丁的前一行为是盗窃（盗窃财产凭证），后一行为是诈骗（"三角诈骗"，骗银行而取得戊的钱）；在罪数方面，后一行为是前一行为的兑现行为，最终都是针对存折上的钱，没有侵犯新的法益或客体，后行为是事后不可罚行为，应以盗窃罪一罪论处。对此，《盗窃案件解释》第5条规定：盗窃有价支付凭证、有价证券、有价票证的，按照下列方法认定盗窃数额：（1）盗窃不记名、不挂失的有价支付凭证、有价证券、有价票证的，应当按票面数额和盗窃时应得的孳息、奖金或者奖品等可得收益一并计算盗窃数额。（2）盗窃记名的有价支付凭

证、有价证券、有价票证，已经兑现的，按照兑现部分的财物价值计算盗窃数额；没有兑现，但失主无法通过挂失、补领、补办手续等方式避免损失的，按照给失主造成的实际损失计算盗窃数额。

【答案】B

例题拓展

例 10-17（单选）：下列犯罪行为中，应当数罪并罚的是（　　）。

A. 投保人甲为了骗取保险金杀害被保险人

B. 窃贼乙将偷来的 5 部手机卖掉

C. 丙组织出卖人体器官，造成出卖者死亡

D. 丁绑架富翁后将该富翁撕票

【讲解】A 项表述的情形本属于牵连犯，但《刑法》第 198 条规定实行数罪并罚，即对甲应按照保险诈骗罪和故意杀人罪实行数罪并罚。B 项表述中，事后销赃行为为典型的事后不可罚行为，只定盗窃罪一罪。C 项表述中，组织出卖人体器官造成出卖者死亡或者身体遭受严重伤害的，构成组织出卖人体器官罪情节严重的情形，仍认定为组织出卖人体器官罪一罪。组织出卖人体器官罪和故意伤害罪、故意杀人罪的区别在于：出卖者出卖人体器官出于自愿，如果供体不同意或使用强迫、欺骗的手段摘取器官，造成出卖者重伤或者死亡的，应当以故意伤害罪、故意杀人罪论处。D 项表述属于绑架杀人，对于绑架杀人的，只定绑架罪一罪。

【答案】A

例 10-18（多选）：关于结果加重犯，下列表述正确的是（　　）。

A. 故意杀人罪是故意伤害罪的结果加重犯

B. 非法拘禁导致被拘禁人自杀的，属于非法拘禁罪的结果加重犯

C. 医疗事故致人死亡的，属于医疗事故罪的结果加重犯

D. 交通肇事后因逃逸致人死亡的，属于交通肇事罪的结果加重犯

【讲解】A 项表述中，刑法分则将故意伤害罪和故意杀人罪都规定为独立的犯罪，因而故意杀人罪并非故意伤害罪的结果加重犯。但要注意：故意伤害（致死）罪是故意伤害罪的结果加重犯。B 项表述中，非法拘禁致人重伤、死亡的，是非法拘禁罪的结果加重犯。但要注意：非法拘禁使用暴力致使被害人重伤、死亡的，是转化犯。C 项表述中，刑法分则并没有将医疗事故致人死亡规定为医疗事故罪的结果加重犯。《刑法》第 335 条规定：医务人员由于严重不负责任，造成就诊人死亡或者严重损害就诊人身体健康的，处 3 年以下有期徒刑或者拘役。据此，造成就诊人死亡是医疗事故罪的成罪情形，而非结果加重犯。D 项表述中，交通肇事后因逃逸致人死亡的，属于交通肇事罪的结果加重犯。

【答案】BD

例 10-19（多选）：下列关于牵连犯的说法，正确的有（　　）。

A. 甲承租乙的房屋后，伪造身份证与房产证交于中介公司，中介公司不知有假，将甲承租的房屋售给不知情的丙，甲获款 300 万元。则伪造居民身份证罪、伪造国家机关证件罪与诈骗罪之间具有牵连关系

B. 乙通过在医院缴费单上加盖私刻收费章的欺骗手段而逃避缴纳治疗费用，属于牵连犯

C. 丙为杀人而盗窃枪支，未及实施杀人行为而被抓获，丙的行为构成故意杀人（预备）罪与盗窃枪支罪的牵连犯

D. 丁走私毒品，又走私假币构成犯罪的，属于牵连犯，应择一重罪处断

【讲解】A 项表述中，在客观上，伪造居民身份证是诈骗的通常手段；在主观上，甲伪造居民身份证的目的是诈骗，故两行为之间存在手段与目的的牵连关系，系牵连犯。B 项表述的情形道理

同 A 项。针对 C 项表述，有的学者认为，如果是为了杀人而盗窃枪支，盗窃枪支立即用于杀人的，属于牵连犯，但不是立即杀人的，因缺乏内在的客观联系，不能认定为牵连犯。对此，《考试分析》有述及。不过，本书认为，牵连关系是数个实行行为之间的牵连，预备行为与实行行为之间不发生牵连，因此，C 项表述应当成立想象竞合犯。D 项表述中，对于多次走私数种物品的，应当数罪并罚。

【答案】AB

专题十一　自　　首

※【重点难点】自首是指犯罪分子犯罪以后自动投案，如实供述自己的罪行的行为，或者被采取强制措施的犯罪嫌疑人、被告人和正在服刑的罪犯，如实供述司法机关还未掌握的本人其他罪行的行为。自首分为一般自首和特别自首（余罪自首、准自首）两种。一般自首是指犯罪分子犯罪以后自动投案，如实供述自己罪行的行为。特别自首是指被采取强制措施的犯罪嫌疑人、被告人和正在服刑的罪犯，如实供述司法机关还未掌握的本人其他罪行的行为。

例 11-1（多选）：下列选项中，属于量刑制度的有（　　）。

A. 累犯　　　　　　　B. 自首　　　　　　　C. 缓刑　　　　　　　D. 假释

【讲解】量刑制度包括累犯、自首、立功、数罪并罚、缓刑等。刑罚执行制度包括减刑和假释。

【答案】ABC

※【重点难点】一般自首的成立条件包括自动投案和如实供述自己罪行两个条件。自动投案，即在犯罪事实或者犯罪嫌疑人未被司法机关发觉，或者虽然被发觉，但犯罪嫌疑人尚未受到讯问、未被采取强制措施时，主动、直接向公安机关、人民检察院或者人民法院投案，接受审查与裁判的行为。自动投案须犯罪嫌疑人自动将自己置于"司法机关"控制之下：（1）自动投案的实质是犯罪嫌疑人将自己置于或最终置于公安、检察、审判机关的合法控制下，接受司法机关的审查与裁判。犯罪嫌疑人向公安、检察、审判机关等司法机关投案，才是自动投案，但犯罪嫌疑人向其所在单位、城乡基层组织或者其他有关负责人员投案的，也应视为自动投案。按照司法解释的规定，犯罪嫌疑人具有以下情形之一的，应当视为自动投案：①犯罪后主动报案，虽未表明自己是作案人，但没有逃离现场，在司法机关询问时交代自己罪行的。②明知他人报案而在现场等待，抓捕时无拒捕行为，供认犯罪事实的。③在司法机关未确定犯罪嫌疑人，尚在一般性排查询问时主动交代自己罪行的。④因特定违法行为被采取行政拘留、司法拘留、强制隔离戒毒等行政、司法强制措施期间，主动向执行机关交代尚未被掌握的犯罪行为的。⑤其他符合自首的立法宗旨，应当视为自动投案的情形。此外，交通肇事后保护现场、抢救伤者，并向公安机关报告的，以及交通肇事逃逸后又自动投案的，均应认定为自动投案。（2）犯罪嫌疑人先投案交代罪行，后又潜逃的，不能认为是自动投案，但潜逃后又投案并不再潜逃的，仍应认定为自动投案；以不署名或化名将非法所得寄给司法机关或报刊、杂志社的，也不是自动投案，但犯罪嫌疑人后来向司法机关投案，并如实供述所犯罪行的，不影响自首的成立。（3）自动投案，一般应是犯罪人直接向上述有关机关投案，但犯罪人因病、因伤或者为了减轻犯罪后果，委托他人先代为投案，或者先以信电投案的，也应视为自动投案。

例 11-2（多选）：下列选项中，应认定为行为人"自动投案"的是（　　）。

A. 甲在交通肇事后并没有逃离现场，在交警盘问时交代自己就是肇事司机

B. 乙将人打成重伤后，明知路人在打手机报警，但仍在现场等待，在司法人员抓捕时也没有拒捕行为，而且对伤人事实供认不讳

C. 丙在强制隔离戒毒期间，主动向戒毒所交代走私、贩卖毒品的事实

D. 丁在交通肇事后保护现场、抢救伤者，并向公安机关报告

【讲解】A项表述中，犯罪后主动报案，虽未表明自己是作案人，但没有逃离现场，在司法机关询问时交代自己罪行的，视为自动投案。B项表述中，明知他人报案而在现场等待，抓捕时无拒捕行为，供认犯罪事实的，视为自动投案。C项表述中，因特定违法行为被采取行政拘留、司法拘留、强制隔离戒毒等行政、司法强制措施期间，主动向执行机关交代尚未被掌握的犯罪行为的，视为自动投案。D项表述中，交通肇事后保护现场、抢救伤者，并向公安机关报告的，以及交通肇事逃逸后又自动投案的，应认定为自动投案。

【答案】ABCD

例11-3（多选）：下列选项中，应当认定为"自动投案"的是（　　）。

A. 甲犯盗窃罪后投案，交代了自己盗窃罪行，后潜逃

B. 乙以化名方式将其受贿所得寄给当地检察机关

C. 丙向其所在单位投案，交代其侵占单位资金的犯罪事实

D. 丁犯诈骗罪，因病委托其好朋友代为到公安机关投案

【讲解】A项表述中，犯罪嫌疑人先投案交代罪行，后又潜逃的，不能认为是自动投案，但潜逃后又投案并不再潜逃的，仍应认定为自动投案。B项表述中，以不署名或化名将非法所得寄给司法机关或报刊、杂志社的，不是自动投案，但犯罪嫌疑人后来向司法机关投案，并如实供述所犯罪行的，不影响自首的成立。C项表述中，犯罪嫌疑人向公安、检察、审判机关等司法机关投案，才是自动投案，但犯罪嫌疑人向其所在单位、城乡基层组织或者其他有关负责人员投案的，也应视为自动投案。D项表述中，自动投案，一般应是犯罪人直接向上述有关机关投案，但犯罪人因病、因伤或者为了减轻犯罪后果，委托他人先代为投案，或者先以信电投案的，也应视为自动投案。

【答案】CD

※【重点难点】自动投案应当是在"尚未归案之前投案"，如果是归案后，就谈不上是自动投案。下列情形属于尚未归案之前投案，应当认定为自动投案：（1）在犯罪事实未被发觉时投案；（2）在犯罪事实虽被发觉，但没查清犯罪嫌疑人的时候投案；（3）犯罪事实和犯罪嫌疑人都被发觉，但犯罪嫌疑人未受到讯问、未被采取强制措施、未被群众扭送时投案；（4）犯罪后逃跑，在通缉、追捕的过程中投案；（5）经查实犯罪人确已准备投案，或者正在投案途中，被司法机关捕获的，也应视为投案。需要注意的是，被采取强制措施后逃跑然后再"投案"，相对于被采取强制措施的犯罪而言，不能认定为自动投案，但对新犯之罪仍能成立自动投案。

例11-4（单选）：甲因犯盗窃罪被逮捕，脱逃后在外地抢劫了一家银行，后向司法机关投案，如实供述抢劫事实。关于本案，下列表述正确的是（　　）。

A. 甲仅就盗窃罪成立自动投案

B. 甲仅就抢劫罪成立自动投案

C. 甲可就抢劫罪和盗窃罪成立自动投案

D. 甲就抢劫罪和盗窃罪都不成立自动投案

【讲解】甲犯盗窃罪被逮捕，逃往外地后又犯抢劫罪，然后向司法机关投案，如实供述抢劫事实的，只成立抢劫罪的自动投案，不成立盗窃罪的自动投案。

【答案】B

※【重点难点】自动投案应是犯罪嫌疑人基于自己的意志积极主动地投案。但是，在罪行尚未被司法机关发觉，仅因形迹可疑，被有关组织或者司法机关盘问、教育后，主动交代自己的罪行的，也应认定为自动投案（如果有关部门、司法机关在其身上、随身携带的物品、驾乘的交通工具等处发现与犯罪有关的物品，导致行为人的交代对确定犯罪嫌疑人不具有实际意义的，不能认定为自动投案）；并非出于犯罪嫌疑人主动，而是经亲友规劝、陪同投案的，应视为自动投案；公安、检察机关通知犯罪嫌疑人的亲友，或者亲友主动报案后，将犯罪嫌疑人送去投案的，同样视为自动投案。但是，犯罪嫌疑人被亲友采用捆绑等手段送到司法机关，或者在亲友带领侦查人员前来抓捕时无拒捕行为，并如实供认犯罪事实的，不能认定为自动投案。

例11-5（单选）：下列选项中，属于"自动投案"的是（　　）。

A. 甲经亲友规劝，在亲友的陪同下向司法机关投案

B. 乙因犯诈骗罪而被父亲捆绑到公安机关

C. 丙在家中被侦查人员捕获，但丙没有拒捕行为

D. 丁犯抢劫罪，其母为此将其迷昏后送交公安机关

【讲解】 A项表述中，并非出于犯罪嫌疑人主动，而是经亲友规劝、陪同投案的，应视为自动投案。B、D项表述中，犯罪嫌疑人被亲友采用捆绑等手段送到司法机关，不能视为自动投案，因为并不具有自动性。C项表述中，在亲友带领侦查人员前来抓捕时无拒捕行为，并如实供认犯罪事实的，不能认定为自动投案。

【答案】 A

※【重点难点】 自首成立的第一个条件是自动投案，第二个条件是如实供述自己的罪行。如实供述自己的罪行是指犯罪嫌疑人自动投案后，如实供述自己实施并应由本人承担刑事责任的罪行。关于"如实供述自己的罪行"，根据司法解释的规定，应作如下理解：（1）如实供述自己的罪行，除供述自己的主要犯罪事实外，还应包括姓名、年龄、职业、住址、前科等情况。犯罪嫌疑人供述的身份与真实情况虽有差别，但不影响定罪量刑的，应当认定为如实供述自己的罪行。犯罪嫌疑人自动投案后隐瞒自己的真实身份等情况，影响对其定罪量刑的，不能认定为如实供述自己的罪行。（2）投案人所供述的犯罪，既可以是投案人单独实施的，也可以是与他人共同实施的；既可以是一罪，也可以是数罪。（3）如果犯罪人在供述犯罪的过程中推诿责任，保全自己，意图逃避制裁；大包大揽，庇护同伙，意图包揽罪责；歪曲罪质，隐瞒情节，企图蒙混过关；掩盖真相，避重就轻，试图减轻罪责，等等，均属于不如实供述自己的犯罪事实，不能成立自首。（4）犯罪嫌疑人自动投案并如实供述自己的罪行后又翻供的，不能认定为自首，但在一审判决前又能如实供述的，应当认定为自首。犯罪人自动投案如实供述自己的罪行后，为自己辩护，提出上诉，或者更正、补充某些事实的，应当允许，不能将这些行为视为没有如实供述自己的罪行。（5）贪污贿赂、渎职等职务犯罪的犯罪分子，如果没有自动投案，在办案机关调查谈话、讯问、采取调查措施或者强制措施期间，如实交代办案机关掌握的线索所针对的事实的，不能认定为自首。但是，上述人员虽然没有自动投案，但具有以下情形之一的，应当认定为自首：①犯罪分子如实交代办案机关未掌握的罪行，与办案机关已掌握的罪行属于不同种罪行的；②办案机关所掌握线索针对的犯罪事实不成立，在此范围外犯罪分子交代同种罪行的。

例11-6（单选）： 下列选项中，应当认定为"如实供述自己的罪行"，构成自首的是（　　　）。

A. 甲自动投案并如实供述自己的罪行后又翻供

B. 乙（受委托经营管理国有财产的人员）因涉嫌贪污而自动投案后，隐瞒了自己的真实身份

C. 丙（国家工作人员）并没有自动投案，但在办案机关对其挪用公款案采取调查措施时，如实交代了办案机关尚未掌握的受贿罪行

D. 丁在供述犯罪的过程中歪曲罪质，隐瞒情节，企图蒙混过关

【讲解】 A项表述中，犯罪嫌疑人自动投案并如实供述自己的罪行后又翻供的，不能认定为自首，但在一审判决前又能如实供述的，应当认定为自首。B项表述中，犯罪嫌疑人供述的身份与真实情况虽有差别，但不影响定罪量刑的，应当认定为如实供述自己的罪行。犯罪嫌疑人自动投案后隐瞒自己的真实身份等情况，影响对其定罪量刑的，不能认定为如实供述自己的罪行。据此，乙作为受委托经营管理国有财产的人员，可以成为贪污罪的犯罪主体，但乙隐瞒这一真实身份，对认定为贪污罪会产生影响，因而不能认定为如实供述自己罪行。C项表述中，对于贪污贿赂、渎职等职务犯罪的犯罪分子，如实交代办案机关未掌握的罪行，与办案机关已掌握的罪行属于不同种罪行的，应当认定为自首。据此，办案机关掌握的是挪用公款事实，但丙如实交代了办案机关尚未掌握的受贿事实，该受贿事实与办案机关掌握的挪用公款事实并非同种罪行，应认定为如实供述自己罪行，构成自首。D项表述中，如果犯罪人在供述犯罪的过程中推诿责任，保全自己，意图逃避制裁；大包大揽，庇护同伙，意图包揽罪责；歪曲罪质，隐瞒情节，企图蒙混过关；掩盖真相，避重就轻，试图减轻罪责，等等，均属于不如实供述自己的犯罪事实，不能成立自首。

【答案】C

※【重点难点】特别自首是指被采取强制措施的犯罪嫌疑人、被告人和正在服刑的罪犯，如实供述司法机关还未掌握的本人其他罪行的行为。特别自首的成立条件有：（1）成立特别自首的主体必须是被采取强制措施的犯罪嫌疑人、被告人和正在服刑的罪犯。其中，所谓强制措施，是指刑事诉讼法规定的拘传、拘留、取保候审、监视居住和逮捕。被采取行政拘留、司法拘留、强制隔离戒毒等剥夺人身自由的行政强制措施期间，主动向执行机关交代尚未被掌握的其他犯罪行为的，也属于"强制措施"，成立特别自首。所谓"正在服刑的罪犯"，是指已经人民法院判决、正在执行所判刑罚的罪犯。上述三种人以外的犯罪分子，不能成立特别自首。（2）必须如实供述司法机关还未掌握的本人其他罪行。这是成立特别自首的关键性条件。对于该要件，应当从3个方面予以把握：①认定该条件的两个要素。这个条件需要具备如下两个要素：首先，行为人必须如实供述本人罪行；其次，所供述的罪行必须尚未被司法机关掌握（如果交代司法机关已经掌握的本人其他罪行的，是坦白，而不是特别自首）。②已掌握和未掌握的判断。已经实际掌握罪行的，就是已掌握；尚未实际掌握罪行的，就是未掌握。司法机关发布通缉令，本人其他罪行不在通缉令发布范围内的，应认定为还未掌握，在通缉令发布范围内的，应视为已掌握；如果该罪行已录入全国公安信息网络在逃人员信息数据库，应视为已掌握。如果该罪行未被通缉、也未录入全国公安系统信息网络在逃人员信息数据库，应以该司法机关是否已实际掌握该罪行为标准。③司法机关还未掌握的"本人其他罪行"的认定。司法解释的态度是：被采取强制措施的犯罪嫌疑人、被告人和已宣判的罪犯，如实供述司法机关尚未掌握的罪行，与司法机关已掌握的或者判决确定的罪行属于不同种罪行的，以自首论。犯罪嫌疑人、被告人在被采取强制措施期间如实供述本人的其他罪行，该罪行与司法机关已掌握的罪行属同种罪行还是不同种罪行，一般应以罪名区分（是否属于同一犯罪构成）。虽然如实供述的其他罪行的罪名与司法机关已掌握的罪名不同，但如实供述的其他犯罪与司法机关已掌握的罪名属于选择性罪名（例如，非法制造、买卖、运输、邮寄、储存枪支、弹药、爆炸物罪或者窝藏、包庇罪；以及以非法占有为目的伪造信用卡并使用的，或者使用作废的信用卡而构成信用卡诈骗罪的），或者在法律、事实上密切关联，如因受贿被采取强制措施后，又交代因受贿为他人谋取利益行为，构成滥用职权罪的，应认定为同种罪行。

例11-7（单选）：甲因诈骗罪被采取刑事强制措施，在被采取强制措施期间，甲如实交代了三年前强奸罪的犯罪事实。甲的行为成立（　　）。

A. 一般自首　　　　B. 特别自首　　　　C. 坦白　　　　D. 立功

【讲解】A、B项表述中，甲被采取强制措施期间交代强奸罪的犯罪事实，与司法机关已经掌握的诈骗事实属于不同种罪行，构成特别自首。一般自首与特别自首最实质区别是：特别自首所供述的罪行与司法机关所掌握的罪行属于不同种罪行；而一般自首则是犯罪嫌疑人如实供述司法机关尚未掌握的犯罪事实。C、D项表述中，甲的行为不构成坦白和立功，关于自首和坦白、立功等的区别见后述内容。

【答案】B

例11-8（单选）：甲因非法制造枪支而被依法逮捕，在被采取强制措施期间，甲主动交代了司法机关还未掌握的运输爆炸物的犯罪事实。甲的行为构成（　　）。

A. 一般自首　　　　B. 特别自首　　　　C. 坦白　　　　D. 立功

【讲解】A项表述中，甲已被司法机关控制，不成立一般自首。B、C、D项表述中，司法机关已经掌握的甲的犯罪事实为非法制造枪支，甲被采取强制措施后如实供述运输爆炸物的犯罪事实，该事实并没有超出非法制造、买卖、运输、邮寄、储存枪支、弹药、爆炸物罪的同一犯罪构成，不成立特别自首，应当认定为坦白。

【答案】C

例11-9（单选）：下列选项中，构成特别自首的有（　　）。

A. 甲拐卖1名儿童后自动投案，如实供述自己的罪行

B. 乙使用伪造的信用卡实施诈骗而被逮捕，在被羁押期间，乙还如实交代了司法机关尚未掌

握的冒用他人信用卡进行诈骗的犯罪事实

C. 丙因盗窃罪被司法机关逮捕后，在羁押期间如实供述了司法机关尚未掌握的盗窃枪支的犯罪事实

D. 丁对司法机关指控作伪证的犯罪事实供认不讳

【讲解】A项表述中，甲自动投案，如实供述自己罪行，是一般自首，而非特别自首。针对B项表述，《刑法》第196条规定，下列情形构成信用卡诈骗罪：（1）使用伪造的信用卡，或者使用以虚假的身份证明骗领的信用卡的；（2）使用作废的信用卡的；（3）冒用他人信用卡的；（4）恶意透支的。据此，无论是使用伪造的信用卡进行信用卡诈骗，还是冒用他人信用卡进行诈骗，都没有超出信用卡诈骗罪的同一个犯罪构成，因而属于同种罪行。而构成特别自首，犯罪嫌疑人交代的必须是"不同种罪行"，因而不构成特别自首，但可以成立坦白。C项表述中，盗窃罪和盗窃枪支罪分属不同的犯罪构成，构成特别自首。D项表述中，并非特别自首，而是坦白。

【答案】C

※【重点难点】共同犯罪案件中的犯罪嫌疑人，除如实供述自己的罪行，还应当供述所知的同案犯，主犯则应当供述所知其他同案犯的共同犯罪事实。否则，不能成立自首。特别要注意的是，犯罪人出于掩护其他共犯人的目的，有预谋地投案包揽共同犯罪的全部责任的，不能视为如实供述自己的罪行。

例11-10（单选）：甲参与共同盗窃后，因分赃太少、得知举报后有奖便主动投案，供述了其参与盗窃的具体情况和同案犯。甲的行为构成（　　）。

A. 一般自首　　　　B. 特别自首　　　　C. 立功　　　　D. 坦白

【讲解】共同犯罪案件中的犯罪嫌疑人，除如实供述自己的罪行，还应当供述所知的同案犯，主犯则应当供述所知其他同案犯的共同犯罪事实。否则，不能成立自首。本案中，甲如实供述罪行，并供出同案犯，构成自首。符合一般自首条件的，属于一般自首；符合特别自首条件的，属于特别自首。因甲系归案前主动投案，属于一般自首。

【答案】A

※【重点难点】坦白是指犯罪分子被动归案之后，如实供述自己的罪行，并接受国家司法机关审查和裁判的行为。一般自首与坦白的关键区别在于是否自动投案，一般自首是犯罪人主动投案后，如实供述自己的罪行；坦白是被动归案后如实供述自己的罪行。准自首与坦白的关键区别在于是否如实供述司法机关还未掌握的本人其他罪行，如实供述司法机关还未掌握的本人其他罪行的，是准自首；如实供述司法机关已经掌握的本人其他罪行的，是坦白。对于坦白，根据《刑法》第67条第3款规定，如实供述自己罪行的，可以从轻处罚；因其如实供述自己罪行，避免特别严重后果发生的，可以减轻处罚。

例11-11（单选）：甲因犯绑架罪被逮捕，甲归案后如实供述人质的所在地点，使人质得以获救。甲的行为构成（　　）。

A. 一般自首　　　　B. 特别自首　　　　C. 立功　　　　D. 坦白

【讲解】甲因犯绑架罪"被动"归案，这意味着司法机关已经掌握其涉嫌绑架的犯罪事实，甲归案后如实供述人质的所在地点，也就是如实供述了司法机关已经掌握的本人的罪行，构成坦白。

【答案】D

例11-12（多选）：下列选项中，构成坦白的有（　　）。

A. 甲因涉嫌爆炸罪被逮捕，甲归案后如实供述爆炸物的安放地点，使司法机关解除了爆炸装置，避免了特别严重后果的发生

B. 乙因贪污被采取司法强制措施后，乙在提起公诉前出于真诚悔悟而积极退赃，从而减少了损害结果的发生

C. 丙因受贿被采取强制措施后，又交代因受贿为他人谋取利益行为，构成滥用职权罪的

D. 丁醉酒驾车，将一正常行走的行人撞成重伤后，打电话向交警部门报告，等待交警前来调查，并如实供述

【讲解】A 项表述中，甲被动归案，如实供述司法机关已经掌握涉嫌爆炸的其他犯罪事实，构成坦白。针对 B 项表述，《刑法》第 383 条第 3 款规定，犯贪污罪，在提起公诉前如实供述自己罪行、真诚悔罪、积极退赃，避免、减少损害结果的发生，有第（1）项规定情形的，可以从轻、减轻或者免除处罚；有第（2）项、第（3）项规定情形的，可以从轻处罚。本书认为，上述条款虽然可对贪污罪从轻、减轻或者免除处罚，除了如实供述自己罪行的情形外，积极退赃并非属于坦白规定。概言之，实施经济犯罪、财产犯罪、贪污受贿后积极退赔、退赃，不能认定为坦白。针对 C 项表述，根据相关司法解释的规定，因受贿被采取强制措施后，又交代因受贿为他人谋取利益行为，构成滥用职权罪的，对滥用职权罪不可认定为自首。该司法解释的规定似乎否定了"如实供述司法机关尚未掌握的不同种罪行构成特别自首"的原则，因此，考生可以将该司法解释的规定认定为不构成特别自首的例外。司法解释之所以这样规定，是因为该司法解释认为，供述罪名与已掌握的罪名，在法律、事实上密切关联，也不属于自首。类似的例子还有：张某因受贿被检察机关逮捕，在逮捕期间，向检察机关主动交代了此次受贿为请托人徇私舞弊不征税款 10 万元的情况。由于徇私舞弊不征税款罪与受贿罪紧密关联（属于受贿的请托事项），不属于"不同种罪行"，对其所犯的徇私舞弊不征税款罪，不构成特别自首。既然不构成自首，还认定为属于"同种罪行"，而且是被动归案后"如实供述"，那么成立坦白。针对 D 项表述，根据相关司法解释，交通肇事后保护现场、抢救伤者，并向公安机关报告的，以及交通肇事逃逸后又自动投案的，均应认定为自动投案。

【答案】AC

※【重点难点】《刑法》第 67 条第 1 款规定：对于自首的犯罪分子，可以从轻或者减轻处罚。其中，犯罪较轻的，可以免除处罚。

例 11-13（案例）：2018 年 3 月 16 日 11 时许，王某与其女友管某在暂住处，因生活琐事发生口角后，王某离开。当管某追王某至本市饲料公司西门外时，二人再次发生争执。王某用手猛掐管某的颈部，并用脚踢管某的头部，致管某窒息、颅脑损伤并急性创伤失血性休克死亡。王某作案后，打电话给其姐夫许某到市里城北小树林找他。16 日下午 4 点多，许某及王某的父亲、哥哥等人在市里城北小树林北侧山坡上找到因自杀昏迷的王某。17 日，王某的父亲到公安机关替其投案，后公安人员赶来，在王某的家中将王某查获归案。王某归案后，如实供述了自己的罪行。

结合案情回答下列问题并说明理由：

（1）王某构成何罪？

（2）王某是否符合自首条件？如何量刑？

【参考答案】（1）王某的行为构成故意杀人罪。理由：王某因琐事故意非法剥夺管某的生命，并致其死亡，其行为已构成故意杀人罪。

（2）王某的行为符合自首的条件，对王某可以从轻处罚。理由：根据相关司法解释的规定（《最高人民法院关于处理自首和立功具体应用法律若干问题的解释》），并非出于犯罪嫌疑人主动，而是经亲友规劝、陪同投案的；公安机关通知犯罪嫌疑人的亲友，或者亲友主动报案后，将犯罪嫌疑人送去投案的，应当视为自动投案。本案中，王某作案后，在自杀前通知其亲友，表明其没有潜逃的意识和行为。王某在得知其父代为投案后，也未逃跑，公安机关赶来后即将其控制。因此，王某虽然没有亲自投案，但公安机关将其抓获与其家属代替投案行为之间具有紧密联系，可以视为自动投案。在投案后，王某亦能如实供述自己的罪行，符合自首的条件。王某犯故意杀人罪，可以从轻处罚。

例题拓展

例 11-14（单选）：下列关于自首中"如实供述"的表述，正确的是（　　）。

A. 甲自动投案后，如实交代了自己的杀人行为，但拒绝说明凶器藏匿地点的，不成立自首

B. 乙犯有抢劫罪和强奸罪，自动投案后，仅如实供述抢劫行为，对强奸行为一直主张女方是情人，发生性关系出于对方自愿。乙的行为不具有自首情节

C. 丙虽未自动投案，但公安机关所掌握线索针对的受贿事实不成立，在此范围外丙交代受贿罪行的，不成立自首

D. 丁自动投案并如实供述自己的罪行后又翻供，但在一审判决前又如实供述的，应当认定为自首

【讲解】A项表述中，如实供述是指犯罪嫌疑人自动投案后，如实交代自己的"主要犯罪事实"，"凶器藏匿地点"不是"犯罪事实"，因而成立自首。B项表述中，乙如实供述抢劫罪行，成立自首。针对C项表述，根据《最高人民法院、最高人民检察院关于办理职务犯罪案件认定自首、立功等量刑情节若干问题的意见》第1条第4款第2项，犯罪分子没有自动投案，办案机关所掌握线索针对的犯罪事实不成立，在此范围外犯罪分子交代同种罪行的，以自首论。D项表述中，犯罪嫌疑人自动投案并如实供述自己罪行后又翻供的，不能认定为自首；但在一审判决前又能如实供述的，应当认定为自首。这里要注意：供述的时间是"一审"，不是"二审"。

【答案】D

例11-15（案例）：2016年8月3日晚，田某在A市乘坐地铁因相互拥挤遭到平某等人殴打后，伙同贾某、梁某（均另案处理）等人持刀寻找并伺机报复平某等人。当日21时许，田某等人在超市南侧发现平某，后分别持砍刀、尖刀砍、刺平某，造成平某被刺破心脏及肝脏，致急性失血性休克死亡。田某作案后逃匿。2016年9月18日，田某在B市被公安人员盘查时主动供述了上述犯罪事实。据公安部门出具的情况证明证实，田某首先交代假名，在审查时交代了真名，并说在A市犯过事。民警将其真名进行公安网上追逃对比时，查出田某系网上逃犯，希望田某如实交代罪行，田某遂交代了故意杀人的犯罪事实。

请分析田某的行为性质、是否有自首情节及如何处罚。

【参考答案】（1）田某因琐事伙同贾某、梁某等人共同故意非法剥夺他人生命，致平某死亡，其行为已构成故意杀人罪。

（2）根据相关司法解释，罪行尚未被司法机关发觉，仅因形迹可疑，被有关组织或者司法机关盘问、教育后，主动交代自己的罪行的，应当视为自动投案。本案中，田某被公安机关盘查时，公安机关并不了解田某的真实姓名，也不了解发生在A市的田某故意杀人行为，如果田某不交代真实姓名，B市公安机关无法将田某与故意杀人行为联系在一起。因此，田某经教育主动交代真实姓名，并进而主动供述在A市的故意杀人的犯罪事实，符合自首的条件，应认定为自首。

（3）田某的行为构成自首，对田某可以从轻或者减轻处罚。

专题十二 立 功

※【重点难点】立功是指犯罪分子揭发他人的犯罪行为，查证属实，或者提供重要线索，从而得以侦破其他案件的行为。立功不同于自首：自首是如实供述自己罪行的行为，而立功是揭发他人罪行的行为。我国刑法规定的立功分为一般立功和重大立功。（1）一般立功是指犯罪分子到案后检举、揭发他人的犯罪行为，包括：1）共同犯罪案件中的犯罪分子揭发同案犯共同犯罪以外的其他犯罪（如果属于如实供述同案犯的共同犯罪事实的，则应属于自首，而不是立功），经查证属实。2）提供侦破其他案件的重要线索，经查证属实。3）阻止他人犯罪活动；协助司法机关抓捕其他犯罪人（包括同案犯；此处规定仅限于"协助抓捕"，倘若是如实供述共同犯罪中同案犯的犯罪事实的，应当属于自首，而不是立功）。"协助司法机关抓捕其他犯罪嫌疑人"，包括下列情形：①按照司法机关的安排，以打电话、发信息等方式将其他犯罪嫌疑人（包括同案犯）约至指定地点的；②按照司法机关的安排，当场指认、辨认其他犯罪嫌疑人（包括同案犯）的；③带领侦查人员抓获

其他犯罪嫌疑人（包括同案犯）的；④提供司法机关尚未掌握的其他案件犯罪嫌疑人的联络方式、藏匿地址等信息的。犯罪分子提供同案犯姓名、住址、体貌特征等基本情况，或者提供犯罪前、犯罪中掌握、使用的同案犯联络方式、藏匿地址，司法机关据此抓捕同案犯的，不能认定为协助司法机关抓捕同案犯。4) 具有其他有利于国家和社会的突出表现的，应当认定为有立功表现。(2) 重大立功是指犯罪分子检举、揭发他人重大犯罪行为经查证属实；提供侦破其他重大案件的重要线索，经查证属实；阻止他人重大犯罪活动；协助司法机关抓捕其他重大犯罪嫌疑人（包括同案犯）；对国家和社会有其他重大贡献等表现的行为。(3) 对贪污贿赂、渎职等职务犯罪分子认定立功情节时应当注意，立功必须是犯罪分子本人实施的行为。为使犯罪分子得到从轻处理，犯罪分子的亲友直接向有关机关揭发他人犯罪行为，提供侦破其他案件的重要线索，或者协助司法机关抓捕其他犯罪嫌疑人的，不应当认定为犯罪分子的立功表现。据以立功的他人罪行材料应当指明具体犯罪事实，据以立功的线索或者协助抓捕犯罪嫌疑人的行为对于侦破案件或者抓捕犯罪嫌疑人要有实际作用。不能认定为有立功表现的包括：犯罪分子揭发他人犯罪行为没有指明具体犯罪事实的，揭发的犯罪事实与查实的犯罪事实不具有关联性的，提供的线索或者协助抓捕其他犯罪嫌疑人的行为对于其他案件的侦破或者其他犯罪嫌疑人的抓捕不具有实际作用的。

例 12-1（多选）：下列选项中，应当认定为立功情节中"协助司法机关抓捕其他犯罪嫌疑人"的是(   )。

A. 犯罪分子甲向司法机关提供了同案犯的姓名和住址

B. 犯罪分子乙按照司法机关的安排，通过发短信的方式将同案犯约至指定地点

C. 犯罪分子丙告诉同案犯的藏匿地址的

D. 犯罪分子丁向司法机关透露司法机关尚未掌握的另一案件的犯罪嫌疑人藏匿地址的

【讲解】 根据《最高人民法院关于处理自首和立功若干具体问题的意见》的规定，犯罪分子具有下列行为之一，使司法机关抓获其他犯罪嫌疑人的，属于"协助司法机关抓捕其他犯罪嫌疑人"：(1) 按照司法机关的安排，以打电话、发信息等方式将其他犯罪嫌疑人（包括同案犯）约至指定地点的；(2) 按照司法机关的安排，当场指认、辨认其他犯罪嫌疑人（包括同案犯）的；(3) 带领侦查人员抓获其他犯罪嫌疑人（包括同案犯）的；(4) 提供司法机关尚未掌握的其他案件犯罪嫌疑人的联络方式、藏匿地址的，等等。犯罪分子提供同案犯姓名、住址、体貌特征等基本情况，或者提供犯罪前、犯罪中掌握、使用的同案犯联络方式、藏匿地址，司法机关据此抓捕同案犯的，不能认定为协助司法机关抓捕其他犯罪嫌疑人。据此规定第 2 款，A、C 项表述不属于"协助司法机关抓捕其他犯罪嫌疑人"的情形，不选 A、C 项。根据上述司法解释第 1 款第 (1) 项，B 项表述属于"协助司法机关抓捕其他犯罪嫌疑人"的情形，选 B 项。根据上述司法解释第 1 款第 (4) 项，D 项表述属于"协助司法机关抓捕其他犯罪嫌疑人"的情形，选 D 项。不过，值得一提的是，D 项表述的情形仅仅针对的是"非同案犯"，如果属于同案犯，根据司法解释的规定，犯罪分子提供同案犯姓名、住址、体貌特征等基本情况，或者提供犯罪前、犯罪中掌握、使用的同案犯联络方式、藏匿地址，司法机关据此抓捕同案犯的，不能认定为"协助司法机关抓捕其他犯罪嫌疑人"，进而也不能认定为立功。

【答案】 BD

例 12-2（单选）：甲、乙共同实施一起抢劫案件。不久，甲因涉嫌该抢劫案件被抓获归案。对甲交代的下列事实，成立立功的是(   )。

A. 甲交代所涉嫌的抢劫案件由甲一人所为，与乙无关

B. 甲、乙还共同参与两起携带凶器盗窃案件

C. 甲、乙还共同参与实施两起入户抢劫案件

D. 甲还交代了乙曾经参与一起强奸案件，并经查证属实

【讲解】 A 项表述中，甲、乙共同犯罪，但甲隐瞒同伙，不构成自首，也谈不上立功。B 项表述中，甲被动归案后，如实供述甲与乙共同盗窃事实的，属于特别自首，而不是立功。C 项表述中，甲被动归案后，如实供述的犯罪事实与归案前的犯罪事实属于同种罪行的，可以认定为坦白，而不是特别自首，因为成立特别自首，如实供述的罪行应属于"不同种罪行"。D 项表述中，自首

和立功的关键区别在于：自首是如实供述自己罪行的行为，而立功是揭发他人罪行的行为。甲如实供述同案犯共同犯罪之外的其他犯罪事实（不同种罪行），属于立功。

【答案】 D

※**【重点难点】** 下列情形也不得认定为有立功表现：（1）犯罪分子通过贿买、暴力、胁迫等非法手段，或者被羁押后与律师、亲友会见过程中违反监管规定，获取他人犯罪线索并"检举揭发"的；（2）犯罪分子将本人以往查办犯罪职务活动中掌握的，或者从负有查办犯罪、监管职责的国家工作人员处获取的他人犯罪线索予以检举揭发的；（3）犯罪分子亲友为使犯罪分子"立功"，向司法机关提供他人犯罪线索、协助抓捕犯罪嫌疑人的，不能认定为犯罪分子有立功表现。

例12-3（多选）： 以下情形中，构成立功的有(　　　)。

A. 乙盗窃后让甲帮忙窝藏赃物，甲在案发前主动投案并交代了乙的盗窃事实，并带领公安人员抓获乙

B. 甲教唆乙抢劫，乙抢劫后藏匿。甲被抓获归案后，协助司法机关将乙抓获归案

C. 乙组织数十人偷越国境，甲帮助乙运输偷越人员，甲先被抓获；后来一疑似乙的人被公安机关扣押，为确认乙的身份，公安机关安排甲进行现场指认，甲将乙认出

D. 某县监察委主任甲在任期间掌握了本县大量官员受贿的线索，后甲因贪污罪而被判刑，在服刑期间甲多次举报该县官员受贿的情况，经查证属实

【讲解】 A、B项表述中，协助抓捕共犯人，构成立功。C项表述中，指认共犯人，构成立功。D项表述中，本人以往查办犯罪职务活动中掌握的犯罪线索，不属于立功。

【答案】 ABC

※**【重点难点】** 根据《刑法》第68条规定，犯罪分子有一般立功表现的，可以从轻或者减轻处罚；有重大立功表现的，可以减轻或者免除处罚。

例12-4（案例）： 韩某曾因犯盗窃罪被判处有期徒刑10年。服刑时，认识了一同服刑的洪某。2013年两人刑满释放，2015年12月中旬，韩某伙同洪某绑架了包工头刘某的儿子刘某某，勒索赎金30万元人民币。12月24日晚，韩某、洪某得知刘某已向公安机关报案，决定撕票，二人先后用手掐刘某某的脖子，直至将其掐死抛尸。一审法院以绑架罪判处韩某、洪某死刑。二审期间，韩某发现并及时制止了同监犯人朱某、何某等人脱逃的行为。

请问： 韩某的行为是否构成立功？为什么？若改判，应判处何种刑罚？

【参考答案】（1）韩某的行为属于一般立功。因为韩某阻止了朱某、何某的犯罪活动。对于阻止他人犯罪活动的，应当认定为一般立功，可以从轻或者减轻处罚。因韩某绑架杀人，犯绑架罪，罪质很重，但可以从轻处罚。

（2）二审法院可以改判其死刑缓期二年执行。

例题拓展

例12-5（多选）： 甲、乙乘夜共同盗窃，甲在门外放风，乙入室盗窃，在窃得财物后，乙将女室主丙强奸。后甲因涉嫌盗窃被逮捕，但司法机关尚未掌握乙的犯罪事实。对此，下列表述正确的是(　　　)。

A. 甲、乙构成盗窃罪共同犯罪，甲是主犯，乙是从犯

B. 甲对乙实施的强奸行为不负刑事责任

C. 甲到案后供述了和乙共同犯罪的事实，构成自首

D. 甲到案后揭发了乙强奸的犯罪事实，构成立功

【讲解】 A项表述中，一般而言，共同犯罪中，望风行为视为共同犯罪中的帮助犯，系从犯，即甲是从犯，乙是主犯。B项表述中，甲对乙实施的强奸行为不负刑事责任，因为乙的强奸行为超

出甲、乙共同犯罪的范畴，属于实行过限。C项表述中，甲因涉嫌盗窃被逮捕，这意味着司法机关已经掌握甲盗窃的犯罪事实，甲将同案犯乙供出，属于坦白。值得注意的是，甲供出同案犯盗窃的事实不是特别自首，因为司法机关已经掌握盗窃罪的犯罪事实。假如甲、乙还犯有共同诈骗罪，甲到案后，如实供述与乙共同诈骗事实的，才是特别自首，因为司法机关尚未掌握诈骗罪的犯罪事实。D项表述中，甲到案后揭发"他人"犯罪事实的，构成立功。

【答案】BD

专题十三　数罪并罚

※【重点难点】数罪并罚是指一行为人所犯数罪合并处罚的制度。我国刑法中的数罪并罚，是指人民法院对一行为人在法定时间界限内所犯数罪分别定罪量刑后，按照法定的并罚原则及刑期计算方法决定其应执行的刑罚的制度。根据我国刑法的规定，数罪并罚的特点有：（1）必须是一行为人犯数罪。这是适用数罪并罚的前提。区分一罪还是数罪的标准采取犯罪构成说，符合一个犯罪构成的，是一罪；符合数个犯罪构成的，是数罪，当然要并罚。至于按照一罪处理的情形，如法定的一罪、实质的一罪和处断的一罪，不是并罚数罪，不能适用数罪并罚。（2）一行为人所犯数罪必须发生于法定的时间界限之内。按照我国刑法的规定，一人所犯数罪必须发生在判决宣告以前，或者发生在判决宣告以后，刑罚执行完毕以前。具言之，并非任何时候的实质数罪都需要实行数罪并罚，而是限于以下4种情况的数罪才适用并罚：①判决宣告以前一人犯数罪；②刑罚执行过程中发现被判刑的犯罪分子在判决宣告以前还有其他罪没有判决（漏罪）；③判决宣告以后，刑罚执行完毕以前，被判刑的犯罪分子又犯罪的（新罪）；④被宣告缓刑或假释的犯罪人在缓刑或假释考验期内又犯罪或发现漏罪的。我国刑法以刑罚执行完毕以前所犯数罪作为适用并罚的最后时间界限。如果在刑罚执行完毕以后，又犯罪的，符合累犯条件的，应作为累犯从重处罚，但是不涉及数罪并罚的问题。刑罚执行完毕以后，又发现判决宣告之前还有其他罪没有判决而应当追诉的（没有超过追诉期限的），应当依法另行定罪量刑，且不构成累犯；如果刑罚执行完毕之后又犯新罪，应当依法对新罪定罪量刑，构成累犯的，要从重处罚。但这两种情况不能与已执行完毕的刑罚实行并罚。（3）必须在对数罪分别定罪量刑的基础上，依照法定的并罚原则、并罚范围和并罚方法，决定执行的刑罚。

例 13-1（多选）： 下列选项中，对甲所犯罪行应当适用数罪并罚的是（　　　　）。

A. 甲在判决宣告前犯盗窃罪，在刑罚执行期间发现甲在判决宣告前还犯有诈骗罪

B. 甲因犯伪造货币罪被判刑，刑满释放后，发现甲在判决宣告前还犯有信用卡诈骗罪，且应当依法追诉

C. 甲因犯拐卖妇女罪被判刑，刑满释放后，甲又犯收买被拐卖的妇女罪

D. 甲因犯故意伤害罪被判刑，后被依法假释，在假释期间，甲又犯抢劫罪

【讲解】A项表述中，刑罚执行过程中发现被判刑的犯罪分子在判决宣告以前还有其他罪没有判决（漏罪），对已判决之罪和漏罪应当数罪并罚。针对B项表述，按照我国刑法的规定，一人所犯数罪必须发生在判决宣告以前，或者发生在判决宣告以后，刑罚执行完毕以前，才能适用数罪并罚。刑罚执行完毕以后，又发现判决宣告之前还有其他罪没有判决而应当追诉的（没有超过追诉期限的），应当依法另行定罪量刑，而不适用数罪并罚。针对C项表述，我国刑法以刑罚执行完毕以前所犯数罪作为适用并罚的最后时间界限。在刑罚执行完毕以后，又犯罪的，不涉及数罪并罚的问题。针对D项表述，被假释的犯罪人在假释考验期内又犯罪或发现漏罪的，对新罪或漏罪与原判刑罚依照法定原则和方法实行数罪并罚。

【答案】AD

※【重点难点】我国确立了以限制加重原则为主、以吸收原则和并科原则为补充的折中原则，

该数罪并罚原则具有如下特点：（1）全面兼采各种数罪并罚原则，包括吸收原则、限制加重原则、并科原则。（2）所采用的各种原则均无普遍适用的效力，每一原则仅适用于特定的刑种。即依据刑法的规定，吸收原则适用于死刑和无期徒刑，限制加重原则适用于有期徒刑、拘役和管制三种自由刑，并科原则适用于附加刑。（3）限制加重原则居于主导地位，吸收原则和并科原则处于辅助或次要地位。（4）吸收原则和限制加重原则的适用效力互相排斥，并科原则相对独立，不影响其他原则的适用。

例13-2（单选）： 下列关于我国刑法数罪并罚的表述，正确的是（   ）。

A. 数罪并罚采取限制加重原则

B. 数罪并罚规则不适用于驱逐出境

C. 数刑中最高刑有被判处无期徒刑的，对主刑应采取吸收原则

D. 附加刑采取吸收原则

【讲解】 A项表述中，我国刑法全面兼采各种数罪并罚原则，包括吸收原则、限制加重原则、并科原则，确立了以限制加重原则为主、以吸收原则和并科原则为补充的折中原则。B项表述中，驱逐出境也可适用数罪并罚，例如，《刑法》第69条规定，数罪中有判处附加刑的，附加刑仍须执行，其中附加刑种类相同的，合并执行，种类不同的，分别执行。这里的"附加刑"，当然包括驱逐出境。C项表述中，吸收原则适用于死刑和无期徒刑。D项表述中，对于附加刑，采取并科原则。

【答案】 C

※ **【重点难点】**（1）吸收原则的适用：判决宣告的数个主刑中有数个死刑或最重刑为死刑的，采用吸收原则，仅应决定执行一个死刑，而不得决定执行两个以上的死刑或其他主刑；判决宣告的数个主刑中有数个无期徒刑或最重刑为无期徒刑的，采用吸收原则，只应决定执行一个无期徒刑，而不得决定执行两个以上的无期徒刑，或者将两个以上的无期徒刑合并升格执行死刑，或者决定执行其他主刑；数罪中有判处有期徒刑和拘役的，执行有期徒刑。（2）限制加重原则的适用：除判处死刑和无期徒刑的以外，应当在总和刑期以下、数刑中最高刑期以上，酌情决定执行的刑期，但是管制最高不能超过3年，拘役最高不能超过1年，有期徒刑总和刑期不满35年的，最高不能超过20年，总和刑期在35年以上的，最高不能超过25年。具体而言，适用限制加重原则的具体规则为：①判决宣告的数个主刑均为有期徒刑的，应当在总和刑期以下、数刑中最高刑期以上，酌情决定执行的刑期；有期徒刑总和刑期不满35年的，最高不能超过20年，总和刑期在35年以上的，最高不能超过25年。②判决宣告前数个主刑均为拘役的，应当在总和刑期以下、数刑中最高刑期以上，酌情决定执行的刑期；但是最高不能超过1年。③判决宣告前数个主刑为管制的，应当在总和刑期以下、数刑中最高刑期以上，酌情决定执行的刑期；但是最高不能超过3年。（3）并科原则的适用：数罪中有判处有期徒刑和管制，或者拘役和管制的，有期徒刑、拘役执行完毕后，管制仍需执行；数罪中有判处附加刑的，采用并科原则，附加刑仍须执行。例如，一人犯数罪，其中一个罪被判处剥夺政治权利，那么，在执行主刑的同时，剥夺政治权利附加刑仍需执行。数罪中判处数个附加刑，附加刑种类相同的，合并执行，种类不同的，分别执行。

例13-3（单选）： 甲犯盗窃罪和诈骗罪，所判处的刑罚分别为10年和8年有期徒刑，总和刑期为18年。对于这两个罪的并罚，下列表述正确的是（   ）。

A. 对甲应在10年以上18年以下决定执行的刑罚

B. 对甲应在8年以上10年以下决定执行的刑罚

C. 对甲应在8年以上18年以下决定执行的刑罚

D. 对甲应当合并执行18年有期徒刑

【讲解】 限制加重原则中的"限制"，情形之一就是要受总和刑期的限制。根据《刑法》第69条的规定，判决宣告的数个主刑均为有期徒刑的，应当在总和刑期（18年）以下、数刑中最高刑期（10年）以上，酌情决定执行的刑期。可见，选A项。

【答案】 A

例 13-4（单选）：甲犯抢劫罪、盗窃罪和诈骗罪，所判处的刑罚分别为 10 年、8 年和 6 年有期徒刑。对于这三个罪的并罚，下列表述正确的是（　　）。

　　A. 对甲应在 10 年以上 24 年以下决定执行的刑期

　　B. 对甲应在 6 年以上 24 年以下决定执行的刑期

　　C. 对甲应在 10 年以上 20 年以下决定执行的刑期

　　D. 对甲应在 20 年以上 24 年以下决定执行的刑期

【讲解】限制加重原则中的"限制"，另外一种情形就是受数罪并罚法定最高刑的限制。根据《刑法》第 69 条的规定，判决宣告的数个主刑均为有期徒刑的，应当在总和刑期（24 年）以下、数刑中最高刑期（10 年）以上，酌情决定执行的刑期；有期徒刑总和刑期不满 35 年的，最高不能超过 20 年，总和刑期在 35 年以上的，最高不能超过 25 年。由于总和刑期不满 35 年，则执行刑期最高不能超过 20 年。可见，选 C 项。

【答案】C

例 13-5（单选）：甲犯盗窃罪、抢劫罪和绑架罪，分别判处 12 年、13 年和 14 年有期徒刑。对于这三个罪的并罚，下列表述正确的是（　　）。

　　A. 对甲应在 14 年以上 20 年以下决定执行的刑期

　　B. 对甲应在 12 年以上 25 年以下决定执行的刑期

　　C. 对甲应合并升格为无期徒刑

　　D. 对甲应在 14 年以上 25 年以下决定执行的刑期

【讲解】根据《刑法》第 69 条的规定，总和刑期在 35 年以上的，最高不能超过 25 年。本题表述的三个罪总和刑期为 39 年，超过了 35 年，则执行刑期应确定为最高不能超过 25 年，数刑中最高刑为有期徒刑 14 年，则对甲应在 14 年以上 25 年以下决定执行的刑期。

【答案】D

例 13-6（单选）：甲犯 A 罪被判处拘役 6 个月，附加剥夺政治权利 1 年；犯 B 罪被判处有期徒刑 3 年，附加剥夺政治权利 3 年。对于甲的并罚，下列方法正确的是（　　）。

　　A. 对甲应判处拘役 6 个月，有期徒刑 3 年，附加剥夺政治权利 4 年

　　B. 对甲应判处有期徒刑 3 年，剥夺政治权利 4 年

　　C. 对甲应判处有期徒刑 3 年，剥夺政治权利 3 年

　　D. 对甲应判处有期徒刑 3 年 6 个月，剥夺政治权利 3 年

【讲解】数罪中有判处有期徒刑和拘役的，执行有期徒刑。数罪中有判处附加刑的，采用并科原则，附加刑仍须执行。因此，对甲数罪并罚时，虽然主刑只执行有期徒刑，但剥夺政治权利需合并执行 4 年。

【答案】B

例题拓展

例 13-7（单选）：甲因间谍罪被判处 15 年有期徒刑，剥夺政治权利 5 年；因组织他人偷越国境罪被判处 14 年有期徒刑，并处没收财产 5 万元，剥夺政治权利 3 年；因虚开增值税专用发票罪被判处有期徒刑 10 年，并处罚金 20 万元。关于上述犯罪的并罚，下列处理正确的是（　　）。

　　A. 决定判处甲有期徒刑 35 年，没收财产 25 万元，剥夺政治权利 8 年

　　B. 决定判处甲有期徒刑 20 年，罚金 25 万元，剥夺政治权利 8 年

　　C. 决定判处甲有期徒刑 25 年，没收财产 5 万元，罚金 20 万元，剥夺政治权利 6 年

　　D. 决定判处甲有期徒刑 23 年，没收财产 5 万元，罚金 20 万元，剥夺政治权利 8 年

【讲解】（1）主刑的并罚：15 年、14 年、10 年。数罪最高刑为 15 年；总和刑期相加为 39 年，

超过35年，最高刑为25年。故在15年至25年间决定主刑。（2）附加刑的并罚：剥夺政治权利5年、没收财产5万元、剥夺政治权利3年、罚金20万元。两个剥夺政治权利种类相同，并科8年，其他分别执行。四个选项中，B、C、D项主刑的并罚均可，但只有D项附加刑的并罚正确。

【答案】D

例13-8（单选）：甲犯有抢劫罪和绑架罪，被法院分别判处8年有期徒刑和12年有期徒刑，决定合并执行18年有期徒刑。执行5年后发现甲在判决宣告前还犯有诈骗罪和盗窃罪，法院判处诈骗罪5年有期徒刑、盗窃罪7年有期徒刑。法院对甲判处的下列刑期中，符合刑法规定的是（　　）。

A. 14年　　　　　　　　B. 19年　　　　　　　　C. 24年　　　　　　　　D. 30年

【讲解】对于发现漏罪的，适用先并后减规则。如果有数个漏罪，先将数个漏罪并罚，即本题表述中的5并7，两个漏罪并罚后的总和刑期为12年有期徒刑。再根据先并后减规则，继续执行的刑期为18并12，总和刑期为30年有期徒刑，没有超过35年。根据《刑法》第69条规定，总和刑期为35年以下的，数罪并罚不得超过20年。那么，数刑中最高刑期为18年（注意：《刑法》第69条表述的语言是"数刑中最高刑期以上"，而非"数刑中最高刑以上"），总和刑期为20年，对甲应在18年至20年内决定执行的刑期，再扣除已经执行的5年，就是在13年至15年内决定执行的刑罚，即为继续执行的刑罚。可见，只有A项符合刑法的并罚要求。

【答案】A

专题十四　缓　　刑

※**【重点难点】**缓刑是指人民法院对于被判处拘役、3年以下有期徒刑的犯罪分子，根据其犯罪情节和悔罪表现，认为暂缓执行原判刑罚，没有再犯罪的危险，且宣告缓刑对所居住社区没有重大不良影响的，规定一定的考验期，暂缓其刑罚的执行，若犯罪分子在考验期内没有发生法定撤销缓刑的情形，原判刑罚就不再执行的制度。缓刑的适用条件有：（1）对象条件：被判处拘役、3年以下有期徒刑的犯罪分子。被判处拘役或者3年以下有期徒刑，是就宣告刑而言，而不是指法定刑。（2）实质条件：犯罪情节较轻，有悔罪表现，没有再犯罪的危险，且宣告缓刑对所居住社区没有重大不良影响。它们必须同时具备。（3）限制条件：累犯或者犯罪集团的首要分子。犯罪人具有上述实质条件，可以宣告缓刑。犯罪主体具有上述实质条件，而且是不满18周岁的人、怀孕的妇女或者已满75周岁的人，应当宣告缓刑。

例14-1（单选）：下列选项中，可以适用缓刑的是（　　）。

A. 甲因犯叛逃罪被判处剥夺政治权利

B. 乙因犯危险驾驶罪被判处拘役6个月

C. 丙因犯放火罪被判处有期徒刑8年

D. 丁因犯诬告陷害罪被判处2年有期徒刑，刑满释放后第二年又犯侵占罪被判处3年有期徒刑

【讲解】A项表述中，独立适用附加刑的不得适用缓刑。B项表述中，符合缓刑条件。C项表述中，缓刑适用仅限于拘役或者3年以下有期徒刑的刑罚。D项表述中，丁构成累犯，累犯不适用缓刑。

【答案】B

例14-2（单选）：关于缓刑的适用，下列表述正确的是（　　）。

A. 甲犯侮辱罪和诽谤罪，数罪并罚后不能适用缓刑

B. 乙犯代替考试罪，被判处管制1年，乙可以适用缓刑

C. 丙犯绑架罪但有立功情节，即使该罪法定最低刑为5年有期徒刑，对丙也可能适用缓刑

D. 丁16岁时因犯爆炸罪被判处有期徒刑6年，刑满释放后第三年犯生产、销售有毒、有害食品罪，但有自首情节，对丁不可能适用缓刑

【讲解】A项表述中，数罪并罚后，如判3年以下有期徒刑或者拘役，符合其他条件，也可能适用缓刑。B项表述中，缓刑的适用对象为被判处拘役或者3年以下有期徒刑的犯罪分子，不包括管制，当然对乙不能适用缓刑。C项表述中，适用缓刑的条件"被判处拘役、3年以下有期徒刑的犯罪分子"指的是宣告刑，而不是法定刑，本选项法定最低刑为5年有期徒刑，但因有立功情节，可以从轻或者减轻处罚（一般立功），如果减轻处罚，在本档法定最低刑以下量刑，宣告刑当然有可能为3年以下有期徒刑，也可能适用缓刑。D项表述中，不满18周岁的人不构成累犯。对于犯生产、销售有毒、有害食品罪的，法定最低刑为5年有期徒刑，若有自首情节，可以从轻或者减轻处罚，如果减轻处罚，宣告刑可能为3年以下有期徒刑，也可能适用缓刑。

【答案】C

※【重点难点】缓刑的考验期限是指对被宣告缓刑的犯罪分子进行考察的一定期间。《刑法》第73条规定，拘役的缓刑考验期限为原判刑期以上1年以下，但是不能少于2个月。有期徒刑的缓刑考验期限为原判刑期以上5年以下，但是不能少于1年。缓刑考验期限，从判决确定之日起计算。判决以前先行羁押的时间，不能折抵缓刑考验期。缓刑被撤销的，已经经过的考验期也不能折抵刑期。根据《刑法》第75条规定，缓刑犯在考察期间应当遵守以下行为规范：（1）遵守法律、行政法规，服从监督；（2）按照考察机关的规定报告自己的活动情况；（3）遵守考察机关关于会客的规定；（4）离开所居住的市、县或者迁居，应当报经考察机关批准。被宣告缓刑的犯罪分子还要遵守人民法院的禁止令。《刑法》第72条第2款规定，人民法院在宣告缓刑时，可以根据犯罪情况，同时禁止犯罪分子在缓刑考验期限内从事特定活动，进入特定区域、场所，接触特定的人。根据《刑法》第76条规定，被宣告缓刑的犯罪分子，在缓刑考验期内依法实行社区矫正。

例14-3（单选）：甲因犯抢劫罪被判处3年有期徒刑，判决同时宣告缓刑。对甲缓刑的考验期符合法律规定的是（　　）。

A. 3年以上5年以下　　　　　　　　B. 1年以上3年以下
C. 2年以上5年以下　　　　　　　　D. 5年以上8年以下

【讲解】《刑法》第73条规定，拘役的缓刑考验期限为原判刑期以上1年以下，但是不能少于2个月。有期徒刑的缓刑考验期限为原判刑期以上5年以下，但是不能少于1年。

【答案】A

※【重点难点】缓刑的法律后果一般有以下3种：（1）被宣告缓刑的犯罪分子，在缓刑考验期限内，如果没有《刑法》第77条规定的情形，缓刑考验期满，原判的刑罚就不再执行，并公开予以宣告。（2）被宣告缓刑的犯罪分子，在缓刑考验期限内犯新罪或者发现判决宣告以前还有其他罪没有判决的，应当撤销缓刑，对新犯的罪或者新发现的罪作出判决，把前罪和后罪所判处的刑罚，依照《刑法》第69条的规定，决定执行的刑罚。（3）被宣告缓刑的犯罪分子，在缓刑考验期限内，违反法律、行政法规或者国务院有关部门关于缓刑的监督管理规定，或者违反人民法院判决中的禁止令，情节严重的，应当撤销缓刑，执行原判刑罚。此外，缓刑的效力不及于附加刑，即被宣告缓刑的犯罪分子，如果被判处附加刑，附加刑仍须执行，即无论缓刑是否撤销，所判处的附加刑都必须执行。

例14-4（单选）：下列关于缓刑及法律后果的表述，正确的是（　　）。

A. 罪犯甲在其缓刑考验期满，原判刑罚视为执行完毕
B. 罪犯乙在其缓刑考验期满后第三年，又犯抢劫罪被依法判处有期徒刑，乙的行为构成累犯
C. 罪犯丙在其缓刑考验期限内发现在判决宣告以前还有诈骗罪未经审判，则对丙应撤销缓刑，并按照累犯从重处罚
D. 罪犯丁在其缓刑考验期限内再犯故意伤害罪，对丁应当撤销缓刑，把前罪和故意伤害罪依法实行数罪并罚

【讲解】A项表述中，被宣告缓刑的犯罪分子，在缓刑考验期限内，如果没有《刑法》第77条

规定的情形，缓刑考验期满，原判的刑罚就不再执行，并公开予以宣告。"原判的刑罚不再执行"是指原判决的有罪宣告仍然有效，原判的刑罚也没有错误，但由于犯罪人在考验期限内符合法定条件，原判决所宣告的刑罚不再执行。在这种情况下，不可认为"原判的刑罚已经执行完毕"，这一点不同于假释。针对B项表述，根据《刑法》第65条第1款的规定，被判处有期徒刑以上刑罚的犯罪分子，刑罚执行完毕或者赦免以后，在5年以内再犯应当判处有期徒刑以上刑罚之罪的，是累犯。缓刑是有条件地不执行所判决的刑罚，即犯罪分子在缓刑考验期限内没有发生法定撤销缓刑的情况，原所判决的刑罚就不再实际交付执行。其特点是：既判处一定刑罚，又暂不执行，但在一定期间保留执行的可能性。由此可见，缓刑考验并非刑罚执行。由于累犯的成立以前罪"刑罚执行完毕或者赦免以后"5年内再犯罪为条件，故被判处缓刑的犯罪分子在缓刑考验期限内再犯新罪的，以及在缓刑考验期满后再犯新罪的，都不成立累犯。C、D项表述中，被宣告缓刑的犯罪分子，在缓刑考验期限内犯新罪或者发现判决宣告以前还有其他罪没有判决的，应当撤销缓刑，对新犯的罪或者新发现的罪作出判决，把前罪和后罪所判处的刑罚，依照《刑法》第69条的规定，决定执行的刑罚。

【答案】D

 例题拓展

例14-5（案例）：侯某因犯盗窃罪被判处有期徒刑3年，缓刑4年，罚金3万元。缓刑考验期从2014年1月27日起至2018年1月26日止。2014年10月28日，侯某伙同他人酒后持铁锹窜至市里的某鞋店闹事，将该鞋店三节柜台玻璃砸烂，鞋店老板张某上前劝阻时，侯某手持铁锹朝张某右肩打去，致张某右肩肩胛骨骨折。

请分析对侯某应如何处理？

【参考答案】侯某在缓刑考验期限内再犯新罪故意伤害罪，依法应当撤销缓刑，对新罪故意伤害罪作出判决，把前罪盗窃罪和后罪故意伤害罪所判处的刑罚，按照数罪并罚的原则，决定执行的刑罚。

专题十五　假　　释

※【重点难点】假释是指对被判处有期徒刑、无期徒刑的犯罪分子，在执行一定刑期之后，因其认真遵守监规，接受教育改造，确有悔改表现，没有再犯罪的危险，而附条件地将其予以提前释放的制度。假释应当具备如下条件：（1）对象条件：被判处有期徒刑、无期徒刑的犯罪分子。（2）限制条件：①积极条件：被判处有期徒刑的犯罪分子，执行原判刑期1/2以上，被判处无期徒刑的犯罪分子，实际执行13年以上，才可以适用假释。原判刑罚为有期徒刑的，执行原判刑期1/2以上，可以适用假释。执行原判刑期的起始时间，从判决执行之日起计算，判决执行以前先行羁押的，羁押1日折抵刑期1日。原判刑罚为无期徒刑的，实际执行13年以上，可以适用假释。实际执行的刑期从判决确定之日起计算，判决前先行羁押的日期不能折抵已经执行的刑期。为了使适用假释有必要的灵活性，《刑法》第81条规定：如果有特殊情况，经最高人民法院核准，可以不受上述执行刑期的限制。②消极条件：对累犯以及因故意杀人、强奸、抢劫、绑架、放火、爆炸、投放危险物质或者有组织的暴力性犯罪被判处10年以上有期徒刑、无期徒刑的犯罪分子，不得假释。对犯罪分子决定假释时，应当考虑其假释后对所居住社区的影响。因前述情形和犯罪被判处死刑缓期执行的罪犯，被减为无期徒刑、有期徒刑后，也不得假释。（3）实质条件：适用假释的犯罪分

子，必须认真遵守监规，接受教育改造，确有悔改表现，没有再犯罪的危险。

例 15-1（单选）： 下列罪犯，可以假释的是（　　）。

A. 甲因犯以危险方法危害公共安全罪被判处死刑缓期 2 年执行

B. 乙因犯强奸罪被判处 8 年有期徒刑

C. 丙因犯妨害信用卡管理罪被判处拘役 6 个月

D. 丁因犯绑架罪被判处 12 年有期徒刑

【讲解】 A、C 项表述中，假释的适用对象是被判处有期徒刑和无期徒刑的犯罪分子。B、D 项表述中，对累犯以及因故意杀人、强奸、抢劫、绑架、放火、爆炸、投放危险物质或者有组织的暴力性犯罪被判处 10 年以上有期徒刑、无期徒刑的犯罪分子，不得假释。

【答案】 B

例 15-2（多选）： 下列情形，可以适用假释的是（　　）。

A. 甲因犯抢劫罪被判处有期徒刑 8 年，因犯盗窃罪被判处有期徒刑 5 年，合并执行 12 年

B. 乙因犯绑架罪被判处有期徒刑 8 年，因犯强奸罪被判处有期徒刑 6 年，合并执行 12 年

C. 丙因犯爆炸罪被判处有期徒刑 12 年，因犯盗窃罪被判处有期徒刑 5 年，合并执行 14 年

D. 丁因犯故意杀人罪被判处有期徒刑 12 年，经减刑后其刑期低于 10 年有期徒刑

【讲解】《刑法》第 81 条第 2 款规定，对累犯以及因故意杀人、强奸、抢劫、绑架、放火、爆炸、投放危险物质或者有组织的暴力性犯罪被判处 10 年以上有期徒刑、无期徒刑的犯罪分子，不得假释。据此，A 项表述中，尽管合并执行刑期高于 10 年，但抢劫罪本身为有期徒刑 8 年，因而可以假释。可见，选 A 项。《刑法》第 81 条第 2 款规定中的"10 年以上有期徒刑、无期徒刑"是指行为人这一罪被判处了 10 年以上有期徒刑或者无期徒刑；如果行为人实施了数罪并被数罪并罚，在数罪中至少有一个是暴力性犯罪，并且这个罪单独被判处了 10 年以上有期徒刑或者无期徒刑。因此，如果行为人实施了数个暴力性犯罪，每一个罪被判处的刑期均为不满 10 年有期徒刑，即使数罪并罚后决定执行的刑期为 10 年以上有期徒刑的，也仍然可以适用假释。据此，B 项表述中，乙因犯绑架罪被判处有期徒刑 8 年，因犯强奸罪被判处有期徒刑 6 年，虽然前后两罪都是暴力性犯罪，即使数罪并罚合并执行 12 年，但因每一个单罪都没有超过 10 年，因此，可以适用假释。可见，选 B 项。C 项表述中，丙所犯爆炸罪本身刑期已超过 10 年，不得假释。可见，不选 C 项。10 年以上有期徒刑、无期徒刑是指行为人被"判处"的刑罚。因此，行为人被判处 10 年以上有期徒刑或者无期徒刑以后获得减刑，即使减刑后的刑期低于 10 年有期徒刑的，也不得适用假释。据此，D 项表述中，丁因犯故意杀人罪被判处有期徒刑 12 年，经减刑后其刑期低于 10 年有期徒刑，不得假释。可见，不选 D 项。

【答案】 AB

※【重点难点】 对假释的犯罪分子，在假释考验期限内，依法实行社区矫正。有期徒刑的假释考验期限，为没有执行完毕的刑期；无期徒刑的假释考验期限为 10 年。假释考验期限，从假释之日起计算。被假释的罪犯，除有特殊情形，一般不得减刑，其假释考验期也不能缩短。被宣告假释的犯罪分子，应当遵守下列规定：（1）遵守法律、行政法规，服从监督；（2）按照监督机关的规定报告自己的活动情况；（3）遵守监督机关关于会客的规定；（4）离开所居住的市、县或者迁居，应当报经监督机关批准。

例 15-3（单选）： 关于假释，下列说法正确的是（　　）。

A. 对于贪污犯，终身监禁，不得减刑、假释

B. 对于累犯，不得缓刑，不得假释

C. 对于危害国家安全的犯罪分子，不得假释

D. 无期徒刑的假释的考验期限为 13 年

【讲解】 A 项表述中，并非犯贪污罪都不得假释。《刑法》第 383 条第 4 款规定，犯贪污罪被判处死刑缓期执行的，人民法院根据犯罪情节等情况可以同时决定在其死刑缓期执行 2 年期满依法减为无期徒刑后，终身监禁，不得减刑、假释。B 项表述中，对于累犯，不得缓刑，不得假释。C 项

表述中，对于危害国家安全的犯罪分子，符合假释条件的，可以假释。D 项表述中，无期徒刑的假释的考验期限为 10 年。"13 年"是无期徒刑减刑后实际执行的刑期。《刑法》第 78 条第 2 款规定，减刑以后实际执行的刑期不能少于下列期限：(1) 判处管制、拘役、有期徒刑的，不能少于原判刑期的 1/2；(2) 判处无期徒刑的，不能少于 13 年；(3) 人民法院依照本法第 50 条第 2 款规定限制减刑的死刑缓期执行的犯罪分子，缓期执行期满后依法减为无期徒刑的，不能少于 25 年，缓期执行期满后依法减为 25 年有期徒刑的，不能少于 20 年。

【答案】B

※【重点难点】假释可能会出现以下法律后果：(1) 被假释的犯罪分子，在假释考验期限内没有《刑法》第 86 条规定的情形，即没有再犯新罪或发现漏罪，或者违反法律、行政法规或者国务院有关部门关于假释的监督管理规定，假释考验期满，就认为原判刑罚已经执行完毕，并公开予以宣告。(2) 被假释的犯罪分子，在假释考验期限内再犯新罪，应当撤销假释，依照《刑法》第 71 条的规定实行数罪并罚。(3) 在假释考验期限内，发现被假释的犯罪分子在判决宣告以前还有其他罪没有判决的，应当撤销假释，依照《刑法》第 70 条的规定实行数罪并罚。(4) 被假释的犯罪分子，在假释考验期限内，有违反法律、行政法规或者国务院有关部门关于假释的监督管理规定的行为，尚未构成新的犯罪的，应当依照法定程序撤销假释，收监执行未执行完毕的刑罚。犯罪分子被假释后，原判有附加刑的，附加刑仍须继续执行。原判有附加剥夺政治权利的，附加剥夺政治权利的刑期从假释之日起计算。

例 15－4（单选）：关于假释，下列说法正确的是（　　）。

A. 假释考验期满后，原判刑罚不再执行

B. 假释期间经过的考验期，应当计算在前罪已经执行的刑期之内

C. 如果在假释考验期满后，发现被假释的犯罪人在判决宣告以前还有其他罪没有判决的，应当撤销假释

D. 在假释考验期限内犯新罪，经过了假释考验期限后才发现新罪的，应当撤销假释

【讲解】A 项表述中，被假释的犯罪分子，假释考验期满，就认为"原判刑罚已经执行完毕"。而缓刑是"原判刑罚不再执行"。B 项表述中，假释期间经过的考验期，不得计算在前罪已经执行的刑期之内，也不得计算在新判决确定的并罚刑期之内。C 项表述中，如果在假释考验期满后，才发现被假释的犯罪人在判决宣告以前还有其他罪没有判决的，不得撤销假释，只能对新发现的犯罪另行侦查、起诉、审判，不得与前罪并罚。D 项表述中，只要是在假释考验期限内犯新罪，即使是经过了假释考验期限后才发现新罪，也应当撤销假释，按照"先减后并"的方法实行并罚。

【答案】D

例题拓展

例 15－5（单选）：关于缓刑、假释，下列说法正确的是（　　）。

A. 甲因收买被拐卖的妇女罪被判处有期徒刑 5 年，刑满释放后第 4 年又犯非法拘禁罪，被判处有期徒刑 2 年。则对甲既不能缓刑，也不能减刑、假释

B. 乙因组织、领导黑社会性质组织罪被判处有期徒刑 8 年，爆炸罪被判处有期徒刑 7 年，合并执行有期徒刑 14 年，现刑期已执行 10 年。对乙不可以假释

C. 丙（盗窃集团的首要分子）已满 75 周岁，因盗窃罪被判处有期徒刑 3 年。对丙应当宣告缓刑

D. 丁因虐待罪被判处有期徒刑 1 年缓刑 2 年执行，法院同时决定其在缓刑考验期限内不得进入幼儿园、小学。但丁在缓刑考验期限内多次违反该项禁止令，情节严重，此情形在缓刑考验期满后才被发现。则应当撤销丁的缓刑

【讲解】A项表述中，累犯不得缓刑、假释，但可以减刑。B项表述中，7种暴力犯罪单罪判10年以下，可以假释。C项表述中，犯罪集团的首要分子不得缓刑。D项表述中，缓刑考验期限内违反禁止令，情节严重，即使是在考验期满后才发现，也应撤销缓刑。

【答案】D

例15-6（单选）：李某因犯强奸罪被判处有期徒刑9年，执行5年后被假释。被假释2年后，李某又犯抢劫罪，应判处有期徒刑10年；同时发现李某在犯强奸罪之前还犯有盗窃罪，应处有期徒刑7年。则（　　）。

A. 应撤销假释，以先减后并的原则处理漏罪

B. 李某可能实际执行的最长刑期为26年

C. 李某可能还需继续执行的最短刑期是10年

D. 数罪并罚执行一定的刑期之后，对李某仍可适用假释

【讲解】该题为假释和数罪并罚综合性习题。（1）假释的考验期为4年，新罪发生在假释考验期限内，不构成累犯；假释考验期限内既犯新罪，又发现漏罪，应当撤销假释，数罪并罚。（2）先按照先并后减的规则处理漏罪，再与新罪并罚。并罚的计算为：［（9并7）减5］并10，为继续执行的刑期。并罚结果（继续执行的刑期）最长刑期为20年，最短刑期为10年。则实际执行的最长刑期为20+5=25年，实际执行的最短刑期为10+5=15年。（3）因抢劫罪判处有期徒刑10年，不得假释。

【答案】C

专题十六　追诉时效

※【重点难点】（1）犯罪经过下列期限不再追诉：①法定最高刑为不满5年有期徒刑的，经过5年；②法定最高刑为5年以上不满10年有期徒刑的，经过10年；③法定最高刑为10年以上有期徒刑的，经过15年；④法定最高刑为无期徒刑、死刑的，经过20年。如果20年以后认为必须追诉的，须报请最高人民检察院核准。（2）追诉时效的期限以法定最高刑为标准，不是以实际应当判处的刑罚为标准。

例16-1（单选）：甲于2012年3月15日运送他人偷越国境。2018年4月15日，甲因吸毒被强制隔离戒毒，在戒毒期间交代了上述运送他人偷越国境的行为。我国《刑法》第321条规定，运送他人偷越国（边）境的，处5年以下有期徒刑、拘役或者管制，并处罚金。甲的运送他人偷越国境的行为（　　）。

A. 超过追诉时效，不应追诉

B. 没有超过追诉时效，应当追诉

C. 不受追诉时效的限制

D. 超过追诉时效，但应报最高人民检察院批准后才能追诉

【讲解】甲犯运送他人偷越国（边）境罪，法定最高刑为5年。《刑法》第99条规定，本法所称以上、以下、以内，包括本数。即5年以下包括5年，则法定最高刑为5年的追诉期限为10年，因而没有超过追诉时效，应当追诉。

【答案】B

例16-2（单选）：甲于2015年犯帮助恐怖活动罪，情节严重。根据《刑法》规定，犯帮助恐怖活动罪，情节严重的，处5年以上有期徒刑，并处罚金或者没收财产。在不具备追诉时效中断或者延长的情况下，对甲的行为的追诉时效是（　　）。

A. 5年　　　　　　　B. 10年　　　　　　　C. 15年　　　　　　　D. 20年

【讲解】根据《刑法》规定，对于犯帮助恐怖活动罪，情节严重的，处5年以上有期徒刑，即

处5年以上15年以下有期徒刑，含10年以上，则追诉期限为15年。

【答案】C

※【重点难点】（1）一般犯罪追诉期限的计算。追诉期限从犯罪之日起计算。这里的"犯罪之日"，应理解为犯罪成立之日。具体而言，对于行为犯，应从犯罪行为完成之日起计算；对于举动犯，应从犯罪行为实施之日起计算；对于结果犯，应从犯罪结果发生之日起计算；对于结果加重犯，应从加重结果发生之日起计算；对于预备犯、未遂犯、中止犯，应分别从犯罪预备、犯罪未遂、犯罪中止成立之日起计算。（2）连续犯或继续犯的追诉期限的计算。连续犯和继续犯的追诉期限从犯罪行为终了之日起计算。（3）时效中断是指在追诉期限内，因发生法定事由而使已经过了的时效期间归于无效，法定事由消失后重新计算追诉期限的制度。关于时效中断，《刑法》第89条第2款规定：在追诉期限以内又犯罪的，前罪追诉的期限从犯后罪之日起计算。（4）时效延长是指在追诉期限内，因发生法定事由而使追究犯罪人的刑事责任不受追诉期限限制的制度。《刑法》第88条第1款规定：在人民检察院、公安机关、国家安全机关立案侦查或者在人民法院受理案件以后，逃避侦查或者审判的，不受追诉期限的限制。据此，追诉时效的延长必须具备两个条件：①人民检察院、公安机关、国家安全机关已立案侦查或者人民法院受理了案件；②行为人逃避侦查或者审判。具备这两个条件的，不论经过多长时间，都可以追诉。此外，《刑法》第88条第2款规定：被害人在追诉期限内提出控告，人民法院、人民检察院、公安机关应当立案而不予立案的，不受追诉期限的限制。

例16-3（单选）：甲为索取债务将乙非法拘禁达10天（法定刑为3年以下有期徒刑、拘役或者管制）。乙到公安机关报案，公安机关以"欠债还钱，天经地义"为理由拒绝立案。对于甲的非法拘禁行为（   ）。

A. 追诉期限为5年
B. 追诉期限为3年
C. 追诉期限为10年
D. 不受追诉期限的限制

【讲解】被害人在追诉期限内提出控告，人民法院、人民检察院、公安机关应当立案而不予立案的，不受追诉期限的限制。

【答案】D

例16-4（单选）：2015年4月1日，甲因犯诈骗罪被公安机关立案侦查后逃往外地。2018年2月1日，甲又因犯抢夺罪被公安机关当场抓获。甲所犯诈骗罪的追诉期限（   ）。

A. 不受限制
B. 从犯抢夺罪之日起计算
C. 从2015年4月1日起计算
D. 从法院审判之日起计算

【讲解】甲所犯诈骗罪，因逃避侦查而不受追诉期限的限制。

【答案】A

 例题拓展

例16-5（多选）：甲于2005年1月1日犯一般情节的抢劫罪，法定最高刑为10年有期徒刑，但甲在2013年1月1日又犯一般情节的强奸罪。关于甲所犯抢劫罪的追诉时效，下列说法正确的是（   ）。

A. 甲所犯抢劫罪的追诉时效从2005年1月1日起算
B. 甲所犯抢劫罪的追诉时效从2013年1月1日起算
C. 甲的追诉时效从2005年1月1日起经过15年
D. 甲的追诉时效从2013年1月1日起经过15年

【讲解】甲的抢劫罪的时效因犯后罪（强奸罪）而中断，即先前的抢劫罪的追诉期限从2013年1月1日起重新开始计算，再经过15年，才不追诉。在本案中，先前的抢劫罪，实际上要经过23

年（8+15）才不追诉。

【答案】BD

例16-6（多选）： 甲于2006年12月1日犯一般抢劫罪，法定刑为3年以上10年以下，甲又于2013年12月1日犯故意伤害罪（轻伤），法定刑为3年以下有期徒刑、拘役或者管制。则到2022年12月12日，下列说法正确的是（　　）。

A. 对故意伤害罪不再追诉

B. 对抢劫罪不再追诉

C. 抢劫罪的追诉期限应从2013年12月1日起重新计算

D. 抢劫罪和故意伤害罪的追诉期限仍不受限制

【讲解】甲于2006年12月1日犯一般情节的抢劫罪，追诉期限为15年；他于2013年12月1日又犯故意伤害罪（轻伤），其追诉期限为5年；抢劫罪的追诉期限从犯后罪之日起计算，即从2013年12月1日起重新计算；到2022年12月12日，后罪（故意伤害罪）已超过追诉期限，但前罪（抢劫罪）没有超过追诉期限。在这种情况下，只能追诉抢劫罪，不能再追诉故意伤害罪。

【答案】AC

专题十七　危害公共安全罪

※**【重点难点】** 放火罪、爆炸罪、投放危险物质罪、以危险方法危害公共安全罪与故意杀人罪、故意伤害罪、故意毁坏财物罪等罪的界限：（1）如果以放火、爆炸、投放危险物质等方法故意毁损公私财物，没有危及公共安全的，以故意毁坏财物罪论处；已经危及或者足以危及公共安全的，以放火罪、爆炸罪、投放危险物质罪等罪论处。（2）行为人企图以放火、爆炸、投放危险物质等方法烧死（伤）、炸死（伤）、毒死（伤）特定的个人，如果其放火、爆炸、投放危险物质等行为不足以危及公共安全的，则应当以故意杀人罪或者故意伤害罪论处；如果其放火、爆炸、投放危险物质等行为足以危害公共安全的，则应当按照放火罪、爆炸罪、投放危险物质罪、以危险方法危害公共安全罪等罪定罪处罚。

例17-1（单选）： 甲为了杀死仇人乙，寻找时机将"毒鼠强"撒入乙家装米的袋子里，结果将乙和其妻子毒死，其子经抢救脱险。甲的行为构成（　　）。

A. 故意杀人罪　　　　　　　　B. 投放危险物质罪

C. 故意伤害罪　　　　　　　　D. 以危险方法危害公共安全罪

【讲解】构成故意杀人罪还是投放危险物质罪，关键要看是否危及公共安全。由于客观上投毒范围仅限于受害人乙一家三口，系特定对象；行为人主观上也是想把危害范围控制在特定范围内，因此不构成投放危险物质罪，而是故意杀人罪。

【答案】A

※**【重点难点】** 如果以纵火焚烧、爆炸的方法破坏交通工具、交通设施、电力设备、易燃易爆设备、电视电信设施，其行为具有放火罪、爆炸罪和破坏交通工具罪等罪的特征并危害公共安全的，此时应当以破坏交通工具罪、破坏交通设施罪、破坏电力设备罪、破坏易燃易爆设备罪等罪定罪处罚，而不再定放火罪、爆炸罪；如果没有危及公共安全的，一般按故意毁坏财物罪定罪处罚。

例17-2（单选）： 甲为了报复社会，携带爆炸装置乘坐公交车，下车后利用遥控器引爆放在公交车上的装置导致公交车被毁，5人死亡，数人受伤。甲的行为构成（　　）。

A. 故意杀人罪　　　　B. 爆炸罪　　　　C. 破坏交通工具罪　　　D. 故意毁坏财物罪

【讲解】甲的行为危害了公共安全，因而不构成故意杀人罪和故意毁坏财物罪。甲使用爆炸的方法破坏交通工具，应以破坏交通工具罪定罪处罚，不定爆炸罪。

【答案】C

※【重点难点】(1)《刑法》没有明文规定以危险方法危害公共安全罪的具体行为结构与方式，导致"其他危险方法"没有限定，这与罪刑法定原则的明确性要求还存在着距离。为了避免将"其他危险方法"理解为危害公共安全罪的"兜底"条款，宜将"其他危险方法"限于与放火、爆炸、投放危险物质等危险性相当的方法，而不是泛指任何具有危害公共安全性质的方法。(2)以危险方法危害公共安全罪和相关犯罪的界限：行为人使用与放火、爆炸、投放危险物质等危险性相当的方法，凡是危及公共安全的，都应以危险方法危害公共安全罪论处。但若行为人的行为符合破坏交通工具罪、破坏交通设施罪、破坏电力设备罪、破坏易燃易爆设备罪、破坏公用电信设施罪的犯罪构成的，应分别以破坏交通工具罪、破坏交通设施罪、破坏电力设备罪、破坏易燃易爆设备罪、破坏公用电信设施罪定罪处罚；行为人使用的危险方法没有危及公共安全，但符合故意杀人罪、故意伤害罪、故意毁坏财物罪等罪的犯罪构成的，应以故意杀人罪、故意伤害罪、故意毁坏财物罪等罪定罪处罚。如果行为符合放火罪、爆炸罪等罪的犯罪构成，应以放火罪、爆炸罪等罪论处。

例17-3（单选）：甲实施的下列犯罪行为中，构成以危险方法危害公共安全罪的是（　　）。

A. 甲报复社会，迁怒无辜，持砍刀冲进一所小学，接连砍人，砍死4人，砍伤9人

B. 乙携带装有霍乱弧菌的液体注射器，在街上见人就扎

C. 丙乘夜将市里主干道的井盖全部盗走

D. 丁在公共场所私设电网致多人触电受伤

【讲解】A、B项表述中，甲和乙的行为虽然造成重大损失后果和社会秩序的混乱，但一次行为只能造成一人死亡、伤害，不属于以危险方法危害公共安全罪中的"危险方法"，以危险方法危害公共安全罪中的"危险方法"指的是一次行为便可造成不特定多数人大规模伤亡的结果，因而，A、B项表述应当认定为故意杀人罪和故意伤害罪。假如将A项表述的情形修改为"用机枪扫射"（连发），或者驾车任意冲撞多人死伤，才是以危险方法危害公共安全罪。C项表述中，丙的行为构成破坏交通设施罪。在符合其他危害公共安全罪的犯罪构成时，不得再认定为以危险方法危害公共安全罪。D项表述中，在公共场所"私拉电网"明显属于"危险方法"，构成以危险方法危害公共安全罪。

【答案】D

※【重点难点】(1)破坏交通工具罪的犯罪对象必须是"正在使用"中的交通工具。这里的"正在使用"，即指已交付使用，包括运行中和交付使用停机待用。如果行为人破坏的是正在制造或者正在修理中的交通工具，或者虽然制造出来但并未交付使用的交通工具，不构成本罪。具言之，交通工具处于下列状态时，便成为本罪的行为对象：①交通工具正在行驶（飞行）中。②交通工具处于已交付随时使用的状态。如果破坏的是没有交付使用的正在制造、维修或者储存中的交通工具，则不构成本罪。③交通工具不需再检修便可以使用的状态。(2)破坏交通工具罪中的"破坏"，是指对上述交通工具的整体或者重要部件的破坏，不影响交通运输安全的行为不包括在内。如果行为人虽然实施了破坏交通工具的行为，但不足以使交通工具发生颠覆、毁坏危险，对公共安全不构成威胁的，不能以破坏交通工具罪论处。

例17-4（单选）：下列选项中，构成破坏交通工具罪的是（　　）。

A. 甲乘夜潜入公交场站，将四辆公交车的车轮卸下盗走

B. 乙为了泄愤大肆打砸公共汽车的桌椅、玻璃

C. 丙特意携带改锥一把、小铁锤一把，避开执勤人员看护，乘机窜入停机坪一民航飞机处，用改锥猛戳该机油箱，造成三个凹陷的痕迹，当甲正在用铁锤打改锥，想在油箱上打出几个洞时，被执勤人员发现制止

D. 丁为报仇将仇人反锁在其轿车里，并将轿车引燃，将仇人烧死在车里

【讲解】A项表述中，车轮卸下，公交车无法开动，不可能危害公共安全，只能认定为盗窃罪。B项表述中，乙的行为并非对公共汽车的关键部位进行破坏，因而无法危及公共安全，只能认定为故意毁坏财物罪。C项表述中，丙的行为构成破坏交通工具罪。D项表述中，不能认定为破坏交通工具罪，应当认定为故意杀人罪和故意毁坏财物罪的想象竞合犯，定故意杀人罪。

【答案】C

※【重点难点】交通肇事罪侵犯的客体是交通运输安全，这里的"交通运输"，是指航空、铁路运输以外的公路交通运输和水路交通运输，且为"公共交通管理的范围"的交通运输。交通肇事罪的时空范围：交通肇事罪必须发生在公共交通管理范围内，倘若在公共交通管理范围之外，如在一些厂矿、学校、单位内部开车，一般不以交通肇事罪论处。"重大事故"必须发生在公共交通管理的范围内，这是交通肇事罪和重大责任事故罪、强令违章冒险作业罪的区别所在，因为重大责任事故罪和强令违章冒险作业罪中的"重大事故"则发生在生产、作业领域内。根据《交通肇事案件解释》第8条的规定，在实行公共交通管理的范围内发生重大交通事故的，依照交通肇事罪和本解释的有关规定办理。在公共交通管理的范围外，驾驶机动车辆或者使用其他交通工具致人伤亡或者致使公共财产或者他人财产遭受重大损失，构成犯罪的，分别依照重大责任事故罪、重大劳动安全事故罪、过失致人死亡罪等规定定罪处罚。此外，行人、自行车、三轮车肇事造成重大事故的，例如，在城区或其他行人较多、有机动车往来的道路上违章骑三轮车，造成重大事故的，就具有危害公共安全的性质，应认定为交通肇事罪。但是，在行人稀少、没有机动车来往的道路上违章骑三轮车致人重伤或死亡的，就不具有危害公共安全的性质，只能分别认定为过失致人重伤罪或过失致人死亡罪。

例17-5（多选）：下列选项中，构成交通肇事罪的有（   ）。

A. 甲骑自行车闯红灯，将对面走来的75岁的黄某当场撞翻在地，黄某经抢救无效死亡

B. 司机乙夜间疲劳驾驶，因没有注意十字路口红灯，将正从右往左横穿马路的余某撞死

C. 丙酒后在高速公路上逆向飙车，有两辆车因躲闪不及而车主身受重伤，车辆被毁

D. 丁欲寻找机会杀死仇人胡某，某日，丁开车时发现仇人胡某正在前面不远处的路中央行走，便一脚油门将胡某撞死

【讲解】A项表述中，交通管制的对象不仅包括机动车，还包括非机动车。对于非机动车驾驶人员，如马车车夫、自行车骑车人，如果违章肇事，应当以交通肇事罪论处。自行车撞死人案件也属于重大交通事故。B项表述中，交通肇事罪是典型的过失犯罪。C项表述中，丙的行为构成以危险方法危害公共安全罪。D项表述中，丁的行为构成故意杀人罪。

【答案】AB

例17-6（单选）：李某是某公司的货运汽车驾驶员，一次在该公司货场卸货，倒车时未注意观察车后情况，将一卸货工人轧死。李某的行为构成（   ）。

A. 过失致人死亡罪　　B. 交通肇事罪　　　C. 重大责任事故罪　　D. 重大劳动安全事故罪

【讲解】李某的行为并非发生在交通管理的范围内，而是发生在本单位内部的货场，且其造成他人死亡是因为违反与生产、作业相关的规章制度的结果，而不是违反交通运输管理法规的结果，所以应当认定为重大责任事故罪。

【答案】C

例17-7（多选）：甲在建筑工地开翻斗车。某夜，甲开始时未注意到路况，当场将工友撞死、将丙撞成重伤。甲背丙去医院，想到蹲大牢，便将丙弃至路沟后逃跑，丙得不到救助而死亡。甲的行为构成（   ）。

A. 交通肇事罪　　　B. 重大责任事故罪　　C. 遗弃罪　　　　D. 故意杀人罪

【讲解】甲的行为发生在建筑工地里，而非发生在公共交通管理范围内，构成重大责任事故罪，而非交通肇事罪。甲将丙弃至路沟后逃跑致丙死亡，对丙的死亡存在放任，系间接故意，构成故意杀人罪。对甲应以重大责任事故罪和故意杀人罪实行数罪并罚。

【答案】BD

※【重点难点】单位主管人员、机动车辆所有人或者机动车辆承包人指使、强令他人违章驾驶造成重大交通事故，具有法定情形的，以交通肇事罪定罪处罚。

例17-8（单选）：甲是某轮渡公司的经理，为了单位的创收和利润，明知渡船常常超载，对公司员工多次提出不要超载，否则会有危险的劝告置之不理，强令渡船驾驶员超载运输旅客。终有一

日，因渡船超载而倾覆江中，造成多人死亡。甲的行为构成（　　）。

A. 交通肇事罪　　　　　　　　　　B. 重大责任事故罪

C. 重大劳动安全事故罪　　　　　　D. 工程重大安全事故罪

【讲解】交通肇事罪的"交通运输"包括水上运输。根据《交通肇事案件解释》的规定，单位主管人员、机动车辆所有人或者机动车辆承包人指使、强令他人违章驾驶造成重大交通事故，具有法定情形的，以交通肇事罪定罪处罚。

【答案】A

例17-9（单选）：A公司司机甲驾驶大卡车到市里另一城区采购药品，因事情较急车速较快，在某一路口遇红灯时来不及刹车，此时坐在副驾驶位置的公司总经理乙强令甲闯红灯，结果与正常行驶的公交车相撞，造成2人死亡7人重伤的重大交通事故。对于甲、乙行为的定性，下列表述正确的是（　　）。

A. 甲、乙构成交通肇事罪的共同犯罪　　B. 甲、乙分别构成交通肇事罪

C. 甲构成交通肇事罪，乙不构成犯罪　　D. 甲不构成犯罪，乙构成交通肇事罪

【讲解】根据《交通肇事案件解释》，单位主管人员、机动车辆所有人或者机动车辆承包人指使、强令他人违章驾驶造成重大交通事故，具有法定情形的，以交通肇事罪定罪处罚。单位主管人员、机动车辆所有人或者机动车辆承包人指使、强令他人违章驾驶造成重大交通事故，对于单位主管人员和驾驶人员分别以交通肇事罪定罪处罚（而不是交通肇事罪的共同犯罪）。注意：此题表述的情形并非交通肇事罪"过失共犯"的情形。

【答案】B

※【重点难点】交通肇事后，单位主管人员、机动车辆所有人、承包人或者乘车人指使肇事人逃逸，致使被害人因得不到救助而死亡的，以交通肇事罪的共犯论处。这是共同故意犯罪的例外，称为交通肇事罪的过失共犯。

例17-10（单选）：甲系车主乙雇用的七人座专拉游客的小车的司机，一日满载乘客在路途中将横穿马路的孙某撞翻。乙为逃避责任，乘客为赶路，纷纷要求甲离开现场。甲也因内心惧怕而将车开走。孙某终因抢救不及时死亡。依现行司法解释，甲、乙、乘客的责任应认定为（　　）。

A. 甲、乙、乘客构成交通肇事罪的共犯

B. 甲、乙、乘客构成故意杀人罪的共犯

C. 甲、乙、乘客构成过失致人死亡罪的共犯

D. 甲、乙构成交通肇事罪的共犯，乘客不构成犯罪

【讲解】根据《交通肇事案件解释》的规定，交通肇事后，单位主管人员、机动车辆所有人、承包人或者乘车人指使肇事人逃逸，致使被害人因得不到救助而死亡的，以交通肇事罪的共犯论处。据此，选A项。这是共同故意犯罪的例外，称为交通肇事罪的过失共犯。

【答案】A

※【重点难点】根据《交通肇事案件解释》第2条的规定，违反交通运输管理法规，发生重大交通事故，在分清事故责任的基础上，定罪处罚。交通肇事具有下列情形之一的，以交通肇事罪论处：（1）死亡1人或者重伤3人以上，负事故全部或者主要责任的；（2）死亡3人以上，负事故同等责任的；（3）造成公共财产或者他人财产直接损失，负事故全部或者主要责任，无能力赔偿数额在30万元以上的。交通肇事致1人以上重伤，负事故全部或者主要责任，并具有下列情形之一的，以交通肇事罪定罪处罚：（1）酒后、吸食毒品后驾驶机动车辆的；（2）无驾驶资格驾驶机动车辆的；（3）明知是安全装置不全或者安全机件失灵的机动车辆而驾驶的；（4）明知是无牌证或者已报废的机动车辆而驾驶的；（5）严重超载驾驶的；（6）为逃避法律追究逃离事故现场的。未达到上述司法解释规定的标准的，不能以交通肇事罪追究刑事责任。

例17-11（多选）：下列选项中，按照交通肇事罪追究刑事责任的有（　　）。

A. 死亡1人或者重伤3人以上，负事故主要责任的

B. 死亡3人以上，负事故次要责任的

C. 造成公共财产或者他人财产重大损失，负事故全部或者主要责任并赔偿损失的

D. 酒后驾驶机动车辆，交通肇事致 1 人以上重伤，负事故主要责任的

【讲解】参照上述《交通肇事案件解释》第 2 条规定。

【答案】AD

※【重点难点】违反交通运输管理法规，因而发生重大事故，致人重伤、死亡或者使公私财产遭受重大损失的，处 3 年以下有期徒刑或者拘役；交通运输肇事后逃逸或者有其他特别恶劣情节的，处 3 年以上 7 年以下有期徒刑；因逃逸致人死亡的，处 7 年以上有期徒刑。《交通肇事案件解释》指出，"交通运输肇事后逃逸"，是指行为人在发生了构成交通肇事罪的交通事故后，为逃避法律追究而逃跑的行为（构成交通肇事罪和为逃避法律追究而逃跑两项条件同时具备）。"因逃逸致人死亡"，是指行为人在交通肇事后为逃避法律追究而逃跑，致使被害人因得不到救助而死亡的情形。"因逃逸致人死亡"属于交通肇事罪的结果加重犯。

例 17-12（单选）：下列选项中，属于交通肇事罪中"因逃逸致人死亡"的是（　　　）。

A. 甲交通肇事后因害怕被现场群众殴打，逃往公安机关自首，被害人因得不到救助而死亡

B. 乙交通肇事致使被害人当场死亡，但乙误认为被害人没有死亡，为逃避法律责任而逃跑

C. 丙交通肇事致人重伤后误以为被害人已经死亡，为逃避法律责任而逃跑，导致被害人得不到及时救助而死亡

D. 丁交通肇事后，将被害人转移至人迹罕至的树林处，导致被害人得不到救助而死亡

【讲解】A 项表述中，甲主观上不具有逃避法律追究的目的，不是"逃逸"。B 项表述中，被害人当场死亡，死亡并非乙的"逃逸"所致，不符合对因果关系的限定。C 项表述中，丙主观上只要求明知发生了交通肇事，并不要求明知被害人当场死亡，因而属于"逃逸致人死亡"。针对 D 项表述，《交通肇事案件解释》指出：行为人在交通肇事后为了逃避法律追究，将被害人带离事故现场后隐藏或者遗弃，致使被害人无法得到救助而死亡或者严重残疾的，应当分别以故意杀人罪或者故意伤害罪定罪处罚。

【答案】C

例 17-13（案例）：2018 年 5 月 19 日中午，王某与几个朋友在一餐馆吃饭，并喝了一杯白酒。餐后，王某驾驶一辆宝马轿车以 46km/h～50km/h 的速度行驶。下午，王某驾车将横过马路的行人付某撞倒，事发后，王某拨打了 120 急救电话和 110 报警电话（电话中未说明自己是肇事司机）。付某经 120 救护车送至医院抢救无效死亡。在 120 急救车将付某送走后，王某弃车离开了肇事现场，后来王某得知被害人死亡，王某直至次日 14 时许才到公安部门投案，经交警认定，王某承担此次交通事故的主要责任，付某承担次要责任。

请结合案情分析王某的行为是否属于"交通肇事后逃逸"？

【参考答案】王某的行为已构成交通肇事罪。王某在发生交通肇事后，在报警时没有表明自己是肇事司机的身份，在 120 急救车离开现场后，也未履行法律规定的驾驶员应尽的义务，不等待交警到达接受处理即弃车离开了现场。王某离开现场后，未及时到公安机关接受处理，特别是在得知被害人死亡后，仍未立即投案，一直到事故发生 24 小时后才到公安机关投案，且投案时未如实供述酒后驾车的事实，主观上害怕承担酒后驾车的责任。故王某在交通肇事后弃车离开现场，属于为逃避法律追究而逃跑的行为，尽管其实施了救助行为，但并不能因此否定"逃逸"的事实。

※【重点难点】(1) 行为人在交通肇事后（尚未构成交通肇事罪）为逃避法律追究，将被害人带离事故现场后隐藏或者遗弃，致使被害人无法得到救助而死亡或者严重残疾的，应当分别以故意杀人罪或者故意伤害罪定罪处罚。(2) 行为人在构成交通肇事罪的交通事故后将被害人转移或者藏匿使其不能得到及时救助而死亡，或者在构成交通肇事后明知拖带着被害人而不管不顾逃跑的，应当以交通肇事罪和触犯的其他罪名（如故意杀人罪、故意伤害罪）按照数罪并罚的原则处理；行为人在交通肇事后，为逃避法律追究而逃跑，致使被害人因得不到救助而死亡的，仍构成交通肇事罪。

例17-14（单选）：甲将私家车借给无照驾驶的乙使用，乙夜间驾车与其叔丙出行，途中遇刘某过马路，不慎将其撞成重伤，车辆亦受损。丙下车查看情况，对乙谎称自己留下打电话叫救护车，让乙赶紧将车开走。乙离去后，丙将刘某藏匿在草丛中离开。刘某因错过抢救时机身亡。关于本案的认定，下列表述正确的是（　　）。

A. 乙交通肇事后逃逸致刘某死亡，构成交通肇事罪中的"因逃逸致人死亡"

B. 乙交通肇事且致使刘某死亡，构成交通肇事罪与过失致人死亡罪，数罪并罚

C. 丙与乙应对刘某的死亡负责，构成交通肇事罪的共同实行犯

D. 丙将刘某藏匿致使其错过抢救时机身亡，构成故意杀人罪

【讲解】（1）乙无照驾驶，致1人重伤，构成交通肇事罪；乙将车开走属于逃逸（不管是否由丙劝走，但乙对被害人不顾则是事实）。但刘某的死亡是因丙的藏匿导致，不属于因得不到救助而死亡，对乙而言不构成"逃逸致人死亡"，仅是"交通肇事后逃逸"。（2）因刘某的死亡与乙的行为之间没有因果关系，并且乙也认识不到，不具有过失，因而不构成过失致人死亡罪。（3）丙没有交通肇事，不构成交通肇事罪，但《交通肇事案件解释》指出：行为人在交通肇事后为逃避法律追究，将被害人带离事故现场后隐藏或者遗弃，致使被害人无法得到救助而死亡或者严重残疾的，应当分别以故意杀人罪或者故意伤害罪定罪处罚。据此，丙负有救助刘某的义务，但丙没有救助，反倒将刘某藏匿致刘某死亡，构成故意杀人罪。

【答案】D

※【重点难点】（1）危险驾驶行为是指在道路上驾驶机动车，有下列4种行为之一：①追逐竞驶，情节恶劣的。②醉酒驾驶机动车的。③从事校车业务或者旅客运输，严重超过额定乘员载客，或者严重超过规定时速行驶的。④违反危险化学品安全管理规定运输危险化学品，危及公共安全的。危险驾驶罪前三种行为方式属于抽象危险犯，最后一种属于具体危险犯。只要行为人具有上述4种具体行为之一的，就构成危险驾驶罪。（2）危险驾驶罪和交通肇事罪的界限。二者的区别表现在：①构成交通肇事罪，必须具有"致人重伤、死亡或者使公私财产遭受重大损失"的结果，而构成危险驾驶罪，只要达到对人身安全和重大财产安全形成高度危险的程度，而不需要发生具体的损害结果；②交通肇事罪主观方面表现为过失，而危险驾驶罪主观方面表现为故意。危险驾驶罪是故意犯罪，交通肇事罪是过失犯罪，但行为人醉酒驾驶或者追逐竞驶，造成人员伤亡或公私财产重大损失，符合交通肇事罪构成要件的，应以交通肇事罪定罪处罚，而行为人醉酒驾驶或追逐竞驶的行为，将会被作为交通肇事罪从重处罚的量刑情节予以考虑。但以交通肇事罪定罪处罚的前提是，危险驾驶行为造成他人伤亡或者出现重大财产损失结果（可以理解为交通肇事罪是危险驾驶罪的结果加重犯，只不过交通肇事罪单独成罪）。

例17-15（多选）：下列选项中，构成危险驾驶罪的有（　　）。

A. 甲和朋友一起喝酒，酒后（酒精含量88mg/120ml，达到醉酒程度）驾驶摩托车回家，路上因超速而将一正常行走的行人撞成轻伤

B. 乙严重醉酒后，在车辆密集的道路上高速逆向驾驶汽车，并闯入路侧自行车专用道，汽车与人群相撞，导致6名骑自行车的人被轧死，3人重伤

C. 丙吸毒后驾驶机动车，撞死正常行走的行人1人，撞伤2人

D. 丁春运期间在公路上从事客运业务，严重超过额定乘员载客，原本定额50人，实际承载120人

【讲解】A项表述中，甲醉酒驾驶机动车，构成危险驾驶罪。倘若将行人撞成"重伤"，且酒后驾驶，则构成交通肇事罪。B项表述中，乙的行为构成以危险方法危害公共安全罪。C项表述中，毒驾并未纳入危险驾驶行为，不能认定为危险驾驶罪，但根据《交通肇事案件解释》的规定，吸食毒品后驾驶机动车辆的，重伤1人并负事故全部或主要责任的，构成交通肇事罪。D项表述中，客运业务严重超载，构成危险驾驶罪。

【答案】AD

例题拓展

例 17 - 16（单选）：陈某欲制造火车出轨事故，破坏轨道时将螺栓砸飞，击中在附近玩耍的幼童，致其死亡。陈某的行为被及时发现，未造成火车倾覆、毁坏事故。陈某的行为构成（　　）。

　　A. 破坏交通设施罪的结果加重犯

　　B. 破坏交通设施罪的基本犯与故意杀人罪的想象竞合犯

　　C. 破坏交通设施罪的基本犯与过失致人死亡罪的想象竞合犯

　　D. 破坏交通设施罪的结果加重犯与过失致人死亡罪的想象竞合犯

　　【讲解】 A、D 项表述中，《刑法》第 117 条规定，破坏轨道、桥梁、隧道、公路、机场、航道、灯塔、标志或者进行其他破坏活动，足以使火车、汽车、电车、船只、航空器发生倾覆、毁坏危险，尚未造成严重后果的，处 3 年以上 10 年以下有期徒刑。该条规定的"尚未造成严重后果"不能理解为破坏交通设施罪的未遂犯，而应理解为破坏交通工具罪的既遂犯（刑法分则规定的都是既遂形态，因而该条规定可为"未遂的既遂化"），该条规定的是破坏交通设施罪的基本犯。如果造成严重后果，才是破坏交通设施罪的结果加重犯。《刑法》第 119 条第 1 款规定，破坏交通工具、交通设施、电力设备、燃气设备、易燃易爆设备，造成严重后果的，处 10 年以上有期徒刑、无期徒刑或者死刑。可见，《刑法》第 117 条规定了破坏交通设施罪的基本犯，而《刑法》第 119 条第 1 款规定了破坏交通设施罪的结果加重犯。由于陈某的行为并未造成交通工具颠覆、毁坏的结果，构成破坏交通设施罪的基本犯，而非结果加重犯。B、C 项表述中，陈某的行为同时因过失造成幼童死亡，一行为触犯两个罪名，是想象竞合犯。

　　【答案】 C

　　例 17 - 17（单选）：关于甲实施的下列犯罪行为，说法正确的是（　　）。

　　A. 甲为讨薪，持一块大石头砸坏一辆公交车的车门，甲构成破坏交通工具罪

　　B. 甲偷走仓库中供安装下水管道的下水井盖，甲构成破坏交通设施罪

　　C. 甲偷走高速公路上"前方有加油站""前方有服务区"等标志（价值 5 000 元），触犯盗窃罪、破坏交通设施罪，应当择一重罪处罚

　　D. 甲砸坏输油管道偷取石油数额较大，触犯盗窃罪、破坏易燃易爆设备罪，应当择一重罪论处

　　【讲解】 A 项表述中，没有危及公共安全，不构成破坏交通工具罪。B 项表述中，下水井盖并非"正在使用"中的交通设施，充其量构成盗窃罪。C 项表述中，甲的行为没有危及公共安全，构成盗窃罪。D 项表述中，偷取石油构成盗窃罪，砸坏输油管道构成破坏易燃易爆设备罪，系想象竞合犯，择一重罪论处。

　　【答案】 D

　　例 17 - 18（案例）：2018 年 4 月 22 日，丁某驾驶出租车，沿一座小拱桥下坡时，由于小拱桥桥面的自然拱起遮挡视线，加之天黑，丁某未发现醉倒在拱桥另一侧下坡桥面的李某，将李某碾压于车下。事后，丁某下车查看，发现有一人躺在其车下，想将被害人从车底下拉出来，但没有拉动，丁某即用车上的千斤顶将车顶起，将被害人从车底拉出来丢弃在旁边，驾车逃离现场。李某后被他人送至医院，经抢救无效于当日死亡。经交警大队对事故现场进行勘察认定：死者李某是趴在桥下坡约 5 米处偏右位置，经开车实验，该位置在汽车上桥是不能发现的，而且汽车是从桥顶下坡，如果是夜里，就较难发现，但即便能够发现肯定是近距离的，根本来不及采取措施。

　　请分析：

　　（1）丁某的行为是否属于交通肇事后逃逸？为什么？

　　（2）如何认定丁某逃逸致人死亡的行为性质？为什么？

　　【参考答案】（1）丁某的行为属于意外事件，不构成交通肇事后逃逸。丁某主观上不可能预见

桥下坡处躺着一个人，而且客观上也不可能看见李某，事故的发生纯属意外，因而丁某的行为不构成交通肇事罪。认定交通肇事后逃逸的前提是构成交通肇事罪，丁某的行为不构成交通肇事罪，因而更无所谓"交通肇事后逃逸"。

（2）李某死亡是由于丁某的不救助所致，构成故意杀人罪。在事故发生后，丁某负有保护现场，救助伤者，通知公安机关等义务，但是丁某是有能力救助而采取了将李某丢弃在路边，导致李某延误救治而死亡，李某的死亡与丁某的不作为之间存在因果关系。由于丁某的不救助，明知自己的行为会导致李某死亡而放任李某的死亡，系间接故意，因此，丁某的行为符合故意杀人罪的构成要件，应当按照故意杀人罪论处。

专题十八　破坏社会主义市场经济秩序罪

※【**重点难点**】生产、销售伪劣产品罪：（1）四种行为方式：在产品中掺杂、掺假，以假充真，以次充好，以不合格产品冒充合格产品。（2）数额犯：销售金额5万元以上（既遂）。伪劣产品尚未销售，但货值金额达到15万元以上的，以生产、销售伪劣产品罪（未遂）定罪处罚。（3）生产、销售伪劣产品，同时构成侵犯知识产权罪、诈骗罪、合同诈骗罪、非法经营罪等罪的，属于想象竞合犯，依照处罚较重的规定定罪处罚。犯生产、销售伪劣产品罪，又以暴力、威胁方法抗拒查处，构成妨害公务等罪的，依照数罪并罚的规定处罚。

例18-1（单选）：甲生产假冒治疗糖尿病的注射药品，其成分是盐水和少量氢氧化钠的混合注射液，货值金额达20多万元，尚未销售即被查获。下列关于甲的行为的定性，最恰当的表述是（　　）。

A. 甲不构成犯罪

B. 对甲以生产、销售伪劣产品罪（未遂）定罪处罚

C. 对甲以生产、销售伪劣产品罪（既遂）定罪处罚

D. 触犯生产假药罪与生产、销售伪劣产品罪（未遂），依照处罚较重的规定定罪处罚

【**讲解**】伪劣产品尚未销售，货值金额超过15万元，应以生产、销售伪劣产品罪的未遂论处；该伪劣产品为假药，构成生产假药罪。应当择一重罪论处。

【**答案**】D

※【**重点难点**】生产、销售假药罪：（1）有下列情形之一的，为假药：①药品所含成分与国家药品标准规定的成分不符；②以非药品冒充药品或者以他种药品冒充此种药品；③变质的药品；④药品所标明的适应症或者功能主治超出规定范围。假药不同于劣药。有下列情形之一的，为劣药：①药品成分的含量不符合国家药品标准；②被污染的药品；③未标明或者更改有效期的药品；④未注明或者更改产品批号的药品；⑤超过有效期的药品；⑥擅自添加防腐剂、辅料的药品；⑦其他不符合药品标准的药品。此外，禁止未取得药品批准证明文件生产、进口药品；禁止使用未按照规定审评、审批的原料药、包装材料和容器生产药品。（2）实施生产、销售假药犯罪，同时构成生产、销售伪劣产品、侵犯知识产权、非法经营、诈骗、非法行医等犯罪的，为想象竞合犯，依照处罚较重的规定定罪处罚。（3）具有下列情形之一的，应当认定为"对人体健康造成严重危害"：①造成轻伤或者重伤的；②造成轻度残疾或者中度残疾的；③造成器官组织损伤导致一般功能障碍或者严重功能障碍的；④其他对人体健康造成严重危害的情形。上述四种情形应当认定为生产、销售假药罪的结果加重犯，不再认定为故意伤害罪。（4）具有下列情形之一的，应当认定为"其他特别严重情节"：①致人重度残疾的；②造成3人以上重伤、中度残疾或者器官组织损伤导致严重功能障碍的；③造成5人以上轻度残疾或者器官组织损伤导致一般功能障碍的；④造成10人以上轻伤的；⑤造成重大、特别重大突发公共卫生事件的；⑥生产、销售金额50万元以上的；⑦生产、销售金额20万元以上不满50万元，并具有《最高人民法院、最高人民检察院关于办理危害药品安

全刑事案件适用法律若干问题的解释》（以下简称《药品案件解释》）第1条规定情形之一的；⑧根据生产、销售的时间、数量、假药种类等，应当认定为情节特别严重的。上述情形中，致伤、致残等属于生产、销售假药罪的结果加重犯，不能认定为故意伤害罪。

例18-2（单选）： 甲将面粉和某些制毒的辅料混合加工而成白粉，冒充云南白药出售，获利达20万元，造成数十人器官组织损伤导致一般功能障碍。甲的行为构成（　　）。

A. 生产、销售假药罪　　　　　　　　B. 生产、销售劣药罪
C. 诈骗罪　　　　　　　　　　　　　D. 故意伤害罪

【讲解】 A、B项表述中，假药不是药，劣药是药，甲的行为构成生产、销售假药罪。C项表述中，生产、销售假药罪中的"假"字表明含有"诈骗"的成分，因而存在诈骗罪与生产、销售假药罪的想象竞合犯，从一重罪处断，从本题表述情形分析，应以生产、销售假药罪论处。针对D项表述，根据《药品案件解释》的规定，对于生产、销售假药，造成5人以上轻度残疾或者器官组织损伤导致一般功能障碍的，属于生产、销售假药罪的结果加重犯，不再定故意伤害罪。

【答案】 A

※**【重点难点】** 生产销售有毒、有害食品罪：（1）生产、销售有毒、有害食品罪与生产、销售不符合安全标准的食品罪的区别在于：①生产、销售食品的性质不同。前罪造成危害的是"有毒、有害非食品原料"，包括本身就不是食品的物质，而后罪的食品，则通常是食品的物质，因为变质而产生毒害。②生产、销售有毒、有害食品罪是行为犯（或者抽象危险犯），行为人实施了生产、销售有毒、有害食品的行为，就构成生产、销售有毒、有害食品罪，但生产、销售不符合安全标准的食品罪是危险犯，除了实施生产、销售不符合安全标准的食品外，还要足以造成严重食物中毒事故或者其他严重食源性疾病，才能构成犯罪。（2）使用盐酸克伦特罗（瘦肉精）等禁止在饲料和动物饮用水中使用的药品或者含有该类药品的饲料养殖供人食用的动物，或者销售明知是使用该类药品或者含有该类药品的饲料养殖供人食用的动物的，以生产、销售有毒、有害食品罪论处。明知是使用盐酸克伦特罗等禁止在饲料和动物饮用水中使用的药品或者含有该类药品的饲料养殖供人食用的动物，而提供屠宰等加工服务，或者销售其制品的，也成立生产、销售有毒、有害食品罪。（3）对于利用"地沟油"生产"食用油"的，以及明知是利用"地沟油"生产的"食用油"而予以销售的，以生产、销售有毒、有害食品罪论处。对于利用"地沟油"生产的"食用油"，已经销售出去没有实物，但是有证据证明系已被查实生产、销售有毒、有害食品犯罪事实的上线提供的，以生产、销售有毒、有害食品罪追究刑事责任。此外，明知对方是食用油经销者，仍将用餐厨废弃油（即"地沟油"）加工而成的劣质油脂销售给对方，导致劣质油脂流入食用油市场供人食用的，构成生产、销售有毒、有害食品罪。（4）在食品加工、销售、运输、贮存等过程中，掺入有毒、有害的非食品原料，或者使用有毒、有害的非食品原料加工食品的；在食用农产品种植、养殖、销售、运输、贮存等过程中，使用禁用农药、兽药等禁用物质或者其他有毒、有害物质的；在保健食品或者其他食品中非法添加国家禁用药物等有毒、有害物质的，都以生产、销售有毒、有害食品罪定罪处罚。（5）违反国家规定，私设生猪屠宰厂（场），从事生猪屠宰、销售等经营活动，情节严重的，以非法经营罪定罪处罚。实施前述行为，同时又构成生产、销售不符合安全标准的食品罪，生产、销售有毒、有害食品罪等其他犯罪的，依照处罚较重的规定定罪处罚。生产、销售有毒、有害食品，符合生产、销售有毒、有害食品罪规定，同时构成其他犯罪的，依照处罚较重的规定定罪处罚。负有食品安全监督管理职责的国家机关工作人员与他人共谋，利用其职务行为帮助他人实施危害食品安全犯罪行为，同时构成渎职犯罪（如食品监管渎职罪、放纵制售伪劣商品犯罪行为罪等）和危害食品安全犯罪共犯的，依照处罚较重的规定定罪处罚。

例18-3（多选）： 下列犯罪行为中，以生产、销售有毒、有害食品罪定罪处罚的有（　　）。

A. 甲利用"地沟油"生产"食用油"的
B. 乙制酒厂在白酒中加敌敌畏冒充茅台酒予以销售的
C. 丙违反国家规定，私设生猪屠宰厂（场），从事生猪屠宰、销售等经营活动，情节严重的
D. 丁超市将发霉变质的糕点销售一空，造成10多人严重食物中毒

【讲解】针对A项表述，根据《最高人民法院、最高人民检察院、公安部关于依法严惩"地沟油"犯罪活动的通知》，对于利用"地沟油"生产"食用油"的，以及明知是利用"地沟油"生产的"食用油"而予以销售的，以生产、销售有毒、有害食品罪论处。B项表述中，在白酒中掺入敌敌畏，属于在食品中掺入非食品原料，构成生产、销售有毒、有害食品罪。针对C项表述，根据《最高人民法院、最高人民检察院关于办理危害食品安全刑事案件适用法律若干问题的解释》（以下简称《食品案件解释》）第12条第1款的规定，违反国家规定，私设生猪屠宰厂（场），从事生猪屠宰、销售等经营活动，情节严重的，以非法经营罪定罪处罚。D项表述中，糕点属于食品，因而超市的行为构成生产、销售不符合安全标准的食品罪。

【答案】AB

※【重点难点】走私普通货物、物品罪：（1）走私普通货物、物品罪和其他走私罪的界限：走私普通货物、物品罪侵犯的客体是国家的关税征管，亦即进出口货物需按规定征缴关税，凡是偷逃关税的行为，均可能触犯走私普通货物、物品罪，而其他走私罪的对象是特定物品，其他走私罪侵犯的客体是进出口物品的管制权，而非关税征管，亦即未经许可进出口禁止进出口的物品。禁止进出口的物品分为：①禁止出口，指走私文物、贵重金属2种，只有走私出境时才能构成走私文物罪和走私贵重金属罪。②禁止进口，指废物1种，只有走私废物进境时才构成走私废物罪。③禁止进出口，如武器弹药、核材料、珍贵动物及其制品、淫秽物品、毒品等。（2）虽然走私普通货物、物品罪和其他走私罪侵犯客体不同，但也不能完全对立：①当行为人将禁止出口的文物、贵重金属，走私出境时，构成走私文物罪、走私贵重金属罪；但走私入境偷逃关税时，虽不构成走私文物罪或者走私贵重金属罪，但可构成走私普通货物、物品罪。②当行为人将禁止进口的废物走私进境时，构成走私废物罪；但走私出境偷逃关税时，虽不构成走私废物罪，但可构成走私普通货物、物品罪。

例18-4（单选）：甲误将淫秽录像带当作普通录像带走私入境，但并未按照普通货物缴纳关税，偷逃关税数额较大。下列对甲的行为的定性，正确的是（　　　）。

A. 甲的行为属于对象错误　　　　　B. 甲的行为构成走私淫秽物品罪

C. 甲的行为构成走私普通货物、物品罪　　　D. 甲的行为属于客体错误

【讲解】A、D项表述中，甲错将淫秽物品当作普通物品，因走私淫秽物品罪和走私普通货物、物品罪分属不同的犯罪构成，因而属于客体错误，而不是对象错误。B、C项表述中，甲没有走私淫秽物品的故意，不构成走私淫秽物品罪，但甲具有统一的走私的故意，因而按照意图侵犯的客体定罪，即构成走私普通货物、物品罪。

【答案】D

※【重点难点】（1）走私行为（包括各类走私行为，不限于走私普通货物、物品罪中的走私行为）包括以下方式：①未经国务院或国务院授权的部门批准，不经过设立海关的地点，非法运输、携带国家禁止或限制进出口的货物、物品或者依法应当缴纳关税的货物、物品进出国（边）境的。②虽然通过设立海关的地点进出国（边）境，但采取隐匿、伪装、假报等欺骗手段，逃避海关监管、检查，非法盗运、偷带或者非法邮寄国家禁止或限制进出口的货物、物品或者依法应当缴纳关税的货物、物品的。③未经国务院批准或者海关许可并且未补缴应缴税额，擅自将批准进口的来料加工、来件装配、补偿贸易的原材料、零件、制成品、设备等保税货物或者海关监管的其他货物、进境的海外运输工具等，非法在境内销售牟利的。④假借捐赠名义进口货物、物品，或者未经海关许可并补缴关税，擅自将减税、免税进口捐赠货物、物品或者其他特定减税、免税进口用于特定企业、特定地区、特定用途的货物、物品，非法在境内销售牟利的。⑤直接向走私人非法收购国家禁止进口的物品，或者直接向走私人非法收购走私进口的其他货物、物品，数额较大的。⑥在内海、领海、界河、界湖运输、收购、贩卖国家禁止进出口物品的，或者运输、收购、贩卖国家限制进出口货物、物品，数额较大，没有合法证明的。⑦与走私罪犯通谋，为其提供贷款、资金、账号、发票、证明，或者为其提供运输、保管、邮寄或者其他方便的，以走私罪的共犯论处。（2）利用购买的加工贸易登记手册、特定减免税批文等涉税单证进口货物，以达到偷逃应缴税款的目的，应当以

走私普通货物、物品罪定罪处罚。如果行为人与走私分子通谋出售上述涉税单证，或者在出卖批文后又以提供印章、向海关伪报保税货物、特定减免税货物等方式帮助买方办理进口通关手续的，对卖方以走私罪的共犯论处。（3）在加工贸易经营活动中，以假出口、假结转或者利用虚假单证等方式骗取海关核销，致使保税货物、物品脱离海关监管，造成国家税款流失，构成犯罪的，以走私普通货物、物品罪论处。（4）经许可进口国家限制进口的可用作原料的废物时，偷逃应缴税额，构成犯罪的，以走私普通货物、物品罪论处。但是，该情形限于"进口国家限制进口的可用作原料的废物"，如果以原料利用为名，进口不能用作原料的固体废物、液态废物和气态废物的，以走私废物罪论处。（5）取得许可，但超过许可数量进出口国家限制进出口的货物、物品，以走私普通货物、物品罪定罪处罚。未经许可进出口国家限制进出口的货物、物品，同时偷逃应缴税额又构成走私普通货物、物品罪的，依照处罚较重的规定定罪处罚。（6）走私进口废物的处理：①经批准后进口废物进境，偷逃关税的，构成走私普通货物、物品罪；②经批准但超量进口，或者未经批准，且偷逃关税的，以走私普通货物、物品罪和走私废物罪择一重罪处断。

例 18-5（多选）： 甲直接向走私人乙非法收购走私进口的影碟机，数额巨大。则（　　）。

A. 甲的行为构成走私普通货物、物品罪

B. 乙的行为构成走私普通货物、物品罪

C. 甲、乙构成走私普通货物、物品罪的共犯

D. 甲构成走私普通货物、物品罪的帮助犯，乙构成走私普通货物、物品罪的正犯

【讲解】《刑法》第 155 条规定了间接走私：（1）直接向走私人非法收购国家禁止进口物品的，或者直接向走私人非法收购走私进口的其他货物、物品，数额较大的；（2）在内海、领海、界河、界湖运输、收购、贩卖国家禁止进出口物品的，或者运输、收购、贩卖国家限制进出口货物、物品，数额较大，没有合法证明的。据此，甲、乙不构成共同犯罪，应当分别以走私普通货物、物品罪定罪处罚。换言之，"直接向走私人非法收购走私进口的货物、物品"的间接走私行为，都应按照正犯处罚，而不是按照共同犯罪论处。

【答案】 AB

※**【重点难点】**（1）以暴力、威胁方法抗拒缉私的，以走私普通货物、物品罪和妨害公务罪实行数罪并罚。（2）在走私普通货物、物品时，藏匿违禁物品，以实际走私对象定罪处罚；构成数罪的，实行数罪并罚。但在一次走私活动中，在普通的货物、物品中掺入走私的货物、物品，例如，在普通的货物、物品中掺入走私的废物的，如果普通的货物、物品不构成走私罪（例如不属于走私普通货物罪，或者未达到偷逃关税的定罪数额），则只能定走私废物罪。（3）行为人主观上对走私对象不明确，只有概括故意的，根据实际的走私对象定罪处罚（推定）。

例 18-6（单选）： 下列走私犯罪行为中，认定正确的是（　　）。

A. 甲在内海收购、贩卖国家禁止进出口的珍贵动物及其制品时，以武力抗拒缉私，属于牵连犯，应择一重罪处断

B. 乙走私禁止进出口的大量货物、物品，但具体走私对象并不明确，对乙应以走私普通货物、物品罪定罪处罚

C. 丙走私大量象牙，并在象牙中混入 200 克海洛因。丙的行为属于想象竞合犯，应择一重罪处断

D. 丁经批准后进口废物进境，偷逃关税达 50 万元，构成走私普通货物、物品罪

【讲解】 A 项表述中，以暴力、威胁方法抗拒缉私的，以走私普通货物、物品罪和妨害公务罪实行数罪并罚，而非牵连犯。B 项表述中，行为人主观上对走私对象不明确，只有概括故意的，根据实际的走私对象定罪处罚（推定）。C 项表述中，丙构成走私珍贵动物制品罪和走私毒品罪，应当数罪并罚。D 项表述中，对于走私进口废物的，经批准后进口废物进境，偷逃关税的，构成走私普通货物、物品罪；经批准但超量进口，或者未经批准，且偷逃关税的，以走私普通货物、物品罪和走私废物罪择一重罪处断。

【答案】 D

※**【重点难点】**走私普通货物、物品，具有下列情形之一，偷逃应缴税额在30万元以上不满50万元的，应当认定为走私普通货物、物品罪的"其他特别严重情节"（处10年以上有期徒刑或者无期徒刑，并处偷逃应缴税额1倍以上5倍以下罚金或者没收财产）：（1）犯罪集团的首要分子；（2）使用特种车辆从事走私活动的；（3）为实施走私犯罪，向国家机关工作人员行贿的；（4）教唆、利用未成年人、孕妇等特殊人群走私的；（5）聚众阻挠缉私的。

例18-7（多选）：下列关于走私罪的表述，正确的是（　　）。

A. 基于走私目的向海关人员行贿数额巨大的，应以走私普通货物、物品罪定罪处罚

B. 教唆未成年人走私数额巨大的，构成走私普通货物、物品罪的间接正犯

C. 聚众阻挠缉私，偷逃应缴税额数额巨大的，以走私普通货物、物品罪和妨害公务罪实行数罪并罚

D. 使用特种车辆从事走私活动，偷逃应缴税额数额巨大的，构成走私普通货物、物品罪

【讲解】A项表述中，基于走私目的向海关人员行贿数额巨大的，应以走私普通货物、物品罪定罪处罚，不能以走私普通货物、物品罪和行贿罪实行数罪并罚。B项表述中，教唆未成年人走私数额巨大的，应当认定为走私普通货物、物品罪的正犯，而非间接正犯。C项表述中，聚众阻挠缉私，偷逃应缴税额数额巨大的，以走私普通货物、物品罪定罪处罚，而不能以走私普通货物、物品罪和妨害公务罪实行数罪并罚。此情形并非"以暴力、威胁方法抗拒缉私"。针对D项表述，根据上述"重点难点"的讲解，D项表述正确。

【答案】AD

※**【重点难点】**（1）行为人伪造货币并出售或者运输伪造的货币的，以伪造货币罪从重处罚，不另成立出售、运输假币罪。如果行为人既伪造货币，又出售或运输他人伪造的货币，则应以伪造货币罪和出售或运输假币罪实行数罪并罚。（2）根据现有证据不能认定行为人是在伪造货币后而持有的，以持有假币罪定罪处罚；如果有证据证明其持有、使用的假币是其伪造的货币，则只定伪造货币罪，而持有、使用的行为被吸收，不再单独定罪。（3）以使用为目的，伪造停止流通的货币，或者使用伪造的停止流通的货币的，以诈骗罪论处。

例18-8（单选）：甲伪造人民币币值达20万元，将其出售，并帮助朋友运输伪造的欧元，币值达5万元。甲的行为（　　）。

A. 构成伪造货币罪、出售假币罪和运输假币罪，应当数罪并罚

B. 构成伪造货币罪和运输假币罪，应当数罪并罚

C. 构成伪造货币罪，从重处罚

D. 构成伪造货币罪和出售假币罪，应当数罪并罚

【讲解】伪造货币并出售或者运输伪造的货币的，以伪造货币罪从重处罚，不另成立出售、运输假币罪，但这仅限于行为人出售、运输自己伪造的货币的情形。如果行为人不仅伪造货币，而且出售或者运输他人伪造的货币，即伪造的货币与出售、运输的假币不具有同一性时，则应当实行数罪并罚。本题表述中，甲伪造货币的行为与出售假币的行为具有同一性，只定伪造货币罪，但运输伪造的欧元与伪造货币的行为不具有同一性，因而对甲应当以伪造货币罪和运输假币罪实行数罪并罚。

【答案】B

※**【重点难点】**（1）妨害信用卡管理罪的4种客观行为方式：①明知是伪造的信用卡而持有、运输的，或者明知是伪造的空白信用卡而持有、运输，数量较大的。②非法持有他人信用卡，数量较大的。③使用虚假的身份证明骗领的信用卡的。④出售、购买、为他人提供伪造的信用卡或者以虚假的身份证明骗领的信用卡的。（2）窃取、收买、非法提供信用卡信息罪是指违反信用卡管理法律、法规，窃取、收买、非法提供他人信用卡信息资料的行为。（3）复制他人信用卡、将他人信用卡信息资料写入磁条介质、芯片或者以其他方法伪造信用卡1张以上的，应当认定为"伪造信用卡"，以伪造金融票证罪定罪处罚，不定妨害信用卡管理罪或者窃取、收买、非法提供信用卡信息罪。（4）为信用卡申请人制作、提供虚假的财产状况、收入、职务等资信证明材料，涉及伪造、变

造、买卖国家机关公文、证件、印章，或者涉及伪造公司、企业、事业单位、人民团体印章，应当追究刑事责任的，分别以伪造、变造、买卖国家机关公文、证件、印章罪和伪造公司、企业、事业单位、人民团体印章罪定罪处罚，不定妨害信用卡管理罪或者窃取、收买、非法提供信用卡信息罪。(5) 承担资产评估、验资、验证、会计、审计、法律服务等职责的中介组织或其人员，为信用卡申请人提供虚假的财产状况、收入、职务等资信证明材料，应当追究刑事责任的，分别以提供虚假证明文件罪和出具证明文件重大失实罪定罪处罚，不定妨害信用卡管理罪或者窃取、收买、非法提供信用卡信息罪。(6) 违反国家规定，使用销售点终端机具（POS 机）等方法，以虚构交易、虚开价格、现金退货等方式向信用卡持卡人直接支付现金，情节严重的，以非法经营罪定罪处罚，不定妨害信用卡管理罪或者窃取、收买、非法提供信用卡信息罪。

例 18-9（单选）：下列犯罪行为中，应当认定为妨害信用卡管理罪的是(   )。

A. 甲以非法占有为目的，使用伪造的信用卡支取现金的

B. 乙通过不正当手段窃取他人信用卡信息资料的

C. 丙违反国家规定，使用销售点终端机具（POS 机），采取现金退货方式向信用卡持卡人支付巨额资金的

D. 丁非法持有他人信用卡，数量巨大

【讲解】 A 项表述中，甲的行为构成信用卡诈骗罪。信用卡诈骗罪和妨害信用卡管理罪的关键区别在于行为人是否以非法占有为目的，信用卡诈骗罪以非法占有为目的，妨害信用卡管理罪并不以非法占有为目的，只是妨害了信用卡的管理。B 项表述中，乙的行为构成窃取信用卡信息罪。C 项表述中，丙的行为构成非法经营罪。D 项表述符合妨害信用卡管理罪的行为表现。

【答案】 D

※【重点难点】 洗钱罪：(1) 洗钱罪的 7 种上游犯罪包括毒品犯罪、黑社会性质的组织犯罪、恐怖活动犯罪、走私犯罪、贪污贿赂犯罪、破坏金融管理秩序犯罪、金融诈骗犯罪。(2) 洗钱罪的行为方式包括：1) 提供资金账户的；2) 协助将财产转换为现金、金融票据、有价证券的；3) 通过转账或者其他结算方式协助资金转移的；4) 协助将资金汇往境外的；5) 以其他方法掩饰、隐瞒犯罪所得及其收益的来源和性质的。具有下列情形之一的，可以认定为"以其他方法掩饰、隐瞒犯罪所得及其收益的来源和性质"：①通过典当、租赁、买卖、投资等方式，协助转移、转换犯罪所得及其收益的；②通过与商场、饭店、娱乐场所等现金密集型场所的经营收入相混合的方式，协助转移、转换犯罪所得及其收益的；③通过虚构交易、虚设债权债务、虚假担保、虚报收入等方式，协助将犯罪所得及其收益转换为"合法"财物的；④通过买卖彩票、奖券等方式，协助转换犯罪所得及其收益的；⑤通过赌博方式，协助将犯罪所得及其收益转换为赌博收益的；⑥协助将犯罪所得及其收益携带、运输或者邮寄出入境的；⑦通过前述规定以外的方式协助转移、转换犯罪所得及其收益的。(3) 洗钱罪的主观方面表现为故意，即明知是 7 种上游犯罪的违法所得及其产生的收益，为掩饰、隐瞒其来源和性质而故意实施洗钱的活动。具有下列情形之一的，可以认定为"明知"，但有证据证明确实不知道的除外：①知道他人从事犯罪活动，协助转换或者转移财物的；②没有正当理由，通过非法途径协助转换或者转移财物的；③没有正当理由，以明显低于市场的价格收购财物的；④没有正当理由，协助转换或者转移财物，收取明显高于市场的"手续费"的；⑤没有正当理由，协助他人将巨额现金散存于多个银行账户或者在不同银行账户之间频繁划转的；⑥协助近亲属或者其他关系密切的人转换或者转移与其职业或者财产状况明显不符的财物的；⑦其他可以认定行为人明知的情形。被告人将洗钱罪规定的某一上游犯罪的犯罪所得及其收益误认为洗钱罪的上游犯罪范围内的其他犯罪所得及其收益的，属于同一构成要件内的对象错误，依法定符合说不影响洗钱罪的"明知"的认定。(4) 上游犯罪人自己实施洗钱行为的，不成立洗钱罪。如果行为人事先与上述 7 种上游犯罪的有关犯罪分子通谋，对其违法所得及其产生的收益进行清洗使之"合法化"的，则洗钱者与上述有关犯罪分子构成有关罪的共犯，不单独成立洗钱罪。如果上游犯罪的行为人自己实施洗钱行为的，属于事后不可罚的行为，不以洗钱罪论处。

例 18-10（多选）：下列犯罪行为中，构成洗钱罪的是(   )。

A. 甲对某恐怖组织通过犯罪活动所获取的收益协助转移境外

B. 乙（15岁）将走私毒品所得的10万元交给知情的陈某，陈某协助为其办理了账户

C. 丙是盗窃集团的首要分子，为了将财物变现，丙找到在典当行工作的魏某，在给予魏某好处后，魏某帮助丙将其大量财物变现

D. 丁与在银行工作的好友余某协商，丁从银行诈骗出1 000万元贷款后，由余某将该款汇往境外。事成之后，丁给余某好处费200万元

【讲解】A项表述中，恐怖组织的犯罪所得及其收益属于洗钱罪的犯罪对象。B项表述中，乙未满15周岁，对走私毒品罪不负刑事责任，但根据《最高人民法院关于审理洗钱等刑事案件具体应用法律若干问题的解释》的规定，洗钱罪的成立，应当以上游犯罪事实成立为认定前提。上游犯罪尚未依法裁判，但查证属实的；上游犯罪事实可以确认，因行为人死亡等原因依法不予追究刑事责任的；上游犯罪事实可以确认，依法以其他罪名定罪处罚的，不影响洗钱罪等下游犯罪的认定。简言之，B项表述中的上游毒品犯罪事实存在即可。C项表述中，盗窃罪并非洗钱罪的上游犯罪，魏某的行为构成掩饰、隐瞒犯罪所得罪。D项表述中，对于事前通谋的，以贷款诈骗罪的共犯论处。

【答案】AB

※【重点难点】（1）构成集资诈骗罪，须以非法占有为目的作为其主观构成要素。以下情形可以认定为"以非法占有为目的"：①集资后不用于生产经营活动或者用于生产经营活动与筹集资金规模明显不成比例，致使集资款不能返还的；②肆意挥霍集资款，致使集资款不能返还的；③携带集资款逃匿的；④将集资款用于违法犯罪活动的；⑤抽逃、转移资金、隐匿财产，逃避返还资金的；⑥隐匿、销毁账目，或者搞假破产、假倒闭，逃避返还资金的；⑦拒不交代资金去向，逃避返还资金的；⑧其他可以认定非法占有目的的情形。例如，对于明知没有归还能力而仍然大量骗取资金的，也应当认定为"以非法占有为目的"。（2）集资诈骗罪与非法吸收公众存款罪的界限：意图非法占有社会不特定公众的资金的，是集资诈骗罪。行为人只是临时占用投资人的资金，承诺还本付息的，是非法吸收公众存款罪。因此，是否具有非法占有的目的，是非法吸收公众存款罪和集资诈骗罪的关键区别。根据《最高人民法院关于审理非法集资刑事案件具体应用法律若干问题的解释》第2条的规定，未经有关部门依法批准或者借用合法经营的形式吸收资金，实施下列行为之一的，是非法吸收公众存款罪；但以非法占有为目的，使用诈骗方法实施下列行为之一的，是集资诈骗罪：①不具有房产销售的真实内容或者不以房产销售为主要目的，以返本销售、售后包租、约定回购、销售房产份额等方式非法吸收资金的；②以转让林权并代为管护等方式非法吸收资金的；③以代种植（养殖）、租种植（养殖）、联合种植（养殖）等方式非法吸收资金的；④不具有销售商品、提供服务的真实内容或者不以销售商品、提供服务为主要目的，以商品回购、寄存代售等方式非法吸收资金的；⑤不具有发行股票、债券的真实内容，以虚假转让股权、发售虚构债券等方式非法吸收资金的；⑥不具有募集基金的真实内容，以假借境外基金、发售虚构基金等方式非法吸收资金的；⑦不具有销售保险的真实内容，以假冒保险公司、伪造保险单据等方式非法吸收资金的；⑧以投资入股的方式非法吸收资金的；⑨以委托理财的方式非法吸收资金的；⑩利用民间"会""社"等组织非法吸收资金的；⑪其他非法吸收资金的行为。

例18-11（单选）：下列选项中，构成非法吸收公众存款罪的是（　　）。

A. 甲在其单位内部同事间拉资金入伙，欲图合伙炒房，募集20人共资金1 500万元

B. 乙以转让林权并代为管护为名，向社会募集资金1 000万元，实被其用于炒股，案发之前归还了大部分集资款

C. 丙未经批准以办厂为名，向该县数千名群众集资5 000余万元，被其用于购买高档轿车、旅游、吃喝，致使集资款不能返还

D. 丁以工程建设急需资金，承诺高额利息，在县里募集资金，在募集3 000万元资金后携带集资款跑路

【讲解】A项表述中，单位内部同事间的集资行为，不符合非法集资的"不特定对象"条件，因而不构成犯罪。B项表述中，因为没有非法占有目的，构成非法吸收公众存款罪。C项表述中，对于肆意挥霍集资款，致使集资款不能返还的，属于以非法占有为目的，构成集资诈骗罪。D项表述中，对于携带集资款逃匿的，属于以非法占有为目的，构成集资诈骗罪。

【答案】B

※【重点难点】贷款诈骗罪、骗取贷款罪、合同诈骗罪：（1）贷款诈骗罪的行为方式包括：①编造引进资金、项目等虚假理由的；②使用虚假的经济合同的；③使用虚假的证明文件的；④使用虚假的产权证明作担保或者超出抵押物价值重复担保的；⑤以其他方法诈骗贷款的。（2）合同诈骗罪的行为方式包括：①以虚构的单位或者冒用他人名义签订合同的；②以伪造、变造、作废的票据或者其他虚假的产权证明作担保的；③没有实际履行能力，以先履行小额合同或者部分履行合同的方法，诱骗对方当事人继续签订和履行合同的；④收受对方当事人给付的货物、货款、预付款或者担保财产后逃匿的；⑤以其他方法骗取对方当事人财物的。（3）贷款诈骗罪与合同诈骗罪的界限：贷款诈骗罪的犯罪主体只能是自然人，而合同诈骗罪的犯罪主体包括自然人和单位。对于"使用虚假的经济合同"骗取金融机构贷款的，以贷款诈骗罪论处。对于单位"使用虚假的经济合同"，不符合贷款诈骗罪的主体条件，但可以成立合同诈骗罪。因为贷款诈骗罪的主体不包括单位，欲追究单位贷款诈骗的刑事责任，只能适用合同诈骗罪。（4）贷款诈骗罪与骗取贷款罪的界限：①犯罪主体不同。骗取贷款罪的犯罪主体包括个人和单位；而贷款诈骗罪的犯罪主体只能是自然人。②主观内容不同。骗取贷款罪主观上不具有非法占有贷款的目的，打算日后归还，其目的只是骗取贷款；而贷款诈骗罪以非法占有为目的，且并不打算日后归还贷款。构成贷款诈骗罪要求行为人具有非法占有的目的，而骗取贷款罪的行为人不具有非法占有的目的。

例18-12（单选）：甲公司以非法占有为目的，编造虚假的项目骗取银行贷款。甲公司的行为构成（　　）。

A. 骗取贷款罪　　　　B. 贷款诈骗罪　　　　C. 合同诈骗罪　　　　D. 诈骗罪

【讲解】甲公司以非法占有为目的，因而不构成骗取贷款罪。甲公司并非自然人，因而不构成贷款诈骗罪。甲公司编造虚假项目骗取银行贷款，构成合同诈骗罪与诈骗罪的法条竞合犯，应当以合同诈骗罪论处。

【答案】C

※【重点难点】信用卡诈骗罪：（1）信用卡诈骗行为的表现方式有：1）使用伪造的信用卡，或者使用以虚假的身份证明骗领的信用卡的。2）使用作废的信用卡的。作废的信用卡包括：①由于超过有效期限而失效；②在信用卡有效期内中途停止使用，由于办理退卡手续而失效；③由于挂失而失效。3）冒用他人信用卡的。包括以下情形：①拾得他人信用卡并使用的。②骗取他人信用卡并使用的。③窃取、收买、骗取或者以其他非法方式获取他人信用卡信息资料，并通过互联网、通讯终端等使用的。④其他冒用他人信用卡的情形。拾得他人信用卡并在自动柜员机（ATM机）上使用的行为，属于"冒用他人信用卡"的行为，构成犯罪的，以信用卡诈骗罪定罪处罚。4）恶意透支。持卡人以非法占有为目的，超过规定限额或者规定期限透支，经发卡银行两次有效催收后超过3个月仍不归还的，应当认定为"恶意透支"。构成信用卡诈骗罪的前三种行为方式以5 000元为数额较大的起点，而恶意透支则以5万元以上不满50万元为数额较大的起点。善意透支和恶意透支的区别在于行为人是否"以非法占有为目的"。恶意透支具有以下情形之一的，应当认定为"以非法占有为目的"，但有证据证明持卡人确实不具有非法占有目的的除外：①明知没有还款能力而大量透支，无法归还的；②使用虚假资信证明申领信用卡后透支，无法归还的；③透支后通过逃匿、改变联系方式等手段，逃避银行催收的；④抽逃、转移资金，隐匿财产，逃避还款的；⑤使用透支的资金进行犯罪活动的；⑥其他非法占有资金，拒不归还的情形。（2）违反国家规定，使用销售点终端机具（POS机）等方法，以虚构交易、虚开价格、现金退货等方式向信用卡持卡人直接支付现金，情节严重的，以非法经营罪定罪处罚。持卡人以非法占有为目的，采用上述方式恶意透支，应当追究刑事责任的，以信用卡诈骗罪定罪处罚。（3）盗窃信用卡并使用的，以盗窃罪定罪处

罚。(4) 抢劫信用卡并当场提取现金的，或者并未使用的，都构成抢劫罪；若抢劫后冒用他人信用卡的，应以抢劫罪和信用卡诈骗罪并罚。

例 18－13（多选）：甲实施的下列犯罪行为中，构成信用卡诈骗罪的是（　　　）。

A. 甲明知乙在伪造信用卡，而窃取乙伪造的信用卡并使用

B. 甲在商场窃得一张没有设置密码的信用卡并使用

C. 甲通过在 ATM 机旁安装摄像头，获取他人信用卡卡号及密码，然后通过网络支付方式消费数万元

D. 甲从朋友处骗来一张信用卡并使用

【讲解】 A 项表述属于使用伪造的信用卡，构成信用卡诈骗罪。B 项表述属于盗窃信用卡并使用，构成盗窃罪。C 项表述中，甲通过在 ATM 机安装摄像头，获取他人信用卡卡号及密码，构成窃取信用卡信息罪，甲又通过互联网使用信用卡，构成信用卡诈骗罪，两罪形成牵连犯，择一重罪处罚，即以信用卡诈骗罪定罪处罚。D 项表述属于冒用他人信用卡，构成信用卡诈骗罪。

【答案】 ACD

※**【重点难点】** 保险诈骗罪：(1) 保险诈骗罪的行为方式包括：①投保人故意虚构保险标的，骗取保险金的。②投保人、被保险人或者受益人对发生的保险事故编造虚假的原因或者夸大损失的程度，骗取保险金的。③投保人、被保险人或者受益人编造未曾发生的保险事故，骗取保险金的。④投保人、被保险人故意造成财产损失的保险事故，骗取保险金的。⑤投保人、受益人故意造成被保险人死亡、伤残或者疾病，骗取保险金的。(2) 实施保险诈骗活动，故意以纵火、杀人、伤害、传播传染病、虐待、遗弃等行为方式制造财产损失、被保险人死亡、伤残、疾病的结果，骗取保险金的，依照数罪并罚的规定定罪处罚。(3) 保险公司的工作人员利用职务的便利，故意编造未曾发生的保险事故进行虚假理赔，骗取保险金的，不构成保险诈骗罪，因为保险诈骗罪的犯罪主体是投保人、被保险人和受益人，而保险公司的工作人员不能成为保险诈骗罪的犯罪主体，上述行为应当以职务侵占罪论处。国有保险公司工作人员和国有保险公司委派到非国有保险公司从事公务的人员有上述行为的，依照贪污罪的规定定罪处罚。

例 18－14（单选）：下列关于保险诈骗罪及其关联犯罪的定性，正确的是（　　　）。

A. 甲为其父亲投保人寿保险后，将自己作为受益人，为骗取保险金而将父亲杀死，甲的行为构成保险诈骗罪和故意杀人罪，系牵连犯，应择一重罪处断

B. 乙为自己的汽车投保后，将汽车推进河中毁损，谎称被盗，以骗取保险金，乙的行为构成保险诈骗罪和故意毁坏财物罪，应当数罪并罚

C. 丙系某国有保险公司委派到非国有保险公司中从事公务的人员，其利用职务上的便利，故意编造未曾发生的保险事故进行虚假理赔，骗取保险金归自己所有，丙的行为构成贪污罪

D. 丁系某次保险事故的鉴定人，明知投保人戴某实施保险诈骗，仍然故意为其提供虚假证明文件，对于丁只应以提供虚假证明文件罪定罪处罚

【讲解】 A 项表述理论上应属于牵连犯，但《刑法》对此情形明文规定为数罪并罚。B 项表述中，乙毁坏自己的汽车属于自损行为，不构成故意损坏财物罪，只构成保险诈骗罪。C 项表述中，丙的行为构成贪污罪。D 项表述中，丁明知他人保险诈骗还提供帮助，构成保险诈骗罪的帮助犯。

【答案】 C

※**【重点难点】** 逃税罪：(1) 税务人员利用职务上的便利，索取纳税人（自然人、法人）财物的，或者非法收受纳税人财物，为纳税人谋取利益的，以受贿罪论处；非法所得虽未达到追究受贿罪的数额标准，但情节较重的，也应以受贿罪论处。税务人员与纳税人相互勾结，共同实施逃税行为，情节严重的，以逃税罪共犯论处，从重处罚。(2) 骗取出口退税罪与逃税罪的区别在于，纳税人是否已经缴纳了税款。如果行为人根本没有纳税，骗取出口退税的，成立骗取出口退税罪；如果行为人缴纳税款后，又采取假报出口等欺骗手段骗回所缴纳的税款的，成立逃税罪。对于骗取税款超出所缴纳的税款部分，成立骗取出口退税罪，与逃税罪实行数罪并罚。

例 18－15（单选）：甲公司因产品出口得到国家出口退税款 400 万元，后因产品质量问题被国

外客商退货四分之一。该公司隐瞒这一事实且未补缴税款 100 万元。甲公司的行为构成(　　)。

　　A. 骗取出口退税罪　　　　　　　　B. 逃避追缴欠税罪

　　C. 逃税罪　　　　　　　　　　　　D. 骗取出口退税罪和逃税罪，应当数罪并罚

　　【讲解】甲公司并不是以假报出口或者其他欺骗手段，骗取国家退税款，而是由于质量问题被外商退货导致应缴税款没有补缴，所以不构成骗取出口退税罪，而应构成逃税罪。

　　【答案】C

　　例 18 - 16 （单选）：甲公司生产的一批外贸供货产品因进口国政策调整而无法出口，甲公司采用伪造出口退税单证和签订虚假买卖合同等方法，骗取出口退税款 100 万元，其中包括该产品已征得产品税、增值税等税款 40 万元。下列关于甲公司行为的定性，最为准确的是(　　)。

　　A. 合同诈骗罪　　　　　　　　　　B. 骗取出口退税罪

　　C. 逃税罪　　　　　　　　　　　　D. 逃税罪和骗取出口退税罪实行数罪并罚

　　【讲解】甲公司骗取出口退税款 100 万元，其中已缴税款 40 万元，对于已缴的 40 万元税款构成逃税罪，对于剩余 60 万元税款，构成骗取出口退税罪，数罪并罚。

　　【答案】D

　　※【重点难点】侵犯知识产权罪、销售侵权复制品罪：(1) 侵犯知识产权罪的行为方式包括：①未经著作权人许可，复制发行其文字作品、音乐、电影、电视、录像作品、计算机软件及其他作品的。②出版他人享有专有出版权的图书。③未经录音录像制作者许可，复制发行其制作的录音录像的。④制作、出售假冒他人署名的美术作品。(2) 侵犯知识产权罪属于典型的目的犯，必须"以营利为目的"。具有下列情形之一的，可以认定为"以营利为目的"：①以在他人作品中刊登收费广告、捆绑第三方作品等方式直接或者间接收取费用的；②通过信息网络传播他人作品，或者利用他人上传的侵权作品，在网站或者网页上提供刊登收费广告服务，直接或者间接收取费用的；③以会员制方式通过信息网络传播他人作品，收取会员注册费或者其他费用的；④其他利用他人作品牟利的情形。(3) 行为人犯侵犯著作权罪，又销售该侵权复制品，构成犯罪的，应当以侵犯著作权罪一罪论处。实施侵犯著作权罪，又销售明知是他人的侵权复制品，构成犯罪的，应当以侵犯著作权罪和销售侵权复制品罪实行数罪并罚。

　　例 18 - 17 （单选）：网站经营者甲未经权利人乙许可，擅自在其网站上传播其破解商业软件的源代码；甲的网站采用会员制方式，会员交纳注册费后方可登录阅读，所收取的注册费用达 10 万余元。甲的行为构成(　　)。

　　A. 侵犯著作权罪　　　　　　　　　B. 销售侵权复制品罪

　　C. 侵犯商业秘密罪　　　　　　　　D. 属于著作侵权行为，不构成犯罪

　　【讲解】甲以会员制方式通过信息网络传播他人作品，收取会员注册费或者其他费用的，应当认定为"以营利为目的"，且获取的会员费（获利）巨大，构成侵犯著作权罪。

　　【答案】A

 例题拓展

　　例 18 - 18 （多选）：下列关于生产、销售伪劣商品罪的认定，正确的是(　　)。

A. 甲为提高猪肉的瘦肉率，在饲料中添加瘦肉精，甲的行为构成生产、销售有毒、有害食品罪

B. 乙未获烟草专卖局许可，擅自购进明知是假冒的"中华"牌香烟 200 箱进行批发和零售，乙的行为构成非法经营罪、销售假冒注册商标的商品罪和销售伪劣产品罪，择一重罪处罚

C. 丙制药公司生产、销售假毒疫苗，违法所得近 5 000 万元，丙公司的行为构成生产、销售假药罪

D. 丁公司长年将加工而成的劣质油脂销售给食用油经销商，导致劣质油脂流入食用油市场供人食用，丁公司的行为构成生产、销售有毒、有害食品罪

【讲解】针对A项表述，《食品案件解释》第9条第2款规定，在食用农产品种植、养殖、销售、运输、贮存等过程中，使用禁用农药、兽药等禁用物质或者其他有毒、有害物质的，以生产、销售有毒、有害食品罪定罪处罚。B项表述中，乙的行为符合非法经营罪、销售假冒注册商标的商品罪和销售伪劣产品罪的构成要件，属于想象竞合犯，应当择一重罪处断。C项表述中，假毒疫苗属于假药，丙的行为构成生产、销售假药罪。针对D项表述，根据《最高人民检察院关于印发第四批指导性案例的通知》，明知对方是食用油经销者，仍将用餐厨废弃油（即"地沟油"）加工而成的劣质油脂销售给对方，导致劣质油脂流入食用油市场供人食用的，构成生产、销售有毒、有害食品罪。

【答案】ABCD

例18-19 事实一：甲以银行定期存款3倍的高息放贷，很快赚了钱。随后，四处散发传单，声称为加盟店筹资，承诺3个月后还款并支付银行同期定期存款利息。甲从社会上筹得资金1000万元，高利贷出，赚取息差。

事实二：甲资金链断裂无法归还借款，但仍继续扩大宣传，又吸纳社会资金2000万元，以后期借款归还前期借款。后因亏空巨大，甲将余款500万元交给其子，跳楼自杀。

问题1（单选）： 关于事实一的定性，下列选项正确的是（　　）。

A. 甲的行为构成诈骗罪　　　　　　　　B. 甲的行为构成非法吸收公众存款罪

C. 甲的行为构成非法经营罪　　　　　　D. 甲的行为构成集资诈骗罪

问题2（多选）： 关于事实二的定性，下列选项正确的是（　　）。

A. 甲以非法占有为目的，非法吸纳资金，构成集资诈骗罪

B. 甲集资诈骗的数额为2000万元

C. 根据刑法规定，集资诈骗数额巨大的，可判处死刑

D. 甲已死亡，不再追究甲的刑事责任，但法院应对500万元予以追缴

【讲解】问题1：（1）宣传筹资，承诺还本付息，符合非法集资行为的特征，不具有非法占有目的，构成非法吸收公众存款罪。（2）因不具有非法占有目的，不构成诈骗罪和集资诈骗罪。

问题2：（1）甲明知不能归还，仍然以后期借款归还前期借款，属于"明知没有归还能力而仍然大量骗取资金"的，应当认定为以非法占有为目的。亦即，对以后的资金2000万元具有非法占有目的，对此款项构成集资诈骗罪。（2）对于金融诈骗类犯罪，《刑法修正案（九）》已废除死刑。（3）甲死亡，导致对其不能追究刑事责任。但应对赃款进行追缴、退还被害人。

【答案】问题1：B；问题2：ABD

例18-20（案例）： 江某与郑某是同一家电脑公司的工作人员，二人同住一间集体宿舍。某日，郑某将自己的信用卡交给江某保管，3天之后索回。一周后，郑某发现自己的信用卡丢失，到银行挂失时，得知卡上1.5万元已被人取走。郑某报案后，司法机关找到江某。江某承认是其所为，但对作案事实前后供述不一。第一次供述称，在郑某将信用卡交其保管时，利用以前与郑某一起取款时偷记下的郑某信用卡上的密码，私下在取款机上取款；第二次供述称，是仿制了一张信用卡后，用所获取的郑某信用卡上的有关信息取款；第三次供述却称，是拾得郑某的信用卡后，用该卡取款。但郑某怀疑是江某盗窃其信用卡后取走了钱。

请回答下列问题并说明理由：

（1）如果郑某将信用卡交给江某保管时，江某私下用来取走现金，江某构成何罪？

（2）如果江某用自己仿制的信用卡在自动取款机提取了现金，江某构成何罪？

（3）如果江某拾得信用卡后，用该信用卡在自动取款机上提取了现金，江某构成何罪？

（4）如果江某盗窃信用卡后，用该信用卡在自动提款机上提取了现金，江某构成何罪？

【参考答案】（1）构成信用卡诈骗罪。理由：郑某虽将信用卡交给江某保管，但是却没有同意江某使用该卡，江某私下用来取走现金，属于冒用信用卡的行为，构成信用卡诈骗罪。

（2）构成信用卡诈骗罪和伪造金融票证罪，择一重罪处罚，即构成信用卡诈骗罪。理由：江某伪造信用卡的行为构成伪造金融票证罪；但由于伪造信用卡是手段行为，而使用信用卡诈骗是目的行为，两者具有牵连关系，属于牵连犯，应择一重罪处罚。在本案中，应以信用卡诈骗罪对江某定罪处罚。

（3）构成信用卡诈骗罪。理由：江某拾得信用卡后，用该信用卡在自动提款机上提取现金的行为属于冒用他人信用卡，因此构成信用卡诈骗罪。

（4）构成盗窃罪。理由：江某盗窃信用卡后，用该信用卡在自动提款机上提取现金的行为，属于盗窃信用卡并使用的行为，构成盗窃罪。

专题十九　侵犯公民人身权利、民主权利罪

※【重点难点】故意杀人罪、故意伤害罪：（1）法定的以故意伤害罪、故意杀人罪论处的主要情形包括：非法拘禁过程中，使用暴力致人伤残、死亡的；刑讯逼供、暴力取证过程中，致人伤残、死亡的；虐待被监管人过程中，致人伤残、死亡的；聚众斗殴，致人重伤、死亡的；聚众"打砸抢"，致人伤残、死亡的。（2）某些暴力性犯罪中的致人死亡并不包括故意杀人内容，例如，放火致人死亡、爆炸致人死亡等，属于放火罪、爆炸罪的结果加重犯；但如果行为人实施此种犯罪过程中故意将被害人杀害的，则应按照想象竞合犯的原则处理，即以所犯之罪和故意杀人罪中处罚较重的犯罪定罪处罚。例如，行为人采用放火、爆炸、投放危险物质或者以其他危险方法危害公共安全的，形成故意杀人罪与放火罪、爆炸罪、投放危险物质罪等犯罪的想象竞合犯，从一重罪处断。但是，如果行为人在实施完毕某种故意犯罪之后又实施了故意杀人行为的，应当以所犯之罪与故意杀人罪实行数罪并罚。例如，行为人故意杀人后，为杀人灭口而实施放火、爆炸、投放危险物质的，实行数罪并罚。（3）某些暴力性犯罪的构成要件或者处罚情节中已经包括故意杀人内容的，行为人实施该犯罪并杀害被害人的，杀人行为被吸收，应直接按照该种犯罪定罪处罚。例如，以杀人的手段抢劫的，或者在抢劫财物的过程中为压制被害人的反抗而故意杀人的（注意：此情形不同于在抢劫过程中致人重伤、死亡的情形，该情形属于抢劫罪的结果加重犯，而非吸收犯）；杀害被绑架人的；强奸致人死亡的；拐卖妇女、儿童致人死亡的；等等，都不再单独处罚其杀人的行为。但是，如果行为人在实施了上述暴力犯罪之后，为了灭口、逃避侦查等原因杀害被害人的，其故意杀人行为与有关暴力性犯罪之间就不存在吸收关系，应按照故意杀人罪和有关暴力性犯罪实行数罪并罚。（4）故意伤害罪与包含伤害内容的其他犯罪的界限。在抢劫、强奸、拐卖妇女、儿童、绑架等犯罪中造成被害人伤害的，对伤害的结果不单独定罪，而只以所构成的犯罪定罪处罚。但是，如果在非法拘禁、刑讯逼供、暴力取证、虐待被监管人、聚众"打砸抢"、聚众斗殴等犯罪中使用暴力造成被害人伤残，应当以故意伤害罪定罪处罚。（5）组织出卖人体器官罪和故意伤害罪、故意杀人罪的界限：组织出卖人体器官罪中的被组织的他人必须是同意出卖器官的，如果被组织的他人不同意或者强迫、欺骗他人捐献器官的，或者根据《刑法》第234条之一第2款规定，摘取不满18周岁的人的器官的，依照故意伤害罪、故意杀人罪定罪处罚。

例19-1（单选）：下列犯罪行为中，以故意杀人罪一罪定罪处罚的是（　　　）。

A. 甲为勒索赎金而将富翁年幼的儿子绑架，因富翁报警而撕票

B. 乙乘夜用木棍将路人杨某击昏，劫得1万元钱后，为了杀人灭口而将杨某杀死

C. 丙组织多人出卖人体器官，造成2人死亡

D. 丁为了杀死仇人楚某，用自制的土炸弹将楚某炸死

【讲解】A项表述中，对于绑架杀人的，只定绑架罪。B项表述中，对于抢劫后为了杀人灭口而将被害人杀死的，以抢劫罪和故意杀人罪实行数罪并罚。C项表述中，由于备选项中并未交代"是否出于被害人同意"，丙的行为构成组织出卖人体器官罪。D项表述中，对于以爆炸的方法杀

人，没有危及公共安全的，构成故意杀人罪。

【答案】D

※**【重点难点】**强奸罪：（1）强奸行为违背了妇女的意志，这是强奸行为的内在属性和本质特征。性交行为是被强迫进行的，这是强奸行为的外在属性。行为方式包括暴力、胁迫和其他手段。此外，行为人明知是不满14周岁的幼女而与其发生性关系，不论幼女是否自愿，均应以强奸罪定罪处罚；行为人确实不知对方是不满14周岁的幼女，双方自愿发生性关系，未造成严重后果，情节显著轻微的，不认为是犯罪。（2）对所谓"半推半就"案件，不能一概视为通奸或者强奸，如果行为人强制手段不明显，亦即，行为人并未使用暴力、胁迫或者与之相当的手段，而且也并不违背妇女意志的，应当认定为通奸。只有确实查明与妇女发生性交的行为是违背妇女意志的，才宜认定为强奸。（3）对于有从属关系的男女发生性交的，是否构成强奸罪，要做具体分析。如果行为人是利用职务上的从属关系或教养关系进行打击、迫害、要挟、刁难或者乘人之危，逼迫妇女违心屈从与之发生性交的，应认定为强奸罪。如果行为人利用职权引诱女方，女方基于利用行为人而与之发生性交的，或者虽有教养关系，但女方已满14周岁，男方又未使用强制手段的，不以强奸罪论处。对幼女负有特殊职责的人员与幼女发生性关系的，以强奸罪论处；对已满14周岁的未成年女性负有特殊职责的人员，利用其优势地位或者被害人孤立无援的境地，迫使未成年被害人就范，而与其发生性关系的，以强奸罪定罪处罚。（4）在拐卖妇女过程中实施奸淫的，强奸行为被拐卖妇女行为所吸收，只定拐卖妇女罪。（5）对于侵害未成年人犯罪的案件，知道或者应当知道对方是不满14周岁的幼女，而实施奸淫等性侵害行为的，应当认定行为人"明知"对方是幼女。对于不满12周岁的被害人实施奸淫等性侵害行为的，应当认定行为人"明知"对方是幼女。对于已满12周岁不满14周岁的被害人，从其身体发育状况、言谈举止、衣着特征、生活作息规律等观察可能是幼女，而实施奸淫等性侵害行为的，应当认定行为人"明知"对方是幼女。（6）介绍、帮助他人奸淫幼女、猥亵儿童的，以强奸罪、猥亵儿童罪的共犯论处。（7）强奸妇女、奸淫幼女，有下列情形之一的，处10年以上有期徒刑、无期徒刑或者死刑：①强奸妇女、奸淫幼女情节恶劣的；②强奸妇女、奸淫幼女多人的；③在公共场所当众强奸妇女的；④二人以上轮奸的；⑤致使被害人重伤、死亡或者造成其他严重后果的。（8）以妇女为侵害对象进行强制猥亵、侮辱的，与强奸罪（未遂）的区别在于：强奸罪是以与妇女发生性交行为为目的；强制猥亵、侮辱妇女的犯罪则不是以与妇女发生性交行为为目的。

例19-2（多选）：关于强奸罪，下列说法不正确的有（　　）。

A. 甲误认为13周岁的乙女有18周岁，而使用暴力、胁迫手段强行与之性交的，则甲构成以奸淫幼女为对象的强奸罪，从重处罚

B. 甲男是乙女的上级领导，其明知乙女是现役军人的配偶，经乙女同意与之发生性关系，甲男构成强奸罪

C. 甲明知卖淫女乙未满14周岁，而与之发生性关系，甲的行为构成奸淫幼女型强奸罪，应当从重处罚

D. 甲在拐卖妇女的过程中，奸淫被拐卖的妇女的，甲构成拐卖妇女罪

【讲解】A项表述中，甲并不"明知"对象为幼女，只构成一般的强奸罪，不构成奸淫幼女型强奸罪。B项表述中，乙女自愿同意，不属于强奸。C项表述中，甲明知对方为不满14周岁的幼女，而与之发生性关系的，应当认定为"明知"对方是幼女，构成奸淫幼女型强奸罪。D项表述中，在拐卖妇女的过程中，奸淫被拐卖的妇女的，为拐卖妇女罪的加重情节，奸淫行为不单独定罪。

【答案】AB

例19-3（单选）：下列关于强奸及猥亵案件，定性正确的是（　　）。

A. 甲利用黑夜作掩护，闯入赵某（女）家中冒充其丈夫与其发生性关系，甲构成强奸罪

B. 女教师乙利用给12岁男童补习功课之际，勾引男童并与男童发生性关系，乙女构成强制猥亵、侮辱罪

C. 丙男十分痛恨韩某（女）。某日，丙男将脏水泼在韩某的身上，并公然宣称韩某是"卖淫女"。丙的行为构成强制猥亵、侮辱罪

D. 丁乘女下属魏某有求于己之机接近魏某，魏某在半推半就的情况下与丁发生性关系，丁的行为构成强奸罪

【讲解】A项表述中，凡是用暴力、胁迫或者其他使被害妇女不知反抗、不能反抗、不敢反抗的方法奸淫妇女的，都构成强奸罪。B项表述中，乙构成猥亵儿童罪。C项表述中，丙的行为构成侮辱罪。D项表述中，对于"半推半就"情形是否构成强奸，要具体问题具体分析。丁和魏某互有利用，魏某在此背景下与丁"半推半就"发生性关系，丁也没有使用暴力、胁迫或者其他手段，因而不构成强奸罪。

【答案】A

※【重点难点】非法拘禁罪：（1）非法拘禁致人重伤、死亡的，仍以非法拘禁罪论处。非法拘禁致人重伤、死亡，是指拘禁行为本身致被害人重伤、死亡的情形，因重伤、死亡结果与非法拘禁行为之间存在因果关系，此时构成非法拘禁罪的结果加重犯。但非法拘禁致被害人自杀、自残、自身过失等造成死亡、伤害结果的，虽然仍认定为非法拘禁罪，但因不具有直接因果关系而不宜认定为结果加重犯。（2）非法拘禁他人，使用暴力致人伤残、死亡的，应以故意伤害罪、故意杀人罪论处。这在刑法理论上称为"非法拘禁罪的转化"。（3）为索取债务（包括赌债、高利贷等不合法债务）非法扣押、拘禁他人的，以非法拘禁罪论处，不定绑架罪。为索取债务非法扣押、拘禁他人，致人重伤、死亡的，成立非法拘禁罪的结果加重犯；为索取债务使用暴力非法拘禁他人，致人伤残、死亡的，系转化犯，以故意伤害罪、故意杀人罪论处。（4）除非法拘禁罪外，还有其他一些犯罪可以非法剥夺他人人身自由的方法实施，如强奸罪，绑架罪，拐卖妇女、儿童罪，拐骗儿童罪，刑讯逼供罪，暴力干涉婚姻自由罪，妨害公务罪等，在此情形下，应分别具体情况，按照想象竞合犯或者牵连犯的处罚原则定罪处罚。例如，以非法绑架、扣留他人的方法勒索财物的，成立绑架罪。再如，以出卖为目的非法绑架妇女、儿童的，成立拐卖妇女、儿童罪。但收买被拐卖的妇女、儿童后，非法剥夺其人身自由的，应以非法拘禁罪和收买被拐卖的妇女、儿童罪数罪并罚。

例19-4（单选）：乙参与赌博，欠甲5万元赌债不还。甲遂持刀拦住乙，让乙还债。乙拒绝，甲强行搜身，从乙身上搜出5 000余元。甲接着将乙捆绑到一间空房内，打电话让乙的妻子归还剩余赌债，否则不放人。其间，乙因被捆绑太紧而窒息死亡。甲的行为构成（ ）。

A. 绑架罪   B. 非法拘禁罪   C. 故意杀人罪   D. 过失致人死亡罪

【讲解】为索取债务（包括赌债、高利贷等不合法债务）非法扣押、拘禁他人的，以非法拘禁罪论处，不定绑架罪。为索取债务非法扣押、拘禁他人，致人重伤、死亡的，成立非法拘禁罪的结果加重犯；为索取债务使用暴力非法拘禁他人，致人伤残、死亡的，系转化犯，以故意伤害罪、故意杀人罪论处。甲并非使用暴力致乙死亡，因而成立非法拘禁罪的结果加重犯。

【答案】B

※【重点难点】绑架罪：（1）行为人犯绑架罪，杀害或者故意伤害被绑架人的，不另定故意杀人罪或者故意伤害罪，只定绑架罪一罪，也不实行数罪并罚。行为人在实施绑架过程中过失致使人质重伤、死亡的，构成绑架罪与过失致人重伤罪、过失致人死亡罪的想象竞合犯，直接以绑架罪定罪处罚。（2）行为人在实施绑架过程中或者绑架既遂以后，故意将被害人杀死（撕票），理论上独立地构成故意杀人罪，但是根据《刑法》第239条的规定，应以绑架罪定罪处罚，不再定故意杀人罪。但对于已满14周岁不满16周岁的人绑架他人又撕票的，不能构成绑架罪，应以故意杀人罪追究行为人的刑事责任。（3）行为人没有实施绑架行为，直接杀害被害人后，向被害人家属勒索财物的，分别构成故意杀人罪和敲诈勒索罪（诈骗罪），实行数罪并罚。（4）行为人实施了绑架行为，因未勒索到财物或者出于其他原因杀害被害人后，再次掩盖事实勒索赎金的，分别成立绑架罪和敲诈勒索罪，实行数罪并罚。（5）行为人绑架妇女后对妇女实施奸淫或者猥亵类犯罪的，应以绑架罪和强奸罪或者猥亵类犯罪实行数罪并罚。（6）行为人将被害人绑架至车上后因为发生车祸导致被绑

架人死亡的，应以绑架罪和交通肇事罪（或其他过失类犯罪）实行数罪并罚。

例 19-5（单选）： 甲为劫财将公司同事乙杀死，并当场将乙随身携带的现金 3 000 余元据为己有。杀人后，甲给乙的妻子丙打电话，声称乙遭到绑架，让丙将 20 万元现金放在指定地点，否则撕票。丙报警，甲被抓获。甲的行为构成（　　）。

A. 抢劫罪和绑架罪，应当数罪并罚

B. 故意杀人罪、抢劫罪和绑架罪，应当数罪并罚

C. 故意杀人罪、绑架罪和诈骗罪，应当数罪并罚

D. 抢劫罪和敲诈勒索罪，应当数罪并罚

【讲解】 绑架罪的暴力可以包括杀害，但要求杀害之时具有向第三人勒赎或提出请求的目的。本案中，甲于杀害被害人时的目的是当场劫财，而不是向第三人勒索赎金，因而构成抢劫罪而不是绑架罪。在杀害行为实施之后，才另起犯意向第三人勒索赎金，但是，此时由于被害人已死，行为人不能实施扣押、控制或杀害的行为。绑架罪要求必须真实地绑架被害人，未实际绑架被害人而捏造被害人被绑架的虚假信息敲诈他人的，构成敲诈勒索罪（与诈骗罪想象竞合）。因此，行为人的前后两部分行为分别构成抢劫罪和敲诈勒索罪，应当数罪并罚。

【答案】 D

例 19-6（单选）： 下列犯罪行为中，应当以绑架罪定罪处罚的是（　　）。

A. 甲在向张某催要赌债无果的情况下，纠集朋友把张某劫持，并给张家打手机，声称如果不归还 2 万元赌债，就砍掉张某的三根手指头

B. 乙将冯某拘禁后，让冯某打电话给妻子，让其妻子将 10 万元现金放到指定地点，否则撕票

C. 丙在一豪宅外将一个正在玩耍的男孩（5 岁）骗走，并将孩子以 1 万元的价格卖给了人贩子

D. 丁（15 岁）为了勒索赎金将一富翁的儿子（3 岁）偷走，由于勒索未遂，丁将婴儿杀死灭口

【讲解】 A 项表述中，为索债而劫持被害人的，构成非法拘禁罪。B 项表述的情形构成绑架罪。C 项表述的情形构成拐卖儿童罪。D 项表述中，丁实施了绑架杀人行为，但丁未满 16 周岁，对绑架行为不负刑事责任，因而对丁应以故意杀人罪定罪处罚。

【答案】 B

※ **【重点难点】** 拐卖妇女、儿童罪：（1）拐卖妇女、儿童罪的行为方式包括拐骗、绑架、收买、贩卖、接送、中转。（2）拐卖妇女、儿童罪是典型的目的犯，即以出卖为目的。（3）《最高人民法院、最高人民检察院、公安部、司法部关于依法惩治拐卖妇女儿童犯罪的意见》（以下简称《拐卖犯罪意见》）指出：①以非法获利为目的，出卖亲生子女的，应当以拐卖妇女、儿童罪论处。②要严格区分借送养之名出卖亲生子女与民间送养行为的界限。区分的关键在于行为人是否具有非法获利的目的。具有下列情形之一的，可以认定属于出卖亲生子女，应当以拐卖妇女、儿童罪论处：将生育作为非法获利手段，生育后即出卖子女的；明知对方不具有抚养目的，或者根本不考虑对方是否具有抚养目的，为收取钱财将子女"送"给他人的；为收取明显不属于"营养费""感谢费"的巨额钱财将子女"送"给他人的；其他足以反映行为人具有非法获利目的的"送养"行为的。不是出于非法获利目的，而是迫于生活困难，或者受重男轻女思想影响，私自将没有独立生活能力的子女送给他人抚养，包括收取少量"营养费""感谢费"的，属于民间送养行为，不能以拐卖妇女、儿童罪论处。对私自送养导致子女身心健康受到严重损害，或者具有其他恶劣情节，符合遗弃罪特征的，可以遗弃罪论处。③将妇女拐卖给有关场所，致使被拐卖的妇女被迫卖淫或者从事其他色情服务的，以拐卖妇女罪论处。有关场所的经营管理人员事前与拐卖妇女的犯罪人通谋的，对该经营管理人员以拐卖妇女罪的共犯论处；同时构成拐卖妇女罪和组织卖淫罪的，择一重罪论处。④医疗机构、社会福利机构等单位的工作人员以非法获利为目的，将所诊疗、护理、抚养的儿童贩卖给他人的，以拐卖儿童罪论处。⑤明知他人拐卖妇女、儿童，仍然向其提供被拐卖妇女、儿童的健康证明、出生证明或者其他帮助的，以拐卖妇女、儿童罪的共犯论处。明知他人系拐卖儿童的"人贩子"，仍然利用从事诊疗、福利救助等工作的便利或者了解被拐卖方情况的条件，居间介绍的，以拐卖儿童罪的共犯论处。（4）拐卖妇女、儿童罪与绑架罪的关键区别是犯罪目的的不同：拐

卖妇女、儿童罪以出卖为目的；绑架罪以勒索财物或者扣押人质为目的。(5)《拐卖犯罪意见》指出：①拐卖妇女、儿童，又奸淫被拐卖的妇女、儿童，或者诱骗、强迫被拐卖的妇女、儿童卖淫的，以拐卖妇女、儿童罪处罚。②拐卖妇女、儿童，又对被拐卖的妇女、儿童实施故意杀害、伤害、猥亵、侮辱等行为，构成其他犯罪的，依照数罪并罚的规定处罚。③拐卖妇女、儿童或者收买被拐卖的妇女、儿童，又组织、教唆被拐卖、收买的妇女、儿童进行犯罪的，以拐卖妇女、儿童罪或者收买被拐卖的妇女、儿童罪与其所组织、教唆的罪数罪并罚。④拐卖妇女、儿童或者收买被拐卖的妇女、儿童，又组织、教唆被拐卖、收买的未成年妇女、儿童进行盗窃、诈骗、抢夺、敲诈勒索等违反治安管理活动的，以拐卖妇女、儿童罪或者收买被拐卖的妇女、儿童罪与组织未成年人进行违反治安管理活动罪数罪并罚。(6)根据《刑法》第240条的规定，拐卖妇女、儿童情节特别严重的，处死刑，并处没收财产：①拐卖妇女、儿童集团的首要分子；②拐卖妇女、儿童三人以上的；③奸淫被拐卖的妇女的；④诱骗、强迫被拐卖的妇女卖淫或者将被拐卖的妇女卖给他人迫使其卖淫的；⑤以出卖为目的，使用暴力、胁迫或者麻醉方法绑架妇女、儿童的；⑥以出卖为目的，偷盗婴幼儿的；⑦造成被拐卖的妇女、儿童或者其亲属重伤、死亡或者其他严重后果的；⑧将妇女、儿童卖往境外的。

例19-7（多选）： 下列选项中，定性正确的有（　　　　）。

A. 甲拾得3名被遗弃的婴儿，收养半年后，发现麻烦就出卖给他人，甲构成拐卖儿童罪

B. 甲欠乙10万元，乙到甲家讨债，见甲的1岁大的儿子很可爱，就对甲说，你如果还不起钱，就把你的儿子抵债，我们之间的债务一笔勾销。甲就把儿子送给乙，乙抚养甲子，倍加宠爱。甲不构成犯罪

C. 甲收买被拐卖的妇女文某，本想做老婆，但文某不从，于是甲便欲将其出卖。甲将文某关押10来天，并强奸了文某，甲尚未找到买主时被抓获。甲的行为构成拐卖妇女罪一罪

D. 甲见某火车站候车室里一瘦弱的妇女乙抱着一个两岁左右的小男孩小强，遂猛冲过去趁乙不备夺走小强，不料乙因被拽倒头部着地死亡。甲将小强卖往外地，在运送过程中甲因害怕小强哭闹，给小强注射了麻醉药，由于麻醉药过量，致使小强也死亡。甲的行为构成拐卖儿童罪、过失致人死亡罪，应当数罪并罚

【讲解】 A项表述中，甲出卖捡拾的婴幼儿，应当认定为拐卖儿童罪。B项表述中，甲以营利为目的出卖亲生子女，应当认定为拐卖儿童罪。C项表述中，先收买后出卖，只定拐卖妇女罪一罪。拐卖妇女过程中有强奸、非法拘禁行为的，应当认定为拐卖妇女罪一罪。D项表述中，以出卖为目的抢夺儿童，应当认定为拐卖儿童罪，过失致近亲属、被拐卖儿童死亡，应当认定为拐卖儿童罪的结果加重犯。

【答案】 AC

※**【重点难点】** 收买被拐卖的妇女、儿童罪：(1)不具有出卖目的是本罪与拐卖妇女、儿童罪的关键区别。如果行为人具有出卖目的，则定拐卖妇女、儿童罪。不仅如此，收买被拐卖的妇女、儿童后，产生出卖的意图并出卖妇女、儿童的，也以拐卖妇女、儿童罪论处，不定收买被拐卖的妇女、儿童罪。(2)明知是被拐卖的妇女、儿童而收买，具有下列情形之一的，以收买被拐卖的妇女、儿童罪论处；同时构成其他犯罪的，依照数罪并罚的规定处罚：①收买被拐卖的妇女后，违背被收买妇女的意愿，阻碍其返回原居住地的；②阻碍对被收买妇女、儿童进行解救的；③非法剥夺、限制被收买妇女、儿童的人身自由，情节严重，或者对被收买妇女、儿童有强奸、伤害、侮辱、虐待等行为的；④所收买的妇女、儿童被解救后又再次收买，或者收买多名被拐卖的妇女、儿童的；⑤组织、诱骗、强迫被收买的妇女、儿童从事乞讨、苦役，或者盗窃、传销、卖淫等违法犯罪活动的；⑥造成被收买妇女、儿童或者其亲属重伤、死亡以及其他严重后果的；⑦具有其他严重情节的。被追诉前主动向公安机关报案或者向有关单位反映，愿意让被收买妇女返回原居住地，或者将被收买儿童送回其家庭，或者将被收买妇女、儿童交给公安、民政、妇联等机关、组织，没有其他严重情节的，可以不追究刑事责任。(3)从司法实践上看，由于被收买人通常采取一定的抗拒措施，因而行为人收买妇女、儿童后，常常对被害人实施其他犯罪行为。例如，有的采取暴力、胁

迫或者其他方法，强行与被害妇女性交；有的对被收买的妇女、儿童进行伤害、非法剥夺人身自由；有的对被害人实行侮辱、虐待；如此等等。由于这些行为都是收买后的行为，分别符合强奸、故意伤害、非法拘禁、侮辱等罪的犯罪构成，且不包含在收买行为之中，故应将这些犯罪与收买被拐卖的妇女、儿童罪实行数罪并罚。

例19-8：甲为索取债务将乙15岁的女儿丁拘禁，并打电话逼乙还债，拘禁10天后，由于乙对甲置之不理，甲便决定将丁卖给他人，并在寻找买家时将丁奸淫。甲将丁卖给丙后，丙又将丁非法拘禁达15天，并对丁进行数度虐待，之后，丙又将丁转手卖给了人贩子。

问题1（多选）：甲的行为构成（　　）。

A. 非法拘禁罪　　　　B. 绑架罪　　　　C. 拐卖妇女罪　　　　D. 强奸罪

问题2（多选）：丙的行为构成（　　）。

A. 收买被拐卖的妇女罪　　　　　　　　B. 非法拘禁罪

C. 虐待罪　　　　　　　　　　　　　　D. 拐卖妇女罪

【讲解】问题1：甲为索取债务而将丁非法拘禁，构成非法拘禁罪，而非绑架罪；甲将丁卖给他人，构成拐卖妇女罪，奸淫行为作为拐卖妇女罪的加重犯，不再单独评价。

问题2：甲收买被拐卖的妇女又出卖，只定拐卖妇女罪，至于非法拘禁行为，因只定拐卖妇女罪而不再独立评价，但虐待行为独立于拐卖妇女行为，因而构成虐待罪。

【答案】问题1：AC；问题2：CD

 例题拓展

例19-9（案例）：江苏李某与山东王某有经济纠纷，王某欠李某施工款8万元左右。某日，李某一伙在王某妻子下班途中将其绑架到江苏A市，要王某拿现金50万元来赎人。最后，王某交出30万元现金后，才将人质赎回。

请分析李某的行为性质。

【参考答案】（1）李某为索取债务8万元而将王某的妻子绑架，构成非法拘禁罪。

（2）李某索要50万元明显超出认定非法拘禁罪的8万元数额，而且所勒索的数额远远超出非法拘禁8万元所主张的数额，因此，对于超过非法拘禁数额的42万元，应当认定为绑架罪。

（3）对李某应以非法拘禁罪和绑架罪实行数罪并罚。

例19-10（案例）：孙某系某娱乐城的总经理。孙某和时某谋划，由时某向娱乐城提供四名"女服务员"。时某以请在一家酒吧作陪侍的女青年杨某、辛某、陈某、吴某四人外出吃饭为名，将四人骗至娱乐城，以每名5 000元的价格卖给孙某。孙某组织杨某等四人多次从事卖淫活动。后时某因涉嫌拐卖妇女被逮捕，在被羁押期间，时某对拐卖妇女的事实供认不讳，并供出孙某与其谋划及孙某组织卖淫等事实，公安机关在时某协助下将孙某抓捕归案。

请分析：（1）时某和孙某构成何罪？为什么？

（2）时某有哪些量刑情节？

【答案】（1）时某以出卖为目的，将杨某等四名妇女拐卖至娱乐城，构成拐卖妇女罪。时某和孙某事前通谋拐卖妇女，孙某构成拐卖妇女罪的共同犯罪（注意：假如时某和孙某未就拐卖妇女事前通谋，则孙某构成收买被拐卖的妇女罪）；事后孙某组织杨某等四人卖淫，构成组织卖淫罪，对孙某应以拐卖妇女罪和组织卖淫罪择一重罪处罚。

（2）时某在被羁押期间，供出同案犯共同犯罪事实，属于坦白，对时某可以从轻处罚；时某供出孙某组织卖淫犯罪事实，并协助司法机关将孙某抓捕归案，构成立功，对时某可以从轻或者减轻处罚。

专题二十　抢　劫　罪

※【重点难点】（1）抢劫罪的对象是财物，包括毒品、假币、淫秽物品等违禁品，还包括赌资、犯罪所得的赃款赃物等，但行为人仅以其所输赌资或所赢赌债为抢劫对象的，一般不以抢劫罪定罪处罚。构成其他犯罪的，依照刑法的相关规定处罚。此外，为个人使用，以暴力、胁迫等手段取得家庭成员或近亲属财产的，一般不以抢劫罪定罪处罚，构成其他犯罪的，依照刑法的相关规定处理。（2）抢劫罪的行为手段包括暴力、胁迫和其他方法，不论采取何种方式，都应当限于当场劫财。（3）抢劫罪既遂和未遂的认定：具备劫取财物或者造成他人轻伤以上后果两者之一的，均属抢劫既遂；既未劫取财物，又未造成他人人身伤害后果的，属抢劫未遂。据此，《刑法》第263条规定的8种处罚情节中除"抢劫致人重伤、死亡的"这一结果加重情节之外，其余7种处罚情节同样存在既遂、未遂问题，其中属抢劫未遂的，应当根据刑法关于加重情节的法定刑规定，结合未遂犯的处理原则量刑。

例 20 - 1（多选）： 下列犯罪行为中，以抢劫罪一罪定罪处罚的是（　　）。

A. 甲为了劫财，乘夜将路人马某杀死

B. 乙乘夜间值班人员熟睡之际将其锁在屋内，并大肆劫取财物

C. 丙发现一人被驶过的汽车撞昏，便乘机将该人的钱包取走

D. 丁入室行窃，室主因病卧床不起，央求丁不要拿走财物，丁置之不理，将值钱财物洗劫一空

【讲解】 A项表述中，甲以杀人手段劫财，只认定为抢劫罪一罪。B项：抢劫罪是行为人以暴力、胁迫和其他方法当场劫财，这里的"其他方法"，是指行为人实施暴力、胁迫方法以外的其他使被害人不知反抗或不能反抗的方法。B项表述的就是行为人采取的方法能够压制被害人的反抗的，也属于"其他方法"，换言之，因值班人员受到压制（出不了屋）而无法阻止行为人劫财，因而也构成抢劫罪。C项表述中，该人是被汽车撞昏的，而非丙的行为所致，因而丙的行为构成盗窃罪。D项表述中，成立抢劫罪必须使用暴力、胁迫或者其他方法，只是单纯利用被害人不能反抗的状态取走财物的，仅成立盗窃罪。丁入室行窃，室主只能眼看着行为人将财物搬走，只能认定为盗窃罪，而不能认定为抢劫罪，因为行为人根本没有采取暴力、胁迫和其他方法劫财。

【答案】 AB

※【重点难点】（1）转化型抢劫：犯盗窃、诈骗、抢夺罪，为窝藏赃物、抗拒抓捕或者毁灭罪证而当场使用暴力或者以暴力相威胁的，依照抢劫罪的规定定罪处罚。（2）对聚众"打砸抢"，毁坏或者抢走公私财物的，除判令退赔外，对首要分子，依照抢劫罪的规定定罪处罚。（3）携带凶器抢夺的，以抢劫罪定罪处罚。"携带凶器抢夺"，是指行为人随身携带枪支、爆炸物、管制刀具等国家禁止个人携带的器械进行抢夺或者为了实施犯罪而携带其他器械进行抢夺的行为。行为人随身携带国家禁止个人携带的器械以外的其他器械抢夺，但有证据证明该器械确实不是为了实施犯罪准备的，不以抢劫罪定罪；行为人将随身携带凶器有意加以显示、能为被害人察觉到的，直接适用抢劫罪定罪处罚；行为人携带凶器抢夺后，在逃跑过程中为窝藏赃物、抗拒抓捕或者毁灭罪证而当场使用暴力或者以暴力相威胁的，适用转化型抢劫罪的规定定罪处罚。

例 20 - 2（多选）： 下列选项中，成立转化型抢劫罪的是（　　）。

A. 甲入室窃得财物后逃跑，主人李某在后面紧追不舍，甲爬上院墙，李某赶上来拽住甲的脚，甲为摆脱李某用脚蹬了李某一下，李某摔倒，甲乘机逃脱

B. 乙在一迪吧窃得财物并往外逃跑时，被管理人员武某发现。乙为了阻止武某的追赶，抄起身旁的椅子砸在武某身上，然后逃离现场

C. 丙到军火库窃取1挺机枪，在运出仓库后被仓库管理人员发现，丙用机枪枪把将管理人员

砸昏

D. 丁从档案馆抢夺国有档案后为抗拒抓捕而将档案管理员打伤

【讲解】A项表述中，甲使用暴力不严重、危害不大或者没有伤害意图，只是为了挣脱抓捕而冲撞他人的，可以不认为是使用暴力的情况，而仍然以盗窃罪论处。B项表述中，乙用椅子砸武某，达到了压制反抗的程度，属于"暴力"，构成抢劫罪。C、D项表述中，盗窃、诈骗、抢夺罪，包括该三罪的特别法条，例如盗窃枪支、弹药、盗伐林木、合同诈骗、信用卡诈骗、抢夺枪支等，都可以转化为抢劫罪。但不包括不针对财物的盗、骗、抢行为，如盗窃、抢夺印章、国有档案的行为。C项表述中，丙用机枪枪把砸管理人员，属于"暴力"，构成转化型抢劫罪。但D项表述的"国有档案"并非针对财物，不构成转化型抢劫。

【答案】BC

例20-3：甲、乙共谋盗窃，甲入室行窃，乙在外面放风，甲入室窃得财物后逃跑，被室主丙发现并追赶，甲使用暴力将丙打成重伤。

问题1（多选）：如果乙对甲将丙打成重伤这一事实并不知情，则（　　）。

A. 甲、乙构成盗窃罪共犯

B. 甲、乙构成抢劫罪共犯

C. 甲构成抢劫罪，乙不构成抢劫罪

D. 甲构成故意伤害罪，乙不构成故意伤害罪

问题2（单选）：如果在甲入室行窃之前，乙给了甲一把匕首，并告诉甲，若有人追赶就用匕首将其刺伤。则（　　）。

A. 甲、乙构成盗窃罪共同犯罪

B. 甲、乙构成抢劫罪共同犯罪

C. 甲构成抢劫罪，乙不构成抢劫罪

D. 甲构成故意伤害罪，乙不构成故意伤害罪

【讲解】问题1：甲、乙共谋盗窃，甲、乙在盗窃罪的范围内成立共同犯罪，但乙对甲将丙打伤这一事实并不知情，甲的盗窃行为转化为抢劫罪，但乙并不转化，仍然认定为盗窃罪。

问题2：两人以上共同实施盗窃、诈骗、抢夺犯罪，其中部分行为人为窝藏赃物、抗拒抓捕或者毁灭罪证而当场使用暴力或者以暴力相威胁的，对于其余行为人是否以抢劫罪共犯论处，主要看其对实施暴力或者以暴力相威胁的行为人是否形成共同犯意、提供帮助。基于一定意思联络，对实施暴力或者以暴力相威胁的行为人提供帮助或实际成为帮凶的，可以抢劫共犯论处。

【答案】问题1：AC；问题2：B

例20-4（单选）：下列情形中，应当认定为"携带凶器抢夺"的是（　　）。

A. 甲手持菜刀抢夺路人背包

B. 乙牵着狼狗抢夺路人首饰

C. 丙拿着塑胶刀片乘人不备在被害人后面将其背包划开取得里面的财物

D. 丁从商场购得剪刀一把揣在包里，发现路人拿着手机，便乘其不备将手机夺走

【讲解】对于"携带凶器抢夺"的，以抢劫罪定罪处罚。A项表述中的菜刀无疑是凶器。B项表述中的狼狗不是凶器。C项表述属于携带凶器盗窃。D项表述中，丁购买剪刀的目的并非用于抢夺，而且在抢夺手机时也没有使用凶器，更没有显示凶器，因而不是"携带凶器抢夺"。

【答案】A

※【重点难点】抢劫罪的罪数：行为人实施伤害、强奸等犯罪行为，在被害人未失去知觉，利用被害人不能反抗、不敢反抗的处境，临时起意劫取他人财物的，应以此前所实施的具体犯罪与抢劫罪实行数罪并罚；在被害人失去知觉或者没有发觉的情形下，以及实施故意杀人犯罪行为之后，临时起意拿走他人财物的，应以此前所实施的具体犯罪与盗窃罪实行数罪并罚。抢劫违禁品后又贩卖违禁品的，数罪并罚。

例20-5（单选）：下列选项中，应当以抢劫罪一罪定罪处罚的是（　　）。

A. 甲乘夜将洪某（女）击昏并劫走钱包后，发现洪某颇有姿色便将其奸淫

B. 乙从窃贼手中劫得10克海洛因后，将海洛因卖给吸毒者

C. 丙持枪将李某劫持，迫使李某拿着信用卡到自动提款机取出现金，并交付给丙

D. 丁从王某处劫得现金1万元后，担心日后被认出，将王某杀死

【讲解】 A项表述中，强奸行为属于抢劫既遂后另起犯意，对甲应以抢劫罪和强奸罪实行数罪并罚。B项表述中，抢劫毒品后又贩卖的，以抢劫罪和贩卖毒品罪实行数罪并罚。C项表述中，丙的行为符合当场劫财的特征，构成抢劫罪一罪。D项表述中，丁构成抢劫罪后又杀人灭口，构成抢劫罪和故意杀人罪，实行数罪并罚。

【答案】 C

※**【重点难点】** 抢劫罪与相关犯罪的界限：（1）行为人冒充正在执行公务的人民警察"抓赌""抓嫖"，没收赌资或者罚款的行为，构成犯罪的，以招摇撞骗罪从重处罚；在实施上述行为中使用暴力或者暴力威胁的，以抢劫罪定罪处罚。行为人冒充治安联防队员"抓赌"、"抓嫖"、没收赌资或者罚款的行为，构成犯罪的，以敲诈勒索罪定罪处罚；在实施上述行为中使用暴力或者暴力威胁的，以抢劫罪定罪处罚。（2）从事正常商品买卖、交易或者劳动服务的人，以暴力、胁迫手段迫使他人交出与合理价钱、费用相差不大钱物，情节严重的，以强迫交易罪定罪处罚；以非法占有为目的，以买卖、交易、服务为幌子采用暴力、胁迫手段迫使他人交出与合理价钱、费用相差悬殊的钱物的，以抢劫罪定罪处刑。（3）抢劫罪与绑架罪的界限有：①主观方面不尽相同。抢劫罪中，行为人一般出于非法占有他人财物的故意实施抢劫行为；绑架罪中，行为人既可能为勒索他人财物而实施绑架行为，也可能出于其他非经济目的实施绑架行为。②行为手段不尽相同。抢劫罪表现为行为人劫取财物一般应在同一时间、同一地点，具有"当场性"；绑架罪表现为行为人以杀害、伤害等方式向被绑架人的亲属或其他人或单位发出威胁，索取赎金或提出其他非法要求，劫取财物一般不具有"当场性"。绑架过程中又当场劫取被害人随身携带财物的，同时触犯绑架罪和抢劫罪两罪名，应择一重罪定罪处罚。（4）抢劫罪与故意伤害罪、故意杀人罪的界限：在行为人实施抢劫行为的过程中，如果使用暴力方法造成被害人重伤或者死亡的，仍然认定为抢劫罪。行为人为劫取财物而预谋故意杀人的，或者在劫取财物的过程中，为制服被害人反抗而故意杀人的，以抢劫罪定罪处罚。如果出于报复或者其他目的伤害或者杀死被害人，然后顺手牵羊拿走财物的，应当以故意伤害罪、故意杀人罪定罪处罚。但是，如果行为人在抢劫行为实施完毕以后，为了灭口或者其他目的又杀死被害人的，应当以抢劫罪和故意杀人罪并罚。此外，行为人为索取债务，使用暴力、暴力威胁等手段的，一般不以抢劫罪定罪处罚。构成故意伤害等其他犯罪的，依照故意伤害罪等规定处罚。

例20-6（单选）： 甲、乙二人身着联防队员制服，潜伏在某卖淫窝点旁边，见有嫖客进入，便冒充联防队员执行公务，进屋搜查，将正在进行性交易的嫖客和卖淫女"抓住"，对他们说，要么拘留，要么罚款3 000元，嫖客和卖淫女没有办法，只能各缴3 000元给甲、乙二人。甲、乙二人的行为构成（　　）。

A. 敲诈勒索罪　　　　B. 诈骗罪　　　　C. 招摇撞骗罪　　　　D. 抢劫罪

【讲解】 针对A、C、D项表述，根据《最高人民法院、最高人民检察院关于审理抢劫、抢夺刑事案件适用法律若干问题的意见》的规定，行为人冒充正在执行公务的人民警察"抓赌""抓嫖"，没收赌资或者罚款的行为，构成犯罪的，以招摇撞骗罪从重处罚；在实施上述行为中使用暴力或者暴力威胁的，以抢劫罪定罪处罚。行为人冒充治安联防队员"抓赌"、"抓嫖"、没收赌资或者罚款的行为，构成犯罪的，以敲诈勒索罪定罪处罚；在实施上述行为中使用暴力或者暴力威胁的，以抢劫罪定罪处罚。B项表述中，诈骗罪和敲诈勒索罪的关键区别在于：敲诈勒索罪是以威胁、要挟的方法，造成被害人心理上的恐惧从而迫使被害人交出财物；诈骗罪则是用虚构事实或隐瞒事实真相的欺诈手段，使被害人信以为真，从而"自愿地交出财物"。

【答案】 A

例20-7（单选）： 甲、乙二人于某日晚将私营业主丙从工厂绑架至市郊的一空房内，将丙的双手铐在窗户铁栏杆上，强迫丙答应交付30万元的要求。约两小时后，甲、乙强行将丙带回工厂，

丙从保险柜取出仅有的 17 万元交给甲、乙。甲、乙的行为构成（　　　）。

　　A. 绑架罪　　　　　B. 敲诈勒索罪　　　　C. 非法拘禁罪　　　　D. 抢劫罪

　　【讲解】 A 项表述中，甲、乙的行为不构成绑架罪。绑架罪的特点是绑架人质后，向第三人勒索赎金。甲、乙二人虽有绑架的行为，但是其强迫的是被绑架人而不是第三人交出财物，所以不构成绑架罪。B 项表述中，甲、乙的行为不构成敲诈勒索罪。敲诈勒索罪的特点是强制和取财两个行为在时间上不具有同一性，而甲、乙二人是在暴力强制的同时取财，所以不构成敲诈勒索罪。C 项表述中，甲、乙的行为符合非法拘禁罪的构成要件，毕竟甲、乙限制了丙的人身自由，但是非法拘禁罪本身并不能全面评价甲、乙二人的行为，所以不能定非法拘禁罪。D 项表述中，甲、乙的行为构成抢劫罪。甲、乙二人绑架丙，将丙的双手铐在窗户铁栏杆上，强迫丙答应交付 30 万元的要求，又强行将丙带回工厂，丙从保险柜取出仅有的 17 万元交给甲、乙，整个过程完全符合抢劫罪的客观方面的特征，即强制行为和当场劫财，二人的强制行为从绑架之时起，持续到得财之时止，在此过程中，二人取走财物。绝不能认为二人的强制行为仅包括绑架和将丙铐在窗户铁栏杆上两小时，其强制行为还包括强行将丙带回工厂。所以，对甲、乙应当以抢劫罪定罪处罚。

　　【答案】 D

　　例 20 - 8（单选）：甲、乙二人经预谋抢劫工程承包人丙的财产。某日，甲、乙将丙劫持至出租车内，按住丙的头部，抢走丙的钻石一枚、现金 2 500 元和手机一部，并威胁丙给妻子打电话，必须于当晚 8 点再送 5 万元至指定地点后将丙放回。当晚 8 时，当甲、乙二人再次向丙索要 5 万元现金时，被闻讯赶来的公安机关抓获。甲、乙的行为构成（　　　）。

　　A. 绑架罪和敲诈勒索罪　　　　　　　　　B. 抢劫罪和敲诈勒索罪

　　C. 非法拘禁罪和绑架罪　　　　　　　　　D. 抢劫罪和绑架罪

　　【讲解】 甲、乙二人以非法占有为目的，抢劫他人财物，构成抢劫罪；以威胁的手段勒索丙的财物，构成敲诈勒索罪。

　　【答案】 B

　　※ **【重点难点】** 加重的抢劫罪：（1）入户抢劫的；（2）在公共交通工具上抢劫的；（3）抢劫银行或者其他金融机构的；（4）多次抢劫或者抢劫数额巨大的；（5）抢劫致人重伤、死亡的；（6）冒充军警人员抢劫的；（7）持枪抢劫的；（8）抢劫军用物资或者抢险、救灾、救济物资的。

　　例 20 - 9（多选）：下列关于加重抢劫罪的认定，正确的有（　　　）。

　　A. 抢劫正在使用中的其他金融机构的运钞车的，视为抢劫银行或者其他金融机构

　　B. 多次抢劫是指抢劫二次以上

　　C. 抢劫致人重伤、死亡包括故意致人重伤、死亡，也包括过失致人重伤、死亡

　　D. 军警人员利用自己真实的身份实施抢劫的，应当认定为"冒充军警人员抢劫"

　　【讲解】 A 项表述中，"抢劫银行或者其他金融机构"是指抢劫银行或者其他金融机构的经营资金、有价证券和客户的资金等。抢劫正在使用中的银行或者其他金融机构的运钞车的，视为"抢劫银行或者其他金融机构"。B 项表述中，"多次抢劫"是指抢劫 3 次以上。C 项表述中，抢劫致人重伤、死亡是抢劫罪的结果加重犯，包括故意致人重伤、死亡，也包括过失致人重伤、死亡。D 项表述中，军警人员利用自己真实的身份实施抢劫的，不应当认定为"冒充军警人员抢劫"，但应从重处罚。

　　【答案】 AC

　　※ **【重点难点】** 入户抢劫：（1）"入户抢劫"是指为实施抢劫行为而进入他人生活的与外界相对隔离的住所，包括封闭的院落、牧民的帐篷、渔民作为家庭生活场所的渔船、为生活租用的房屋等进行抢劫的行为。"户"是指他人日常生活使用的与外界相对隔离的住所，包括封闭的院落、牧民的帐篷、渔民作为家庭生活场所的渔船、为生活租用的房屋。而机关、企业事业单位的办公室、仓库、公共娱乐场所、旅店宾馆、临时搭建的工棚等，不能认定为户。对于部分时间从事经营、部分时间用于生活起居的场所，行为人在非营业时间强行入内抢劫或以购物等为名骗开房门入内抢劫的，应认定为入户抢劫。对于部分用于经营、部分用于生活且之间有明确隔离的场所，行为人进

入生活场所实施抢劫的，应认定为入户抢劫；如场所之间没有明确隔离，行为人在营业时间入内实施抢劫的，不认定为入户抢劫，但在非营业时间入内实施抢劫的，应认定为入户抢劫。(2) 对于入户盗窃，因被发现而当场使用暴力或者以暴力相威胁的行为，应当认定为入户抢劫。(3) 进入他人住所须以实施抢劫等犯罪为目的。抢劫行为虽然发生在户内，但行为人不以实施抢劫等犯罪为目的进入他人住所，而是在户内临时起意实施抢劫的，不属于入户抢劫。(4) 认定入户抢劫，要注重审查行为人入户的目的，将"入户抢劫"与"在户内抢劫"区别开来。以侵害户内人员的人身、财产为目的，入户后实施抢劫，包括入户实施盗窃、诈骗等犯罪而转化为抢劫的，应认定为入户抢劫。因访友办事等原因经户内人员允许入户后，临时起意实施抢劫，或者临时起意实施盗窃、诈骗等犯罪而转化为抢劫的，不应认定为入户抢劫；或者盗窃、诈骗、抢夺行为发生后，使用暴力或暴力相威胁的手段在户外，即脱离了户的范围，也不能认定为"入户抢劫"，即便转化，也应当按照一般的转化型抢劫罪认定；将被害人从户内骗出，进而实施抢劫的，也不能认定为入户抢劫。即通过暴力、胁迫等手段实施的抢劫必须发生在户内，才能认定为入户抢劫。需要注意的是，"入户抢劫"与"入户后抢劫"不是一个概念。总之，入户抢劫必须是以抢劫为目的的入户，这主要包括三种情形：①入户的目的是实施《刑法》第 263 条规定的抢劫罪。②入户时具有能盗窃就盗窃、不能盗窃就抢劫的目的，具有这种目的时，如果入户后实施抢劫的，应当认定为入户抢劫。③入户时具有事后抢劫的目的。即入户时打算实施盗窃、诈骗、抢夺行为，同时具有被人发现时为窝藏赃物、抗拒抓捕或者毁灭罪证的目的而使用暴力或者以暴力相威胁的意思，进而成立事后抢劫的，也应认定为入户抢劫。概言之，入户时具有实施准抢劫罪的目的，也属于以抢劫为目的的入户。(5) 认定入户抢劫的其他问题。①携带凶器入户，以暴力、胁迫方式入户的处理。对于违反被害人的意志携带凶器入户的，应当认定为"入户抢劫"，而不能认定为"入户盗窃"。②由于入户抢劫是抢劫罪的加重构成，"户"是行为对象之一，因此，只有当行为人不仅认识到自己在实施抢劫行为，而且认识到自己进入的是"户"时，才能承担入户抢劫的刑事责任。误将家庭住所当作卖淫场所、普通商店或者废旧厂房而实施抢劫的，不应认定为入户抢劫。③对在户外为入户抢劫的正犯望风的共犯，也应适用入户抢劫的法定刑，同时适用刑法总则关于共犯的处罚规定。

例 20-10（单选）：下列情形应当认定为"入户抢劫"的是(　　　　)。

A. 甲组织人手窜入宾馆中大肆抢劫

B. 乙携带凶器入户盗窃，被发现后为抗拒抓捕当场用凶器相威胁

C. 丙到李某家收取水费，进屋后发现桌子上放着一叠现金，便将现金抢走

D. 丁将陈某从家里骗出来后，将陈某携带的财物洗劫一空

【讲解】A 项表述中，"户"是指他人日常生活使用的与外界相对隔离的住所，包括封闭的院落、牧民的帐篷、渔民作为家庭生活场所的渔船、为生活租用的房屋。宾馆并非户，进入宾馆抢劫不能认定为入户抢劫。B 项表述中，携带凶器入户盗窃，为抗拒抓捕而当场使用暴力相威胁的，构成转化型入户抢劫。C 项表述中，因访友办事等原因经户内人员允许入户后，临时起意实施抢劫，或者临时起意实施盗窃、诈骗等犯罪而转化为抢劫的，不应认定为入户抢劫。D 项表述中，丁已经将被害人从户内骗出，抢劫行为没有发生在户内，不能认定为入户抢劫。

【答案】B

※【重点难点】驾驶机动车、非机动车夺取他人财物行为的定性。对于驾驶机动车、非机动车等"驾驶车辆"夺取他人财物的，一般以抢夺罪从重处罚，但下列情形以抢劫罪论处：(1) 驾驶车辆，逼挤、撞击或强行逼倒他人以排除他人反抗，乘机夺取财物的；(2) 驾驶车辆强抢财物时，因被害人不放手而采取强拉硬扯方法劫取财物的；(3) 行为人明知其驾驶车辆强行夺取他人财物的手段会造成他人伤亡的后果，仍然强行夺取并放任造成财物持有人轻伤以上后果的。

例 20-11（单选）：某日，黄某、兰某驾驶摩托车外出伺机抢夺他人财物，在该市发现一女士脖子上佩戴一条金项链，便从该女士身后驾车飞驶过来，坐在摩托车后座上的兰某趁机抓住项链，由于项链没有扯断，该女士被拽倒，头部撞到马路护栏，造成颈骨折断死亡。黄某、兰某的行为构成(　　　　)。

A. 盗窃罪   B. 抢夺罪   C. 抢劫罪   D. 过失致人死亡罪

【讲解】根据上述重点内容（3），行为人明知其驾驶车辆强行夺取他人财物的手段会造成他人伤亡的后果，仍然强行夺取并放任造成财物持有人轻伤以上后果的，以抢劫罪论处。

【答案】C

例题拓展

例 20-12（多选）：下列关于抢劫罪的说法，错误的是（   ）。

A. 甲单独入室盗窃并得手，物主发现后追赶其到大街上。在甲逃离过程中，遇到以前的同伙乙，即呼喊乙打击物主以帮助自己脱身，乙知道真相后，当场对物主实施暴力。则甲、乙构成抢劫罪的共同犯罪，甲系入户抢劫

B. 乙在公交车上窃取蒋某的提包被蒋某识破，蒋某遂一路追赶乙，不料蒋某踩上一块石头跌倒在地，脑溢血而导致死亡，乙构成抢劫罪，属于抢劫致人死亡

C. 韩某在六楼阳台上打手机，不小心将手机掉到了一楼的草坪上，适逢丙经过，不顾楼上韩某的呼喊仍当着韩某的面将手机取走，恰巧有警察经过将丙抓获，从丙身上搜出匕首一把，丙构成抢劫罪

D. 丁系着领带去实施抢劫，意图在被害人贾某反抗时用领带勒人，由于抢夺得逞而未使用领带。因其为了犯罪而携带领带，应当认定为携带凶器。其携带凶器抢夺，应当以抢劫罪论处

【讲解】A 项表述中，乙系转化型抢劫罪的承继共犯，甲、乙构成抢劫罪共同犯罪。但暴力发生在户外，不属于入户抢劫。B 项表述中，行为人盗窃之后没有实施暴力，被害人之死因其本人追赶行为所致，但并不转化为抢劫。C 项表述中，行为人虽携带凶器，但并没有使用，也没有显示凶器，且对被害人也没有使用的可能性，不属于携带凶器，也不构成抢劫罪。D 项表述中，"领带"从一般常识来进行判断，也不应当认定为"凶器"，因此也不构成抢劫罪。

【答案】ABCD

例 20-13（案例）：2007 年 6 月，李某因绑架罪被判处有期徒刑 8 年，刑满释放后，李某伙同刘某预谋实施新的犯罪计划。2017 年 4 月，李某、刘某购回两盒纸装冬瓜茶，然后用针筒抽出部分茶水，将蒙汗药放进针筒里融化后，注回盒内。计划完毕后，李某在一娱乐场所与某公司财务人员罗某搭讪后，刘某趁机将混入蒙汗药的冬瓜茶给罗某喝，致罗某昏睡后，李某和刘某劫取罗某现金 2 万余元及手机等其他财物。在 2017 年 5 月至 2018 年 12 月期间，李某、刘某总共实施了 6 次类似行为，获取现金达 10 万余元和其他实物财产。在实施上述犯罪活动期间，李某和刘某还预谋了一次入室盗窃活动，2018 年 6 月，由李某负责望风，刘某入室行窃，在入室前，李某给了刘某一匕首，说作为刘某应急反抗之用。刘某入室窃得财物后，被室主杨某（女）发现，刘某为窝藏赃物用匕首将杨某捅昏，并顺势将杨某奸淫。窃得财物后，刘某、李某二人均分了这笔财产。后李某因涉嫌上述犯罪被抓获，如实供出与刘某共同作案的犯罪事实，并供出司法机关尚未掌握的刘某强奸杨某的犯罪事实，公安机关在李某协助下，将刘某抓获归案。

请分析李某、刘某的行为性质及量刑情节。

【参考答案】（1）李某因绑架罪被判处有期徒刑，刑满释放后 5 年内再犯应判有期徒刑以上刑罚之罪，构成累犯，对李某应当从重处罚。

（2）李某与刘某密谋抢劫罗某，构成抢劫罪共犯，李某、刘某 6 次实施类似抢劫行为，构成多次抢劫，属于加重的抢劫罪。

（3）李某与刘某密谋携带凶器盗窃。刘某在入室行窃后，为窝藏赃物使用凶器将杨某捅昏，其行为由盗窃罪转化为抢劫罪，且属于入户抢劫和携带凶器抢劫，构成加重的抢劫罪。李某在刘

某入户抢劫前提供凶器，这表明李某对入户抢劫存在共同犯意，因而对李某也应当以抢劫罪论处。由于刘某是实行犯，而李某望风，因而刘某是主犯，对刘某应当按照其所参与的全部犯罪处罚；李某是从犯，起辅助作用，对李某应当从轻、减轻处罚或者免除处罚（结合案情，应当从轻处罚）。

（4）刘某入室奸淫杨某，构成强奸罪，刘某强奸这一犯罪事实，对李某而言属于实行过限，李某对此不负刑事责任。

（5）李某被抓获后如实供述司法机关已经掌握的犯罪事实，构成坦白，对李某可以从轻处罚。李某还如实供出司法机关尚未掌握的刘某犯强奸罪的犯罪事实，并在其协助下，刘某被抓获归案，李某对此构成立功，对李某可以从轻或者减轻处罚。

专题二十一　盗　窃　罪

※【重点难点】盗窃罪的行为对象是财物。认定"财物"应当注意：（1）盗窃罪的对象必须是他人占有的财物，自己的财物不能成为盗窃罪的犯罪对象。此外，偷拿家庭成员或者近亲属的财物，获得谅解的，一般可不认为是犯罪；追究刑事责任的，应当酌情从宽。（2）财物主要是动产，但不限于动产，例如，行为人乘夜将他人种植的珍贵树木挖走。（3）财物包括有形（体）物和无形（体）物。无形物如电力、煤气、天然气等。盗窃信用卡并使用的；盗窃增值税专用发票或者可以用于骗取出口退税、抵扣税款的其他发票的；以牟利为目的，盗接他人通信线路、复制他人电信码号或者明知是盗接、复制的电信设备、设施而使用的；对犯罪所得及其产生的收益盗窃的；将电信卡非法充值后使用，造成电信资费损失数额较大的；盗用他人公共信息网络上网账号、密码上网，造成他人电信资费损失数额较大的；明知是非法制作的 IC 电话卡而使用或者购买并使用，造成电信资费损失数额较大的；邮政工作人员私自开拆或者隐匿、毁弃邮件、电报而从中窃取财物的，都以盗窃罪定罪处罚。无论是有形物还是无形物，都不包括某些特殊类型的盗窃犯罪对象的物品，这类物品包括枪支、弹药、爆炸物、武器装备、军用物资、国家秘密、商业秘密、军事秘密等。例如，盗窃枪支、弹药、爆炸物、危险物质的，以盗窃枪支、弹药、爆炸物、危险物质罪定罪处罚；盗窃商业秘密的，以侵犯商业秘密罪定罪处罚；军职人员盗窃武器装备、军用物资的，构成盗窃武器装备、军用物资罪；等等。（4）财物包括普通财物和违禁品，违禁品如毒品、赃物等。

例 21-1（多选）：在不考虑盗窃数额的情形下，下列行为构成盗窃罪的有（　　）。

A. 旅馆服务员甲在帮客人拎包时，将包中的金首饰放入自己的口袋据为己有

B. 顾客购物时将钥匙遗忘在收银台，收银员问是谁的，乙谎称是自己的，然后持该钥匙将顾客的车开走

C. 丙将他人停放在车棚内未上锁的自行车卖掉

D. 丁在某大学自习室将占座的他人手机拿走卖掉

【讲解】 A 项表述中，物主近在咫尺，系他人直接支配下的财物，构成盗窃，服务员甲虽帮人拎包，但仅是辅助占有，不构成侵占。B 项表述中，钥匙只是占有的标志，汽车才是财物，获取钥匙后趁车主不注意将汽车开走，对汽车构成盗窃罪。C 项表述中，车棚内未上锁的自行车，属于根据存在状态可以推知由他人事实支配的情形，系他人占有的财物，丙构成盗窃罪。D 项表述中，学生用于占座的手机，物主近在咫尺，马上就会回归，属于他人支配下的财物的情形，系他人占有的财物，丁构成盗窃罪。

【答案】 ABCD

※【重点难点】盗窃罪的行为方式是秘密窃取他人占有的财物。秘密窃取属于盗窃罪的本质属性。"秘密"是相对财物的所有人、保管人而言的。所以，即使窃取财物时已经被他人发现或者暗中注视，不影响盗窃罪的成立。虽然盗窃罪的本质属性是秘密窃取，但也要有条件地承认公开盗窃

的情形。例如，行为人进入他人住宅后，明知久病在床的所有人盯着自己，但依然搬走了电视机。此外，窃取的手段多种多样，甚至窃取与欺诈并用。例如，行为人将他人从屋内骗至室外，然后进入室内行窃。

例 21-2（单选）： 下列情形不构成盗窃罪的是（　　）。

A. 甲夜间进入赵某房间偷东西，赵某醒来不敢声张，只是偷偷看着甲将财物拿走

B. 乙盗窃一张信用卡并使用

C. 丙从军械库盗窃 3 挺机关枪

D. 丁将电信卡非法充值后使用，造成电信资费损失数额较大

【讲解】 A 项表述中，盗窃罪的本质属性是秘密窃取，但也存在公开盗窃的情形，A 项表述就属于公开盗窃的情形。B 项表述中，盗窃信用卡并使用的，以盗窃罪定罪处罚。C 项表述中，盗窃枪支的，以盗窃枪支罪定罪处罚，不定盗窃罪。D 项表述中，丁将电信卡非法充值后使用，造成电信资费损失数额较大的，以盗窃罪定罪处罚。

【答案】 C

例 21-3（单选）： 陈某在商场金店发现柜台内放有一条纯金项链，与自己所戴的镀金项链样式相同。陈某以挑拣金项链为名，乘售货员不注意，用自己的镀金项链调换了上述纯金项链。陈某的行为构成（　　）。

A. 盗窃罪　　　　　B. 诈骗罪　　　　　C. 侵占罪　　　　　D. 抢夺罪

【讲解】 A 项表述中，陈某乘售货员不注意，以镀金项链调换纯金项链的行为属于秘密窃取他人财物，应构成盗窃罪。这是采用"调包"的方式盗窃。B 项表述中，由于陈某在调换过程中没有虚构事实或隐瞒真相的意思表示，也没有使售货员基于错误的意思表示仿佛"心甘情愿地"交出财物，因而陈某的行为不构成诈骗罪。C 项表述中，金项链并非他人的遗忘物，也并非委托占有的代为保管物，因而不构成侵占罪。D 项表述中，陈某的行为并非乘人不备从被害人手中夺取财物，而是调包盗窃财物，因而陈某的行为不构成抢夺罪。

【答案】 A

例 21-4（多选）： 下列情形中，以盗窃罪一罪定罪处罚的有（　　）。

A. 甲假装购买车辆，在车主规定的场所试车时驾车逃走

B. 乙以急需和家人取得联系为名向高某借高档手机打电话，乘高某不注意，乙携带手机逃之夭夭

C. 丙在经过收费站时，假装掏钱付费，在收费人员提前打开栏杆时突然逃走

D. 丁使用虚假的证明文件将盗窃的机动车辆冒充自己合法所有的机动车出售给他人

【讲解】 A 项表述中，甲以盗窃和欺诈并用的手段盗窃车辆，构成盗窃罪，欺诈仅仅是实施盗窃行为的手段，不能独立成罪。B 项表述中，乙在物主在场的情况下，趁其不备将其财物转移到自己控制之下，构成盗窃罪，这属于公开盗窃。C 项表述中，丙并没有获得财产，不能成立盗窃罪。D 项表述中，丁的行为构成盗窃罪和诈骗罪，应当数罪并罚。

【答案】 AB

※【重点难点】 盗窃财物数额较大，或者多次盗窃、入户盗窃、携带凶器盗窃、扒窃的，才成立盗窃罪。（1）盗窃财物数额较大。盗窃公私财物价值 1 000 元至 3 000 元以上的，应当认定为"数额较大"。盗窃公私财物，具有下列情形之一的，"数额较大"的标准可以按照上述规定标准的50%确定：①曾因盗窃受过刑事处罚的；②1 年内曾因盗窃受过行政处罚的；③组织、控制未成年人盗窃的；④自然灾害、事故灾害、社会安全事件等突发事件期间，在事件发生地盗窃的；⑤盗窃残疾人、孤寡老人、丧失劳动能力人的财物的；⑥在医院盗窃病人或者其亲友财物的；⑦盗窃救灾、抢险、防汛、优抚、扶贫、移民、救济款物的；⑧因盗窃造成严重后果的。（2）多次盗窃。2年内盗窃 3 次以上的，应当认定为"多次盗窃"。（3）入户盗窃。非法进入供他人家庭生活，与外界相对隔离的住所盗窃的，应当认定为"入户盗窃"。其中的"户"，应包括封闭的院落、牧民的帐篷、渔民作为家庭场所的渔船、为生活租用的房屋等。对于"入户盗窃"的具体认定，参照"入户

抢劫"，例如入户的目的是犯罪、盗窃行为发生在户内等。(4) 携带凶器盗窃。携带枪支、爆炸物、管制刀具等国家禁止个人携带的器械盗窃，或者为了实施违法犯罪携带其他足以危害他人人身安全的器械盗窃的，应当认定为"携带凶器盗窃"。(5) 扒窃。在公共场所或者公共交通工具上盗窃他人随身携带的财物的，应当认定为"扒窃"。

例 21-5（单选）：下列关于盗窃罪中扒窃的表述，正确的是(　　)。

A. 扒窃成立盗窃罪的，以携带凶器为前提

B. 扒窃仅限于窃取他人衣服口袋内体积较小的财物

C. 在火车上窃取他人货架上的财物的，不属于扒窃

D. 在公共场所窃取他人信用卡的，应当认定为扒窃

【讲解】A 项表述中，扒窃成立盗窃罪的，无须携带凶器。B、C 项表述中，扒窃是指在公共场所或者公共交通工具上盗窃他人随身携带的财物（近身盗窃），而不限于窃取他人衣服口袋内体积较小的财物（贴身盗窃）。例如，盗窃别人背的双肩包内的财物的，也是扒窃。D 项表述中，所窃取的财物应是具有实用价值和交换价值的财物，值得刑法的保护。例如，扒窃他人口袋里的信用卡、交通卡、身份证件等财物的，应当认定为扒窃。不过，扒窃他人口袋内的餐巾纸、名片、廉价手帕、过期作废的火车票等物品的，不应认定为盗窃罪。

【答案】D

※【重点难点】盗窃既遂与未遂的认定：盗窃一般财物的，采取"失控加控制说"，即以财物的所有人、管理人、保护人、持有人失去对财物的控制并为盗窃犯罪人所控制的状态为既遂；盗窃无形财物的，采取"控制说"，即以盗窃犯罪人已经实际控制该财物的状态为既遂。

例 21-6（单选）：下列关于盗窃罪的说法，正确的是(　　)。

A. 甲与乙合租一套二室一厅的房屋，各住一室；甲趁乙外出时，进入其屋内盗窃，甲的行为属于入户盗窃

B. 甲在长途公交车上，趁乘客乙睡觉时，拿走其放在头顶行李架上的行李袋，内装有价值 500 元的二手手机一部，因甲盗窃的并非贴身之物，因而不构成扒窃

C. 甲系乙雇用的住家保姆，某日趁乙外出时进入乙的卧室将价值 10 万元的钻石首饰拿走，藏匿于其所睡的沙发下面，准备一有机会就带回家中。当日乙发现失窃后报案，未破案。一个月后甲准备将钻石首饰藏于行李中带走时，被乙家人看见而案发。甲的行为构成盗窃罪未遂

D. 甲盗窃乙的面额为 5 000 元的不可挂失、补办的记名购物卡一张，购物消费 2 000 元之后将购物卡遗失，甲的盗窃数额为 2 000 元

【讲解】A 项表述中，"户"是指为家庭生活而居住相对隔离的场所，乙租住的一室与甲租住的一室相对隔离，属于"户"。B 项表述中，扒窃的对象并非仅限于"贴身之物"，"贴近之物"也是扒窃的对象。C 项表述中，钻石首饰虽然没有拿出家门，但乙已经失去对钻石首饰的控制，而且该钻石首饰已经为甲所控制，因而属于盗窃罪既遂，而不是未遂。类似的例子如，在商店行窃，较小的东西如金项链、金戒指、高档手表、相机等，行为人将该财物放入口袋、藏入怀中、夹在腋下，就足以致使被害人失去控制，这属于既遂；但对于体积较大的，如彩电、家具、冰箱等，只有将该财物搬出商店才算失去控制，构成盗窃罪既遂。D 项表述中，盗窃记名的有价证券，失主无法通过挂失、补领、补办手续等方式避免损失的，按照给失主造成的实际损失计算盗窃数额，故而盗窃数额应当认定为 5 000 元，而非 2 000 元。

【答案】A

例 21-7（单选）：甲在某证券交易大厅偷窥获得在该营业部开户的乙的资金账号及交易密码后，通过电话委托等方式在乙的资金账号上高吃低抛一只股票，同时通过自己在证券交易部的资金账号低吃高抛同一只股票，造成乙损失 60 万元，甲从中获利 40 万元。甲的行为构成(　　)。

A. 侵占罪　　　　　B. 盗窃罪　　　　　C. 故意毁坏财物罪　D. 诈骗罪

【讲解】甲利用乙的资金账号及交易密码，通过乙的资金账号高吃低抛某一只股票，同时通过

自己的资金账号低吃高抛同一股票，以非法占有为目的，将乙的财产非法据为己有，其行为构成盗窃罪。

【答案】B

例题拓展

例 21-8（多选）： 乙实施的下列犯罪行为中，构成盗窃罪的是（　　　）。

A. 甲因饮酒过量醉卧街头。乙向围观群众声称甲系其好友，将甲扶于无人之处，掏走甲身上 2 000 余元离去

B. 甲与乙在火车上相识，下车后同到一饭馆就餐。乙殷勤劝酒，将甲灌醉，掏走甲身上的 1 000 余元离去

C. 乙去一餐馆吃晚饭，时值该餐馆打烊，服务员已下班离去，只有老板甲在清账理财。在乙的再三要求下，甲无奈亲自下厨准备饭菜。乙乘机将厨房门反锁，致甲不能出来。乙将柜台抽屉中的 5 000 余元钱拿走离去

D. 乙在街头出售报纸时发现甲与一摊主因买东西发生纠纷，其携带的箱子（内有贵重物品）放在身旁的地上，便提起该箱子悄悄溜走。甲发现后紧追不舍。为摆脱甲的追赶，乙将手中的几张报纸卷成一团扔向甲，击中甲脸，甲受惊吓滑倒，起来后又追，但乙已逃无踪影

【讲解】A 项表述中，乙趁甲酩酊大醉之际拿走其财物，属于以秘密手段窃取他人财物的行为，构成盗窃罪。B 项表述中，乙将甲灌醉，使甲处于不能反抗的状态，并取走财物的，构成抢劫罪。C 项表述中，乙将甲反锁是通过非法限制人身自由的方式使他人受到强制，而无法反抗，反锁取财构成抢劫罪。D 项表述中，乙扔报纸打甲，不属于暴力，不能转化为抢劫罪，仍应以盗窃罪定罪处罚。

【答案】AD

例 21-9（案例）： 某市银行分行会计申某，多次找到高某商议盗窃该行业务部一出纳管理的保险柜内的现金。7 月 23 日，申某将高某带至某市分行熟悉地形，并暗示了存放现金的保险柜和开启保险柜的另一把钥匙的存放地点。7 月 27 日，申某找到高某，告知其近日将提款 80 万元存放保险柜的情况，并详细告诉高某作案的时间、步骤、开启保险柜的方法及进出路线等。7 月 30 日，申某将高某带进该行，乘出纳不注意将高某带至业务部套间，藏在大壁柜内。申某乘其他工作人员外出吃饭离开办公室之际，告知高某人都走了，自己也要离开去吃饭。高某撬开出纳员办公桌抽屉，取出钥匙，打开保险柜将 50 万元人民币转入旅行袋里，从办公室后窗逃离现场。

请分析申某、高某的行为性质及量刑情节。

【参考答案】（1）申某、高某以非法占有分行现金为目的，秘密窃取分行资金 50 万元，共同构成盗窃罪。（注意：并非贪污罪，因为高某并未利用职务便利）

（2）高某是盗窃罪的实行犯，在盗窃罪中起主要作用，应当认定为主犯，对高某应当按照其所参与的盗窃罪处罚。

（3）申某利用熟悉作案环境，为高某实施盗窃创造便利条件，在共同犯罪中起次要作用，应认定为从犯，对申某应当从轻处罚。

专题二十二　诈骗罪

※ 【重点难点】诈骗罪：（1）诈骗罪的本质在于"骗"，骗的结果是被害人基于错误认识而

"自愿地"（心甘情愿地）交出财物，因此，"基于错误认识而处分财产"是诈骗罪的客观本质要素。（2）下列情形依据诈骗罪定罪处罚：①使用欺骗手段骗取增值税专用发票或者可以用于骗取出口退税、抵扣税款的其他发票的。②以虚假、冒用的身份证件办理入网手续并使用移动电话，造成电信资费较大损失的。③以欺诈、伪造证明材料或者其他手段骗取养老、医疗、工伤、失业、生育等社会保险金或者其他社会保障待遇的。④在预防、控制突发传染病疫情等灾害期间，假借研制、生产或者销售用于预防、控制突发传染病疫情等灾害用品的名义，诈骗公私财物数额较大的。⑤以使用为目的，伪造停止流通的货币，或者使用伪造的停止流通的货币的。⑥使用伪造、变造、盗窃的武装部队车辆号牌，骗免养路费、通行费等各种规费，数额较大的。⑦利用计算机实施金融诈骗、盗窃、贪污、挪用公款、窃取国家秘密或者其他犯罪的，依照刑法有关规定定罪处罚。（3）诈骗罪与盗窃罪的区别有：①行为人是如何从财物所有人、管理人、持有人的控制之下取得财物的，如果欺骗的手段不是对被害人产生实际的心理影响而使被害人仿佛是"自愿"地交出财物，而是从被害人的直接控制之下秘密地窃取财物，则应当以盗窃罪论处，反之，则应当以诈骗罪论处。②在非法占有财物的方式上，诈骗罪是"骗取"，盗窃罪是"窃取"。③他人没有处分行为或者处分行为没有直接造成财产损失，而是由行为人的新的取得行为转移被害人财产的，不成立诈骗罪，而应根据新的取得行为的性质认定犯罪。

例 22-1（单选）：下列犯罪行为中，应当认定为诈骗罪的是（　　）。

A. 甲假装在商场购买黄金首饰，趁售货员不注意将自己兜里的镀金首饰与黄金首饰调包

B. 乙假装在商场购买西服，并声称去试镜，待售货员接客之际携衣而走

C. 丙以计酬返利方式发展下线，并骗取大量钱财

D. 丁以虚假、冒用的身份证件办理入网手续并使用移动电话，造成电信资费较大损失

【讲解】 A 项表述中，从实质上说，诈骗是使对方陷入处分财产的认识错误的行为。不具有使他人产生处分财产的认识错误的欺骗行为，不是诈骗罪的欺骗行为。换言之，欺骗行为和取得财物的行为之间有因果关系。甲构成盗窃罪，而非诈骗罪，这是通过调包方式进行盗窃。B 项表述中，诈骗罪中的欺骗行为使对方陷入错误认识之后处分财产。处分财产意味着被害人"自愿地"将其财产转移给行为人或第三人。而乙将西服穿走，并非是在售货员基于错误认识并"心甘情愿地"处分财产的前提下穿走西服的，因而构成盗窃罪，而非诈骗罪。C 项表述中，如果诈骗行为是某犯罪的构成条件的，不能认定为诈骗罪，例如，骗取财物是组织、领导传销活动罪的客观本质表现，属于组织、领导传销活动罪的构成条件，如果行为人在传销活动中骗取财物的，不能认定为诈骗罪，应依组织、领导传销活动罪定罪处罚。针对 D 项表述，根据相关司法解释规定，以虚假、冒用的身份证件办理入网手续并使用移动电话，造成电信资费较大损失的，以诈骗罪论处。

【答案】 D

例 22-2（单选）：下列选项中，应当认定为诈骗罪的是（　　）。

A. 甲收购一些文物赝品，冒充文物卖给多名文物收藏爱好者

B. 画家乙临摹了著名画家范某的油画并署上范某的名章，通过画廊以 5 万元出售给田某，乙非法获利 3 万元

C. 丙谎称钱某门前的摩托车是自己的，将其卖给孙某，让其骑走，丙为此获利 4 000 元

D. 丁侵入银行计算机系统，将刘某存折中的 5 万元存款转入自己的账户

【讲解】 A 项表述中，由于交易对象为赝品，价值低廉，甲将赝品冒充真迹出售以骗取钱财，构成诈骗罪。B 项表述中，假冒他人署名的美术作品的，构成侵犯著作权罪，而非诈骗罪。C 项表述中，被骗人孙某虽然客观上没有骑走摩托车的权限，但孙某并不具有诈骗的故意，孙某自然不成立诈骗罪。丙欺骗的并不是具有处分权限的人，而是孙某这个被骗人，因而是"三角诈骗"，丙不构成诈骗罪，而应构成盗窃罪。D 项表述中，存折中的 5 万元是财物，被害人无处分行为，是盗窃。

【答案】 A

例 22-3（单选）：甲系某无照经营的货运"黑车"司机，一次帮乙搬运台式电脑 30 台，乙随

车押运。甲见乙老实好骗，就想占有电脑。于是假装肚子疼停车在一药店旁，让乙下车帮自己去买药。乙下车后，甲将电脑拖走卖掉。甲的行为构成（　　）。

A. 诈骗罪　　　　　　B. 侵占罪　　　　　　C. 盗窃罪　　　　　　D. 职务侵占罪

【讲解】物主乙就在附近，虽然短暂离开，但应当认定为财物仍在物主乙的控制之下，财物归物主占有。财物并非遗忘物或者委托占有之物，不能成立侵占罪。甲虽有欺骗成分，但乙并没有转移占有或者处分财产的意思，甲不构成诈骗罪。甲是趁乙不注意将货物拖走的，因而，甲的行为构成盗窃罪而非诈骗罪。

【答案】C

例题拓展

例 22 - 4（多选）：甲实施的下列行为中，构成诈骗罪的是（　　）。

A. 甲假扮顾客到商场选购金银首饰，对售货员谎称旁边另有顾客需要帮助，待售货员离开后将一枚金戒指装入兜中离开

B. 甲盗窃没有盖章的空白支票，用自添金额和伪造公章的方法骗取财物，价值 2 万余元

C. 甲使用伪造的武装部队车辆号牌，骗免养路费、通行费等各种规费，数额较大的

D. 甲冒用他人信用卡并使用，骗取现金 1 万余元

【讲解】A 项表述中，甲构成盗窃罪。B 项表述中，在非法占有财物的方式上，盗窃罪和诈骗罪的区别在于，诈骗罪是"骗取"，盗窃罪是"窃取"。盗窃没有盖章的空白支票，用自添金额和伪造公章的方法骗取财物的，或者盗窃公章、伪造证明骗取财物的，非法取得财物的主要方式是蒙蔽他人，盗窃行为并不直接获得所要非法占有的财物，而只是为实现诈骗创造条件，故这类情况认定为诈骗罪。针对 C 项表述，根据相关司法解释，使用伪造、变造、盗窃的武装部队车辆号牌，骗免养路费、通行费等各种规费，数额较大的，以诈骗罪定罪处罚。D 项表述构成信用卡诈骗罪。

【答案】BC

专题二十三　侵　占　罪

※【重点难点】（1）侵占罪的行为对象是代为保管的他人财物、他人的遗忘物和埋藏物 3 种财物。（2）侵占是指以非暴力的手段将他人财物非法占为己有的行为，但在理解"据为己有"时，不能仅理解为静态的持有，还应包括将代为保管的他人财物或者他人的遗忘物、埋藏物予以消费、出卖、赠与他人，对财物进行处分的行为。例如，将代为保管的金钱之外的他人财物出售、赠与、消费、抵偿债务的，这实质上就等于拒不归还财物，是非法据为己有，构成侵占罪。（3）行为人对所侵占的财物拒不退还或拒不交出。所谓"拒不退还"或者"拒不交出"，是指行为人将财物非法占有后，当财物所有人发现并要求其退还或者交出时，仍不退还或者交出。这里有两个条件：一是财物的所有人或持有人要有请求返还的意思表示；二是行为人需有不予退还或不予交出的行为事实。（4）侵占罪和盗窃罪的区别表现在：①犯罪故意产生的时间不同。侵占罪的行为人在持有公私财物之后才产生犯罪故意，即产生了非法占有公私财物的目的；而盗窃罪的行为人是在没有占有财物之前就产生了非法占有他人财物的目的。②犯罪对象不尽相同。侵占罪的对象是行为人业已持有的公私财物，公私财物已经在行为人的控制之下；盗窃罪的对象则是他人所有、管理、持有的公私财物，公私财物在被害人的控制之下。③客观方面不尽相同。侵占罪客观方面表现为侵占行为，即将自己已经控制下的公私财物非法占有；盗窃罪的客观表现为秘密窃取行为，行为人采取自以为不会

被财物的所有人、保管人、看护人、持有人等发觉的方法窃取其财物。(5) 侵占罪和职务侵占罪的关键区别在于犯罪主体不同。职务侵占罪的主体为公司、企业或者其他单位的人员，是特殊主体；侵占罪的犯罪主体为一般主体。在解题时要注意的是，只有将基于职务或者业务所占有的本单位财物非法据为己有的，才成立职务侵占罪。

例 23 - 1（单选）： 甲在十楼用高档手机对远山拍照时，不慎将手机掉落楼下。甲立即让妻子盯着，自己则跑到楼下捡手机。路过此处的乙以为手机是别人丢的，就将手机放在兜里迅速逃离。甲经多方查找找到乙，要求归还手机，遭到拒绝。乙的行为构成（ ）。

A. 盗窃罪　　　　B. 侵占罪　　　　C. 抢夺罪　　　　D. 职务侵占罪

【讲解】 A 项表述中，手机虽然掉在楼下，但不能认定为脱离占有物，因为物主近在咫尺。但行为人主观上并不具有盗窃的故意，不构成盗窃罪。B 项表述中，行为人主观上误将他人占有的财物，当作脱离占有物（遗忘物），属于认识错误，后乙拒不归还手机，构成侵占罪。C、D 项明显与题意不符。

【答案】 B

例 23 - 2（单选）： 乙由于携款不便，在取得甲的同意后，使用甲的信用卡以甲的名义存入现金 1.2 万元，待乙办完信用卡后再将 1.2 万元转在乙的信用卡中。二个月后，甲到银行从该卡中取出 1.2 万元现金。乙要求甲转账时，甲拒绝。甲的行为构成（ ）。

A. 信用卡诈骗罪　　B. 诈骗罪　　　　C. 盗窃罪　　　　D. 侵占罪

【讲解】 A 项表述中，甲是合法持卡人，甲用自己的信用卡取钱，不符合《刑法》第 196 条规定的信用卡诈骗罪的行为方式，不构成信用卡诈骗罪。B 项表述中，甲是合法持卡人，且对卡里的 1.2 万元现金有合法占有权，因而甲取钱的行为不符合诈骗罪的"以非法占有为目的"，诈骗罪也不存在合法占有的前提，甲的行为不构成诈骗罪。C 项表述中，甲对 1.2 万元现金有合法占有权，因而甲的行为不构成盗窃罪。D 项表述中，甲是将乙委托保管的现金据为己有，且拒不归还，构成侵占罪。

【答案】 D

例 23 - 3（单选）： 农村村民小组组长甲利用职务上的便利，将村民小组集体所有的财产变卖后潜逃。甲的行为构成（ ）。

A. 盗窃罪　　　　B. 侵占罪　　　　C. 职务侵占罪　　　　D. 贪污罪

【讲解】 农村村民小组组长并非国家工作人员。对于农村村民小组组长利用职务上的便利，将村民小组集体财产非法占为己有，数额较大的，以职务侵占罪论处。

【答案】 C

 例题拓展

例 23 - 4（单选）： 下列选项中，应当以侵占罪定罪处罚的是（ ）。

A. 某长途货运公司司机甲乘长途拉运贵重货物之机，将货物据为己有并卖掉

B. 乙请小时工刘某打扫卫生，刘某发现阳台有钱 1 万余元，便顺带将钱放入自己包里

C. 丙受某画院委托为其装裱一幅名画（估价 200 万元），丙用一张赝品将其调包，在赝品上装裱后冒充真迹归还画院

D. 丁乘坐出租车，发现后座有一皮包（前乘客遗忘物，内有贵重物品），误以为是出租车司机的，在下车时将该皮包带走

【讲解】 A 项表述中，甲作为公司司机，利用职务便利将本公司财物据为己有，构成职务侵占罪。B 项表述中，刘某的行为构成盗窃罪。C 项表述中，丙基于装裱委托占有他人之物，即基于装裱而合法占有，然后通过调包非法侵吞，构成侵占罪。D 项表述中，不管丁是否发生认识错误，换

言之，丁不管认为该皮包是前一乘客遗忘在出租车内的，还是该皮包是出租车司机的，将该皮包据为己有的，都构成盗窃罪，所以不选 D 项。假如 D 项表述修改为"出租车司机发现后座有一皮包（系乘客遗忘物），据为己有的"，成立侵占罪。

【答案】C

专题二十四　侵犯财产罪其他罪名

※【重点难点】抢夺罪：（1）抢夺罪的客观本质特征是"公然夺取"，其中，公然的含义是指被害人虽然当场可以得知财物被夺取，但来不及抗拒；而不是指当着众人的面实施。"公然"是相对于被害人而言，"公然"并不等于"当众"。（2）抢夺必须达到数额较大，或者多次实施抢夺行为。（3）抢夺公私财物，过失导致他人重伤的，或者导致他人自杀的，属于抢夺罪的情节加重犯；抢夺（过失）导致他人死亡的，属于抢夺"其他特别严重的情节"，也是情节加重犯。（4）明知行为可能造成被害人重伤、死亡仍暴力夺取（故意伤害），是抢劫罪。

例 24－1（单选）： 甲在大街上发现乙正在打手机，便起歹意，从背后偷偷靠近后突然用力将甲的手机抢走，因用力过猛，甲的头部撞在路旁石头上，造成重伤。甲的行为构成（　　）。

A. 抢夺罪　　　　　B. 抢劫罪　　　　　C. 故意伤害罪　　　　　D. 过失致人重伤罪

【讲解】抢夺致人重伤是抢夺罪的情节加重犯，只定抢夺罪。

【答案】A

※【重点难点】敲诈勒索罪：（1）敲诈勒索行为：行为人采取暴力威胁或者非暴力要挟，使被害人产生恐惧心理而处分（转移占有）财物。（2）敲诈勒索罪应当以非法占有他人财物为目的，不具有该目的，如行为人威胁被害人与之发生性关系的，为强奸罪；威胁被害人交出商业秘密的，构成侵犯商业秘密罪。（3）构成敲诈勒索罪须"数额较大"或者"多次敲诈勒索"。"数额较大"的一般标准为 2 000 元至 5 000 元。具有下列情形之一的，"数额较大"的标准可以按照上述规定标准的50%确定：①曾因敲诈勒索受过刑事处罚的；②1 年内曾因敲诈勒索受过行政处罚的；③对未成年人、残疾人、老年人或者丧失劳动能力人敲诈勒索的；④以将要实施放火、爆炸等危害公共安全犯罪或者故意杀人、绑架等严重侵犯公民人身权利犯罪相威胁敲诈勒索的；⑤以黑恶势力名义敲诈勒索的；⑥利用或者冒充国家机关工作人员、军人、新闻工作者等特殊身份敲诈勒索的；⑦造成其他严重后果的。2 年内敲诈勒索 3 次以上的，应当认定为"多次敲诈勒索"。（4）敲诈勒索近亲属的财物，获得谅解的，一般不认为是犯罪；认定为犯罪的，应当酌情从宽处理。被害人对敲诈勒索的发生存在过错的，根据被害人过错程度和案件其他情况，可以对行为人酌情从宽处理；情节显著轻微危害不大的，不认为是犯罪。

例 24－2（多选）： 甲为使自己的儿子上重点中学而送给教育局局长乙 50 万元。获利后甲感觉所获得的利益与送出去的金钱不成比例，于是要求乙返还 30 万元，否则将向监察和司法机关告发。乙害怕东窗事发，将 50 万元悉数退还给甲。甲的行为构成（　　）。

A. 行贿罪　　　　　B. 诈骗罪　　　　　C. 敲诈勒索罪　　　　　D. 侵占罪

【讲解】甲为谋取不正当利益向乙行贿，构成行贿罪；由于贿赂已经送出，即认为归受贿人事实上占有，刑法也保护这种事实占有关系，以非法手段侵占这种事实占有权的，也构成犯罪。甲以向监察和司法机关告发相要挟，侵占他人事实占有权，构成敲诈勒索罪。对甲应当以行贿罪和敲诈勒索罪实行数罪并罚。

【答案】AC

※【重点难点】故意毁坏财物罪：（1）对"毁坏"的理解需要掌握如下内容：①通过对财物行使有形力，导致财物的完整性受到明显毁损的，当然属于毁坏财物。②通过对财物行使有形力，导致财物的效用减少或者丧失的，也属于毁坏财物。③虽然没有直接对财物行使有形力，但使他人财

物的效用减少或者丧失的，同样是毁坏财物。当然，毁坏的是交通工具、交通设施、易燃易爆等设备，危害公共安全的，应当以危害公共安全罪论处。另外，毁坏财物数额较大或者有其他严重情节的，才构成本罪。(2) 实施盗窃犯罪造成公私财物严重毁损的，以盗窃罪从重处罚；同时构成其他犯罪的，择一重罪从重处罚；盗窃数额较小，但是故意毁坏公私财物，数额较大或者情节严重的，应以故意毁坏财物罪论处。为掩盖盗窃罪行或者出于报复等动机故意破坏公私财物的，应以盗窃罪和其他罪实行并罚。

例 24-3（多选）：下列选项中，应当以故意毁坏财物罪定罪处罚的是（　　　）。

A. 甲因琐事与孙某发生争执，甲一气之下将孙某的两条金项链扔进大海

B. 乙为"练手"而窃取周某股票账户密码后炒股，使周某损失近 5 万元

C. 丙为赚取钱财而窃取吴某股票账户密码后抛股，获利达 2 万余元

D. 丁为报复李某而将李某饲养的名贵小鸟放飞

【讲解】 A 项表述中，毁坏他人财物不限于使用物理上的损害方法导致财物的效用降低或丧失，使财物本身丧失或者使被害人丧失对财物占有的，也是毁坏。例如，使他人鱼池中的鱼游失、将他人的金项链扔进大海、低价抛售他人股票、将他人的现金剪碎等。甲构成故意毁坏财物罪。B 项表述中，乙为"练手"而炒股，说明乙没有非法占有目的，导致周某损失 5 万元，构成故意毁坏财物罪。C 项表述中，丙具有非法占有目的，构成盗窃罪。D 项表述中，丁将李某饲养的名贵小鸟放飞，李某丧失对财物的占有，丁构成故意毁坏财物罪。

【答案】 ABD

例题拓展

例 24-4（多选）：甲将乙杀死，劫得现金 1 万余元，又打电话给乙的亲属，声称乙被绑架，向其亲属索要钱财 10 万元，否则撕票。甲的行为构成（　　　）。

A. 绑架罪 　　　　B. 敲诈勒索罪 　　　　C. 抢劫罪 　　　　D. 故意杀人罪

【讲解】 甲为劫财将乙杀死，构成抢劫罪，故意杀人行为不再评价。之后，甲又隐瞒乙已经被杀死的真相，向乙的亲属索要钱财，甲意图利用被害人的认识错误和恐惧心理取财，应当认定为敲诈勒索罪（与诈骗罪想象竞合）。

【答案】 BC

专题二十五　妨害社会管理秩序罪

※ **【重点难点】** 妨害公务罪：(1) 客观方面表现为如下 3 种情形：①以暴力、威胁方法阻碍国家机关工作人员、人大代表执行职务。②在自然灾害和突发事件中，以暴力、威胁方法阻碍红十字会工作人员依法履行职责。③故意阻碍国家安全机关、公安机关依法执行国家安全工作任务，虽未采取暴力、威胁方法，但造成严重后果的。(2) 下列情形应以一罪或者从一重罪处罚或者选择刑法规定的较重法定刑定罪处罚：①故意阻挠负有安全监督管理职责的部门实施监督检查的，以重大责任事故罪定罪处罚，妨害公务行为不再评价。②行为人因抗税而妨害公务的，以抗税罪定罪处罚，妨害公务行为不再评价。③妨害公务罪中的暴力行为如果触犯了其他罪名，如暴力行为致人重伤、死亡的，属于想象竞合犯，应从一重罪论处，即应以故意伤害罪、故意杀人罪论处。④行为人有严重扰乱法庭秩序行为，同时触犯妨害公务罪的，属于想象竞合犯，从一重罪处罚。⑤行为人在走私、贩卖、运输、制造毒品的犯罪过程中，如果以暴力抗拒检查、拘留、逮捕的，以走私、贩卖、

运输、制造毒品罪论处，不实行数罪并罚。⑥组织他人偷越国（边）境，又以暴力、威胁方法抗拒检查的，只定组织他人偷越国（边）境罪，妨害公务的行为不再评价。⑦犯运送他人偷越国（边）境罪，又以暴力、威胁方法抗拒检查的，只定运送他人偷越国（边）境罪，妨害公务行为不再评价。（3）下列情形应当数罪并罚：①实施危险驾驶行为，以暴力、威胁方法阻碍公安机关依法检查，又构成妨害公务罪的，以危险驾驶罪和妨害公务罪实行数罪并罚。②行为人实施生产、销售伪劣产品或者生产、销售假药，同时又以暴力、威胁等方法抗拒有关国家机关查处的，应当按照生产、销售伪劣产品罪或者生产、销售假药罪与妨害公务罪实行数罪并罚。③以暴力、威胁方法抗拒缉私的，以走私普通货物、物品罪和妨害公务罪实行数罪并罚。④以暴力、威胁方法阻碍行政执法人员依法行使盐业管理职务的，以妨害公务罪追究刑事责任；其非法经营行为已构成犯罪的，依照数罪并罚的规定追究刑事责任。⑤犯组织、领导传销活动罪，又有妨害公务行为的，以组织、领导传销活动罪和妨害公务罪实行数罪并罚。

例 25-1（单选）： 下列犯罪行为中，应当以妨害公务罪一罪定罪处罚的是（　　）。

A. 甲在运输毒品的过程中暴力抗拒执法检查

B. 乙在组织他人偷越国（边）境的过程中暴力抗拒警察检查

C. 丙在销售假药过程中暴力抗拒药监部门查处

D. 丁为了帮助涉嫌犯罪的其弟逃跑，将前来执行逮捕任务的警察打成轻伤

【讲解】 A项表述中，行为人在走私、贩卖、运输、制造毒品的犯罪过程中，如果以暴力抗拒检查、拘留、逮捕的，以走私、贩卖、运输、制造毒品罪论处。B项表述中，组织他人偷越国（边）境，又以暴力、威胁方法抗拒检查的，只定组织他人偷越国（边）境罪。C项表述中，行为人实施生产、销售假药，同时又以暴力、威胁等方法抗拒有关国家机关查处的，应当按照生产、销售假药罪与妨害公务罪实行数罪并罚。D项表述中，警察执行逮捕任务是依法执行职务的行为，对于以暴力、威胁方法阻碍国家机关工作人员依法执行职务的，以妨害公务罪定罪处罚。丁的行为构成妨害公务罪，轻伤不再评价。

【答案】 D

※【重点难点】 信息网络类犯罪的罪数：（1）利用计算机（手段行为）实施金融诈骗、盗窃、贪污、挪用公款、窃取国家秘密或者其他犯罪（目的行为），依照刑法有关规定（目的行为）定罪处罚。（2）想象竞合犯或牵连犯：犯拒不履行信息网络安全管理义务罪、帮助信息网络犯罪活动罪，同时构成其他犯罪（妨害公务罪、诈骗罪、贩卖毒品罪、非法买卖枪支罪、传播淫秽物品牟利罪）的，依照处罚较重的规定定罪处罚。

例 25-2（单选）： 甲明知乙创办淫秽网站，而为其提供互联网接入、服务器托管、网络存储空间、通讯传输通道、代收费等服务，并收取服务费。甲的行为构成（　　）。

A. 拒不履行信息网络安全管理义务罪和传播淫秽物品牟利罪的想象竞合犯，从一重罪处断

B. 帮助信息网络犯罪活动罪和传播淫秽物品牟利罪的想象竞合犯，从一重罪处断

C. 拒不履行信息网络安全管理义务罪和传播淫秽物品牟利罪，应当数罪并罚

D. 帮助信息网络犯罪活动罪和传播淫秽物品牟利罪，应当数罪并罚

【讲解】 甲明知乙创办淫秽网站而提供帮助，构成帮助信息网络犯罪活动罪。依据《最高人民法院、最高人民检察院关于办理利用互联网、移动通讯终端、声讯台制作、复制、出版、贩卖、传播淫秽电子信息刑事案件具体应用法律若干问题的解释（二）》（以下简称《淫秽电子信息案件解释（二）》）第6条的规定，电信业务经营者、互联网信息服务提供者明知是淫秽网站，为其提供互联网接入、服务器托管、网络存储空间、通讯传输通道、代收费等服务，并收取服务费的，以传播淫秽物品牟利罪定罪处罚。即甲的行为构成帮助信息网络犯罪活动罪和传播淫秽物品牟利罪的想象竞合犯，从一重罪处断（按照传播淫秽物品牟利罪论处）。

【答案】 B

※【重点难点】 聚众斗殴罪：（1）在聚众斗殴过程中致人重伤、死亡的，以故意伤害罪、故意杀人罪论处，不定聚众斗殴罪。（2）聚众斗殴有下列情形之一的，对首要分子和其他积极参加的，

处 3 年以上 10 年以下有期徒刑：①多次聚众斗殴的。"多次"是指 3 次以上。②聚众斗殴人数多，规模大，社会影响恶劣的。③在公共场所或者交通要道聚众斗殴，造成社会秩序严重混乱的。④持械聚众斗殴的。"持械"中的"械"是指凶器。"持械"是指使用凶器斗殴，而不是指单纯的携带。在斗殴过程中显示凶器的，也应当认定为使用凶器斗殴。

例 25－3（单选）：下列关于聚众斗殴罪的说法，正确的是（　　）。

A. 犯聚众斗殴罪，只处罚首要分子

B. 犯聚众斗殴罪，对未参与打斗的人员应当认定为从犯

C. 聚众斗殴参与方均持械，才能认定为持械聚众斗殴

D. 多次聚众斗殴的，"多次"是指 3 次以上。

【讲解】 A 项：犯聚众斗殴罪，只处罚首要分子和积极参加者。B 项：对于首要分子，即使没有参与打斗，也不可能认定为从犯。C 项：并非双方都持械，才能认定为持械聚众斗殴。例如，甲、乙双方斗殴时，只有甲方部分或者全部成员持械，乙方未持械的，对甲方成员认定为持械聚众斗殴（未持械的成员不明知其他成员持械的，不得认定为持械聚众斗殴），对乙方成员不应认定为持械聚众斗殴。D 项：多次聚众斗殴的，"多次"是指 3 次以上。

【答案】 D

※**【重点难点】** 寻衅滋事罪：（1）4 种客观行为方式：①随意殴打他人，情节恶劣的。②追逐、拦截、辱骂、恐吓他人，情节恶劣的。③强拿硬要或者任意损毁、占用公私财物，情节严重的。④在公共场所起哄闹事，造成公共场所秩序严重混乱的。（2）实施寻衅滋事行为，同时符合寻衅滋事罪和故意杀人罪、故意伤害罪、故意毁坏财物罪、敲诈勒索罪、抢夺罪、抢劫罪等罪构成要件的，依照处罚较重的规定处罚。

例 25－4（单选）：下列行为中，构成寻衅滋事罪的是（　　）。

A. 甲在某大街上惹是生非，恐吓他人，情节恶劣

B. 乙因与杨某（女）有矛盾，就在马路上追逐、拦截、辱骂杨某，为满足性刺激，撕破其衣服，并令其作下流难堪的伤风败俗的动作

C. 丙因陈某欠其债未还，就到商场陈某的铺面讨债，陈某不还，丙就强拿硬要了几个水果，逼其还债，还打骂陈某。保安制止后丙才离开

D. 丁为寻求刺激，在机场谎称安放了几枚威力巨大的炸弹，造成机场秩序大乱，乘客惊慌逃散

【讲解】 A 项表述构成寻衅滋事罪。B 项表述构成强制猥亵、侮辱罪。C 项表述属于事出有因，并非无事生非，不构成寻衅滋事罪。D 项表述构成编造、故意传播虚假恐怖信息罪。

【答案】 A

※**【重点难点】** 赌博罪、开设赌场罪：（1）赌博罪客观方面表现为聚众赌博或者以赌博为业的行为。行为人设置圈套诱骗他人参赌获取钱财，属于赌博行为，构成犯罪的，应当以赌博罪定罪处罚。如果参赌者识破骗局要求退还所输钱财，设赌者又使用暴力或者以暴力相威胁，拒绝退还的，应当以赌博罪从重处罚；致参赌者伤害或者死亡的，应以赌博罪和故意伤害罪或者故意杀人罪，依法实行数罪并罚。未经国家批准擅自发行、销售彩票，构成犯罪的，以非法经营罪论处。通过赌博或者为国家工作人员赌博提供资金的形式实施行贿、受贿行为，应当按照贿赂犯罪论处。（2）开设赌场罪是指行为人开设赌场，并在其支配下供他人赌博的行为。利用互联网、移动通讯终端等传输赌博视频、数据，组织赌博活动，具有下列情形之一的，属于"开设赌场"的行为：①建立赌博网站并接受投注的；②建立赌博网站并提供给他人组织赌博的；③为赌博网站担任代理并接受投注的；④参与赌博网站利润分成的。此外，设置具有退币、退分、退钢珠等赌博功能的电子游戏设施设备，并以现金、有价证券等贵重款物作为奖品，或者以回购奖品方式给予他人现金、有价证券等贵重款物组织赌博活动的，应当认定为"开设赌场"行为。以提供给他人开设赌场为目的，违反国家规定，非法生产、销售具有退币、退分、退钢珠等赌博功能的电子游戏设施或者其专用软件，情节严重的，以非法经营罪定罪处罚。

例 25－5（单选）：下列犯罪行为中，构成开设赌场罪的是（　　）。

A. 甲未经国家批准擅自发行、销售彩票

B. 乙以营利为目的，在计算机网络上建立赌博网站，并接受投注

C. 丙非法生产、销售具有退币、退分、退钢珠等赌博功能的电子游戏设施

D. 税务工作人员丁通过赌博方式收受请托人财物

【讲解】A项表述构成非法经营罪。B项表述构成开设赌场罪。C项表述构成非法经营罪。D项表述构成受贿罪。

【答案】B

※【重点难点】妨害作证罪和伪证罪的区别有：(1) 客观方面的表现形式不同。前罪在客观方面表现为，行为人以暴力、威胁、贿买等方法阻止证人作证或者指使他人作伪证的行为；后罪在客观方面的表现为，在刑事诉讼中，行为人对与案件有重要关系的情节，故意作虚假的证明、鉴定、记录、翻译的行为。(2) 行为发生的时间不同。前罪可以发生在提起诉讼之前，也可以发生在诉讼过程中；后罪则只能发生在诉讼进行活动中。(3) 行为发生的阶段不同。前罪可以发生在任何诉讼过程中；后罪则只能发生在刑事诉讼过程中。(4) 犯罪主体不同。前罪的主体是一般主体；后罪的主体是特殊主体，只有证人、鉴定人、记录人、翻译人。

例25-6（单选）：律师王某在代理一起民事诉讼案件，编造了一份对自己代理的一方当事人有利的虚假证言，指使证人李某背熟以后向法庭陈述，致使本该败诉的己方当事人因此而胜诉。王某的行为构成（　　）。

A. 伪证罪　　　　B. 妨害作证罪　　　C. 帮助伪造证据罪　　D. 扰乱法庭秩序罪

【讲解】(1) 本案发生在民事诉讼中，故王某的行为不构成伪证罪，伪证罪只发生在刑事诉讼中。(2) 帮助伪造证据罪中的证据一般是指实物证据，王某编造虚假证言是教唆、指使证人违背事实作伪证的方式，其行为构成妨害作证罪，而不是帮助伪造证据罪。(3) 下列情形之一才构成扰乱法庭秩序罪：①聚众哄闹、冲击法庭的；②殴打司法工作人员或者诉讼参与人的；③侮辱、诽谤、威胁司法工作人员或者诉讼参与人，不听法庭制止，严重扰乱法庭秩序的；④有毁坏法庭设施，抢夺、损毁诉讼文书、证据等扰乱法庭秩序行为，情节严重的。

【答案】B

※【重点难点】窝藏、包庇罪：(1) 窝藏、包庇罪是指明知是犯罪的人而为其提供隐蔽处所、财物，帮助其逃匿或者作假证明包庇的行为。窝藏罪具体包括3种情形：①为犯罪分子提供隐藏处所。②提供财物，资助或协助犯罪人逃匿。③帮助犯罪人逃匿，如为犯罪的人提供便利条件帮助逃匿，为犯罪分子指示逃跑的方向、路线、提供交通便利等。包庇罪是指作假证明包庇的行为。(2) 窝藏、包庇罪的对象是"犯罪的人"，包括逍遥法外的犯罪嫌疑人和罪犯。例外的是《刑法》第362条的规定，旅馆业、饮食服务业、文化娱乐业、出租汽车业等单位的人员，在公安机关查处卖淫、嫖娼活动时，为违法犯罪分子通风报信，情节严重的，可以构成包庇罪。

例25-7（多选）：下列选项中，应当以窝藏、包庇罪定罪处罚的有（　　）。

A. 甲明知乙是贩卖毒品的毒贩子而向警方提供假证明，证明乙是合法良民

B. 某KTV经理乙在公安机关抓捕吸毒违法人员时，为在包间内的10名吸毒者通风报信，导致吸毒者从后门逃走

C. 丙给其涉嫌抢劫的朋友李某提供现金1万余元及越境证件，帮助李某逃跑

D. 丁明知任某实施了抢劫商店的行为，为了掩盖任某罪行，丁向警方证明案发之时，任某不在现场

【讲解】A项表述构成包庇毒品犯罪分子罪。针对B项表述，《刑法》第362条规定，旅馆业、饮食服务业、文化娱乐业、出租汽车业等单位的人员，在公安机关查处卖淫、嫖娼活动时，为违法犯罪分子通风报信，情节严重的，可以构成包庇罪。该条规定针对的是"卖淫、嫖娼"，而非"吸毒"，因而不构成包庇罪。C项表述构成窝藏罪。D项表述构成包庇罪。

【答案】CD

※【重点难点】掩饰、隐瞒犯罪所得、犯罪所得收益罪：(1) 行为方式包括窝藏、转移、收

购、代为销售或者以其他方法掩饰、隐瞒犯罪所得及其产生的收益的行为。(2) 通过犯罪直接得到的赃款、赃物，应当认定为"犯罪所得"。上游犯罪的行为人对犯罪所得进行处理后得到的孳息、租金等，应当认定为"犯罪所得产生的收益"。明知是犯罪所得及其产生的收益而采取窝藏、转移、收购、代为销售以外的方法，如居间介绍买卖，收受，持有，使用，加工，提供资金账户，协助将财物转换为现金、金融票据、有价证券，协助将资金转移、汇往境外等，应当认定为"其他方法"。(3) 明知是盗窃、抢劫、诈骗等犯罪所得的机动车而予以窝藏、转移、买卖、介绍买卖、典当、拍卖、抵押、用其抵债的，或者拆解、改装、拼装、组装的，或者修改发动机号、车辆识别代号的，或者更改车身颜色或者车辆外形的，或者提供或出售机动车来历凭证、整车合格证、号牌以及有关机动车的其他证明和凭证的，或者提供或出售伪造、变造的机动车来历凭证、整车合格证、号牌以及有关机动车的其他证明和凭证的，应以掩饰、隐瞒犯罪所得、犯罪所得收益罪论处。(4) 掩饰、隐瞒犯罪所得、犯罪所得收益罪和洗钱罪的区别。洗钱罪相对于掩饰、隐瞒犯罪所得、犯罪所得收益罪而言是特别规定，按照特别法优于一般法的原则处理。洗钱罪的犯罪对象仅仅局限于毒品犯罪、黑社会性质的组织犯罪、恐怖活动犯罪、走私犯罪、贪污贿赂犯罪、破坏金融管理秩序犯罪、金融诈骗犯罪的所得及其产生的收益，对于其他犯罪所得及其产生的收益，构成掩饰、隐瞒犯罪所得、犯罪所得收益罪。(5) 掩饰、隐瞒犯罪所得、犯罪所得收益罪和窝藏罪的关键区别是行为对象不同。掩饰、隐瞒犯罪所得、犯罪所得收益罪窝藏的是犯罪所得的赃物及其产生的收益；而窝藏罪窝藏的则是实施犯罪的人。

例 25-8 (单选)： 甲将温某绑架，勒索赎金 30 万元后撕票。甲找到其在银行工作的好友乙，请求乙将现金兑换成美元后汇往境外，并答应给乙好处费 5 万元。乙事后明知甲的资金来源，但仍按照甲的要求将资金汇往境外。乙的行为构成(　　)。

　　A. 窝藏罪　　　　　　B. 绑架罪共犯　　　　C. 洗钱罪　　　　D. 掩饰、隐瞒犯罪所得罪

　　【讲解】 A 项表述中，乙窝藏的是收益，而不是人，乙的行为不构成窝藏罪。B 项表述中，甲、乙事前无通谋，乙的行为不构成绑架罪共犯。C 项表述中，洗钱罪只是针对毒品犯罪、黑社会性质的组织犯罪、恐怖活动犯罪、走私犯罪、贪污贿赂犯罪、破坏金融管理秩序犯罪、金融诈骗犯罪的所得及其产生的收益进行清洗，本题表述的绑架罪获的收益并非洗钱罪针对的对象，因而不构成洗钱罪。D 项表述中，乙的行为构成掩饰、隐瞒犯罪所得罪。

　　【答案】 D

　　※**【重点难点】** 组织他人偷越国 (边) 境罪：(1) 犯组织他人偷越国 (边) 境罪，有下列情形之一的，处 7 年以上有期徒刑或者无期徒刑，并处罚金或者没收财产：①组织他人偷越国 (边) 境集团的首要分子；②多次组织他人偷越国 (边) 境或者组织他人偷越国 (边) 境人数众多的；③造成被组织人重伤、死亡的；④剥夺或者限制被组织人人身自由的；⑤以暴力、威胁方法抗拒检查的；⑥违法所得数额巨大的；⑦有其他特别严重情节的。(2) 在犯组织他人偷越国 (边) 境罪的过程中，造成被组织者重伤、死亡的，不以数罪论处，而是组织他人偷越国 (边) 境罪的结果加重犯，对行为人仍定组织他人偷越国 (边) 境罪。在犯组织他人偷越国 (边) 境罪的过程中，对被组织人有杀害、伤害、强奸、拐卖等犯罪行为，或者对检查人员有杀害、伤害等犯罪行为的，应当数罪并罚。实施组织他人偷越国 (边) 境罪，同时构成骗取出境证件罪，提供伪造、变造的出入境证件罪，出售出入境证件罪，运送他人偷越国 (边) 境罪的，属于牵连犯，应从一重罪处罚。

　　例 25-9 (多选)： 张某组织甲、乙、丙等人偷越国 (边) 境，在偷越国 (边) 境过程中，甲从车上掉下摔死，乙因与张某争执，被张某打成重伤。在边境，张某对检查人员进行威胁，抗拒检查。张某的行为构成(　　)。

　　A. 组织他人偷越国 (边) 境罪　　　　　　B. 故意杀人罪
　　C. 故意伤害罪　　　　　　　　　　　　D. 妨害公务罪

　　【讲解】 A 项表述中，张某组织甲、乙、丙等人偷越国 (边) 境，构成组织他人偷越国 (边) 境罪。B 项表述中，甲从车上掉下摔死，张某构成组织他人偷越国 (边) 境罪的结果加重犯。C 项表述中，犯组织他人偷越国 (边) 境罪，同时对被组织者有伤害行为的，以组织他人偷越国 (边)

境罪和故意伤害罪实行并罚。D项表述中，以暴力、威胁方法抗拒检查的，仍定组织他人偷越国（边）境罪，妨害公务的行为不再独立评价。

【答案】AC

※【重点难点】走私、贩卖、运输、制造毒品罪：（1）毒品是指鸦片、海洛因、甲基苯丙胺（冰毒）、吗啡、大麻、可卡因以及国家规定管制的其他能够使人形成瘾癖的麻醉药品和精神药品。经过取汁的罂粟壳废渣不属于毒品。（2）走私毒品是指非法运输、携带、邮寄毒品进出国（边）境的行为。（3）贩卖毒品是指有偿转让毒品的行为。在间接交付的场合，如果中间人认识到是毒品而帮助转交给买方的，则该中间人也属于贩卖毒品；如果中间人没有认识到是毒品，则不构成贩卖毒品罪。贩卖是有偿转让，如果是无偿转让毒品，如赠与、无偿提供给他人吸食等，则不属于贩卖毒品。吸食者相互之间交换毒品的，不成立贩卖毒品罪。但是，贩毒者为了调剂各自的毒品种类与数量相互交易毒品的，应认定为贩卖毒品罪。此外，对于为了"蹭吸"而帮助吸毒者购买毒品的，因为没有贩卖行为，不认定为贩卖毒品罪。但是，为了"提成"毒品而帮助吸毒者购买毒品，即帮助吸毒者购买毒品后按一定比例提成部分毒品据为己有的，应认定为贩卖毒品罪。单纯为了吸毒者寻找、联系贩卖者，仍属于购买毒品的行为，不应当认定为贩卖毒品罪的共犯。但是，为贩卖者寻找、联系上游或者下游吸毒者，则成立贩卖毒品罪的共犯。行为人为他人代购仅用于吸食的毒品，在交通、食宿等必要开支之外收取"介绍费""劳务费"，或者以贩卖为目的收取部分毒品作为酬劳的，应视为从中牟利，属于变相加价贩卖毒品，以贩卖毒品罪定罪处罚。单纯购买毒品的行为不构成犯罪（当然如果构成非法持有毒品罪则属于例外）。如果购买毒品的目的是贩卖毒品，则购买行为应认定为贩卖毒品的预备行为。单纯的吸食、注射、购买毒品的行为也不构成犯罪。（4）运输毒品是指采用携带、邮寄、利用他人或者使用交通工具等方法在我国领域内转移毒品。（5）制造毒品不仅包括使用毒品原植物制作成毒品，也包括以改变毒品成分和效用为目的的加工、配制行为。以加工、提炼制毒物品制造毒品为目的，购买麻黄碱类复方制剂，或者运输、携带、寄递麻黄碱类复方制剂进出境的，以制造毒品罪定罪处罚。以制造毒品为目的，利用麻黄碱类复方制剂加工、提炼制毒物品的，以制造毒品罪定罪处罚。明知他人利用麻黄碱类制毒物品制造毒品，向其提供麻黄碱类复方制剂，为其利用麻黄碱类复方制剂加工、提炼制毒物品，或者为其获取、利用麻黄碱类复方制剂提供其他帮助的，以制造毒品罪的共犯论处。以制造毒品为目的，采挖、收购麻黄草的，以制造毒品罪定罪处罚。（6）犯包庇毒品犯罪分子罪与窝藏、转移、隐瞒毒品、毒赃罪而与毒品犯罪分子事先通谋的，以走私、贩卖、运输、制造毒品罪的共犯论处，不定包庇毒品犯罪分子罪与窝藏、转移、隐瞒毒品、毒赃罪。行为人明知他人制造毒品而为其提供制毒物品的，以制造毒品罪的共犯论处。（7）对于将假毒品冒充真毒品，诱骗他人上当购买的，应以诈骗罪论处。对于不知是假毒品，而误以为是真毒品进行走私、贩卖、运输、制造的，应以贩卖毒品罪的未遂论处。（8）走私、贩卖、运输、制造毒品，有下列情形之一的，处15年有期徒刑、无期徒刑或者死刑，并处没收财产：①走私、贩卖、运输、制造鸦片1 000克以上、海洛因或者甲基苯丙胺50克以上或者其他毒品数量大的；②走私、贩卖、运输、制造毒品集团的首要分子；③武装掩护走私、贩卖、运输、制造毒品的；④以暴力抗拒检查、拘留、逮捕，情节严重的；⑤参与有组织的国际贩毒活动的。（9）因走私、贩卖、运输、制造、非法持有毒品罪被判过刑，又犯毒品犯罪的，从重处罚。此为毒品再犯制度。根据相关司法解释的规定，对同时构成累犯和毒品再犯的被告人，应当同时引用刑法关于累犯和毒品再犯的条款从重处罚。（10）如果有证据证明非法持有毒品是为了走私、贩卖、运输、制造毒品的，则持有行为被吸收，属于吸收犯，应以走私、贩卖、运输、制造毒品罪论处；根据查获的证据，不能认定非法持有较大数量毒品是为了走私、贩卖、运输、制造、窝藏毒品的，构成非法持有毒品罪。

例25-10（多选）：关于毒品犯罪，下列说法正确的是（   ）。

A. 甲盗窃500克毒品后，将该毒品出卖。对甲应以盗窃罪和贩卖毒品罪实行数罪并罚

B. 乙因贩卖而持有毒品100克，对乙应以贩卖毒品罪和非法持有毒品罪实行数罪并罚

C. 丙购买3克海洛因后予以吸食、注射，丙构成非法持有毒品罪

D. 丁将甲基苯丙胺与其他毒品混合制成摇头丸，丁构成制造毒品罪

【讲解】 针对 A 项表述，《全国部分法院审理毒品犯罪案件工作座谈会纪要》指出：盗窃、抢夺、抢劫毒品后又实施其他毒品犯罪的，对盗窃罪、抢夺罪、抢劫罪和所犯的具体毒品犯罪分别定罪，依法数罪并罚。B 项表述中，为了贩卖而持有毒品，持有毒品的行为被吸收，只定贩卖毒品罪，不再定非法持有毒品罪。C 项表述中，单纯的吸食、注射毒品不构成犯罪，倘若构成非法持有毒品罪，也需数量较大。《刑法》第 348 条规定，非法持有鸦片 1 000 克以上、海洛因或者甲基苯丙胺 50 克以上或者其他毒品数量大的，构成非法持有毒品罪，而丙仅购买 3 克海洛因，无法构成非法持有毒品罪。D 项表述中，丁将甲基苯丙胺与其他毒品混合制成摇头丸，属于制造毒品。

【答案】 AD

※ **【重点难点】** 组织卖淫罪、强迫卖淫罪：(1) 在组织卖淫犯罪活动中，对被组织卖淫的人有引诱、容留、介绍卖淫行为的，依照处罚较重的规定定罪处罚。但是，对被组织卖淫的人以外的其他人有引诱、容留、介绍卖淫行为的，应当分别定罪，实行数罪并罚。(2) 犯组织卖淫罪、强迫卖淫罪，并有杀害、伤害、强奸、绑架等犯罪行为的，依照数罪并罚的规定处罚。(3) 旅馆业、饮食服务业、文化娱乐业、出租汽车业等单位的人员，利用本单位的条件，组织、强迫、引诱、容留、介绍他人卖淫的，以组织卖淫罪或者强迫卖淫罪论处。

例 25 - 11（多选）： 甲帮助组织卖淫的夜总会经理乙，某次该夜总会中的卖淫女丙不愿意接客，甲遂对丙实施殴打，为迫使丙卖淫还强奸了丙；某次一嫖客在夜总会闹事，甲为了维持秩序还打了该嫖客致其重伤。甲的行为构成（　　）。

A. 协助组织卖淫罪　　B. 强迫卖淫罪　　　　C. 强奸罪　　　　　D. 故意伤害罪

【讲解】 A 项表述中，甲协助组织卖淫者组织卖淫，协助组织卖淫行为单独成罪，构成协助组织卖淫罪。B 项表述中，甲殴打卖淫者强迫其卖淫，构成强迫卖淫罪。C 项表述中，甲在强迫卖淫过程中强奸卖淫女，构成强奸罪。D 项表述中，甲将嫖客打成重伤，构成故意伤害罪。对甲应四罪并罚。

【答案】 ABCD

例题拓展

例 25 - 12（单选）： 下列说法正确的有（　　）。

A. 网站建立者甲为多获取网站点击量，以使网站挣更多钱，明知韩某在其网站上发布淫秽电子信息，而放任其发布不予删除，情节严重。甲的行为构成传播淫秽物品牟利罪

B. 乙组织卖淫女 A 女、B 女和男妓 C 男等人卖淫，乙还单独实施了对 D 女的强迫卖淫行为，对甲应以组织卖淫罪一罪定罪处罚

C. 丙非法持有毒品，无论持有数量多少都应当对丙追究刑事责任

D. 医生丁退休后，未经皮试就给病人肖某注射青霉素，肖某因过敏而死亡。丁的行为构成医疗事故罪

【讲解】 针对 A 项表述，根据《淫秽电子信息案件解释（二）》的规定，网站建立者、直接负责的管理者明知他人制作、复制、出版、贩卖、传播的是淫秽电子信息，允许或者放任他人在自己所有、管理的网站或者网页上发布的，对网站建立者、直接负责的管理者以传播淫秽物品牟利罪定罪处罚。B 项表述中，组织卖淫的对象和强迫卖淫的对象分别是不同人的，应当数罪并罚。C 项表述中，非法持有鸦片 1 000 克以上、海洛因或者甲基苯丙胺 50 克以上或者其他毒品数量大的，构成非法持有毒品罪。D 项表述中，医生丁退休后已经没有医生执业资格，丁的行为构成非法行医罪，因致人死亡，属于非法行医罪的结果加重犯。

【答案】 A

专题二十六　贪污罪

※【重点难点】构成贪污罪必须利用职务上的便利。利用职务上的便利是指行为人利用本人职务范围内的权力和地位形成的有利条件，具体表现为利用主管、管理或经手等便利条件。主管主要是指负责调拨、处置及其他支配公共财物或国有财物的职务活动；管理是指负责经营、保管、处理公共财物或者国有财物的职务活动；经手是指领取、支出等经办公共财物或国有财物的职务活动。利用职务上的便利，既包括利用本人职务上的主管、管理公共财物的职务便利，也包括利用职务上有隶属关系的其他国家工作人员的职务便利。利用与职务无关仅因工作关系熟悉作案环境或易于接近作案目标、凭工作人员身份容易进入某些单位等方便条件非法占有公共财物的，不成立贪污罪。

例 26-1（单选）： 甲是主管调研的国家工作人员，其利用熟悉财务室的有利条件，从财务室中窃取现金 10 万元装入纸篓中。下班后，甲从纸篓里取走现金并带回家中。甲的行为构成（　　）。

A. 贪污罪　　　　B. 盗窃罪　　　　C. 诈骗罪　　　　D. 挪用公款罪

【讲解】构成贪污罪必须利用职务上的便利，利用与职务无关仅因工作关系熟悉作案环境或易于接近作案目标、凭工作人员身份容易进入某些单位等方便条件非法占有公共财物的，不成立贪污罪。因此，甲的行为不构成贪污罪，而是盗窃罪。

【答案】B

例 26-2（单选）： 下列选项中，甲的行为应当认定为贪污罪的是（　　）。

A. 村民乙谎称危房翻新，村长甲代其填写虚假材料并以村长名义签字同意后上报镇政府，从镇政府骗取 1 万元的危房补助给乙

B. 某镇镇长甲利用职务上的便利，骗取县财政的经费并据为己有

C. 国有保险公司的工作人员甲故意编造未曾发生的保险事故进行虚假理赔，骗取保险金归自己所有

D. 某市民政局工作人员甲利用职务便利挪用特定救济款物 10 万元进行营利活动

【讲解】A 项表述中，构成贪污罪必须利用职务上的便利，但不是任何利用职务上的便利非法占有公共财物的行为都能成立贪污罪，只有当国家工作人员现实地对公共财物享有支配权、决定权，或者对具体支配财物的人员处于领导、指示、支配地位，进而利用了职务上的便利，才能认定为贪污罪。否则，只能认定为盗窃、诈骗等罪。虽然甲在从事扶贫管理等时属于国家工作人员，也利用了职务上的便利，但不能认定为贪污罪，对甲的行为应以诈骗罪论处。B 项表述中，镇长甲的行为也构成诈骗罪，假如题干表述改为："某镇镇长甲利用职务上的便利，将镇财政经费 10 万元非法据为己有"，才构成贪污罪。C 项表述中，国有保险公司的工作人员和国有保险公司委派到非国有保险公司从事公务的人员利用职务上的便利，故意编造未曾发生的保险事故进行虚假理赔，骗取保险金归自己所有的，以贪污罪论处。D 项表述构成挪用公款罪。

【答案】C

※【重点难点】贪污罪的行为方式包括侵吞、窃取和骗取。所谓侵吞，是指行为人利用职务上的便利，将自己控制之下的公共财物非法占有。《刑法》第 394 条规定，国家工作人员在国内公务活动或者对外交往中接受礼物，依照国家规定应当交公而不交公，数额较大的，依照贪污罪定罪处罚。所谓窃取，是指行为人利用职务上的便利，将自己合法主管、管理、经手的公共财物，以秘密窃取的方式非法据为己有的行为。所谓骗取，是指行为人利用职务上的便利，以虚构事实或隐瞒真相的欺骗手段，非法占有公共财物的行为，如涂改单据、账目，谎报开支，冒领差旅费、医疗费、工资、补贴等；谎报亏损，非法占有公款；虚构或隐瞒事实，冒领款物；等等。所谓其他手段，是指侵吞、窃取、骗取以外的其他利用职务上的便利，非法占有公共财物的行为。

例 26-3（多选）： 下列国家工作人员的犯罪行为中，应当以贪污罪定罪处罚的有（　　）。

A. 甲在公务活动中在对外交往中接受一辆奥迪轿车，按国家规定应当交公，但甲拒不交公

B. 执法人员乙将 5 万元罚没收款据为己有

C. 加油站负责人丙将公款 10 万元赠给其亲朋好友

D. 丁通过涂改账目和谎报开支等手段冒领差旅费、医疗费、补贴等达 10 万余元

【讲解】针对 A 项表述，《刑法》第 394 条规定，国家工作人员在国内公务活动或者对外交往中接受礼物，依照国家规定应当交公而不交公，数额较大的，依照贪污罪定罪处罚。该规定应属于侵吞公共财物的特殊形式。B 项表述中，以侵吞方式贪污公款，构成贪污罪。C 项表述中，以侵吞、窃取、骗取之外的"其他方法"贪污，构成贪污罪。D 项表述中，以骗取方式贪污，构成贪污罪。

【答案】ABCD

※【重点难点】贪污罪的犯罪主体是特殊主体，即国家工作人员以及受委托管理、经营国有财产的人员。(1) 国家工作人员。具体包括：1) 国家工作人员。包括在各级国家权力机关、行政机关、司法机关和军事机关中从事公务的人员，以及在乡镇以上中国共产党机关、人民政协机关中从事公务的人员。2) 国有公司、企业、事业单位、人民团体中从事公务的人员。3) 国家机关、国有公司、企业、事业单位委派到非国有公司、企业、事业单位、社会团体从事公务的人员。4) 其他依照法律从事公务的人员。根据《全国人民代表大会常务委员会关于〈中华人民共和国刑法〉第九十三条第二款的解释》，村民委员会等村基层组织人员协助人民政府从事行政管理工作，利用职务上的便利贪污公共财产的，应以贪污罪论处。"其他依照法律从事公务的人员"主要有 4 种：①依法履行职责的各级人大代表；②依法履行职责的各级政协委员；③依法履行审判职责的陪审员；④协助乡镇人民政府、街道办事处从事行政管理工作的农村村民委员会、城镇居民委员会等农村和城镇基层人员。需要注意的是，村民小组组长不属于国家工作人员，如果村民小组组长利用职务上的便利将村民小组集体财产非法占为己有数额较大的，应以职务侵占罪论处，不定贪污罪。此外，经国家出资企业中负有管理、监督国有资产职责的组织批准或者研究决定，代表其在国有控股、参股公司及其分支机构中从事组织、领导、监督、经营、管理工作的人员，应当认定为国家工作人员。(2) 受委托管理、经营国有财产的人员。受国家机关、国有公司、企业、事业单位、人民团体委托管理、经营国有财产的人员，可以成为贪污罪的主体。需要注意的是，国有保险公司的工作人员和国有保险公司委派到非国有保险公司从事公务的人员利用职务上的便利，故意编造未曾发生的保险事故进行虚假理赔，骗取保险金归自己所有的，以贪污罪论处。国有公司、企业或者其他国有单位中从事公务的人员和国有公司、企业或者其他单位委派到非国有公司、企业以及其他非国有单位从事公务的人员，利用职务上的便利，将本单位财物非法占为己有的，以贪污罪论处。

例 26 - 4（单选）：甲被聘在国有公司担任职务，后因该国有公司与某外商企业合资，国有公司占 10% 的股份，甲被该国有公司委派到合资企业担任副总经理。在任职期间，甲利用职务上的便利将合资企业价值 10 万元的财物非法据为己有。甲的行为构成( )。

A. 侵占罪　　　　B. 职务侵占罪　　　　C. 盗窃罪　　　　D. 贪污罪

【讲解】甲是通过委派形式担任合资企业副总经理的，对于国有公司委派到非国有公司、企业从事公务的人员，属于国家工作人员。贪污罪的对象是公共财产，合资企业的财产属于混合财产，理论上认为，对于贪污混合财产的，也构成贪污罪。

【答案】D

例 26 - 5（单选）：甲是某派出所的值班警察，在值班室接到一群众上交的他人丢失的皮包。甲打开皮包后发现里面有高档手机一部、信用卡若干张、现金数百元，产生非法占有的念头，遂将皮包内的物品转放进自己的皮包，失主来认领时，仅将空包返还给失主。甲的行为构成( )。

A. 盗窃罪　　　　B. 滥用职权罪　　　　C. 职务侵占罪　　　　D. 贪污罪

【讲解】甲是值班警察，属于国家工作人员范围，其有将丢失的财物保管的职责，甲利用这个便利，将皮包中的财物据为己有，符合利用职务上的便利侵吞财物的性质。根据《刑法》第 91 条第 2 款规定，在国家机关管理中的私人财产，以公共财产论。因此，在派出所保管中的私人财产，以公共财产论，所以甲的行为构成贪污罪。甲的行为不构成盗窃罪，如果甲是利用其他便利而不是

职务上的便利，将上交给其他警察的财物窃为己有，则构成盗窃罪。

【答案】D

※【重点难点】贪污罪和盗窃罪、诈骗罪、侵占罪的区别有：（1）犯罪客观方面有所不同。贪污罪中窃取、骗取公共财物的行为是利用职务上的便利实施的；盗窃罪、诈骗罪、侵占罪则没有这一条件。（2）犯罪客体与对象有所不同。贪污罪的客体是公共财产的所有权和职务行为廉洁性，行为对象仅限于公共财物；盗窃罪、诈骗罪、侵占罪的客体是公私财产的所有权，行为对象是公私财物。（3）犯罪主体不同。贪污罪的主体是特殊主体，即国家工作人员；盗窃罪、诈骗罪、侵占罪的主体是一般主体，即自然人。应当注意的是，即使行为人利用了职务上的便利，但只要非法占有的财物并非其主管、管理、经营、经手的财物，也不成立贪污罪。

例 26-6（单选）：在 A 单位征用土地的过程中，土地管理局的工作人员甲与被征用土地的农民乙相勾结，由乙多报土地上的庄稼数，甲加盖土地管理局的印章予以证实，进而从 A 单位多领补偿款 20 余万元。甲与乙的行为构成（   ）。

A. 贪污罪　　　　　B. 诈骗罪　　　　　C. 盗窃罪　　　　　D. 职务侵占罪

【讲解】土地管理局工作人员甲虽然利用了职务上的便利，但非法占有的财物并非甲主管、管理、经营、经手的财物，故不成立贪污罪。因而，甲、乙的行为构成诈骗罪。

【答案】B

※【重点难点】根据《刑法》第 383 条规定，对犯贪污罪，作如下处罚：（1）第 1 款：对犯贪污罪的，根据情节轻重，分别依照下列规定处罚：1）贪污数额较大或者有其他较重情节的，处 3 年以下有期徒刑或者拘役，并处罚金。贪污或者受贿数额在 3 万元以上不满 20 万元的，应当认定为"数额较大"。贪污数额在 1 万元以上不满 3 万元，具有下列情形之一的，应当认定为"其他较重情节"：①贪污救灾、抢险、防汛、优抚、扶贫、移民、救济、防疫、社会捐助等特定款物的；②曾因贪污、受贿、挪用公款受过党纪、行政处分的；③曾因故意犯罪受过刑事追究的；④赃款赃物用于非法活动的；⑤拒不交代赃款赃物去向或者拒不配合追缴工作，致使无法追缴的；⑥造成恶劣影响或者其他严重后果的。2）贪污数额巨大或者有其他严重情节的，处 3 年以上 10 年以下有期徒刑，并处罚金或者没收财产。3）贪污数额特别巨大或者有其他特别严重情节的，处 10 年以上有期徒刑或者无期徒刑，并处罚金或者没收财产；数额特别巨大，并使国家和人民利益遭受特别重大损失的，处无期徒刑或者死刑，并处没收财产。（2）第 2 款：对多次贪污未经处理的，按照累计贪污数额处罚。（3）第 3 款：犯第 1 款罪，在提起公诉前如实供述自己罪行、真诚悔罪、积极退赃，避免、减少损害结果的发生，有第 1 项规定情形的，可以从轻、减轻或者免除处罚；有第 2 项、第 3 项规定情形的，可以从轻处罚。（4）第 4 款：犯第 1 款罪，有第 3 项规定情形被判处死刑缓期执行的，人民法院根据犯罪情节等情况可以同时决定在其死刑缓期执行 2 年期满依法减为无期徒刑后，终身监禁，不得减刑、假释。

例 26-7（单选）：下列关于对犯贪污罪处罚的规定，正确的是（   ）。

A. 犯贪污罪，不得减刑、假释

B. 犯贪污罪，数额较大的，在提起公诉前积极退赃，减少损害结果发生的，应当减轻处罚

C. 对于犯贪污罪判处无期徒刑的犯罪分子，终身监禁

D. 对多次贪污未经处理的，按照累计贪污数额处罚

【讲解】A、C 项表述中，对于贪污数额特别巨大或者有其他特别严重情节被判处死刑缓期执行的，人民法院根据犯罪情节等情况可以同时决定在其死刑缓期执行 2 年期满依法减为无期徒刑后，终身监禁，不得减刑、假释。B 项表述中，犯第 383 条第 1 款罪，在提起公诉前如实供述自己罪行、真诚悔罪、积极退赃，避免、减少损害结果的发生，有第 1 项规定情形的，可以从轻、减轻或者免除处罚；有第 2 项、第 3 项规定情形的，可以从轻处罚。D 项表述中，对多次贪污未经处理的，按照累计贪污数额处罚。

【答案】D

例题拓展

例 26-8（多选）：甲从事的下列犯罪行为中，构成贪污罪的有（　　　）。

A. 国有公司中从事公务的人员甲，利用职务上的便利将本单位收受的回扣据为己有，数额达到 12 万元

B. 土地管理部门的工作人员甲，为农民多报青苗数，使其从房地产开发商处多领取 20 万元补偿款，自己分得 10 万元

C. 村民委员会主任甲，在协助政府管理土地征用补偿费时，利用职务便利将其中数额较大款项据为己有

D. 国有保险公司工作人员丁，利用职务便利编造未发生的保险事故进行虚假理赔，将骗取的14 万元保险金据为己有

【讲解】A 项表述中，国有公司中从事公务的人员，系国有单位工作人员，是国家工作人员；本单位收受的回扣归本单位所有，系贪污罪对象。甲构成贪污罪。B 项表述中，犯罪对象是房地产开发商的补偿款，不属于本单位财物，不构成贪污罪，构成诈骗罪。C 项表述中，村民委员会主任不是国家工作人员，但村民委员会主任协助政府管理土地征用补偿费时，以国家工作人员论，此时村民委员会主任可构成贪污罪。D 项表述中，国有保险公司工作人员，系国有单位工作人员，是国家工作人员，骗取本单位财物可构成贪污罪。

【答案】ACD

例 26-9（案例）：2010 年，徐某因信用证诈骗罪被判处有期徒刑，2015 年刑满释放。2017 年10 月，徐某与中国农业银行 A 市分行会计王某相互勾结，合谋进行犯罪活动。同年 11 月，王某通过窃取电脑密码，将本单位另一会计李某保管的 30 万元现金划转到徐某账户上。2018 年 1 月，王某利用职务便利，将该分行大额存款月报表提供给徐某。徐某从中选定 B 贸易服务部和 C 电子技术进出口公司营业部作为冒充开出汇票的单位，并按王某提供的上述两单位的支票专用章和负责人名章，进而伪造了 B 贸易服务部的汇款人民币 300 万元银行票汇委托书一份、C 进出口公司营业部的汇款人民币 50 万元银行票汇委托书一份。同年 11 月，王某将这两份伪造的票汇委托书混入分行正常的工作程序，骗过验印审查后，开出两张正式的汇票交给徐某，并发电报通知汇入行中国农业银行 D 市分行。徐某用两张正式汇票，在汇入行将人民币 350 万元转到 D 市管理区边境小额贸易公司的账户上。之后徐某又经他人帮助将该款转到香港，套得港币 450 余万元，由其在香港的代理人将此款存入在香港开设的银行账户上。2018 年 5 月，公安机关开始对本案立案侦查，王某担心彻查后恐遭无期徒刑的牢狱之苦，遂到公安机关投案，供述了与徐某共同采取伪造票汇委托书手段，将银行巨额存款划走的事实，并在司法机关提起公诉前积极退赃，95% 的赃款被追回，从而减少了损害结果的发生。在王某的协助下，公安机关将在逃的徐某抓获归案。

请分析：

（1）徐某和王某构成何罪？为什么？

（2）徐某和王某有哪些量刑情节？

【参考答案】（1）徐某和王某相互勾结，盗取李某保管的 30 万元现金，构成盗窃罪共同犯罪；徐某虽不是银行工作人员，也没有利用自己职务上的便利条件，但徐某勾结银行工作人员王某，采取伪造票汇委托书手段，将银行客户的巨额存款划走进行侵吞，因而徐某与王某构成贪污罪共同犯罪。对徐某、王某应以盗窃罪和贪污罪实行数罪并罚。

（2）徐某因信用证诈骗罪被判处有期徒刑，刑满释放后 5 年内再犯应判有期徒刑以上刑罚之罪，构成累犯，对徐某应当从重处罚；王某自动投案，如实供述司法机关尚未掌握的与徐某共同贪污的事实，构成自首，对王某可以从轻或者减轻处罚；但王某并没有供述盗窃的犯罪事实，因而对盗窃罪不成立自首；王某在提起公诉前如实供述自己罪行、积极退赃，减少损害结果的发生，对王

某可以从轻处罚；在王某的协助下，公安机关将在逃的徐某抓获归案，王某的行为构成立功，对王某可以从轻或者减轻处罚。

专题二十七　挪用公款罪

※【重点难点】（1）挪用公款罪的行为对象是公款，公款不等于现金，除了现金和国库券外，公款还包括用于救灾、抢险、防汛、优抚、扶贫、移民、救济款物。挪用失业保险基金和下岗职工基本保障资金归个人使用，构成犯罪的，以挪用公款罪论处。挪用金融凭证、有价证券用于质押，使公款处于风险之中的，应以挪用公款罪论处。（2）挪用人必须利用职务上的便利实施挪用行为，即利用职务权力与地位形成的主管、管理、经营、经手公款或特定款物的便利条件实施挪用行为。（3）构成挪用公款罪，必须以挪用公款"归个人使用"作为必要的构成要素。有下列情形之一的，属于挪用公款归个人使用：①将公款供本人、亲友或者其他自然人使用的。②以个人名义将公款供其他单位使用的。③个人决定以单位名义将公款供其他单位使用，谋取个人利益的。上述"以个人名义"是指挪用人在出借公款时，是以自然人个人出借，而不是以单位名义出借的。对于单位决定、为了单位利益挪用公款的，不属于"挪用公款归个人使用"。

例27-1（多选）：下列选项中，属于挪用公款归个人使用，从而构成挪用公款罪的有（　　）。
A. 国有股份有限公司董事长甲将公款供亲友使用
B. 国有企业厂长乙以个人名义将公款供其亲友开办的公司使用
C. 某银行行长丙决定以银行的名义将公款供某农村供销合作社使用，但并未谋取个人利益
D. 某国有企业的单位领导召开会议，集体决定将公款借给农村集体经济组织使用

【讲解】A项表述属于将公款供本人、亲友或者其他自然人使用。B项表述属于以个人名义将公款供其他单位使用。C项表述中，由于没有谋取个人利益，不符合"个人决定以单位名义将公款供其他单位使用，谋取个人利益的"。D项表述中，单位领导集体决定，不符合"个人决定""以个人名义"。

【答案】AB

※【重点难点】可以构成犯罪的挪用公款行为，有以下3种情形：（1）挪用公款进行非法活动（包括犯罪活动），如进行走私、嫖娼、赌博、非法经营等违法犯罪活动的，构成挪用公款罪。这种情形原则上不要求挪用公款达到数额较大标准，也不要求挪用时间超过3个月未还。但根据相关司法解释的规定，以挪用公款3万元作为定罪的"数额较大"的起点。（2）挪用公款进行营利活动的，构成挪用公款罪。这种挪用行为要求数额较大，但没有挪用时间的要求。挪用公款存入银行，用于集资，购买股票、国债等，属于挪用公款进行营利活动。所获取的利息、收益等违法所得，应当追缴，但不计入挪用公款的数额。挪用公款归个人用于公司、企业注册资本验资证明的，应当认定为挪用公款进行营利活动。挪用公款归个人使用，"数额较大、进行营利活动的"，以挪用公款5万元作为"数额较大"的起点。（3）挪用公款归个人使用，数额较大、超过3个月未还的，构成挪用公款罪。这种情形既有数额要求，也有时间要求。挪用公款归个人使用，"数额较大、超过3个月未还的"，以挪用公款5万元作为"数额较大"的起点。

例27-2（单选）：下列选项中，属于挪用公款从事非法活动的是（　　）。
A. 甲挪用公款后，用公款赌博、嫖娼
B. 乙挪用公款后，给自己盖了栋别墅
C. 丙挪用公款后，将公款存入银行，达到"钱生钱"的目的
D. 丁挪用公款后，将公款用于炒股，结果股市大跌，丁损失惨重

【讲解】A项表述中，挪用公款进行非法活动（包括犯罪活动），如进行走私、嫖娼、赌博、非法经营等违法犯罪活动的，构成挪用公款罪。B项表述中，属于挪用公款给自己使用。C、D项表

述属于挪用公款进行营利活动。

【答案】 A

※**【重点难点】** 挪用公款罪和贪污罪的区别：贪污罪要求行为人以非法占有为目的。行为人在挪用公款后，如果查明具有非法占有目的（不归还公款的意思），则以贪污罪论处。挪用公款是否转化为贪污，应当按照主客观相一致的原则，具体判断和认定行为人主观上是否具有非法占有公款的目的。在司法实践中，具有以下情形之一的，可以认定行为人具有非法占有公款的目的，应以贪污罪论处：①行为人"携带挪用的公款潜逃的"。②行为人挪用公款后采取虚假发票平账、销毁有关账目等手段，使所挪用的公款已难以在单位财务账目上反映出来，且没有归还行为的。③行为人截取单位收入不入账，非法占有，使所占有的公款难以在单位财务账目上反映出来，且没有归还行为的。④有证据证明行为人有能力归还所挪用的公款而拒不归还，并隐瞒挪用的公款去向的。是否平账（没有归还公款，但财物账上不能显示行为人挪用公款），只是判断行为是否构成贪污罪的资料，而不是唯一的决定根据。例如，行为人具有归还的意思，只是为了应付上级的突击检查而暂时平账的，依然应当认定为挪用公款罪。反之，只要其他证据证明行为人不具有归还的意思，即便没有平账，也应认定为贪污罪。

例 27-3（单选）： 甲是 A 公司总经理，甲欠乙 50 万元。乙让甲还钱，甲提议以 A 公司钱款偿还债务，乙同意。甲遂将公司 50 万元钱款过户给乙，并在公司财物账目上记下自己欠 50 万元。三个月后，甲将账作平，至案发时也没有归还欠款。甲的行为构成（　　）。

A. 贪污罪　　　　B. 挪用公款罪　　　　C. 挪用资金罪　　　　D. 诈骗罪

【讲解】 甲通过平账方式将挪用的公款抹平，使"挪用"变为"侵吞"，构成贪污罪。

【答案】 A

※**【重点难点】** 挪用公款罪的罪数：（1）因挪用公款而索取、收受贿赂构成犯罪的，以挪用公款罪和受贿罪数罪并罚。（2）如果行为人挪用公款进行非法活动，该非法活动本身构成犯罪的，如走私、赌博等，依照数罪并罚的规定处罚。

例 27-4（单选）： 甲找到某国有企业出纳乙称自己公司生意困难，让乙想办法提供点资金，并许诺给乙好处。乙便找机会从公司账户拿出 150 万元借给甲。甲从中拿了 2 万元给乙。之后，甲因违法行为被公安机关逮捕，乙害怕受牵连，携带 100 万元公款潜逃。关于乙的行为的定性，下列表述正确的是（　　）。

A. 挪用公款罪与受贿罪，应择一重罪处罚
B. 应以挪用资金罪、职务侵占罪论处，数罪并罚
C. 应以挪用公款罪、贪污罪论处，实行数罪并罚
D. 应以挪用公款罪、贪污罪、受贿罪论处，实行数罪并罚

【讲解】（1）乙挪用公款给甲是为了进行营利活动，数额较大，构成挪用公款罪。（2）乙收受甲的贿赂为其谋取利益，构成受贿罪。（3）收受贿赂后挪用公款构成犯罪的，实行数罪并罚。（4）挪用公款携款潜逃，应以贪污罪论处。对于乙携带 100 万元公款潜逃的行为，应认定为贪污罪。

【答案】 D

 例题拓展

例 27-5（多选）： 下列选项中，构成挪用公款罪的有（　　）。

A. 某村村长甲，在受乡政府委托发放救灾专用大米期间，利用管理救灾公物的便利，个人决定以个人名义将 100 吨大米（价值 50 万元）借给本地一粮油公司出售，甲未谋取个人利益
B. 某县县长乙，与县领导集体研究后将该县下岗职工基本生活保障资金 100 万元挪出，以该

县政府的名义借给一家证券公司，乙得到好处费 10 万元

C. 丙与某国有公司签订承包租赁合同，承包经营该公司的购销部，在经营该部门期间，未经该公司议事程序，擅自将公司拨付的流动资金 50 万元挪用进行贩毒

D. 丁与某国有全资企业聘用的会计人员李某（企业编制）是同学，丁指使李某将该企业的购货款偷偷挪出，用于合伙投资公司

【讲解】A 项表述中，村长受乡政府委托协助从事公务，是国家工作人员；救灾物资系挪用公款对象；以个人名义借给其他公司，无须谋利，即为归个人使用；借与公司销售，系进行营利活动，只需数额较大。B 项表述中，集体研究决定，不属于挪用归个人使用；乙构成受贿罪。C 项表述中，受国有单位委托管理、经营国有财产的人员挪用资金的，构成挪用资金罪。D 项表述中，李某构成挪用公款罪，丁是挪用公款罪的教唆犯。

【答案】AD

例 27-6（案例）： 张某于 2010 年 3 月起受聘于某国有事业单位任出纳员。2016 年下半年至 2018 年 1 月间，张某利用其管理、经手公款的便利，先后多次挪用公款总计人民币 102 万余元，借给陈某进行营利活动。张某因无法追回欠款，遂于 2018 年 1 月制造被抢劫假象后，向市某公安分局谎称，其在为本单位去银行解款途中遭两名歹徒暴力抢劫，被劫公款计 103 万元，企图达到不归还公款的目的。公安机关在接报侦查过程中，发现被告人张某有报假案和自己犯罪的嫌疑，经对其审讯后，张某交代了自己挪用公款的犯罪事实。案发后，赃款未能退缴。

请分析：

（1）张某构成贪污罪还是挪用公款罪？为什么？

（2）张某是否有自首情节？为什么？

【参考答案】（1）张某的行为构成贪污罪而非挪用公款罪。理由：张某受国有事业单位委托管理现金，利用职务之便，先后多次挪用公款 102 万余元。因无法归还公款，便以报假案的方法以达到不归还并占有公款的目的，其犯罪行为的性质从挪用转化为侵吞，已构成贪污罪。

（2）张某不存在自首情节。理由：公安机关在侦查中已经掌握张某报假案和自己作案的犯罪嫌疑，经讯问后张某交代了自己的犯罪事实，其行为不应认定为有自首情节。

专题二十八 受 贿 罪

※【重点难点】普通的受贿罪包括以下 2 种形式：（1）索贿，即利用职务之便，索取他人财物。索贿包括要求、索要和勒索贿赂。索贿不要求以"为他人谋取利益"作为必要构成要件，只要索贿，就构成受贿罪。（2）一般形式的受贿（收受贿赂），即利用职务之便，非法收受他人财物，为他人谋取利益。一般形式的受贿构成犯罪必须以为他人谋取利益为必要条件。为他人谋取利益，是指行为人意图为他人谋取利益，或者承诺为他人谋取利益，或者实际上已经为他人谋取到了利益。为他人谋取利益包括以下情况：已经为他人谋取了利益，已经为他人谋取了部分利益，已开始实施为他人谋取利益的行为，许诺（承诺）为他人谋取利益。国家工作人员在非法收受他人财物之前或者之后许诺为他人谋取利益，就在客观上形成了以公权换取私利的约定。为他人谋取利益的最低要求是一种许诺，不要求有谋取利益的实际行为和结果；由于只要求有为他人谋取利益的许诺，故只要求收受了财物就是受贿的既遂，而不是待实际上为他人谋取利益之后才是受贿罪的既遂。具有下列情形之一的，应当认定为"为他人谋取利益"，构成犯罪的，应当依照刑法关于受贿犯罪的规定定罪处罚：①实际或者承诺为他人谋取利益的；②明知他人有具体请托事项；③履职时未被请托，但事后基于该履职事由收受他人财物的。国家工作人员索取、收受具有上下级关系的下属或者具有行政管理关系的被管理人员的财物价值 3 万元以上，可能影响职权行使的，视为承诺为他人谋取利益。

例 28-1（单选）：甲为贷款而给某银行行长李某 10 万元钱，希望在贷款审批时多多照顾。李某收过钱，点了点头。但事后，在行长办公会上，由于其他领导极力反对发放此笔贷款，甲未获分文贷款资金。李某的行为（　　）。

A. 不构成犯罪

B. 构成受贿罪（未遂）

C. 构成受贿罪（既遂）

D. 构成受贿罪（中止）

【讲解】 为他人谋取利益包括以下情况：已经为他人谋取了利益，已经为他人谋取了部分利益，已开始实施为他人谋取利益的行为，许诺（承诺）为他人谋取利益。为他人谋取利益的最低要求是一种许诺，不要求有谋取利益的实际行为和结果。因此，李某的行为构成受贿罪既遂。

【答案】 C

※**【重点难点】**（1）一般形式的受贿中，收受贿赂还包括约定方式的受贿行为，即《刑法》第 385 条第 2 款规定："国家工作人员在经济往来中，违反国家规定，收受各种名义的回扣、手续费，归个人所有的，以受贿论处。"这是一种约定方式，又称为受贿罪的特别犯罪构成，或者称为收受回扣型受贿。（2）变相型受贿：普通受贿中"贿赂"的表现形式为财物，受贿行为也通常以直接收受财物的形式表现出来。但是，贿赂还表现为财产性利益，包括交易形式的受贿、收受干股形式的受贿、以开办公司等合作投资名义的受贿、委托理财型受贿、赌博型受贿、挂名领薪型受贿、明借实给型受贿等。（3）离职后受贿：国家工作人员利用职务上的便利为请托人谋取利益，并与请托人事先约定，在其离退休后或者离职后收受请托人财物，构成犯罪的，以受贿罪定罪处罚。（4）斡旋型受贿：国家工作人员利用本人职权或者地位形成的便利条件，通过其他国家工作人员职务上的行为，为请托人谋取不正当利益，索取请托人财物或者收受请托人财物的，以受贿论处。

例 28-2（多选）：甲请市工商局副局长乙向税务局工作人员丙说情，为其非法减免税款，甲还交付给乙 6 万元现金，其中 2 万元用于答谢乙，其余 4 万元由乙转交给丙。丙收下钱后仍未对甲减免税款。则（　　）。

A. 甲构成行贿罪

B. 乙构成受贿罪（斡旋受贿）

C. 丙构成受贿罪（普通受贿）

D. 乙构成受贿罪既遂，丙构成受贿罪未遂

【讲解】 A 项表述中，甲为谋取不正当利益（减免税款），向国家工作人员行贿，构成行贿罪。B 项表述中，国家工作人员利用本人职权或者地位形成的便利条件，通过其他国家工作人员职务上的行为，为请托人谋取不正当利益，索取请托人财物或者收受请托人财物的，属于斡旋受贿。乙在甲与丙之间斡旋，构成斡旋受贿。C 项表述中，丙收受贿赂，构成普通型受贿罪。D 项表述中，乙收受财物，构成受贿罪既遂；受贿罪以取得、控制贿赂为既遂，丙已取得贿赂，成立犯罪既遂。

【答案】 ABC

※**【重点难点】**（1）受贿罪和非国家工作人员受贿罪的关键区别是主体不同。受贿罪的主体是国家工作人员；非国家工作人员受贿罪的主体是公司、企业、其他单位的工作人员。国有公司、企业中从事公务的人员和国有公司、企业委派到非国有公司、企业从事公务的人员受贿的，以受贿罪论处。根据《刑法》第 184 条和《最高人民法院、最高人民检察院关于办理商业贿赂刑事案件适用法律若干问题的意见》（以下简称《商业贿赂案件意见》）的规定，受贿罪和非国家工作人员受贿罪的司法认定有：①银行或者其他金融机构的工作人员在金融业务活动中索取他人财物或者非法收受他人财物，为他人谋取利益的，或者违反国家规定，收受各种名义的回扣、手续费，归个人所有的，依照非国家工作人员受贿罪定罪处罚。国有金融机构工作人员和国有金融机构委派到非国有金融机构从事公务的人员有前述行为的，依照受贿罪定罪处罚。②医疗机构中的国家工作人员，在药品、医疗器械、医用卫生材料等医药产品采购活动中，利用职务上的便利，索取销售方财物，或者非法收受销售方财物，为销售方谋取利益，构成犯罪的，以受贿罪定罪处罚。医疗机构中的非国家工作人员，有前述行为，数额较大的，以非国家工作人员受贿罪定罪处罚。③公立医院医生原则上作为医疗机构中的医务人员，应当认定为"非国家工作人员"，因此，医院医生"开单提成"的行为，按照非国家工作人员受贿罪定罪处罚。医疗机构中的医务人员，利用开处方的职务便利，以各种名义非法收受药品、医疗器械、医用卫生材料等医药产品销售方财物，为医药产品销售方谋取利

益，数额较大的，以非国家工作人员受贿罪定罪处罚。④学校及其他教育机构中的国家工作人员，在教材、教具、校服或者其他物品的采购等活动中，利用职务上的便利，索取销售方财物，或者非法收受销售方财物，为销售方谋取利益，构成犯罪的，以受贿罪定罪处罚。学校及其他教育机构中的非国家工作人员，有前述行为，数额较大的，以非国家工作人员受贿罪定罪处罚。⑤学校及其他教育机构中的教师，利用教学活动的职务便利，以各种名义非法收受教材、教具、校服或者其他物品销售方财物，为教材、教具、校服或者其他物品销售方谋取利益，数额较大的，以非国家工作人员受贿罪定罪处罚。⑥依法组建的评标委员会、竞争性谈判采购中谈判小组、询价采购中询价小组的组成人员，在招标、政府采购等事项的评标或者采购活动中，索取他人财物或者非法收受他人财物，为他人谋取利益，数额较大的，以非国家工作人员受贿罪定罪处罚。依法组建的评标委员会、竞争性谈判采购中谈判小组、询价采购中询价小组中国家机关或者其他国有单位的代表有前述行为的，以受贿罪定罪处罚。据此，在国家机关或者其他国有单位组织开展的政府采购、工程建设等事项的招标、采购活动中，评标委员会、竞争性谈判采购中谈判小组、询价采购中询价小组的组成人员，应按照评标委员会、小组中的招标人、采购人代表和随机抽取的专家这种身份进行区分，对于招标人、采购人代表受贿的，按照受贿罪的规定处理，对于非采购人代表的专家受贿的，不论其本身身份如何，均以非国家工作人员受贿罪定罪处罚。《商业贿赂案件意见》第11条指出，非国家工作人员与国家工作人员通谋，共同收受他人财物，构成共同犯罪的，根据双方利用职务便利的具体情形分别定罪追究刑事责任：①利用国家工作人员的职务便利为他人谋取利益的，以受贿罪追究刑事责任；②利用非国家工作人员的职务便利为他人谋取利益的，以非国家工作人员受贿罪追究刑事责任；③分别利用各自的职务便利为他人谋取利益的，按照主犯的性质追究刑事责任，不能分清主从犯的，可以受贿罪追究刑事责任。（2）受贿罪和贪污罪的区别有：①犯罪主体的范围有所不同。受贿罪的主体仅限于国家工作人员，贪污罪的主体还包括受委托管理、经营国有财产的人员。②犯罪目的的内容不同。受贿罪在主观上表现为以非法占有他人或者其他单位的公私财物为目的；贪污罪在主观上则表现为以非法占有自己主管、管理、经手的公共财物为目的。③行为对象不同。受贿罪的对象既包括公共财物，也包括公民私有的财物；贪污罪的行为对象是公共财物。④行为方式不同。受贿罪是利用职务之便向他人索取财物，或者非法收受他人财物，为他人谋取利益；贪污罪则是使用侵吞、窃取、骗取等方法，非法占有自己主管、管理、经手的公共财物。

例 28-3（多选）：交警甲和无业人员乙勾结，让乙告知超载司机："只交罚款一半的钱，即可优先通行"；司机交钱后，乙将交钱司机的车号报给甲，由在高速路口执勤的甲放行。二人利用此法共得 42 万元，乙留下 15 万元，余款归甲。则下列定性正确的是（　　）。

A. 甲、乙构成受贿罪共犯　　　　　　B. 甲、乙构成贪污罪共犯

C. 甲、乙构成滥用职权罪共犯　　　　D. 乙的受贿数额是 42 万元

【讲解】针对 A、B 项表述：（1）对于甲、乙二人的行为性质，从取得钱款 42 万元的来源层面看：如果二人取得的钱款属于罚款的话，则罚款是利用交警甲的职权对违章行为处罚而获得，应当上缴国家归国家所有。国家工作人员甲利用职权将其据为己有，构成贪污罪。但是，本题题干中说的是"只交罚款一半的钱"，暗示的是让司机不交罚款，而是交钱放行。故而，二人取得的钱款不是罚款，而是从司机那里收来的钱，应当属于贿赂款。甲、乙二人合谋，乙利用交警甲的身份和职权索要贿赂，无身份人利用有身份人的身份，系索贿型的受贿。（2）超载司机给付款项在处分意图上是送给甲，让甲放行，是给予贿赂款，不是上缴给国家，故甲构成受贿罪，不是贪污罪。针对 D 项表述：在共同犯罪方面，乙虽无国家工作人员身份，但其与有身份的甲合谋，利用甲的身份和职权犯罪，可构成受贿罪的共犯。对共同犯罪数额承担责任，故二人受贿数额均为 42 万元。D 项正确。C 项表述中，交警甲故意将行政违章应当处罚的司机放行，系滥用职权行为。同理，无身份的乙与其合谋利用其身份和职权犯罪，可构成滥用职权罪的共犯。C 项正确。

【答案】ACD

※**【重点难点】**受贿罪的共犯：（1）一般公民与国家工作人员相勾结，伙同受贿的，以受贿罪的共犯论处。（2）国家工作人员利用职务上的便利为请托人谋取利益，授意请托人将有关财物给予

其近亲属、情人以及其他共同利害关系人的，以受贿罪论处；实施前述行为的国家工作人员的近亲属、情人以及其他共同利害关系人等特定关系人，以受贿罪的共犯论处。值得注意的是，关系密切的人是构成受贿罪的共犯，还是构成利用影响力受贿罪，大体上要看关系密切的人与国家工作人员对于受贿是否具有共同故意。简言之，有通谋是受贿罪的共犯，无通谋是利用影响力受贿罪。

例28-4（多选）： 下列选项中，甲的行为构成受贿罪的有（　　）。

A. 某市教育局局长之妻甲（不具有国家工作人员身份），在教育局局长不知情的情况下，向乙索要10万元，称可帮助乙的儿子升入重点高中。后甲找到重点高中校长，果然事成

B. 某市医院医生乙不符合职称评审条件但仍想尽快晋职，于是托科技厅主管职称评定的甲向卫生部门主管职称评定的丙打招呼，果然事成，乙另行送给丙10万元

C. 某医院医生甲收受某药厂药商乙2万元，故意在给病患开药方时多开该药厂的药品

D. 甲原为某土地局局长，在任职期间多次给开发商乙违规批地，乙多次要表示感谢。甲总是说："退休后再说吧"。甲退休后，乙给甲300万元，甲欣然收下

【讲解】 A项表述构成利用影响力受贿罪。B项表述构成斡旋受贿。C项表述构成非国家工作人员受贿罪。D项表述中，国家工作人员在职时为人谋取利益，事先有约定，退休后受贿，构成受贿罪。

【答案】 BD

例题拓展

例28-5（单选）： 甲是某市政府采购监管部门主管之子，利用其父管理之便，请其父下属将不符合条件的公司列入政府采购范围，收受该公司10万元。甲的行为构成（　　）。

A. 受贿罪　　　　　　　　　　　　　B. 利用影响力受贿罪

C. 行贿罪　　　　　　　　　　　　　D. 不构成犯罪

【讲解】 国家工作人员的近亲属利用国家工作人员职务上的行为，构成利用影响力受贿罪。

【答案】 B

专题二十九　贪污贿赂罪其他罪名

※ **【重点难点】** 行贿罪：（1）构成行贿罪必须以行为人"谋取不正当利益"为必要构成要素。（2）行贿人行贿当然要求、帮助受贿人予以接受，但是考虑到行贿和受贿之间的必要共犯关系，因此不能认定行贿人另外构成受贿罪的教唆犯或者帮助犯。与此不同，行贿人在此过程中必然要求受贿人为其谋取不正当利益，并借助该不正当利益进一步实施独立的犯罪行为，从而可能构成其他犯罪，相关罪行已经超越了行贿罪的构成要件，构成独立的新罪，应当分别定罪，实行数罪并罚。（3）下列犯罪中，行贿行为不再独立评价或者择一重罪论处：①为实施走私犯罪，向国家机关工作人员行贿的，构成走私罪。②为骗取贷款，向银行或者其他金融机构工作人员行贿，数额较大的，构成骗取贷款罪。③通过贿买手段获取权利人的商业秘密的，构成侵犯商业秘密罪。④以贿赂手段破坏选举的，构成破坏选举罪。⑤以贿买方法阻止证人（具有国家工作人员身份）作证的，构成妨害作证罪。⑥行贿人给予司法机关工作人员以财物，要求其枉法裁判或者私放在押人员的，构成行贿罪与徇私枉法罪，民事、行政枉法裁判罪，私放在押人员罪的想象竞合犯，择一重罪处罚。（4）下列情形实行数罪并罚：①以行贿方式逃避安全生产监督管理，或者非法、违法生产作业，导致发生重大安全事故，构成数罪的，应以行贿罪和重大责任事故罪数罪并罚。②刑法分则明确规定实行数罪并罚的，例如构成组织、领导、参加黑社会性质组织罪又构成行贿

罪的，实行数罪并罚。

例29-1（多选）：个体企业老板甲请国有供电所具有国家工作人员身份的抄表员乙帮忙，让乙从其负责的电表箱中牵出一根电线为企业免费供电，并送给乙现金3万元，于是，乙为甲的企业安装了一根电线。至案发时，甲的企业窃电量价值30万元。下列对甲、乙行为的定性，正确的有（　　　）。

A. 甲的行为构成行贿罪　　　　　　B. 乙的行为构成贪污罪
C. 甲的行为构成盗窃罪　　　　　　D. 乙的行为构成受贿罪

【讲解】 甲为谋取不正当利益向国家工作人员乙行贿，甲构成行贿罪；甲盗电构成盗窃罪。乙为甲谋利构成受贿罪，乙受贿后窃电，构成贪污罪。本题的争议在于，乙是否应当认定为盗窃罪的共同犯罪？本书认为，乙的行为构成贪污罪或盗窃罪的竞合关系（法条竞合或者想象竞合），但本书倾向于认定为贪污罪，理由在于，国家工作人员与非国家工作人员共同犯罪，按照特殊主体的身份定罪。进一步推导，既然乙的行为构成贪污罪，那么甲应认定为贪污罪共犯，而不应当认定为盗窃罪。本书认为，这种进一步推导得出的结论并不正确，因为行贿人为了谋取不正当利益，必然向国家工作人员表达请托事项，不能将请托事项的表达认定为共犯，而应按照独立的犯罪处理。对于上述解析，考生可持反对意见。

【答案】 ABCD

例题拓展

例29-2（单选）：下列选项中，按照行贿罪一罪定罪处罚的是（　　　）。

A. 甲向安全监督管理部门负责人乙送5万元，希望在安全生产监督时放甲一马。不久，甲因违反安全生产，造成重大责任事故
B. 乙组织黑社会性质组织后，为称霸一方扫清障碍，向当地公安局长行贿
C. 丙基于走私目的向海关人员行贿数额巨大
D. 丁为了在组织人事管理中谋取竞争优势，主动给交通局局长沈某10万元，希望能优先获得提拔，但沈某收钱后并未办事

【讲解】 A项表述中，对于以行贿方式逃避安全生产监督管理，或者非法、违法生产作业，导致发生重大安全事故，构成数罪的，应以行贿罪和重大责任事故罪数罪并罚。B项表述中，构成组织、领导、参加黑社会性质组织罪又构成行贿罪的，实行数罪并罚。C项表述中，为实施走私犯罪，向国家机关工作人员行贿的，构成走私罪。D项表述中，行贿人为了谋取不正当利益主动给予贿赂，虽然没有实际谋取到不正当利益，但仍构成行贿罪。

【答案】 D

专题三十　渎 职 罪

※ **【重点难点】** 滥用职权罪、玩忽职守罪：（1）滥用职权行为，是指故意违法行使职务的行为。包括：①超越职权，擅自决定或处理没有具体决定、处理权限的事项；②玩弄职权，随心所欲地对事项作出决定或者处理；③故意不履行应当履行的职责，任意放弃职责；④以权谋私、假公济私，不正确地履行职责。（2）玩忽职守行为，是指过失地不履行或者不认真履行职责的行为。包括：①疏忽不履行，即行为人应当履行且有条件、有能力履行职责，但因疏忽等原因违背职责没有履行，如擅离职守等；②不正确履行，即在履行职责过程中，马虎草率、粗心大意，违反职责规

定。（3）滥用职权罪和玩忽职守罪都以出现实害结果为必要构成要素。例如，对于滥用职权罪，一般要求造成死亡1人以上，或者重伤2人以上，或者重伤1人、轻伤3人以上，或者轻伤5人以上；或者造成个人财产直接经济损失10万元以上等。

例30-1（单选）： 张某是国家外汇管理局的工作人员，一次因为疏忽，导致大量外汇被骗购，致使国家利益遭受重大损失。张某的行为构成（　　）。

A. 滥用职权罪　　　B. 玩忽职守罪　　　C. 非法经营罪　　　D. 不构成犯罪

【讲解】 张某身为国家外汇管理局的工作人员，由于疏忽大意过失导致国家利益遭受重大损失，构成玩忽职守罪。滥用职权罪和玩忽职守罪的关键区别在于：滥用职权罪主观上为故意，玩忽职守罪主观上为过失。

【答案】 B

※**【重点难点】** 徇私枉法罪：（1）3种行为：①对明知是无罪的人而使他受追诉。②对明知是有罪的人而故意包庇不使他受追诉。③在刑事审判活动中故意违背事实和法律作枉法裁判。所谓枉法裁判，是指行为人故意对有罪者作出无罪判决，对无罪者作出有罪判决，或者重罪轻判，轻罪重判。（2）主观方面表现为故意，且出于徇私、徇情动机。

例30-2（单选）： 下列选项中，构成徇私枉法罪的是（　　）。

A. 监狱武警甲与李某是好朋友，在对李某羁押期间，甲故意对其放任不管，导致李某逃匿

B. 法官乙为报复仇人王某，在一起民事判决中故意判决王某败诉

C. 鉴定人丙与犯罪嫌疑人张某是好朋友，为了帮助张某开脱罪责，将张某重伤他人改为轻伤，致使张某被轻判

D. 检察官丁为打击被告人赵某，将对赵某不起诉的理由从"证据不足，指控犯罪不能成立"擅自改为"可以免除刑罚"

【讲解】 A项表述中，监狱武警属于司法工作人员，符合徇私枉法罪的主体条件，但不符合徇私枉法罪的行为表现，徇私枉法罪是指对明知是无罪的人而使他受追诉，对明知是有罪的人而故意包庇不使他受追诉，或者在刑事审判活动中故意违背事实和法律作枉法裁判。而A项表述的并非刑事诉讼，而是已决犯在羁押过程中逃跑。甲的行为可构成私放在押人员罪。B项表述中，徇私枉法罪发生在刑事诉讼中，B项表述的民事诉讼不符合徇私枉法罪的时空环境。C项表述中，鉴定人并非司法工作人员，不能成为徇私枉法罪的正犯。当然，鉴定人可以成为徇私枉法罪的共犯，但不能成为实行犯。D项表述的不起诉的理由发生变化，由于"证据不足，指控犯罪不能成立"与"可以免除刑罚"存在实质差异，前者为证据不足无罪（绝对无罪），后者为"免除刑罚"（有罪但不处罚）。表面上虽是理由变化，但该理由实际上是刑事司法程序的"结论"，因此属于故意违背事实和法律作枉法裁判，构成徇私枉法罪。

【答案】 D

※**【重点难点】** 渎职罪的罪数：（1）国家机关工作人员收受贿赂，并实施徇私枉法罪，民事、行政枉法裁判罪，执行判决、裁定滥用职权罪三罪之一的，依照处罚较重的规定定罪处罚。（2）国家机关工作人员收受贿赂，并实施除徇私枉法罪，民事、行政枉法裁判罪，执行判决、裁定滥用职权罪三罪之外的其他渎职犯罪，以渎职犯罪和受贿罪数罪并罚（但事前共谋的也可能构成渎职犯罪的共犯）。

例30-3（单选）： 陈某因涉嫌强奸罪被刑事拘留，陈某的父亲找到其好友公安局法制科科长潘某帮忙，并送潘某20万元现金。潘某为陈某开脱罪责，让陈某的父亲给被害人5万元钱，将强奸说成通奸。被害人收钱后出具了一份陈某强奸不成立、是自愿、再不追究刑事责任的申请撤案。潘某遂向该案承办人提出将陈某取保候审。两个月后，陈某因取保候审而被释放。潘某的行为构成（　　）。

A. 受贿罪和徇私枉法罪，数罪并罚

B. 受贿罪和徇私枉法罪，依照处罚较重的规定处罚

C. 受贿罪和私放在押人员罪，依照处罚较重的规定处罚

D. 利用影响力受贿罪和徇私枉法罪，数罪并罚

【讲解】潘某收受贿赂，构成受贿罪；潘某身为司法工作人员，为徇私情，在对犯罪嫌疑人采取强制措施的过程中，利用职务上的便利，对明知应予提请检察机关批准逮捕的犯罪嫌疑人违法变更强制措施为取保候审，致使犯罪嫌疑人实际脱离侦控，构成徇私枉法罪。犯受贿罪和徇私枉法罪，应依照处罚较重的规定处罚。

【答案】B

 例题拓展

例30-4（单选）：下列行为构成滥用职权罪的是（　　　）。

A. 法官甲执行判决时严重不负责任，因未履行法定执行职责，致使当事人利益遭受重大损失

B. 值班警察乙与女友电话聊天时接到杀人报警，又闲聊15分钟后才赶往现场，因延迟出警，致使被害人被杀、歹徒逃走

C. 税务局工作人员丙发现某外贸公司有偷逃关税的情况，便对该外贸公司的货物采取扣留措施，给外贸公司造成特别重大损失

D. 执行法官丁，在周某提交法院生效判决向其申请强制执行时，因其与周某有矛盾，明知其符合申请强制执行条件，而故意不予受理，导致周某遭受特别重大损失

【讲解】A项表述中，甲的行为构成执行判决、裁定失职罪。B项表述中，乙的行为构成玩忽职守罪。C项表述中，偷逃关税案件归海关管辖，税务机关无权管辖偷逃关税案件，丙的行为超越了权限，构成滥用职权罪。D项表述中，丁利用执行职权故意不执行生效判决，构成执行判决、裁定滥用职权罪。滥用职权罪与执行判决、裁定滥用职权罪属于一般法条和特别法条的关系。

【答案】C

第二部分　民 法 学

专题一　民事法律关系

※【重点难点】并非所有的社会关系都是民事法律关系，只有那些存在于平等主体之间的、以民事权利和民事义务为主要内容的、能够引起民事法律关系变动的情况才能认定为具有民事法律关系。诸如情侣恋爱、朋友相处、师生交往、相约旅行、剃度出家、求神拜佛、祭祀礼拜、志愿服务、打听问路等，原则上都属于道德行为、情谊行为或者宗教行为等，都不属于民事法律关系调整的范围。

例1-1（单选）：下列选项中，能够形成民事法律关系的是（　　）。

A. 甲邀请乙看电影，乙同意。但乙没有按时陪甲一同看电影，甲请求乙赔偿精神损失费

B. 甲男和乙女系恋人，后甲男提出分手，乙向甲索要青春损失费5万元

C. 甲、乙系夫妻，二人约定："如果一方出轨，另一方也有权出轨"

D. 甲答应在乙考上重点中学之后给乙一台电脑

【讲解】A项表述属于情谊行为，情谊行为不能形成民事法律关系。B项表述的恋爱关系不能形成民事法律关系，也就无所谓损害赔偿。C项表述中，二人的约定违反公序良俗，不能形成民事法律关系。D项表述的情形为赠与合同，能够形成民事法律关系。

【答案】D

例1-2（单选）：下列选项中，甲（单位）能够主张损害赔偿的是（　　）。

A. 乙答应陪同甲一起去欧洲旅游，但届时乙失约

B. 乙同意帮助老师甲查找论文汇编资料，但乙并没有帮助甲查找资料

C. 甲、乙在商谈科技开发事宜后，乙将在洽谈时获得的甲的技术资料外泄给丙

D. 乙同意去甲养老院三天帮工，但届时乙爽约

【讲解】A项表述中，相约旅行不能形成民事法律关系，也就无所谓损害赔偿。B项表述中，师生交往过程中形成的帮衬行为不能形成民事法律关系，也无所谓损害赔偿。C项表述中，乙在缔约之际获取甲的商业秘密，不论是否达成合同，乙都有保密义务，否则要承担缔约过失责任，赔偿信赖利益之损失。D项表述中，志愿服务不能形成民事法律关系。

【答案】C

※【重点难点】依据权利作用的不同，可以将民事权利分为支配权、请求权、抗辩权、形成权。支配权如物权、人身权、知识产权、继承权等。请求权如债权。抗辩权如先诉抗辩权。形成权如无权代理中本人享有的追认权和否认权（拒绝追认）、善意相对人的催告权，合同之债中的抵销权，可撤销的民事法律行为中的撤销权，在选择之债中的选择权，解除债权债务关系的解除权，以

— 123 —

及间接代理制度中的介入权等。

例1-3（单选）： 下列关于民事权利的表述，正确的是（　　）。

A. 支配权的客体只能是物　　　　　B. 请求权基于债权而产生

C. 抗辩权一经行使，对方请求权永远消灭　D. 催告权是形成权

【讲解】 A项表述中，支配权的客体不仅包括物，还包括权利和智力成果。B项表述中，请求权不仅可以基于债权而产生，也可基于法律规定而产生，如物权请求权，是基于法律规定而产生的请求权。C项表述中，抗辩权有永久抗辩权和延期抗辩权，对于永久抗辩权，抗辩权一经行使，对方请求权永远消灭；但延期抗辩权则只能暂时使对方请求权无法行使，如不安抗辩权。D项表述中，催告权是否属于形成权，争议很大，但本书认为，催告权属于形成权。

【答案】 D

※ **【重点难点】** 民事法律事实。（1）社会生活中出现的事实，并非都与法律规定有关，也并非都能产生一定的法律效果。例如，朋友亲戚相聚交谈、邻里之间相互串门、参加葬礼等，不具有法律意义。此外，属于人的活动的散步、读报、起床、睡觉；属于人的无意识行为的打鼾、打喷嚏、梦游、呓语，以及爱情、友谊等客观事实，也不是民事法律事实。法律事实不仅可以引起当事人预期的法律效果，还可以引起当事人预期之外的法律效果。（2）民事法律事实能否引起一定的法律后果或者引起何种特定的法律后果，最终都取决于法律规定。只有为法律规范所规定的事实，才是法律事实。例如，时间的经过、严重自然灾害的发生、战争和禁运，人的出生、死亡、成年、失踪、精神失常等，虽属于和人的主观意识无关的客观事实，但都能够引起民事法律关系的变动，因而都属于民事法律事实。

例1-4（多选）： 下列事实能够形成民事法律关系的是（　　）。

A. 甲参加人大代表的换届选举　　　　B. 乙将其电脑抛弃

C. 丙在微信里给好友发红包　　　　　D. 丁完成了一项发明创造

【讲解】 A项表述中，甲参加人大代表的换届选举这一事实能够形成宪法关系，而不能形成民事法律关系。B项表述中，抛弃所有权这一事实属于行为中的单方法律行为，能够引起物权的消灭，能够形成民事法律关系。C项表述中，朋友交往这一事实不能形成民事法律关系。D项表述中，完成发明创造属于事实行为，能够引起民事法律关系的变动。

【答案】 BD

※ **【重点难点】** 根据是否与人的意志有关，民事法律事实分为行为和自然事实。行为分为民事法律行为、准民事法律行为和事实行为。其中，准民事法律行为包括意思通知、观念通知和感情表示。事实行为包括合法的事实行为和不合法的事实行为，合法的事实行为如无因管理、合法建造房屋等，不合法的事实行为如侵权行为。自然事实分为事件和状态，事件如地震等，状态如人的下落不明、对物的继续占有、权利的继续不行使等。

例1-5（单选）： 下列选项中，属于事实行为的是（　　）。

A. 甲在宅基地上建造一栋住房　　　B. 乙对其继承人伪造遗嘱一事表示宽恕

C. 丙因受到刺激变得精神恍惚　　　D. 丁与吴某达成房屋买卖合同

【讲解】 A项表述中，合法建造房屋属于事实行为。B项表述中，对继承人表示宽恕为感情表示，属于准民事法律行为。C项表述的情形属于"状态"。D项表述的合同属于民事法律行为。

【答案】 A

 例题拓展

例1-6（单选）： 下列选项中，权利人行使权利的定性，正确的是（　　）。

A. 甲、乙签订货物买卖合同，乙请求甲移交与货物有关的单证和资料的权利属于请求权

B. 甲、乙签订期限为 5 年的合同，甲每年支付给乙 5 万元，为此，甲有权在乙享有使用权的土地上通行。甲享有的权利属于抗辩权

C. 甲、乙签订买卖宠物狗的合同，二人约定分期付款，甲可以将狗带走，但甲没有将款项支付完之前，乙保留狗的所有权。甲对狗所享有的权利属于既得权

D. 甲因受乙的欺诈而向法院提出撤销因欺诈而签订的买卖合同。甲享有的权利属于请求权

【讲解】A 项表述中，合同债权属于请求权。B 项表述中，甲享有的权利是通行地役权，地役权属于用益物权，用益物权是支配权，而非抗辩权。C 项表述中，含有所有权保留条款的买卖合同是期待权的一种，甲对狗享有的权利是期待权。D 项表述中，因欺诈而为的民事法律行为属于可撤销的民事法律行为，甲享有的撤销权属于形成权，而非请求权。

【答案】A

专题二　法人的类型和法人的变动

※【重点难点】法人的分类。(1) 公法人和私法人。(2) 社团法人和财团法人。凡是以人的集合为成立基础的法人是社团法人，典型的社团法人如有限责任公司、股份有限公司、各类银行、保险公司、各种协会、学会、出版社、电视台、报社等。凡是以捐助的财产为基础而成立的法人是财团法人，典型的财团法人如修道院、寺院、养老院、感化院、救济院、基金会、博物馆、国家图书馆、医院、科学研究机构、慈善机构等。(3)《中华人民共和国民法典》(以下简称《民法典》)未采取社团、财团以及社团法人、财团法人的称谓。企业法人的各种公司以及各种协会、学会解释为相当于社团法人；基金会、社会服务组织、宗教场所捐助法人属于财团法人。例如，《民法典》所规定的捐助法人实际上就是财团法人。

例 2-1 (单选)：下列选项中，属于社团法人的是(　　)。

A. 支付宝网络技术有限公司　　　　B. 中国人民银行

C. 儿童基金会　　　　　　　　　　D. 民办医院

【讲解】A 项表述中，支付宝网络技术有限公司是以营利为目的的人的集合，是社团法人。B 项表述中，中国人民银行是机关法人。注意：银行是企业法人，但中国人民银行是机关法人。C 项表述中，儿童基金会是以捐助的财产为基础而成立的，是财团法人。D 项表述中，民办医院是社会服务机构，是财团法人。

【答案】A

※【重点难点】我国法人的分类：《民法典》根据社团法人存在的目的，将法人分为营利法人、非营利法人和特别法人。营利法人如有限责任公司、股份有限公司和其他企业法人等。非营利法人包括事业单位、社会团体、基金会、社会服务机构、宗教场所等。非营利法人又分为公益法人和非公益法人。特别法人包括机关法人、农村集体经济组织法人、城镇农村的合作经济组织法人、基层群众性自治组织法人。

例 2-2 (单选)：下列关于我国法人的定性，正确的是(　　)。

A. 居民委员会属于公益法人　　　　B. 一人公司不是法人

C. 基金会法人属于公益法人　　　　D. 事业单位法人是不以经营取得利润的法人

【讲解】A 项表述的居民委员会属于特别法人。B 项表述中，我国承认一人公司属于法人，而且是营利法人。C 项表述的基金会法人属于公益法人。D 项表述中，有的事业单位法人也可以营利。是否营利并不是营利法人和非营利法人的根本区别。营利法人和非营利法人的关键区别在于：经营取得的利润或者收益能否分配给成员或者设立人。

【答案】C

※【重点难点】营利法人：(1) 公司是典型的营利法人，包括有限责任公司和股份有限公司。

（2）法定代表人以法人名义从事的民事活动，其法律后果由法人承受。法人章程或者权力机构对法定代表人的限制，不得对抗善意第三人。法人的法定代表人或者非法人组织的负责人超越权限订立的合同，除相对人知道或者应当知道其超越权限外，该合同对法人或者非法人组织发生效力。（3）营利法人的出资人不得滥用出资人权利损害法人或者其他出资人的利益；滥用出资人权利造成法人或者其他出资人损失的，应当依法承担民事责任。营利法人的出资人不得滥用法人独立地位和出资人有限责任损害法人的债权人利益；滥用法人独立地位和出资人有限责任，逃避债务，严重损害法人的债权人利益的，应当对法人债务承担连带责任。（4）营利法人的控股出资人、实际控制人、董事、监事、高级管理人员不得利用其关联关系损害法人的利益；利用关联关系给法人造成损失的，应当承担赔偿责任。

例2-3（单选）：李某是甲公司的法定代表人，以甲公司名义向乙公司发出书面要约，愿以15万元价格出售甲公司的清朝康熙年间翡翠如意一把。李某在函件发出后2小时意外死亡，乙公司回函表示愿意以15万元价格购买。甲公司收到乙公司的回函后，新任法定代表人张某以李某死亡，且未经董事会同意为由拒绝。关于本案，下列表述正确的是（　　）。

A. 李某已经死亡，甲公司发出的要约不发生法律效力

B. 甲公司法定代表人更换致使李某发出的要约失效

C. 乙公司的承诺已经发生法律效力

D. 李某未经董事会同意出售翡翠如意的要约对乙公司不发生效力

【讲解】李某作为甲公司的法定代表人，有权代表法人作出意思表示，其法律后果应当由法人承担，李某死亡不影响要约的法律效力。董事会内部授权限制，不得对抗善意第三人。因此，李某代表甲公司发出的要约有效，不论甲公司董事会是否同意，都不能对抗善意第三人乙公司，乙公司发出的承诺对甲公司发生法律效力。

【答案】C

例2-4（多选）：下列选项中，甲公司应当承担民事责任的有（　　）。

A. 甲公司董事乙与丙公司签订保证合同，乙擅自在合同上加盖甲公司公章和法定代表人丁的印章

B. 甲公司与乙公司签订借款合同，甲公司未在合同书上加盖公章，但乙公司已付款，且该款项已用于甲公司项目建设

C. 甲公司法定代表人乙委托员工丙与丁签订合同，借用丁的存款单办理质押贷款用于经营

D. 甲公司与乙约定，乙向甲公司交纳保证金，甲公司为乙贷款购买设备提供担保。甲公司法定代表人丙以个人名义收取保证金并转交甲公司出纳员入账

【讲解】A项表述中，甲公司董事乙利用其职务便利擅自加盖甲公司公章和法定代表人丁的印章对外签订合同，甲公司应当对合同负责，不得以内部权限对抗善意相对人。针对B项表述，《民法典》第490条第1款规定：当事人采用合同书形式订立合同的，自当事人均签名、盖章或者按指印时合同成立。在签名、盖章或者按指印之前，当事人一方已经履行主要义务，对方接受时，该合同成立。据此，甲公司与乙公司签订借款合同，甲公司虽未在合同书上加盖公章，但乙公司已付款且甲公司接受的，可以弥补合同形式的瑕疵，该合同成立，甲公司应当承担责任。针对C项表述，《民法典》第162条规定：代理人在代理权限内，以被代理人名义实施的民事法律行为，对被代理人发生效力。据此，甲公司法定代表人乙委托员工丙与丁签订合同，丙基于委托而取得有效的代理权，被代理人甲公司应当就该合同承担责任。针对D项表述，《民法典》第504条规定：法人的法定代表人或者非法人组织的负责人超越权限订立的合同，除相对人知道或者应当知道其超越权限外，该代表行为有效，订立的合同对法人或者非法人组织发生效力。据此，甲公司与乙签订合同，虽甲公司法定代表人丙以个人名义收取保证金，但转交甲公司出纳员入账，属于履行甲公司和乙签订合同的行为，甲公司应当承担责任。

【答案】ABCD

※**【重点难点】**非营利法人。（1）事业单位法人是指为了社会公益事业目的，从事文化、教

育、卫生、体育、新闻等公益事业的单位。(2) 社会团体法人是指具备法人条件，基于会员共同意愿，为公益目的或者会员共同利益等非营利目的设立的法人类型。(3) 捐助法人是指具备法人条件，为公益目的以捐助财产设立的基金会、社会服务机构等，经依法登记成立，取得捐助法人资格的法人。为公益目的成立的非营利法人终止时，不得向出资人、设立人或者会员分配剩余财产。剩余财产应当按照法人章程的规定或者权力机构的决议用于公益目的；无法按照法人章程的规定或者权力机构的决议处理的，由主管机关主持转给宗旨相同或者相近的法人，并向社会公告。

例 2-5（单选）： 下列关于事业单位法人的说法，正确的是(　　)。

A. 事业单位法人从成立之日起取得法人资格

B. 事业单位法人的名称权遭受侵害的，可以提起精神损害赔偿诉讼

C. 除法律另有规定外，理事会是事业单位法人的决策机构

D. 事业单位法人不得从事营利活动

【讲解】 A 项表述中，事业单位法人依法需要登记的，自登记之日起取得法人资格；依法不需要登记的，从成立之日起，具有事业单位法人资格。B 项表述中，法人不能提起精神损害赔偿诉讼。针对 C 项表述，《民法典》第 89 条规定：事业单位法人设理事会的，除法律另有规定外，理事会为其决策机构。D 项表述中，事业单位法人并非不得从事营利活动，事业单位法人之所以为非营利法人，是因为事业单位法人不以营利为目的，换言之，事业单位法人不向出资人、设立人或者会员分配所取得利润。

【答案】 C

例 2-6（单选）： 甲以自己的名义，用开办一人公司所积累的财产资助治疗幽闭症患者为目的的基金会法人，由乙担任理事长。后因对幽闭症的治疗成就显著，基本达到了治疗目的，但仍有剩余财产。在无法按照法人章程的规定或者权力机构的决议处理时，对于剩余财产的处理，下列做法符合法律规定的是(　　)。

A. 将剩余财产退还给甲

B. 可由主管机关主持将剩余财产转给宗旨相同或者相近的法人

C. 由乙申请将剩余财产分配给治愈的幽闭症患者

D. 由上级主管部门批准，可收归国库

【讲解】《民法典》第 95 条规定，为公益目的成立的非营利法人终止时，不得向出资人、设立人或者会员分配剩余财产。剩余财产应当按照法人章程的规定或者权力机构的决议用于公益目的；无法按照法人章程的规定或者权力机构的决议处理的，由主管机关主持转给宗旨相同或者相近的法人，并向社会公告。

【答案】 B

※【重点难点】 特别法人是除营利法人和非营利法人之外的，具有特殊性的法人组织。特别法人包括机关法人、农村集体经济组织法人、城镇农村的合作经济组织法人、基层群众性自治组织法人。

例 2-7（单选）： 下列选项中，属于特别法人的是(　　)。

A. 民办医院　　　　B. 疾病控制基金会　　C. 供销合作社　　　　D. 伊斯兰教协会

【讲解】 A 项表述的民办医院属于社会服务组织，为非营利法人中的捐助法人。B 项表述的疾病控制基金会属于非营利法人中的捐助法人。C 项表述的供销合作社属于特别法人中的城镇农村的合作经济组织法人。D 项表述的伊斯兰教协会属于捐助法人中的社会团体法人。

【答案】 C

※【重点难点】 法人的设立：(1) 法人设立人的责任：设立人为设立法人从事的民事活动，其法律后果由法人承受；法人未成立的，其法律后果由设立人承受，设立人为二人以上的，享有连带债权，承担连带债务。设立人为设立法人以自己的名义从事民事活动产生的民事责任，第三人有权选择请求法人或者设立人承担。(2) 法人设立的时间：①有独立经费的机关法人和承担行政职能的法定机构，从成立之日起即具有法人资格，无须进行登记。②事业单位法人和社会团体法人依法需

要登记的，经登记取得法人资格；依法不需要登记的，从成立之日起具有法人资格。③捐助法人经依法登记，取得法人资格。④营利法人经依法登记成立，一般自完成工商登记时取得法人资格。依法设立的营利法人，由登记机关发给营利法人营业执照。营业执照签发日期为营利法人的成立日期。

例 2-8：甲、乙、丙拟成立 A 教育科技有限公司。在公司成立前，甲与经营底商租赁的丁公司签订租赁两间商务办公室的租赁合同，租赁合同生效 3 个月，但租金一直未支付。

问题 1（单选）：如果甲在 A 公司成立前以 A 公司的名义与丁公司签订租赁合同，则在 A 公司登记注册后，丁公司有权请求（　　）。

A. A 公司支付租金　　　　　　　　B. 甲支付租金

C. 甲、乙、丙对支付的租金承担连带责任　D. 可以选择请求甲或 A 公司支付租金

问题 2（单选）：如果甲在 A 公司成立前以 A 公司的名义与丁公司签订租赁合同，则在 A 公司因不符合法律规定的条件而未能登记注册时，丁公司有权请求（　　）。

A. A 公司支付租金　　　　　　　　B. 甲支付租金

C. 甲、乙、丙对支付的租金承担连带责任　D. 可以选择请求甲或 A 公司支付租金

问题 3（单选）：如果甲在 A 公司成立前以自己的名义与丁公司签订租赁合同，则在 A 公司登记注册后，丁公司有权请求（　　）。

A. A 公司支付租金

B. 甲支付租金

C. 甲、乙、丙对支付的租金承担连带责任

D. 可以选择请求甲或 A 公司支付租金

【讲解】《民法典》第 75 条第 1 款规定，设立人为设立法人从事的民事活动，其法律后果由法人承受；法人未成立的，其法律后果由设立人承受，设立人为二人以上的，享有连带债权，承担连带债务。第 2 款规定，设立人为设立法人以自己的名义从事民事活动产生的民事责任，第三人有权选择请求法人或者设立人承担。

【答案】问题 1：A；问题 2：C；问题 3：D

※**【重点难点】**法人的分支机构：（1）法人可以依法设立分支机构。法律、行政法规规定分支机构应当登记的，依照其规定。分支机构以自己的名义从事民事活动，产生的民事责任由法人承担；也可以先以该分支机构管理的财产承担，不足以承担的，由法人承担。（2）法人的分支机构并不都是非法人组织，只有那些有自己的财产，已经办理登记，并且能够以自己的名义对外活动，并符合非法人组织的特征的，才能认定为非法人组织。（3）分公司不同于子公司。分公司为法人的分支机构，不具有法人资格。子公司为独立的法人，具有法人资格，在参与市场经济活动时，子公司与母公司是平等的民事主体，都能够独立承担民事责任。

例 2-9（单选）：甲公司在 A 市设立乙分公司。乙分公司与丙公司签订购买 100 台电脑的买卖合同，合同约定货到后 3 个月内，乙分公司向丙公司支付全部货款。但乙分公司到期并没有支付货款。丙公司（　　）。

A. 只能请求乙分公司承担付款责任

B. 可以请求甲公司承担付款责任

C. 有权选择甲公司或者乙分公司承担付款责任

D. 应当先请求乙分公司承担清偿货款的责任，若乙分公司无力承担责任，才有权请求甲公司承担责任

【讲解】《民法典》第 74 条第 2 款规定，分支机构以自己的名义从事民事活动，产生的民事责任由法人承担；也可以先以该分支机构管理的财产承担，不足以承担的，由法人承担。

【答案】B

※**【重点难点】**法人的变更：（1）法人的分立。法人分立后，原法人对外所欠的债务都由分立后的法人承担连带清偿责任，即便分立后的法人内部达成所谓"只能其中一个法人承担全部债务"

的协议，该协议也不能对抗债权人。(2) 法人的合并。法人合并后，合并后的法人要承继合并前各个法人对外所欠的债务。合并后的法人不得以已被合并为由拒绝清偿债务。(3) 法人的组织性质变更。法人成立后，其组织形式、性质会有变化，例如，有限责任公司变成股份有限公司，这就是组织性质变更。(4) 其他事项的变更。其他事项如名称、注册资金、住所、活动宗旨、经营方式、经营范围等方面的重大变更。

例 2 - 10（单选）： 甲公司欠丁公司 30 万元债务。甲公司分为乙、丙两个公司，约定由丙公司承担甲公司的全部债务，乙公司继受甲公司的全部债权。对于 30 万元债务，丁公司( )。

A. 只能请求乙公司偿还　　　　　　　　B. 只能请求丙公司偿还
C. 有权选择请求乙公司或者丙公司偿还　D. 有权请求乙公司和丙公司承担连带责任

【讲解】 法人分立后，由分立后的法人对债务承担连带责任，法人分立后关于承担债务的约定不能对抗债权人。

【答案】 D

※ **【重点难点】** 法人终止的原因有：(1) 法人解散。法人解散的事由包括：① 法人章程规定的存续期间届满或者法人章程规定的其他解散事由出现；② 法人的权力机构决议解散；③ 因法人合并或者分立需要解散；④ 法人依法被吊销营业执照、登记证书，被责令关闭或者被撤销；⑤ 法律规定的其他情形。(2) 法人被宣告破产。(3) 法律规定的其他原因。

例题拓展

例 2 - 11（单选）： 甲患有抑郁症，其同事乙为帮助其治病，组织好友 15 人为其筹集 30 万元治疗基金，并设立了专门的基金账户，委托某信托公司专门管理。通过多年的精心治疗，花了 20 万元，甲的抑郁症得以治愈。关于剩余的 10 万元，下列处理符合法律规定的是( )。

A. 剩余钱款归甲　　　　　　　　　　　B. 剩余钱款归乙
C. 剩余钱款退还给为甲治病筹钱的好友　D. 剩余钱款应用于同类公益事业

【讲解】 捐助行为具有救助患者的公益目的，从尊重捐助者的特定目的出发，剩余钱款不能归甲或者乙，或者为甲治病筹钱的好友，而应将剩余财产转给同类公益事业。

【答案】 D

专题三　合伙企业

※ **【重点难点】** 合伙企业的分类：合伙企业分为普通合伙企业和有限合伙企业。(1) 普通合伙企业。① 普通合伙企业是由普通合伙人组成，合伙人对合伙企业债务原则上承担无限连带责任的合伙企业。国有独资公司、国有企业、上市公司以及公益性的事业单位、社会团体不得成为普通合伙人。② 普通合伙人可以用货币、实物、知识产权、土地使用权和其他财产权利出资，也可以用劳务出资。③ 普通合伙企业名称中应当标明"普通合伙"字样。④ 合伙企业不能清偿到期债务的，合伙人承担无限连带责任。由于合伙人承担无限连带责任，清偿数额超过其亏损分担比例的，有权向其他合伙人追偿。⑤ 合伙人发生与合伙企业无关的债务，相关债权人不得以其债权抵销其对合伙企业的债务；也不得代位行使合伙人在合伙企业中的权利。合伙人的自有财产不足清偿其与合伙企业无关的债务的，该合伙人可以以其从合伙企业中分取的收益用于清偿；债权人也可以依法请求人民法院强制执行该合伙人在合伙企业中的财产份额用于清偿。人民法院强制执行合伙人的财产份额时，应当通知全体合伙人，其他合伙人有优先购买权。(2) 有限合伙企业。① 除法律另有规定外，合伙

人为 2 个以上 50 个以下，且至少应当有 1 个普通合伙人。②有限合伙人可以用货币、实物、知识产权、土地使用权或者其他财产权利作价出资，但不得以劳务出资。③有限合伙企业名称中应当标明"有限合伙"字样。④在有限合伙企业中，普通合伙人对合伙企业债务承担无限连带责任，有限合伙人以其认缴的出资额为限对合伙企业债务承担责任。

例 3 - 1（单选）：下列关于合伙企业的说法，正确的是（   ）。

A. 合伙企业的合伙人只能是自然人

B. 合伙人必须一次全部缴付出资，不可以约定分期出资

C. 合伙企业名称中没有标明"普通"或者"有限"字样，视为普通合伙企业

D. 除法律另有规定外，有限合伙企业的合伙人为 2 个以上 50 个以下

【讲解】A 项表述中，合伙企业的合伙人不限于自然人，可以是法人或者其他组织，但如果是自然人，须具有完全民事行为能力。B 项表述中，合伙人可以约定出资的缴付期限，不一定非得一次性缴付出资。C 项表述中，合伙企业必须在名称中标明"普通"或者"有限"字样，否则不符合《合伙企业法》规定的设立条件。针对 D 项表述，《合伙企业法》第 61 条规定，有限合伙企业由 2 个以上 50 个以下合伙人设立；但是，法律另有规定的除外。普通合伙企业的合伙人的人数没有上述限制（但须 2 人以上）。

【答案】D

例 3 - 2（单选）：某有限合伙企业于 2017 年 2 月 1 日设立，2017 年 4 月 1 日张某作为有限合伙人入伙，张某认缴的出资额是 10 万元，占出资比例 10%，此时该有限合伙企业对外有 50 万元的到期债务。如果 2017 年 6 月 1 日该有限合伙企业解散，清算结果是，共有不能清偿到期债务 100 万元，张某应承担的数额是（   ）。

A. 5 万元   B. 10 万元   C. 12 万元   D. 50 万元

【讲解】《合伙企业法》第 77 条规定，新入伙的有限合伙人对入伙前有限合伙企业的债务，以其认缴的出资额为限承担责任。据此，张某于 2017 年 4 月 1 日作为有限合伙人入伙，其认缴的出资额为 10 万元，占比为 10%，则该合伙企业的总出资额为 100 万元。2017 年 6 月 1 日合伙企业解散，所欠债务为 100 万元，则张某应承担的数额为其认缴的出资额即 10 万元。可见，选 B 项。

【答案】B

※ **【重点难点】** 普通合伙企业事务的执行：（1）除合伙协议另有约定外，合伙人向合伙人以外的人转让其在合伙企业中的全部或者部分财产份额时，须经其他合伙人一致同意。合伙人之间转让在合伙企业中的全部或者部分财产份额时，应当通知其他合伙人。合伙人向合伙人以外的人转让其在合伙企业中的财产份额的，在同等条件下，其他合伙人有优先购买权；但是，合伙协议另有约定的除外。（2）合伙人以其在合伙企业中的财产份额出质的，须经其他合伙人一致同意；未经其他合伙人一致同意，其行为无效，由此给善意第三人造成损失的，由行为人依法承担赔偿责任。（3）合伙人对执行合伙事务享有同等的权利。（4）执行合伙事务的合伙人有权对外代表合伙企业从事经营活动等民事行为，由此产生的法律后果归属于合伙企业，责任应当由全体合伙人承担。合伙企业在授予某人合伙事务执行权时，也可以对其权限加以适当限制。但合伙企业对合伙人执行合伙事务以及对外代表合伙企业权利的限制，不得对抗善意第三人。（5）合伙企业还可以聘任合伙人以外的经营管理人员，被聘任的合伙企业的经营管理人员应当在合伙企业授权范围内履行职务。被聘任的合伙企业的经营管理人员，超越合伙企业授权范围履行职务，或者在履行职务过程中因故意或者重大过失给合伙企业造成损失的，依法承担赔偿责任。（6）除合伙协议另有约定外，合伙企业的下列事项应当经全体合伙人一致同意：①改变合伙企业的名称；②改变合伙企业的经营范围、主要经营场所的地点；③处分合伙企业的不动产；④转让或者处分合伙企业的知识产权和其他财产权利；⑤以合伙企业名义为他人提供担保；⑥聘任合伙人以外的人担任合伙企业的经营管理人员。（7）合伙人不得自营或者同他人合作经营与本合伙企业相竞争的业务。（8）除合伙协议另有约定或者经全体合伙人一致同意外，合伙人不得同本合伙企业进行交易。但如果在合伙协议中有约定或经全体合伙人同意，或者事后得到了全体合伙人的追认，该行为仍然有效。

例 3 - 3（单选）：某普通合伙企业委托合伙人李某单独执行合伙企业事务，李某定期向其他合伙人报告事务执行情况以及合伙企业的经营和财务状况。对于李某在执行合伙企业事务期间产生的亏损，应当承担责任的是（　　）。

A. 李某　　　　　　　　　　　　　B. 李某和有过错的第三人

C. 提议委托李某的合伙人　　　　　D. 全体合伙人

【讲解】由一个或者数个合伙人执行合伙事务的，执行事务合伙人应当定期向其他合伙人报告事务执行情况以及合伙企业的经营和财务状况，其执行合伙事务所产生的收益归合伙企业，所产生的费用和亏损由合伙企业承担。

【答案】D

例 3 - 4（单选）：甲为 A 普通合伙企业的合伙人，因故欠合伙人以外的乙人民币 20 万元，无力用个人财产清偿。乙在不满足于甲用从 A 合伙企业分得的收益偿还其债务的情况下，可以采取的合法行为是（　　）。

A. 代位行使甲在 A 合伙企业的权利

B. 请求人民法院强制执行甲在 A 合伙企业的财产份额用于清偿

C. 请求抵销所欠 A 合伙企业的部分货款

D. 直接变卖甲在 A 合伙企业的财产份额用于清偿

【讲解】A 项表述中，合伙企业中某一合伙人的债权人，不得代位行使该合伙人在合伙企业中的权利。针对 B 项表述，《合伙企业法》第 42 条第 1 款规定，合伙人的自有财产不足清偿其与合伙企业无关的债务的，该合伙人可以以其从合伙企业中分取的收益用于清偿；债权人也可以依法请求人民法院强制执行该合伙人在合伙企业中的财产份额用于清偿。C 项表述中，合伙企业中某一合伙人的债权人，不得以该债权抵销其对合伙企业的债务。D 项表述中，债权人无权自行行使强制执行，必须通过法律规定的程序进行。

【答案】B

例 3 - 5（多选）：甲、乙、丙三人投资设立了一家普通合伙企业。后甲在向丁借款时，以其在合伙企业中的财产份额出质，合伙人乙和丙得知后表示反对。对此，下列表述正确的有（　　）。

A. 甲的出质行为有效

B. 甲的出质行为无效

C. 如果因出质行为无效给丁造成损失，合伙企业应当承担赔偿责任

D. 如果因出质行为无效给丁造成损失，甲应当承担赔偿责任

【讲解】合伙人以其在合伙企业中的财产份额出质的，须经其他合伙人一致同意；未经其他合伙人一致同意，其行为无效，由此给善意第三人造成损失的，由行为人依法承担赔偿责任。

【答案】BD

※ **【重点难点】**普通合伙企业的入伙和退伙：(1) 新合伙人入伙，除合伙协议另有约定外，应当经全体合伙人一致同意。入伙的新合伙人与原合伙人享有同等权利，承担同等责任。入伙协议另有约定的，从其约定。新合伙人对入伙前合伙企业的债务承担无限连带责任。(2) 退伙分为声明退伙（自愿退伙）、法定退伙（当然退伙）和除名退伙（强制退伙）。合伙协议约定合伙期限的，在合伙企业存续期间，有下列情形之一的，合伙人可以退伙：①合伙协议约定的退伙事由出现；②经全体合伙人一致同意；③发生合伙人难以继续参加合伙的事由；④其他合伙人严重违反合伙协议约定的义务。合伙协议未约定合伙期限的，合伙人在不给合伙企业事务执行造成不利影响的情况下，可以退伙，但应当提前 30 日通知其他合伙人。合伙人有下列情形之一的，当然退伙：①作为合伙人的自然人死亡或者被依法宣告死亡；②个人丧失偿债能力；③作为合伙人的法人或者其他组织依法被吊销营业执照、责令关闭、撤销，或者被宣告破产；④法律规定或者合伙协议约定合伙人必须具有相关资格而丧失该资格；⑤合伙人在合伙企业中的全部财产份额被人民法院强制执行。合伙人有下列情形之一的，经其他合伙人一致同意，可以决议将其除名：①未履行出资义务；②因故意或者重大过失给合伙企业造成损失；③执行合伙事务时有不正当行为；④发生合伙协议约定的事由。对

合伙人的除名决议应当书面通知被除名人。被除名人接到除名通知之日起，除名生效，被除名人退伙。被除名人对除名决议有异议的，可以自接到除名通知之日起 30 日内，向人民法院起诉。（3）退伙后的责任承担。退伙人对基于其退伙前的原因发生的合伙企业债务，承担无限连带责任。对于合伙经营期间发生亏损，合伙人退出合伙时未按约定分担或者未合理分担合伙债务的，退伙人对原合伙的债务，应当承担清偿责任；退伙人已分担合伙债务的，对其参加合伙期间的全部债务仍负连带责任。

例 3-6（单选）： 下列情形中，不属于普通合伙人被除名的情形是（　　）。

A. 合伙人甲在执行合伙事务中有贪污合伙企业财产的行为

B. 合伙人乙认缴的出资没有按约定缴付

C. 合伙人丙因重大过失给合伙企业造成损失

D. 合伙人丁个人丧失偿债能力

【讲解】 A、B、C 项表述属于普通合伙人被除名的情形。D 项表述属于当然退伙的情形，而非除名退伙的情形。

【答案】 D

例 3-7（多选）： 普通合伙企业的合伙人发生的下列情形中，属于协议退伙的有（　　）。

A. 合伙人未履行出资义务

B. 发生合伙人难以继续参加合伙的事由

C. 合伙人故意给合伙企业造成损失

D. 合伙协议约定的退伙事由出现

【讲解】 针对 B、D 项表述，合伙人有下列情形之一的，为协议退伙：（1）合伙协议约定的退伙事由出现；（2）经全体合伙人一致同意；（3）发生合伙人难以继续参加合伙的事由；（4）其他合伙人严重违反合伙协议约定的义务。A、C 项表述属于除名退伙的情形。

【答案】 BD

※【重点难点】 特殊类型的普通合伙企业。（1）一个合伙人或者数个合伙人在执业活动中因故意或者重大过失造成合伙企业债务的，应当承担无限责任或者无限连带责任，其他合伙人以其在合伙企业中的财产份额为限承担责任。合伙人在执业活动中非因故意或者重大过失造成的合伙企业债务以及合伙企业的其他债务，由全体合伙人承担无限连带责任。（2）合伙人执业活动中因故意或者重大过失造成的合伙企业债务，以合伙企业财产对外承担责任后，该合伙人应当按照合伙协议的约定对给合伙企业造成的损失承担赔偿责任。

例 3-8（多选）： 甲、乙、丙三人共同设立一医师事务所，该事务所属于特殊类型的普通合伙企业。甲在给一患者诊疗时，因重大过失导致患者死亡，需要给患者家属支付赔偿金。该赔偿金应由（　　）。

A. 甲承担全部责任

B. 甲、乙、丙承担无限连带赔偿责任

C. 甲承担无限责任，乙、丙承担有限责任

D. 甲承担无限责任，乙、丙承担补充责任

【讲解】 甲存在重大过失，应当承担无限责任，其他合伙人以其在合伙企业中的财产份额为限承担责任，即其他合伙人承担有限责任。

【答案】 C

※【重点难点】 有限合伙企业的事务执行。（1）有限合伙人不执行合伙事务，不得对外代表有限合伙企业。有限合伙人的下列行为，不视为执行合伙事务：①参与决定普通合伙人入伙、退伙；②对企业的经营管理提出建议；③参与选择承办有限合伙企业审计业务的会计师事务所；④获取经审计的有限合伙企业财务会计报告；⑤对涉及自身利益的情况，查阅有限合伙企业财务会计账簿等财务资料；⑥在有限合伙企业中的利益受到侵害时，向有责任的合伙人主张权利或者提起诉讼；⑦执行事务合伙人怠于行使权利时，督促其行使权利或者为了本企业的利益以自己的名义提起诉

讼；⑧依法为本企业提供担保。（2）有限合伙人可以同本有限合伙企业进行交易；但是，合伙协议另有约定的除外。（3）有限合伙人可以自营或者同他人合作经营与本有限合伙企业相竞争的业务；但是，合伙协议另有约定的除外。（4）第三人有理由相信有限合伙人为普通合伙人并与其交易的，该有限合伙人对该笔交易承担与普通合伙人同样的责任。有限合伙人未经授权以有限合伙企业名义与他人进行交易，给有限合伙企业或者其他合伙人造成损失的，该有限合伙人应当承担赔偿责任。（5）有限合伙人可以将其在有限合伙企业中的财产份额出质；但是，合伙协议另有约定的除外。（6）有限合伙人可以按照合伙协议的约定向合伙人以外的人转让其在有限合伙企业中的财产份额，但应当提前30日通知其他合伙人。（7）有限合伙人的自有财产不足清偿其与合伙企业无关的债务的，该合伙人可以以其从有限合伙企业中分取的收益用于清偿；债权人也可以依法请求人民法院强制执行该合伙人在有限合伙企业中的财产份额用于清偿。人民法院强制执行有限合伙人的财产份额时，应当通知全体合伙人。在同等条件下，其他合伙人有优先购买权。

例3-9（多选）：有限合伙人实施的下列行为中，不视为执行合伙企业事务的是（　　）。

A. 参与决定普通合伙人入伙、退伙　　　B. 获取经审计的有限合伙企业财务会计报告

C. 依法为本企业提供担保　　　D. 对企业的经营管理提出建议

【讲解】根据《合伙企业法》第68条规定，以上四项均不视为有限合伙人执行企业事务。

【答案】ABCD

※【重点难点】合伙合同：（1）合伙人应当按照约定的出资方式、数额和缴付期限，履行出资义务。（2）合伙人的出资、因合伙事务依法取得的收益和其他财产，属于合伙财产。合伙合同终止前，合伙人不得请求分割合伙财产。（3）合伙人不得因执行合伙事务而请求支付报酬，但是合伙合同另有约定的除外。（4）合伙人对合伙期限没有约定或者约定不明确，依据《民法典》第510条的规定仍不能确定的，视为不定期合伙。合伙期限届满，合伙人继续执行合伙事务，其他合伙人没有提出异议的，原合伙合同继续有效，但是合伙期限为不定期。合伙人可以随时解除不定期合伙合同，但是应当在合理期限之前通知其他合伙人。

例3-10（单选）：甲、乙、丙、丁签订书面合伙合同，约定四人各出资10万元成立普通合伙企业。甲、乙、丙、丁实施的下列行为中，符合民法规定的是（　　）。

A. 甲没有按照约定出资，乙可以甲未按照约定出资为由拒绝出资

B. 在合伙合同终止前，丙有权提出分割合伙财产

C. 丁可因执行合伙事务而有权请求合伙企业支付报酬

D. 甲、乙、丙、丁对合伙合同的期限没有约定

【讲解】《民法典》第968条规定，合伙人应当按照约定的出资方式、数额和缴付期限，履行出资义务。据此，乙不得以任何借口拒绝履行出资义务，A项表述的行为不符合民法规定。《民法典》第969条第2款规定，合伙合同终止前，合伙人不得请求分割合伙财产。据此，B项表述的行为不符合民法规定。《民法典》第971条规定，合伙人不得因执行合伙事务而请求支付报酬，但是合伙合同另有约定的除外。据此，C项表述的行为不符合民法规定。《民法典》第976条第1、2款规定，合伙人对合伙期限没有约定或者约定不明确，依据本法第510条的规定仍不能确定的，视为不定期合伙。合伙期限届满，合伙人继续执行合伙事务，其他合伙人没有提出异议的，原合伙合同继续有效，但是合伙期限为不定期。据此，合伙合同可以不约定合伙期限。可见，D项表述符合民法规定，选D项。

【答案】D

例题拓展

例3-11（单选）：甲企业是由自然人乙和私营独资企业丙各出资50万元设立的普通合伙企业，

由于经营亏损，甲企业仅有剩余资产40万元。对于甲企业欠丁公司的100万元债务，下列说法正确的是（　　）。

A. 丁公司只能请求乙和丙按照剩余资产的比例各自承担20万元债务

B. 丁公司只能请求甲企业以其剩余资产40万元承担债务

C. 丁公司应当先请求甲企业以40万元剩余资产清偿债务，不足部分由乙、丙按照各自的出资比例承担债务

D. 丁公司可请求甲企业以40万元剩余资产清偿债务，不足部分由乙、丙承担连带责任

【讲解】《民法典》第104条规定，非法人组织的财产不足以清偿债务的，其出资人或者设立人承担无限责任。法律另有规定的，依照其规定。《合伙企业法》第38条、第39条、第40条规定，合伙企业对其债务，应先以其全部财产进行清偿。合伙企业不能清偿到期债务的，合伙人承担无限连带责任。合伙人由于承担无限连带责任，清偿数额超过其亏损分担比例的，有权向其他合伙人追偿。

【答案】D

专题四　民事法律行为与意思表示

※【重点难点】民事法律行为是指民事主体以意思表示的方式设立、变更或者终止民事法律关系的行为。（1）民事法律行为具有如下特征：①民事法律行为以意思表示为基本要素。②民事法律行为以设立、变更或者终止民事权利和民事义务为目的。（2）意思表示是指向外部表明意欲发生一定私法上效果的意思的行为。例如向厂商发送订货单、拍卖会上举牌竞买、在餐厅点餐、乘坐公交车刷卡等，都是意思表示。意思表示是民事法律行为的必备构成要素，没有意思表示就没有民事法律行为。意思表示并不等于民事法律行为，有了意思表示，也并不意味着民事法律行为的成立。单方行为可因一个意思表示要素的满足而成立，而双方行为（例如合同）除需要两个相对的意思表示满足成立要素外，尚需要两个意思表示达成一致才能成立。

例4-1（单选）：下列选项中，构成民事法律行为中的意思表示的是（　　）。

A. 甲向乙公司发传真，表示订购电脑10台

B. 教授甲在教室外张贴广告，告知有意购买其一部新著的，可在门口签字簿上签名。乙未留意该广告，便在签字簿上签名

C. 甲邀请朋友乙到家里吃饭，乙爽快地答应一定赴约。但当日乙爽约

D. 甲在拍卖场所不知道交易规则，向好朋友举手示意

【讲解】A项表述中，甲向乙发出要约，具有订立买卖合同的目的，并能够产生私法上的效果，因而属于意思表示。B项表述中，乙签名时欠缺表示意思，不构成意思表示。民事法律行为中的意思表示必须具备表示意思要素，表示意思是构成意思表示的要素之一。所谓表示意思，是指意思表示人认识到其行为具有某种法律意义上的意义。比如A项表述的"甲向乙公司发传真，表示订购电脑10台"，甲对其订购10台电脑的行为所产生的法律意义具有认知，如果没有认知，则因欠缺表示意思而不能认定为意思表示。C项表述中，乙虽然答应赴约，但因欠缺受法律约束的效果意思要素，不构成意思表示。效果意思要素也是意思表示的构成要素之一。所谓效果意思，是指意思表示人使其意思能够引起法律效力的意思，是当事人所追求的使其发生法律拘束力的意图。乙"答应赴约"，这欠缺受到法律拘束的"效果意思"，因而不是意思表示。D项表述中，甲在拍卖场所不知道交易规则，向朋友举手示意，因不具有表示意思而不构成竞买行为。

【答案】A

※【重点难点】意思表示的生效：（1）无相对人的意思表示，表示完成时生效。法律另有规定的，依照其规定。例如，抛弃所有权，抛弃行为完成，意思表示即生效。再如，设立遗嘱，依遗嘱

人一方意思表示即可成立。（2）有相对人的意思表示。①以对话方式作出的意思表示，相对人知道其内容时生效。②以非对话方式作出的意思表示，到达相对人时生效。③以非对话方式作出的采用数据电文形式的意思表示，其生效分为两种情形：其一，相对人指定了特定的系统接收数据电文的，该意思表示自该数据电文进入该特定系统时生效；其二，相对人未指定特定的系统接收数据电文的，则自相对人知道或者应当知道该数据电文进入其系统时生效。（3）以公告方式作出的意思表示，公告发布时生效。

例4-2（单选）： 有相对人的非对话意思表示需要通过传达媒介才能到达对方当事人，则该意思表示的生效时间为（　　　）。

A. 相对人了解意思表示的内容时　　　　B. 意思表示通过公告方式作出时

C. 意思表示到达相对人时　　　　　　　D. 表意人完成其表意行为时

【讲解】 有相对人的意思表示，如果以非对话方式作出的，到达相对人时生效。

【答案】 C

例4-3（单选）： 下列选项中，意思表示尚未发生法律效力的是（　　　）。

A. 初中生甲因为考试不及格，一怒之下将自己书包扔掉

B. 甲商场发布商业广告，称"本商场促销洗衣机50台，价格优惠，欲购从速"

C. 甲公司已将欲购买打字机意愿的信件寄送至乙公司收发室

D. 甲公司通过传真向乙公司发出购置家具的要约，但乙公司并没有指定特定系统，也不知晓甲公司发出传真的事实

【讲解】 A项表述中，抛弃所有权系单方行为，无相对人，对于无相对人的意思表示，意思表示表示完成时生效。B项表述中，以公告方式作出的意思表示，公告发布时生效。甲商场的广告已经发布，意思表示已经生效。C项表述中，信件属于以非对话方式作出的意思表示，采取到达主义，既然信件已发送至乙公司的收发室，即使相关人员未及时取阅，仍视为信件到达，意思表示生效。D项表述中，以非对话方式作出的采用数据电文形式的意思表示，相对人未指定特定的系统接收数据电文的，则自相对人知道或者应当知道该数据电文进入其系统时生效。

【答案】 D

※【重点难点】 意思表示的解释：（1）意思表示解释的原则：折中主义。有相对人的意思表示的解释，应当按照所使用的词句，结合相关条款、行为的性质和目的、习惯以及诚信原则，确定意思表示的含义。无相对人的意思表示的解释，不能完全拘泥于所使用的词句，而应当结合相关条款、行为的性质和目的、习惯以及诚信原则，确定行为人的真实意思。（2）意思表示解释的方法。当事人对合同条款的理解有争议的，应当按照合同所使用的词句、合同的有关条款、合同的目的、交易习惯以及诚实信用原则，确定该条款的真实意思。合同文本采用两种以上文字订立并约定具有同等效力的，对各文本使用的词句推定具有相同含义。各文本使用的词句不一致的，应当根据合同的目的予以解释。

例4-4（多选）： 2016年甲向乙借款5万元，借据中有"借期一年，明年十月十五日前还款"字样，落款时间为"丁酉年九月十日"。后来二人就还款期限发生争执，法院查明"丁酉年九月十日"即2017年10月29日，故认定还款期限为2017年10月29日。该案中法院适用的解释方法有（　　　）。

A. 目的解释　　　　B. 文义解释　　　　C. 习惯解释　　　　D. 体系解释

【讲解】 A项表述中，本题并非为追求合同达到的目的上有分歧（借款合同本身达成的还款目的不存在分歧），只是文字用语含义上存在分歧，因而不能适用目的解释。B项表述中，法院通过对比查明"丁酉年九月十日"就是2017年10月29日，这是文义解释。C项表述中，习惯解释是指在合同文字或条款的含义发生歧义时，按照习惯和惯例的含义予以明确；在合同存在漏洞，致使当事人的权利义务不明确时，参照习惯和惯例加以补充。本案不存在交易习惯上的争议，也不存在合同漏洞，不适用习惯解释。D项表述中，法院将全部合同条款和构成部分看作一个统一的整体，从各个合同条款及构成部分的相互关联、所处的地位和总体联系上阐述当事人有争议的合同用语的含义，因而是体系解释。

【答案】BD

※【重点难点】附条件和附期限的民事法律行为：（1）条件与期限的区别。条件与期限都涉及将来的事实，但事实是否确定会发生是二者的关键区别，事实必然发生的（确定性），是期限；事实发生与否并不确定，也可能发生，也可能不发生的，是期限。（2）禁止附条件和禁止附期限的民事法律行为。①身份行为，如婚姻、收养、认领等涉及身份关系的法律行为，不得附条件和附期限。②形成权的行使，如行使解除权、撤销权、追认权等形成权，不得附条件和附期限。（3）条件的类型：延缓条件和解除条件。延缓条件是指民事法律行为中所确定的民事权利和民事义务，要在所附条件成就时发生法律效力的条件。附延缓条件的效力表现在，该民事法律行为已经成立，但未生效，条件成就，该民事法律行为生效；条件不成就，则一直不生效。解除条件是指民事法律行为中所确定的民事权利和民事义务，在所附条件成就时，就失去法律效力的条件。附解除条件的民事法律行为，在所附条件成就以前，已经发生法律效力，行为人已经开始行使权利和承担义务，当条件成就时，权利和义务则失去法律效力；当条件不成就时，民事法律行为则仍然有效。（4）附条件民事法律行为的法律后果：附条件的民事法律行为，当事人为自己的利益不正当地阻止条件成就的，视为条件已成就；不正当地促成条件成就的，视为条件不成就。

例4-5（单选）：甲、乙二人约定，如果甲考上大学，乙就送给甲一台电脑。甲、乙的约定属于（　　）。

A. 延缓条件　　　　B. 解除条件　　　　C. 始期　　　　D. 终期

【讲解】甲、乙二人约定的"如果甲考上大学，乙就送给甲一台电脑"这一事实，是否发生并不确定，因而是附条件的民事法律行为，而非附期限的民事法律行为。甲、乙二人约定的赠与合同，必须在甲考上大学这一事实成就时才能发生效力，因而是延缓条件。

【答案】A

例4-6（单选）：下列选项中，应认定为附条件的民事法律行为的是（　　）。

A. 甲在与保险公司签订的合同中约定"发生保险事故时，保险公司赔偿保险金"

B. 甲、乙在房屋买卖合同中约定"双方到房产部门办理过户手续后，房屋所有权转移"

C. 甲男、乙女二人约定，如果乙答应与甲继续非法同居，甲将房屋赠给乙

D. 甲、乙二人约定，甲赠与乙紫砂壶一把，该合同在乙结婚时生效

【讲解】A、B项表述中，条件应当是当事人选定（商定）的事实，具有非法定性。法律规定或基于行为性质所决定的事实，不能成为民事法律行为所附的条件。赔付保险金是保险法明确规定成立保险合同的法定条件，具有法定性，不能成为所附条件。房屋所有权转移必须办理登记过户手续，否则不发生所有权转移的法律效果，因此，房屋登记手续是所有权转移的法定条件，不得成为所附条件。故A、B项表述的情形都不能认定为附条件的民事法律行为。C项表述中，条件具有合法性，违法的或者违背公序良俗的事实不得成为所附条件。D项表述中，乙能否结婚不能确定，因而是附条件的民事法律行为。

【答案】D

例题拓展

例4-7（多选）：下列选项中，构成民事法律行为中意思表示的是（　　）。

A. 甲被麻醉而失去知觉，乙将其指纹按在尚未签名的合同书上

B. 甲对乙说："如果我考上研究生，一定请你吃饭"

C. 甲向一台售货机投币购买一杯冰淇淋

D. 甲在寻物启事中称，愿意向送还者付酬金2 000元

【讲解】行为意思是意思表示的构成要素之一。所谓行为意思，是指行为人自觉地从事某项行

为的意思。例如，行为人在路边招呼出租车，具有自觉性，表明具有行为意思，属于民事法律行为中的意思表示。A项表述中，甲被麻醉，无行为意思，也就不能认定为意思表示。B项表述中，甲对乙的表示欠缺效果意思，不能成立意思表示。C项表述中，甲有购买的意思，并能产生私法上的效果，属于意思表示。D项表述中，甲有支付报酬的意思，并能产生私法上的效果，属于意思表示。

【答案】 CD

例4-8（多选）： 甲公司员工魏某在公司年会抽奖活动中中奖，依据活动规则，公司资助中奖员工子女次年的教育费用，如员工离职，则资助失效。对此，下列表述正确的有（　　）。

A. 甲公司与魏某成立附条件赠与

B. 甲公司与魏某成立附义务赠与

C. 如魏某次年离职，甲公司没有给付义务

D. 如魏某次年未离职，甲公司在给付前可撤销资助

【讲解】 A项表述中，甲公司以员工的离职作为教育费用赠与合同的失效条件，属于附解除条件的民事法律行为。针对B项表述，《民法典》第661条第2款规定，赠与附义务的，受赠人应当按照约定履行义务。据此，魏某并不负有不离职的义务，不构成附义务赠与。根据《民法典》第663条第1款第3项的规定，受赠人不履行赠与合同约定的义务的，赠与人可以撤销赠与。由此可见，附义务赠与的失效需以赠与人行使撤销权为前提，根据题目给定的信息："如员工离职，则资助失效"，显然员工离职之时资助自动失效，与赠与人是否实际行使撤销权并无关系。C项表述中，附解除条件的合同，自条件成就时失效。如果魏某次年离职，则法律行为所附解除条件成就，赠与合同即失去效力，甲公司无义务再履行。针对D项表述，《民法典》第658条规定，赠与人在赠与财产的权利转移之前可以撤销赠与。经过公证的赠与合同或者依法不得撤销的具有救灾、扶贫、助残等公益、道德义务性质的赠与合同，不适用前款规定。据此，魏某次年未离职，赠与合同仍然有效，但由于甲公司对员工的抽奖福利待遇，系履行道德义务的赠与，有助于增强员工的归属感并提高工作的积极性，在不存在法定撤销情形前提下，甲公司无权在赠与财产的权利转移之前任意撤销赠与。

【答案】 AC

专题五　民事法律行为的效力

※**【重点难点】** 具备下列条件的民事法律行为有效：（1）行为人具有相应的民事行为能力。（2）意思表示真实。（3）不违反法律、行政法规的强制性规定，不违背公序良俗。

例5-1（单选）： 甲17岁，以个人积蓄中的800元从一位明星手中购买该明星穿戴过的一副手套。甲的行为（　　）。

A. 有效　　　　　　B. 无效　　　　　　C. 可撤销　　　　　　D. 效力待定

【讲解】 《民法典》第22条规定，不能完全辨认自己行为的成年人为限制民事行为能力人，实施民事法律行为由其法定代理人代理或者经其法定代理人同意、追认；但是，可以独立实施纯获利益的民事法律行为或者与其智力、精神健康状况相适应的民事法律行为。据此，甲是限制民事行为能力人，其所实施的购买手套的行为与其智力、精神健康状况相适应，因而应当认定为有效。

【答案】 A

例5-2（单选）： 甲培训机构与乙达成协议，约定乙交费3.5万元，甲机构保证乙在研究生考试中政治的分数高于75分，若未达到该目标，全额退费。结果考试过后，乙分数并未达标。甲机构与乙签订的合同的效力为（　　）。

A. 有效　　　　　　B. 无效　　　　　　C. 可撤销　　　　　　D. 效力待定

【讲解】甲机构与乙签订的合同有效，因为当事人订立的合同为双方真实的意思表示，且不违反法律、行政法规的强制性规定，也不违背公序良俗，应当认定为有效。

【答案】A

※【重点难点】无效民事法律行为：（1）无效的民事法律行为的情形有：①无民事行为能力人实施的民事法律行为无效。②行为人与相对人以虚假的意思表示实施的民事法律行为无效。以虚假的意思表示隐藏的民事法律行为的效力，依照有关法律规定处理。③违反法律、行政法规的强制性规定和违背公序良俗的民事法律行为无效。④恶意串通的民事法律行为无效。（2）民事法律行为部分无效，不影响其他部分效力的，其他部分仍然有效。

例5-3（单选）：甲被乙打成重伤，支付医药费5万元。甲与乙达成如下协议："乙向甲赔偿医药费5万元。甲不得告发乙。"甲获得5万元赔偿后，向公安机关报案，后乙被判刑。甲、乙之间签订协议的效力为（ ）。

A. 有效　　　　　　B. 部分有效　　　　　　C. 无效　　　　　　D. 可撤销

【讲解】和解协议中"甲不得告发乙"的封口协议因违背公序良俗而无效，但不影响其他部分效力，故乙赔偿5万元的部分应当认定为有效。

【答案】B

例5-4（单选）：甲违规在地铁站站口摆地摊售卖凉粉和油饼，过客乙、丙等人纷纷购买。此时，甲的地摊设备因违章经营而被没收。则甲与乙、丙等人签订的买卖合同的效力为（ ）。

A. 有效　　　　　　B. 部分有效　　　　　　C. 效力待定　　　　　　D. 无效

【讲解】甲与乙、丙等人签订的买卖合同的效力为有效。禁止违章经营的规范旨在市场管理，而非禁止交易本身，故违反的并非是效力性强制规范，而是管理性强制规范，因而并不影响甲与乙、丙等人之间签订的买卖合同的效力。

【答案】A

例5-5（多选）：下列选项中，属于无效民事法律行为的是（ ）。

A. 甲、乙系夫妻，二人为了规避房屋限购政策而虚假离婚

B. 甲、乙双方为了在办理房屋过户登记时避税，将实际成交价为150万元的房屋买卖价格写为100万元

C. 发包人甲与承包人乙签订建设工程施工"黑白合同"，实际价款与备案合同不一致

D. 甲到朋友乙家做客，见乙有一珍贵古玩，爱不释手，乙随意表示："如喜爱可以相赠。"甲当即表示接受

【讲解】针对A项表述，《民法典》第146条第1款规定，行为人与相对人以虚假的意思表示实施的民事法律行为无效。虚假的民事法律行为是指行为人与相对人共同实施了虚假的民事法律行为，也称为通谋虚伪表示、虚假表示。A项表述中，甲、乙二人为规避房屋限购政策而通谋，属于虚假表示，是无效民事法律行为。针对B项表述，《民法典》第146条第2款规定，以虚假的意思表示隐藏的民事法律行为的效力，依照有关法律规定处理。隐藏的民事法律行为简称为隐藏行为，是指表意人为虚假的意思表示，但其真意为发生另外法律效果的意思表示。典型的隐藏行为是"阴阳合同"或者"黑白合同"。B项表述中，甲、乙之间买卖合同的价款为100万元为通谋虚伪表示，应当认定为无效，但通谋虚伪表示背后隐藏的150万元成立的房屋买卖合同负有民事法律行为成立的有效条件，因而应当认定为有效。总之，隐藏行为不能一概认定为有效，但也不能一概认定为无效，得从不同的角度出发，从而得出不同的结论。C项表述也存在"黑白合同"的问题，如前所述，对于"黑白合同"，通谋虚伪表示无效，但通谋虚伪表示背后所隐藏行为的效力，依照法律规定办理。换言之，隐藏行为也可能有效，也可能无效。参照《最高人民法院关于审理建设工程施工合同纠纷案件适用法律问题的解释》第21条规定：当事人就同一建设工程另行订立的建设工程施工合同与经过备案的中标合同实质性内容不一致的，应当以备案的中标合同作为结算工程价款的根据。据此，备案的中标合同实际上是通谋虚伪表示，理论上应当认定为无效，但上述所参照的司法解释第21条将此通谋虚伪表示认定为有效，换言之，通谋虚伪表示所备案的中标合同，仍作为结

算价款的依据，以维护招标投标程序的权威性及社会公共利益。这应当看作是通谋虚伪表示"例外"有效的情形。D项表述属于单独虚伪表示（真意保留）。真意保留是指表意人把真实意思保留心中，所作出的表示行为并不反映其真实意思，是一种自知非真的意思表示。真意保留是一方对自己的意思表示有所保留，但对方当事人对此并不知晓，即相对人并不知晓行为人的表示是虚假意思。一般认为，在真意保留的情况下，该意思表示仍然有效，但如果相对人明知该表意人为虚伪意思表示，则该意思表示无效。D项表述中，甲应当知道，乙的意思并非真意，因此，甲不得以乙作出了赠与的意思表示而取走该古玩。换言之，乙的意思表示无效，因而其赠与属于无效的民事法律行为。

【答案】AD

※**【重点难点】**可撤销民事法律行为：（1）可撤销的民事法律行为一旦被撤销，从民事法律行为开始时起，就没有法律约束力。（2）可撤销的民事法律行为的情形有：①基于重大误解实施的民事法律行为。②因受欺诈实施的民事法律行为。包括：其一，一方以欺诈手段，使对方在违背真实意思的情况下实施的民事法律行为，受欺诈方有权请求人民法院或者仲裁机构予以撤销；其二，第三人实施欺诈行为，使一方在违背真实意思的情况下实施的民事法律行为，对方知道或者应当知道该欺诈行为的，受欺诈方有权请求人民法院或者仲裁机构予以撤销。③一方或者第三人以胁迫手段，使对方在违背真实意思的情况下实施的民事法律行为。④一方利用对方处于危困状态、缺乏判断能力等情形，致使民事法律行为成立时显失公平的，受损害方有权请求人民法院或者仲裁机构予以撤销。（3）撤销权只能通过诉讼方式行使，有下列情形之一的，撤销权消灭：①当事人自知道或者应当知道撤销事由之日起1年内、重大误解的当事人自知道或者应当知道撤销事由之日起90日内没有行使撤销权；②当事人受胁迫，自胁迫行为终止之日起1年内没有行使撤销权；③当事人知道撤销事由后明确表示或者以自己的行为表明放弃撤销权。当事人自民事法律行为发生之日起5年内没有行使撤销权的，撤销权消灭。

例5-6（单选）：下列选项中，当事人可基于"重大误解"而撤销所实施的行为的有（　　）。

A. 甲将家具的标价4 000元一套看作是400元一套而出售

B. 乙立下遗嘱，误将好友李某的字画分配给继承人

C. 丙装修房屋，误以为陈某的地砖为自己的地砖，并予以使用

D. 丁在餐厅吃饭，误以为桌上的一杯咖啡是自己的，便一饮而尽

【讲解】A项表述属于重大误解。重大误解包括对行为性质、对方当事人、标的物性质（品种、数量、价格、质量、规格）等存在重大错误认识。价格误解属于重大误解。B项表述不是重大误解，重大误解不包括对标的物所有权人的认识错误。C项表述不是重大误解，误用地砖属于事实行为，并非民事法律行为，而重大误解属于民事法律行为中的"意思表示不一致"，既然不存在意思表示，无所谓重大误解。丙误用地砖，陈某可主张侵权。D项表述不是重大误解，丁的行为属于错误消耗他人之物，并非属于表意行为，不能适用重大误解，可根据不同情况适用侵权或者不当得利。

【答案】A

例5-7（单选）：甲的父亲患病急需用钱，乙趁机以低价迫使甲出售老宅一栋。甲为了筹集给父亲治病的资金，不得不答应乙的请求。甲、乙买卖老宅的行为在成立时属于（　　）。

A. 有效　　　　　B. 无效　　　　　C. 可撤销　　　　　D. 效力待定

【讲解】《民法典》第151条规定，一方利用对方处于危困状态、缺乏判断能力等情形，致使民事法律行为成立时显失公平的，受损害方有权请求人民法院或者仲裁机构予以撤销。据此，乙利用甲的父亲生病急需用钱的危困状态，迫使甲作出违背真实意思的表示，违反公平原则，构成显失公平。

【答案】C

例5-8（单选）：甲到异地出差期间，在古玩店看中一件宋代黑釉茶盏，甲爱不释手，但对是否属于真品表示怀疑。这时乙装作古玩收藏家进入古玩店，声称宋代茶盏为独家真品。甲信以为

真，便予以购买，实际上，该宋代黑釉茶盏是赝品。倘若古玩店知道乙在帮助自己推销赝品，则黑釉茶盏买卖合同的效力为（　　）。

A. 有效　　　　　　B. 无效　　　　　　C. 效力待定　　　　D. 可撤销

【讲解】《民法典》第149条规定，第三人实施欺诈行为，使一方在违背真实意思的情况下实施的民事法律行为，对方知道或者应当知道该欺诈行为的，受欺诈方有权请求人民法院或者仲裁机构予以撤销。据此，乙为第三人欺诈，由于古玩店知道乙在欺诈，甲有权主张撤销宋代黑釉茶盏的买卖合同。

【答案】D

※【重点难点】效力待定民事法律行为：（1）效力待定的民事法律行为包括两类：①限制民事行为能力人从事的依法不能从事的法律行为，其行为效力有待法定代理人确认。但限制民事行为能力人实施的纯获利益的民事法律行为或者与其年龄、智力、精神健康状况相适应的民事法律行为有效；实施的其他民事法律行为经法定代理人同意或者追认后有效。相对人可以催告法定代理人自收到通知之日起30日内予以追认。法定代理人未作表示的，视为拒绝追认。民事法律行为被追认前，善意相对人有撤销的权利。②行为人没有代理权、超越代理权或者代理权终止后，仍然实施代理行为，未经被代理人追认的，对被代理人不发生效力。相对人可以催告被代理人自收到通知之日起30日内予以追认。被代理人未作表示的，视为拒绝追认。行为人实施的行为被追认前，善意相对人有撤销的权利。（2）无权处分行为（主要指的是合同）是有效的。即当事人一方以出卖人在缔约时对标的物没有所有权或者处分权为由主张合同无效的，人民法院不予支持。出卖人因未取得所有权或者处分权致使标的物所有权不能转移，买受人请求出卖人承担违约责任或者请求解除合同并主张损害赔偿的，人民法院应予支持。

例5-9（单选）：甲今年10岁，其上网打游戏时，将其5万元压岁钱打赏给女主播乙。对于甲的打赏行为，应当认定为（　　）。

A. 有效　　　　　　B. 无效　　　　　　C. 可撤销　　　　　D. 效力待定

【讲解】甲为限制民事行为能力人，其打赏行为效力待定，选D项。如果其法定代理人事后予以追认，则打赏行为由效力待定状态转化为有效；如果其法定代理人事后宣告该赠与合同无效，则该打赏行为由效力待定状态转化为无效。

【答案】D

例5-10（单选）：甲与乙签署股权转让协议，约定甲将其对丙公司享有的90%股权转让给乙，乙支付1亿元股权受让款，但此前甲已将该股权转让给丁。甲、乙之间的股权转让协议的效力为（　　）。

A. 有效　　　　　　B. 无效　　　　　　C. 效力待定　　　　D. 可撤销

【讲解】股权转让协议有效。甲已将股权转让给丁，故甲与乙签订的股权转让协议为无权处分合同，但合同仍属有效。倘若乙无法获得股权，可以依据有效的合同追究甲的违约责任。

【答案】A

 例题拓展

例5-11（多选）：下列民事法律行为中，属于部分有效、部分无效的是（　　）。

A. 张某将其与女儿的财产一并写入自己所立的遗嘱中

B. 李某与范某签订一份房屋租赁合同，约定的租赁期限为30年

C. 陆某将其宅基地抵押给同村的刘某用于借款

D. 某医院与患者陈某签订医疗服务合同，约定"若出现医疗事故，医院概不负责"

【讲解】A项表述中，遗嘱中处分他人财产的部分无效，但处分自己的财产应当认定为有效。B

项表述中，租赁期限不得超过 20 年，否则超过 20 年期限的部分无效。C 项表述中，《民法典》第 399 条第 2 项明确禁止宅基地使用权抵押。陆某、刘某之间的抵押合同因违反法律的效力性强制性规定而无效。D 项表述中，医院与陈某签订的医疗合同是部分有效、部分无效。对于约定"若出现医疗事故，医院概不负责"，医疗事故免责属于人身伤害的免责条款，该条款无效；但倘若并未出现医疗事故，提供医疗服务及相关治疗费用等，都是有效条款。因而医院与陈某的约定属于部分有效、部分无效。

【答案】ABD

专题六　无权代理

※【重点难点】无权代理：(1) 无权代理不同于代理权的滥用。无权代理是行为人没有代理权而进行代理活动，而代理权的滥用是行为人有代理权但违背代理权行使规则而滥用代理权。滥用代理权的情形包括自己代理、双方代理和代理人与第三人恶意串通。(2) 无权代理的效力。行为人没有代理权、超越代理权或者代理权终止后，仍然实施代理行为，未经被代理人追认的，对被代理人不发生效力。相对人可以催告被代理人自收到通知之日起 30 日内予以追认。被代理人未作表示的，视为拒绝追认。行为人实施的行为被追认前，善意相对人有撤销的权利。撤销应当以通知的方式作出。行为人实施的行为未被追认的，善意相对人有权请求行为人履行债务或者就其受到的损害请求行为人赔偿，但是赔偿的范围不得超过被代理人追认时相对人所能获得的利益。相对人知道或者应当知道行为人无权代理的，相对人和行为人按照各自的过错承担责任。

例 6-1（单选）：甲到乙家聊天，乙出去应酬时甲帮其接听了丙打来的电话。丙欲向乙订购一批货物，请甲转告，甲应允。随后甲感到有利可图，没有向乙转告订购之事，而是自己低价购进了丙所需货物，以乙的名义交货并收取了丙的货款。关于甲将货物出卖给丙的行为的效力，应当认定为(　　)。

A. 有效　　　　　　B. 无效　　　　　　C. 效力待定　　　　　　D. 可撤销

【讲解】因无权代理而从事的民事法律行为属于效力待定的民事法律行为。本题中，甲并无代理权，但却以乙的名义与丙订立合同，构成无权代理，属于效力待定合同，故选 C 项。

【答案】C

例 6-2（多选）：下列选项中，构成无权代理行为的有(　　)。

A. 甲为服装店保洁员，在服装店店主外出期间，甲将五件连衣裙卖给顾客

B. 乙盗窃 A 公司公章后，以 A 公司的名义与 B 公司签订电脑买卖合同

C. 丙冒用张某的姓名从社会保障机构领取养老金并据为己有

D. 丁受公司委托从 C 公司购买 20 台电脑，丁与 C 公司商议将电脑价格每台提高 300 元，其中 100 元归丁

【讲解】A 项表述中，甲是保洁员，不具有销售服装的权限，但甲却销售五件连衣裙给顾客，甲的行为构成无权代理。B 项表述中，乙盗用 A 公司公章对外以 A 公司名义从事民事法律行为，乙没有代理权，构成无权代理。C 项表述不构成无权代理，因为丙并非以张某的名义领取养老金，而是冒用张某的名义，因而不构成无权代理。D 项表述中，丁有代理权，丁与 C 公司恶意串通损害被代理人的利益，属于代理权的滥用。

【答案】AB

※【重点难点】表见代理：(1) 表见代理实质是无权代理，但和狭义无权代理有别：在无权代理中，代理人无代理权而从事代理行为且无权代理行为不可能使相对人信赖其有代理权；在表见代理中，无权代理人从事的无权代理行为使善意相对人有正当理由相信其有代理权。此外，无权代理为效力待定民事法律行为，须经追认才能有效；表见代理为有效民事法律行为，无须追认。(2) 表

见代理的构成要件主要包括：①代理人无代理权。②该无权代理人有被授予代理权的外表或假象。③相对人有正当理由相信该无权代理人有代理权。④相对人基于信任而与该无权代理人成立法律行为。（3）相对人"有理由相信"有代理权的典型情形有：①行为人在双方以往的交易中均有代理权，而代理权终止后未及时通知。②被代理人以明示或默示方式向第三人表示行为人为代理人，但事实上未予授权。③被代理人与代理人的基础关系无效、被撤销或终止的，未采取必要措施并及时收回代理证书。④代理终止后，行为人持有被代理人的介绍信、盖有合同专用章或公章的空白合同。（4）有下列情形时，相对人不能主张表见代理：①行为人伪造他人的公章、合同书或者授权委托书等，假冒他人的名义实施民事法律行为的。②被代理人的公章、合同书或者授权委托书等遗失、被盗，或者与行为人特定的职务关系已经终止，并且已经以合理方式公告或者通知，相对人应当知悉的。

例6-3（多选）：下列选项中，构成表见代理的是（　　）。

A. 甲公司委托员工王某购买服装，王某与不知情且无过失的乙公司订立购买衣料的合同

B. 甲伪造乙公司的印章与不知情的丙公司签订购置木料的合同

C. 甲公司经常派主管销售业务的员工乙与丙公司订立合同。乙辞职后，又持有甲公司的公章与不知情的丙公司签订一份购买货物的合同

D. 丁公司的法定代表人超越公司章程规定的权限与戊公司签订价值达200万元的机床买卖合同

【讲解】 A项表述中，王某具有购买服装的代理权限，但不具有购买衣料的代理权限，因而王某的行为属于无权代理，相对人善意无过失，构成表见代理。B项表述中，对于伪造他人公章与相对人实施民事法律行为的，不构成表见代理。C项表述中，被代理人甲公司与代理人乙之间的代理关系已经终止，但具有证明代理权限的公章并未采取必要措施收回，致使相对人丙公司善意无过失地相信乙仍然具有代理权，构成表见代理。D项表述中，法定代表人的行为就是法人的行为，不能视为代理，也无所谓表见代理。

【答案】 AC

例6-4（多选）：吴某是甲公司员工，持有甲公司授权委托书。吴某与温某签订了借款合同，该合同由温某签名、吴某用甲公司合同专用章盖章。后温某请求甲公司还款。下列情形中，有助于甲公司否定吴某的行为构成表见代理的理由是（　　）。

A. 温某明知借款合同上的盖章是甲公司合同专用章而非甲公司公章，未表示反对

B. 温某未与甲公司核实，即将借款交与吴某

C. 吴某出示的甲公司授权委托书载明甲公司仅授权吴某参加投标活动

D. 吴某出示的甲公司空白授权委托书已届期

【讲解】 若甲公司否定吴某的行为构成表见代理，需要证明相对人温某欠缺足够的理由相信行为人吴某有代理权。A项表述中，借款合同上的盖章是甲公司合同专用章而非甲公司公章，符合通常惯例，相对人温某没有理由怀疑其欠缺代理权，因而不选A项。B项表述中，按照通常交易观念，因吴某持有甲公司的授权委托书，对方有理由相信行为人有代理权，无须进一步核实，故不影响表见代理的成立，不选B项。C、D项表述中，若甲公司授权委托书载明甲公司仅授权吴某参加投标活动或空白授权委托书已经期限届至的，合理相对人稍加查看授权委托书即可发现行为人欠缺代理权，进而排除表见代理的适用。

【答案】 CD

 例题拓展

例6-5（案例）：甲公司委托李某作为代理人到异地的乙公司购买香料，甲公司给李某开具加

盖公司印章的空白介绍信。李某与乙公司签订买卖合同后，乙公司才想到要求李某出具甲公司的授权文件，但李某将文件遗失。乙公司于是向甲公司催告，要求甲公司在30日内对李某的身份予以确认，甲公司未作任何答复，乙公司害怕香料价格波动，便将存货全部卖给丙公司。15日后，甲公司通知乙公司，确认李某是甲公司的代理人，并将文件遗失情况告知乙公司。由于乙公司已无香料存货，因而无法交货。甲公司认定乙公司违约。

请分析：

（1）如何认定李某和乙公司签订买卖合同时的效力？为什么？

（2）乙公司是否违约？为什么？

【参考答案】（1）李某和乙公司签订的买卖合同为效力待定合同。因为李某将甲公司授权的具有代理权的文件丢失，对于乙公司而言，李某是无权代理人，因无权代理订立的合同，是效力待定合同。

（2）乙公司并没有违约。因为乙公司是善意相对人，乙公司在甲公司追认之前有撤销合同的权利，而乙公司的行为已经表明其已经撤销该合同，因此，乙公司并未违约。

例6-6（案例）：齐某为某瓷器厂的业务员，因故于2017年5月被辞退。次年4月，齐某以瓷器厂的名义与甲公司签订了一份合同，约定由瓷器厂于年底前向甲公司供应瓷器1 000件，价款为10万元。甲公司同时向齐某支付定金3万元，并约定如果任何一方违约，违约方应向对方支付3万元违约金。合同同时约定了瓷器的规格、送货方式、交货日期等有关事宜。之后，甲公司由于合同到期后未见货到，便派人前去催货。该瓷器厂此时才知道齐某是以瓷器厂的名义与甲公司签订了合同。由于合同约定的瓷器单价较高，瓷器厂遂以检修为名，请求宽限5个月交货，双方达成了延期交货的协议。宽限期满后甲公司仍不见对方交货，便再次派员到瓷器厂催货，请求对方供货并支付逾期供货的违约金。瓷器厂由于不能交货，就以齐某已被辞退，其订立的合同对瓷器厂没有约束力为由拒绝供货，甲公司遂向法院起诉。

请分析：

（1）如何认定齐某与甲公司在订立合同时合同的效力？为什么？

（2）合同订立后，瓷器厂是否有权拒绝交货？为什么？

（3）瓷器厂是否有权请求齐某将定金交付给瓷器厂？为什么？

（4）瓷器厂拒绝交货后，如果甲公司引用定金条款和违约金条款，甲公司获得的最大利益是多少？为什么？

【参考答案】（1）齐某与甲公司订立的合同为效力待定合同。齐某被瓷器厂辞退，没有代理权，但却以瓷器厂的名义签订合同，其行为构成无权代理，因无权代理签订的合同为效力待定合同。

（2）瓷器厂无权拒绝交货。因为瓷器厂与甲公司达成了延期交货的协议，这一行为表明瓷器厂对齐某的无权代理行为予以事后追认，合同由效力待定状态转化为有效，瓷器厂应当按照延期交货的协议履行合同，否则构成违约。

（3）瓷器厂有权请求齐某将定金交付给瓷器厂，因为瓷器厂已经追认齐某的无权代理行为，齐某获得的定金为不当得利，应当将定金返还给瓷器厂。

（4）甲公司获得的最大利益为6万元。因为：①合同价款为10万元，约定定金数额为3万元，其中，超过的1万元的部分无效，这1万元定金应依据不当得利返还给甲公司。②甲公司只能就定金和违约金选择一种主张。若要获得最大利益，应当引用违约金条款，即请求瓷器厂支付违约金3万元，另外2万元定金和多收的1万元，依据不当得利主张返还，总额为6万元，此为甲公司获得的最大利益。

专题七　诉讼时效

※**【重点难点】**（1）诉讼时效属于强制性规范。时效不能由当事人以自由意志予以排除，也不

能协议延长或缩短，时效利益也不得预先放弃。预先放弃时效利益的无效。诉讼时效的期间、计算方法以及中止、中断的事由由法律规定，当事人约定无效。（2）我国对于诉讼时效的效力采取抗辩权发生主义，即诉讼时效届满后的法律后果是产生请求权已经超过诉讼时效的抗辩权。诉讼时效期间届满的，义务人可以提出不履行义务的抗辩。诉讼时效期间届满后，义务人同意履行的，不得以诉讼时效期间届满为由抗辩；义务人已自愿履行的，不得请求返还。诉讼时效经过后主动履行的，不构成不当得利。（3）当事人未提出诉讼时效抗辩，人民法院不应对诉讼时效问题进行释明及主动适用诉讼时效的规定进行裁判。当事人在一审期间未提出诉讼时效抗辩，在二审期间提出的，人民法院不予支持，但其基于新的证据能够证明对方当事人的请求权已过诉讼时效期间的情形除外。当事人未按照上述规定提出诉讼时效抗辩，以诉讼时效期间届满为由申请再审或者提出再审抗辩的，人民法院不予支持。

例7-1（单选）： 下列关于诉讼时效的说法，正确的是（　　）。

A. 当事人可以预先放弃时效利益

B. 当事人可以约定排除诉讼时效期间的适用

C. 法院可以依据职权主动审查适用诉讼时效期间

D. 义务人在诉讼时效期间经过后主动履行的，不构成不当得利

【讲解】 A项表述中，时效不能由当事人以自由意志予以排除，也不能协议延长或缩短，时效利益也不得预先放弃。B项表述中，诉讼时效具有强制性，当事人不得以约定方式排除诉讼时效期间的适用。C项表述中，法院不应对诉讼时效问题进行释明及主动适用诉讼时效的规定进行裁判。D项表述中，对于超过诉讼时效的债务，权利人不得依据不当得利主张返还，义务人主动履行的，也不构成不当得利。

【答案】 D

※ **【重点难点】** 诉讼时效的适用范围：（1）诉讼时效仅适用于请求权，请求权以外的权利，如所有权、人格权等支配权，不受诉讼时效的限制，但基于所有权和人格权所发生的请求权，如物权损害赔偿请求权、人身损害赔偿请求权，则应适用诉讼时效。并非所有的请求权都适用诉讼时效，下列请求权不适用诉讼时效的规定：①请求停止侵害、排除妨碍、消除危险；②不动产物权和登记的动产物权的权利人请求返还财产；③请求支付抚养费、赡养费或者扶养费；④依法不适用诉讼时效的其他请求权。例如，所有权确认请求权、消除影响请求权、扶养请求权、离婚请求权、解除收养关系请求权、合伙财产请求权、分割共有财产请求权等，都不适用诉讼时效。（2）诉讼时效仅适用于债权请求权，如合同请求权、单方允诺请求权、不当得利返还请求权、无因管理必要费用请求权等。下列债权请求权不受诉讼时效的限制：①支付存款本金及利息请求权；②兑付国债、金融债券以及向不特定对象发行的企业债券本息请求权；③基于投资关系产生的缴付出资请求权；④其他依法不适用诉讼时效规定的债权请求权。

例7-2（单选）： 下列选项中，受到诉讼时效限制的是（　　）。

A. 甲因受到欺诈而请求撤销买卖合同

B. 乙因挖坑浸泡石灰导致邻居杨某的住宅地基有下沉危险，杨某请求消除危险

C. 共有人丙因其父病重无钱医治而向其他共有人提出分割共有财产的请求

D. 因贵重物品丢失，丁发出悬赏：拾得其贵重物品予以返还者，奖金1万元。拾得人常某请求丁支付报酬

【讲解】 A项表述中，撤销权为形成权，不适用诉讼时效。B项表述中，消除危险请求权不受诉讼时效限制。C项表述中，分割共有财产请求权不受诉讼时效限制。D项表述中，根据《民法典》第499条规定，悬赏人以公开方式声明对完成特定行为的人支付报酬的，完成该行为的人可以请求其支付。据此，悬赏广告也是一种合同关系，当然受到诉讼时效的限制。

【答案】 D

例7-3（单选）： 甲、乙、丙系好友。甲有电脑一部，借给乙使用，乙使用期间忘记丢在何处，实际上是乙到丙家喝酒时落在丙家被丙拾得。甲得知后，碍于情面一直未主张返还。4年后，甲、

丙因琐事断交，甲提出丙的电脑为甲所有，请求丙返还。对此，下列表述正确的是（　　）。

　　A. 甲的返还原物请求权不受诉讼时效的限制

　　B. 丙可以提出诉讼时效已经经过而拒绝返还电脑

　　C. 甲可基于占有物返还请求权请求丙返还电脑

　　D. 丙可以提出除斥期间已经经过而拒绝返还电脑

【讲解】针对 A、B 项表述，《民法典》第 196 条规定，下列请求权不适用诉讼时效的规定：(1) 请求停止侵害、排除妨碍、消除危险；(2) 不动产物权和登记的动产物权的权利人请求返还财产；(3) 请求支付抚养费、赡养费或者扶养费；(4) 依法不适用诉讼时效的其他请求权。根据上述第 2 项，登记的动产物权的权利人请求返还财产不适用诉讼时效，反之可以这样理解：未登记动产的原物返还请求权受诉讼时效限制。此为诉讼时效适用于物权请求权的特别规定。可见，甲的返还原物请求权受到 3 年诉讼时效的限制，丙可以提出诉讼时效已经经过而拒绝返还电脑。针对 C、D 项表述，《民法典》第 462 条第 2 款规定，占有人返还原物的请求权，自侵占发生之日起 1 年内未行使的，该请求权消灭。本题表述中，甲是所有权人，乙是占有权人。甲提起的是所有物返还请求权，而非占有物返还请求权，因而与除斥期间无关。

【答案】B

※【重点难点】诉讼时效的种类。(1) 普通诉讼时效。普通诉讼时效期间为 3 年。(2) 特殊诉讼时效。因国际货物买卖合同和技术进出口合同争议提起诉讼或者申请仲裁的期限为 4 年，自当事人知道或者应当知道其权利受到侵害之日起计算。(3) 最长诉讼时效。诉讼时效期间自权利人知道或者应当知道权利受到损害以及义务人之日起计算。法律另有规定的，依照其规定。但是自权利受到损害之日起超过 20 年的，人民法院不予保护；有特殊情况的，人民法院可以根据权利人的申请决定延长。该诉讼时效期间不得中止、中断。

　　例 7-4（单选）：甲、乙签订房屋租赁合同，租期为 1 年，并约定租赁合同到期日，甲向乙支付年租金 6.6 万元。租赁合同到期后，甲并没有支付租金。乙向甲主张支付租金请求权的诉讼时效期间为（　　）。

　　A. 1 年　　　　　　　B. 2 年　　　　　　　C. 3 年　　　　　　　D. 4 年

【讲解】《民法典》第 188 条第 1 款规定，向人民法院请求保护民事权利的诉讼时效期间为 3 年。法律另有规定的，依照其规定。据此，乙向甲主张支付租金请求权的诉讼时效期间为 3 年。原《民法通则》第 136 条规定的 4 种短期时效的情形（包括"延付或者拒付租金"的 1 年短期时效期间）已废止。

【答案】C

※【重点难点】诉讼时效的起算：(1) 一般规定。①普通诉讼时效期间自权利人知道或者应当知道权利受到损害及义务人之日起计算。②最长的诉讼时效期间自权利受到损害之日起计算。③无民事行为能力人或者限制民事行为能力人对其法定代理人的请求权的诉讼时效期间，自该法定代理终止之日起计算。④未成年人遭受性侵害的损害赔偿请求权的诉讼时效期间，自受害人年满 18 周岁之日起计算。(2) 特殊规定。①当事人约定同一债务分期履行的，诉讼时效期间自最后一期履行期限届满之日起计算。未约定履行期限的合同，依照《民法典》第 510 条、第 511 条的规定，可以确定履行期限的，诉讼时效期间从履行期限届满之日起计算；不能确定履行期限的，诉讼时效期间从债权人请求债务人履行义务的宽限期届满之日起计算，但债务人在债权人第一次向其主张权利之时明确表示不履行义务的，诉讼时效期间从债务人明确表示不履行义务之日起计算。②享有撤销权的当事人一方请求撤销合同的，应适用《民法典》关于除斥期间的规定。对方当事人对撤销合同请求权提出诉讼时效抗辩的，人民法院不予支持。合同被撤销，返还财产、赔偿损失请求权的诉讼时效期间从合同被撤销之日起计算。③返还不当得利请求权的诉讼时效期间，从当事人一方知道或者应当知道不当得利事实及对方当事人之日起计算。④管理人因无因管理行为产生的给付必要管理费用、赔偿损失请求权的诉讼时效期间，从无因管理行为结束并且管理人知道或者应当知道本人之日起计算。本人因不当无因管理行为产生的赔偿损失请求权的诉讼时效期间，从其知道或者应当知道

管理人及损害事实之日起计算。⑤《民法典》第1092条规定，夫妻一方隐藏、转移、变卖、毁损、挥霍夫妻共同财产，或者伪造夫妻共同债务企图侵占另一方财产的，在离婚分割夫妻共同财产时，对该方可以少分或者不分。离婚后，另一方发现有上述行为的，可以向人民法院提起诉讼，请求再次分割夫妻共同财产。当事人依据《民法典》第1092条的规定向人民法院提起诉讼，请求再次分割夫妻共同财产的诉讼时效期间为3年，从当事人发现之次日起计算。

例7-5（单选）： 下列选项中，关于诉讼时效的起算，表述正确的是（　　）。

A. 甲向乙借10万元并出具了借条，约定6个月之内归还。乙的债权的诉讼时效期间从出具借条之日起算

B. 甲、乙协议离婚后，甲发现乙有隐藏夫妻婚前共同财产的行为，甲分割隐匿财产请求权的诉讼时效从发现隐匿财产之日起算

C. 甲为一名初中生，积攒了10万元积蓄，甲的父亲因欠债将10万元拿去抵债。甲请求其父还款请求权的诉讼时效期间从其父法定代理终止之日起算

D. 甲因受欺诈而撤销了与乙签订的买卖合同，合同被撤销后，甲因受欺诈而请求赔偿损失的诉讼时效期间从合同成立之日起算

【讲解】 A项表述中，乙的债权的诉讼时效期间应从履行期限届满之日起算。B项表述中，甲分割隐匿财产请求权的诉讼时效从发现隐匿财产之次日起算。C项表述中，无民事行为能力人或者限制民事行为能力人对其法定代理人的请求权的诉讼时效期间，自该法定代理终止之日起计算。D项表述中，享有撤销权的当事人一方请求撤销合同的，应适用《民法典》关于除斥期间的规定。对方当事人对撤销合同请求权提出诉讼时效抗辩的，人民法院不予支持。合同被撤销，返还财产、赔偿损失请求权的诉讼时效期间从合同被撤销之日起计算。

【答案】 C

※ **【重点难点】**（1）诉讼时效的中止：1）在诉讼时效期间的最后6个月内，因下列障碍，不能行使请求权的，诉讼时效中止：①不可抗力；②无民事行为能力人或者限制民事行为能力人没有法定代理人，或者法定代理人死亡、丧失民事行为能力、丧失代理权；③继承开始后未确定继承人或者遗产管理人；④权利人被义务人或者其他人控制；⑤其他导致权利人不能行使请求权的障碍。2）自中止时效的原因消除之日起满6个月，诉讼时效期间届满。（2）诉讼时效的中断。1）有下列情形之一的，诉讼时效中断，从中断、有关程序终结时起，诉讼时效期间重新计算：①权利人向义务人提出履行请求；②义务人同意履行义务；③权利人提起诉讼或者申请仲裁；④与提起诉讼或者申请仲裁具有同等效力的其他情形。2）具有下列情形之一的，应当认定为产生诉讼时效中断的效力：①当事人一方直接向对方当事人送交主张权利文书，对方当事人在文书上签名、盖章或者虽未签名、盖章但能够以其他方式证明该文书到达对方当事人的；②当事人一方以发送信件或者数据电文方式主张权利，信件或者数据电文到达或者应当到达对方当事人的；③当事人一方为金融机构，依照法律规定或者当事人约定从对方当事人账户中扣收欠款本息的；④当事人一方下落不明，对方当事人在国家级或者下落不明的当事人一方住所地的省级有影响的媒体上刊登具有主张权利内容的公告的，但法律和司法解释另有特别规定的，适用其规定。3）义务人作出分期履行、部分履行、提供担保、请求延期履行、制定清偿债务计划等承诺或者行为的，应当认定为当事人一方"同意履行义务"。4）与提起诉讼或者申请仲裁具有同等效力的情形主要包括：①申请支付令；②申请破产、申报破产债权；③为主张权利而申请宣告义务人失踪或死亡；④申请诉前财产保全、诉前临时禁令等诉前措施；⑤申请强制执行；⑥申请追加当事人或者被通知参加诉讼；⑦在诉讼中主张抵销。（3）诉讼时效的延长。诉讼时效的延长仅仅适用于最长诉讼时效期间。

例7-6（多选）： 甲欠乙20万元，时效期间届满未还。乙索要时，甲承诺3个月内偿还，但仅偿还5万元。乙索要15万余款时，甲拒绝。对此，下列表述正确的是（　　）。

A. 甲承诺偿还债务引起诉讼时效中断　　B. 甲承诺偿还债务，诉讼时效重新计算

C. 甲应偿还剩余的15万元债务　　D. 甲可以依据不当得利请求乙返还5万元债务

【讲解】 A、B项表述中，对于超过诉讼时效的债务，义务人同意履行的，诉讼时效重新计算，

而非诉讼时效中断。C项表述中，由于诉讼时效重新计算，因此甲应偿还15万元债务。D项表述中，对于已偿还的超过诉讼时效的债务，不得依据不当得利主张返还。

【答案】BC

例7-7（单选）：下列关于诉讼时效中断的表述，正确的是（　　）。

A. 甲欠乙6万元到期未还，乙请求甲先清偿5万元，乙的行为，仅导致5万元债务诉讼时效中断

B. 甲、乙合伙开一普通合伙企业，企业欠丙15万元债务到期不能偿还，丙请求甲承担10万元，导致丙对甲和乙负担的债务均中断

C. 甲欠乙10万元债务已过诉讼时效。甲表示只能归还5万元，甲的表示会导致10万元债务的诉讼时效中断

D. 乙欠甲15万元，甲将该债权转让给丙。自甲与丙签订债权转让协议之日起，乙的15万元债务诉讼时效中断

【讲解】针对A项表述，参照《最高人民法院关于审理民事案件适用诉讼时效制度若干问题的规定》（以下简称《诉讼时效规定》）第11条规定：权利人对同一债权中的部分债权主张权利，诉讼时效中断的效力及于剩余债权，但权利人明确表示放弃剩余债权的情形除外。据此，主张部分债权，会导致全部债权中断。B项表述中，对于连带债务，债权人向一人主张债权的，会导致连带债务一起中断。C项表述中，对于超过诉讼时效的债务，债务人表示仅归还部分债务的，仅该部分债务的诉讼时效中断。针对D项表述，参照《诉讼时效规定》第19条第1款规定：债权转让的，应当认定诉讼时效从债权通知到达债务人之日起中断。据此，乙欠甲15万元，甲将债权转让给丙的，乙的15万元债务诉讼时效自债权转让通知到达乙之日中断，而非自甲、丙签订债权转让协议之日起中断。

【答案】B

 例题拓展

例7-8（单选）：甲公司向乙公司催讨一笔已过诉讼时效期间的10万元货款。乙公司书面答复称："该笔债务已过时效，但鉴于双方长期合作，可偿还3万元。"甲公司遂向法院起诉，请求偿还10万元。乙公司接到应诉通知后书面回函甲公司称："既然你公司起诉，则不再偿还任何货款。"对此，下列表述正确的是（　　）。

A. 乙公司的书面答复表明乙公司需要偿还甲公司3万元

B. 乙公司的书面答复构成要约

C. 乙公司的书面回函对甲公司有效

D. 乙公司的书面答复表明其丧失了10万元的时效利益

【讲解】A项表述中，金钱之债为可分之债，乙公司可就超过诉讼时效的部分债务重新确认，但乙公司表示仅愿意清偿3万元，因此，乙公司的书面答复表明乙公司需要偿还3万元，剩余的7万元由于没有确认而不负偿还义务。B项表述中，要约是为了唤起承诺，是为了达成合同，对超过诉讼时效的债务的确认并非意图达成合同的要约，而是对超过诉讼时效债务的确认，且对超过诉讼时效债务的确认属于单方意思表示，无须甲公司意思表示，即不存在甲公司的承诺，故不选B项。C项表述中，乙公司的书面回函，是为自己设定负担（义务）的行为，界定为"对甲公司有效"不准确。D项表述中，乙公司的书面答复并不表明其丧失10万元的时效利益，毕竟乙公司没有义务偿还7万元货款。

【答案】A

例7-9（单选）：关于诉讼时效，下列表述正确的是（　　）。

A. 甲借乙5万元，向乙出具借条，约定1周之内归还。乙的债权的诉讼时效期间从借条出具

日起计算

  B. 甲对乙享有 10 万元货款债权，丙是连带保证人，甲对丙主张权利，会导致 10 万元货款债权诉讼时效中断

  C. 甲向银行借款 100 万元，乙提供价值 80 万元房产作抵押，银行实现对乙的抵押权后，会导致剩余的 20 万元主债务诉讼时效中断

  D. 甲欠乙 10 万元，甲为了不还债而将乙非法拘禁，强迫乙保证不得再向甲索要 10 万元钱，甲将乙非法拘禁会导致诉讼时效中断

  【讲解】针对 A 项表述，参照《诉讼时效规定》第 6 条规定：未约定履行期限的合同，依照《民法典》第 510 条、第 511 条的规定，可以确定履行期限的，诉讼时效期间从履行期限届满之日起计算；不能确定履行期限的，诉讼时效期间从债权人请求债务人履行义务的宽限期届满之日起计算，但债务人在债权人第一次向其主张权利之时明确表示不履行义务的，诉讼时效期间从债务人明确表示不履行义务之日起计算。据此，当事人约定履行期限的，诉讼时效自履行期限届满之日起计算。针对 B 项表述，关于连带责任保证中保证债务的中断，就主债务的诉讼时效和保证债务的诉讼时效的关系而言，主债务诉讼时效中断的，保证债务的诉讼时效则不中断。据此，在连带责任保证中，保证人和债务人的诉讼时效中断的事由分别计算、互不影响。针对 C 项表述，参照《诉讼时效规定》第 11 条规定：权利人对同一债权中的部分债权主张权利，诉讼时效中断的效力及于剩余债权，但权利人明确表示放弃剩余债权的情形除外。据此，甲向银行借款 100 万元，乙提供价值 80 万元房产作抵押，银行实现对乙的抵押权即为对部分债权主张权利，诉讼时效中断的效力及于剩余的 20 万元。D 项表述中，在诉讼时效期间的最后 6 个月内，权利人被义务人或者其他人控制，会导致诉讼时效中止，而非诉讼时效中断。

  【答案】C

专题八 物权的变动

  ※【重点难点】不动产物权的变动：不动产物权的设立、变更、转让和消灭，经依法登记，发生效力；未经登记，不发生效力，但法律另有规定的除外。不动产物权变动的公示方式为登记。

  例 8-1（多选）：下列选项中，符合我国民法规定的物权变动情形的是(　　　　)。

  A. 甲向银行借款 50 万元，双方约定由甲提供房屋产权作为质押担保

  B. 甲将自有房屋先后出卖给乙和丙，并与丙办理了产权过户手续

  C. 甲拾得一对金手镯并据为己有

  D. 甲因考试不及格，一怒之下将书包弃至路边

  【讲解】《民法典》第 116 条规定，物权的种类和内容，由法律规定。据此，甲与银行的约定以房屋产权出质，而房屋为不动产，不能成为质权的标的，而甲与银行的约定属于创设了一种新的物权类型，这违反了物权法定原则，因而不符合我国民法规定的物权变动情形。可见，不选 A 项。B 项表述的情形属于"一房二卖"，对于"一房二卖"的，两个买卖合同都是有效的，由于甲与丙办理了房屋产权过户手续，房屋所有权发生变动，丙享有房屋所有权。可见，B 项表述的情形符合民法规定的物权变动情形，选 B 项。我国民法排除了拾得人将遗失物据为己有的可能性，因而 C 项表述不符合我国民法规定的物权变动情形，不选 C 项。D 项表述的情形为抛弃所有权，属于单方法律行为，发生物权变动，导致所有权消灭，该情形符合民法规定的物权变动情形，选 D 项。

  【答案】BD

  ※【重点难点】区分原则。当事人之间订立有关设立、变更、转让和消灭不动产物权的合同，除法律另有规定或者合同另有约定外，自合同成立时生效；未办理物权登记的，不影响合同效力。

  例 8-2（案例）：甲与乙签订房屋买卖合同，买受人乙付款后居住该房屋，但未办理登记过户

手续。3 年后，该房屋增值 10 万元。现甲提出补给乙 10 万元收回该房。乙不同意，并请求办理登记过户手续。

请分析：

(1) 乙是否有权向法院请求甲履行登记过户手续？为什么？

(2) 乙请求办理登记过户手续是否超过诉讼时效？为什么？

(3) 房屋的升值利益应当归谁？依据是什么？

【参考答案】(1) 乙可以向法院请求甲履行登记过户手续。依据《民法典》的规定，甲、乙签订的买卖合同合法有效，甲应当按照买卖合同的约定履行义务，法院应当支持乙登记过户的请求。

(2) 没有超过诉讼时效。乙一直居住该房屋，推定其一直在主张权利，乙请求办理登记过户手续没有超过诉讼时效。

(3) 房屋的升值利益（非孳息）应当归买受人乙。其依据是买卖合同的债权，不是所有权。

※**【重点难点】**动产物权的变动。(1) 动产物权的设立和转让，自交付时发生效力，但是法律另有规定的除外。交付是动产物权变动的公示方式，动产物权交付方式包括现实交付、简易交付、指示交付和占有改定。(2) 船舶、航空器和机动车等物权的设立、变更、转让和消灭，未经登记，不得对抗善意第三人。(3) 简易交付：动产物权设立和转让前，权利人已经占有该动产的，物权自法律行为生效时发生效力。(4) 指示交付：动产物权设立和转让前，第三人占有该动产的，负有交付义务的人可以通过转让请求第三人返还原物的权利代替交付。(5) 占有改定：动产物权转让时，当事人又约定由出让人继续占有该动产的，物权自该约定生效时发生效力。

例 8-3（单选）：甲将一把古琴卖给乙，约定乙在达成买卖合同后三日内交付古琴。交付古琴之日，甲向乙提出，再借用古琴弹奏一个月，乙表示同意。甲、乙约定的古琴交付方式为（   ）。

A. 现实交付　　　　B. 简易交付　　　　C. 指示交付　　　　D. 占有改定

【讲解】《民法典》第 224 条规定，动产物权的设立和转让，自交付时发生效力，但是法律另有规定的除外。这里的"交付"包括现实交付和观念交付。《民法典》第 228 条规定，动产物权转让时，当事人又约定由出让人继续占有该动产的，物权自该约定生效时发生效力。据此，甲、乙双方约定的交付时间届至后，甲又向乙提出，再借用古琴弹奏一个月，乙表示同意，双方通过借用合同使得乙取得对古琴的间接占有，这种交付方式为占有改定。

【答案】D

例 8-4（单选）：甲将一辆跑车借给乙使用，乙在使用期间买下该跑车，一个月后，乙将跑车转手卖给丙，但约定由乙继续租用该跑车半年，在租用完毕后按市价支付租金。对此，下列表述正确的是（   ）。

A. 甲、乙之间关于跑车的交付方式为简易交付

B. 乙、丙之间关于跑车的交付方式为指示交付

C. 甲、乙之间签订的买卖合同自乙占有跑车时生效

D. 乙、丙之间签订的买卖合同为效力待定合同

【讲解】《民法典》第 226 条规定，动产物权设立和转让前，权利人已经占有该动产的，物权自民事法律行为生效时发生效力。据此，买受人乙基于借用合同已经占有跑车，自买卖合同生效时即通过简易交付的方式发生物权变动，乙取得跑车的所有权。可见，A 项表述正确，C 项表述错误。《民法典》第 228 条规定，动产物权转让时，当事人又约定由出让人继续占有该动产的，物权自该约定生效时发生效力。据此，乙已经取得跑车的所有权，乙对跑车的处分为有权处分，买卖合同有效，而非效力待定。此外，乙取得跑车所有权后，受让人丙基于占有改定的方式完成交付，自租用半年的合同生效时可以取得跑车的所有权。可见，B、D 项表述错误。

【答案】A

※**【重点难点】**非因法律行为引起的物权变动。(1) 因人民法院、仲裁机构的法律文书或者人民政府的征收决定等，导致物权设立、变更、转让或者消灭的，自法律文书或者征收决定等生效时发生效力。(2) 因继承取得物权的，自继承开始时发生效力。(3) 因合法建造、拆除房屋等事实行

为设立或者消灭物权的，自事实行为成就时发生效力。（4）处分上述情形享有的不动产物权，依照法律规定需要办理登记的，未经登记，不发生物权效力。

例8-5（单选）：2014年，李甲根据其父母生前合法有效的遗嘱继承了其父母遗留的房产一套，但该房屋一直由李甲的妹妹李乙借用居住，借用期不明确。2018年，李甲请求李乙腾退房屋，遭到李乙拒绝。对此，下列表述正确的是（　　　）。

A. 诉讼时效已过，李甲无权请求腾退房屋

B. 因未办理房屋权属变更登记，李甲无权请求腾退房屋

C. 李甲有权请求腾退房屋

D. 李乙对房屋的占有属于有权占有、自主占有

【讲解】针对A项表述，《民法典》第196条第2项规定，不动产物权和登记的动产物权的权利人请求返还财产的权利，不适用诉讼时效的规定。据此，李甲对不动产房屋的原物返还请求权即使未登记，也不受诉讼时效的限制，A项表述错误。针对B项，《民法典》第230条规定，因继承取得物权的，自继承开始时发生效力。据此，甲依据其父母生前合法有效的遗嘱继承房屋，并在其父母死亡时取得房屋所有权，是否办理变更登记并非物权变动的要件。因此，李甲已经取得房屋所有权，当然有权请求李乙腾退房屋。可见，B项表述错误，C项表述正确。李乙不享有房屋的所有权，只是借用居住，且借用期不明确，李乙对房屋的占有为无权占有、他主占有，D项表述错误。

【答案】C

例8-6（多选）：甲父将其房屋以100万元的价格卖给乙，但甲父尚未办理过户手续即去世。甲不知卖房一事，继承了购房款及房屋，并将房屋过户到自己名义下。对此，下列表述正确的是（　　　）。

A. 甲自继承房屋时取得房屋所有权

B. 甲有义务协助乙办理房屋登记过户手续

C. 甲自其将房屋过户到自己名义下时取得房屋所有权

D. 乙取得房屋所有权

【讲解】针对A、C、D项表述，《民法典》第215条规定，当事人之间订立有关设立、变更、转让和消灭不动产物权的合同，除法律另有规定或者当事人另有约定外，自合同成立时生效；未办理物权登记的，不影响合同效力。据此，甲父将其房屋卖给乙，但未办理登记过户手续，虽然买卖合同生效，但甲父仍然享有房屋所有权，乙无法取得房屋所有权。《民法典》第230条规定，因继承取得物权的，自继承开始时发生效力。据此，甲自继承房屋时取得房屋所有权。针对C项，《民法典》第1161条第1款规定，继承人以所得遗产实际价值为限清偿被继承人依法应当缴纳的税款和债务。超过遗产实际价值部分，继承人自愿偿还的不在此限。据此，因未办理房屋登记过户手续，房屋所有权仍然属于甲父所有，甲继承其父房屋并取得所有权后，甲也承继了其父在房屋买卖合同中的债权债务，故甲有义务协助乙办理房屋登记过户手续。可见，B项表述正确。

【答案】AB

例题拓展

例8-7（单选）：甲、乙因房屋权属发生争议，法院判决房屋归乙。两个月后，乙向丙借款100万元并将房屋抵押给丙并签订书面抵押合同，但并未办理抵押登记。则（　　　）。

A. 房屋归甲所有　　　　　　　　　B. 抵押合同有效

C. 丙取得抵押权　　　　　　　　　D. 乙自办理房产登记过户之日起享有房屋所有权

【讲解】《民法典》第229条规定，因人民法院、仲裁机构的法律文书或者人民政府的征收决定等，导致物权设立、变更、转让或者消灭的，自法律文书或者征收决定等生效时发生效力。据此，法院判决房屋归乙所有，乙自判决生效之日起取得房屋所有权。可见，A、D项表述错误。《民法

典》第215条规定，当事人之间订立有关设立、变更、转让和消灭不动产物权的合同，除法律另有规定或者当事人另有约定外，自合同成立时生效；未办理物权登记的，不影响合同效力。据此，抵押合同符合民事法律行为的生效条件，抵押合同有效，但由于没有办理抵押登记，抵押权没有设立，丙不能取得抵押权。可见，B项表述正确，选B项，C项表述错误。

【答案】B

专题九　不动产登记

※【重点难点】不动产登记。(1) 不动产物权的设立、变更、转让和消灭，依照法律规定应当登记的，自记载于不动产登记簿时发生效力。(2) 登记机构应当履行下列职责：①查验申请人提供的权属证明和其他必要材料；②就有关登记事项询问申请人；③如实、及时登记有关事项；④法律、行政法规规定的其他职责。申请登记的不动产的有关情况需要进一步证明的，登记机构可以要求申请人补充材料，必要时可以实地查看。(3) 不动产登记的类型主要包括变动登记、预告登记、更正登记和异议登记。

例9-1（多选）：不动产登记机构应当履行的职责有(　　)。

A. 查验申请人提供的权属证明和其他必要材料

B. 实地查看不动产情况

C. 对不动产实行年检并再次登记

D. 如实、及时登记有关事项

【讲解】根据《民法典》第212条的规定，选A、D项，不选B项。《民法典》第213条规定，登记机构不得有下列行为：(1) 要求对不动产进行评估；(2) 以年检等名义进行重复登记；(3) 超出登记职责范围的其他行为。据此，不选C项。

【答案】AD

※【重点难点】变动登记。不动产物权变动登记包括首次登记、变更登记、转移登记、注销登记等。

例9-2（多选）：下列情形中，应当进行不动产转移登记的是(　　)。

A. 甲将房屋出售给乙

B. 按份共有人甲将其对房屋享有的份额转让给乙

C. 甲以其房屋作价入股

D. 甲对记载于不动产登记簿上的房屋建筑面积提出异议

【讲解】因下列情形导致不动产权利转移的，当事人可以向不动产登记机构申请转移登记：(1) 买卖、互换、赠与不动产的；(2) 以不动产作价出资（入股）的；(3) 法人或者非法人组织因合并、分立等原因致使不动产权利发生转移的；(4) 不动产分割、合并导致权利发生转移的；(5) 继承、受遗赠导致权利发生转移的；(6) 共有人增加或者减少以及共有不动产份额变化的；(7) 因人民法院、仲裁机构的生效法律文书导致不动产权利发生转移的；(8) 因主债权转移引起不动产抵押权转移的；(9) 因需役地不动产权利转移引起地役权转移的；(10) 法律、行政法规规定的其他不动产权利转移情形。根据上述情形第(1)、(2)、(6)项，选A、B、C项。不选D项，因为D项表述的情形为异议登记，而非转移登记。

【答案】ABC

※【重点难点】预告登记。(1) 有下列情形之一的，当事人可以按照约定申请不动产预告登记：①商品房等不动产预售的；②不动产买卖、抵押的；③以预购商品房设定抵押权的；④法律、行政法规规定的其他情形。(2) 预告登记生效期间，未经预告登记的权利人书面同意，处分该不动产权利申请登记的，不动产登记机构应当予以办理。未经预告登记的权利人同意，转移不动产所有

权，或者设定建设用地使用权、地役权、抵押权等其他物权的，应当认定其不发生物权效力。(3) 预告登记后，债权消灭或者能够进行不动产登记之日起 90 日内未申请登记的，预告登记失效。债权未消灭且能够进行相应的不动产登记之日起 90 日内，当事人申请不动产登记的，不动产登记机构应当按照预告登记事项办理相应的登记。这里的"债权消灭"是指买卖不动产物权的协议被认定无效、被撤销、被解除，预告登记的权利人放弃债权的，应当认定为"债权消灭"。

例 9-3（单选）：甲公司开发一幢写字楼，于 2018 年 10 月 10 日将其中的一层卖给乙公司，约定半年后交房，乙公司于 2018 年 10 月 11 日申请办理了预告登记。2018 年 11 月 7 日甲公司经济状况严重恶化，在乙公司不知情的情况下，甲公司与银行签订抵押合同，以该层楼向银行抵押借款并登记。若甲公司到期不能清偿银行欠款，银行要求实现抵押权。对于本案，下列表述正确的是（   ）。

    A. 抵押合同有效，抵押权设立   B. 抵押合同无效，但抵押权设立
    C. 抵押合同有效，但抵押权不设立   D. 抵押合同无效，抵押权不设立

【讲解】《民法典》第 221 条规定，当事人签订买卖房屋的协议或者签订其他不动产物权的协议，为保障将来实现物权，按照约定可以向登记机关申请预告登记。预告登记后，未经预告登记的权利人同意，处分该不动产的，不发生物权效力。预告登记后，债权消灭或者自能够进行不动产登记之日起 90 日内未申请登记的，预告登记失效。据此，在预告登记有效期内，甲公司与银行签订预告登记涉及的不动产的抵押合同。由于预告登记具有排他性效力，凡是在预告登记有效期限内处分该不动产或者设定抵押权的行为，都是无效的。可见，设定抵押权的行为无效，抵押权不设立，排除 A、B 项。《民法典》第 215 条规定，当事人之间订立有关设立、变更、转让和消灭不动产物权的合同，除法律另有规定或者当事人另有约定外，自合同成立时生效；未办理物权登记的，不影响合同效力。据此，虽然抵押权不设立，但抵押合同还是有效的。可见，选 C 项。当然，银行虽然不能取得抵押权，但可以依据有效的抵押合同追究甲公司的违约责任。

【答案】C

※**【重点难点】**更正登记。权利人、利害关系人认为不动产登记簿记载的事项错误的，可以申请更正登记。不动产登记簿记载的权利人书面同意更正或者有证据证明登记确有错误的，登记机构应当予以更正；但在错误登记之后已经办理了涉及不动产权利处分的登记、预告登记和查封登记的除外。不动产登记簿记载无误的，不动产登记机构不予更正，并书面通知申请人。

例 9-4（单选）：甲、乙约定，乙以自己的名义代甲购房。乙与开发商签订了房屋买卖合同。甲将首付款给乙，乙再给开发商，历次月供款也由甲转交给乙，再由乙交给银行，房屋登记在乙名下。后甲要求乙过户，乙主张是自己借款购房，并已将房屋卖给不知情的丙，丙支付了合理的购房款并办理了过户手续。对此，下列表述正确的是（   ）。

    A. 甲有权提出更正登记   B. 无论登记是否存在错误，甲都无权请求乙过户
    C. 甲、乙的约定形成借款关系   D. 丙可以善意取得房屋所有权

【讲解】《民法典》第 220 条第 1 款规定，权利人、利害关系人认为不动产登记簿记载的事项错误的，可以申请更正登记。不动产登记簿记载的权利人书面同意更正或者有证据证明登记确有错误的，登记机构应当予以更正。《民法典》第 234 条规定，因物权的归属、内容发生争议的，利害关系人可以请求确认权利。据此，若登记名义人乙未书面同意更正，甲应当根据《民法典》第 234 条的规定先确认物权，法院作出确认物权的判决后，甲基于判决才能提出更正登记，而不能直接提出更正登记。可见，A 项表述错误。若登记确有错误，甲可以请求乙进行过户登记，B 项表述错误。甲、乙之间属于典型的"借名买房"关系，双方当事人并无成立借款合同的意思，二人之间不能形成借款合同关系，C 项表述错误。房屋虽然登记在乙名义下，但实际上房屋所有权属于甲，乙将房屋出售属于无权处分，丙可以依据善意取得制度取得房屋所有权。可见，D 项表述正确。

【答案】D

※**【重点难点】**异议登记。(1) 不动产登记簿记载的权利人不同意更正的，利害关系人可以申请异议登记。登记机构予以异议登记的，申请人在异议登记之日起 15 日内不提起诉讼的，异议登记失效。异议登记不当，造成权利人损害的，权利人可以向申请人请求损害赔偿。(2) 不动产登记

机构受理异议登记申请的，应当将异议事项记载于不动产登记簿，并向申请人出具异议登记证明。异议登记申请人应当在异议登记之日起 15 日内，提交人民法院受理通知书、仲裁委员会受理通知书等提起诉讼、申请仲裁的材料；逾期不提交的，异议登记失效。异议登记失效后，申请人就同一事项以同一理由再次申请异议登记的，不动产登记机构不予受理。异议登记期间，不动产登记簿上记载的权利人以及第三人因处分权利申请登记的，不动产登记机构应当书面告知申请人该权利已经存在异议登记的有关事项。申请人申请继续办理的，应当予以办理，但申请人应当提供知悉异议登记存在并自担风险的书面承诺。

例 9 - 5（多选）：甲借用乙的名义购买房屋后，将房屋登记在乙的名下。双方约定该房屋归甲所有，房屋由甲使用，产权证由甲保存。后甲、乙因房屋所有权归属发生争议。对此，甲（　　）。

A. 可以申请预告登记

B. 可向登记机构申请异议登记

C. 可向法院请求确认其为所有权人

D. 可依据法院确认其为所有权人的判决请求登记机关变更登记

【讲解】《民法典》第 221 条第 1 款规定，当事人签订买卖房屋的协议或者签订其他不动产物权的协议，为保障将来实现物权，按照约定可以向登记机构申请预告登记。预告登记后，未经预告登记的权利人同意，处分该不动产的，不发生物权效力。据此，甲并不是为了保障将来物权的实现，不符合进行预告登记的条件，不能进行预告登记，但可以申请异议登记。可见，A 项错误，B 项正确。《民法典》第 234 条规定，因物权的归属、内容发生争议的，利害关系人可以请求确认权利。据此，可以请求确认物权的"利害关系人"，既包括物权人及争议的相对人，也包括其债权人等其他利害关系人。甲、乙因房屋所有权归属发生争议，甲可以向法院请求确认其为所有权人。可见，C 项正确。根据上述规定，如有证据证明将该房登记于乙名下确实存在错误，甲有权请求变更登记。可见，D 项正确。

【答案】BCD

※**【重点难点】**不动产登记的效力：《民法典》采取的是登记生效和登记对抗相结合的做法，其中，登记生效主义是原则，登记对抗主义是例外。具言之，登记为物权变动生效要件的情形主要有：因买卖、赠与、互易等行为发生不动产所有权变动的；建设用地使用权出让与转让的；不动产抵押权的设立等。

例 9 - 6（单选）：下列选项中，物权设立须经登记的是（　　）。

A. 甲所在集体经济组织将果园承包给甲

B. 甲房地产公司通过出让方式取得一块建设用地使用权

C. 甲将汽车卖给韩某

D. 甲将其汽车抵押给银行作为按揭贷款合同的担保

【讲解】A 项表述中，甲享有土地承包经营权，对于土地承包经营权的设立，采取登记对抗主义，未经登记，不得对抗善意第三人，不选 A 项。B 项表述中，甲公司通过出让方式取得建设用地使用权，对于建设用地使用权的设立，采取登记生效主义，未经登记，不生物权效力，选 B 项。C 项表述中，汽车为动产，对于动产物权的变动，以交付为公示方式，不选 C 项。D 项表述中，甲与银行之间成立动产抵押权，对于动产抵押权的设立，采取登记对抗主义，未经登记，不得对抗善意第三人，不选 D 项。

【答案】B

 例题拓展

例 9 - 7（单选）：甲、乙、丙合资建造一栋别墅，甲出资 70%，乙、丙分别出资 15%。2017 年甲准备将自己的份额转让给乙、丙，后因乙、丙的优先购买权争议未果。2018年甲擅自将别墅出卖给丁，交付别墅并办理了登记过户，别墅登记在丁的妻子戊的名下（婚内购买）。后戊擅自将该别墅出卖给庚，并办理了预告登记。对此，下列说法正确的是(　　)。

A. 甲处分别墅须经乙、丙同意

B. 甲转让房屋份额时，乙应以分期付款的方式行使优先购买权

C. 若经戊同意，丁有权向不动产登记机关申请更正登记

D. 庚有权自能够进行不动产登记之日起90日内请求戊办理登记过户

【讲解】《民法典》第308条规定，共有人对共有的不动产或者动产没有约定为按份共有或者共同共有，或者约定不明确的，除共有人具有家庭关系等外，视为按份共有。据此，甲、乙、丙合资建造房屋，对别墅按份共有。《民法典》第309条规定，按份共有人对共有的不动产或者动产享有的份额，没有约定或者约定不明确的，按照出资额确定；不能确定出资额的，视为等额享有。据此，甲、乙、丙对于该别墅的共有份额按照甲70%，乙、丙各15%确定。《民法典》第301条规定，处分共有的不动产或者动产以及对共有的不动产或者动产作重大修缮、变更性质或者用途的，应当经占份额2/3以上的按份共有人或者全体共同共有人同意，但是共有人之间另有约定的除外。据此，甲的份额为70%，超过2/3份额，因此甲有权单独将别墅进行处分，无须经乙、丙同意。可见，A项表述错误。《民法典》第305条规定，按份共有人可以转让其享有的共有的不动产或者动产份额。其他共有人在同等条件下享有优先购买的权利。据此，按份共有人的优先购买权需满足"同等条件"才能成立。这里的"同等条件"应当综合共有份额的转让价格、价款履行方式及期限等因素确定。B项表述中，"分期付款"与"一次性付清价款"并非同等条件，因为丙可以采取一次性付款方式否认乙享有的优先购买权，因此乙不享有优先购买权。可见，B项表述错误。根据《民法典》第220条的规定，更正登记需满足三个条件：（1）不动产登记簿出现登记错误；（2）权利人或利害关系人提出更正登记申请；（3）登记名义人书面同意或者申请人确有证据证明登记错误。据此，丁婚内购买的别墅属于丁、戊夫妻共同财产，丁、戊对该房屋形成共同共有，因此别墅仅登记在戊名下属于登记错误。若经戊书面同意，丁看似能够申请更正登记，但是根据《不动产登记暂行条例实施细则》第80条第1款规定，不动产权利人或者利害关系人申请更正登记，不动产登记机构认为不动产登记簿记载确有错误的，应当予以更正；但在错误登记之后已经办理了涉及不动产权利处分的登记、预告登记和查封登记的除外。据此，戊将房屋擅自出卖给不知情的庚，并办理了预告登记，庚善意取得房屋，因此丁无权再申请更正登记。可见，C项表述错误。《民法典》第221条第2款规定，预告登记后，债权消灭或者自能够进行不动产登记之日起90日内未申请登记的，预告登记失效。据此，D项表述正确，选D项。

【答案】 D

专题十　所有权的取得

※**【重点难点】** 善意取得：（1）动产善意取得的适用条件：①标的物须为占有委托物且为非禁止流通物。②让与人系无权处分人。③受让人取得动产时出于善意。受让人受让不动产或者动产时，不知道转让人无处分权，且无重大过失的，应当认定受让人为善意。具有下列情形之一的，应当认定不动产受让人知道转让人无处分权：登记簿上存在有效的异议登记；预告登记有效期内，未经预告登记的权利人同意；登记簿上已经记载司法机关或者行政机关依法裁定、决定查封或者以其他形式限制不动产权利的有关事项；受让人知道登记簿上记载的权利主体错误；受让人知道他人已经依法享有不动产物权。真实权利人有证据证明不动产受让人应当知道转让人无处分权的，应当认定受让人具有重大过失。受让人受让动产时，交易的对象、场所或者时机等不符合交易习惯的，应当认定受让人具有重大过失。④受让人以合理的价格受让。以合理的价格受让，意味着受让人必须

是有偿获得该动产或者不动产的所有权，无偿获得动产或者不动产的，不得适用善意取得。是否为"合理的价格"，应当根据转让标的物的性质、数量以及付款方式等具体情况，参考转让时交易地市场价格以及交易习惯等因素综合认定。⑤已交付完成。交付已经完成就是指受让人依法进行了动产物权的公示。由于交付原则上是动产物权的生效要件，也是动产物权变动的公示方法，即便是船舶、机动车、民用航空器等特殊的动产，也应当以交付作为善意取得的构成要件。这里的"交付"不包括占有改定。(2) 不动产善意取得的适用条件：①让与人系无处分权人但具有权利外观。②受让人受让该不动产时是善意的。③受让人以合理的价格受让。④已经办理了登记。(3) 不得依据善意取得制度取得所有权的情形。具有下列情形之一，受让人无权根据善意取得的规定取得所有权：①转让合同因违反《民法典》第 146 条、第 153 条、第 154 条规定被认为无效；②转让合同因受让人存在欺诈、胁迫或者乘人之危等法定事由被撤销。(4) 善意取得的法律后果：①受让人取得转让不动产或者动产的物权，原所有权人丧失所有权。②受让人依照规定取得不动产或者动产的物权的，原所有权人有权向无处分权人请求赔偿损失或者返还不当得利。③善意受让人取得动产后，该动产上的原有权利消灭，但善意受让人在受让时知道或者应当知道该权利的除外。

例 10-1（单选）：甲将电脑租给乙使用，乙未经甲同意将电脑以极低的价格卖给知情的丙，丙将电脑租给不知情的丁使用。对此，下列表述正确的是(   )。

A. 丙、丁之间的租赁合同无效　　　　　　B. 甲有权请求丁返还电脑

C. 丙善意取得电脑的所有权　　　　　　　D. 乙、丙、丁对电脑的占有为无权占有

【讲解】《民法典》第 311 条第 1 款规定，无处分权人将不动产或者动产转让给受让人的，所有权人有权追回；除法律另有规定外，符合下列情形的，受让人取得该不动产或者动产的所有权：(1) 受让人受让该不动产或者动产时是善意的；(2) 以合理的价格转让；(3) 转让的不动产或者动产依照法律规定应当登记的已经登记，不需要登记的已经交付给受让人。据此，乙作为无处分权人将租来的电脑出售给知情的丙（恶意），且出售价格并非合理价格，不符合善意取得制度的构成要件，丙不能取得电脑的所有权。可见，C 项表述错误。《民法典》第 703 条规定，租赁合同是出租人将租赁物交付承租人使用、收益，承租人支付租金的合同。据此，法律并不要求租赁物一定为出租人所有，故丙将本属于甲所有的电脑，出售给不知情的丁使用，不影响租赁合同的效力，租赁合同自成立时生效。可见，A 项表述错误。乙在租赁期间有权占有电脑，但丙对电脑的占有为无权占有，而丁基于有效的租赁合同对电脑的占有则属于有权占有。可见，D 项表述错误。《民法典》第 235 条规定，无权占有不动产或者动产的，权利人可以请求返还原物。据此，丁的租赁权不得对抗所有权人甲的占有本权，故甲有权请求丁返还电脑。可见，B 项表述正确。

【答案】B

例 10-2（单选）：甲、丙一起因公出差，甲向丙借电脑使用，用毕甲将电脑带回家。丁见甲的电脑后执意以 6 000 元价格购买，甲见丁出价高于市价，便隐瞒实情将电脑卖给丁并交付。丁因手头拮据又将电脑卖给乙，并说明实情，乙遂以 5 000 元价格买下。此时，该电脑的所有权属于(   )。

A. 甲　　　　　　B. 乙　　　　　　C. 丙　　　　　　D. 丁

【讲解】丁构成善意取得，丁已经取得电脑的所有权。丁又将电脑卖给乙，丁出售电脑的行为属于有权处分，而非无权处分，乙不构成善意取得，乙是正常取得电脑的所有权，因而此时电脑的所有权属于乙，选 B 项。

【答案】B

※**【重点难点】**其他原始取得方式。(1) 拾得遗失物。①所有权人或者其他权利人有权追回遗失物。该遗失物通过转让被他人占有的，权利人有权向无处分权人请求损害赔偿，或者自知道或者应当知道受让人之日起 2 年内向受让人请求返还原物；但是，受让人通过拍卖或者向具有经营资格的经营者购得该遗失物的，权利人请求返还原物时应当支付受让人所付的费用。权利人向受让人支付所付费用后，有权向无处分权人追偿。②拾得遗失物，应当返还权利人。拾得人应当及时通知权利人领取，或者送交公安等有关部门。有关部门收到遗失物，知道权利人的，应当及时通知其领

取；不知道的，应当及时发布招领公告。③拾得人在遗失物送交有关部门前，有关部门在遗失物被领取前，应当妥善保管遗失物。因故意或者重大过失致使遗失物毁损、灭失的，应当承担民事责任。④权利人领取遗失物时，应当向拾得人或者有关部门支付保管遗失物等支出的必要费用。权利人悬赏寻找遗失物的，领取遗失物时应当按照承诺履行义务。拾得人侵占遗失物的，无权请求保管遗失物等支出的费用，也无权请求权利人按照承诺履行义务。⑤遗失物自发布招领公告之日起1年内无人认领的，归国家所有。⑥悬赏人以公开方式声明对完成一定行为的人支付报酬，完成特定行为的人请求悬赏人支付报酬的，人民法院依法予以支持。但悬赏有《民法典》第146条、第153条、第154条（无效的民事法律行为）规定情形的除外。（2）拾得漂流物、发现埋藏物或者隐藏物。拾得漂流物、发现埋藏物或者隐藏物的，参照适用拾得遗失物的有关规定。法律另有规定的，依照其规定。（3）添附。因加工、附合、混合而产生的物的归属，有约定的，按照约定；没有约定或者约定不明确的，依照法律规定；法律没有规定的，按照充分发挥物的效用以及保护无过错当事人的原则确定。因一方当事人的过错或者确定物的归属造成另一方当事人损害的，应当给予赔偿或者补偿。

例 10-3（单选）：甲将一皮包遗忘在餐厅中，立即发布寻物启事，言明愿以1万元现金酬谢返还皮包者。乙拾得皮包并发现寻物启事，便找到甲，将皮包返还。对此，下列表述正确的是（　　）。

A. 甲应当支付1万元酬金

B. 如果甲拒绝支付酬金，乙可以行使留置权而拒绝返还皮包

C. 乙无权请求甲偿还因保管皮包而支付的必要费用

D. 乙不负有返还皮包的义务

【讲解】根据《民法典》第314条、第317条第2款的规定，拾得遗失物，应当返还权利人。权利人悬赏寻找遗失物的，领取遗失物时应当按照承诺履行义务。据此，乙负有返还皮包的义务，甲也应当按照承诺支付酬金。可见，A项表述正确，D项表述错误。乙对遗失物不享有留置权，B项表述错误。根据《民法典》第317条第1款的规定，权利人领取遗失物时，应当向拾得人或者有关部门支付保管遗失物等支出的必要费用。可见，C项表述错误。

【答案】A

例 10-4（单选）：甲将房屋转让给乙，乙再转让给丙，相继办理了房屋过户登记。丙翻建房屋时在地下挖出五件古玩，经查为甲的祖父埋藏，甲是其祖父唯一继承人。丙将五件古玩以市价卖给不知情的丁，古玩已交付。现甲、乙均向丙和丁主张权利。对此，下列表述正确的是（　　）。

A. 甲有权向丙请求损害赔偿　　　　　B. 乙有权向丙请求损害赔偿

C. 甲、乙有权主张丙、丁买卖无效　　D. 丁善意取得五件古玩的所有权

【讲解】《民法典》第319条规定，拾得漂流物、发现埋藏物或者隐藏物的，参照适用拾得遗失物的有关规定。法律另有规定的，依照其规定。据此，丙虽在地下挖出五件古玩，即发现埋藏物，但无法基于该事实取得所有权。该埋藏物的所有权仍属于埋藏人甲的祖父所有。故丙出卖五件古玩的行为构成无权处分。《民法典》第230条规定，因继承取得物权的，自继承开始时发生效力。据此，五件古玩为甲的祖父埋藏，其死亡后甲因继承取得所有权。尽管甲并不知五件古玩的存在，但并不妨碍其取得所有权。甲将其所有的房屋出卖，并办理了登记过户，房屋所有权发生变动。但因买卖合同未涉及埋藏的五件古玩，故五件古玩的所有权并未发生变动，五件古玩的所有权应当属于甲。《民法典》第312条规定，所有权人或者其他权利人有权追回遗失物。该遗失物通过转让被他人占有的，权利人有权向无处分权人请求损害赔偿，或者自知道或者应当知道受让人之日起2年内向受让人请求返还原物；但是，受让人通过拍卖或者向具有经营资格的经营者购得该遗失物的，权利人请求返还原物时应当支付受让人所付的费用。发现埋藏物可参照该规定。据此，所有权人甲既可以直接向无权处分人丙请求赔偿，也可以在知道受让人丁之日起2年内主张返还原物。可见，A项表述正确。因乙并非古玩的权利人，无权请求赔偿，B项表述错误。根据《民法典》的规定，拾得遗失物、发现埋藏物原则上不适用善意取得。只有所有权人甲知道或者应当知道受让人之日起2年内未主张返还原物时，丁才例外地善意取得所有权。可见，D项表述错误。参照《最高人民法院

关于审理买卖合同纠纷案件适用法律问题的解释》（以下简称《买卖合同解释》）第 3 条第 1 款规定：当事人一方以出卖人在缔约时对标的物没有所有权或者处分权为由主张合同无效的，人民法院不予支持。据此，无权处分原则上不影响买卖合同的效力，C 项表述错误。

【答案】A

例题拓展

例 10-5（多选）：下列情形中，受让人丙可以善意取得标的物所有权的有（　　）。

A. 甲将汽车以占有改定方式卖给乙，甲在继续使用期间，将该车以市价出卖给不知情的丙，丙完成现实交付，但一直未给丙办理过户登记

B. 乙为防止丈夫甲擅自处分共有房屋，对该房屋办理了异议登记。在异议登记有效期内，甲未经乙同意将房屋出卖给丙

C. 甲受赠一张贵重古琴，在得知乙监察部门即将"巡视"本单位时，急忙以较低价格卖给下属丙，丙不知情

D. 甲将电脑借给乙使用，乙以合理价格出卖给不知情的丙

【讲解】根据《民法典》第 311 条的规定，甲、丙之间的汽车买卖合同属于无权处分行为，甲虽然未给丙办理过户登记，但根据《民法典》第 225 条的规定，船舶、航空器和机动车等的物权的设立、变更、转让和消灭，未经登记，不得对抗善意第三人。据此，对于船舶、航空器、机动车这些特殊动产仍以交付作为公示方式，登记仅为对抗要件，未经登记不得对抗善意第三人。对于机动车这种特殊动产交付给受让人的，应当认定符合《民法典》第 311 条规定的善意取得的条件。因此，就公示的要求来说，只需要甲向丙完成出卖汽车之交付（现实交付、简易交付、指示交付），而无须为丙办理登记过户，因此丙可以善意取得汽车，选 A 项。参照相关司法解释的规定，具有下列情形之一的，应当认定不动产受让人知道转让人无处分权：（1）登记簿上存在有效的异议登记；（2）预告登记有效期内，未经预告登记的权利人同意；（3）登记簿上已经记载司法机关或者行政机关依法裁定、决定查封或者以其他形式限制不动产权利的有关事项；（4）受让人知道登记簿上记载的权利主体错误；（5）受让人知道他人已经依法享有不动产物权。根据上述第（1）项规定，即不动产登记簿上存在有效的异议登记的，应当认定为不动产受让人知道转让人无处分权。因此，B 项表述中的丙不构成善意，不能善意取得房屋，不选 B 项。参照相关司法解释的规定，受让人受让动产时，交易的对象、场所或者时机等不符合交易习惯的，应当认定受让人具有重大过失。据此，善意取得制度要求受让人善意且无过失，而贵重古琴交易的价格明显不合理，丙不构成善意取得，不选 C 项。D 项表述中，丙构成善意取得，选 D 项。

【答案】AD

专题十一　用益物权

※【重点难点】用益物权。（1）用益物权包括土地承包经营权、建设用地使用权、宅基地使用权、居住权和地役权。（2）用益物权是他物权、限制物权，以使用、收益为内容。（3）用益物权多为独立的主权利（但地役权为从权利），用益物权具有不可分性，但不具有物上代位性。（4）我国民法还规定海域使用权、探矿权、采矿权、取水权、养殖权、捕捞权这六种准用益物权，这些物权须经行政特许才能设立，因此又称为"特许物权"。

例 11-1（单选）：下列关于用益物权的判断，正确的是（　　）。

A. 用益物权的存续期间依赖于主权利的存续期间

B. 用益物权的实现须以主债权未得到清偿为条件

C. 用益物权不具有物上代位性

D. 居住权、租赁权和典当属于用益物权

【讲解】用益物权具有自身的存续期间，而担保物权的存续期间，依赖于主债权权能的存续期间。可见，A项表述错误。用益物权以使用、收益为目的，而担保物权的实现须以主债权未得到清偿为条件，法定担保物权（留置权）还需经过宽展期才能实现。可见，B项表述错误。用益物权不具有物上代位性，而担保物权具有物上代位性，C项表述正确。我国民法典规定的用益物权包括土地承包经营权、建设用地使用权、宅基地使用权、居住权和地役权。依据物权法定原则，居住权属于用益物权，我国民法典在物权编专章规定了居住权，但是，租赁权是依据租赁合同产生，其本质上为债权；典当是一种综合性担保，其担保方式涉及房地产抵押、动产质押和权利质押，但我国民法典并未在物权编规定典当，因此，对于典当，可以依据其担保方式认定为抵押或者质押。总之，D项表述错误。

【答案】C

※【重点难点】土地承包经营权。（1）农村土地承包经营分为集体经济组织成员的承包经营和集体经济组织成员外的其他民事主体的承包经营。对于集体经济组织成员的承包经营，其流转方式包括土地承包经营权的互换、转让、出租、入股和融资担保。对于集体经济组织成员外的其他民事主体的承包经营（即通过招标、拍卖、公开协商等方式取得的"四荒地"的土地承包经营权），其流转方式包括出租、入股、抵押或者其他方式。（2）土地承包经营权的设立采取登记对抗主义，即土地承包经营权自土地承包经营权合同生效时设立，土地承包经营权可以登记，也可以不登记，但未经登记不得对抗善意第三人。土地承包经营权互换、转让的，当事人可以向登记机构申请登记；未经登记，不得对抗善意第三人。（3）流转期限为5年以上的土地经营权，自流转合同生效时设立。当事人可以向登记机构申请土地经营权登记；未经登记，不得对抗善意第三人。

例11-2（单选）：甲从所在村集体经济组织承包果园，承包期间，甲死亡。对此，下列表述正确的是（   ）。

A. 甲的土地承包经营权自登记时设立

B. 甲生前可以不经登记将土地承包经营权转让

C. 甲生前不得将土地经营权抵押以获取金融贷款

D. 甲的儿子可以继承土地承包经营权

【讲解】《民法典》第333条第1款规定，土地承包经营权自土地承包经营权合同生效时设立。据此，A项表述错误。《民法典》第335条规定，土地承包经营权互换、转让的，当事人可以向登记机构申请登记；未经登记，不得对抗善意第三人。据此，土地承包经营权的转让，自转让合同生效时发生效力，登记仅是对抗要件，而非生效要件。可见，B项表述正确，选B项。《民法典》第339条规定，土地承包经营权人可以自主决定依法采取出租、入股或者其他方式向他人流转土地经营权。这里的"其他方式"，包括将土地经营权抵押。可见，甲可以将土地经营权抵押以获取金融机构的贷款，C项表述错误。土地承包经营权不得继承，甲的儿子可以继承的应当是承包经营收益，而不是土地承包经营权，D项表述错误。

【答案】B

※【重点难点】建设用地使用权。（1）以国有土地为客体的建设用地使用权的取得方式包括两种，一是通过土地使用权的出让、转让等有偿方式取得。其中，出让方式包括招标、拍卖、协议等；转让是指从土地使用权人处取得土地使用权。二是通过行政无偿划拨方式取得。无论通过何种方式取得建设用地使用权，均应向登记机构申请建设用地使用权登记，建设用地使用权的设立采取登记生效主义，未经登记，建设用地使用权不设立。建设用地使用权未设立的，不影响建设用地使用权出让合同的效力。（2）住宅建设用地使用权期间届满的，自动续期。非住宅建设用地使用权期间届满后的续期，依照法律规定办理。该土地上的房屋及其他不动产的归属，有约定的，按照约

定；没有约定或者约定不明确的，依照法律、行政法规的规定办理。(3)建设用地使用权转让、互换、出资或者赠与的，附着于该土地上的建筑物、构筑物及其附属设施一并处分。建筑物、构筑物及其附属设施转让、互换、出资或者赠与的，该建筑物、构筑物及其附属设施占用范围内的建设用地使用权一并处分。此即"房屋所有权主体与房屋占有范围内的土地使用权主体一致"，或者称为"房随地走，地随房走"原则。

例11-3（单选）：甲公司取得一幅建设用地使用权，甲公司在该建设用地上建造一栋别墅，后甲公司将该别墅卖给乙并办理了登记过户手续。对此，下列表述正确的是（　　）。

A. 乙享有别墅的所有权，但不享有建设用地使用权

B. 乙享有建设用地使用权，但不享有别墅的所有权

C. 乙善意取得别墅所有权和建设用地使用权

D. 自别墅登记过户给乙后，乙才能享有别墅的所有权

【讲解】《民法典》第209条第1款规定，不动产物权的设立、变更、转让和消灭，经依法登记，发生效力；未经登记，不发生效力，但是法律另有规定的除外。据此，甲公司将别墅卖给乙并办理了登记过户手续，乙取得别墅的所有权。可见，D项表述正确，选D项。《民法典》第356条规定，建设用地使用权转让、互换、出资或者赠与的，附着于该土地上的建筑物、构筑物及其附属设施一并处分。《民法典》第357条规定，建筑物、构筑物及其附属设施转让、互换、出资或者赠与的，该建筑物、构筑物及其附属设施占用范围内的建设用地使用权一并处分。上述规定为"房随地走，地随房走"原则。据此，A、B项表述错误。适用善意取得制度的前提是无权处分，而甲公司有权处分别墅，因而无所谓善意取得适用的问题。可见，C项表述错误。

【答案】D

※**【重点难点】**居住权：(1)居住权无偿设立，但是当事人另有约定的除外。设立居住权的，应当向登记机构申请居住权登记。居住权自登记时设立。居住权可以通过遗嘱设立。(2)居住权不得转让、继承。设立居住权的住宅不得出租，但是当事人另有约定的除外。(3)居住权期限届满或者居住权人死亡的，居住权消灭。居住权消灭的，应当及时办理注销登记。

例11-4（多选）：甲、乙系夫妻，2019年两人协议离婚，但是由于乙没有工作又没有居住场所，双方就书面约定，乙再婚之前可以享有对甲现有的房屋的居住权。关于居住权的约定，下列表述正确的是（　　）。

A. 甲、乙的约定有效

B. 甲、乙的约定违反物权法定原则，应当无效

C. 乙自居住权办理登记之日可以享有居住权

D. 乙按照约定居住现有房屋，但应当支付居住房屋使用费

【讲解】《民法典》第366条、第367条规定，居住权人有权按照合同约定，对他人的住宅享有占有、使用的用益物权，以满足生活居住的需要。设立居住权，当事人应当采用书面形式订立居住权合同。据此，甲、乙约定乙就甲现有的房屋享有居住权，该约定有效，A项表述正确。《民法典》第116条规定，物权的种类和内容，由法律规定。居住权是民法典物权编明确规定的用益物权类型，其内容也由民法典物权编所规定，因此，甲、乙的约定并没有违反物权法定原则，B项表述错误。《民法典》第368条规定，居住权无偿设立，但是当事人另有约定的除外。设立居住权的，应当向登记机构申请居住权登记。居住权自登记时设立。据此，居住权的设立采取登记生效主义，未经登记，不发生物权效力。由于题干中当事人对于居住权的约定并没有提及是否无偿，因此应当认定为无偿。设立居住权是无偿的，居住权人无须支付居住房屋使用费。可见，C项表述正确，D项表述错误。

【答案】AC

※**【重点难点】**地役权。(1)地役权的常见类型包括通行地役权、采光地役权、眺望地役权、取水地役权和管线架设地役权等。(2)地役权具有从属性。地役权不得脱离需役地而存在，必须与需役地的所有权或使用权一同转移。地役权的期限由当事人约定，但是，不得超过土地承包经营

权、建设用地使用权等用益物权的剩余期限。地役权不得单独转让。土地承包经营权、建设用地使用权等转让的，地役权一并转让，但是合同另有约定的除外。地役权不得单独抵押。土地经营权、建设用地使用权等抵押的，在实现抵押权时，地役权一并转让。（3）地役权具有不可分性。需役地以及需役地上的土地承包经营权、建设用地使用权等部分转让时，转让部分涉及地役权的，受让人同时享有地役权。供役地以及供役地上的土地承包经营权、建设用地使用权等部分转让时，转让部分涉及地役权的，地役权对受让人具有法律约束力。（4）设立地役权，当事人应当采用书面形式订立地役权合同。地役权自地役权合同生效时设立。当事人要求登记的，可以向登记机构申请地役权登记；未经登记，不得对抗善意第三人。（5）土地所有权人享有地役权或者负担地役权的，设立土地承包经营权、宅基地使用权等用益物权时，该用益物权人继续享有或者负担已设立的地役权。土地上已经设立土地承包经营权、建设用地使用权、宅基地使用权等用益物权的，未经用益物权人同意，土地所有权人不得设立地役权。

例 11-5（单选）：甲从自己承包的土地上出入不便，遂与乙书面约定在乙承包的土地上开辟一条道路供甲通行，甲支付给乙 5 万元，但没有进行登记。甲、乙约定的权利类型为（   ）。

    A. 地役权   B. 相邻权   C. 土地承包经营权   D. 建设用地使用权

【讲解】地役权是指不动产的权利人如所有权人或使用权人，为自己使用不动产的便利或提高自己不动产的效益而利用他人不动产的权利，通常为意定、有偿。相邻权是依据法律规定，在两个或两个以上相互毗邻的不动产的所有人或使用人之间，因不动产的利用而产生的权利，通常为法定、无偿。据此，甲为自己出入方便，与乙书面约定在乙承包的土地上开辟一条道路供甲通行，并支付报酬的，形成地役权关系，甲为需役地权利人，乙为供役地权利人。可见，选 A 项，不选 B 项。土地承包经营权是指自然人或社会组织对于农民集体所有或者国家所有由农民集体使用的土地享有的占有、使用和收益的权利。甲并未承包经营土地，而是通过利用他人土地而为自己提供便利，不选 C 项。建设用地使用权是指自然人、社会组织对国家或集体所有的土地依法享有的利用该土地建造及保有建筑物、构筑物及其附属设施的权利。本题表述的情形并非建设用地使用权，不选 D 项。

【答案】A

例 11-6（多选）：甲在某风景区建别墅，与邻居乙约定不得在别墅前 100 米兴建房屋，以便给甲宽阔的通行路线。甲为此向乙支付 10 万元钱，但没有办理登记。后乙将其房屋出售给不知情的丙，丙经批准欲在房屋前接连建造两间房屋，这样与甲的房屋距离不足 100 米。甲提出异议，请求停工。对此，下列表述正确的是（   ）。

    A. 甲、乙之间存在地役权法律关系   B. 甲、乙之间的约定对丙不具有约束力

    C. 丙无权接连建造两间房屋   D. 甲的异议不成立

【讲解】甲、乙之间达成的合同为地役权合同，甲、乙之间形成地役权法律关系，A 项表述正确。但由于甲、乙之间地役权并没有办理登记，不能对抗善意第三人，而丙对于甲、乙之间达成的地役权合同并不知情，系善意第三人，因此，甲、乙的地役权合同不能对抗丙，而且丙经批准建造房屋，丙有权接连建造房屋。可见，B、D 项表述正确，C 项表述错误。

【答案】ABD

 例题拓展

例 11-7（单选）：甲为了能在自己房中欣赏远处风景，便与相邻的乙约定：乙不能在自己使用的土地（供役地）上建造高楼，作为补偿，甲一次性支付给乙 6 万元。当事人未办理登记。三年后，甲将房屋转让给丙，乙将该土地使用权转让给不知情的丁。对此，下列表述正确的是（   ）。

    A. 因没有办理登记，甲、乙之间的约定无效

B. 丙可以禁止丁建高楼，且无须另对丁进行补偿

C. 丙取得的地役权不得对抗丁

D. 丙对丁享有地役权

【讲解】《民法典》第 374 条规定，地役权自地役权合同生效时设立。当事人要求登记的，可以向登记机构申请地役权登记；未经登记，不得对抗善意第三人。据此，甲、乙之间有关设立地役权的约定有效，甲、乙之间的地役权自合同生效时设立，但不能对抗善意第三人。可见，A 项表述错误。本案中，甲将房屋转让给丙，乙将土地使用权转让给不知情的丁，丁为善意第三人。由于甲、乙之间的地役权未经登记，不具有对抗效力，因此，丙不能禁止丁建高楼，丙不享有对丁的地役权。可见，B、D 项表述错误。甲将房屋转让给丙，房屋上设定的地役权也转移给丙，丙享有该房屋上设定的地役权，但因地役权并未办理登记，不能对抗善意第三人，而丁为善意第三人，因此，丙取得的地役权不得对抗丁。可见，C 项表述正确，选 C 项。

【答案】C

专题十二　担保物权

※【重点难点】担保物权：（1）《民法典》规定的担保物权包括抵押权、质权和留置权。（2）担保物权具有从属性、不可分性和物上代位性。（3）混合担保。被担保的债权既有物的担保又有人的担保的，债务人不履行到期债务或者发生当事人约定的实现担保物权的情形，债权人应当按照约定实现债权；没有约定或者约定不明确，债务人自己提供物的担保的，债权人应当先就该物的担保实现债权；第三人提供物的担保的，债权人可以就物的担保实现债权，也可以请求保证人承担保证责任。提供担保的第三人承担担保责任后，有权向债务人追偿。（4）担保物权的担保范围包括主债权及其利息、违约金、损害赔偿金、保管担保财产和实现担保物权的费用。当事人另有约定的，按照其约定。

例 12-1（单选）：赵某向银行借款 200 万元，为担保赵某履行债务，钱某以其房产向银行设定抵押，孙某向银行出具承担全部保证责任的担保函。对此，下列表述正确的是（　　）。

A. 银行可以就钱某的房产行使抵押权　　B. 钱某承担担保责任后，可以向孙某追偿

C. 银行只能请求孙某承担保证责任　　D. 孙某承担担保责任后，可以向钱某追偿

【讲解】本题考查的是混合担保。《民法典》第 392 条规定，被担保的债权既有物的担保又有人的担保的，债务人不履行到期债务或者发生当事人约定的实现担保物权的情形，债权人应当按照约定实现债权；没有约定或者约定不明确，债务人自己提供物的担保的，债权人应当先就该物的担保实现债权；第三人提供物的担保的，债权人可以就物的担保实现债权，也可以请求保证人承担保证责任。提供担保的第三人承担担保责任后，有权向债务人追偿。据此，银行既可以就钱某的房产行使抵押权，也可以请求保证人承担保证责任。钱某或者孙某承担保证责任后，都有权向债务人赵某追偿，但钱某和孙某之间不能互相追偿。可见，只有 A 项表述正确。

【答案】A

※【重点难点】抵押权的设立：（1）抵押权的设立条件：①签订书面抵押合同；②抵押财产合法有效；③办理抵押登记（以不动产设定抵押权）。（2）债务人或者第三人有权处分的下列财产可以抵押：①建筑物和其他土地附着物；②建设用地使用权；③海域使用权；④生产设备、原材料、半成品、产品；⑤正在建造的建筑物、船舶、航空器；⑥交通运输工具；⑦法律、行政法规未禁止抵押的其他财产。抵押人可以将上述所列财产一并抵押。（3）下列财产不得抵押：①土地所有权；②宅基地、自留地、自留山等集体所有土地的使用权，但是法律规定可以抵押的除外；③学校、幼儿园、医疗机构等为公益目的成立的非营利法人的教育设施、医疗卫生设施和其他公益设施；④所有权、使用权不明或者有争议的财产；⑤依法被查封、扣押、监管的财产；⑥法律、行政法规规定

不得抵押的其他财产。（4）流押条款：抵押权人在债务履行期限届满前，与抵押人约定债务人不履行到期债务时抵押财产归债权人所有的，只能依法就抵押财产优先受偿。（5）抵押登记：以不动产、不动产权利以及正在建造的建筑物抵押的，采取登记设立主义，应当办理抵押登记，抵押权自登记时设立。以动产抵押的，采取自愿原则，由当事人自行选择是否办理登记，采取登记对抗主义，抵押权自抵押合同生效时设立；未经登记，不得对抗善意第三人。以动产抵押的，不得对抗正常经营活动中已经支付合理价款并取得抵押财产的买受人。

例12-2（单选）：甲向乙借款，丙与乙约定以自有房屋担保该笔借款。丙将房产证交给乙，但未办理抵押登记。借款到期后甲无力偿还，丙的房屋被法院查封。对此，下列表述正确的是（　　）。

A. 抵押权自丙将房产证交付给乙时生效

B. 乙有权请求丙继续履行担保合同，办理房屋抵押登记

C. 乙有权向法院申请拍卖丙的房屋并就拍卖价款优先受偿

D. 乙可以请求丙承担违约损害赔偿责任

【讲解】根据《民法典》第402条的规定，以建筑物和其他土地附着物抵押的，应当办理抵押登记。抵押权自登记时设立。据此，丙与乙约定以自有房屋设立抵押，虽交付了房产证，但因未按约定办理抵押登记，抵押权未设立。可见，A项表述错误。《民法典》第215条规定，当事人之间订立有关设立、变更、转让和消灭不动产物权的合同，除法律另有规定或者当事人另有约定外，自合同成立时生效；未办理物权登记的，不影响合同效力。据此，基于合同效力与物权变动的区分原则，本题表述中，虽然抵押权因未办理抵押登记而未设立，但原则上抵押合同效力不受影响。《民法典》第399条第5项规定，依法被查封、扣押、监管的财产，不得抵押。据此，双方虽存在有效的抵押合同，但因丙的房屋已被法院另行查封，成为禁止抵押的财产，抵押合同履行不能，因此乙无权请求丙继续履行担保合同，办理房屋抵押登记。可见，B项表述错误。既然抵押权未设立，也无法继续请求办理抵押登记，则乙无权向法院申请拍卖丙的房屋并就拍卖价款优先受偿，C项表述错误。《民法典》第577条规定，当事人一方不履行合同义务或者履行合同义务不符合约定的，应当承担继续履行、采取补救措施或者赔偿损失等违约责任。据此，丙因未履行抵押合同而对乙造成损失，应当承担损害赔偿等违约责任。可见，D项表述正确。

【答案】D

例12-3（单选）：甲、乙、丙是好友。甲、乙和银行签订书面协议：甲向银行贷款100万元，乙为债务履行，将房本交给银行作为抵押担保。但因登记部门原因导致银行无法办理抵押登记。乙向登记部门申请挂失房本后更换了新房本，将房屋卖给知情的丙并办理了登记。甲届期未还款，丙表示代甲向银行还款。对此，下列表述正确的是（　　）。

A. 抵押合同无效　　　　　　　　　　B. 抵押权设立

C. 丙善意取得房屋所有权　　　　　　D. 丙的行为构成代为清偿

【讲解】根据《民法典》第402条的规定，以建筑物和其他土地附着物等不动产设立抵押权的，应当办理抵押登记。抵押权自登记时设立。本题表述中，当事人订立的书面抵押合同，意思表示真实，不违背法律和公序良俗，符合抵押合同的有效条件，抵押合同有效。但抵押人乙把房本交给银行，因登记部门的原因导致银行无法办理抵押登记，故抵押权不能有效成立。可见，A、B项表述错误。针对C项，乙享有房屋所有权，乙有权处分房屋。根据《民法典》第406条第1款的规定，抵押期间，抵押人可以转让抵押财产。当事人另有约定的，按照其约定。抵押财产转让的，抵押权不受影响。据此，本题中，由于抵押权没有办理登记，因而没有设立。即便抵押权成立，抵押人乙也有权转让抵押财产，而不必取得抵押权人银行同意。由于乙有权处分房产，因此，丙取得房屋所有权并非善意取得，C项表述错误。针对D项，根据《民法典》第524条第1款的规定，债务人不履行债务，第三人对履行该债务具有合法利益的，第三人有权向债权人代为履行；但是，根据债务性质、按照当事人约定或者依照法律规定只能由债务人履行的除外。据此，丙代甲向银行还款，属于第三人代为清偿（履行），D项表述正确。

【答案】D

※【重点难点】抵押权的效力。(1) 抵押权的效力不仅及于原抵押财产，而且及于抵押财产的从物、从权利、添附物、孳息和抵押物的代位物。关于孳息，抵押权人享有抵押物所生孳息的收取权，但无所有权。(2) 抵押权不得与债权分离而单独转让或者作为其他债权的担保。债权转让的，担保该债权的抵押权一并转让，但是法律另有规定或者当事人另有约定的除外。(3) 抵押期间，抵押人可以转让抵押财产。当事人另有约定的，按照其约定。抵押财产转让的，抵押权不受影响。抵押人转让抵押财产的，应当及时通知抵押权人。抵押权人能够证明抵押财产转让可能损害抵押权的，可以请求抵押人将转让所得的价款向抵押权人提前清偿债务或者提存。转让的价款超过债权数额的部分归抵押人所有，不足部分由债务人清偿。(4) 抵押人的行为足以使抵押财产价值减少的，抵押权人有权请求抵押人停止其行为；抵押财产价值减少的，抵押权人有权请求恢复抵押财产的价值，或者提供与减少的价值相应的担保。抵押人不恢复抵押财产的价值，也不提供担保的，抵押权人有权请求债务人提前清偿债务。(5) 抵押权人可以放弃抵押权或者抵押权的顺位。抵押权人与抵押人可以协议变更抵押权顺位以及被担保的债权数额等内容。但是，抵押权的变更未经其他抵押权人书面同意的，不得对其他抵押权人产生不利影响。债务人以自己的财产设定抵押，抵押权人放弃该抵押权、抵押权顺位或者变更抵押权的，其他担保人在抵押权人丧失优先受偿权益的范围内免除担保责任，但是其他担保人承诺仍然提供担保的除外。(6) 同一财产向两个以上债权人抵押的，拍卖、变卖抵押财产所得的价款依照下列规定清偿：①抵押权已经登记的，按照登记的时间先后确定清偿顺序；②抵押权已经登记的先于未登记的受偿；③抵押权未登记的，按照债权比例清偿。

例 12-4（多选）： 甲向银行借款 200 万元，并以自有房产抵押并办理了抵押登记。甲欠乙钱久拖未还，乙便强行入住该抵押房屋。借款到期后，甲无力偿还银行借款。由于抵押房屋被乙非法居住，难以拍卖，甲怠于行使对乙的房屋返还请求权。对此，银行可以（　　）。

A. 请求甲行使对乙的房屋返还请求权，防止抵押财产的减少

B. 请求甲将对乙的房屋返还请求权转让给自己

C. 代位行使对乙的房屋返还请求权

D. 依据抵押权直接对乙行使房屋返还请求权

【讲解】《民法典》第 408 条规定，抵押人的行为足以使抵押财产价值减少的，抵押权人有权请求抵押人停止其行为；抵押财产价值减少的，抵押权人有权请求恢复抵押财产的价值，或者提供与减少的价值相应的担保。抵押人不恢复抵押财产的价值，也不提供担保的，抵押权人有权请求债务人提前清偿债务。据此，因第三人乙的非法居住使得抵押房屋无法拍卖，抵押人甲有权对乙行使返还原物请求权，但由于抵押人甲的不作为使得银行的抵押权难以实现，抵押权人银行有权请求抵押人停止该行为，请求其及时行使对乙的房屋返还请求权，以防止抵押财产价值的减少。可见，A 项表述正确。由于甲对银行的欠款已届清偿期，银行有权就抵押房屋实现优先受偿权。抵押物被第三人非法占有的，抵押权人得请求甲将对乙的房屋返还请求权转让给自己，以实现其抵押权。可见，B 项表述正确。《民法典》第 535 条第 1 款规定，因债务人怠于行使其债权或者与该债权有关的从权利，影响债权人的到期债权实现的，债权人可以向人民法院请求以自己的名义代位行使债务人对相对人的权利，但是该权利专属于债务人自身的除外。据此，债务人不履行其对债权人的到期债务，又不以诉讼方式或者仲裁方式向其债务人主张其享有的具有金钱给付内容的到期债权，致使债权人的到期债权未能实现。可见，债权人行使代位权的对象仅限于金钱债权，债务人的物权请求权、担保物权、形成权以及保存行为等不得代位行使。故 C 项表述错误。《民法典》第 235 条规定，无权占有不动产或者动产的，权利人可以请求返还原物。据此，抵押权人银行虽为物权人，但因抵押权不具有占有权能，银行无权请求无权占有人乙返还原物。可见，D 项表述错误。

【答案】AB

例 12-5（多选）： 甲公司将一套 A 房屋抵押给乙银行，作为借款 100 万元的担保，并办理了抵押登记。后甲公司以 100 万元的价格将 A 房屋出卖并过户给丙公司，丙公司尚未付款。现甲公司届期无力清偿借款。对此，下列表述正确的是（　　）。

A. 因未取得乙银行同意，甲公司无权出售 A 房屋

B. 乙银行对丙公司就 A 房屋享有抵押权

C. 如甲公司怠于向丙公司主张购房款，乙银行可以行使代位权

D. 乙银行能够证明房屋转让损害抵押权的，可以请求丙公司将购房款交付给乙银行

【讲解】《民法典》第 406 条第 1 款规定，抵押期间，抵押人可以转让抵押财产。当事人另有约定的，按照其约定。抵押财产转让的，抵押权不受影响。据此，甲公司出售 A 房屋，不必取得乙银行同意，甲公司将 A 房屋转让给丙公司，乙银行仍享有 A 房屋的抵押权。可见，A 项表述错误，B 项表述正确。《民法典》第 535 条第 1 款规定，因债务人怠于行使其债权或者与该债权有关的从权利，影响债权人的到期债权实现的，债权人可以向人民法院请求以自己的名义代位行使债务人对相对人的权利，但是该权利专属于债务人自身的除外。据此，如果甲公司怠于向丙公司主张购房款，则会影响债权人乙银行到期债权的实现，乙银行可以行使代位权，C 项表述正确。《民法典》第 406 条第 2 款规定，抵押人转让抵押财产的，应当及时通知抵押权人。抵押权人能够证明抵押财产转让可能损害抵押权的，可以请求抵押人将转让所得的价款向抵押权人提前清偿债务或者提存。转让的价款超过债权数额的部分归抵押人所有，不足部分由债务人清偿。据此，D 项表述正确。

【答案】BCD

※【重点难点】抵押权的实现：（1）抵押权的实现方法主要有两种：一是与抵押人协议以抵押物折价，取得抵押物的所有权，但此协议不得损害其他债权人的利益。否则，其他债权人可以请求人民法院撤销。二是抵押权人与抵押人未就抵押权实现方式达成协议的，抵押权人可以请求人民法院拍卖、变卖抵押财产，并就拍卖、变卖的抵押财产优先受偿。此外，抵押权人应当在主债权诉讼时效期间内行使抵押权，未行使的，人民法院不予保护。（2）以建筑物抵押的，该建筑物占用范围内的建设用地使用权一并抵押。以建设用地使用权抵押的，该土地上的建筑物一并抵押。抵押人未依据上述规定一并抵押的，未抵押的财产视为一并抵押。上述内容体现了抵押权实现方面的"房屋所有权主体与房屋占有范围内的土地使用权的主体一致"原则，即"房随地走，地随房走"原则。建设用地使用权抵押后，该土地上新增的建筑物不属于抵押财产。该建设用地使用权实现抵押权时，应当将该土地上新增的建筑物与建设用地使用权一并处分，但是，新增建筑物所得的价款，抵押权人无权优先受偿。（3）抵押权设立前，抵押财产已经出租并转移占有的，原租赁关系不受该抵押权的影响。（4）同一财产向两个以上债权人抵押的，拍卖、变卖抵押财产所得的价款依照下列规定清偿：①抵押权已经登记的，按照登记的时间先后确定清偿顺序；②抵押权已经登记的先于未登记的受偿；③抵押权未登记的，按照债权比例清偿。（5）同一财产既设立抵押权又设立质权的，拍卖、变卖该财产所得的价款按照登记、交付的时间先后确定清偿顺序。（6）动产抵押担保的主债权是抵押物的价款，标的物交付后 10 日内办理抵押登记的，该抵押权人优先于抵押物买受人的其他担保物权人受偿，但是留置权人除外。

例 12-6（单选）：甲、乙按照 4：6 的份额共有一辆汽车，为担保向丁借款 10 万元的债务，甲、乙将货车抵押给债权人丁，但未办理抵押登记。后该货车在运输过程中将戊撞伤。对此，下列表述正确的是（　　　　）。

A. 抵押权未设立

B. 甲、乙对戊的损害承担按份责任

C. 丁应当自借款合同履行期限届至之日起 3 年内行使抵押权

D. 若戊免除了甲的损害赔偿责任，则应由乙全部承担戊的损害赔偿费用

【讲解】根据《民法典》的规定，以船舶、航空器和机动车等动产抵押的，抵押权自抵押合同生效时设立；未经登记，不得对抗善意第三人。据此，本题表述中的抵押权已经设立，A 项表述错误。《民法典》第 307 条规定，因共有的不动产或者动产产生的债权债务，在对外关系上，共有人享有连带债权、承担连带债务，但是法律另有规定或者第三人知道共有人不具有连带债权债务关系的除外；在共有人内部关系上，除共有人另有约定外，按份共有人按照份额享有债权、承担债务，共同共有人共同享有债权、承担债务。偿还债务超过自己应当承担份额的按份共有人，有权向其他

共有人追偿。据此，因共有的货车（即使是按份共有）产生的债务，包括对丁债权的担保和对戊的损害，甲、乙均应当承担连带责任，但内部应当按照4∶6的份额分担。可见，B项表述错误。《民法典》第188条第1款规定，向人民法院请求保护民事权利的诉讼时效期间为3年。法律另有规定的，依照其规定。《民法典》第419条规定，抵押权人应当在主债权诉讼时效期间行使抵押权；未行使的，人民法院不予保护。据此，丁应当自借款合同履行期限届至之日起3年内行使抵押权，超过上述诉讼时效期间的，人民法院不予保护。可见，C项表述正确。《民法典》第178条第1、2款规定，二人以上依法承担连带责任的，权利人有权请求部分或者全部连带责任人承担责任。连带责任人的责任份额根据各自责任大小确定；难以确定责任大小的，平均承担责任。实际承担责任超过自己责任份额的连带责任人，有权向其他连带责任人追偿。据此，戊有权选择全部或者部分责任人承担责任。即使戊免除了甲的损害赔偿责任，只是甲对外无须承担责任，若乙对外承担全部责任之后，内部仍应当共同承担损害赔偿费用，可以向甲追偿相应的份额。可见，D项表述错误。

【答案】C

例12-7（单选）：甲以某商铺作抵押向乙银行借款，抵押权已登记，借款到期后甲未偿还。甲提前得知乙银行将起诉自己，在乙银行起诉前将该商铺出租给不知情的丙，预收了1年的租金。半年后经乙银行请求，该商铺被法院委托拍卖，由丁竞买取得。对此，下列表述正确的是（　　）。

A. 甲与丙之间的租赁合同无效

B. 租赁合同具有对抗抵押权的效力

C. 丁有权请求丙腾退商铺，丙无权请求丁退还剩余租金

D. 丙有权请求丁继续履行租赁合同

【讲解】本题中，甲、丙之间的租赁合同并不具有《民法典》第153条、第154条规定的合同无效的情形，因此，甲、丙之间的租赁合同有效，A项表述错误。《民法典》第405条规定，抵押权设立前，抵押财产已经出租并转移占有的，原租赁关系不受该抵押权的影响。据此反推，租赁权本质上属于债权，抵押权属于物权，如果租赁合同成立在抵押权之后，作为债权的租赁权不能对抗作为物权的抵押权。由于抵押权设立在先，租赁合同虽然有效，但不能对抗抵押权。可见，B项表述错误。既然租赁合同不能对抗抵押权，抵押权的实现则不受租赁合同的限制，承租人丙不得依据《民法典》第725条的规定主张"买卖不破租赁"。因此，丁有权请求丙腾退商铺，且不受甲、丙之间租赁合同的约束，故丙无权请求丁退还剩余租金。可见，C项表述正确。由于租赁合同并未由丁承接出租人地位，根据合同相对性，合同只对缔约当事人具有法律约束力，故丙不得向丁主张继续履行合同。可见，D项表述错误。

【答案】C

※【重点难点】特殊抵押权。（1）最高额抵押权。最高额抵押权具有非从属性（相对独立性），其设定不以主债权的存在为前提，也不随某一债权的消灭而消灭。有下列情形之一的，抵押权人的债权确定：①约定的债权确定期间届满；②没有约定债权确定期间或者约定不明确，抵押权人或者抵押人自最高额抵押权设立之日起满2年后请求确定债权；③新的债权不可能发生；④抵押权人知道或者应当知道抵押财产被查封、扣押；⑤债务人、抵押人被宣告破产或者解散；⑥法律规定债权确定的其他情形。（2）动产浮动抵押权。企业、个体工商户、农业生产经营者可以将现有的以及将有的生产设备、原材料、半成品、产品抵押，债务人不履行到期债务或者发生当事人约定的实现抵押权的情形，债权人有权就抵押财产确定时的动产优先受偿。设定动产浮动抵押的，抵押财产自下列情形之一发生时确定：①债务履行期限届满，债权未实现；②抵押人被宣告破产或者解散；③当事人约定的实现抵押权的情形；④严重影响债权实现的其他情形。

例12-8（单选）：甲为扩大生产经营规模向银行借款，欲以其产品设立浮动抵押。对此，下列表述正确的是（　　）。

A. 甲可以将其商誉作为抵押财产

B. 如果借款到期未还，抵押财产自借款到期时确定

C. 甲以其产品设定抵押应当办理登记，未经登记不生抵押效力

D. 甲将来所有的动产不得设定浮动抵押权

【讲解】《民法典》第396条规定，企业、个体工商户、农业生产经营者可以将现有的以及将有的生产设备、原材料、半成品、产品抵押，债务人不履行到期债务或者发生当事人约定的实现抵押权的情形，债权人有权就抵押财产确定时的动产优先受偿。据此，动产浮动抵押的客体只能是动产，既包括抵押人现有的动产，也包括将来所有的动产，但商誉不能设定浮动抵押。可见，A、D项表述错误。根据《民法典》第411条第1项的规定，债务履行期届满，债权未实现的，抵押财产确定，B项表述正确。《民法典》第403条规定，以动产抵押的，抵押权自抵押合同生效时设立；未经登记，不得对抗善意第三人。据此，动产浮动抵押也属于动产抵押，因此其设立采取登记对抗主义，C项表述错误。

【答案】B

例12-9（多选）：甲公司、乙公司和李某签订了《个人最高额抵押协议》，李某将其房屋抵押给乙公司，担保甲公司在一周前所欠乙公司货款300万元，最高债权额为400万元，并办理了最高额抵押登记，债权确定期间为2018年7月2日至2019年7月1日。债权确定期间内，甲公司因从乙公司分批次进货，又欠乙公司100万元。甲公司未还款。关于有关抵押担保的债权额和抵押权期间，下列表述正确的是（   ）。

A. 最高额抵押权自最高额抵押协议生效时设立

B. 抵押权实现时的债权总额为400万元

C. 2019年7月1日最高额抵押权的抵押财产确定

D. 抵押权的行使期间截至2022年7月1日

【讲解】根据《民法典》第402条的规定，以不动产设定抵押的，应当办理抵押登记。抵押权自登记时设立。据此，第三人李某为债务人甲公司提供房屋抵押，是不动产抵押，应当自登记时设立，而不是协议生效时设立，A项表述错误。《民法典》第420条规定，为担保债务的履行，债务人或者第三人对一定期间内将要连续发生的债权提供担保财产的，债务人不履行到期债务或者发生当事人约定的实现抵押权的情形，抵押权人有权在最高债权额限度内就该担保财产优先受偿。最高额抵押权设立前已经存在的债权，经当事人同意，可以转入最高额抵押担保的债权范围。据此，本题中，当事人成立的是最高额抵押权。抵押权人实现最高额抵押权时，如果实际发生的债权余额高于最高限额的，以最高限额为限，超过部分不具有优先受偿的效力；如果实际发生的债权余额低于最高限额的，以实际发生的债权余额为限对抵押物优先受偿。本题中，实现抵押权的债权余额为400万元（300万元＋100万元）。因最高额抵押权不具有从属性，其成立之前的债权也可以纳入最高额抵押的担保范围，故B项表述正确。本题表述的债权自2019年7月1日确定，C项表述正确。根据《民法典》第419条并结合《民法典》第188条的规定，最高额抵押权可以适用一般抵押权的规定，即抵押权的行使期间为主债权的诉讼时效期间，即适用3年的普通诉讼时效期间，截至2022年7月1日，D项表述正确。

【答案】BCD

※【重点难点】质权。（1）动产质权：①当事人应当采用书面形式订立动产质押合同。质押合同为诺成性合同，出质人未按照合同约定交付质押财产的，应当承担违约责任。但合同生效不等于质权设立，质权于质押财产交付时设立。动产质权须以移转质物的占有为必要构成要件。②流质条款：质权人在债务履行期限届满前，与出质人约定债务人不履行到期债务时质押财产归债权人所有的，只能依法就质押财产优先受偿。③质权的担保范围包括主债权及利息、违约金、损害赔偿金、质押财产保管费用和实现质权的费用。质押合同另有约定的，按照约定。④质权效力及于质押财产、质押财产的从物、孳息、添附物和代位物，但从物没有随同质押财产移交质权人占有的，质权的效力不及于从物。⑤质权人有权收取质押财产的孳息，但是合同另有约定的除外。质权人对孳息仅有收取权，但无所有权。⑥因不可归责于质权人的事由可能使质押财产毁损或者价值明显减少，足以危害质权人权利的，质权人有权请求出质人提供相应的担保；出质人不提供的，质权人可以拍卖、变卖质押财产，并与出质人协议将拍卖、变卖所得的价款提前清偿债务或者提存。⑦质权人在

质权存续期间，未经出质人同意转质，造成质押财产毁损、灭失的，应当承担赔偿责任。⑧质权人负有妥善保管质押财产的义务；因保管不善致使质押财产毁损、灭失的，应当承担赔偿责任。⑨质权人在质权存续期间，未经出质人同意，擅自使用、处分质押财产，造成出质人损害的，应当承担赔偿责任。⑩债务人不履行到期债务或者发生当事人约定的实现质权的情形，质权人可以与出质人协议以质押财产折价，也可以就拍卖、变卖质押财产所得的价款优先受偿。质押财产折价或者变卖的，应当参照市场价格。（2）权利质权。①以汇票、本票、支票、债券、存款单、仓单、提单出质的，质权自权利凭证交付质权人时设立；没有权利凭证的，质权自办理出质登记时设立。法律另有规定的，依照其规定。②以基金份额、股权出质的，质权自办理出质登记时设立。基金份额、股权出质后，不得转让，但是出质人与质权人协商同意的除外。③以注册商标专用权、专利权、著作权等知识产权中的财产权出质的，质权自办理出质登记时设立。知识产权中的财产权出质后，出质人不得转让或者许可他人使用，但是出质人与质权人协商同意的除外。④以应收账款出质的，质权自办理出质登记时设立。

例 12 - 10（单选）：乙欠甲货款，二人商定由乙将一台电脑出质并签订质押合同。甲与丙签订委托合同授权丙代自己占有电脑。乙将电脑交付与丙。则（　　）。

A. 甲、乙之间的质押合同无效

B. 电脑已交付，丙取得质权

C. 丙经授权占有电脑，甲取得质权

D. 丙不能代甲占有电脑，甲没有取得质权

【讲解】甲、乙之间的质押合同为双方当事人真实意思表示，且不违反法律的强制性规定，不存在无效的情形，应当认定合法有效，A 项错误。设立质权，当事人应当采用书面形式订立质押合同。质权自出质人交付质押财产时设立。换言之，动产质权的设立需要满足"质押合同＋交付"两个要件。据此，丙虽实际受领电脑的交付，但因无质押合同，欠缺设立质权的意思，丙不能取得质权，B 项错误。因甲、丙签订委托合同，授权丙代甲占有电脑，甲可以基于间接占有质物而取得质权，C 项正确，选 C 项。法律并未禁止质物可委托第三人占有，D 项错误。

【答案】C

例 12 - 11（单选）：甲公司通知乙公司将其对乙公司的 50 万元债权出质给了丙银行，担保其 45 万元贷款。出质前，乙公司对甲公司享有 10 万元到期债权。如乙公司提出抗辩，丙银行可向乙公司行使质权的最大数额为（　　）。

A. 50 万元　　　　　B. 45 万元　　　　　C. 40 万元　　　　　D. 35 万元

【讲解】（1）根据《民法典》第 440 条第 6 项的规定，应收账款可以设立质权，而债权作为应收账款的一种类型，当然可以作为权利质权的标的。（2）甲公司欠丙银行 45 万元，并以其对乙公司的 50 万元债权设定质押，因该债权质权的设立已经通知债务人乙公司，对其发生效力。（3）债权质权人可直接向债务人主张权利。基于担保物权的不可分性，主债权未受全部清偿的，担保物权人可以就担保标的之全部行使其权利。（4）《民法典》第 549 条规定，债权人转让债权，有下列情形之一的，债务人可以向受让人主张抵销：①债务人接到债权转让通知时，债务人对让与人享有债权，且债务人的债权先于转让的债权到期或者同时到期；②债务人的债权与转让的债权是基于同一合同产生。因债权质权同属债权的处分，可适用债权转让的上述规定。本题表述中，乙公司对甲公司享有 10 万元到期债权，甲公司与乙公司的债权各在抵销范围内消灭，乙公司对甲公司的 10 万元到期债权消灭，而甲公司对乙公司的债权数额缩减为 40 万元。丙银行只得就 40 万元债权实现质权。可见，选 C 项。

【答案】C

　※**【重点难点】**留置权。（1）留置权的成立应具备如下条件：①债权人已经合法占有属于债务人的动产。②债权人对该动产的占有与其债权的发生出自于同一个法律关系，但是企业之间留置的除外。③债务已届清偿期而债务人未履行债务。④符合法律规定和当事人的约定并且不违背公序良俗。（2）留置权人有权收取留置财产的孳息，但是留置权人对孳息并不享有所有权。（3）留置权人

占有留置物，应妥善保管留置物，为此支付的保管费用，留置权人有权请求留置物所有权人返还。该项费用属于留置权担保的范围。因保管不善致使留置财产毁损、灭失的，应当承担赔偿责任。（4）债务人于宽限期满后仍未履行债务且未另行提供担保的，留置权人可以行使留置权，并就留置物的价值优先受偿。（5）债务人可以请求留置权人在债务履行期限届满后行使留置权；留置权人不行使的，债务人可以请求人民法院拍卖、变卖留置财产。（6）留置权消灭时，返还留置物给债务人。（7）留置权人与债务人应当约定留置财产后的债务履行期限；没有约定或者约定不明确的，留置权人应当给债务人60日以上履行债务的期限，但是鲜活易腐等不易保管的动产除外。债务人逾期未履行的，留置权人可以与债务人协议以留置财产折价，也可以就拍卖、变卖留置财产所得的价款优先受偿。（8）留置权的实现方法包括留置财产折价，或者拍卖、变卖留置财产。留置财产折价或者拍卖、变卖后，其价款超过债权数额的部分归债务人所有，不足部分由债务人清偿。留置财产折价或者变卖的，应当参照市场价格。（9）同一动产上已经设立抵押权或者质权，该动产又被留置的，留置权人优先受偿。（10）留置权的行使不受诉讼时效的限制。

例 12－12（单选）：甲借用乙的山地自行车，刚出门就因莽撞骑行造成自行车链条断裂，甲将自行车交给丙修理，约定修理费200元。乙得知后立刻通知甲解除借用关系并告知丙，同时请求丙不得将自行车交给甲。丙向甲核实，甲承认。自行车修好后，甲、乙均请求丙返还。对此，下列表述正确的是（   ）。

　　A. 甲有权请求丙返还自行车

　　B. 丙如将自行车返还给乙，必须经甲同意

　　C. 乙有权请求丙返还自行车，但在修理费未支付前，丙享有自行车留置权

　　D. 如乙请求丙返还自行车，即使修理费未付，丙也不得对乙主张留置权

【讲解】 根据《民法典》第563条的规定，当事人有违约行为致使不能实现合同目的的，当事人可以解除合同。据此，甲、乙订立借用合同后，甲莽撞骑行导致车辆受损，导致订立合同目的无法实现，乙有权解除合同。乙解除合同后，甲不再具有有权占有资格，另外甲并非自行车所有权人，且丙并未侵夺甲的占有，故甲无权请求返还原物。可见，A项表述错误。由于乙是自行车所有权人，且已将解除合同的事实告知丙，故丙返还自行车给乙无须经甲同意，B项表述错误。《民法典》第235条规定，无权占有不动产或者动产的，权利人可以请求返还原物。据此，丙虽基于维修的承揽合同而占有自行车，但其占有本权为债权，不能对抗所有权人乙，乙有权请求返还自行车。同时根据《民法典》第447条第1款规定，债务人不履行到期债务，债权人可以留置已经合法占有的债务人的动产，并有权就该动产优先受偿。这里的"债务人的动产"，包括债务人占有的无权处分的动产，对于债权人合法占有债务人交付的动产时，不知债务人无处分该动产的权利，债权人可以依法行使留置权。据此，债权人丙占有自行车与债权属于同一法律关系，故在乙支付修理费用之前，丙享有自行车留置权，以对抗返还原物的请求。可见，C项表述正确，D项表述错误。

【答案】 C

例 12－13（单选）：下列选项中，行使留置权符合法律规定的条件的有（   ）。

　　A. 因托运人乙未支付运费，承运人甲将乙运往霍乱疫区的药品和防疫用具留置

　　B. 甲未支付寄存费，小件寄存处将甲存放的行李留置

　　C. 甲将房屋租给乙，乙到期搬走时未支付租金，甲将乙的电脑和手机留置

　　D. 因乙未支付制作费，寿衣店老板甲将乙待用的殡丧物品留置

【讲解】 债权人行使留置权应当符合法律规定和当事人的约定并且不违背公序良俗，据此，法律规定或者当事人约定不得留置的动产，不得留置。A、D项表述的情形违背公序良俗，不符合留置权的成立条件，不选A、D项。针对B项表述，《民法典》第903条规定，寄存人未按照约定支付保管费或者其他费用的，保管人对保管物享有留置权，但是当事人另有约定的除外。据此，B项表述符合留置权的行使条件，选B项。针对C项表述，《民法典》第448条规定，债权人留置的动产，应当与债权属于同一法律关系，但是企业之间留置的除外。据此，乙支付租金义务是基于租赁合同，而刘某"留置"电脑和手机，二者并非属于同一法律关系，不符合行使留置权的条件，不选

C 项。

【答案】B

例题拓展

例 12-14（多选）：甲对乙享有 500 万元债权，先后在丙和丁的房屋上设定了抵押权，均办理了抵押登记，且均未限定抵押物的担保金额。其后，甲将其中 200 万元债权转让给戊，并通知了乙。乙到期清偿了对甲的 300 万元债务，但未能清偿对戊的 200 万元债务。对此，下列表述错误的是（　　）。

A. 戊可同时就丙和丁的房屋行使抵押权，但对每个房屋价款优先受偿权的金额不得超过 100 万元

B. 戊可同时就丙和丁的房屋行使抵押权，对每个房屋价款优先受偿权的金额依房屋价值的比例确定

C. 戊必须先后就丙和丁的房屋行使抵押权，对每个房屋价款优先受偿权的金额由戊自主决定

D. 戊只能在丙的房屋价款不足以使其债权得到全部清偿时就丁的房屋行使抵押权

【讲解】（1）《民法典》第 402 条规定，以房屋等不动产抵押的，应当办理抵押登记。抵押权自登记时设立。据此，因丙、丁的房屋抵押均办理了抵押登记，故甲对丙和丁的房屋均取得抵押权。（2）同一债权有两个以上抵押人的，当事人对其提供的抵押财产所担保的债权份额或者顺序没有约定或者约定不明的，抵押权人可以就其中任一或者各个财产行使抵押权。据此，因丙、丁未约定抵押份额，故构成连带共同抵押，债权人有权选择其一或全部抵押人承担责任。（3）《民法典》第 407 条规定，抵押权不得与债权分离而单独转让或者作为其他债权的担保。债权转让的，担保该债权的抵押权一并转让，但是法律另有规定或者当事人另有约定的除外。如果主债权被分割或者部分转让的，各债权人可以就其享有的债权份额行使抵押权。上述规定表明了抵押权的从属性和不可分性，即主债权转让，抵押权当然一并转让，且各债权人均有权就全部抵押物行使抵押权。据此，甲的主债权部分转让给戊，且通知了债务人乙，故戊取得 200 万元主债权的同时，依法享有对丙、丁房屋的抵押权，且丙、丁构成连带共同抵押。因此，戊有权同时就丙和丁的房屋行使抵押权（连带共同抵押），而不受顺序限制，故 C、D 项表述错误。（4）《民法典》第 389 条规定，担保物权的担保范围包括主债权及其利息、违约金、损害赔偿金、保管担保财产和实现担保物权的费用。当事人另有约定的，按照其约定。据此，因丙、丁的房屋抵押权均未约定担保范围，故丙、丁的房屋抵押权担保范围均为全部债权，故 A、B 项表述错误。

【答案】ABCD

例 12-15（案例）：2017 年 3 月 1 日，甲与乙订立借款合同，约定甲向乙借款 500 万元，借款期限为 2 年，借款当日交付。3 月 3 日，双方就甲自有的别墅又订立了一份商品房买卖合同，其中约定：如甲按期偿还对乙的 500 万元借款，则本合同不履行；如甲到期未能偿还对乙的借款，则该借款变为购房款，甲应向乙转移别墅所有权。合同订立后，该房屋仍由甲占有使用。2017 年 4 月 1 日，甲因资金需求，瞒着乙将别墅出卖给丙，并告知丙其已与乙订立别墅买卖合同一事。2017 年 5 月 5 日，丙支付了全部房款并办理了变更登记，但因丙于 5 月 12 日出国访学，为期 1 年，双方约定丙回国后交付房屋。2017 年 5 月 15 日，甲未经丙同意将别墅租给丁，租期为 9 个月，月租金为 1 万元。2018 年 5 月 9 日，丙回国，甲将别墅交付给丙。2019 年 3 月 6 日，甲未能按期偿还乙的 500 万元借款，乙并未起诉甲履行借款合同，而请求甲履行买卖合同。

请根据上述材料，回答下列问题并说明理由：

（1）乙请求甲履行买卖合同，对此法院应如何处理？

（2）甲、丙之间签订的别墅买卖合同是否有效？丙是否取得别墅所有权？

（3）谁有权收取别墅9个月租金？

【参考答案】（1）答案一：本案应按照抵押合同处理。根据《民法典》的规定，行为人与相对人以虚假的意思表示实施的民事法律行为无效。据此，应当认定甲、乙之间签订的别墅买卖合同无效；进而，又根据《民法典》的规定，以虚假的意思表示隐藏的民事法律行为的效力，按照有关法律规定处理。据此，应当认定甲、乙隐藏的行为是抵押合同，应当按照抵押合同处理。

答案二：本案应按民间借贷处理。理由是：当事人以签订买卖合同作为民间借贷合同的担保，借款到期后借款人不能还款，出借人请求履行买卖合同的，法院应按民间借贷法律关系审理。按照民间借贷法律关系审理作出生效判决后，借款人不履行生效判决确定的金钱债务，出借人可以申请拍卖合同标的物，以偿还债务；就拍卖所得的价款与应偿还借款本息之间的差额，借款人或者出借人有权主张返还或补偿。

（2）甲、丙之间签订的别墅买卖合同有效，丙知情并不影响别墅买卖合同的效力。丙已取得别墅所有权，甲系有权处分，丙因办理过户登记而取得别墅所有权。

（3）甲有权收取租金。因为按甲、丙约定，房屋尚未交付，甲有权占有房屋，租赁合同也有效，甲有权收取别墅所生法定孳息。

例 12-16（案例）： 2018 年 5 月 25 日，甲与某房地产开发公司签订了商品房买卖合同。5 月 29 日，甲与 A 银行签订了借款合同，约定甲向 A 银行借款 400 万元，以购买房地产开发公司的房屋。甲由于尚未取得房屋所有权，故其仅与 A 银行办理了房地产开发公司所售房屋的抵押权预告登记。此外，乙为该借款合同提供保证责任，约定在甲不履行到期债务时由乙偿还。丙也以自有房屋为该笔借款提供了抵押担保并办理了抵押权登记。借款期间，A 银行将其对甲债权中的 200 万元债权转让给 B 银行，已通知甲，但未办理对丙房屋的抵押权变更登记。借款合同到期后，甲无力偿还 A 银行债务。

请分析：

（1）抵押合同的效力如何？预告登记期间，A 银行是否对该房屋享有优先受偿权？为什么？

（2）甲到期无力清偿债务，A 银行如何行使对担保人的追偿权？

（3）A 银行将 200 万元债权转让后，B 银行是否享有对丙房屋的抵押权？为什么？

（4）A 银行将 200 万元债权转让后，A 银行、B 银行如何行使对丙房屋的抵押权？

【参考答案】（1）抵押合同有效。预告登记期间，A 银行对房屋不享有优先受偿权，因为预告登记不能使 A 银行获得现实的抵押权，而仅享有抵押条件成就或约定期限届满时请求办理抵押登记的请求权。因此，抵押合同有效，但 A 银行仅享有债权性质请求权，对于该房屋无优先受偿权。

（2）甲到期无力清偿债务，A 银行既可以向丙主张实现抵押权，也可以向乙主张保证责任。

（3）A 银行将 200 万元债权转让后，B 银行享有对丙房屋的抵押权。因为抵押权具有从属性，虽然未办理对丙房屋的抵押权变更登记，但债权受让人 B 银行仍随着受让债权而享有抵押权。

（4）A 银行将 200 万元债权转让后，A 银行、B 银行可以就其享有的债权份额行使抵押权。

专题十三　合同的订立、合同的效力

※【重点难点】要约、承诺。（1）要约是希望与他人订立合同的意思表示。要约的成立条件有：①要约必须是特定人向相对人发出的意思表示。相对人一般为特定的，但在某些情况下，向不特定相对人发出，也是要约。例如，悬赏广告、商店明码标价出售商品、自动售货机售卖商品等虽然向不特定的相对人作出的，可以认定为要约。②要约必须以缔结合同为目的。③要约的内容应具体确定。④要约必须表明经受要约人承诺，要约人即受该意思表示约束。（2）要约生效后，受要约人则取得承诺的权利，受要约人有权在要约的有效期限内作出接受要约的答复，而不负必须承诺的义务。即使受要约人不承诺，也没有通知要约人的义务。（3）要约可以撤回和撤销。但是有下列情

形之一的除外：①要约人以确定承诺期限或者其他形式明示要约不可撤销；②受要约人有理由认为要约是不可撤销的，并已经为履行合同做了合理准备工作。(4) 要约邀请因欠缺"法律效果上的意思"而无须受到约束，这不同于要约。典型的要约邀请包括拍卖公告、招标公告、招股说明书、债券募集办法、基金招募说明书、商业广告和宣传、寄送的价目表等。但是商业广告和宣传的内容符合要约条件的（具备合同主要条款、内容具体确定；表明经受要约人承诺，要约人即受该意思表示约束），构成要约。例如，某商场在黄金周发的促销商品传单、商场橱窗上设置的巨幅广告牌等，属于要约邀请。但在广告中含有"保证现货供应""先到先得"等表述时，即表明有受法律约束的意旨，视为要约。此外，实践中的招标为要约邀请，投标为要约，定标为承诺；拍卖公告为要约邀请，竞买人的应价（报价）为要约，买定为承诺。(5) 承诺是受要约人向要约人作出的同意要约的意思表示。承诺的成立要件有：①承诺必须是由受要约人本人或其代理人向要约人作出。第三人向要约人作出"承诺"的，视为发出要约。②承诺必须在要约确定的期限内到达要约人，且受要约人享有的承诺权是受要约人的法定权利。③承诺的内容应当与要约的内容一致。具体表现为：承诺必须是无条件的承诺，不得限制、扩张或者变更要约的实质内容，受要约人对要约的内容作出实质性变更的，为新要约。有关合同的标的、数量、质量、价款或者报酬、履行期限、履行地点和方式、违约责任和解决争议方法等的变更，是对要约内容的实质性变更。承诺对要约的内容作出非实质性变更的，除要约人及时表示反对或者要约表明承诺不得对要约的内容作出任何变更的以外，该承诺有效，合同的内容以承诺的内容为准。④承诺原则上应以明示的方式作出，特殊情况下依交易习惯或者要约的规定也可以行为作出。(6) 承诺通知到达要约人时生效。承诺不需要通知的，根据交易习惯或者要约的要求作出承诺的行为时生效。(7) 承诺可以撤回，但是不能撤销。

例 13 - 1（单选）：下列选项中，属于要约的是( )。

A. 甲在自己的房屋门口贴上"出租、面议"的告示

B. 甲对乙说：我准备考虑卖掉家中祖传的一套家具

C. 甲公司在某媒体上发布招股说明书

D. 甲在某电视广告中称：本广告所载商品售与最先付款的人

【讲解】 针对 A 项，甲在自己的屋门上贴有"出租、面议"的告示，表明甲的目的在于邀请别人来向其询价，而非订立合同，因此甲的行为不能认定为要约，而是要约邀请，不选 A 项。针对 B 项，甲向乙发出的要约内容不明、具体，而且甲"准备考虑"表明甲不具有订立合同的意图，不选 B 项。针对 C 项，招股说明书应视为要约邀请。针对 D 项，甲是向不特定人发出的要约，但是甲在广告中注明了"本广告所载商品售与最先付款的人"，这表明甲作出的是一项要约而不是要约邀请，选 D 项。

【答案】 D

例 13 - 2（单选）：甲向乙发出表示："面粉 10 吨，单价每吨 3 000 元，3 个月内回复，其他条件照旧。"该表示于 1 月 2 日到达乙处，乙于 5 月 5 日回复甲，表示乐于接受，并做好了合同履行的准备。则( )。

A. 甲发出的是要约邀请   B. 乙发出的是新要约

C. 乙的回复是承诺   D. 合同生效

【讲解】 甲向乙发出的表示是要约，而非要约邀请，A 项表述错误。乙于 5 月 5 日发出的意思表示超出承诺期限，构成承诺迟延。《民法典》第 486 条规定，受要约人超过承诺期限发出承诺，或者在承诺期限内发出承诺，按照通常情形不能及时到达要约人的，为新要约；但是，要约人及时通知受要约人该承诺有效的除外。据此，乙超过要约规定的期限作出承诺，无效，但甲及时表示同意的除外。否则，乙的回复只能认定为新要约。可见，选 B 项，不选 C 项。既然乙的回复为新要约，合同并未成立，D 项表述错误。

【答案】 B

※**【重点难点】** 合同的成立。(1) 当事人采用合同书形式订立合同的，自当事人均签名、盖章或者按指印时合同成立。在签名、盖章或者按指印之前，当事人一方已经履行主要义务，对方接受

时，该合同成立。法律、行政法规规定或者当事人约定合同应当采用书面形式订立，当事人未采用书面形式但是一方已经履行主要义务，对方接受时，该合同成立。（2）当事人采用信件、数据电文等形式订立合同要求签订确认书的，签订确认书时合同成立。当事人一方通过互联网等信息网络发布的商品或者服务信息符合要约条件的，对方选择该商品或者服务并提交订单成功时合同成立，但是当事人另有约定的除外。（3）承诺生效的地点为合同成立的地点。采用数据电文形式订立合同的，收件人的主营业地为合同成立的地点；没有主营业地的，其住所地为合同成立的地点。当事人另有约定的，按照其约定。（4）当事人采用合同书形式订立合同的，最后签名、盖章或者按指印的地点为合同成立的地点，但是当事人另有约定的除外。（5）当事人约定在将来一定期限内订立合同的认购书、订购书、预订书等，构成预约合同。当事人一方不履行预约合同约定的订立合同义务的，对方可以请求其承担预约合同的违约责任。

例 13 - 3（单选）： 甲欲购买乙的一批货物，甲、乙通过微信进行磋商，在微信上达成一致，并商定最终需要签订合同确认书。甲、乙买卖合同的成立时间是（　　）。

A. 双方在微信上达成一致时　　　　　　B. 乙承诺购买货物时

C. 甲、乙签订合同确认书时　　　　　　D. 乙通过互联网提交订单时

【讲解】《民法典》第 491 条第 1 款规定，当事人采用信件、数据电文等形式订立合同要求签订确认书的，签订确认书时合同成立。据此，选 C 项。《民法典》第 491 条第 2 款规定，当事人一方通过互联网等信息网络发布的商品或者服务信息符合要约条件的，对方选择该商品或者服务并提交订单成功时合同成立，但是当事人另有约定的除外。从本题表述情形分析，似乎应该根据《民法典》第 491 条第 2 款的规定选 D 项，但是，甲、乙并非通过互联网达成一致，因而不涉及提交订单促成合同成立的情形，不选 D 项。

【答案】 C

例 13 - 4（多选）： 甲拟向乙借款 10 万元，乙表示须等 10 日后才有资金，甲乃与乙达成一份备忘录，备忘录约定："10 日后，乙于签订合同当日借给甲 10 万元，借期为 1 年，按照银行同期存款利率计算利息。"但 10 日后，乙没有履行备忘录。对此，下列表述正确的是（　　）。

A. 甲、乙之间的约定对双方不具有法律约束力

B. 甲、乙之间借款合同并未成立

C. 甲、乙之间的约定属于附期限的合同

D. 乙应当承担违约责任

【讲解】《民法典》第 495 条规定，当事人约定在将来一定期限内订立合同的认购书、订购书、预订书等，构成预约合同。当事人一方不履行预约合同约定的订立合同义务的，对方可以请求其承担预约合同的违约责任。据此，甲、乙之间达成的备忘录在性质上属于预约合同，预约合同也是合同，对甲、乙双方具有法律约束力，乙在达成备忘录 10 日后并没有履行预约合同，构成违约，应当承担违约责任。可见，D 项表述正确，A 项表述错误。预约合同的目的在于成立本合同，本案中的本合同即借款合同并未成立，B 项表述正确。预约合同不同于附条件或者附期限的合同，因为附条件合同或者附期限合同是本合同，C 项表述错误。

【答案】 BD

※【重点难点】格式条款：（1）格式条款是当事人为了重复使用而预先拟定，并在订立合同时未与对方协商的条款。（2）我国民法对格式条款的特殊要求：①提请注意的义务。采用格式条款订立合同的，提供格式条款的一方应当遵循公平原则确定当事人之间的权利和义务，并采取合理的方式提示对方注意免除或者减轻其责任等与对方有重大利害关系的条款，按照对方的要求，对该条款予以说明。提供格式条款的一方未履行提示或者说明义务，致使对方没有注意或者理解与其有重大利害关系的条款的，对方可以主张该条款不成为合同的内容。提供格式条款的一方对格式条款中免除或者限制其责任的内容，在合同订立时采用足以引起对方注意的文字、符号、字体等特别标识，并按照对方的要求对该格式条款予以说明的，应当认定"采取合理的方式"。提供格式条款的一方当事人违反关于提示和说明义务的规定，导致对方没有注意免除或者限制其责任的条款，对方当事

人申请撤销该格式条款的，人民法院应当支持。②格式条款的无效。有下列情形之一的，该格式条款无效：具有《民法典》第一编第六章第三节（民事法律行为的效力）和《民法典》第506条规定的无效情形；提供格式条款一方不合理地免除或者减轻其责任、加重对方责任、限制对方主要权利；提供格式条款一方排除对方主要权利。《民法典》第506条规定，合同中的下列免责条款无效：造成对方人身损害的；因故意或者重大过失造成对方财产损失的。（3）对格式条款的解释。对格式条款的理解发生争议的，应当按照通常理解予以解释。对格式条款有两种以上解释的，应当作出不利于提供格式条款一方的解释。格式条款和非格式条款不一致的，应当采用非格式条款。

例13-5（单选）：某商场在促销活动期间贴出醒目告示："本商场电扇一律试用15天，满意者付款。"甲从该商场搬回电扇一台，使用期满后退回，商场请求其支付使用费200元。对此，下列表述正确的是（　　）。

A. 甲不应支付使用费，因为双方没有约定使用费

B. 甲应支付使用费，因为其行为构成不当得利

C. 甲支付按电扇平均寿命折算的使用费

D. 甲应与商场分摊按电扇平均寿命折算的使用费

【讲解】《民法典》第639条规定，试用买卖的当事人对标的物使用费没有约定或者约定不明确的，出卖人无权请求买受人支付。《民法典》第498条规定，对格式条款的理解发生争议的，应当按照通常理解予以解释。对格式条款有两种以上解释的，应当作出不利于提供格式条款一方的解释。据此，商场的告示相当于一种格式条款，凡是与商场订约的当事人都可以按照其告示的约定试用电扇。由于条款并没有约定是否支付使用费，这意味着按照通常的理解，即试用期内如果不满意可以免费退货，因而在没有约定使用费的情况下，甲无须交付使用费。

【答案】A

例13-6（单选）：甲与乙公司订立美容协议，约定服务期为半年，服务费预收后逐次计扣，乙公司提供的协议条款中载明"如甲单方放弃服务，余款不退"（并注明该条款不得更改）。协议订立后，甲依约支付5万元服务费。在接受服务2个月并发生费用1万元后，甲感觉美容效果不明显，单方放弃服务并请求退款，乙公司不同意。甲起诉乙公司请求返还余款。对此，下列表述正确的是（　　）。

A. 美容服务协议无效

B. "如甲单方放弃服务，余款不退"的条款无效

C. 甲无权解除合同

D. 甲单方放弃服务应承担继续履行的违约责任

【讲解】《民法典》第497条规定，有下列情形之一的，该格式条款无效：（1）具有《民法典》第一编第六章第三节和《民法典》第506条规定的无效情形；（2）提供格式条款一方不合理地免除或者减轻其责任、加重对方责任、限制对方主要权利；（3）提供格式条款一方排除对方主要权利。《民法典》第506条规定，合同中的下列免责条款无效：（1）造成对方人身损害的；（2）因故意或者重大过失造成对方财产损失的。据此，因合同解除后权利义务的清算是当事人的法定权利，双方的"余款不退"的约定排除了甲的主要权利，应当认定为无效。可见，B项表述正确，选B项。《民法典》第156条规定，民事法律行为部分无效，不影响其他部分效力的，其他部分仍然有效。据此，"如甲单方放弃服务，余款不退"的条款无效的，不影响美容服务协议其他部分条款的效力。可见，A项表述错误。《民法典》第467条规定，本法或者其他法律没有明文规定的合同，适用合同编通则的规定，并可以参照适用合同编或者其他法律最相类似合同的规定。因此，双方签订的美容服务合同，可以参照与之最相类似的委托合同的有关规定。《民法典》第933条规定，委托人或者受托人可以随时解除委托合同。因解除合同造成对方损失的，除不可归责于该当事人的事由外，无偿委托合同的解除方应当赔偿因解除时间不当造成的直接损失，有偿委托合同的解除方应当赔偿对方的直接损失和合同履行后可以获得的利益。据此，甲有权单方放弃服务，也就是说，甲有权解除合同。可见，C项表述错误。《民法典》第566条第1款规定，合同解除后，尚未履行的，终止

履行；已经履行的，根据履行情况和合同性质，当事人可以请求恢复原状或者采取其他补救措施，并有权请求赔偿损失。据此，甲单方放弃服务后，合同应当终止履行，无须承担继续履行的违约责任。可见，D项表述错误。

【答案】B

※【重点难点】缔约过失责任：（1）缔约过失责任是指在订立合同过程中，当事人一方违反依据诚实信用原则产生的先合同义务，导致另一方信赖利益损失时应当承担的损害赔偿责任。其构成要件包括：①一方违背依诚实信用原则应负的先合同义务。②他方受有信赖利益的损失。③一方违反先合同义务与他方所受损失之间有因果关系。④违反先合同义务的一方具有过失。（2）当事人在订立合同过程中有下列情形之一，造成对方损失的，应当承担赔偿责任：①假借订立合同，恶意进行磋商；②故意隐瞒与订立合同有关的重要事实或者提供虚假情况；③有其他违背诚信原则的行为。（3）缔约过失责任的法律后果是进行损害赔偿，赔偿范围是信赖利益的损失。信赖利益损失的赔偿范围一般包括：缔约费用、准备履行合同所支出的费用、丧失与第三人另订合同机会造成的损失等。当事人在订立合同过程中知悉的商业秘密或者其他应当保密的信息，无论合同是否成立，不得泄露或者不正当地使用；泄露、不正当地使用该商业秘密或者信息，造成对方损失的，应当承担赔偿责任。该赔偿责任也属于缔约过失责任。

例 13-7（单选）：甲欲购买乙的轿车。经协商，甲同意 3 天后正式签订买卖合同，并先交付 1 万元给乙，乙出具的收条上写明"收到甲订金 1 万元"。3 天后，甲了解到乙故意隐瞒了该车证照不齐的情况，故拒绝签订合同。则（　　）。

A. 甲有权请求乙返还 2 万元并赔偿在买车过程中受到的损失

B. 甲有权请求乙返还 1 万元并赔偿在买车过程中受到的损失

C. 甲只能请求乙赔偿在磋商买车过程中受到的损失

D. 甲有权请求乙承担违约责任

【讲解】甲、乙约定需要签订正式合同但又未签订，因此，甲、乙之间不存在合同关系，自然也不会产生违约责任，不选 D 项。甲、乙约定的"订金"条款不具有"定金"效力，因而不能适用双倍返还规则，不选 A 项。甲向乙支付 1 万元，在合同未成立的情况下，乙应向甲返还 1 万元。由于乙的过错导致甲未与乙签订买卖合同，乙应当向甲承担缔约过失责任，甲在磋商买车过程中受到的损失，乙应当予以赔偿。可见，选 B 项，不选 C 项。

【答案】B

※【重点难点】合同的效力。（1）依法成立的合同，自成立时生效，但是法律另有规定或者当事人另有约定的除外。依照法律、行政法规的规定，合同应当办理批准等手续的，依照其规定。未办理批准等手续影响合同生效的，不影响合同中履行报批等义务条款以及相关条款的效力。应当办理申请批准等手续的当事人未履行义务的，对方可以请求其承担违反该义务的责任。（2）无权代理人以被代理人的名义订立合同，被代理人已经开始履行合同义务或者接受相对人履行的，视为对合同的追认。（3）法人的法定代表人或者非法人组织的负责人超越权限订立的合同，除相对人知道或者应当知道其超越权限外，该代表行为有效，订立的合同对法人或者非法人组织发生效力。（4）当事人超越经营范围订立的合同的效力，不得仅以超越经营范围确认合同无效。（5）合同中的下列免责条款无效：①造成对方人身损害的；②因故意或者重大过失造成对方财产损失的。（6）合同不生效、无效、被撤销或者终止的，不影响合同中有关解决争议方法的条款的效力。

例 13-8（单选）：甲信托投资公司在完成办公楼的装修后，将剩余的装修材料和一些办公用品卖给了乙物业管理公司。甲公司、乙公司的买卖合同的效力为（　　）。

A. 效力待定　　　　B. 无效　　　　C. 有效　　　　D. 可撤销

【讲解】《民法典》第 505 条规定，当事人超越经营范围订立的合同的效力，应当依照本法第一编（总则）第六章第三节（民事法律行为的效力）和第三编（合同）的有关规定确定，不得仅以超越经营范围确认合同无效。据此，虽然甲公司经营范围为信投投资业务，但甲公司出售装修材料和一些办公用品的行为并未违反国家限制经营和特许经营的规定，因此甲公司、乙公司之间订立的买卖合同应当认定为有效。

【答案】C

例13-9（多选）：甲公司为外商独资企业，唯一的股东为法国乙公司。2019年4月1日，乙公司法定代表人与丙公司签订股权转让合同，约定丙公司以1 000万元的价格受让乙公司所持甲公司51%的股权。同时约定，乙公司应当在4月20日前按照商务部要求报送商务部审批。合同签订后，乙公司董事会商讨认为股权转让合同低估了甲公司的股价，拒绝办理审批，并通知丙公司废弃该合同。对此，下列表述正确的是（　　　）。

A. 在办理审批手续之前，乙公司与丙公司签订的股权转让合同未生效

B. 丙公司有权请求乙公司依照股权转让合同的约定履行股权转让报批手续

C. 若乙公司拒绝办理报批手续，丙公司有权请求乙公司承担缔约过失责任

D. 因乙公司恶意不报批，导致合同生效的法定审批条件未满足，应视为所附条件已经成就

【讲解】《民法典》第502条第2款规定，依照法律、行政法规的规定，合同应当办理批准等手续的，依照其规定。未办理批准等手续影响合同生效的，不影响合同中履行报批等义务条款以及相关条款的效力。应当办理申请批准等手续的当事人未履行义务的，对方可以请求其承担违反该义务的责任。据此，本题中，外商独资企业股权转让须办理审批才能生效，在审批手续完成之前，该合同未生效。可见，A项表述正确。《民法典》第502条第2款中规定的"应当办理申请批准等手续的当事人未履行义务的，对方可以请求其承担违反该义务的责任"，包括一方当事人请求另一方当事人按照合同约定履行报批手续的义务。因此，丙公司有权请求乙公司依照股权转让合同的约定履行股权转让报批手续。可见，B项表述正确。《民法典》第500条规定，当事人在订立合同过程中有下列情形之一，造成对方损失的，应当承担赔偿责任：（1）假借订立合同，恶意进行磋商；（2）故意隐瞒与订立合同有关的重要事实或者提供虚假情况；（3）有其他违背诚信原则的行为。据此，本题中，有义务办理申请批准或者申请登记等手续的一方当事人未按照法律规定或者合同约定办理申请批准或者未申请登记的，属于《民法典》第500条第3项规定的"其他违背诚信原则的行为"，人民法院可以根据案件的具体情况和相对人的请求，判决相对人自己办理有关手续；对方当事人对由此产生的费用和给相对人造成的实际损失，应当承担赔偿责任。由此，丙公司有权请求乙公司承担缔约过失责任。可见，C项表述正确。根据民法原理，附条件的民事法律行为中的"条件"具有未来性、或然性、非法定性和合法性四个特点。本题中，办理审批手续是法律规定的外商独资企业股权转让合同生效的必备要件，具有法定性，因此股权转让合同并非附条件的民事法律行为，因而也就谈不上条件成就还是不成就。可见，D项表述错误。

【答案】ABC

例题拓展

例13-10（单选）：甲、乙拟定的借款合同约定：甲向乙借款11万元，借款期限为1年，丙应甲请求同意为借款合同提供书面担保并签名，保证期间为1年。甲将有担保签名的借款合同交给乙。乙请求从11万元中预先扣除1万元利息，同时将借款期限和保证期限均延长为2年。甲应允，双方签名，乙依约将10万元交给甲。对此，下列表述正确的是（　　　）。

A. 丙的保证期限为1年　　　　　　　　B. 丙无须承担保证责任

C. 丙应承担连带保证责任　　　　　　　D. 丙应对10万元本息承担保证责任

【讲解】《民法典》第681条规定，保证合同是为保障债权的实现，保证人和债权人约定，当债务人不履行到期债务或者发生当事人约定的情形时，保证人履行债务或者承担责任的合同。据此，保证合同的当事人是债权人与保证人。保证合同的成立适用民法有关要约与承诺的规定。本题中，保证人丙提供书面保证并签名，明确保证的主债权为11万元，借款期限为1年，保证期间为1年，

但该保证合同只有保证人丙签名，保证合同的当事人是保证人与债权人，而债权人乙并未在保证合同上签名，因此，丙提供的书面保证实际上是向债权人乙提出上述书面保证的要约。《民法典》第670条规定，借款的利息不得预先在本金中扣除。利息预先在本金中扣除的，应当按照实际借款数额返还借款并计算利息。《民法典》第478条第4项规定，受要约人对要约的内容作出实质性变更的，要约失效。据此，本题中，债权人乙对丙发出的要约进行了实质性更改，即将借款期限和保证期限均延长为2年，乙的上述修改并非承诺，而是新要约。而丙并未再作出同意该新要约的意思表示，保证合同并未成立，因此丙无须承担保证责任，也就无从谈起丙承担保证责任的保证期间和保证方式。综上分析，只有B项表述是正确的。

【答案】 B

例13-11（多选）： 甲隐瞒了其所购别墅内发生恶性刑事案件和有人横死的事实，以明显低于市场的价格将其转卖给乙；乙在不知情的情况下，放弃他人以市场价出售的别墅，购买了甲的别墅。几个月后乙获悉实情，向法院申请撤销合同。对此，下列说法正确的有（　　）。

A. 乙须在得知实情后1年内申请法院撤销合同

B. 如果合同被撤销，甲须赔偿乙在订立及履行合同过程中支付的各种必要费用

C. 如果合同被撤销，乙有权请求甲赔偿主张撤销时别墅价格与此前订立合同时别墅价格的差价损失

D. 合同被撤销后乙须向甲支付合同被撤销前别墅的使用费

【讲解】 对于一方当事人故意告知对方虚假情况，或者故意隐瞒真实情况，诱使对方当事人作出错误意思表示的，可以认定为民法上的欺诈行为。据此，基于交易习惯，房屋内发生过非自然死亡事件的事实，属于出卖人应当积极告知的范围。当事人故意隐瞒，构成欺诈（消极）。《民法典》第148条规定，一方以欺诈手段，使对方在违背真实意思的情况下实施的民事法律行为，受欺诈方有权请求人民法院或者仲裁机构予以撤销。据此，乙因受欺诈有权在知道撤销事由之日起1年内起诉撤销合同。可见，A项表述正确。根据《民法典》第500条的规定，当事人在订立合同过程中，故意隐瞒与订立合同有关的重要事实或者提供虚假情况，造成对方损失的，应当承担赔偿责任。据此，因甲订立合同中存在欺诈行为，乙撤销合同后有权请求甲承担缔约过失责任，赔偿信赖利益的损失。根据民法原理，信赖利益的损失包括缔约费用、准备履行合同所支出的实际费用以及受损害的当事人因此失去的与第三人订立合同的损失等。B项表述中的"订立及履行合同过程中支付的各种必要费用"属于直接损失，C项表述中的差价损失属于丧失交易机会的间接损失。可见，B、C项表述正确。《民法典》第157条规定，民事法律行为无效、被撤销或者确定不发生效力后，行为人因该行为取得的财产，应当予以返还；不能返还或者没有必要返还的，应当折价补偿。有过错的一方应当赔偿对方由此所受到的损失；各方都有过错的，应当各自承担相应的责任。法律另有规定的，依照其规定。据此，合同被撤销后视为自始无效，乙使用房屋因法律根据不复存在而构成不当得利，应当折价补偿其在撤销合同前使用别墅的费用。可见，D项表述正确。

【答案】 ABCD

例13-12（多选）： 甲与同事打赌，故意将一台电脑遗留在某出租车上，看是否有人送还。与此同时，甲通过电台广播悬赏，称捡到电脑并归还者，付给奖金1000元。该出租车司机乙很快将电脑送回，在索取奖金时遭到甲的拒绝。对此，下列表述正确的是（　　）。

A. 甲的悬赏属于要约　　　　　　　　B. 甲的悬赏属于单方允诺

C. 乙归还电脑的行为是承诺　　　　　D. 甲拒绝支付奖金，乙可以留置拾得的电脑

【讲解】 甲宣称给付捡到电脑并归还者奖金的表示的内心真意虽为打赌，但因其故意隐藏内心真意并表达非真意的悬赏表示，属于真意保留。根据民法一般理论，该内心意思与外在表示不一致，并不影响意思表示的效力，悬赏广告之债可以有效成立。关于悬赏广告属于合同还是单方法律行为或者单方允诺，在民法典没有颁布之前存在争议，《民法典》第499条规定，悬赏人以公开方式声明对完成特定行为的人支付报酬的，完成该行为的人可以请求其支付。据此，民法典将悬赏广告规定于合同编中，这表明，悬赏广告是一种合同。甲发出悬赏广告的要约，乙归还电脑的行为是

承诺。可见，A、C项表述正确，B项表述错误。《民法典》第317条规定，权利人领取遗失物时，应当向拾得人或者有关部门支付保管遗失物等支出的必要费用。权利人悬赏寻找遗失物的，领取遗失物时应当按照承诺履行义务。拾得人侵占遗失物的，无权请求保管遗失物等支出的费用，也无权请求权利人按照承诺履行义务。据此，《民法典》没有赋予拾得人对遗失物的留置权。可见，D项表述错误。

【答案】AC

专题十四　合同的履行、合同的保全

※【重点难点】合同履行的原则和规则。（1）合同履行的原则包括全面履行原则和诚实信用原则。诚实信用原则首先针对附随义务的履行而适用。合同义务不仅包括主给付义务和从给付义务，还包括根据合同的性质、目的和交易等产生的通知、协助、保密等附随义务。（2）合同履行的规则。当事人就某些条款约定不明，又不能事后达成补充协议的，应当遵循以下规则：就质量、价款或者报酬、履行地点等内容没有约定或者约定不明确的，可以协议补充；不能达成补充协议的，按照合同相关条款或者交易习惯确定。如果还不能确定，则适用如下规定：①质量要求不明确的，按照强制性国家标准履行；没有强制性国家标准的，按照推荐性国家标准履行；没有推荐性国家标准的，按照行业标准履行；没有国家标准、行业标准的，按照通常标准或者符合合同目的的特定标准履行。②价款或者报酬不明确的，按照订立合同时履行地的市场价格履行；依法应当执行政府定价或者政府指导价的，按照规定履行。执行政府定价或者政府指导价的，在合同约定的交付期限内政府价格调整时，按照交付时的价格计价。逾期交付标的物的，遇价格上涨时，按照原价格执行；价格下降时，按照新价格执行。逾期提取标的物或者逾期付款的，遇价格上涨时，按照新价格执行；价格下降时，按照原价格执行。③履行地点不明确，给付货币的，在接受货币一方所在地履行；交付不动产的，在不动产所在地履行；其他标的，在履行义务一方所在地履行。④履行期限不明确的，债务人可以随时履行，债权人也可以随时请求履行，但是应当给对方必要的准备时间。⑤履行方式不明确的，按照有利于实现合同目的的方式履行。⑥履行费用的负担不明确的，由履行义务一方负担；因债权人原因增加的履行费用，由债权人负担。（3）电子合同标的的交付方式和交付时间。通过互联网等信息网络订立的电子合同的标的为交付商品并采用快递物流方式交付的，收货人的签收时间为交付时间。电子合同的标的为提供服务的，生成的电子凭证或者实物凭证中载明的时间为提供服务时间；前述凭证没有载明时间或者载明时间与实际提供服务时间不一致的，以实际提供服务的时间为准。电子合同的标的物为采用在线传输方式交付的，合同标的物进入对方当事人指定的特定系统且能够检索识别的时间为交付时间。电子合同当事人对交付商品或者提供服务的方式、时间另有约定的，按照其约定。

例14-1（多选）：甲地的甲公司向乙地的乙公司购买一批成品门，两公司对于甲公司的付款地点和乙公司的交货时间没有明确约定，两公司也未能达成补充协议，根据合同有关条款或交易习惯也无法确定。则（　　）。

A. 甲公司应当在甲地付款给乙公司
B. 甲公司应当在乙地付款给乙公司
C. 乙公司可以随时向甲公司交货，但应当给甲公司必要的准备时间
D. 甲公司可以随时请求乙公司交货，但应当给乙公司必要的准备时间

【讲解】根据《民法典》第511条第3、4项的规定，履行地点不明确，给付货币的，在接受货币一方所在地履行；交付不动产的，在不动产所在地履行；其他标的，在履行义务一方所在地履行。履行期限不明确的，债务人可以随时履行，债权人也可以随时请求履行，但是应当给对方必要的准备时间。因此，甲公司应当在乙地付款；甲公司、乙公司可以随时履行或者随时请求对方履

行，但是应当给对方必要的准备时间。

【答案】BCD

例14-2（单选）：甲出售二手汽车给乙。下列属于甲应当承担的从给付义务的是（　　）。

A. 交付汽车
B. 转移该车的所有权
C. 提供必要的文件
D. 告知该车存在的隐蔽危险

【讲解】交付汽车及转移汽车的所有权，是债务人按照约定而承担的主给付义务；提供必要的文件，可以令债权人的利益得到更大满足，为从给付义务；告知危险是根据诚实信用原则而产生的义务，为附随义务。

【答案】C

例14-3（单选）：电子合同标的为提供服务，生成的电子凭证或者实物凭证中载明的时间与实际提供服务时间不一致的，除合同另有约定外，交付时间为（　　）。

A. 电子凭证中载明的时间
B. 实际提供服务的时间
C. 实物凭证中载明的时间
D. 合同标的进入对方当事人指定的特定系统且能够检索识别的时间

【讲解】《民法典》第512条规定，通过互联网等信息网络订立的电子合同的标的为交付商品并采用快递物流方式交付的，收货人的签收时间为交付时间。电子合同的标的为提供服务的，生成的电子凭证或者实物凭证中载明的时间为提供服务时间；前述凭证没有载明时间或者载明时间与实际提供服务时间不一致的，以实际提供服务的时间为准。电子合同的标的物为采用在线传输方式交付的，合同标的物进入对方当事人指定的特定系统且能够检索识别的时间为交付时间。电子合同当事人对交付商品或者提供服务的方式、时间另有约定的，按照其约定。据此，只有B项符合题意。

【答案】B

※【重点难点】涉及第三人的履行。（1）债务人向第三人履行（清偿）。当事人约定由债务人向第三人履行债务，债务人未向第三人履行债务或者履行债务不符合约定的，应当向债权人承担违约责任。（2）债务人为第三人利益履行（清偿）。法律规定或者当事人约定第三人可以直接请求债务人向其履行债务，第三人未在合理期限内明确拒绝，债务人未向第三人履行债务或者履行债务不符合约定的，第三人可以请求债务人承担违约责任；债务人对债权人的抗辩，可以向第三人主张。（3）第三人向债权人履行（清偿）。当事人约定由第三人向债权人履行债务，第三人不履行债务或者履行债务不符合约定的，债务人应当向债权人承担违约责任。（4）代为清偿（履行）。债务人不履行债务，第三人对履行该债务具有合法利益的，第三人有权向债权人代为履行；但是，根据债务性质、按照当事人约定或者依照法律规定只能由债务人履行的除外。债权人接受第三人履行后，其对债务人的债权转让给第三人，但是债务人和第三人另有约定的除外。

例14-4（单选）：甲药材经销公司对乙公司负有交付药材的合同义务，丙公司是专门生产药材的公司并与甲公司有常年业务往来。丙公司和乙公司约定，由丙公司代甲公司履行，甲公司对此全不知情。对此，下列表述正确的是（　　）。

A. 虽然甲公司不知情，但丙公司的履行具有法律效力
B. 因甲公司不知情，故丙公司代为履行后对甲公司不得追偿代为履行的必要费用
C. 虽然甲公司不知情，但若丙公司履行有瑕疵的，甲公司需就此对乙公司承担违约责任
D. 虽然甲公司不知情，但若丙公司履行有瑕疵而承担违约责任的，丙公司可就该违约赔偿金向甲公司追偿

【讲解】根据《民法典》第524条的规定，甲公司对乙公司负有交付药材的义务，丙公司又与该笔债务的履行存在合法利益，因此，第三人丙公司代债务人甲公司履行的行为，属于第三人代为清偿。无论债务人是否知情并提出异议，债权人乙公司有权接受第三人丙公司的清偿而使债务人的债务归于消灭，因此，A项表述正确。第三人代为清偿后，债务人的债务消灭，第三人得根据约定或者不当得利及无因管理规定向债务人追偿，包括代为清偿的必要费用。可见，B项表述错误。基

于合同的相对性，因甲公司对丙公司代为清偿的行为并不知情，因此，丙公司履行中的瑕疵只能由其自行负责，不得请求甲公司承担违约责任。丙公司因履行有瑕疵而承担违约责任的，也不得就该违约赔偿金向甲公司追偿。可见，C、D项表述错误。

【答案】 A

例 14 - 5（多选）： 甲与乙订立合同约定，乙应当在三日之内，运 1 万块砖到甲修房子的工地上。因乙的拖拉机出现故障，于是乙便让丙用丙的拖拉机运砖到甲的工地上，但丙并未在三日内将砖运到甲修房子的工地。对此，下列表述正确的是（　　）。

A. 丙的行为属于第三人向债权人履行　　B. 丙的行为属于第三人代为清偿

C. 丙应当向甲承担违约责任　　D. 乙应当向甲承担违约责任

【讲解】《民法典》第 523 条规定，当事人约定由第三人向债权人履行债务，第三人不履行债务或者履行债务不符合约定的，债务人应当向债权人承担违约责任。此为第三人向债权人履行之规定。据此，债务人乙让第三人丙向债权人甲履行，构成第三人向债权人履行，由于丙没有在三日内将砖运到甲修房子的工地，即丙的履行不符合约定，丙不是甲、乙合同的当事人，根据合同相对性原则，丙不向甲承担违约责任，而应由乙向甲承担违约责任。可见，选 A、D 项。第三人向债权人履行不同于第三人代为清偿，简称代为清偿（履行）。《民法典》第 524 条规定了代为清偿：债务人不履行债务，第三人对履行该债务具有合法利益的，第三人有权向债权人代为履行；但是，根据债务性质、按照当事人约定或者依照法律规定只能由债务人履行的除外。债权人接受第三人履行后，其对债务人的债权转让给第三人，但是债务人和第三人另有约定的除外。

【答案】 AD

※**【重点难点】** 双务合同履行中的抗辩权。(1) 同时履行抗辩权：当事人互负债务，没有先后履行顺序的，应当同时履行。一方在对方履行之前有权拒绝其履行请求。一方在对方履行债务不符合约定时，有权拒绝其相应的履行请求。(2) 先履行抗辩权：当事人互负债务，有先后履行顺序，应当先履行债务一方未履行的，后履行一方有权拒绝其履行请求。先履行一方履行债务不符合约定的，后履行一方有权拒绝其相应的履行请求。(3) 不安抗辩权。应当先履行债务的当事人，有确切证据证明对方有下列情形之一的，可以中止履行：①经营状况严重恶化；②转移财产、抽逃资金，以逃避债务；③丧失商业信誉；④有丧失或者可能丧失履行债务能力的其他情形。当事人没有确切证据中止履行的，应当承担违约责任。当事人依据不安抗辩权的规定中止履行的，应当及时通知对方。对方提供适当担保的，应当恢复履行。中止履行后，对方在合理期限内未恢复履行能力且未提供适当担保的，视为以自己的行为表明不履行合同主要债务，中止履行的一方可以解除合同并可以请求对方承担违约责任。

例 14 - 6（单选）： 甲、乙签订买卖合同，按照合同的约定，甲应在 6 月 5 日前向乙交付 100 吨桶装水，乙应在 6 月 5 日前向甲支付货款。甲未履行交付义务，即请求乙向其支付价款，乙可以拒绝履行的权利是（　　）。

A. 先履行抗辩权　　B. 先诉抗辩权　　C. 同时履行抗辩权　　D. 不安抗辩权

【讲解】 甲、乙双方均没有确定履行期，仅要求在 6 月 5 日前履行，因此，双方的义务没有先后履行顺序。在这种情况下，甲未履行交付义务，即请求乙向其支付价款，乙有权行使同时履行抗辩权。

【答案】 C

例 14 - 7（单选）： 甲与乙的合同约定，甲应当在 2018 年 6 月 18 日到 2018 年 10 月 18 日之间分五次交货，乙应当在收到货物之日起 3 日内支付相应的款项。2018 年 7 月 18 日，甲发觉乙的经营状况严重恶化，一旦甲将剩余的货物交给乙，乙很可能无法付款。于是甲中止了自己的履行。甲中止履行的权利是（　　）。

A. 同时履行抗辩权　　B. 先履行抗辩权　　C. 债权撤销权　　D. 不安抗辩权

【讲解】 根据《民法典》第 527 条的规定，应当先履行债务的当事人，有确切证据证明对方经营状况严重恶化的，可以中止履行。该权利为不安抗辩权。

【答案】D

例14-8（单选）：甲公司与乙公司签订服装加工合同，约定乙公司支付预付款3万元，甲公司加工服装3 000套，5月10日交货，乙公司于5月15日支付余款27万元。5月10日，甲公司仅加工服装2 700套，乙公司此时因濒临破产致函甲公司表示无力履行合同。对此，下列表述正确的是（   ）。

A. 因乙公司已支付预付款，甲公司无权中止履行合同

B. 乙公司有权以甲公司仅交付2 700套服装为由，拒绝支付任何货款

C. 甲公司有权以乙公司已不可能履行合同为由，请求乙公司承担违约责任

D. 因乙公司丧失履行能力，甲公司可以行使先履行抗辩权

【讲解】甲公司、乙公司之间的合同为有先后履行顺序的双务合同，甲公司为先履行方，乙公司为后履行方。甲公司部分履行，乙公司可以行使先履行抗辩权，拒绝支付相应的（300套服装）货款。乙公司濒临破产，丧失债务履行能力，甲公司可行使不安抗辩权。乙公司丧失债务履行能力，构成预期违约之默示毁约，甲公司可行使违约责任请求权。综上分析，只有C项表述正确。A项表述错在：甲公司可行使不安抗辩权，据此中止合同。B项表述错在：乙公司可拒绝支付300套服装的货款，不能拒绝支付"任何"货款。D项表述错在：甲公司行使的是不安抗辩权。

【答案】C

※【重点难点】情势变更原则：合同成立后，合同的基础条件发生了当事人在订立合同时无法预见的、不属于商业风险的重大变化，继续履行合同对于当事人一方明显不公平的，受不利影响的当事人可以与对方重新协商；在合理期限内协商不成的，当事人可以请求人民法院或者仲裁机构变更或者解除合同。人民法院或者仲裁机构应当结合案件的实际情况，根据公平原则变更或者解除合同。

例14-9（单选）："房叔"甲拥有数套学区房，同事乙为了自己的女儿入学便利，请求甲转让一套。由于两人关系欠佳，甲予以拒绝。乙便以公开甲的受贿隐情为要挟，最终使甲答应卖房，但合同价格明显高于一般房屋。合同签订不久，由于教育部门调整招生政策，乙的女儿不可能在该学区房所在地学校入学。乙欲废止该房屋买卖，遭到甲拒绝。对此，下列表述正确的是（   ）。

A. 乙可以显失公平为由，请求法院撤销合同

B. 乙可以受胁迫为由，请求法院撤销合同

C. 乙可以情势变更为由，请求法院变更或者解除合同

D. 乙可以不可抗力致使合同目的不能实现为由，请求法院解除合同

【讲解】《民法典》第151条规定，一方利用对方处于危困状态、缺乏判断能力等情形，致使民事法律行为成立时显失公平的，受损害方有权请求人民法院或者仲裁机构予以撤销。据此，本题中，双方订立合同时，因学区房的特殊性，其价格高于一般房屋，且不存在一方利用对方困境和己方经济优势迫使对方订立合同的情形，不符合《民法典》第151条规定的可撤销事由，故A项表述错误。《民法典》第150条规定，一方或者第三人以胁迫手段，使对方在违背真实意思的情况下实施的民事法律行为，受胁迫方有权请求人民法院或者仲裁机构予以撤销。据此，本题中，涉案房屋确实存在胁迫情形，但甲是受胁迫方，乙是胁迫方，只能由甲提出撤销合同，而乙不能提出撤销合同的请求，故B项表述错误。《民法典》第533条规定，合同成立后，合同的基础条件发生了当事人在订立合同时无法预见的、不属于商业风险的重大变化，继续履行合同对于当事人一方明显不公平的，受不利影响的当事人可以与对方重新协商；在合理期限内协商不成的，当事人可以请求人民法院或者仲裁机构变更或者解除合同。人民法院或者仲裁机构应当结合案件的实际情况，根据公平原则变更或者解除合同。据此，本题中，涉案房屋买卖合同订立基础在于房屋定位为"学区房"，后由于政府政策改变，该房屋对于乙失去了学区房意义，这是其订立合同时无法预知的，不属于正常的商业风险。继续按照学区房价格履行合同，对乙不公平。可见，C项表述正确，选C项。《民法典》第563条第1款第1项规定，因不可抗力致使不能实现合同目的的，当事人可以解除合同。据此，本题中，乙订立合同的目的是取得房屋所有权，政策调整虽然属于不可抗力，对乙而言并不

构成"合同目的的落空"，不符合《民法典》第 563 条第 1 款第 1 项规定的法定解除权的成立事由，故 D 项表述错误。

【答案】C

※【重点难点】代位权。(1) 因债务人怠于行使其债权或者与该债权有关的从权利，影响债权人的到期债权实现的，债权人可以向人民法院请求以自己的名义代位行使债务人对相对人的权利，但是该权利专属于债务人自身的除外。代位权的行使范围以债权人的到期债权为限。债权人行使代位权的必要费用，由债务人负担。相对人对债务人的抗辩，可以向债权人主张。(2) 代位权的成立条件包括：①债权人对债务人的债权合法。一般而言，债权人行使代位权须以债权人对债务人的债务已到期为前提，但是，如果债权人的债权到期前，债务人的债权或者与该债权有关的从权利存在诉讼时效期间即将届满或者未及时申报破产债权等情形，影响债权人的债权实现的，债权人可以代位向债务人的相对人请求其向债务人履行、向破产管理人申报或者作出其他必要的行为。因此，在例外情形下，债权人行使代位权并不以债务人对相对人享有的债权已到期为前提。②债务人对相对人享有债权且该债权已到期。③债务人怠于行使到期债权对债权人造成损害。"债务人怠于行使其到期债权，对债权人造成损害的"，是指债务人不履行对其债权人的到期债权，又不以诉讼方式或者仲裁方式向其债务人主张其享有的具有金钱给付内容的到期债权，致使债权人的到期债权未能实现。④债务人对相对人的债权为非专属性权利和可以强制执行的权利。"专属于债务人自身的债权"，是指基于扶养关系、抚养关系、赡养关系、继承关系产生的给付请求权和劳动报酬、退休金、养老金、抚恤金、安置费、人寿保险、人身伤害赔偿请求权等权利。此外，一般认为，对于不作为债权、劳务债权、技能债权、税金债权、罚金债权等，因起不到维持债务人责任财产的作用，也不得代位行使。(3) 人民法院认定代位权成立的，由债务人的相对人向债权人履行义务，债权人接受履行后，债权人与债务人、债务人与相对人之间相应的权利义务终止。

例 14-10（多选）：甲对乙享有 5 万元到期债权，乙对丙享有 10 万元到期债权，乙对丁享有 2 万元的人身伤害赔偿金债权。如甲对丙提起代位权诉讼，对此，下列表述正确的是（　　）。

A. 丙对乙的抗辩，有权向甲主张
B. 甲有权代位行使乙对丙享有的到期债权
C. 甲有权代位行使乙对丁享有的人身伤害赔偿金债权
D. 甲代位行使乙对丙享有的债权范围是 10 万元

【讲解】《民法典》第 535 条规定，因债务人怠于行使其债权或者与该债权有关的从权利，影响债权人的到期债权实现的，债权人可以向人民法院请求以自己的名义代位行使债务人对相对人的权利，但是该权利专属于债务人自身的除外。代位权的行使范围以债权人的到期债权为限。债权人行使代位权的必要费用，由债务人负担。相对人对债务人的抗辩，可以向债权人主张。据此规定第 3 款，相对人丙对债务人乙的抗辩，可以向债权人甲主张。可见，A 项表述正确。根据上述规定第 1 款，甲有权代位行使乙对丙享有的到期债权，但乙对丁享有的人身伤害赔偿金债权，其专属于债务人自身，不能代位行使。可见，B 项表述正确，C 项表述错误。根据上述规定第 2 款，代位权的行使范围以债权人的到期债权为限，因此，甲代位行使乙对丙享有的债权范围为 5 万元，而不是 10 万元。可见，D 项表述错误。

【答案】AB

例 14-11（多选）：债权人甲对债务人乙享有 100 万元未到期债权。乙对丙享有 120 万元到期债权，该笔债权由丁提供房屋抵押担保。乙对丙享有的 120 万元债权的诉讼时效期间即将届满。经查，乙别无其他财产可供执行。对此，下列表述正确的是（　　）。

A. 若乙行使对丁的房屋抵押权，应当在 120 万元主债权诉讼时效期间行使
B. 因甲对乙享有的债权尚未到期，甲不得行使代位权
C. 甲可以代位行使乙对丙享有的 120 万元到期债权
D. 若丙不能清偿乙的 120 万元到期债权，甲可以代位请求丁向乙履行抵押担保

【讲解】《民法典》第 419 条规定，抵押权人应当在主债权诉讼时效期间行使抵押权；未行使

的，人民法院不予保护。据此，乙应当在 120 万元主债权的诉讼时效期间行使抵押权。可见，A 项表述正确。一般而言，债权人对债务人的债权已到期，债权人才能行使代位权。但是，《民法典》第 536 条规定，债权人的债权到期前，债务人的债权或者与该债权有关的从权利存在诉讼时效期间即将届满或者未及时申报破产债权等情形，影响债权人的债权实现的，债权人可以代位向债务人的相对人请求其向债务人履行、向破产管理人申报或者作出其他必要的行为。据此，由于乙对丙享有的 120 万元债权的诉讼时效期间即将届满，倘若乙继续怠于行使对丙的到期债权，将影响债权人甲的债权的实现，因此，债权人甲可以代位向债务人乙的相对人丙请求其向债务人乙履行。可见，C 项表述正确，B 项表述错误。《民法典》第 535 条第 1 款规定，因债务人怠于行使其债权或者与该债权有关的从权利，影响债权人的到期债权实现的，债权人可以向人民法院请求以自己的名义代位行使债务人对相对人的权利，但是该权利专属于债务人自身的除外。据此，如果债权人甲对乙享有的 100 万元债权已到期，则甲有权代位行使与主债权有关的从权利，包括代位行使抵押权。但本题表述中甲的债权并未到期，则甲是否可以代位行使乙享有的房屋抵押权呢？本书认为，由于乙别无其他财产可供执行，而丙不能清偿乙的 120 万元到期债权，在已经影响甲债权实现的情况下，甲有权代位向债务人乙的相对人丁请求其向债务人乙履行抵押担保义务。可见，D 项表述正确。

【答案】ACD

例 14－12（多选）：甲是乙的债权人，乙是丙的债权人，甲与乙、乙与丙之间成立的均是金钱之债。对此，甲不可能对丙行使代位权的情形有（   ）。

A. 乙对甲的债务尚未到期
B. 乙对甲的债务已经届至履行期但尚未届满
C. 丙对乙的债务尚未届至履行期
D. 乙与丙均已陷入履行迟延

【讲解】债权人代位权的行使，要求债务人已经陷入履行迟延。乙的债务尚未到期，意味着乙不必向甲作出履行，甲自然不可能行使代位权。如果乙的债务已经到期但尚未届满，则在履行期届满后乙能否向甲作出清偿尚不可知，即乙是否会无资力清偿甲的债权是不确定的，此时甲不能对丙行使代位权来实现自己的债权。如果丙对乙的债务尚未届至履行期，则其不必向乙履行，甲也不能对丙行使代位权。

【答案】ABC

※【重点难点】撤销权。（1）债务人以放弃其债权、放弃债权担保、无偿转让财产等方式无偿处分财产权益，或者恶意延长其到期债权的履行期限，影响债权人的债权实现的，债权人可以请求人民法院撤销债务人的行为。（2）债务人以明显不合理的低价转让财产、以明显不合理的高价受让他人财产或者为他人的债务提供担保，影响债权人的债权实现，债务人的相对人知道或者应当知道该情形的，债权人可以请求人民法院撤销债务人的行为。这里的"明显不合理的低价"，人民法院应当以交易当地一般经营者的判断，并参考交易当时交易地的物价部门指导价或者市场交易价，结合其他相关因素综合考虑予以确认。转让价格达不到交易时交易地的物价部门指导价或者市场交易价 70％的，一般可以视为明显不合理的低价；对转让价格高于当地指导价或者市场交易价 30％的，一般可以视为明显不合理的高价。（3）撤销权的行使范围以债权人的债权为限。债权人行使撤销权的必要费用，由债务人负担。（4）撤销权自债权人知道或者应当知道撤销事由之日起 1 年内行使。自债务人的行为发生之日起 5 年内没有行使撤销权的，该撤销权消灭。（5）债务人影响债权人的债权实现的行为被撤销的，自始没有法律约束力。

例 14－13（多选）：乙向甲借款 50 万元，借款到期后，乙无力偿还借款。对此，甲可以向法院申请债权撤销权的情形有（   ）。

A. 乙免除了其朋友所欠的 20 万元未到期欠款
B. 乙与其债务人约定放弃对债务人财产的抵押权
C. 乙在离婚协议中放弃对家庭共有财产的分割
D. 乙父去世，乙放弃对父亲遗产的继承权

【讲解】《民法典》第 538 条规定，债务人以放弃其债权、放弃债权担保、无偿转让财产等方式无偿处分财产权益，或者恶意延长其到期债权的履行期限，影响债权人的债权实现的，债权人可以

请求人民法院撤销债务人的行为。这里的"放弃其债权",既包括放弃已到期债权,也包括放弃未到期债权。据此,A项表述中,乙免除其朋友未到清偿期的20万元债务,这会影响债权人的债权实现,因此,甲可以行使撤销权,选A项。B项表述中,债务人放弃债权担保,这属于债权人可以行使撤销权的情形,选B项。C项表述中,乙在离婚财产分割时放弃其应有份额的行为,实质上属于无偿转让财产,导致其无法清偿债务的,债权人甲有权请求撤销,选C项。根据民法原理,放弃继承权不会导致原有财产价值减少,不属于债权人行使撤销权的范围,不选D项。

【答案】ABC

例题拓展

例14-14(单选):甲与乙公司签订的房屋买卖合同约定:"乙公司收到首期房款后,向甲交付房屋和房屋使用说明书;收到二期房款后,将房屋过户给甲。"甲交纳首期房款后,乙公司交付房屋但未立即交付房屋使用说明书。甲以此为由而拒不支付二期房款。对此,下列表述正确的是( )。

A. 甲有权行使先履行抗辩权而拒不支付二期房款

B. 甲有权行使不安抗辩权而拒不支付二期房款

C. 因乙公司未履行义务,甲有权解除合同

D. 乙公司交付房屋使用说明书属于从给付义务

【讲解】在乙公司履行的义务中,交付房屋为主给付义务,而交付房屋使用说明书为从给付义务,D项表述正确,选D项。《民法典》第526条规定,当事人互负债务,有先后履行顺序,应当先履行债务一方未履行的,后履行一方有权拒绝其履行请求。先履行一方履行债务不符合约定的,后履行一方有权拒绝其相应的履行请求。据此,根据双方约定,乙公司应当先履行交房义务,而甲分期付款,甲是后履行方,因而甲不能行使不安抗辩权。可见,B项表述错误。因双务合同中的履行抗辩权产生的基础在于双务合同中双方义务的牵连性,故适用履行抗辩权的前提为:一方未履行主给付义务或者履行不符合约定。因此,本题中,乙公司已经履行交付房屋的义务,只是未履行交付说明书的从给付义务,与甲的付款义务不构成对价关系,甲无权行使先履行抗辩权。可见,A项表述错误。《民法典》第563条第1款第4项规定,当事人一方迟延履行债务或者有其他违约行为致使不能实现合同目的的,当事人可以解除合同。据此,本题中,虽然乙公司未按照约定或交易习惯履行交付说明书等从给付义务,但因已经履行交付房屋的主要义务,难以认定甲订立合同的目的无法实现,甲无权解除合同。可见,C项表述错误。

【答案】D

例14-15(案例):甲公司有一台价值1 200万元的精密成套设备闲置。5月9日,甲公司的董事长与乙公司签订了一份出售该精密成套设备的合同。合同约定:成套设备作价1 000万元,甲公司于10月31日前交货,乙公司在交货后15日内付清款项。乙公司在订立合同后想赚取差价,便另行寻找买家。6月8日,乙公司与丙公司订立了合同,将成套设备转让给了丙公司,价格为1 100万元,但未约定履行时间、顺序等事项。

甲公司在交货日前发现乙公司的经营状况严重恶化,便书面通知乙公司将拒绝交货,并请求乙公司提供担保,否则将解除合同,乙公司予以拒绝。11月15日,乙公司请求丙公司支付1 100万元,希望借此周转资金,向甲公司作出支付,以便让甲公司交付设备,但丙公司拒绝支付款项。12月21日,乙公司经营状况进一步恶化,甲公司书面通知乙公司解除合同。乙公司遂向法院起诉,请求法院判令甲公司继续履行合同。法院查明:甲公司章程规定,对精密成套设备的处置须经股东会同意,乙公司对此不知情。乙公司欠其他公司巨额债务,经营状况极差。

请根据上述材料,回答下列问题并说明理由:

（1）甲公司与乙公司之间转让精密成套设备的合同是否有效？

（2）甲公司在债务履行期届满后未交付精密成套设备，其行为是否合法？

（3）丙公司拒绝向乙公司支付1 100万元，其行为是否合法？

（4）甲公司能否解除合同？

【参考答案】（1）合同有效。甲公司转让精密成套设备未经公司股东会同意，甲公司董事长超越权限订立合同，但乙公司对此并不知情，甲公司与乙公司之间的转让合同有效。

（2）甲公司的行为合法。甲公司与乙公司因双务合同互负债务，先履行方甲公司有确切证据证明后履行方乙公司的经营状况严重恶化，可能丧失履行能力，甲公司可以行使不安抗辩权，通知对方中止履行。

（3）丙公司的行为合法。乙公司与丙公司因双务合同互负债务，由于双方没有约定债务履行先后顺序，因此，双方均可以随时请求对方履行。在乙公司未履行时，丙公司可以行使同时履行抗辩权，拒绝自己的履行。

（4）甲公司可以解除合同。在甲公司行使不安抗辩权，中止履行之后，乙公司在相当长的期限内未恢复履行能力并且也未提供适当担保，甲公司可以解除合同。

例14-16（案例）： 甲公司将新办公大楼工程发包给了乙公司，双方约定，工程款为5 000万元，工期为1.5年，工程完工后结清全部工程款。工程按期完工，乙公司将新大楼交给甲公司使用，但乙公司尚欠丙公司材料款合计150万元。丙公司多次向乙公司索要未果，于是向法院起诉了乙公司，请求乙公司支付材料款。法院判决乙公司败诉。但在判决执行过程中，乙公司所有员工包括法定代表人均不见踪影。在查找乙公司的财产过程中，丙公司发现，甲公司尚欠乙公司工程款400万元未付。甲公司称，未付工程款是因为工程质量存在问题。甲公司还称，工程完工后双方只进行过一次结算，此后一年多，乙公司一直未向其主张过这笔工程款。丙公司就乙公司所欠的工程款向法院起诉了甲公司。

请分析：

（1）丙公司起诉甲公司所依据的是什么权利？为什么？

（2）丙公司提起诉讼时，应当以谁的名义提出？

（3）丙公司在诉讼中提出，请求甲公司支付其欠乙公司的全部400万元工程款。这种请求能否得到法院支持？为什么？

【参考答案】（1）债权人的代位权。丙公司与乙公司之间存在债权关系，可以请求乙公司支付材料款。乙公司对丙公司陷于履行迟延，怠于行使对甲公司的到期债权，丙公司可以代位行使乙公司对甲公司的债权。

（2）丙公司行使债权人代位权诉讼的，应当以自己的名义提起诉讼。

（3）不能得到支持。因为债权人行使代位权时应以自己的债权为限，即丙公司只能就其享有的债权数额行使代位权，请求甲公司进行支付。此外，由于大楼存在质量问题，乙公司的债务履行不适当，甲公司对乙公司享有抗辩权，甲公司可以向丙公司主张这种抗辩权。

例14-17（案例）： 甲欠乙20万元，一直未还。甲做生意失败，经济状况极差，无力还钱。不过，甲拥有两套古书，市场价格分别为10万元、15万元。此外，甲对丙还享有10万元的到期债权尚未行使。后来甲为了逃避对乙的债务，先以5 000元的价格将第一套古书卖给了知情的丁，随后又以1万元的价格将第二套古书卖给了戊。戊目不识丁，丝毫不懂古书。

请根据上述材料，回答下列问题并说明理由：

（1）乙对甲为行使权利而提起诉讼的理由是什么？

（2）乙对丙为行使权利而提起诉讼的理由是什么？

（3）乙能否通过诉讼撤销甲、戊之间的买卖合同？

（4）乙从丙处受领了10万元并撤销了甲与丁之间的买卖合同后，假如戊与丁一样知情，乙请求撤销甲、戊之间的买卖合同，能否得到法院的支持？

【参考答案】（1）乙对甲应提起撤销权诉讼。甲以明显不合理的低价将古书转让给丁，丁具有恶意，乙可以提起撤销权诉讼。

（2）乙对丙应提起代位权诉讼。甲怠于行使对丙的到期债权的行为给乙的债权造成损害，乙可以对相对人丙行使代位权。

（3）乙不能撤销甲、戊之间的买卖合同。甲以明显不合理的低价转让财产，具有危害债权的故意，但受让人戊没有恶意，故撤销权不能成立。

（4）乙不能撤销甲、戊之间的买卖合同。因为乙对丙行使代位权，取得了10万元，使乙的债权降至10万元；乙又撤销了甲与丁之间的买卖合同，从而使第一套古书的所有权仍然归甲，甲的责任财产至少已有10万元。此时，甲的财产足以清偿乙的债权，不论甲与戊之间的买卖合同对第二套古书定价多少，均不会损害乙的债权，所以，乙撤销甲与戊之间的买卖合同的请求不能得到支持。

专题十五　合同的转让和合同的权利义务终止

※【重点难点】债权转让：（1）通过合同方式让与债权的条件包括：①存在有效的债权。②让与人即原债权人与第三人达成合意且不违反法律规定。③债权具有可让与性。④债权让与须通知债务人。债权人让与债权应当通知债务人，未经通知的，对债务人不发生效力。在债权让与通知到达债务人后，债务人应向受让人履行债务，此时撤销债权让与的通知将严重影响受让人的利益，故除经受让人同意外，债权转让的通知不得撤销。（2）下列债权不得转让：①根据性质不得转让的债权。②按照当事人约定不得转让的债权。③依照法律规定不得转让的债权。此外，当事人约定非金钱债权不得转让的，不得对抗善意第三人。当事人约定金钱债权不得转让的，不得对抗第三人。（3）债权让与的效力。①对内效力。转让协议一经生效，受让人取得让与人转让的债权；受让人取得与债权有关的从权利，但是该从权利专属于债权人自身的除外；受让人取得从权利不因该从权利未办理转移登记手续或者未转移占有而受到影响。②对外效力。债务人应向受让人履行债务。债务人对让与人的抗辩，可以向受让人主张。在债权转让之后，债务人对原债权人所享有的抗辩权仍然可以对抗新的债权人。债权转让，有下列情形之一的，债务人可以向受让人主张抵销：债务人接到债权转让通知时，债务人对让与人享有债权，且债务人的债权先于转让的债权到期或者同时到期；债务人的债权与转让的债权是基于同一合同产生。

例15-1（单选）：甲与丙达成债权转让协议，约定甲将其对债务人乙的债权全部转让给丙，但甲并未将债权转让的情形通知乙。则乙对甲进行的债务履行（　　）。

A. 有效　　　　　B. 无效　　　　　C. 可撤销　　　　　D. 效力待定

【讲解】《民法典》第546条规定，债权人转让债权，未通知债务人的，该转让对债务人不发生效力。债权转让的通知不得撤销，但是经受让人同意的除外。据此，甲与丙之间的债权转让协议生效，但由于没有通知债务人乙，故该债权转让对乙不发生法律效力，乙对甲的履行仍然有效。

【答案】A

例15-2（多选）：甲、乙约定，甲向乙交货，乙向甲支付20万元，同时合同约定甲、乙享有的合同债权不得让与第三人。但甲在交货之后，迟迟未得到货款。甲便以19万元将其对乙的20万元债权转让给不知情的丙。对此，下列说法正确的是（　　）。

A. 甲与丙之间的合同无效

B. 甲与丙之间的合同有效

C. 丙可以取得甲对乙的20万元债权

D. 在未得到乙的同意之前，甲与丙之间的合同效力待定

【讲解】《民法典》第545条第1款第2项规定，债权人可以将债权的全部或者部分转让给第三人，但是按照当事人约定不得转让的除外。据此，基于甲、乙之间的合同约定，甲对乙的债权属于

当事人特别约定不得转让的债权。但是，根据《民法典》第545条第2款的规定，当事人约定非金钱债权不得转让的，不得对抗善意第三人。当事人约定金钱债权不得转让的，不得对抗第三人。据此，乙欠甲的20万元属于金钱债权，甲将该金钱债权以19万元的出价转让给第三人丙，该金钱债权不能转让的约定不能对抗第三人丙，因此，甲与丙之间的债权转让合同有效，丙可以取得甲对乙的20万元债权。

【答案】BC

※【重点难点】债务承担：（1）免责的债务承担的条件有：①须存在有效的债务。②须有以债务移转为内容的协议。③须债务具有可移转性。④须经债权人同意。债务人或者第三人可以催告债权人在合理期限内予以同意，债权人未作表示的，视为不同意。（2）免责的债务承担的效力表现在：①债务人转移债务的，新债务人可以主张原债务人对债权人的抗辩；原债务人对债权人享有债权的，新债务人不得向债权人主张抵销。②债务人转移债务的，新债务人应当承担与主债务有关的从债务，但是该从债务专属于原债务人自身的除外。③新债务人不得以对抗原债务人的事由对抗债权人。④由第三人为债权设定担保，除担保人继续同意担保外，因债务承担而消灭。（3）并存的债务承担的适用规则。第三人与债务人约定加入债务并通知债权人，或者第三人向债权人表示愿意加入债务，债权人未在合理期限内明确拒绝的，债权人可以请求第三人在其愿意承担的债务范围内和债务人承担连带债务。

例15-3（单选）：甲将其对乙享有的20万元货款债权转让给丙，丙再转让给丁，乙均不知情。乙将债务转让给戊，得到了甲的同意。丁请求乙履行债务，乙以其不知情为由抗辩。对此，下列表述正确的是（　　）。

A. 甲将债权转让给丙的行为无效

B. 丙将债权转让给丁的行为无效

C. 乙将债务转让给戊的行为无效

D. 如果乙清偿20万元债务，则享有对戊的求偿权

【讲解】《民法典》第546条规定，债权人转让债权，未通知债务人的，该转让对债务人不发生效力。债权转让的通知不得撤销，但是经受让人同意的除外。据此，通知只是对债务人发生效力的要件，即使未通知债务人，债权转让行为仍对债权人和受让人发生效力，并不因此而无效。可见，A、B项表述错误。《民法典》第551条第1款规定，债务人将债务的全部或者部分转给第三人的，应当经债权人同意。据此，乙将债务转让给戊，得到了甲的同意。因乙未受通知而对债权人的变更并不知情，因此征得原债权人同意即可发生债务承担的法律效力。可见，C项表述错误。因债务承担后乙脱离原债务关系，其代替戊清偿构成第三人代为清偿，有权基于不当得利规定对戊行使求偿权。可见，D项表述正确。

【答案】D

例15-4（单选）：某年5月6日，甲公司与乙公司签约，约定甲公司于6月1日付款，乙公司6月15日交付"商务型"扶梯。合同签订后10日，乙公司销售他人的"商务型"扶梯发生重大安全事故，质监局介入调查。合同签订后20日，甲公司、乙公司、丙公司三方合意，由丙公司承担付款义务。丙公司6月1日未付款。对此，下列表述正确的是（　　）。

A. 甲公司有权请求乙公司交付扶梯　　　　B. 丙公司有权请求乙公司交付扶梯

C. 丙公司有权行使不安抗辩权　　　　D. 乙公司有权请求甲公司和丙公司承担连带责任

【讲解】《民法典》第526条规定，当事人互负债务，有先后履行顺序，应当先履行债务一方未履行的，后履行一方有权拒绝其履行请求。先履行一方履行债务不符合约定的，后履行一方有权拒绝其相应的履行请求。据此，甲公司负有先付款的义务，在甲公司未付款之前，乙公司有权行使先履行抗辩权，拒绝甲公司交货的请求。且双方约定的乙公司交付扶梯的履行期限尚未届至，甲公司无权请求乙公司交付扶梯，故A项表述错误。甲公司、乙公司、丙公司三方达成债务承担协议，约定由丙公司承担甲公司的付款义务，但并未一并转让合同上的权利（丙公司仅负有付款义务，并没有收取扶梯的义务），丙公司因此并非合同关系的当事人。基于合同的相对性，丙公司无权请求

乙公司交付扶梯，B项表述错误。根据《民法典》第527条第1款第3项的规定，应当先履行债务的当事人，有确切证据证明对方丧失商业信誉的，可以行使不安抗辩权。据此，乙公司销售他人的扶梯发生重大安全事故，质监局介入调查，可认定为"丧失商业信誉"，先履行方甲公司符合不安抗辩权行使的条件，有权中止履行合同。《民法典》第553条规定，债务人转移债务的，新债务人可以主张原债务人对债权人的抗辩；原债务人对债权人享有债权的，新债务人不得向债权人主张抵销。据此，因甲公司依法享有不安抗辩权，丙公司承担甲公司的债务后，有权主张甲公司对乙公司的不安抗辩权，故C项表述正确。甲公司、乙公司、丙公司三方达成免责债务承担后，丙公司成为新的债务人，甲公司不再对移转债务承担责任。因此，乙公司只能请求丙公司付款，而无权请求甲公司和丙公司承担连带责任，D项表述错误。

【答案】C

※【重点难点】债权债务的概括转移：（1）债权债务的概括转移包括合同承受和法定承受。（2）合同承受应具备的条件有：①合同承受须经合同一方当事人与第三人达成移转协议，并取得合同的对方当事人同意。②被移转的合同须为双务合同。（3）在合同承受中，第三人完全取代了合同的一方当事人而成为新的合同当事人，原合同当事人一方完全退出合同关系。（4）法定承受包括法人合并和财产继承等。当事人订立合同后合并的，由合并后的法人或者其他组织行使合同权利，履行合同义务；当事人订立合同后分立的，除债权人和债务人另有约定的以外，由分立的法人或者其他组织对合同的权利和义务享有连带债权，承担连带债务。

例15-5（单选）：甲公司欠乙公司40万元债务。2018年8月，甲公司依法分立为丙公司和丁公司，并确定丙公司和丁公司按照1：3的比例分担对乙公司的债务。则（   ）。

A. 乙公司只能请求丙公司清偿10万元债务

B. 乙公司只能请求丁公司清偿30万元债务

C. 乙公司有权请求丙公司清偿全部债务

D. 乙公司应当按照丙公司和丁公司约定的比例分担债务

【讲解】《民法典》第67条规定，法人合并的，其权利和义务由合并后的法人享有和承担。法人分立的，其权利和义务由分立后的法人享有连带债权，承担连带债务，但是债权人和债务人另有约定的除外。据此，甲公司分立后，其合同债务由分立后的丙公司和丁公司承担。丙公司和丁公司约定按照1：3比例偿还债务，但这种约定在未经债权人乙公司同意的情况下不能对抗乙公司，因此，丙公司和丁公司对乙公司承担连带债务，选C项。当然，丙公司和丁公司有关债务承担比例的约定对于丙公司和丁公司而言是有效的。

【答案】C

※【重点难点】合同的权利义务终止。（1）合同权利义务终止的原因主要有履行（清偿）、抵销、提存、免除、混同和解除。（2）债权债务终止后，当事人应当遵循诚信等原则，根据交易习惯履行通知、协助、保密、旧物回收等义务。违反此义务造成对方损失的，应当承担赔偿责任。（3）合同的权利义务关系终止，不影响合同中结算和清理条款的效力。

例15-6（单选）：李某于2016年1月向张某借款1万元，约定2017年1月偿还，嗣后张某于2017年1月又向李某借款1万元，约定2年后偿还。2019年1月，李某向张某表示，各自都不用偿还债务了，张某表示同意，为此产生的法律后果是（   ）。

A. 合同的变更　　　B. 合同的转让　　　C. 合同的终止　　　D. 合同的履行

【讲解】《民法典》第557条规定，有下列情形之一的，债权债务终止：（1）债务已经履行；（2）债务相互抵销；（3）债务人依法将标的物提存；（4）债权人免除债务；（5）债权债务同归于一人；（6）法律规定或者当事人约定终止的其他情形。合同解除的，该合同的权利义务关系终止。据此，李某和张某分别订立两份借款合同，彼此互为债权人、债务人，且合同标的属于同一种类，均为金钱。2019年1月，两个人的债务均到期，李某向张某所作的表示属于行使抵销权的行为，使双方债权债务数额在对等额内消灭，从而进一步判断本题表述的情形是合同终止，因此选C项。

【答案】C

※ **【重点难点】**清偿：(1) 清偿是指债务人依法律规定或合同约定完成义务的行为。(2) 代物清偿是指在合同履行过程中，债权人受领他种给付以代替原定给付而使合同关系归于消灭的行为。(3) 清偿抵充是指在债务人对于同一债权人负担数宗同种类的债务而清偿人提供的给付不足以清偿全部债务时，决定以该给付抵充何宗债务的规则。(4) 清偿抵充有约定的，按照约定抵充，没有约定的，按照指定抵充，没有指定抵充的，按照法定抵充规则进行抵充。具言之，清偿抵充的规则是：债务人对同一债权人负担的数项债务种类相同，债务人的给付不足以清偿全部债务的，除当事人另有约定外，由债务人在清偿时指定其履行的债务。债务人未作指定的，应当优先履行已经到期的债务；数项债务均到期的，优先履行对债权人缺乏担保或者担保最少的债务；均无担保或者担保相等的，优先履行债务人负担较重的债务；负担相同的，按照债务到期的先后顺序履行；到期时间相同的，按照债务比例履行。(5) 法定抵充顺序：债务人在履行主债务外还应当支付利息和实现债权的有关费用，其给付不足以清偿全部债务的，除当事人另有约定外，应当按照下列顺序履行：①实现债权的有关费用；②利息；③主债务。

例 15-7（单选）：甲于 2015 年 9 月 10 日向乙借款 200 万元，期限为 3 年。2018 年 9 月 30 日，双方商议再借 200 万元，期限为 3 年。两笔借款先后均由丙保证，但未约定保证方式和保证期间。乙未向甲和丙催讨。甲仅于 2019 年 8 月归还借款 200 万元。关于甲归还的 200 万元，下列表述正确的是（　　）。

A. 因 2015 年的借款无担保，应归还的是该笔债务

B. 因 2015 年的借款已到期，应归还的是该笔借款

C. 因 2015 年和 2018 年的借款合同数额相同，应按比例归还该两笔借款

D. 因 2015 年和 2018 年的借款均有担保，应按比例归还该两笔借款

【讲解】《民法典》第 560 条规定，债务人对同一债权人负担的数项债务种类相同，债务人的给付不足以清偿全部债务的，除当事人另有约定外，由债务人在清偿时指定其履行的债务。债务人未作指定的，应当优先履行已经到期的债务；数项债务均到期的，优先履行对债权人缺乏担保或者担保最少的债务；均无担保或者担保相等的，优先履行债务人负担较重的债务；负担相同的，按照债务到期的先后顺序履行；到期时间相同的，按照债务比例履行。据此，甲归还的 200 万元不足以清偿全部债务，需要通过清偿抵充规则来确定清偿哪笔债务。在 2019 年 8 月进行清偿时，2015 年的借款已于 2018 年 9 月 10 日到期，而 2018 年的借款尚未届至清偿期，故应当优先履行已经到期的债务，即 2015 年的借款。综上所述，选 B 项。

【答案】B

※ **【重点难点】**合同的解除。(1) 合同的解除包括单方解除和约定解除。单方解除包括约定解除和法定解除。单方解除的事由由当事人在合同中约定的，为约定解除；单方解除的事由由法律直接规定的，为法定解除。约定解除是指当事人以合同形式约定一方当事人保留解除权，该当事人行使约定的解除权而导致合同的解除。(2) 协议解除的条件是双方达成合意。此种方式是在合同成立以后，通过双方协商解除合同，而不是在合同订立时约定解除权，因此又称为事后协商解除。(3) 约定解除的条件是当事人以合同形式约定一方当事人保留解除权，约定的解除合同的事由发生时，解除权人可以解除合同。(4) 法定解除的条件包括：①因不可抗力致使不能实现合同目的；②在履行期限届满前，当事人一方明确表示或者以自己的行为表明不履行主要债务；③当事人一方迟延履行主要债务，经催告后在合理期限内仍未履行；④当事人一方迟延履行债务或者有其他违约行为致使不能实现合同目的；⑤法律规定的其他情形。例如，定作人在承揽人完成工作前可以随时解除合同，造成承揽人损失的，应当赔偿损失。再如，委托人或者受托人可以随时解除委托合同。因解除合同造成对方损失的，除不可归责于该当事人的事由外，无偿委托合同的解除方应当赔偿因解除时间不当造成的直接损失，有偿委托合同的解除方应当赔偿对方的直接损失和可以获得的利益。此外，以持续履行的债务为内容的不定期合同，当事人可以随时解除合同，但是应当在合理期限之前通知对方。(5) 法律规定或者当事人约定解除权行使期限，期限届满当事人不行使的，该权利消灭。法律没有规定或者当事人没有约定解除权行使期限，自解除权人知道或者应当知道解除事

由之日起 1 年内不行使，或者经对方催告后在合理期限内不行使的，该权利消灭。(6) 当事人一方依法主张解除合同的，应当通知对方。合同自通知到达对方时解除；通知载明债务人在一定期限内不履行债务则合同自动解除，债务人在该期限内未履行债务的，合同自通知载明的期限届满时解除。对方对解除合同有异议的，任何一方当事人均可以请求人民法院或者仲裁机构确认解除行为的效力。当事人一方未通知对方，直接以提起诉讼或者申请仲裁的方式依法主张解除合同，人民法院或者仲裁机构确认该主张的，合同自起诉状副本或者仲裁申请书副本送达对方时解除。(7) 合同解除后，尚未履行的，终止履行；已经履行的，根据履行情况和合同性质，当事人可以请求恢复原状或者采取其他补救措施，并有权请求赔偿损失。合同因违约解除的，解除权人可以请求违约方承担违约责任，但是当事人另有约定的除外。主合同解除后，担保人对债务人应当承担的民事责任仍应当承担担保责任，但是担保合同另有约定的除外。

例 15-8（单选）：下列选项中，可以导致解除合同的情形是( )。

A. 法定代表人由甲变更为乙

B. 甲公司在合同订立后分立

C. 甲购买乙收藏的字画，合同订立后，突发大火，字画被烧毁

D. 合同订立后，当事人一方发现对方当事人是限制民事行为能力人

【讲解】《民法典》第 532 条规定，合同生效后，当事人不得因姓名、名称的变更或者法定代表人、负责人、承办人的变动而不履行合同义务。据此，法定代表人变更与合同解除没有关系，A 项表述的情形不能导致合同解除。甲公司在合同订立后分立的，由分立后的公司承受其权利、义务，不会产生合同解除权，不选 B 项。甲购买特定物乙的字画，合同订立后，该特定物因不可抗力而灭失，当事人可以解除合同，选 C 项。合同一方为限制民事行为能力人，合同效力待定，即便善意相对人撤销合同，也是行使撤销权而非解除权，不选 D 项。

【答案】C

例 15-9（单选）：甲公司与乙公司签订并购协议："甲公司以 1 亿元收购乙公司在丙公司中51％的股权。若股权过户后，甲公司未支付收购款，则乙公司有权解除并购协议。"后乙公司依约履行，甲公司却分文未付。乙公司向甲公司发送一份经过公证的《通知》："鉴于你公司严重违约，建议双方终止协议，贵方向我方支付违约金；或者由贵方提出解决方案。"3 日后，乙公司又向甲公司发送《通报》："鉴于你公司严重违约，我方现终止协议，请求你方依约支付违约金。"对此，下列表述正确的是( )。

A.《通知》送达后，并购协议解除

B.《通报》送达后，并购协议解除

C. 甲公司对乙公司解除并购协议的权利不得提出异议

D. 乙公司不能既终止协议，又请求甲公司支付违约金

【讲解】《民法典》第 562 条第 2 款、第 565 条第 1 款规定，当事人可以约定一方解除合同的事由。解除合同的事由发生时，解除权人可以解除合同。当事人一方依法主张解除合同的，应当通知对方。合同自通知到达对方时解除；通知载明债务人在一定期限内不履行债务则合同自动解除，债务人在该期限内未履行债务的，合同自通知载明的期限届满时解除。对方对解除合同有异议的，任何一方当事人均可以请求人民法院或者仲裁机构确认解除行为的效力。据此，本题中，甲公司、乙公司双方在并购协议中事先约定了解除协议的事由（即甲公司未支付收购款），当解除事由发生时，乙公司有权解除并购协议。解除权的行使得依通知方式进行，且无须甲公司同意，协议自行使解除权通知到达对方时解除。乙公司第一次发出的《通知》仅是建议双方终止协议，并没有行使解除权的明确意思表示，而第二次发出的《通报》则属于解除协议的意思表示，该《通报》到达甲公司时，并购协议解除。若甲公司对乙公司解除并购协议的权利有异议的，可以请求人民法院或者仲裁机构确认解除行为的效力。可见，A、C 项表述错误，B 项表述正确。《民法典》第 566 条第 2 款规定，合同因违约解除的，解除权人可以请求违约方承担违约责任，但是当事人另有约定的除外。据此，合同解除和违约责任可以同时请求，而支付违约金本身是承担违约责任的一种方式，因此，乙

公司既可以终止协议，又可以请求甲公司支付违约金。可见，D项表述错误。

【答案】B

例15-10（多选）：甲公司向乙公司订购了一辆客运汽车，订约后乙公司依约向甲公司交付了该客运汽车，但未同时交付机动车销售统一发票、合格证等有关单证资料，致使甲公司无法办理车辆所有权登记和牌照。对此，下列表述正确的是（　　　）。

A. 甲公司已取得汽车所有权

B. 甲公司有权请求乙公司交付有关单证资料

C. 乙公司交付单证资料的义务属于主给付义务

D. 如乙公司一直拒绝交付有关单证资料，甲公司可以主张解除汽车买卖合同

【讲解】《民法典》第224条规定，动产物权的设立和转让，自交付时发生效力，但是法律另有规定的除外。《民法典》第225条规定，船舶、航空器和机动车等的物权的设立、变更、转让和消灭，未经登记，不得对抗善意第三人。据此，机动车等特殊动产自交付时发生物权变动，登记只是对抗要件。本题中，甲公司与乙公司签订了机动车买卖合同，并依法完成交付，即使未办理登记，甲公司仍取得汽车所有权。可见，A项表述正确。《民法典》第599条规定，出卖人应当按照约定或者交易习惯向买受人交付提取标的物单证以外的有关单证和资料。据此，本题中，即使当事人未作约定，甲公司也有权基于交易习惯请求乙公司交付有关单证资料。可见，B项表述正确。交付单证资料属于买卖合同的从给付义务，而非主给付义务，C项表述错误。参照相关司法解释规定，出卖人没有履行或者不当履行从给付义务，致使买受人不能实现合同目的的，买受人主张解除合同的，人民法院应当根据《民法典》第563条第1款第4项的规定，予以支持。据此，本题中，因乙公司未交付机动车销售统一发票、合格证等有关单证资料，致使甲公司无法办理车辆所有权登记和牌照，订立合同目的无法实现，有权主张解除合同。可见，D项表述正确。

【答案】ABD

※【重点难点】提存。(1) 有下列情形之一，难以履行债务的，债务人可以将标的物提存：①债权人无正当理由拒绝受领；②债权人下落不明；③债权人死亡未确定继承人、遗产管理人，或者丧失民事行为能力未确定监护人；④法律规定的其他情形。(2) 债务人将标的物或者将标的物依法拍卖、变卖所得价款交付提存部门时，提存成立。提存成立的，视为债务人在其提存范围内已经交付标的物。(3) 标的物提存后，债务人应当及时通知债权人或者债权人的继承人、遗产管理人、监护人、财产代管人。(4) 标的物提存后，毁损、灭失的风险由债权人承担。提存期间，标的物的孳息归债权人所有。提存费用由债权人负担。(5) 债权人可以随时领取提存物。但是，债权人对债务人负有到期债务的，在债权人未履行债务或者提供担保之前，提存部门根据债务人的要求应当拒绝其领取提存物。债权人领取提存物的权利，自提存之日起5年内不行使而消灭，提存物扣除提存费用后归国家所有。但是，债权人未履行对债务人的到期债务，或者债权人向提存部门书面表示放弃领取提存物权利的，债务人负担提存费用后有权取回提存物。

例15-11（多选）：甲在提存机构办好提存手续并通知债权人乙后，将5台单反相机、3台电脑交提存机构提存。但是提存机构工作人员不慎将提存物品严重损毁。对此，下列表述正确的是（　　　）。

A. 提存机构构成违约　　　　　　　　B. 提存机构应当承担赔偿责任

C. 甲有权主张损害赔偿　　　　　　　D. 乙有权主张赔偿财产损失

【讲解】《民法典》第572条规定，标的物提存后，债务人应当及时通知债权人或者债权人的继承人、遗产管理人、监护人、财产代管人。《提存公证规则》第19条第1款规定，公证处有保管提存标的物的权利和义务。公证处应当采取适当的方法妥善保管提存标的，以防毁损、变质或毁灭。据此，因提存机构的过错导致提存物发生毁损的，应当承担赔偿责任。《民法典》第1191条第1款规定，用人单位的工作人员因执行工作任务造成他人损害的，由用人单位承担侵权责任。用人单位承担侵权责任后，可以向有故意或者重大过失的工作人员追偿。据此，提存机构工作人员不慎将提存物品严重毁损时，提存机构应当承担赔偿责任。可见，A、B项表述正确。《民法典》第573条规

定，标的物提存后，毁损、灭失的风险由债权人承担。据此，债权人乙应当承担提存物毁损、灭失的风险。但是提存机构将提存物品毁损，应当向债权人乙承担损害赔偿责任。可见，D项表述正确，C项表述错误。

【答案】ABD

※【重点难点】其他合同权利义务终止的原因。（1）抵销。抵销有法定抵销和合意抵销（约定抵销）。①法定抵销。当事人互负债务，该债务的标的物种类、品质相同的，任何一方可以将自己的债务与对方的到期债务抵销；但是，根据债务性质、按照当事人约定或者依照法律规定不得抵销的除外。当事人主张抵销的，应当通知对方。通知自到达对方时生效。抵销不得附条件或者附期限。②合意抵销。当事人互负债务，标的物种类、品质不相同的，经协商一致，也可以抵销。（2）免除。债权人免除债务人部分或者全部债务的，债权债务部分或者全部终止，但是债务人在合理期限内拒绝的除外。（3）混同。债权和债务同归于一人的，债权债务终止，但是损害第三人利益的除外。

例 15-12（单选）：甲、乙之间有借贷关系，后二人结婚。此时，甲、乙之间的债权债务可以消灭的原因是（　　）。

A. 混同　　　　　　B. 混合　　　　　　C. 结婚　　　　　　D. 免除

【讲解】债的消灭原因中并无混合、结婚。甲、乙虽然结婚，但二人之间的债权债务不能通过混同而消灭，因为甲、乙二人的债权债务并不必然同归于一人。备选项中，甲、乙之间的债权债务只能通过免除而消灭。

【答案】D

例 15-13（单选）：甲公司欠乙公司货款 50 万元，后甲公司因经营不善被乙公司兼并，甲公司欠乙公司的债务随之消灭。这种债权债务消灭的原因是（　　）。

A. 混同　　　　　　B. 抵销　　　　　　C. 免除　　　　　　D. 解除

【讲解】《民法典》第 576 条规定，债权和债务同归于一人的，债权债务终止，但是损害第三人利益的除外。据此，本题中，甲公司被乙公司兼并，债务人甲公司的债务由债权人乙公司承受，债权债务归于一人，合同权利义务终止，该终止的事由为混同，选 A 项。

【答案】A

 例题拓展

例 15-14（单选）：甲向乙借款 500 万元，丁提供连带责任保证。该笔借款于 2017 年 10 月 31 日到期，丁与乙约定，丁仅对乙提供保证。后乙从甲处购买价值 100 万元的设备，双方约定于 2018 年 4 月 30 日付款。2017 年 8 月 1 日，乙将债权转让给丙，并于同月 15 日通知甲，但未告知丁。对此，下列表述正确的是（　　）。

A. 2017 年 8 月 15 日乙、丙之间的债权转让协议生效

B. 因未取得甲的同意，债权转让对甲不发生效力

C. 2017 年 8 月 15 日甲可以向丙主张抵销 100 万元

D. 债权转让后，丁不再承担保证责任

【讲解】《民法典》第 546 条规定，债权人转让债权，未通知债务人的，该转让对债务人不发生效力。债权转让的通知不得撤销，但是经受让人同意的除外。据此，2017 年 8 月 1 日，乙将债权转让给丙后，债权转让协议在乙、丙之间生效。同月 15 日，转让债权的协议通知甲，因此债权转让协议对甲而言的生效日期为 2017 年 8 月 15 日。可见，A、B 项表述错误。《民法典》第 549 条规定，有下列情形之一的，债务人可以向受让人主张抵销：（1）债务人接到债权转让通知时，债务人对让与人享有债权，且债务人的债权先于转让的债权到期或者同时到期；（2）债务人的债权与转让

的债权是基于同一合同产生。据此规定第（1）项，本题中，债权转让的通知到达债务人甲时，甲的债权尚未到期，不符合行使抵销权的条件，故此时甲不能主张抵销。可见，C项表述错误。《民法典》第696条规定，债权人转让全部或者部分债权，未通知保证人的，该转让对保证人不发生效力。保证人与债权人约定禁止债权转让，债权人未经保证人书面同意转让债权的，保证人对受让人不再承担保证责任。据此，当事人之间约定丁仅对乙承担保证责任，排除了保证责任的从属性，故乙将债权转让给丙后，保证人丁不再承担保证责任。可见，D项表述正确。

【答案】D

例15－15（单选）： 甲公司与乙银行签订借款合同，约定借款期限自2014年4月5日起至2015年4月4日止。乙银行未向甲公司主张过债权，直至2018年4月25日，乙银行将该笔债权转让给丙公司并通知了甲公司。2018年5月26日，丁公司通过公开竞拍购买并接管了甲公司。对此，下列表述正确的是（　　）。

A. 因乙银行转让债权通知了甲公司，故甲公司不得对丙公司主张诉讼时效的抗辩

B. 甲公司债务的诉讼时效从2018年4月25日起中断

C. 丁公司债务的诉讼时效从2018年5月26日起中断

D. 丁公司有权向丙公司主张诉讼时效的抗辩

【讲解】《民法典》第188条第1款规定，向人民法院请求保护民事权利的诉讼时效期间为3年。法律另有规定的，依照其规定。参照相关司法解释的规定，可以确定履行期限的，诉讼时效期间从履行期限届满之日起计算。据此，甲公司与乙银行签订借款合同，并约定了借款期限，诉讼时效期间从2015年4月4日至2018年4月3日届满，乙银行在此期间未向甲公司主张债权，债务人甲公司取得诉讼时效的抗辩权。诉讼时效期间经过后，不再适用中止、中断的相关规定，因此，B、C项表述错误。《民法典》第548条规定，债务人接到债权转让通知后，债务人对让与人的抗辩，可以向受让人主张。据此，债权转让后，债务人甲公司有权对债权的受让人丙公司主张诉讼时效的抗辩，A项表述错误。《民法典》第553条规定，债务人转移债务的，新债务人可以主张原债务人对债权人的抗辩；原债务人对债权人享有债权的，新债务人不得向债权人主张抵销。《民法典》第556条规定，合同的权利和义务一并转让的，适用债权转让、债务转移的有关规定。据此，丁公司通过公开竞买甲公司，概括承受了甲公司的上述债务，新的债务人丁公司有权向丙公司主张诉讼时效的抗辩。可见，D项表述正确。

【答案】D

例15－16（案例）： 2014年6月2日，甲公司与乙公司订立合同约定，甲公司向乙公司交付20台电脑，乙公司向甲公司交付20万元。7月2日，甲公司便请求乙公司支付20万元，但乙公司以合同未约定履行顺序为由，拒绝支付20万元，除非甲公司交付20台电脑。甲公司急于周转资金，便于7月6日与丙公司订立合同，将其对乙公司的债权转让给丙公司。7月7日，甲公司告知乙公司债权转让的事实，乙公司通知甲公司其不接受甲公司与丙公司间的债权转让，因此不会向丙公司履行债务。2018年6月2日，丙公司想起了债权转让一事，经过询问后，丙公司得知甲公司已对乙公司履行了债务，交付了20台电脑。但丙公司认为乙公司很可能不会向自己支付20万元，于是丙公司便于2018年7月2日与丁公司签订了合同，将债权转让给丁公司，并于当日将此情形通知乙公司。

请根据上述材料，回答下列问题并说明理由：

（1）2014年7月2日，乙公司对甲公司行使的权利是什么？

（2）乙公司表示不接受甲公司与丙公司的债权转让，甲公司与丙公司签订的债权转让合同是否有效？

（3）丙公司与丁公司之间的债权转让合同是否有效？

（4）2018年7月3日，如果丁公司向乙公司提出了履行请求，乙公司是否可以拒绝丁公司的履行请求？

（5）如果乙公司拒绝向丁公司履行合同，丁公司应如何维护自己利益？

【参考答案】(1) 同时履行抗辩权。因为甲公司与乙公司基于同一双务合同互负债务，合同并未约定先后履行顺序，甲公司未履行的，乙公司可以拒绝履行。因此，乙公司行使的是同时履行抗辩权。

(2) 债权转让合同有效。债权转让合同的生效不以债务人的同意为条件，甲公司与丙公司所签订的债权转让合同符合有效条件，合同有效。

(3) 债权转让合同有效。因为丙公司基于有效的债权转让而成为乙公司的债权人，虽然丙公司的债权已过诉讼时效，但债权仍具有可让与性。乙公司是否愿意履行债务，与丙公司和丁公司之间的债权转让合同的效力无关。

(4) 乙公司可以拒绝丁公司的履行请求。由于债权转让有效，乙公司可以向丁公司履行债务，但由于该转让的债权已经超过诉讼时效，乙公司可以此为由拒绝履行。

(5) 丁公司可以请求丙公司承担责任。因为该债权是因丙公司的原因导致诉讼时效期间届满，这表明该转让债权存在无法行使的瑕疵，丙公司应当承担瑕疵担保责任，债权无法实现的后果也是由丙公司所致，所以丁公司可以请求丙公司承担责任。

例 15 - 17（案例）：4 月 5 日，甲、乙订立房屋买卖合同，约定乙购买甲的 A 房屋一套，价格 200 万元。并约定，合同签订后一周内乙先付 80 万元，交付房屋后付 60 万元，办理登记过户后付 60 万元。4 月 8 日，丙得知甲欲将房屋出卖，表示愿意购买。甲告知其已签订合同的事实，丙说愿意出 225 万元。于是，甲与丙签订了房屋买卖合同，约定合同签订后 3 日内丙付清全部房款，同时办理过户登记。4 月 11 日，丙付清了全部房款，并办理了过户手续。

4 月 12 日，当乙支付第一笔房款时，甲说："房屋已卖掉，但同小区还有一套 B 房屋，可作价 250 万出卖。"乙看后当即表示同意，但提出只能首付 80 万元，其余 170 万元向银行申请贷款。甲、乙在原合同文本上将房屋相关信息、价款和付款方式作了修改，其余条款未修改。乙支付首付 80 万元后，恰逢国家出台房地产贷款调控政策，乙不再具备贷款资格。故乙表示仍然要买 A 房屋，请求按原合同履行。甲表示 A 房屋无法交付，并表示第二份合同已经生效，如乙不履行将要承担违约责任。乙认为甲违约在先。5 月中旬，乙诉请法院确认甲、丙之间的房屋买卖合同无效，甲应履行 4 月 5 日双方签订的合同，交付 A 房屋，并承担迟延履行交付的违约责任。甲则请求乙继续履行购买 B 房屋的义务。

5 月 20 日，丙聘请不具备装修资质的丁公司装修 A 房屋。装修期间，丁公司装修工张某因操作失误将水管砸破，漏水导致邻居任某的家具等物件损坏，损失约 1 万元。

请根据上述材料，回答下列问题并说明理由：

(1) A 房屋的物权归属应如何确定？

(2) 4 月 12 日，甲、乙之间对原合同修改的行为的效力应当如何认定？

(3) 乙的诉讼请求能否得到支持？在变更合同后，乙是否可以请求甲承担违约责任？

(4) 针对甲请求乙履行购买 B 房屋的义务，乙可以主张什么权利？

(5) 邻居任某所遭受的损失应当由谁赔偿？

【参考答案】(1) A 房屋的所有权归丙。甲、丙订立了有效的房屋买卖合同，并依照约定办理了房屋所有权登记过户手续，完成了不动产物权的公示行为，丙依法取得房屋所有权。

(2) 甲、乙之间修改原合同的行为有效。甲、乙之间对原合同修改的行为，为当事人真实的意思表示，且并不违反法律、行政法规的强制性规定，行为有效。变更后的合同对双方当事人有法律约束力。

(3) 乙的诉讼请求不能得到支持。乙与甲通过协商变更了合同，且甲、丙之间的合同有效且已经办理了物权变动的手续，丙取得了 A 房屋的所有权，故乙关于确认甲、丙之间合同无效，由甲交付 A 房屋的请求不能得到支持。但是，乙可以请求甲承担违约责任，乙同意变更合同不等于放弃追索甲在 A 房屋买卖合同项下的违约责任。

(4) 乙可以请求解除合同，甲应将收受的购房款本金及其利息返还给乙。因政策限购属于当事人无法预见的情形，且属于不可归责于双方当事人的重大情势变更，合同履行不能，乙有权解除合同，且无须承担责任。

（5）邻居任某的损失应当由丙和丁公司承担。张某是丁公司的工作人员，其执行任务的行为，由丁公司承担侵权赔偿责任。丙聘请没有装修资质的丁公司进行装修，具有过错，也对任某的损失承担赔偿责任。丙和丁公司应当按照各自责任的大小向任某承担按份责任。

专题十六　违约责任

※**【重点难点】**违约责任的构成要件：（1）当事人之间存在有效合同。（2）客观上有违约行为。包括不履行和不适当履行。（3）不存在免责事由。

例 16-1（单选）：甲、乙两公司约定：甲公司向乙公司支付 5 万元研发费用，乙公司完成某专用设备的研发生产后双方订立买卖合同，将该设备出售给甲公司，价格暂定为 100 万元，具体条款另行商定。乙公司完成研发生产后，却将该设备以 120 万元卖给丙公司，甲公司得知后提出异议。对此，下列表述正确的是（　　）。

A. 甲、乙两公司之间的协议系承揽合同

B. 甲、乙两公司之间的协议系附条件的买卖合同

C. 乙、丙两公司之间的买卖合同无效

D. 甲公司可请求乙公司承担违约责任

【讲解】《民法典》第 770 条规定，承揽合同是承揽人按照定作人的要求完成工作，交付工作成果，定作人支付报酬的合同。承揽包括加工、定作、修理、复制、测试、检验等工作。据此，甲、乙两公司签订的合同并非交付工作成果和支付报酬，性质上并非承揽合同，A 项表述错误。《民法典》第 158 条规定，民事法律行为可以附条件，但是根据其性质不得附条件的除外。附生效条件的民事法律行为，自条件成就时生效。附解除条件的民事法律行为，自条件成就时失效。据此，甲、乙两公司签订的合同自成立时已经生效，并未对合同效力附加条件，B 项表述错误。乙、丙两公司签订的合同为双方真实的意思表示，且未违反法律、行政法规的强制性规定，应当认定为有效，故 C 项表述错误。《民法典》第 577 条规定，当事人一方不履行合同义务或者履行合同义务不符合约定的，应当承担继续履行、采取补救措施或者赔偿损失等违约责任。据此，甲、乙两公司签订的合同为无名合同。按照该合同，乙公司完成某专用设备的研发生产后，有义务将该设备出售给甲公司。乙公司违反该约定将设备出卖给丙公司，应当承担违约责任。可见，D 项表述正确。

【答案】D

※**【重点难点】**违约责任的承担方式：（1）继续履行。我国采取继续履行为主、赔偿为辅的原则。对于违反金钱债务的，应继续履行。对于违反非金钱债务的，原则上应继续履行，但是有下列情形之一的除外：①法律上或者事实上不能履行；②债务的标的不适于强制履行或者履行费用过高；③债权人在合理期限内未请求履行。继续履行后还有其他损失的，应当赔偿损失。（2）采取补救措施。补救方法如恢复原状、修理、重作、更换、退货、减少价款或者报酬。采取补救措施后对方还有其他损失的，违约方还应对损失予以赔偿。（3）支付违约金。当事人可以约定一方违约时应当根据违约情况向对方支付一定数额的违约金，也可以约定因违约产生的损失赔偿额的计算方法。约定的违约金低于造成的损失的，人民法院或者仲裁机构可以根据当事人的请求予以增加；约定的违约金过分高于造成的损失的，人民法院或者仲裁机构可以根据当事人的请求予以适当减少。当事人约定的违约金超过造成损失的 30% 的，一般可以认定为过分高于造成的损失。当事人就迟延履行约定违约金的，违约方支付违约金后，还应当履行债务。（4）赔偿损失。当事人一方不履行合同义务或者履行合同义务不符合约定的，在履行义务或者采取补救措施后，对方还有其他损失的，应当赔偿损失。当事人一方不履行合同义务或者履行合同义务不符合约定，造成对方损失的，损失赔偿额应当相当于因违约所造成的损失，包括合同履行后可以获得的利益；但是，不得超过违约一方

订立合同时预见到或者应当预见到的因违约可能造成的损失。当事人一方违约后，对方应当采取适当措施防止损失的扩大；没有采取适当措施致使损失扩大的，不得就扩大的损失请求赔偿。当事人因防止损失扩大而支出的合理费用，由违约方负担。

　　例 16-2（多选）： 甲以 10 万元从商店购得标注为宋代制品的瓷瓶一件，放置于家中客厅。乙好奇把玩，不慎将瓷瓶摔坏。经鉴定，瓷瓶为赝品，市场价值为 1 000 元，商店系知假卖假。甲的下列请求合法的有（　　）。

　　A. 请求商店赔偿 40 万元　　　　　　B. 请求商店赔偿 10 万元

　　C. 请求乙赔偿 10 万元　　　　　　　D. 请求乙赔偿 1 000 元

　　【讲解】《民法典》第 584 条规定，当事人一方不履行合同义务或者履行合同义务不符合约定，造成对方损失的，损失赔偿额应当相当于因违约所造成的损失，包括合同履行后可以获得的利益；但是，不得超过违约一方订立合同时预见到或者应当预见到的因违约可能造成的损失。据此，甲从商店购得标注为宋代制品的瓷瓶一件，双方成立买卖合同关系。因交付的标的物存在质量瑕疵，商店构成违约，甲可以请求商店赔偿违约损害 10 万元，B 项表述正确。《消费者权益保护法》第 55 条规定，经营者提供商品或者服务有欺诈行为的，应当按照消费者的要求增加赔偿其受到的损失，增加赔偿的金额为消费者购买商品或者接受服务的费用的 3 倍；增加赔偿的金额不足 500 元的，为 500 元。法律另有规定的，依照其规定。据此，商店为知假卖假，存在欺诈行为，甲可以根据《消费者权益保护法》的规定请求"退一赔三"，即赔偿 40 万元，A 项表述正确。《民法典》第 1184 条规定，侵害他人财产的，财产损失按照损失发生时的市场价格或者其他合理方式计算。据此，乙因过失不慎将瓷瓶摔坏，财产损害赔偿应当按照瓷瓶的市场价格计算，即赔偿 1 000 元。可见，C 项表述错误，D 项表述正确。

　　【答案】 ABD

　　※**【重点难点】** 违约责任与侵权责任的竞合：因当事人一方的违约行为，损害对方人身权益、财产权益的，受损害方有权选择请求其承担违约责任或者侵权责任。

　　例 16-3（多选）： 孙女士从某商场购买一套化妆品，使用后皮肤红肿出疹，久治不愈花费巨大。孙女士与商场多次交涉无果，遂将商场诉至法院。则（　　）。

　　A. 孙女士可以请求商场承担违约责任　　B. 孙女士可以请求商场承担侵权责任

　　C. 孙女士可以请求商场承担缔约过失责任　D. 孙女士可以请求撤销合同

　　【讲解】《民法典》第 186 条规定，因当事人一方的违约行为，损害对方人身权益、财产权益的，受损害方有权选择请求其承担违约责任或者侵权责任。据此，孙女士在某商场购买一套化妆品，成立买卖合同关系。因交付的化妆品存在质量瑕疵，使得孙女士使用后皮肤红肿出疹造成损害，商场既违反了买卖合同标的物质量瑕疵担保义务，又违反了不得侵害他人人身权益的法定义务，属于"加害给付"，构成违约责任和侵权责任的竞合。由此，孙女士可以选择向商场主张违约责任或者侵权责任，选 A、B 项。因商场并不存在违反先契约义务的行为，也没有"欺诈"等撤销合同情形，孙女士无权请求撤销合同，也不得请求商场承担缔约过失责任。

　　【答案】 AB

　　※**【重点难点】** 定金。(1) 当事人可以约定一方向对方给付定金作为债权的担保。定金合同自实际交付定金时成立。定金的数额由当事人约定；但是，不得超过主合同标的额的 20%，超过部分不产生定金的效力。实际交付的定金数额多于或者少于约定数额的，视为变更约定的定金数额。(2) 债务人履行债务的，定金应当抵作价款或者收回。给付定金的一方不履行债务或者履行债务不符合约定，致使不能实现合同目的的，无权请求返还定金；收受定金的一方不履行债务或者履行债务不符合约定，致使不能实现合同目的的，应当双倍返还定金。(3) 当事人既约定违约金，又约定定金的，一方违约时，对方可以选择适用违约金或者定金条款。定金不足以弥补一方违约造成的损失的，对方可以请求赔偿超过定金数额的损失。

　　例 16-4（单选）： 甲欲向乙购买一批货物，双方在买卖合同中约定，甲于次日交付定金 5 万元，乙于一个月内发货。次日，甲向乙交纳了 1 万元，乙接受，但一个月后一直不发货，造成甲严重损失。则甲可以（　　）。

　　A. 请求乙偿还 5 万元　　　　　　　　B. 请求乙偿还 1 万元

　　C. 请求乙偿还 2 万元　　　　　　　　D. 请求乙偿还 10 万元

　　【讲解】《民法典》第 586 条规定，当事人可以约定一方向对方给付定金作为债权的担保。定金合同自实际交付定金时成立。定金的数额由当事人约定；但是，不得超过主合同标的额的 20%，超过部分不产生定金的效力。实际交付的定金数额多于或者少于约定数额的，视为变更约定的定金数额。《民法典》第 587 条规定，债务人履行债务的，定金应当抵作价款或者收回。给付定金的一方不履行债务或者履行债务不符合约定，致使不能实现合同目的的，无权请求返还定金；收受定金的一方不履行债务或者履行债务不符合约定，致使不能实现合同目的的，应当双倍返还定金。据此，甲实际交付定金 1 万元，甲请求双倍返还的定金数额为 2 万元，选 C 项。

　　【答案】C

　　例 16-5（单选）：甲与乙订立买卖合同，价款为 100 万元，甲请求乙向其支付 15 万元定金，同时约定，任何一方违约，应支付对方 10% 的违约金。因甲不能履行合同，引起违约，乙向甲请求返还数额最多应为（　　）。

　　A. 30 万元　　　　　B. 25 万元　　　　　C. 10 万元　　　　　D. 40 万元

　　【讲解】《民法典》第 588 条规定，当事人既约定违约金，又约定定金的，一方违约时，对方可以选择适用违约金或者定金条款。定金不足以弥补一方违约造成的损失的，对方可以请求赔偿超过定金数额的损失。据此，如果适用违约金，那么甲应付给乙 10 万元，再加上返还的定金 15 万元，一共是 25 万元；如果适用定金罚则，那么甲应该给乙 15×2＝30 万元。因此，乙最多向甲请求返还 30 万元。

　　【答案】A

例题拓展

　　例 16-6（多选）：甲从商场购买了一台乙公司生产的家用热水器，洗澡时，该热水器因技术缺陷发生爆裂，造成甲人身损害并毁坏衣物。甲的诉求正确的有（　　）。

　　A. 商场应承担更换热水器或退货、赔偿衣物损失和赔偿人身损害的违约责任

　　B. 商场应按违约责任更换热水器或者退货，也可请求乙公司按侵权责任赔偿衣物损失和人身损害

　　C. 商场或者乙公司应赔偿因热水器缺陷造成的损害

　　D. 商场或者乙公司应赔偿物质损害和精神损害

　　【讲解】《民法典》第 186 条规定，因当事人一方的违约行为，损害对方人身权益、财产权益的，受损害方有权选择请求其承担违约责任或者侵权责任。据此，本题中，商场交付的热水器质量不合格，同时还侵害了甲的人身权益和财产权益，故甲既有权主张违约责任，也有权主张侵权责任，B 项正确。《民法典》第 577 条规定，当事人一方不履行合同义务或者履行合同义务不符合约定的，应当承担继续履行、采取补救措施或者赔偿损失等违约责任。《民法典》第 582 条规定，履行不符合约定的，应当按照当事人的约定承担违约责任。对违约责任没有约定或者约定不明确，依据本法第 510 条的规定仍不能确定的，受损害方根据标的的性质以及损失的大小，可以合理选择请求对方承担修理、重作、更换、退货、减少价款或者报酬等违约责任。据此，因商场交付标的物质量不符合约定，应当承担更换、退货等补救措施，并赔偿由此造成的财产和人身损害，A 项正确。《民法典》第 1203 条第 1 款规定，因产品存在缺陷造成他人损害的，被侵权人可以向产品的生产者请求赔偿，也可以向产品的销售者请求赔偿。据此，甲既可以请求生产者乙公司，也可以请求销售者商场承担侵权责任。产品责任的范围既包括财产损害，也包括精神损害和人身损害。可见，C、

D 项正确。

【答案】 ABCD

专题十七　买卖合同

※ **【重点难点】** 标的物的检验：（1）检验期限与通知期限：①买受人收到标的物时应当在约定的检验期限内检验，并在约定的检验期限内将标的物的数量或者质量不符合约定的情形通知出卖人。②没有约定检验期限的，应当及时检验，并在发现或者应当发现标的物的数量或者质量不符合约定的合理期限内通知出卖人。③买受人在合理期限内未通知或者自收到标的物之日起 2 年内未通知出卖人的，视为标的物的数量或者质量符合约定；但是，对标的物有质量保证期的，适用质量保证期，不适用该 2 年的规定。该"2 年"期间为不变期间。（2）标的物检验的法律效力：①当事人约定检验期限的，买受人应当在检验期限内将标的物的数量或者质量不符合约定的情形通知出卖人。买受人怠于通知的，视为标的物的数量或者质量符合约定。②当事人约定的检验期限过短，根据标的物的性质和交易习惯，买受人在检验期限内难以完成全面检验的，该期限仅视为买受人对标的物的外观瑕疵提出异议的期限。约定的检验期限或者质量保证期短于法律、行政法规规定期限的，应当以法律、行政法规规定的期限为准。③当事人对检验期限未作约定，买受人签收的送货单、确认单等载明标的物数量、型号、规格的，推定买受人已经对数量和外观瑕疵进行检验，但是有相关证据足以推翻的除外。④出卖人依照买受人的指示向第三人交付标的物，出卖人和买受人约定的检验标准与买受人和第三人约定的检验标准不一致的，以出卖人和买受人约定的检验标准为准。（3）多交标的物的处理：①出卖人多交标的物的，买受人可以接收或者拒绝接收多交的部分。②买受人接收多交部分的，按照约定的价格支付价款；买受人拒绝接收多交部分的，应当及时通知出卖人。③买受人拒绝接收多交部分标的物的，可以代为保管，并有权请求出卖人负担代为保管期间的合理费用。在代为保管期间内，非因买受人故意或者重大过失造成的损失，买受人不承担赔偿责任。

例 17 - 1（单选）： 甲与乙订立买卖合同，约定甲供给乙貂皮大衣 100 件，总价 80 万元，但合同并未规定貂皮大衣的质量标准和等级，也未封存样品。甲如期发货，乙验收后支付了货款。后乙因有 10 件大衣未能售出，便以产品质量不合格为由，向法院起诉，主张合同无效。对此，下列表述正确的是（　　）。

A. 合同不具备质量条款，合同可撤销　　B. 合同不具备质量条款，合同无效

C. 合同有效，但甲应当承担违约责任　　D. 合同有效，甲不应承担违约责任

【讲解】 《民法典》第 620 条、第 621 条规定，买受人收到标的物时应当在约定的检验期限内检验。没有约定检验期限的，应当及时检验。当事人约定检验期限的，买受人应当在检验期限内将标的物的数量或者质量不符合约定的情形通知出卖人。买受人怠于通知的，视为标的物的数量或者质量符合约定。当事人没有约定检验期限的，买受人应当在发现或者应当发现标的物的数量或者质量不符合约定的合理期限内通知出卖人。买受人在合理期限内未通知或者自收到标的物之日起 2 年内未通知出卖人的，视为标的物的数量或者质量符合约定；但是，对标的物有质量保证期的，适用质量保证期，不适用该 2 年的规定。出卖人知道或者应当知道提供的标的物不符合约定的，买受人不受前两款规定的通知时间的限制。据此，乙在收货后未能售出 10 件貂皮大衣，并未在合理期限内（本题不适用上述"2 年"的规定，因为乙已经出售貂皮大衣，不可能不知道貂皮大衣质量是否合格）通知甲貂皮大衣质量不合格，则不论貂皮大衣质量是否合格，均视为合格，甲不应承担违约责任。此外，合同未约定质量条款，根据《民法典》第 510 条的规定可以补充质量条款，确定标的物的质量标准，合同不会因此在效力上存在瑕疵。

【答案】 D

　　※【重点难点】多重买卖：（1）多重买卖是指出卖人就同一标的物与数个买受人订立买卖合同的情形。出卖人就某一标的物签订多重买卖合同的行为，虽违背诚实信用原则，但法律上仍为标的物的所有权人，因此为有权处分，而非无权处分。出卖人就同一标的物订立多重买卖合同，合同原则上应当认定为有效。买受人因不能按照合同约定取得标的物所有权，有权请求追究出卖人的违约责任。（2）出卖人就同一普通动产订立多重买卖合同，在买卖合同均有效的情况下，买受人均要求实际履行合同的，应当按照以下情形分别处理：①先行受领交付的买受人请求确认所有权已经转移的，人民法院应予支持；②均未受领交付，先行支付价款的买受人请求出卖人履行交付标的物等合同义务的，人民法院应予支持；③均未受领交付，也未支付价款，依法成立在先合同的买受人请求出卖人履行交付标的物等合同义务的，人民法院应予支持。（3）出卖人就同一船舶、航空器、机动车等特殊动产订立多重买卖合同，在买卖合同均有效的情况下，买受人均要求实际履行合同的，应当按照以下情形分别处理：①先行受领交付的买受人请求出卖人履行办理所有权转移登记手续等合同义务的，人民法院应予支持；②均未受领交付，先行办理所有权转移登记手续的买受人请求出卖人履行交付标的物等合同义务的，人民法院应予支持；③均未受领交付，也未办理所有权转移登记手续，依法成立在先合同的买受人请求出卖人履行交付标的物和办理所有权转移登记手续等合同义务的，人民法院应予支持；④出卖人将标的物交付给买受人之一，又为其他买受人办理所有权转移登记，已受领交付的买受人请求将标的物所有权登记在自己名下的，人民法院应予支持。

　　例17-2（单选）：甲为出售一台挖掘机分别与乙、丙、丁、戊签订买卖合同。6月1日，甲胁迫乙订立合同，约定货到付款；7月1日，甲与丙签订合同，丙支付20%货款；8月1日，甲与丁签订合同，丁支付全部货款；9月1日，甲与戊签订合同，甲将挖掘机交付给戊。上述买受人均要求实际履行合同，就履行顺序产生争议。关于履行顺序，符合法律要求的是（　　　）。

　　A. 戊、丙、丁、乙　　　　　　　　B. 戊、丁、丙、乙
　　C. 乙、丁、丙、戊　　　　　　　　D. 丁、戊、乙、丙

　　【讲解】参照《买卖合同解释》第9条规定：出卖人就同一普通动产订立多重买卖合同，在买卖合同均有效的情况下，买受人均要求实际履行合同的，应当按照以下情形分别处理：（1）先行受领交付的买受人请求确认所有权已经转移的，人民法院应予支持；（2）均未受领交付，先行支付价款的买受人请求出卖人履行交付标的物等合同义务的，人民法院应予支持；（3）均未受领交付，也未支付价款，依法成立在先合同的买受人请求出卖人履行交付标的物等合同义务的，人民法院应予支持。据此，多重买卖中，买受人继续履行合同的顺序为：先受领交付者、先支付价款者、先订立合同者。本案中，甲与数个买受人乙、丙、丁、戊签订了买卖合同，戊虽最后签订但因已交付完成，故排在第一位。丙、丁先后支付价款，故分列二、三位。乙既未受领交付也未支付价款，因合同成立在先，可排第四位。需要注意的是，司法解释规定的"先行支付价款"，并未要求是支付全部价款。故丙虽先支付部分价款，可优先于在后支付全款的丁。此外，乙虽受胁迫而订立买卖合同，但在乙行使撤销权之前，其合同仍应当认定为有效。可见，A项表述的顺序符合法律规定，选A项。

　　【答案】A

　　※【重点难点】标的物的风险负担：（1）风险负担是指合同标的物不可归责于双方当事人的事由导致毁损、灭失，该损失由谁承担。风险负担本质上是价金负担，即标的物毁损、灭失时，买受人是否应当支付货款。例如，甲、乙订立房屋买卖合同，甲于6月10日交付房屋，双方约定应当在6月20日付清房款，6月30日办理过户手续。双方交付房屋后，6月15日发生地震导致房屋倒塌。在房屋倒塌后，乙是否应当按照约定继续支付房款的问题，即属于风险负担的问题。若认为乙承担该风险，则应当继续付款；反之，则无须付款。（2）基于意思自治原则，当事人可以就标的物风险负担转移的方式和时间进行约定。当事人没有约定的，标的物毁损、灭失的风险，在标的物交付之前由出卖人承担，交付之后由买受人承担。上例中，因房屋已经交付于买受人乙，即使乙尚未取得房屋的所有权，但却应当承担房屋毁损、灭失的风险。换言之，乙虽无法享受房屋使用利益，但仍应支付全部价款。（3）出卖人按照约定未交付有关标的物的单证和资料的，不影响标的物毁

损、灭失风险的转移。（4）对于所有权保留的买卖，动产交付时所有权并不发生转移，但标的物风险已经转移。标的物为不动产的，交付时所有权就已经发生转移，但办理登记过户时所有权才转移。（5）在途货物买卖。出卖人出卖交由承运人运输的在途标的物，除当事人另有约定外，毁损、灭失的风险自合同成立时起由买受人承担。出卖人出卖交由承运人运输的在途标的物，在合同成立时知道或者应当知道标的物已经毁损、灭失却未告知买受人，买受人主张出卖人负担标的物毁损、灭失的风险的，人民法院应予支持。（6）运输买卖。出卖人应当按照约定的地点交付标的物。出卖人按照约定将标的物运送至买受人指定地点并交付给承运人后，标的物毁损、灭失的风险由买受人承担。当事人没有约定交付地点或者约定不明确，依据《民法典》的规定标的物需要运输的，出卖人将标的物交付给第一承运人后，标的物毁损、灭失的风险由买受人承担。（7）当事人违约。因买受人的原因致使标的物未按照约定的期限交付的，买受人应当自违反约定时起承担标的物毁损、灭失的风险。因标的物不符合质量要求，致使不能实现合同目的的，买受人可以拒绝接受标的物或者解除合同。买受人拒绝接受标的物或者解除合同的，标的物毁损、灭失的风险由出卖人承担。（8）风险负担与违约责任。标的物毁损、灭失的风险由买受人承担的，不影响因出卖人履行债务不符合约定，买受人请求其承担违约责任的权利。

例17-3（单选）：甲、乙约定卖方甲负责将所卖货物运送至买方乙指定的仓库。甲如约交货，乙验收收货，但甲未将产品合格证和原产地证明文件交给乙。乙已经支付80%的货款。交货当晚，因泥石流导致乙仓库内的货物全部毁损。对此，下列表述正确的是（　　）。

A. 乙应当支付剩余的20%的货款

B. 甲未交付产品合格证与原产地证明，货物损失由甲承担

C. 乙有权请求解除合同，并请求甲返还已支付的80%货款

D. 甲有权请求乙支付剩余的20%的货款，但应补交已经毁损的货物

【讲解】《民法典》第604条规定，标的物毁损、灭失的风险，在标的物交付之前由出卖人承担，交付之后由买受人承担，但是法律另有规定或者当事人另有约定的除外。据此，甲、乙签订买卖合同，因当事人已经完成交货，故标的物毁损、灭失的风险自甲交货之日起由买受人乙承担。尽管货物毁损、灭失，但乙应当依照约定支付价款，甲无须再另行交付货物。因此A项表述正确，D项表述错误。《民法典》第609条规定，出卖人按照约定未交付有关标的物的单证和资料的，不影响标的物毁损、灭失风险的转移。据此，甲虽未将产品合格证和原产地证明文件交给乙，违反了合同的从给付义务，但不影响标的物毁损、灭失的风险已经转移给乙承担。可见，B项表述错误。根据民法原理，出卖人没有履行或者不当履行主给付义务，买受人可以解除合同，但如果出卖人没有履行或者不当履行从给付义务，买受人不能解除合同。但是，参照相关司法解释规定，出卖人没有履行或者不当履行从给付义务，致使买受人不能实现合同目的的，买受人可以依据《民法典》第563条第1款第4项的规定解除合同。据此，甲虽未交付产品合格证和原产地证明文件，但并未致使买受人不能实现合同目的，甲交付的货物又无瑕疵，因此乙无权主张解除合同，C项表述错误。

【答案】A

※【重点难点】分期付款买卖。（1）在分期付款买卖中，买受人将应付的总价款在一定期限内至少分3次向出卖人支付。（2）分期付款的买受人未支付到期价款的数额达到全部价款的1/5，经催告后在合理期限内仍未支付到期价款的，出卖人可以请求买受人支付全部价款或者解除合同。出卖人解除合同的，可以向买受人请求支付该标的物的使用费。（3）分期付款买卖合同约定出卖人在解除合同时可以扣留已受领价金，出卖人扣留的金额超过标的物使用费以及标的物受损赔偿额的，买受人有权请求返还超过部分；当事人对标的物的使用费没有约定的，可以参照当地同类标的物的租金标准确定。

例17-4（多选）：甲购买乙公司经销的5台全自动数控机床，总价款为40万元，约定分10次付清，每次4万元，每月的第一天支付。甲按期支付6次共计24万元后，该机床价格大幅度下降，甲遂停止付款。经乙公司催告后，甲在合理期限内仍未付款。对此，下列表述正确的是（　　）。

A. 乙公司有权请求甲一次性支付剩余货款

B. 乙公司有权通知甲解除合同

C. 乙公司有权收回机床，并且收取甲对机床的使用费

D. 乙公司有权收回机床，但不退还甲已经支付的24万元价款

【讲解】《民法典》第634条规定，分期付款的买受人未支付到期价款的数额达到全部价款的1/5，经催告后在合理期限内仍未支付到期价款的，出卖人可以请求买受人支付全部价款或者解除合同。出卖人解除合同的，可以向买受人请求支付该标的物的使用费。据此，甲与乙公司之间签订分期付款的买卖合同，甲在支付24万元后拒绝支付剩余16万元货款，未支付货款超过了全部价款的1/5，且经乙公司催告后在合理期限内仍未付款，出卖人乙公司有权请求甲一次性支付剩余的16万元货款或者解除合同。可见，A、B项表述正确。此外，如果出卖人乙公司选择解除合同，乙公司有权收回5台机床，返还甲已经支付的24万元价款，同时请求甲支付机床使用费。可见，C项表述正确，D项表述错误。

【答案】ABC

※ **【重点难点】** 样品买卖和试用买卖。(1) 样品买卖。①凭样品买卖的当事人应当封存样品，并可以对样品质量予以说明。出卖人交付的标的物应当与样品及其说明的质量相同。合同约定的样品质量与文字说明不一致且发生纠纷时当事人不能达成合意，样品封存后外观和内在品质没有发生变化的，人民法院应当以样品为准；外观和内在品质发生变化，或者当事人对是否发生变化有争议而又无法查明的，人民法院应当以文字说明为准。②凭样品买卖的买受人不知道样品有隐蔽瑕疵的，即使交付的标的物与样品相同，出卖人交付的标的物的质量仍然应当符合同种物的通常标准。(2) 试用买卖。①试用买卖的当事人可以约定标的物的试用期限。对试用期限没有约定或者约定不明确，依据《民法典》第510条的规定仍不能确定的，由出卖人确定。②试用买卖的买受人在试用期内可以购买标的物，也可以拒绝购买。试用期限届满，买受人对是否购买标的物未作表示的，视为购买。③试用买卖的买受人在试用期内已经支付部分价款或者对标的物实施出卖、出租、设立担保物权等行为的，视为同意购买。④试用买卖的当事人对标的物使用费没有约定或者约定不明确的，出卖人无权请求买受人支付。⑤标的物在试用期内毁损、灭失的风险由出卖人承担。

例17-5（多选）：甲公司从乙公司购进一批布料，双方约定：甲公司购买羊毛布料100匹，乙公司交付的布料应符合其提供的样品的质量，该样品上标称为纯羊毛布料，双方封存了样品。随后，乙公司向甲公司交付了100匹布料，甲公司收到布料后经过核对，与样品一致，于是便将这批布料加工为成品女装销售，标称为纯羊毛。在销售中，有购买者向甲公司退货，经鉴定，布料的羊毛含量仅为70%，不符合纯羊毛布料的标准。于是，甲公司向法院起诉。对此，下列表述正确的是（　　）。

A. 乙公司提供的布料与样品一致，其行为不构成违约

B. 乙公司提供的布料虽然与样品一致，但仍然构成违约

C. 甲公司可以请求乙公司承担物的瑕疵担保责任

D. 如果乙公司存在欺诈行为，在法定期间之内，甲公司有权撤销该买卖合同

【讲解】样品买卖合同除适用通常的买卖合同规则之外，还适用样品买卖合同的特别规则。根据《民法典》第636条的规定，凭样品买卖的买受人不知道样品有隐蔽瑕疵的，即使交付的标的物与样品相同，出卖人交付的标的物的质量仍然应当符合同种物的通常标准。所以，乙公司交付的100匹布料应当符合纯羊毛布料的标准，其履行在质量上不适当，构成违约，甲公司可以请求乙公司承担物的瑕疵担保责任。如果乙公司隐瞒真相，则构成欺诈，甲公司有权在撤销权存续期间行使撤销权，撤销合同。

【答案】BCD

※ **【重点难点】** 所有权保留。(1) 当事人可以在买卖合同中约定买受人未履行支付价款或者其他义务的，标的物（仅限于动产）的所有权属于出卖人。出卖人对标的物保留的所有权，未经登记，不得对抗善意第三人。(2) 当事人约定出卖人保留合同标的物的所有权，在标的物所有权转移前，买受人有下列情形之一，造成出卖人损害的，除当事人另有约定外，出卖人有权取回标的物：

①未按照约定支付价款，经催告后在合理期限内仍未支付；②未按照约定完成特定条件；③将标的物出卖、出质或者作出其他不当处分。（3）出卖人可以与买受人协商取回标的物；协商不成的，可以参照适用担保物权的实现程序。取回的标的物价值明显减少的，出卖人有权请求买受人赔偿损失。（4）出卖人依据《民法典》第642条第1款的规定取回标的物后，买受人在双方约定或者出卖人指定的合理回赎期限内，消除出卖人取回标的物的事由的，可以请求回赎标的物。买受人在回赎期限内没有回赎标的物，出卖人可以以合理价格将标的物出卖给第三人，出卖所得价款扣除买受人未支付的价款以及必要费用后仍有剩余的，应当返还买受人；不足部分由买受人清偿。（5）买受人在将标的物出卖、出质或者作出其他不当处分的情形下，第三人已经依法善意取得标的物所有权或者其他物权，出卖人主张取回标的物的，人民法院不予支持。

例17-6（单选）： 甲将其1辆汽车出卖给乙，约定价款30万元。乙先付了20万元，余款在6个月内分期支付。在分期付款期间，甲先将汽车交付给乙，但明确约定付清全款后甲才将汽车的所有权转移给乙。嗣后，甲又将该汽车以20万元的价格卖给不知情的丙，并以指示交付的方式完成交付。对此，下列表述正确的是（ ）。

A. 在乙分期付款期间，汽车已经交付给乙，乙即取得汽车的所有权

B. 在乙分期付款期间，汽车虽然已经交付给乙，但甲保留了汽车的所有权，故乙不能取得汽车的所有权

C. 丙对甲、乙之间的交易不知情，可以依据善意取得制度取得汽车的所有权

D. 丙不能依甲的指示交付取得汽车的所有权

【讲解】《民法典》第224条规定，动产物权的设立和转让，自交付时发生效力，但是法律另有规定的除外。《民法典》第641条规定，当事人可以在买卖合同中约定买受人未履行支付价款或者其他义务的，标的物的所有权属于出卖人。出卖人对标的物保留的所有权，未经登记，不得对抗善意第三人。据此，甲虽依汽车买卖合同先将汽车交付给乙，但明确约定乙付清全款后甲才将汽车所有权转移给乙，甲仍然是汽车的所有权人。可见，A项表述错误，B项表述正确。《民法典》第311条第1款规定，无处分权人将不动产或者动产转让给受让人的，所有权人有权追回；除法律另有规定外，符合下列情形的，受让人取得该不动产或者动产的所有权：（1）受让人受让该不动产或者动产时是善意的；（2）以合理的价格转让；（3）转让的不动产或者动产依照法律规定应当登记的已经登记，不需要登记的已经交付给受让人。据此，善意取得以无权处分为前提，因甲保留了汽车的所有权，仍为所有权人，其将汽车出卖给丙不属于无权处分，不符合善意取得制度的适用条件，故C项表述错误。《民法典》第227条规定，动产物权设立和转让前，第三人占有该动产的，负有交付义务的人可以通过转让请求第三人返还原物的权利代替交付。据此，丙可以依甲的指示交付取得汽车的所有权，D项表述错误。

【答案】 B

例17-7（多选）： 甲劳斯莱斯4S店将一辆劳斯莱斯汽车出售给乙，价款为700万元，约定乙分10期支付价款，每期70万元，在乙支付完全部价款前，甲店保留汽车的所有权。在甲店保留汽车所有权期间，乙实施的下列行为中，甲店有权取回汽车的有（ ）。

A. 从第六期开始，虽经甲店多次催促乙在合理期限内支付购车款，乙仍拒绝付款

B. 乙未按照约定完成特定条件，给甲店造成经济损失

C. 乙将汽车以650万元的市价转卖给不知情的丙，并将汽车交付给丙

D. 乙将汽车租给丙使用5年，并拒绝付款造成甲店经济损失

【讲解】《民法典》第642条第1款规定，当事人约定出卖人保留合同标的物的所有权，在标的物所有权转移前，买受人有下列情形之一，造成出卖人损害的，除当事人另有约定外，出卖人有权取回标的物：（1）未按照约定支付价款，经催告后在合理期限内仍未支付；（2）未按照约定完成特定条件；（3）将标的物出卖、出质或者作出其他不当处分。根据上述规定第1项，A项表述中，乙未按照约定付款，并经甲店多次催促其在合理期限内付款，仍不付款，给甲店造成损失，甲店有权取回汽车。可见，选A项。根据上述规定第2项，B项表述中，乙未按照约定完成特定条件，给甲

店造成经济损失，甲店有权取回汽车。可见，选B项。根据上述规定第3项，针对C项表述，如果乙将汽车出卖，但汽车尚未交付，或者将汽车无偿赠与第三人等，甲店有权取回汽车；但是，乙将汽车以650万元的市价转卖给不知情的丙，并将汽车交付给丙，丙可以依据《民法典》第311条的规定，善意取得汽车的所有权，则甲店不能取回汽车。可见，C项表述不符合取回汽车的条件，不选C项。针对D项表述，乙的行为属于上述规定第3项中表述的"不当处分"，且乙拒绝付款，此时甲店有权取回汽车。可见，选D项。

【答案】ABD

 例题拓展

例17-8（多选）：甲公司借用乙公司的一套设备，在使用过程中不慎损坏一关键部件，于是甲公司提出买下该套设备，乙公司同意出售，双方还口头约定在甲公司支付价款前，乙公司保留该套设备的所有权。不料在支付价款前，甲公司生产车间失火，造成包括该套设备在内的车间所有财物被烧毁。对此，下列表述正确的是（　　）。

A. 甲公司和乙公司约定的交付方式为简易交付

B. 乙公司已经履行了交付义务，风险责任应由甲公司负担

C. 在设备烧毁时，所有权属于乙公司，风险责任应由乙公司承担

D. 设备虽然已经被烧毁，但甲公司仍然需要支付原定价款

【讲解】《民法典》第226条规定，动产物权设立和转让前，权利人已经占有该动产的，物权自民事法律行为生效时发生效力。据此，甲、乙两公司达成了设备买卖合同，因买受人甲公司已经合法占有标的物，故乙公司自合同达成时完成交付，此交付方式为简易交付，A项表述正确。《民法典》第604条规定，标的物毁损、灭失的风险，在标的物交付之前由出卖人承担，交付之后由买受人承担，但是法律另有规定或者当事人另有约定的除外。据此，标的物已经交付，风险已经转移，甲公司应当承担设备毁损、灭失的风险，B项表述正确。设备烧毁时，所有权属于乙公司，但风险应由甲公司承担。可见，风险转移与所有权无关，C项表述错误。由于设备风险由甲公司承担，故因车间失火导致设备灭失的，甲公司仍应当按照约定支付价款，D项表述正确。

【答案】ABD

例17-9（案例）：2017年1月10日，甲与乙订立借款合同，约定甲向乙借款100万元，借款期限为1年，借款当日交付。1月12日，双方就甲自有的商品房又订立了A商品房买卖合同，其中约定：如甲按期偿还100万元借款，则本合同不履行；如甲到期未偿还对乙的借款，则借款变成购房款，甲应向乙转移该房屋所有权；合同订立后，该房屋仍由甲占有使用。1月15日，甲利用该笔借款设立了B独资企业。为扩大经营规模，该企业向丙借款200万元，借款期限为1年，丁为此提供保证，未约定保证方式，戊以一辆高级轿车为质押并交付，但后经戊请求，丙让戊取回使用，戊又私自将该车以市价卖给不知情的己，并办理了登记过户。2017年2月10日，甲因资金需要，瞒着乙将A商品房卖给了庚，并告知庚其已订立房屋买卖合同一事。3月10日，庚支付了全部房款并办理完变更登记，但因庚自3月12日出国访学，为期4个月，双方约定庚回国后交付房屋。5月16日，因雷电引发火灾，房屋严重受损。2018年2月15日，由于甲未能按期偿还对乙的借款，B企业也未能按期偿还对丙的借款，现乙和丙都向甲催要。

请根据上述材料，回答下列问题并说明理由：

（1）就甲对乙的100万元借款，如乙未起诉甲履行借款合同，而是起诉甲履行买卖合同，应如何处理？

（2）就B企业对丙的200万元借款，甲、丁、戊各应承担何种责任？

（3）甲、庚的房屋买卖合同是否有效？庚是否已经取得了房屋的所有权？

（4）谁应承担房屋火灾损失？

【参考答案】（1）应当按照借贷法律关系作出认定和处理。参照相关司法解释的规定，当事人以签订买卖合同作为民间借贷合同的担保，借款到期后借款人不能还款，出借人请求履行买卖合同的，人民法院应当按照民间借贷法律关系审理，并向当事人释明变更诉讼请求；当事人拒绝变更的，人民法院裁定驳回起诉。按照民间借贷法律关系审理作出的判决生效后，借款人不履行生效判决确定的金钱债务，出借人可以申请拍卖买卖合同的标的物，以偿还债务；就拍卖所得的价款与应偿还的借款本息之间的差额，借款人或者出借人有权主张返还或者补偿。

（2）首先，甲仅于B企业财产不足以清偿债务时以个人其他财产予以清偿。因为个人独资企业财产不足以清偿债务的，投资人甲应当以其个人的其他财产予以清偿。其次，丁应当承担一般保证责任。因为丙、丁并未约定保证责任方式，丁应当按照一般保证承担保证责任。最后，戊不承担责任。因为其质权因占有丧失而消灭。

（3）合同有效。庚知情并不影响买卖合同效力。庚已经取得房屋所有权，因为甲系有权处分，庚因登记取得所有权。

（4）应由甲承担损失。因为标的物毁损、灭失的风险自交付时起转移。当事人虽然已经办理了房屋登记过户，但因房屋尚未交付于买受人庚，故该房屋毁损、灭失的风险应当由出卖人甲承担。此外，因甲对该房屋仍有占有、使用和收益权，要求其承担风险也符合公平原则。

专题十八　保证合同

※【重点难点】保证合同。保证合同为单务、无偿合同。保证合同的成立条件有：（1）须保证人符合法定条件。具有代为清偿债务能力的法人、非法人组织或者公民，可以作为保证人。下列组织不具有保证能力：①机关法人不得为保证人，但是经国务院批准为使用外国政府或者国际经济组织贷款进行转贷的除外。②以公益为目的的非营利法人、非法人组织不得为保证人。但是，从事经营活动的事业单位、社会团体为保证人的，如果没有其他导致保证合同无效的情况，其所签订的保证合同应当认定为有效。（2）须保证人与债权人达成合意且意思表示真实。（3）须主合同合法有效。保证合同是主债权债务合同的从合同。主债权债务合同无效的，保证合同无效，但是法律另有规定的除外。保证合同被确认无效后，债务人、保证人、债权人有过错的，应当根据其过错各自承担相应的民事责任。（4）应当以书面形式订立保证合同。保证合同可以是单独订立的书面合同，也可以是主债权债务合同中的保证条款。第三人单方以书面形式向债权人作出保证，债权人接收且未提出异议的，保证合同成立。

例18-1（单选）：甲、乙、丙和丁签订借款合同，约定："甲向乙借款100万元，丙提供房屋抵押，丁提供保证。"除乙外其他人都签了字。丙先把房本交给了乙，承诺过几天再作抵押登记。乙交付100万元后，甲到期未还款。对此，下列表述正确的是（　　）。

A. 借款合同不成立　　　　　　　　B. 甲应返还100万元的不当得利

C. 丁应承担保证责任　　　　　　　D. 丙无义务办理房屋抵押登记

【讲解】《民法典》第668条第1款规定，借款合同应当采用书面形式，但是自然人之间借款另有约定的除外。据此，自然人之间的借款合同既可以采用书面形式，也可以采用口头形式，没有限制。《民法典》第679条规定，自然人之间的借款合同，自贷款人提供借款时生效。据此，乙向甲交付100万元后，双方借款合同成立并生效，故A项表述错误。《民法典》第122条规定，因他人没有法律根据，取得不当利益，受损失的人有权请求其返还不当利益。据此，甲取得100万元是基于双方有效成立的借款合同，存在法律上的根据，不构成不当得利，故B项表述错误。《民法典》第685条规定，保证合同可以是单独订立的书面合同，也可以是主债权债务合同中的保证条款。第三人单方以书面形式向债权人作出保证，债权人接收且未提出异议的，保证合同成立。据此，丁以保证人身份签名，保证成立，C项表述正确，选C项。《民法典》第577条规定，当事人一方不履行合同义务或者履行合同义务不符合约定的，应当承担继续履行、采取补救措施或者赔偿损失等违约责任。据此，乙与丙签订有效的抵押合同，应当按照约定协助办理抵押登记。丙未依约办理抵押登记的，应当继续履行。可见，D项表述错误。

【答案】C

※【重点难点】保证方式。(1) 保证的方式包括一般保证和连带责任保证。当事人在保证合同中对保证方式没有约定或者约定不明确的，按照一般保证承担保证责任。(2) 当事人在保证合同中约定，债务人不能履行债务时，由保证人承担保证责任的，为一般保证。一般保证的保证人在主合同纠纷未经审判或者仲裁，并就债务人财产依法强制执行仍不能履行债务前，有权拒绝向债权人承担保证责任，但是有下列情形之一的除外：①债务人下落不明，且无财产可供执行；②人民法院已经受理债务人破产案件；③债权人有证据证明债务人的财产不足以履行全部债务或者丧失履行债务能力；④保证人书面表示放弃上述权利。(3) 当事人在保证合同中约定保证人和债务人对债务承担连带责任的，为连带责任保证。连带责任保证的债务人不履行到期债务或者发生当事人约定的情形时，债权人可以请求债务人履行债务，也可以请求保证人在其保证范围内承担保证责任。(4) 一般保证的债权人未在保证期间对债务人提起诉讼或者申请仲裁的，保证人不再承担保证责任。连带责任保证的债权人未在保证期间请求保证人承担保证责任的，保证人不再承担保证责任。

例18-2（单选）：甲、乙签订借款合同，约定甲向乙借款20万元，约定的年利率为50%，由丙提供书面保证，但没有约定保证方式。借款合同到期后，甲无力还款。对此，下列表述正确的是(   )。

A. 丙承担一般保证责任   B. 借款合同自甲、乙签名时生效

C. 借款合同约定的利息条款无效   D. 借款合同应当按照年利率24%计息

【讲解】《民法典》第686条规定，保证的方式包括一般保证和连带责任保证。当事人在保证合同中对保证方式没有约定或者约定不明确的，按照一般保证承担保证责任。据此，由于乙、丙之间就保证方式没有约定，应当按照一般保证处理。可见，A项表述正确，选A项。《民法典》第679条规定，自然人之间的借款合同，自贷款人提供借款时生效。据此，自然人之间的借款合同为实践合同，自提供借款时生效，而不是自甲、乙签名时生效。可见，B项表述错误。参照相关司法解释规定，借贷双方约定的利率未超过年利率24%，出借人请求借款人按照约定的利率支付利息的，人民法院应予支持。借贷双方约定的利率超过年利率36%，超过部分的利息约定无效。借款人请求出借人返还已支付的超过年利率36%部分的利息的，人民法院应予支持。据此，对于约定的年利率超过36%的利息部分无效，但对于年利率没有超过36%的利息，还是有效的。因此，甲、乙之间的借款合同约定的利息条款，应当认定为部分有效、部分无效。可见，C、D项表述错误。

【答案】A

※【重点难点】保证担保的范围和保证期间。(1) 保证的范围包括主债权及其利息、违约金、损害赔偿金和实现债权的费用。当事人另有约定的，按照其约定。(2) 保证期间是确定保证人承担保证责任的期间，不发生中止、中断和延长。债权人与保证人可以约定保证期间，但是约定的保证期间早于主债务履行期限或者与主债务履行期限同时届满的，视为没有约定；没有约定或者约定不明确的，保证期间为主债务履行期限届满之日起6个月。债权人与债务人对主债务履行期限没有约定或者约定不明确的，保证期间自债权人请求债务人履行债务的宽限期届满之日起计算。(3) 一般保证的债权人在保证期间届满前对债务人提起诉讼或者申请仲裁的，从保证人拒绝承担保证责任的权利消灭之日起，开始计算保证债务的诉讼时效。连带责任保证的债权人在保证期间届满前请求保证人承担保证责任的，从债权人请求保证人承担保证责任之日起，开始计算保证债务的诉讼时效。

例18-3（单选）：甲与乙订立借款合同，约定甲从乙处借款20万元，1年后还本付息。甲找来丙作保证人，丙与乙订立保证合同，合同约定："甲不能履行还款付息，由丙承担还款责任。"1年后，甲不履行自己的义务。则(   )。

A. 丙承担连带责任保证

B. 丙享有先诉抗辩权

C. 乙有权请求甲、丙对借款承担连带责任

D. 丙担保的范围包括本金，但不包括利息

【讲解】保证方式根据双方当事人的约定，可以分为一般保证和连带责任保证。《民法典》第687条规定，当事人在保证合同中约定，债务人不能履行债务时，由保证人承担保证责任的，为一般保证。一般保证的保证人在主合同纠纷未经审判或者仲裁，并就债务人财产依法强制执行仍不能履行债务前，有权拒绝向债权人承担保证责任。据此，丙承担的保证方式为一般保证，享有先诉抗辩权。可见，选B项，不选A、C项。《民法典》第691条规定，保证的范围包括主债权及其利息、违约金、损害赔偿金和实现债权的费用。当事人另有约定的，按照其约定。据此，本题中，合同约定："甲不能履行还款付息，由丙承担还款责任。"因此，丙担保的范围不仅包括本金，也包括利息，D项表述错误。

【答案】B

例18-4（单选）：2018年6月1日，甲、乙签订100台电脑的买卖合同，甲先交付电脑，乙收到电脑后于2019年6月1日前付款。丙对该笔款项提供书面保证，保证期间截至2019年6月1日，但没有约定保证方式。乙到期没有付款，甲多次催促乙付款，丙也拒绝承担保证责任。对此，下列表述正确的是（　　）。

A. 丙承担保证责任的方式为连带责任保证

B. 乙到期没有付款，甲请求丙承担保证责任，丙享有先诉抗辩权

C. 丙承担保证责任的期间截至2019年6月1日

D. 丙保证债务的诉讼时效从甲请求丙承担保证责任之日起开始计算

【讲解】《民法典》第686条规定，保证的方式包括一般保证和连带责任保证。当事人在保证合同中对保证方式没有约定或者约定不明确的，按照一般保证承担保证责任。据此，本题表述中，甲、丙并没有约定保证方式，因此，丙承担保证责任的方式为一般保证。可见，A项表述错误。《民法典》第687条第2款规定，一般保证的保证人在主合同纠纷未经审判或者仲裁，并就债务人财产依法强制执行仍不能履行债务前，有权拒绝向债权人承担保证责任。本款规定的权利为一般保证人的先诉抗辩权。本题中，若甲请求丙承担保证责任，丙享有先诉抗辩权，故B项表述正确，选B项。《民法典》第692条第2款规定，债权人与保证人可以约定保证期间，但是约定的保证期间早于主债务履行期限或者与主债务履行期限同时届满的，视为没有约定；没有约定或者约定不明确的，保证期间为主债务履行期限届满之日起6个月。据此，本题中，甲、丙约定的丙承担保证责任的保证期间截至2019年6月1日，此期间为与主债务履行期限同时届满，视为没有约定，保证期间应为主债务履行期限届满之日起（2019年6月1日起）6个月。可见，C项表述错误。《民法典》第694条规定，一般保证的债权人在保证期间届满前对债务人提起诉讼或者申请仲裁的，从保证人拒绝承担保证责任的权利消灭之日起，开始计算保证债务的诉讼时效。连带责任保证的债权人在保证期间届满前请求保证人承担保证责任的，从债权人请求保证人承担保证责任之日起，开始计算保证债务的诉讼时效。据此，本题中，丙承担保证责任的方式为一般保证，因此，甲在保证期间届满前对债务人提起诉讼或者申请仲裁的，从丙拒绝承担保证责任的权利消灭之日起，开始计算保证债务的诉讼时效。可见，D项表述错误。

【答案】B

※【重点难点】保证的效力。(1)债权人和债务人未经保证人书面同意，协商变更主债权债务合同内容，减轻债务的，保证人仍对变更后的债务承担保证责任；加重债务的，保证人对加重的部分不承担保证责任。债权人和债务人变更主债权债务合同的履行期限，未经保证人书面同意的，保证期间不受影响。(2)债权人转让全部或者部分债权，未通知保证人的，该转让对保证人不发生效力。保证人与债权人约定禁止债权转让，债权人未经保证人书面同意转让债权的，保证人对受让人不再承担保证责任。(3)债权人未经保证人书面同意，允许债务人转移全部或者部分债务，保证人对未经其同意转移的债务不再承担保证责任，但是债权人和保证人另有约定的除外。第三人加入债

务的，保证人的保证责任不受影响。（4）一般保证的保证人在主债务履行期限届满后，向债权人提供债务人可供执行财产的真实情况，债权人放弃或者怠于行使权利致使该财产不能被执行的，保证人在其提供可供执行财产的价值范围内不再承担保证责任。（5）保证人承担保证责任后，除当事人另有约定外，有权在其承担保证责任的范围内向债务人追偿，享有债权人对债务人的权利，但是不得损害债权人的利益。（6）保证人可以主张债务人对债权人的抗辩。债务人放弃抗辩的，保证人仍有权向债权人主张抗辩。（7）债务人对债权人享有抵销权或者撤销权的，保证人可以在相应范围内拒绝承担保证责任。

例 18-5（单选）：甲公司与乙银行签订借款合同，借款金额为 20 万元，借款期限为 1 年，由丙公司承担保证责任。合同签订 4 个月后，甲公司因急需资金，遂将借款金额增加到 30 万元，甲公司和乙银行通知了丙公司，丙公司未予答复。后甲公司到期不能清偿借款。对此，下列表述正确的是（　　）。

A. 丙公司不再承担保证责任

B. 丙公司仅对原 20 万元债务承担保证责任

C. 丙公司对 30 万元债务承担保证责任

D. 丙公司仅对新增的 10 万元债务承担保证责任

【讲解】《民法典》第 695 条第 1 款规定，债权人和债务人未经保证人书面同意，协商变更主债权债务合同内容，减轻债务的，保证人仍对变更后的债务承担保证责任；加重债务的，保证人对加重的部分不承担保证责任。据此，保证人丙公司仅对原 20 万元债务承担保证责任，对新增的 10 万元债务不承担保证责任，选 B 项。

【答案】B

例题拓展

例 18-6（单选）：甲公司与乙公司达成还款计划书，约定在 2017 年 10 月 20 日归还 200 万元，11 月 20 日归还 400 万元，12 月 20 日归还 600 万元。丙公司对三笔还款提供保证，约定的保证方式为连带责任保证，但并未约定保证期间。后甲公司同意乙公司将三笔还款均顺延 3 个月，丙公司对此不知情。乙公司一直未还款，甲公司仅于 2018 年 6 月 5 日请求丙公司承担保证责任。对此，下列表述正确的是（　　）。

A. 丙公司保证担保的主债权为 600 万元　　B. 丙公司保证担保的主债权为 1 000 万元

C. 丙公司保证担保的主债权为 1 200 万元　　D. 丙公司不再承担保证责任

【讲解】《民法典》第 692 条第 2 款规定，债权人与保证人可以约定保证期间，但是约定的保证期间早于主债务履行期限或者与主债务履行期限同时届满的，视为没有约定；没有约定或者约定不明确的，保证期间为主债务履行期限届满之日起 6 个月。《民法典》第 692 条第 3 款规定，债权人与债务人对主债务履行期限没有约定或者约定不明确的，保证期间自债权人请求债务人履行债务的宽限期届满之日起计算。据此，本题中，由于债权人甲公司与债务人乙公司约定了主债务的履行期限，因此，保证人丙公司应当按照《民法典》第 692 条第 2 款的规定确定保证期间。由于没有约定保证期间，丙公司承担保证责任的期间为主债务履行期限届满之日起 6 个月。由此，丙公司对三笔债务的保证期间为 2017 年 10 月 20 日至 2018 年 4 月 20 日（200 万元）；2017 年 11 月 20 日至 2018 年 5 月 20 日（400 万元）；2017 年 12 月 20 日至 2018 年 6 月 20 日（600 万元）。《民法典》第 695 条第 2 款规定，债权人和债务人变更主债权债务合同的履行期限，未经保证人书面同意的，保证期间不受影响。据此，本题中，债权人甲公司同意乙公司将三笔还款均顺延 3 个月，但保证人丙公司对此不知情，需在原保证期间内承担保证责任，而非直接免除其保证责任。可见，D 项表述错误。根据《民法典》第 695 条第 2 款的规定，丙公司对三笔债务的保证期间分别于 2018 年 4 月 20 日（200

万元）、2018 年 5 月 20 日（400 万元）、2018 年 6 月 20 日（600 万元）届满。根据《民法典》第693 条第 2 款的规定，连带责任保证的债权人未在保证期间请求保证人承担保证责任的，保证人不再承担保证责任。本题中，因甲公司仅于 2018 年 6 月 5 日请求保证人丙公司承担保证责任，前两笔债务的保证责任均因保证期间经过而消灭，丙公司仅就第三笔债务（600 万元）承担保证责任。可见，只有 A 项表述正确。

【答案】A

例 18-7（案例）：2018 年 1 月，甲公司与乙公司签订协议，约定甲公司将其建设用地使用权用于抵偿其欠乙公司的 2 000 万元债务，但甲公司并未依约将该建设用地登记到乙公司名下，而是将之抵押给不知情的银行以获取贷款，并办理了抵押登记。

同年 3 月，甲公司、丙公司与丁公司签订了协议，约定甲公司欠丁公司的 5 000 万元债务由丙公司承担，并约定了履行期限，且甲公司法定代表人王某为该笔债务提供保证，但未约定保证方式和保证期间。曾为 5 000 万元负债提供保证的钱某对此协议并不知情。同年 4 月，丁公司的债权到期。同年 5 月，丙公司丧失偿债能力。

请根据上述材料，回答下列问题并说明理由：

（1）甲公司欠乙公司的 2 000 万元债务是否消灭？

（2）银行能否取得建设用地使用权的抵押权？

（3）丁公司是否有权向丙公司主张债权？

（4）王某应当承担何种保证责任？如何确定王某的保证期间？

（5）钱某是否继续承担保证责任？

【参考答案】（1）甲公司欠乙公司的 2 000 万元债务并未消灭。甲公司虽与乙公司约定以建设用地使用权抵偿其 2 000 万元债务，但并未现实将建设用地使用权过户给乙公司，债务并未因代物清偿而消灭。

（2）银行能取得建设用地使用权的抵押权。因为甲公司有权处分建设用地使用权，且办理了抵押登记，银行因而取得抵押权。

（3）丁公司有权向丙公司主张债权。因为甲公司、丙公司与丁公司约定，甲公司欠丁公司的5 000 万元债务由丙公司承担，甲公司不再承担清偿义务，故丁公司只能向新的债务人丙公司主张债权。

（4）王某应当承担一般保证责任。因为王某与丁公司并未约定保证方式，因此王某应当按照一般保证承担保证责任。王某的保证责任期间为主债务履行期限届满之日起 6 个月。

（5）钱某不再承担保证责任。因为甲公司、丙公司与丁公司三方签订债务承担协议时，并未经保证人钱某的书面同意，钱某不再承担保证责任。

专题十九　租赁合同

※【重点难点】租赁期限：（1）租赁期限不得超过 20 年。超过 20 年的，超过部分无效。（2）租赁期限 6 个月以上的，应当采用书面形式。当事人未采用书面形式，无法确定租赁期限的，视为不定期租赁。（3）租赁期限届满，承租人继续使用租赁物，出租人没有提出异议的，原租赁合同继续有效，但是租赁期限为不定期。租赁期限届满，房屋承租人享有以同等条件优先承租的权利。（4）当事人对租赁期限没有约定或者约定不明确，依据《民法典》第 510 条的规定仍不能确定的，视为不定期租赁；当事人可以随时解除合同，但是应当在合理期限之前通知对方。

例 19-1（单选）：甲欠乙 100 万元货款届期未还且甲不知所踪。甲的儿子丙为替父还债，与乙签订书面房屋租赁合同，未约定租期，仅约定："月租金 1 万元，用租金抵货款，如甲出现并还清货款，本合同终止，双方再行结算。"对此，下列表述正确的是（　　）。

A. 丙有权随时解除合同　　　　B. 乙有权随时解除合同
C. 房屋租赁合同是附条件的合同　D. 房屋租赁合同是附期限的合同

【讲解】条件与期限的区别主要在于，条件的发生具有或然性，即条件的发生与否是不确定的；期限具有必然性，即期限是必然到来的。本题中，甲是否出现并还清货款，属于不确定的事实，因此该租赁合同是附条件的合同。此外，因所附条件即"甲出现并还清货款"的成就决定了合同的失效，故该条件为解除条件或者失效条件。可见，C 项表述正确，D 项表述错误。《民法典》第 730 条规定，当事人对租赁期限没有约定或者约定不明确，依据《民法典》第 510 条的规定仍不能确定的，视为不定期租赁；当事人可以随时解除合同，但是应当在合理期限之前通知对方。据此，本题中，当事人协议通过租金来抵欠款，甲欠乙 100 万元，月租金 1 万元，如无特殊情况，租赁期限为 100 个月（8 年 4 个月），不构成不定期租赁，因而当事人无权随时解除合同。可见，A、B 项表述错误。

【答案】C

※【重点难点】租赁合同的效力。（1）出租人的义务：①出租人应当按照约定将租赁物交付承租人，并在租赁期限内保持租赁物符合约定的用途。②因第三人主张权利，致使承租人不能对租赁物使用、收益的，承租人可以请求减少租金或者不支付租金。第三人主张权利的，承租人应当及时通知出租人。因不可归责于承租人的事由，致使租赁物部分或者全部毁损、灭失的，承租人可以请求减少租金或者不支付租金；因租赁物部分或者全部毁损、灭失，致使不能实现合同目的的，承租人可以解除合同。租赁物危及承租人的安全或者健康的，即使承租人订立合同时明知该租赁物质量不合格，承租人仍然可以随时解除合同。③承租人在租赁物需要维修时可以请求出租人在合理期限内维修。出租人未履行维修义务的，承租人可以自行维修，维修费用由出租人负担。因维修租赁物影响承租人使用的，应当相应减少租金或者延长租期。因承租人的过错致使租赁物需要维修的，出租人不承担维修义务。（2）承租人的义务：①承租人应当按照约定的方法使用租赁物。对租赁物的使用方法没有约定或者约定不明确的，可以协议补充；不能达成补充协议的，按照合同相关条款或者交易习惯确定；如此仍不能确定的，应当根据租赁物的性质使用。承租人经出租人同意，可以对租赁物进行改善或者增设他物。承租人未经出租人同意，对租赁物进行改善或者增设他物的，出租人可以请求承租人恢复原状或者赔偿损失。承租人按照约定的方法或者根据租赁物的性质使用租赁物，致使租赁物受到损耗的，不承担赔偿责任。承租人未按照约定的方法或者未根据租赁物的性质使用租赁物，致使租赁物受到损失的，出租人可以解除合同并请求赔偿损失。②承租人经出租人同意，可以将租赁物转租给第三人。承租人转租的，承租人与出租人之间的租赁合同继续有效；第三人造成租赁物损失的，承租人应当赔偿损失。承租人未经出租人同意转租的，出租人可以解除合同。承租人经出租人同意将租赁物转租给第三人，转租期限超过承租人剩余租赁期限的，超过部分的约定对出租人不具有法律约束力，但是出租人与承租人另有约定的除外。出租人知道或者应当知道承租人转租，但是在 6 个月内未提出异议的，视为出租人同意转租。承租人拖欠租金的，次承租人可以代承租人支付其欠付的租金和违约金，但是转租合同对出租人不具有法律约束力的除外。次承租人代为支付的租金和违约金，可以充抵次承租人应当向承租人支付的租金；超出其应付的租金数额的，可以向承租人追偿。③承租人应当按照约定的期限支付租金。对支付租金的期限没有约定或者约定不明确，依据《民法典》第 510 条的规定仍不能确定，租赁期限不满 1 年的，应当在租赁期限届满时支付；租赁期限 1 年以上的，应当在每届满 1 年时支付，剩余期限不满 1 年的，应当在租赁期限届满时支付。承租人无正当理由未支付或者迟延支付租金的，出租人可以请求承租人在合理期限内支付；承租人逾期不支付的，出租人可以解除合同。④于合同终止时返还租赁物。

例 19-2（多选）：王某承租孙某的一套房屋，搬进去以后，王某对房屋加宽了窗户，并对房屋加以装饰，孙某对此十分不满。王某在发现房屋漏雨严重后，请求孙某对房屋进行维修。则（　　）。

A. 王某有权改造房屋　　　　B. 孙某有权请求王某恢复原状并赔偿损失
C. 房屋的维修费用应由孙某承担　D. 房屋的维修费用应由王某承担

【讲解】《民法典》第 715 条规定，承租人经出租人同意，可以对租赁物进行改善或者增设他物。承租人未经出租人同意，对租赁物进行改善或者增设他物的，出租人可以请求承租人恢复原状或者赔偿损失。据此，选 B 项。《民法典》第 712 条规定，出租人应当履行租赁物的维修义务，但是当事人另有约定的除外。《民法典》第 713 条规定，承租人在租赁物需要维修时可以请求出租人在合理期限内维修。出租人未履行维修义务的，承租人可以自行维修，维修费用由出租人负担。因维修租赁物影响承租人使用的，应当相应减少租金或者延长租期。因承租人的过错致使租赁物需要维修的，出租人不承担维修义务。据此，选 C 项。

【答案】BC

例 19 - 3（多选）：甲将房屋出租给乙，乙经甲同意对承租的房屋进行了装修并转租给丙。丙擅自更改房屋承重结构，导致房屋受损。对此，下列表述正确的有（　　）。

A. 无论有无约定，乙均有权于租赁期满时请求甲补偿装修费用

B. 甲可请求丙承担违约责任

C. 甲可请求丙承担侵权责任

D. 甲可请求乙承担违约责任

【讲解】参照《最高人民法院关于审理城镇房屋租赁合同纠纷案件具体应用法律若干问题的解释》（以下简称《城镇房屋租赁合同解释》）第 12 条规定：承租人经出租人同意装饰装修，租赁期间届满时，承租人请求出租人补偿附合装饰装修费用的，不予支持。但当事人另有约定的除外。据此，承租人乙经出租人甲的同意而装修，在租赁期限正常届满时，承租人乙不得请求甲补偿装修费用，故 A 项表述错误。《民法典》第 716 条第 1 款规定，承租人经出租人同意，可以将租赁物转租给第三人。承租人转租的，承租人与出租人之间的租赁合同继续有效；第三人造成租赁物损失的，承租人应当赔偿损失。据此，乙虽经出租人甲同意而转租，但基于合同的相对性，出租人甲与次承租人丙之间并无合同关系，故不存在违约责任的承担，B 项表述错误。因次承租人丙造成租赁物损坏的，出租人甲只能请求承租人乙承担违约责任，故 D 项表述正确。《民法典》第 1165 条规定，行为人因过错侵害他人民事权益造成损害的，应当承担侵权责任。依照法律规定推定行为人有过错，其不能证明自己没有过错的，应当承担侵权责任。据此，本题表述中，因丙的过错行为造成出租人甲的房屋所有权受到损害，甲有权请求丙承担侵权责任，C 项表述正确。

【答案】CD

※【**重点难点**】买卖不破租赁和优先购买权。（1）租赁物在承租人按照租赁合同占有期限内发生所有权变动的，不影响租赁合同的效力。（2）出租人出卖租赁房屋的，应当在出卖之前的合理期限内通知承租人，承租人享有以同等条件优先购买的权利；但是，房屋按份共有人行使优先购买权或者出租人将房屋出卖给近亲属的除外。出租人履行通知义务后，承租人在 15 日内未明确表示购买的，视为承租人放弃优先购买权。（3）出租人委托拍卖人拍卖租赁房屋的，应当在拍卖 5 日前通知承租人。承租人未参加拍卖的，视为放弃优先购买权。（4）出租人未通知承租人或者有其他妨害承租人行使优先购买权情形的，承租人可以请求出租人承担赔偿责任。但是，出租人与第三人订立的房屋买卖合同的效力不受影响。

例 19 - 4（单选）：甲将房屋租给乙，在租赁期内未通知乙就把房屋出卖并过户给不知情的丙。乙得知后劝丙退出该交易，丙拒绝。乙采取的下列救济措施中，符合法律规定的是（　　）。

A. 请求解除租赁合同，因甲出卖房屋未通知乙

B. 请求法院确认买卖合同无效

C. 主张由丙承担侵权责任，因丙侵犯了乙的优先购买权

D. 主张由甲承担赔偿责任，因甲侵犯了乙的优先购买权

【讲解】《民法典》第 726 条第 1 款规定，出租人出卖租赁房屋的，应当在出卖之前的合理期限内通知承租人，承租人享有以同等条件优先购买的权利；但是，房屋按份共有人行使优先购买权或者出租人将房屋出卖给近亲属的除外。《民法典》第 728 条规定，出租人未通知承租人或者有其他妨害承租人行使优先购买权情形的，承租人可以请求出租人承担赔偿责任。但是，出租人与第三人订立的房屋买卖合同的效力不受影响。根据上述规定，本题中，出租人甲在租赁期内未通知承租人

乙即将房屋出卖，侵害了乙的优先购买权，乙可以请求赔偿，但无权主张买卖合同无效。可见，B项错误，D项正确。针对C项，因丙购买房屋时为善意，并不存在主观过错，无须对承租人乙承担赔偿责任，C项错误。《民法典》第725条规定，租赁物在承租人按照租赁合同占有期限内发生所有权变动的，不影响租赁合同的效力。据此，本题中，虽然甲、丙的买卖合同侵害了承租人乙的优先购买权，但承租人乙有权基于"买卖不破租赁"继续使用该房屋，订立租赁合同的目的并未受到影响，故乙无权解除合同。可见，A项错误。

【答案】D

例19-5（单选）：甲、乙签订房屋租赁合同，约定租期为4年。半年后，甲将该出租房屋出售给丙，但未通知乙。对此，下列表述正确的是（　　）。

    A. 甲出售房屋须取得乙的同意　　　　　B. 甲、丙之间的买卖合同无效

    C. 甲侵害了乙的优先购买权　　　　　　D. 丙善意取得房屋所有权

【讲解】《民法典》第726条规定，出租人出卖租赁房屋的，应当在出卖之前的合理期限内通知承租人，承租人享有以同等条件优先购买的权利；但是，房屋按份共有人行使优先购买权或者出租人将房屋出卖给近亲属的除外。出租人履行通知义务后，承租人在15日内未明确表示购买的，视为承租人放弃优先购买权。可见，"合理期限"为15日，即出租人履行通知义务后，承租人须在15日内表示购买。据此，甲出售房屋通知承租人乙即可，不必取得其同意，A项表述错误。《民法典》第728条规定，出租人未通知承租人或者有其他妨害承租人行使优先购买权情形的，承租人可以请求出租人承担赔偿责任。但是，出租人与第三人订立的房屋买卖合同的效力不受影响。据此，甲、丙之间签订的房屋买卖合同有效，但甲没有通知乙，侵害了乙的优先购买权，乙可就此主张赔偿损失。可见，B项表述错误，C项表述正确。善意取得须以行为人无权处分为条件，而出租人甲是处分自己的房屋，并非无权处分，因而不存在适用善意取得的余地，丙是正常取得房屋所有权，D项表述错误。

【答案】C

 例题拓展

例19-6（单选）：甲与乙签订了房屋租赁合同，乙承租后经甲同意与丙签订了转租合同。但是，甲在与乙签订租赁合同之前，已经把该房租给了丁并已交付。乙、丙、丁均请求继续租赁该房屋。对此，下列表述正确的是（　　）。

    A. 乙有权请求丁搬离房屋

    B. 丙有权请求丁搬离房屋

    C. 乙有权解除合同，请求甲承担赔偿责任

    D. 丙有权解除合同，请求甲承担赔偿责任

【讲解】参照《城镇房屋租赁合同解释》第6条规定：出租人就同一房屋订立数份租赁合同，在合同均有效的情况下，承租人均主张履行合同的，人民法院按照下列顺序确定履行合同的承租人：（1）已经合法占有租赁房屋的；（2）已经办理登记备案手续的；（3）合同成立在先的。不能取得租赁房屋的承租人请求解除合同、赔偿损失的，依照民法的有关规定处理。据此，本题中，甲先后将房屋出租于丁和乙，两个租赁合同均为有效，构成一房数租。如果数个承租人均主张该租赁房屋的，已经合法占有租赁房屋的承租人有权优先使用租赁房屋。乙与丙均无权请求已经合法占有租赁房屋的丁搬离。可见，A、B项表述错误。针对C项，因出租人甲的违约行为，使得乙无法取得租赁房屋的占有、使用及收益，订立租赁合同的目的无法实现，乙可以请求解除合同并请求甲赔偿损失。可见，C项表述正确。尽管乙的转租经过了出租人甲的同意，但转租合同的当事人是乙和丙，基于合同相对性，丙只能请求乙承担违约责任。可见，D项表述错误。

【答案】C

例 19 - 7（案例）： 大学生李某要去 A 市某会计师事务所实习。此前，李某通过某租房网站租房，明确租房位置和有淋浴热水器两个条件。张某承租了王某一套二居室，租赁合同中有允许张某转租的条款。张某与李某联系，说明该房屋的位置及房屋配有高端热水器。李某同意承租张某的房屋，并通过网上银行预付了租金。

李某入住后发现，房屋的位置不错，但热水器老旧不堪，不能正常使用，屋内也没有空调。另外，李某了解到张某拖欠王某 1 个月的租金，王某已表示，依租赁合同的约定要解除与张某的租赁合同。李某请求张某修理热水器，修了几次都无法使用。再找张某，张某避而不见。李某只能用冷水洗澡并因此感冒，花了一笔医疗费。无奈之下，李某去 B 公司购买了全新电热水器，B 公司派其员工郝某去安装。安装后郝某因有急事未按要求试用便离开，走前向李某保证该热水器可以正常使用。李某电话告知张某，热水器已买来装好，张某未置可否。另外，因暑热难当，李某经张某同意，买了一部空调安装在卧室。当晚，同学黄某来 A 市探访李某。黄某去卫生间洗澡，刚打开热水器，该热水器的接口处迸裂，热水喷溅不止，黄某受到惊吓，摔倒在地受伤，经鉴定为一级伤残。

请根据上述材料，回答下列问题并说明理由：

（1）由于张某拖欠租金，王某要解除与张某的租赁合同，李某想继续租用该房屋，可以采取什么措施以抗辩王某的合同解除权？

（2）李某的医疗费应由谁承担？

（3）李某是否可以更换热水器？李某更换热水器的费用由谁承担？

（4）李某购买空调的费用应当由谁承担？

（5）对于黄某的损失，李某、张某是否应当承担赔偿责任？

（6）对于黄某的损失应当由谁承担赔偿责任？

【参考答案】（1）李某（次承租人）可以请求代张某（承租人）支付其欠付王某（出租人）的租金和违约金，以抗辩王某的合同解除权。因为出租人解除权的行使将使得次承租人占有、使用、收益租赁物的权益受到影响，属于有利害关系第三人代为清偿，债权人原则上无权拒绝。（具体参见《民法典》第 719 条）

（2）由张某（出租人）承担。因为张某有提供热水（热水器）的义务，张某违反该义务，致李某损失。因李某本身对违约损害的发生也具有过错，应当适当减轻张某的赔偿责任。

（3）可以更换，更换费用由张某承担。因为张某作为出租人应当按照约定将租赁物交付承租人、应当履行租赁物的维修义务。同时，张某有保持租赁物符合约定的用途。

（4）由李某承担。因为李某经张某同意装饰装修，但未就费用负担作特别约定，故承租人不得请求出租人补偿费用。

（5）李某、张某不承担赔偿责任。因为李某、张某与黄某之间都没有合同关系，李某、张某不承担违约损害赔偿责任。对于黄某的损失，李某、张某无过错，也不需要承担侵权损害赔偿责任。

（6）B 公司应当承担赔偿责任。郝某是 B 公司的工作人员，执行 B 公司的工作任务。该热水器是缺陷产品，因缺陷产品造成损害，被侵权人黄某既可以向产品的生产者请求赔偿，也可以向产品的销售者请求赔偿。故 B 公司需要承担侵权责任。

专题二十　委托合同

※ **【重点难点】** 委托合同的任意解除权和损害赔偿责任：（1）委托人或者受托人可以随时解除委托合同。因解除合同造成对方损失的，除不可归责于该当事人的事由外，无偿委托合同的解除方应当赔偿因解除时间不当造成的直接损失，有偿委托合同的解除方应当赔偿对方的直接损失和合同

履行后可以获得的利益。（2）有偿的委托合同，因受托人的过错造成委托人损失的，委托人可以请求赔偿损失。无偿的委托合同，因受托人的故意或者重大过失造成委托人损失的，委托人可以请求赔偿损失。受托人超越权限造成委托人损失的，应当赔偿损失。

例20-1（单选）：甲委托乙为其购买木材，甲按照约定向乙支付报酬。乙为此花去了一定的时间和精力，现甲不想要这批木材，于是电话告诉乙取消委托，乙不同意。对此，下列表述正确的是（　　）。

　　A. 甲无权单方取消委托，否则应赔偿乙的损失

　　B. 甲可以单方取消委托，但应当向乙承担违约责任

　　C. 甲可以单方取消委托，但需承担乙受到的损失

　　D. 甲可以单方取消委托，且不必向乙支付报酬

【讲解】《民法典》第933条规定，委托人或者受托人可以随时解除委托合同。因解除合同造成对方损失的，除不可归责于该当事人的事由外，无偿委托合同的解除方应当赔偿因解除时间不当造成的直接损失，有偿委托合同的解除方应当赔偿对方的直接损失和合同履行后可以获得的利益。据此，甲可以单方取消委托，而不问理由，但需承担任意解除合同对乙造成的损失。因委托合同是有偿的，因此甲应赔偿因解除委托合同造成乙的直接损失和合同履行后可以获得的利益。可见，C项表述正确，选C项，而A项表述错误。根据《民法典》第933条的规定，甲享有随时解除委托合同的权利，该权利是委托人享有的法定权利，不因行使解除权而承担违约责任。可见，B项表述错误。《民法典》第928条规定，受托人完成委托事务的，委托人应当按照约定向其支付报酬。因不可归责于受托人的事由，委托合同解除或者委托事务不能完成的，委托人应当向受托人支付相应的报酬。当事人另有约定的，按照其约定。据此，委托合同是由甲解除的，甲应当按照约定支付报酬。可见，D项表述错误。

【答案】C

　　※**【重点难点】**委托合同的效力：（1）委托人应当预付处理委托事务的费用。受托人为处理委托事务垫付的必要费用，委托人应当偿还该费用并支付利息。（2）受托人完成委托事务的，委托人应当按照约定向其支付报酬。因不可归责于受托人的事由，委托合同解除或者委托事务不能完成的，委托人应当向受托人支付相应的报酬。当事人另有约定的，按照其约定。（3）受托人应当按照委托人的指示处理委托事务。需要变更委托人指示的，应当经委托人同意；因情况紧急，难以和委托人取得联系的，受托人应当妥善处理委托事务，但是事后应当将该情况及时报告委托人。（4）受托人处理委托事务取得的财产，应当转交给委托人。

　　例20-2（单选）：甲去购买彩票，其友乙给甲10元钱让其顺便代购彩票，同时告知购买号码，并一再嘱咐甲不要改变。甲预测乙提供的号码不能中奖，便擅自更换号码为乙购买了彩票并替乙保管。开奖时，甲为乙购买的彩票中了奖，二人为奖金的归属发生纠纷。对此，下列表述正确的是（　　）。

　　A. 甲、乙之间成立借贷法律关系　　　　　B. 甲、乙应当平分中奖奖金

　　C. 甲应当获取奖金　　　　　　　　　　　D. 乙应当获得奖金

【讲解】《民法典》第919条规定，委托合同是委托人和受托人约定，由受托人处理委托人事务的合同。据此，甲受乙委托代为购买彩票，双方成立委托合同关系，A项表述错误。《民法典》第927条规定，受托人处理委托事务取得的财产，应当转交给委托人。据此，受托人甲虽然擅自改变了号码，但仍"为乙购买了彩票"，并替乙保管，中奖所获奖金属于处理委托事务取得的财产，应当归乙。可见，D项表述正确，B、C项表述错误。

【答案】D

　　※**【重点难点】**间接代理制度：（1）委托人的自动介入。受托人以自己的名义，在委托人的授权范围内与第三人订立的合同，第三人在订立合同时知道受托人与委托人之间的代理关系的，该合同直接约束委托人和第三人。当然，在有确切证据证明该合同只约束受托人和第三人时，不发生委托人自动介入受托人和第三人之间的合同关系的后果。（2）委托人的介入权。受托人因第三人的原

因对委托人不履行义务时，受托人应当向委托人披露第三人，以便委托人介入受托人与第三人之间的合同关系而直接向第三人主张权利。(3) 第三人的选择权。受托人因委托人的原因对第三人不履行义务时，受托人应当向第三人披露委托人，第三人因此可以选择受托人或者委托人作为相对人主张其权利，但是不能同时选择受托人和委托人为共同相对人，且第三人在作出选择后不得变更选定的相对人。第三人选定委托人作为其相对人的，委托人可以向第三人主张其对受托人的抗辩以及受托人对第三人的抗辩。

例 20 - 3（单选）：甲委托乙销售一批项链并交付，乙经甲同意转委托给丙。丙以自己的名义与丁签订买卖合同，约定将这批项链以高于市场价 10% 的价格卖给丁，并赠其一批箱包。丙因此与戊签订了箱包买卖合同。丙依约向丁交付项链，但因戊不能向丙交付箱包，导致丙无法向丁交付箱包。丁拒绝向丙支付项链款。对此，下列表述正确的是(　　　)。

A. 乙的转委托行为无效

B. 丙与丁签订的买卖合同直接约束甲和丁

C. 丙应向甲披露丁，甲可以行使丙对丁的权利

D. 丙应向丁披露戊，丁可以行使丙对戊的权利

【讲解】《民法典》第 169 条第 1、2 款规定，代理人需要转委托第三人代理的，应当取得被代理人的同意或者追认。转委托代理经被代理人同意或者追认的，被代理人可以就代理事务直接指示转委托的第三人，代理人仅就第三人的选任以及对第三人的指示承担责任。据此，甲、乙成立委托代理关系，乙经甲同意后选任复代理人丙，该转委托有效，丙为甲的代理人，A 项表述错误。《民法典》第 925 条规定，受托人以自己的名义，在委托人的授权范围内与第三人订立的合同，第三人在订立合同时知道受托人与委托人之间的代理关系的，该合同直接约束委托人和第三人；但是，有确切证据证明该合同只约束受托人和第三人的除外。据此，受托人丙以自己的名义与第三人丁签订买卖合同，题干中没有给出丁在订立合同时知道丙与甲之间存在委托合同关系的信息，故当事人构成间接代理，买卖合同不能直接约束甲和丁，原则上在丙与丁之间发生效力。可见，B 项表述错误。《民法典》第 926 条第 1 款规定，受托人以自己的名义与第三人订立合同时，第三人不知道受托人与委托人之间的代理关系的，受托人因第三人的原因对委托人不履行义务，受托人应当向委托人披露第三人，委托人因此可以行使受托人对第三人的权利。但是，第三人与受托人订立合同时如果知道该委托人就不会订立合同的除外。据此，因第三人丁未向丙交付货款，导致丙不能向甲履行义务的，受托人丙应当向委托人甲披露第三人丁，委托人甲可以行使介入权，行使丙对丁的权利。可见，C 项表述正确。《民法典》第 593 条规定，当事人一方因第三人的原因造成违约的，应当依法向对方承担违约责任。当事人一方和第三人之间的纠纷，依照法律规定或者按照约定处理。据此，丙与丁不存在内部委托关系，根据合同相对性原理，因第三人的原因导致其无法履行义务的，丙应当向丁承担违约责任。可见，D 项表述错误。

【答案】C

例题拓展

例 20 - 4（案例）：甲公司与乙公司签订的合作开发协议约定，合作开发的 A 区房屋归甲公司、B 区房屋归乙公司。乙公司与丙公司签订委托书，委托丙公司对外销售房屋。委托书中委托人签名盖章处有乙公司盖章和法定代表人王某签名，王某同时也是甲公司法定代表人。

张某查看合作开发协议和委托书后，与丙公司签订房屋预订合同，约定："张某向丙公司预付房款 50 万元，购买 A 区房屋一套。待取得房屋预售许可证后，双方签订正式合同。"丙公司将房款用于项目投资，全部亏损。后来王某向张某出具《承诺函》：如张某不闹事，将协调甲公司卖房给张某。但甲公司取得房屋预售许可后，将 A 区房屋全部卖与他人。张某请求甲公司、乙公司和丙

公司退回房款。

张某与李某签订债权转让协议，将该债权转让给李某，通知了甲、乙、丙三公司。

请根据上述材料，回答下列问题并说明理由：

（1）乙公司和丙公司签订委托合同是否有效？如何确定委托合同的当事人？

（2）对于甲公司而言，张某能否善意取得A区房屋所有权？

（3）《承诺函》是否具有法律效力？

（4）对于乙公司而言，张某能否基于表见代理主张房屋预订合同具有法律效力？

（5）张某预付的50万元房款如何处理？

【参考答案】（1）委托合同有效。乙公司和丙公司签订的委托销售协议属于委托合同，系两公司真实的意思表示，且没有违反法律的强制性规定，属于有效的委托合同。其中，乙公司为委托人，丙公司为受托人。

（2）张某不能善意取得A区房屋所有权。首先，根据甲公司和乙公司签订的合作开发协议，合作开发的A区房屋归甲公司。对于甲公司而言，丙公司并无销售该区房屋的处分权，故应当认定丙公司销售A区房屋的行为属于无权处分。其次，张某订立合同时已经查看合作开发协议和委托书，知道或者应当知道丙公司仅有销售B区房屋的权利，这表明张某缺乏善意。最后，房屋并未办理登记过户。因而，张某不能善意取得A区房屋所有权。

（3）《承诺函》不具有法律效力。因为《承诺函》只是承诺"协调甲公司卖房给张某"，而非"保证"甲公司与张某订立买卖合同，显然欠缺受法律约束的意思，故不产生法律行为上的效果。

（4）张某不能依据表见代理主张房屋预订合同有效。首先，张某订立合同时已经查看合作开发协议和委托书，知道或者应当知道丙公司仅有销售B区房屋的权利，故张某没有理由相信丙公司有代理权，不构成表见代理。其次，对于乙公司而言，根据乙公司、丙公司签订的委托书，丙公司仅具有销售B区房屋的权利，而丙公司销售的却是A区房屋，超越了代理权限，构成无权代理。因而，张某不能依据表见代理主张房屋预订合同有效。

（5）50万元购房款应由丙公司退还给李某。首先，丙公司超越代理权以乙公司的名义对外订立合同，构成无权代理，因被代理人乙公司并未追认该合同，故应当由行为人丙公司承担退还预付款50万元的责任。其次，张某与李某签订债权转让协议，将其对丙公司的50万元债权转让给李某，并通知了债务人丙公司，故李某成为新的债权人，张某丧失债权人资格。

专题二十一　其他有名合同

其他有名合同包括供用电、水、气、热力合同，赠与合同，借款合同，融资租赁合同，保理合同，承揽合同，建设工程合同，运输合同，技术合同，保管合同，仓储合同，物业服务合同，行纪合同，中介合同，合伙合同。由于知识点很多，本书仅通过对下列几道例题的讲解，归纳一些重点和难点。

例21-1（单选）：甲公司在2018年4月9日欠乙公司货款600万元，届期无力清偿。2017年10月9日，甲公司向丙公司赠送一套价值50万元的机器设备。2018年1月9日，甲公司向丁寺院捐赠60万元现金。2018年10月1日，甲公司向戊希望小学捐赠价值120万元的教学用显示屏。现甲公司的3项赠与行为均尚未履行。对此，下列表述正确的是（　　）。

A. 乙公司有权撤销甲公司对丙公司的赠与

B. 乙公司有权撤销甲公司对丁寺院的捐赠

C. 乙公司有权撤销甲公司对戊学校的赠与

D. 甲公司有权撤销对戊学校的赠与

【讲解】《民法典》第658条规定，赠与人在赠与财产的权利转移之前可以撤销赠与。经过公证的赠与合同或者依法不得撤销的具有救灾、扶贫、助残等公益、道德义务性质的赠与合同，不适用前款规定。据此，甲公司先后成立三个赠与合同。在赠与财产转移之前，甲公司可以任意撤销对丙公司的赠与，但不能撤销具有社会公益性质的对丁寺院及戊学校的赠与，故 D 项表述错误。《民法典》第 538 条规定，债务人以放弃其债权、放弃债权担保、无偿转让财产等方式无偿处分财产权益，或者恶意延长其到期债权的履行期限，影响债权人的债权实现的，债权人可以请求人民法院撤销债务人的行为。据此，甲公司对戊学校的赠与发生在债务清偿期届满之后，为无偿转让财产，无论受赠人戊学校是否知情，均符合债权撤销权的行使要件，故 C 项表述正确。因甲公司对丙公司、丁寺院的赠与均发生在乙公司的债权产生之前，难以认定该赠与行为危害了债权人的债权，不符合债权人撤销权的行使要件。可见，A、B 项表述错误。

【答案】C

例 21－2（多选）：自然人甲与乙签订了借款合同，乙借给甲 1 000 万元，为期 1 年，年利率为 40%。后双方又签订了房屋买卖合同，约定："甲把房屋卖给乙，房款为甲的借款本息之和。甲须在一年内以该房款分 6 期回购房屋。如甲不回购，乙有权直接取得房屋所有权。"乙交付借款时，甲出具收到全部房款的收据。后甲未按约定回购房屋，也未把房屋过户给乙。因房屋价格上涨至 3 000 万元，甲主张偿还借款本息。对此，下列表述正确的是（　　）。

A. 甲、乙之间成立借款合同关系，不是房屋买卖合同关系

B. 甲、乙约定的借款利率有效

C. 乙不能取得房屋所有权

D. 因甲未按约定偿还借款，应承担违约责任

【讲解】参照《最高人民法院关于审理民间借贷案件适用法律若干问题的规定》（以下简称《民间借贷规定》）第 24 条第 1 款规定：当事人以签订买卖合同作为民间借贷合同的担保，借款到期后借款人不能还款，出借人请求履行买卖合同的，人民法院应当按照民间借贷法律关系审理，并向当事人释明变更诉讼请求。当事人拒绝变更的，人民法院裁定驳回起诉。据此，以签订买卖合同作为民间借贷合同的担保的，当事人并不存在买卖标的的真实意思，真实的法律关系为民间借贷，故 A 项表述正确。参照《民间借贷规定》第 26 条规定：借贷双方约定的利率未超过年利率 24%，出借人请求借款人按照约定的利率支付利息的，人民法院应予支持。借贷双方约定的利率超过年利率 36%，超过部分的利息约定无效。借款人请求出借人返还已支付的超过年利率 36% 部分的利息的，人民法院应予支持。据此，自然人之间的借贷利率区分为三档：其一，24% 以下的部分受法律保护；其二，36% 以上的部分不予保护；其三，超过 24% 不满 36% 的部分为自然债务，债务人享有抗辩权。可见，B 项表述错误。《民法典》第 116 条规定，物权的种类和内容，由法律规定。《民法典》第 209 条第 1 款规定，不动产物权的设立、变更、转让和消灭，经依法登记，发生效力；未经登记，不发生效力，但是法律另有规定的除外。据此，甲、乙的约定并不能发生物权变动的效力，且甲未把房屋过户给乙，乙不能取得房屋的所有权。可见，C 项表述正确。参照《民间借贷规定》第 24 条第 2 款规定：按照民间借贷法律关系审理作出的判决生效后，借款人不履行生效判决确定的金钱债务，出借人可以申请拍卖买卖合同标的物，以偿还债务。就拍卖所得的价款与应偿还借款本息之间的差额，借款人或者出借人有权主张返还或补偿。据此，甲、乙成立有效的借款合同，甲未按照约定偿还本息，应当依法承担违约责任。可见，D 项表述正确。

【答案】ACD

例 21－3（多选）：甲融资租赁公司与乙公司签订融资租赁合同，约定甲公司向乙公司出租一套医疗设备，出卖人和该医疗设备系乙公司选择。甲公司实施的下列行为中，乙公司有权请求其赔偿损失的有（　　）。

A. 甲公司无正当理由将出租的医疗设备收回

B. 甲公司无正当理由干扰乙公司使用医疗设备

C. 甲公司将医疗设备抵押给银行，致使医疗设备被抵押拍卖

D. 融资租赁合同因买卖合同被撤销而解除

【讲解】《民法典》第748条规定，出租人应当保证承租人对租赁物的占有和使用。出租人有下列情形之一的，承租人有权请求其赔偿损失：(1) 无正当理由收回租赁物；(2) 无正当理由妨碍、干扰承租人对租赁物的占有和使用；(3) 因出租人的原因致使第三人对租赁物主张权利；(4) 不当影响承租人对租赁物占有和使用的其他情形。根据上述规定第1项，选A项。根据上述规定第2项，选B项。根据上述规定第3项，因出租人的原因（甲公司将医疗设备抵押），致使第三人（银行）对租赁物医疗设备主张权利（行使抵押权）。可见，C项表述符合题意，选C项。《民法典》第755条第1款规定，融资租赁合同因买卖合同解除、被确认无效或者被撤销而解除，出卖人、租赁物系由承租人选择的，出租人有权请求承租人赔偿相应损失；但是，因出租人原因致使买卖合同解除、被确认无效或者被撤销的除外。第2款规定，出租人的损失已经在买卖合同解除、被确认无效或者被撤销时获得赔偿的，承租人不再承担相应的赔偿责任。据此规定第1款，由于出卖人及租赁物是由乙公司选择的，因此，融资租赁合同因买卖合同被撤销而解除的，出租人甲公司有权请求承租人乙公司赔偿相应损失，而不是由承租人乙公司请求出租人甲公司赔偿损失。可见，D项表述不符合题意。

【答案】ABC

例21-4（多选）：甲公司与乙公司协商，将乙公司欠甲公司的货款600万元虚构为1 000万元。然后，甲公司与丙银行签订保理合同，甲公司将虚构的1 000万元应收账款转让给不知情的丙银行，丙银行向甲公司支付保理融资款800万元。之后，丙银行向乙公司主张1 000万元债务的清偿，遭到乙公司拒绝。对此，下列表述正确的是(   )。

A. 丙银行应当向乙公司发出应收账款转让通知，表明保理人身份并附有必要凭证

B. 甲公司与乙公司应就合同所涉应收账款办理登记，才能发生法律效力

C. 丙银行只能向乙公司主张600万元债权

D. 丙银行有权向乙公司主张1 000万元债权

【讲解】《民法典》第764条规定，保理人向应收账款债务人发出应收账款转让通知的，应当表明保理人身份并附有必要凭证。据此，保理人丙银行应当向应收账款债务人乙公司发出应收账款转让通知，未经通知的，应收账款债权转让对债务人乙公司不发生效力。实践中，保理人的应收账款转让通知，应当明确记载，保理业务项下的应收账款已经实际发生转让，转让给保理人。如果保理人没有这种明确的表述，只是通知债务人回款账户变更为保理人的账户，这并不能视为完成了通知债务人的行为。可见，A项表述正确。保理合同所涉应收账款可以办理登记，也可以不办理登记，是否办理登记，并不影响保理合同的效力。可见，B项表述错误。《民法典》第763条规定，应收账款债权人与债务人虚构应收账款作为转让标的，与保理人订立保理合同的，应收账款债务人不得以应收账款不存在为由对抗保理人，但是保理人明知虚构的除外。据此，债权人甲公司与债务人乙公司将乙公司所欠货款600万元虚构为1 000万元，其中400万元债权是虚构的，对此，债务人乙公司不得以这400万元不存在为由对抗丙银行，因此，丙银行有权请求乙公司清偿1 000万元债务。可见，D项表述正确，C项表述错误。

【答案】AD

例21-5（单选）：2月1日，甲、乙两公司签订100台电脑的买卖合同，甲公司于5月1日交货，乙公司于8月1日付款100万元。6月1日，因资金周转困难，甲公司与丙银行订立无追索权的保理合同，将100万元应收账款转让给丙银行，丙银行向甲公司提供保理预付款90万元。对此，下列表述正确的是(   )。

A. 甲公司将应收账款转让给丙银行，应当取得乙公司的同意

B. 甲公司将应收账款转让给丙银行，应当向丙银行提供相应的担保

C. 甲公司将应收账款转让给丙银行后，可以减免乙公司的债务

D. 乙公司不履行债务，丙银行既可以向甲公司求偿，也可以向乙公司求偿

【讲解】《民法典》第761条规定，保理合同是应收账款债权人将现有的或者将有的应收账款转让给保理人，保理人提供资金融通、应收账款管理或者催收、应收账款债务人付款担保等服务的合

同。《民法典》第769条规定，本章（保理合同）没有规定的，适用本编第六章债权转让的有关规定。《民法典》第546条第1款规定，债权人转让债权，未通知债务人的，该转让对债务人不发生效力。结合上述规定，本题涉及的应收账款的债权转让，应当通知债务人乙公司，但不必取得债务人乙公司的同意，A项表述错误。债权人甲公司与保理人达成保理合同后，甲公司不必向保理人提供担保，B项表述错误。《民法典》第765条规定，应收账款债务人接到应收账款转让通知后，应收账款债权人和债务人无正当理由协商变更或者终止基础交易合同，对保理人产生不利影响的，对保理人不发生效力。据此，债权人可以减免乙公司的债务，C项表述正确，当然，若无正当理由减免乙公司的债务对保理人丙银行产生不利影响的，对丙银行不发生法律效力。保理可以分为有追索权的保理（《民法典》第766条）和无追索权的保理（《民法典》第767条）。本题题干表述有"甲公司与丙银行订立无追索权的保理合同"，因此，本题涉及的是无追索权的保理。《民法典》第767条规定，当事人约定无追索权保理的，保理人应当向应收账款债务人主张应收账款债权，保理人取得超过保理融资款本息和相关费用的部分，无须向应收账款债权人返还。可见，无追索权的保理，保理人只能向应收账款债务人求偿，不能向应收账款债权人求偿，即保理人对应收账款债权人无追索权。可见，D项表述错误。

【答案】C

例21-6（多选）：甲中学委托乙服装厂加工1 000套校服，约定材料由服装厂采购，学校提供样品，取货时付款。为赶时间，乙服装厂私自委托丙服装厂加工200套。甲中学按时前来取货，发现丙服装厂加工的200套校服不符合样品要求，遂拒绝付款。乙服装厂则拒绝交货。对此，下列表述正确的是（　　）。

A. 甲中学可以乙服装厂擅自外包为由解除合同

B. 如甲中学不支付酬金，乙服装厂可拒绝交付校服

C. 如甲中学不支付酬金，乙服装厂可对样品行使留置权

D. 甲中学有权请求丙服装厂承担违约责任

【讲解】《民法典》第772条规定，承揽人应当以自己的设备、技术和劳力，完成主要工作，但是当事人另有约定的除外。承揽人将其承揽的主要工作交由第三人完成的，应当就该第三人完成的工作成果向定作人负责；未经定作人同意的，定作人也可以解除合同。据此，甲中学委托乙服装厂加工校服，承揽人乙服装厂擅自外包交由第三人完成部分承揽工作，定作人甲中学有权解除合同。可见，A项表述正确。《民法典》第782条规定，定作人应当按照约定的期限支付报酬。对支付报酬的期限没有约定或者约定不明确，依据本法第510条的规定仍不能确定的，定作人应当在承揽人交付工作成果时支付；工作成果部分交付的，定作人应当相应支付。据此，虽然乙服装厂交付的校服中有200套不符合样品要求，但定作人应当支付无瑕疵的800套校服的相应费用。《民法典》第783条规定，定作人未向承揽人支付报酬或者材料费等价款的，承揽人对完成的工作成果享有留置权或者有权拒绝交付，但是当事人另有约定的除外。据此，如果甲中学不支付酬金，乙服装厂有权留置合法占有的校服或样品，并实现优先受偿权。可见，B、C项表述正确。《民法典》第772条第2款规定，承揽人将其承揽的主要工作交由第三人完成的，应当就该第三人完成的工作成果向定作人负责；未经定作人同意的，定作人也可以解除合同。据此，基于合同相对性原理，甲中学无权请求丙服装厂承担违约责任，但有权请求乙服装厂承担违约责任。可见，D项表述错误。

【答案】ABC

例21-7（多选）：甲房地产开发公司开发一个较大的项目（含5套花园公寓），作为发包人，甲公司将该项目的主体工程发包给了乙企业，签署了建设工程施工合同。为了融资需要，甲公司将该项目的建设用地使用权抵押给银行，从银行贷款5 000万元。丙购买了其中的一栋花园公寓，并全额支付了购房款。该项目竣工后，甲公司未能偿还乙企业的工程款2 000万元。对此，下列表述正确的是（　　）。

A. 乙企业对该花园公寓及其建设用地使用权的优先受偿权优先于银行的抵押权

B. 乙企业对该花园公寓及其建设用地使用权的优先受偿权不得对抗丙对其所购一套花园公寓

享有的权利

C. 乙企业就逾期支付建设工程价款的利息、违约金、损害赔偿金享有优先受偿权

D. 乙企业为建设工程应当支付的工作人员报酬、材料款等实际支出的费用享有优先受偿权

【讲解】《最高人民法院关于建设工程价款优先受偿权问题的批复》指出：（1）建设工程承包人的优先受偿权优于抵押权和其他债权；（2）消费者交付购买商品房的全部或者大部分款项后，承包人就该商品房享有的工程价款优先受偿权不得对抗买受人；（3）建设工程价款包括承包人为建设工程应当支付的工作人员报酬、材料款等实际支出的费用，不包括承包人因发包人违约所造成的损失。据此，乙企业对该花园公寓及其建设用地使用权的优先受偿权优先于银行的抵押权，乙企业为建设工程应当支付的工作人员报酬、材料款等实际支出的费用也享有优先受偿权，选A、D项。但乙企业对该花园公寓及其建设用地使用权的优先受偿权不得对抗丙对其所购一套花园公寓享有的权利，选B项。参照《最高人民法院关于审理建设工程施工合同纠纷案件适用法律问题的解释（二）》第21条第2款规定：承包人就逾期支付建设工程价款的利息、违约金、损害赔偿金等主张优先受偿的，人民法院不予支持。据此，不选C项。

【答案】ABD

例21-8（单选）：一辆由吴某驾驶的公交汽车在正常行驶时被一辆违章行驶的由车主李某驾驶的私人货车撞上，造成乘客王某受伤。对于王某的损害（   ）。

A. 可由公交公司赔偿　　　　　　　　　B. 由吴某赔偿

C. 只能由李某赔偿　　　　　　　　　　D. 由公交司机和李某承担连带赔偿责任

【讲解】《民法典》第823条规定，承运人应当对运输过程中旅客的伤亡承担赔偿责任；但是，伤亡是旅客自身健康原因造成的或者承运人证明伤亡是旅客故意、重大过失造成的除外。前款规定适用于按照规定免票、持优待票或者经承运人许可搭乘的无票旅客。据此，王某的损害应由公交公司赔偿。此赔偿为违约损害赔偿，选A项。《民法典》第1191条第1款规定，用人单位的工作人员因执行工作任务造成他人损害的，由用人单位承担侵权责任。用人单位承担侵权责任后，可以向有故意或者重大过失的工作人员追偿。据此，吴某为公交公司工作人员，其因执行工作任务造成王某损害的，应由公交公司赔偿，不选B项。货车车主李某违章驾驶货车，存在主观过错，对王某的损害，王某可以请求李某赔偿，此赔偿为侵权损害赔偿。但是，王某只能选择由公交公司承担违约损害赔偿或者李某承担侵权损害赔偿，不能同时主张。可见，不选C项。由于公交车是正常行驶，因此公交公司的行为只是违约而非侵权，故公交公司与货车车主并没有承担连带责任的基础，D项表述错误。

【答案】A

例21-9（单选）：甲公司与乙公司签订一份技术开发合同，未约定技术秘密成果的归属。甲公司按约支付了研究开发经费和报酬后，乙公司交付了全部技术成果资料。后甲公司在未告知乙公司的情况下，以普通使用许可方式许可丙公司使用该技术，乙公司在未告知甲公司的情况下，以独占使用许可的方式许可丁公司使用该技术。对此，下列说法正确的是（   ）。

A. 该技术成果的使用权仅属于甲公司

B. 该技术成果的转让权仅属于乙公司

C. 甲公司与丙公司签订的许可使用合同无效

D. 乙公司与丁公司签订的许可使用合同无效

【讲解】《民法典》第861条规定，委托开发或者合作开发完成的技术秘密成果的使用权、转让权以及收益的分配办法，由当事人约定；没有约定或者约定不明确，依据本法第510条的规定仍不能确定的，在没有相同技术方案被授予专利权前，当事人均有使用和转让的权利。但是，委托开发的研究开发人不得在向委托人交付研究开发成果之前，将研究开发成果转让给第三人。据此，甲公司与乙公司签订技术开发合同，但未约定技术秘密成果的归属，甲公司、乙公司双方均有使用和转让的权利。可见，A、B项表述错误。《民法典》第861条所称"当事人均有使用和转让的权利"，包括当事人均有不经对方同意而自己使用或者以普通使用许可的方式许可他人使用技术秘密，并独

占由此所获利益的权利。当事人一方将技术秘密成果的转让权让与他人，或者以独占或者排他使用许可的方式许可他人使用技术秘密，未经对方当事人同意或者追认的，应当认定该让与或者许可行为无效。据此，甲公司在未告知乙公司的情况下，有权以普通使用许可的方式许可丙公司使用该技术，因此该许可合同是完全有效的。可见，C项表述错误。而乙公司在未告知甲公司的情况下，以独占使用许可的方式许可丁公司使用该技术，侵犯了他人的技术成果，应当认定该独占许可合同无效。可见，D项表述正确。

【答案】D

例 21－10（多选）： 甲将一件贵重物品放在乙处，由乙负责保管，乙却将该物品转交给丙保管。丙在保管过程中使用该物品，因大意而使物品受损。则（　　）。

A. 甲可以请求乙赔偿损失　　　　　　　　B. 甲可以请求丙赔偿损失

C. 甲可以请求乙返还物品　　　　　　　　D. 甲可以请求丙返还物品

【讲解】《民法典》第894条规定，保管人不得将保管物转交第三人保管，但是当事人另有约定的除外。保管人违反前款规定，将保管物转交第三人保管，造成保管物损失的，应当承担赔偿责任。据此，甲将贵重物品交给乙保管，乙违反约定将物品转交给丙保管，因此，乙应当承担违约责任，造成物品损害的，甲可以请求保管人乙承担赔偿责任。可见，A项表述正确，选A项。虽然甲、丙之间没有合同关系，但是，丙将甲的物品损坏，构成侵权，甲可以请求丙承担侵权损害赔偿责任。可见，B项表述正确，选B项。甲可以基于债权或者所有权，请求乙返还保管物。可见，C项表述正确，选C项。甲对贵重物品享有所有权，甲可基于所有权请求丙返还保管物。可见，D项表述正确，选D项。

【答案】ABCD

例 21－11（单选）： 甲业主委员会选聘乙物业公司达成物业服务合同。业主丙以不同意物业服务合同为由拒绝交纳物业费，且因不满乙物业公司管理，在设立居住权后没有告知乙公司。乙公司也以合同没有约定相关条款为由，拒绝将利用业主共用花园产生的收入交付给全体业主。对此，下列说法正确的是（　　）。

A. 选聘乙公司为物业服务人，应当经参与表决专有部分面积 3/4 以上的业主且参与表决人数 3/4 以上的业主同意

B. 丙有权拒绝交纳物业费

C. 丙设立居住权的，应当及时告知乙公司

D. 乙公司利用业主共用花园产生的收入归乙公司所有

【讲解】《民法典》第278条第1款规定，下列事项由业主共同决定：（1）制定和修改业主大会议事规则；（2）制定和修改管理规约；（3）选举业主委员会或者更换业主委员会成员；（4）选聘和解聘物业服务企业或者其他管理人；（5）使用建筑物及其附属设施的维修资金；（6）筹集建筑物及其附属设施的维修资金；（7）改建、重建建筑物及其附属设施；（8）改变共有部分的用途或者利用共有部分从事经营活动；（9）有关共有和共同管理权利的其他重大事项。第2款规定，业主共同决定事项，应当由专有部分面积占比2/3以上的业主且人数占比2/3以上的业主参与表决。决定前款第6项至第8项规定的事项，应当经参与表决专有部分面积3/4以上的业主且参与表决人数3/4以上的业主同意。决定前款其他事项，应当经参与表决专有部分面积过半数的业主且参与表决人数过半数的业主同意。据此规定第1款第4项、第2款，选聘乙公司为物业服务人，应当经参与表决专有部分面积过半数的业主且参与表决人数过半数的业主同意。可见，A项表述错误。《民法典》第939条规定，建设单位依法与物业服务人订立的前期物业服务合同，以及业主委员会与业主大会依法选聘的物业服务人订立的物业服务合同，对业主具有法律约束力。据此，物业服务合同对全体业主（包括丙）具有约束力，丙无权拒绝交纳物业费。可见，B项表述错误。《民法典》第945条第2款规定，业主转让、出租物业专有部分、设立居住权或者依法改变共有部分用途的，应当及时将相关情况告知物业服务人。据此，C项表述正确，选C项。《民法典》第282条规定，建设单位、物业服务企业或者其他管理人等利用业主的共有部分产生的收入，在扣除合理成本之后，属于业主共

有。据此，乙公司利用业主共用花园产生的收入应属于业主共有。可见，D项表述错误。

【答案】 C

例 21－12（多选）： 甲委托乙寄售行以该行名义将甲的一台摩托车以 5 000 元出售，除酬金外双方对其他事项未作约定。其后，乙寄售行将该摩托车以 6 000 元卖给了丙，为此乙寄售行多支付费用 150 元。对此，下列表述正确的是(   )。

A. 甲与乙寄售行订立的是中介合同

B. 高于约定价格卖得的 1 000 元属于甲

C. 如果摩托车出现质量问题，丙应向乙寄售行主张违约责任

D. 乙寄售行无权请求甲承担 150 元费用

【讲解】《民法典》第 951 条规定，行纪合同是行纪人以自己的名义为委托人从事贸易活动，委托人支付报酬的合同。《民法典》第 961 条规定，中介合同是中介人向委托人报告订立合同的机会或者提供订立合同的媒介服务，委托人支付报酬的合同。据此，甲委托乙寄售行以该行名义将甲的一台摩托车以 5 000 元价格出售，并支付酬金，双方成立的是行纪合同，而不是中介合同。可见，A项表述错误。《民法典》第 955 条第 2 款规定，行纪人高于委托人指定的价格卖出或者低于委托人指定的价格买入的，可以按照约定增加报酬；没有约定或者约定不明确，依据本法第 510 条的规定仍不能确定的，该利益属于委托人。据此，乙寄售行将摩托车以高于约定价格 1 000 元的价格卖给了丙，当事人未作出约定的，该部分利益属于委托人甲。可见，B项表述正确。《民法典》第 958 条规定，行纪人与第三人订立合同的，行纪人对该合同直接享有权利、承担义务。第三人不履行义务致使委托人受到损害的，行纪人应当承担赔偿责任，但是行纪人与委托人另有约定的除外。据此，如果摩托车出现质量问题，丙应向行纪人乙寄售行主张违约责任。可见，C项表述正确。《民法典》第 952 条规定，行纪人处理委托事务支出的费用，由行纪人负担，但是当事人另有约定的除外。据此，甲与乙寄售行没有对行纪费用作出约定，故由行纪人乙寄售行自己承担，无权请求甲承担。可见，D项表述正确。

【答案】 BCD

专题二十二　准合同

※**【重点难点】** 无因管理。(1) 无因管理的构成要件：①须为管理他人事务。②须有为他人谋利益的意思。③须无法律上的义务。(2) 管理人没有法定的或者约定的义务，为避免他人利益受损失而管理他人事务的，可以请求受益人偿还因管理事务而支出的必要费用；管理人因管理事务受到损失的，可以请求受益人给予适当补偿。管理事务不符合受益人真实意思的，管理人不享有上述权利；但是，受益人的真实意思违反法律或者违背公序良俗的除外。(3) 管理人管理事务不属于《民法典》第 979 条规定的情形，但是受益人享有管理利益的，受益人应当在其获得的利益范围内向管理人承担《民法典》第 979 条第 1 款规定的义务。(4) 管理人管理他人事务，应当采取有利于受益人的方法。中断管理对受益人不利的，无正当理由不得中断。(5) 管理人管理他人事务，能够通知受益人的，应当及时通知受益人。管理的事务不需要紧急处理的，应当等待受益人的指示。(6) 管理结束后，管理人应当向受益人报告管理事务的情况。管理人管理事务取得的财产，应当及时转交给受益人。(7) 管理人管理事务经受益人事后追认的，从管理事务开始时起，适用委托合同的有关规定，但是管理人另有意思表示的除外。

例 22－1（单选）： 下列情形能够引起无因管理之债的是(   )。

A. 甲向乙借款，丙在明知诉讼时效已过后擅自代甲向乙还本付息

B. 甲在自家门口扫雪，顺便将邻居乙的小轿车上的积雪清扫干净

C. 甲为防止邻居失火的房屋火势向自家房屋蔓延，便带领家人灭火

D. 甲将摔倒在地的老人扶起

【讲解】《民法典》第 121 条规定，没有法定的或者约定的义务，为避免他人利益受损失而进行管理的人，有权请求受益人偿还由此支出的必要费用。此外，管理事务须有利于本人且不违反本人明示或可推知的意思。据此，A 项表述中，甲的债务已超过诉讼时效，成为自然债务，债务人取得已经超过诉讼时效的抗辩权。丙的管理行为（明知诉讼时效已过的情形下擅自清偿），虽无法定或约定义务，但显然不利于本人甲，不能成立无因管理之债，不选 A 项。B 项表述中，甲为邻居清扫轿车上的积雪属于情谊行为，不存在需要法律规范的民事法律关系，不成立无因管理，不选 B 项。成立无因管理，须有为他人谋利益的意思，只要管理行为在客观上避免了他人利益受损且管理人不纯粹是出于为自己谋利益的目的，就可以成立无因管理。据此，C 项表述中，甲救助失火的房屋，虽有为本人意思，但邻居也会从中受益，成立无因管理，选 C 项。无因管理中，管理的事务不能是纯粹宗教的、道德的事务，一般性生活事务或公共性事务。扶起摔倒的老人属于道德事务，不能成立无因管理，不选 D 项。

【答案】C

例 22 - 2（单选）：刘某承包果园，收获季节突然病故。好友吕某因联系不上刘某家人，便主动为刘某办理后事和照看西瓜园，并将西瓜卖出，获益 5 万元。其中，办理后事花费 1 万元，摘卖西瓜雇工费以及其他必要费用 5 000 元。吕某认为自己应得劳务费 5 000 元。对此，下列说法正确的是（　　）。

A. 吕某的行为属于不当得利　　　　　B. 吕某应向刘某家人给付 3 万元

C. 吕某应向刘某家人给付 4 万元　　　D. 吕某应向刘某家人给付 3.5 万元

【讲解】本题表述中，吕某在没有法定和约定义务的情况下，为了避免刘某的利益受损，主动为刘某办理后事并对其西瓜园进行管理的行为构成无因管理，排除不当得利的适用，不选 A 项。根据《民法典》第 121 条的规定，管理人有权请求受益人偿付支出的必要费用，包括在管理或者服务活动中直接支出的费用，以及在该活动中受到的实际损失。管理事务终止时，管理人应向本人报告管理事务的结果，并将处理管理事务取得的财产转交给本人。故吕某出售西瓜获得的 5 万元，在扣除 1.5 万元必要费用后，应将 3.5 万元返还给刘某的家人。根据民法原理，管理人无权请求本人支付报酬，因此吕某无权请求刘某的家人支付劳务费 5 000 元。可见，选 D 项。

【答案】D

例 22 - 3（单选）：张某（女）将其刚出生的女婴丢弃在公园的椅子上，路人刘某路过公园时听到婴儿啼哭，便将女婴抱回家中抚养一个月，并发出通知寻找婴儿的亲生父母。刘某的行为属于（　　）。

A. 适法无因管理　　　B. 无权代理　　　　C. 不适法无因管理　　D. 情谊行为

【讲解】无权代理不同于无因管理，无权代理一般涉及本人和第三人，而无因管理则是受益人和本人之间的关系。从这个角度判断，刘某的行为并非无权代理，不选 B 项。无因管理也不同于情谊行为，情谊行为不受民法调整，而无因管理受民法调整。本题中，刘某抚养女婴，并非情谊行为，不选 D 项。《民法典》第 979 条第 1 款规定，管理人没有法定的或者约定的义务，为避免他人利益受损失而管理他人事务的，可以请求受益人偿还因管理事务而支出的必要费用；管理人因管理事务受到损失的，可以请求受益人给予适当补偿。据此，构成无因管理，管理人不应违背本人明示或可推知的意思进行管理。本题中，刘某抚养女婴的行为，是不符合受益人的真实意思的，即违反了本人明示的或者可推知的意思。但是，《民法典》第 979 条第 2 款规定，管理事务不符合受益人真实意思的，管理人不享有前款规定的权利，但是，受益人的真实意思违反法律或者违背公序良俗的除外。据此，本题中，虽然刘某抚养女婴的行为违反了本人的真实意思，但因弃婴行为违背公序良俗，刘某的行为仍然成立适法无因管理。可见，选 A 项。

【答案】A

※ **【重点难点】**不当得利。（1）不当得利的构成要件：①一方取得利益。②他方受有损失。③一方取得利益和他方受损之间有因果关系。④没有合法根据。（2）不当得利可因给付而发生。但

下列情形所为的给付，另一方的得利行为不构成不当得利：①履行道德义务而为的给付，虽然受领人无合法原因而受领，给付人也不得请求返还。例如，对无扶养义务的亲属误以为有扶养义务而予以扶养；兄姐为正在大学读书的弟妹支付的学费；因亲朋好友的婚丧庆吊而支付的费用；他人结婚生子给予的贺礼；对超过诉讼时效的债务进行清偿；对于救助其生命的无因管理行为给付的报酬；对促成男女婚姻的媒人给付的报酬；等等。②期前清偿，即履行期限到来之前清偿债务。③明知不欠债而清偿。例如，甲、乙系朋友关系，后甲得重病无钱支付治疗费，乙出于怜悯，谎称曾欠甲欠款，违心给甲支付了治疗费。④基于不法原因的给付。如行贿受贿；夫妻一方与他人通奸，向发现者支付的保密费用；用金钱收买杀手；赌博之债等。但要注意：不法原因的给付仅存在于受让人一方时，适用不当得利。例如，为回赎绑票而向绑匪支付赎金；经营者为顺利经营而向黑社会组织支付"保护费"等，适用不当得利。（3）不当得利可非因给付而发生。包括：①基于受益人本人的行为而发生的不当得利。②基于受损人自己的行为而发生的不当得利。③因第三人的行为而发生的不当得利。④基于自然事件而发生的不当得利。⑤无权使用、消费他人之物而产生的不当得利。⑥错误的强制执行。（4）得利人不知道且不应当知道取得的利益没有法律根据，取得的利益已经不存在的，不承担返还该利益的义务。（5）得利人知道或者应当知道取得的利益没有法律根据的，受损失的人可以请求得利人返还其取得的利益并依法赔偿损失。（6）得利人已经将取得的利益无偿转让给第三人的，受损失的人可以请求第三人在相应范围内承担返还义务。

例22-4（单选）：下列选项中，能够产生不当得利之债的是（　　）。

A. 甲在银行的存款账户因银行电脑故障多取出2万元

B. 甲不知道诉讼时效已过，向其债权人偿还1万元债务

C. 甲欠乙钱款，提前支付全部利息后又在借期届满前提前还款

D. 甲向乙支付因打麻将输掉的1万元现金

【讲解】《民法典》第122条规定，因他人没有法律根据，取得不当利益，受损失的人有权请求其返还不当利益。据此，A项表述中，甲的存款账户因银行电脑故障多出2万元，无法律根据受有利益而导致银行受损，属于典型的给付型不当得利，选A项。《民法典》第192条规定，诉讼时效期间届满的，义务人可以提出不履行义务的抗辩。诉讼时效期间届满后，义务人同意履行的，不得以诉讼时效期间届满为由抗辩；义务人已经自愿履行的，不得请求返还。据此，B项表述中，超过诉讼时效的债务为自然债务，虽无强制执行力，但债权人仍有合法的受领权，不构成不当得利，不选B项。《民法典》第985条规定，得利人没有法律根据取得不当利益的，受损失的人可以请求得利人返还取得的利益，但是有下列情形之一的除外：（1）为履行道德义务进行的给付；（2）债务到期之前的清偿；（3）明知无给付义务而进行的债务清偿。据此，本题中，C项表述符合上述规定第2项，不构成不当得利，不选C项。D项表述属于因基于不法原因的给付，也不能主张不当得利返还请求权，不选D项。

【答案】A

例22-5（单选）：甲发现自己的工资卡多出2万元，便将其中1万元借给乙，约定利息500元；另外1万元投入股市。甲所在单位查账发现此事，原因在于财务人员工作失误，遂请求甲返还。经查，甲借给乙的1万元到期未还，投入股市的1万元已获利2000元。对此，下列表述正确的是（　　）。

A. 甲应返还给单位2万元　　　　　　B. 甲应返还给单位2.2万元

C. 甲应返还给单位2.25万元　　　　　D. 甲应返还给单位2万元及利息

【讲解】《民法典》第122条规定，因他人没有法律根据，取得不当利益，受损失的人有权请求其返还不当利益。据此，由于财务工作人员失误，甲的工资卡里多出2万元，甲获得的利益属于不当得利。那么如何认定甲获得利益的范围。首先，原物和孳息属于返还范围，也就是说，2万元本金和500元利息属于返还范围。那么除了孳息之外的其他获得的利益是否属于返还范围？在民法典公布之前，根据《最高人民法院关于贯彻执行〈中华人民共和国民法通则〉若干问题的意见（试行）》（以下简称《民通意见》）第131条规定，返还的不当利益，应当包括原物和原物所生的孳息。

利用不当得利所取得的其他利益，扣除劳务管理费用后，应当予以收缴。孳息包括天然孳息和法定孳息。据此，甲投资股市获益的2 000元属于"利用不当得利所取得的其他利益"，应当予以收缴，而非返还给受害人。据此，应当选D项。但本书认为，民法典生效后，返还范围不仅包括原物和孳息，利用不当得利所取得的其他利益也应当属于返还范围，而不能追缴，因此，C项应为正确答案。《民通意见》第131条规定已废止。

【答案】C

例22-6（单选）： 个体工商户甲的父亲生病，甲遂通过自动提款机给家人转账5万元，因输错最后一位数字，使得该5万元误转入乙的账户。乙因不还钱，被债权人丙起诉，人民法院依法查封、冻结了乙的银行账户。甲误转账正好发生在乙账户被冻结之前。对此，下列说法正确的是（　　）。

A. 甲与乙基于转账的事实成立借款合同

B. 甲有权对乙主张不当得利返还请求权

C. 就乙的银行账户冻结的财产，丙有优先受偿权

D. 就乙的银行账户中的5万元部分，甲有优先受偿权

【讲解】 甲虽有转账的事实，但并无成立借款合同的意思表示，甲、乙之间不存在借款合同关系。可见，A项表述错误。《民法典》第122条规定，因他人没有法律根据，取得不当利益，受损失的人有权请求其返还不当利益。据此，乙取得该5万元并无法律上的原因，构成不当得利，甲有权请求返还。可见，B项表述正确，选B项。不当得利返还请求权属于准合同请求权，而不是具有物权性质的请求权，甲的准合同债权并无优先受偿的效力，应当与乙的其他债权人公平受偿。可见，C、D项表述错误。

【答案】B

专题二十三　具体人格权

※**【重点难点】** 人身权包括人格权和身份权。人格权包括一般人格权和具体人格权。一般人格权包括人格平等、人格独立、人格尊严和人格自由。具体人格权包括物质性人格权和精神性人格权。物质性人格权包括生命权、身体权和健康权。精神性人格权包括姓名权、名称权、肖像权、名誉权、荣誉权、隐私权、婚姻自由权、个人信息权。身份权包括配偶权和亲属权。

例23-1（单选）： 下列选项中，属于物质性人格权的是（　　）。

A. 个人信息权　　　　B. 健康权　　　　　　C. 亲属权　　　　　D. 隐私权

【讲解】 A、D项表述为精神性人格权。B项表述为物质性人格权。C项表述为身份权。

【答案】B

※**【重点难点】** 生命权、身体权、健康权：（1）健康权不同于生命权。侵害生命权意味着生命不可逆转的丧失，侵害健康权的结果是健康受损，健康受损后经过医治可以康复或好转。生命权的根本利益在于维护生命安全与生命价值，健康权以维持人体的正常生命活动为根本利益。某一侵权行为侵犯的究竟是生命权还是健康权，以侵害的实际后果而不是侵权人的侵害目标为判断标准。（2）健康权不同于身体权。侵犯身体权会损害肉体构造完整性；侵犯健康权会影响生理机能的正常运作。可见，对健康权的侵犯要比对身体权的侵犯后果严重。侵犯身体权的，不一定侵犯健康权，侵犯健康权的，一般而言，一定侵犯了身体权，但在特殊情况下，侵犯健康权的行为也并不当然侵害身体权，比如生产假冒伪劣食品、空气污染、水源污染致人病患等，这些行为都会侵犯健康权，但身体权并未受到侵犯，因为身体完整性并未受到破坏。不过，在二者产生竞合的情况下，如果认定侵犯健康权的，不再定侵犯身体权。

例23-2（单选）： 下列侵权行为中，构成侵犯健康权的是（　　）。

A. 甲未经允许将李某飘逸的长发剪掉

B. 乙将杨某的耳垂扎破，但不影响听觉

C. 丙散布谣言诽谤赵某是私生子，赵某不堪受辱而自杀身亡

D. 丁试图杀死吴某，将吴某打成重伤昏迷，但丁误以为将吴某打死而离去

【讲解】A项表述中，甲未经李某允许而将其飘逸的长发剪掉，因没有对人体健康造成损害，因而不构成侵犯健康权，但由于破坏了身体的完整性，构成侵犯身体权。B项表述中，乙将杨某的耳垂扎破，但不影响听觉，由于不影响生理功能的正常发挥，宜认定为侵犯身体权。C项表述中，诽谤本身不会造成身体健康受到伤害（造成精神损害的除外），且丙的诽谤行为与赵某自杀之间并不存在直接因果关系，不构成侵犯健康权。D项表述中，丁在认识上存在错误，将吴某打成重伤，由于丁的行为并未导致吴某死亡，吴某的生命权没有丧失，但构成对健康权造成损害，因而选D项。

【答案】D

※【重点难点】姓名权、名称权：自然人享有姓名权，有权依法决定、使用、变更或者许可他人使用自己的姓名，但是不得违背公序良俗。法人、非法人组织享有名称权，有权依法决定、使用、变更、转让或者许可他人使用自己的名称。任何组织或者个人不得以干涉、盗用、假冒等方式侵害他人的姓名权或者名称权。干涉、盗用、假冒他人姓名、名称的，应当承担侵权责任。自然人的姓名权不能依法转让，法人和其他组织的名称权可以依法转让。

例23-3（单选）：甲用其拾得的乙的身份证在丙银行办理了信用卡，并恶意透支，致使乙的姓名被列入银行不良信用记录名单。对此，甲的行为侵犯了乙的（   ）。

A. 姓名权　　　　B. 名誉权　　　　C. 隐私权　　　　D. 荣誉权

【讲解】针对A项表述，《民法典》第1014条规定，任何组织或者个人不得以干涉、盗用、假冒等方式侵害他人的姓名权或者名称权。据此，甲拾得乙的身份证后冒用乙的姓名在丙银行办理了信用卡并恶意透支，属于典型的假冒他人姓名的行为，侵犯了乙的姓名权。针对B项表述，《民法典》第1024条第1款规定，民事主体享有名誉权。任何组织或者个人不得以侮辱、诽谤等方式侵害他人的名誉权。据此，侵害他人名誉权的行为方式为侮辱、诽谤，而甲冒用乙的姓名办理信用卡后恶意透支，并不属于以侮辱、诽谤等方式损害公民、法人的名誉，不构成对名誉权的侵犯。C项表述中，甲的行为并未侵犯乙的隐私权，因为身份证并非个人隐私。针对D项表述，《民法典》第1031条第1款规定，民事主体享有荣誉权。任何组织或者个人不得非法剥夺他人的荣誉称号，不得诋毁、贬损他人的荣誉。据此，本题表述中不存在侵犯荣誉权的情形。

【答案】A

※【重点难点】肖像权：（1）自然人享有肖像权，有权依法制作、使用、公开或者许可他人使用自己的肖像。肖像是通过影像、雕塑、绘画等方式在一定载体上所反映的特定自然人可以被识别的外部形象。（2）任何组织或者个人不得以丑化、污损，或者利用信息技术手段伪造等方式侵害他人的肖像权。未经肖像权人同意，不得制作、使用、公开肖像权人的肖像，但是法律另有规定的除外。未经肖像权人同意，肖像作品权利人不得以发表、复制、发行、出租、展览等方式使用或者公开肖像权人的肖像。（3）合理实施下列行为的，可以不经肖像权人同意：①为个人学习、艺术欣赏、课堂教学或者科学研究，在必要范围内使用肖像权人已经公开的肖像；②为实施新闻报道，不可避免地制作、使用、公开肖像权人的肖像；③为依法履行职责，国家机关在必要范围内制作、使用、公开肖像权人的肖像；④为展示特定公共环境，不可避免地制作、使用、公开肖像权人的肖像；⑤为维护公共利益或者肖像权人合法权益，制作、使用、公开肖像权人的肖像的其他行为。（4）当事人对肖像许可使用合同中关于肖像使用条款的理解有争议的，应当作出有利于肖像权人的解释。（5）当事人对肖像许可使用期限没有约定或者约定不明确的，任何一方当事人可以随时解除肖像许可使用合同，但是应当在合理期限之前通知对方。当事人对肖像许可使用期限有明确约定，肖像权人有正当理由的，可以解除肖像许可使用合同，但是应当在合理期限之前通知对方。因解除合同造成对方损失的，除不可归责于肖像权人的事由外，应当赔偿损失。

例 23-4（多选）：下列人格利益中，权利人可以许可他人使用的是（　　）。

A. 身体　　　　　　B. 姓名　　　　　　C. 名称　　　　　　D. 肖像

【讲解】《民法典》第 993 条规定，民事主体可以将自己的姓名、名称、肖像等许可他人使用，但是依照法律规定或者根据其性质不得许可的除外。据此，权利人可以将自己的姓名、名称、肖像许可他人使用，并可签订许可使用合同，但身体不能许可他人使用，否则违背公序良俗。

【答案】BCD

例 23-5（多选）：甲将拍摄了其结婚仪式的彩色胶卷底片交给某彩扩店冲印，并预交了冲印费。甲于约定日期去取相片，但彩扩店告知其相片和底片全部被盗。甲为此非常痛苦。则下列表述正确的是（　　）。

A. 彩扩店侵犯了甲的财产权　　　　　　B. 彩扩店侵犯了甲的肖像权

C. 甲的精神损害赔偿请求应当得到支持　　D. 彩扩店的行为构成违约行为和侵权行为

【讲解】针对 A 项表述，彩扩店因被盗丢失相片连同底片，侵害了甲的财产权。针对 B 项表述，《民法典》第 1019 条规定，任何组织或个人不得以丑化、污损，或者利用信息技术手段伪造等方式侵害他人的肖像权。未经肖像权人同意，不得制作、使用、公开肖像权人的肖像，但是法律另有规定的除外。未经肖像权人同意，肖像作品权利人不得以发表、复制、发行、出租、展览等方式使用或者公开肖像权人的肖像。据此，侵害肖像权的行为表现有丑化、污损他人肖像，利用信息技术手段伪造他人肖像，以及制作、使用和公开他人的肖像等行为，而本题中，彩扩店只是把相片和底片丢失，并没有实施上述侵犯肖像权人肖像的侵权行为，故不选 B 项。针对 C 项表述，《民法典》第 1183 条第 2 款规定，因故意或者重大过失侵害自然人具有人身意义的特定物造成严重损害的，被侵权人有权请求精神损害赔偿。据此，甲的结婚仪式的彩色胶卷底片，属于具有人身意义的特定物，因而甲的精神损害赔偿请求应当得到支持。针对 D 项表述，甲与彩扩店成立了一个承揽合同，彩扩店应冲印相片并将相片交付给甲，但彩扩店将相片及底片丢失，彩扩店已经无法履行自己的合同义务，是违约行为与侵权行为的竞合。

【答案】ACD

例 23-6（多选）：下列行为中，属于侵犯他人肖像权的行为的是（　　）。

A. 某滴滴出行运营公司未经运动健将刘某同意，在介绍"出行"软件时使用了六幅刘某的肖像配图

B. 公安人员甲为了取证对犯罪嫌疑人乙进行拍照

C. 为了惩罚不守时的学生，班主任张某把上学经常迟到的人的照片张贴在黑板上，并标注"最不守时的人"

D. 李某购买彩票喜中 500 万元，当地电视台记者经其同意对其进行了采访拍照

【讲解】《民法典》第 1019 条规定，任何组织或者个人不得以丑化、污损，或者利用信息技术手段伪造等方式侵害他人的肖像权。未经肖像权人同意，不得制作、使用、公开肖像权人的肖像，但是法律另有规定的除外。未经肖像权人同意，肖像作品权利人不得以发表、复制、发行、出租、展览等方式使用或者公开肖像权人的肖像。据此，A 项表述中，某滴滴出行运营公司未经刘某同意使用其肖像，构成肖像侵权，选 A 项。C 项表述中，班主任将学生照片贴在黑板上进行标注的行为属于恶意损毁、玷污、丑化公民肖像的行为，本质上侵犯了公民的名誉权，同时构成侵犯肖像权，选 C 项。根据《民法典》第 1020 条第 3 项的规定，为依法履行职责，国家机关在必要范围内制作、使用、公开肖像权人的肖像，可以不经肖像权人同意，不构成肖像侵权。据此，B 项表述中，公安人员甲为了取证而对犯罪嫌疑人乙进行拍照，此属于在必要范围内制作肖像的行为，不构成肖像侵权，不选 B 项。根据《民法典》第 1020 条第 2 项的规定，为实施新闻报道，不可避免地制作、使用、公开肖像权人的肖像，可以不经肖像权人同意，不构成肖像侵权。据此，电视台记者对中奖彩民进行访问报道经过了当事人同意，且在采访报道中会不可避免地使用肖像，故不构成肖像侵权，不选 D 项。

【答案】AC

※【重点难点】名誉权、荣誉权：（1）民事主体享有名誉权。任何组织或者个人不得以侮辱、诽谤等方式侵害他人的名誉权。（2）行为人为公共利益实施新闻报道、舆论监督等行为，影响他人名誉的，不承担民事责任，但是有下列情形之一的除外：①捏造事实、歪曲事实；②对他人提供的严重失实内容未尽到合理核实义务；③使用侮辱性言辞等贬损他人名誉。（3）行为人发表的文学、艺术作品以真人真事或者特定人为描述对象，含有侮辱、诽谤内容，侵害他人名誉权的，受害人有权依法请求该行为人承担民事责任。行为人发表的文学、艺术作品不以特定人为描述对象，仅其中的情节与该特定人的情况相似的，不承担民事责任。（4）民事主体有证据证明报刊、网络等媒体报道的内容失实，侵害其名誉权的，有权请求该媒体及时采取更正或者删除等必要措施。（5）民事主体享有荣誉权。任何组织或者个人不得非法剥夺他人的荣誉称号，不得诋毁、贬损他人的荣誉。比如，非法剥夺企业"质量信得过单位"的荣誉称号。民事主体自授予荣誉称号之日起享有荣誉权。

例23-7（单选）：下列选项中，属于侵犯荣誉权的行为的是（　　）。

A. 甲将孙某的姓名、身份证件号码和家庭住址等信息出售给某公司

B. 某工商局非法剥夺了乙企业"百年老字号"的称号

C. 丙将授予李某的奖旗损坏

D. 丁快递公司将张某交其运送的贴身生活用品、私密照片翻开查看

【讲解】针对A项，《民法典》第111条规定，自然人的个人信息受法律保护。任何组织或者个人需要获取他人个人信息的，应当依法取得并确保信息安全，不得非法收集、使用、加工、传输他人个人信息，不得非法买卖、提供或者公开他人个人信息。据此，甲将公民个人信息出卖给他人，侵害了孙某对个人信息享有的民事权益，构成侵犯公民个人信息权益，而非侵犯荣誉权。针对B项，《民法典》第1031条第1款规定，民事主体享有荣誉权。任何组织或者个人不得非法剥夺他人的荣誉称号，不得诋毁、贬损他人的荣誉。据此，某工商局非法剥夺乙企业"百年老字号"的荣誉称号，构成对荣誉权的侵犯。C项表述中，奖旗属于奖品，奖旗本身并非荣誉称号，对于损坏奖旗的，属于侵犯物权的侵权行为，不构成侵犯荣誉权。针对D项，丁快递公司侵犯的是张某的隐私权，而非荣誉权。

【答案】B

※【重点难点】隐私权、个人信息权益：（1）自然人享有隐私权。任何组织或者个人不得以刺探、侵扰、泄露、公开等方式侵害他人的隐私权。隐私是自然人的私人生活安宁和不愿为他人知晓的私密空间、私密活动、私密信息。（2）除法律另有规定或者权利人明确同意外，任何组织或者个人不得实施下列行为：①以电话、短信、即时通讯工具、电子邮件、传真等方式侵扰他人的私人生活安宁；②进入、拍摄、窥视他人的住宅、宾馆房间等私密空间；③拍摄、窥视、窃听、公开他人的私密活动；④拍摄、窥视他人身体的私密部位；⑤处理他人的私密信息；⑥以其他方式侵害他人的隐私权。自然人的个人信息受法律保护。个人信息是以电子或者其他方式记录的能够单独或者与其他信息结合识别特定自然人的各种信息，包括自然人的姓名、出生日期、身份证件号码、生物识别信息、住址、电话号码、电子邮箱、健康信息、行踪信息等。（3）处理个人信息的，应当遵循合法、正当、必要原则，不得过度处理，并符合下列条件：①征得该自然人或者其监护人同意，但是法律、行政法规另有规定的除外；②公开处理信息的规则；③明示处理信息的目的、方式和范围；④不违反法律、行政法规的规定和双方的约定。（4）处理个人信息，有下列情形之一的，行为人不承担民事责任：①在该自然人或者其监护人同意的范围内合理实施的行为；②合理处理该自然人自行公开的或者其他已经合法公开的信息，但是该自然人明确拒绝或者处理该信息侵害其重大利益的除外；③为维护公共利益或者该自然人合法权益，合理实施的其他行为。（5）信息处理者不得泄露或者篡改其收集、存储的个人信息；未经自然人同意，不得向他人非法提供其个人信息，但是经过加工无法识别特定个人且不能复原的除外。信息处理者应当采取技术措施和其他必要措施，确保其收集、存储的个人信息安全，防止信息泄露、篡改、丢失；发生或者可能发生个人信息泄露、篡改、丢失的，应当及时采取补救措施，依照规定告知自然人并向有关主管部门报告。（6）侵害他人隐私，往往也会造成他人名誉受损，从而形成二者的竞合。但是，侵害名誉权，一般表现为"无中

生有"，而侵害隐私权，一般表现为"有而散布"。

例23-8（多选）： 某女青年李某在多媒体视频社交平台上播放自己跳舞唱歌短片，成为网红。网民严某对其发起搜索，在相关网站首次披露李某的儿时照片、家庭背景、男朋友等信息，并捏造李某与某男明星有染的情节。严某的行为侵害了李某的（ ）。

A. 姓名权　　　　B. 肖像权　　　　C. 隐私权　　　　D. 名誉权

【解析】《民法典》第1014条规定，任何组织或者个人不得以干涉、盗用、假冒等方式侵害他人的姓名权或者名称权。据此，严某并不存在干涉、盗用、假冒等侵犯姓名权的侵权行为，不构成侵犯姓名权，不选A项。《民法典》第1019条规定，任何组织或者个人不得以丑化、污损，或者利用信息技术手段伪造等方式侵害他人的肖像权。未经肖像权人同意，不得制作、使用、公开肖像权人的肖像，但是法律另有规定的除外。未经肖像权人同意，肖像作品权利人不得以发表、复制、发行、出租、展览等方式使用或者公开肖像权人的肖像。据此，严某未经李某同意，将李某儿时照片披露，这是以公开肖像权人肖像的方式侵犯李某的肖像权，选B项。李某的儿时照片、家庭背景、男朋友等信息，均为与公共利益无关的个人信息，网民对这些信息的披露构成侵犯隐私权，选C项。需要注意的是，《民法典》第1034条第3款规定，个人信息中的私密信息，适用有关隐私权的规定；没有规定的，适用有关个人信息保护的规定。据此，严某将李某的儿时照片、家庭背景、男朋友等信息公开，严某的行为既侵犯了个人信息权益，也侵犯了隐私权，但本题没有侵犯个人信息权益这一选项。《民法典》第1024条第1款规定，民事主体享有名誉权。任何组织或者个人不得以侮辱、诽谤等方式侵害他人的名誉权。据此，严某在网站上捏造李某与某男明星有染的情节，公然丑化他人人格，构成对李某名誉权的侵害，选D项。

【答案】 BCD

例题拓展

例23-9（单选）： 甲为好友乙拍摄了一组生活照，并经乙同意上传于某社交媒体群中。丙在社交媒体群中看到后，擅自将该组照片上传于某营利性摄影网站，获得报酬若干。丙的行为（ ）。

A. 侵害了乙的肖像权和身体权
B. 侵害了乙的肖像权和甲的信息网络传播权
C. 侵害了乙的肖像权和信息网络传播权
D. 侵害了乙的身体权和甲的信息网络传播权

【讲解】 甲为好友乙拍摄的生活照，既涉及乙的肖像权，也涉及著作权。《民法典》第1019条规定，任何组织或者个人不得以丑化、污损，或者利用信息技术手段伪造等方式侵害他人的肖像权。未经肖像权人同意，不得制作、使用、公开肖像权人的肖像，但是法律另有规定的除外。未经肖像权人同意，肖像作品权利人不得以发表、复制、发行、出租、展览等方式使用或者公开肖像权人的肖像。据此，丙擅自使用乙的照片以营利，侵犯了乙的肖像权。《著作权法》第17条规定，受委托创作的作品，著作权的归属由委托人和受托人通过合同约定。合同未明确约定或者没有订立合同的，著作权属于受托人。据此，著作权属于受托人甲。《著作权法》第10条规定，著作权包括下列人身权和财产权：……（12）信息网络传播权，即以有线或者无线方式向公众提供作品，使公众可以在其个人选定的时间和地点获得作品的权利……据此，丙未经著作权人甲许可，将照片上传于网络，侵犯了甲的信息网络传播权。

【答案】 B

例23-10（单选）： 甲为泄私愤，在其创作的长篇历史小说中，采用形象同名相近、体型外貌等突出特征相似的方法，把作品中的两个人物与其同事乙、丙联系起来加以丑化，并在小说中存有侮辱和诽谤性描写，该小说被丁报社发表并连载。甲的行为（ ）。

A. 侵害了乙、丙的名誉权　　　　B. 侵害了乙、丙的著作权
C. 侵害了乙、丙的隐私权　　　　D. 不构成侵权

【讲解】《民法典》第1027条规定，行为人发表的文学、艺术作品以真人真事或者特定人为描述对象，含有侮辱、诽谤内容，侵害他人名誉权的，受害人有权依法请求该行为人承担民事责任。行为人发表的文学、艺术作品不以特定人为描述对象，仅其中的情节与该特定人的情况相似的，不承担民事责任。据此，甲在其小说中以特定的乙、丙作为描述对象，描述内容含有侮辱和诽谤性描写，侵害了乙、丙的名誉权，因而选A项。甲的行为没有侵犯乙、丙的著作权和隐私权，不选B、C项。

【答案】A

专题二十四　婚姻家庭

※**【重点难点】**无效婚姻和可撤销婚姻。（1）有下列情形之一的，婚姻无效：①重婚；②有禁止结婚的亲属关系；③未到法定婚龄。确认无效婚姻必须以上述规定为限，对于未办理登记的事实婚姻、无婚姻意思的虚假婚姻，在结婚登记中弄虚作假，骗取结婚证等行为，都不属于无效婚姻的范畴。（2）对于无效婚姻，须经过人民法院裁判的宣告。无效婚姻的宣告机关是人民法院，其他任何机关都无权宣告无效。（3）有权向人民法院就已办理结婚登记的婚姻申请宣告婚姻无效的主体，包括婚姻当事人及利害关系人。（4）人民法院审理宣告婚姻无效案件，对婚姻效力的审理不适用调解，应当依法作出判决；有关婚姻效力的判决一经作出，即发生法律效力。涉及财产分割和子女抚养的，可以调解。调解达成协议的，另行制作调解书。对财产分割和子女抚养问题的判决不服的，当事人可以上诉。（5）因胁迫结婚的，受胁迫的一方可以向人民法院请求撤销婚姻。请求撤销婚姻的，应当自胁迫行为终止之日起1年内提出。被非法限制人身自由的当事人请求撤销婚姻的，应当自恢复人身自由之日起1年内提出。一方患有重大疾病的，应当在结婚登记前如实告知另一方；不如实告知的，另一方可以向人民法院请求撤销婚姻。请求撤销婚姻的，应当自知道或者应当知道撤销事由之日起1年内提出。（6）无效的或者被撤销的婚姻自始没有法律约束力，当事人不具有夫妻的权利和义务。同居期间所得的财产，由当事人协议处理；协议不成的，由人民法院根据照顾无过错方的原则判决。对重婚导致的无效婚姻的财产处理，不得侵害合法婚姻当事人的财产权益。当事人所生的子女，适用本法关于父母子女的规定。婚姻无效或者被撤销的，无过错方有权请求损害赔偿。

例24-1（单选）： 下列选项中，属于无效婚姻的是（　　）。
A. 甲婚前谎称是海归博士且有车有房，乙与其结婚后发现甲为无业游民，家徒四壁
B. 甲以揭发乙父受贿为由胁迫乙结婚
C. 甲男与乙女为表兄妹而结婚
D. 甲男与乙女通过在结婚登记中弄虚作假而结婚

【讲解】《民法典》第1051条规定，有下列情形之一的，婚姻无效：（1）重婚；（2）有禁止结婚的亲属关系；（3）未到法定婚龄。据此，A项表述中，甲婚前谎称是海归博士且有车有房，构成欺诈，但《民法典》第1051条规定并未认可"欺诈"属于导致婚姻无效的情形，当事人无权主张婚姻无效，不选A项。《民法典》第1052条、第1053条规定，因胁迫结婚的，受胁迫的一方可以向人民法院请求撤销婚姻。请求撤销婚姻的，应当自胁迫行为终止之日起1年内提出。被非法限制人身自由的当事人请求撤销婚姻的，应当自恢复人身自由之日起1年内提出。一方患有重大疾病的，应当在结婚登记前如实告知另一方；不如实告知的，另一方可以向人民法院请求撤销婚姻。请求撤销婚姻的，应当自知道或者应当知道撤销事由之日起1年内提出。据此，可撤销婚姻的事由有二：（1）因受胁迫而结婚；（2）患有重大疾病的一方在结婚登记前未如实告知另一方。B项表述

中，甲以揭发乙父受贿为由胁迫乙结婚，受胁迫一方乙有权请求撤销该婚姻，但无权主张婚姻无效。可见，B项表述为可撤销婚姻，而非无效婚姻，不选B项。《民法典》第1051条第2项规定，有禁止结婚的亲属关系的，婚姻无效。《民法典》第1048条规定，直系血亲或者三代以内的旁系血亲禁止结婚。据此，C项表述中，表兄妹为三代以内的旁系血亲，甲与乙存在禁止结婚的亲属关系，该婚姻无效，选C项。根据《民法典》第1051条的规定，对于在结婚登记中弄虚作假而结婚的，不能认定为无效婚姻，不选D项。

【答案】C

※【重点难点】夫妻财产制中法定共同财产制。我国民法规定的夫妻财产制包括法定财产制和约定财产制两种，并确立了以法定财产制为主、约定财产制为辅，且约定财产制大于法定财产制的夫妻财产制度。(1)夫妻在婚姻关系存续期间所得的下列财产，为夫妻的共同财产，归夫妻共同所有：①工资、奖金、劳务报酬；②生产、经营、投资的收益；③知识产权的收益；④继承或者受赠的财产，但是《民法典》第1063条第3项规定的除外；⑤其他应当归共同所有的财产。"其他应当归共同所有的财产"主要是指：第一，一方以个人财产投资取得的收益；第二，男女双方实际取得或者应当取得的住房补贴、住房公积金；第三，男女双方实际取得或者应当取得的养老保险金、破产安置补偿费；第四，夫妻一方个人财产在婚后产生的收益，除孳息和自然增值外，应认定为夫妻共同财产；第五，由一方婚前承租、婚后用共同财产购买的房屋，房屋权属证书登记在一方名下的，应当认定为夫妻共同财产；第六，当事人结婚后，父母为双方购置房屋出资的，该出资应当认定为对夫妻双方的赠与，但父母明确表示赠与一方的除外；第七，婚后由双方父母出资购买的不动产，产权登记在一方子女名下的，该不动产可认定为双方按照各自父母的出资份额按份共有，但当事人另有约定的除外。(2)夫妻对共同财产，有平等的处理权。夫或妻非因日常生活需要对夫妻共同财产做重要处理决定，夫妻双方应当平等协商，取得一致意见。他人有理由相信其为夫妻双方共同意思表示的，另一方不得以不同意或不知道为由对抗善意第三人。如果一方未经另一方同意出售夫妻共同共有的房屋，第三人善意购买、支付合理对价并办理产权登记手续，另一方主张追回该房屋的，人民法院不予支持。夫妻一方擅自处分共同共有的房屋造成另一方损失，离婚时另一方请求赔偿损失的，人民法院应予支持。(3)为维系婚姻关系，法律不支持婚内析产。但在婚姻关系存续期间，有下列情形之一的，夫妻一方可以向人民法院请求分割共同财产：①一方有隐藏、转移、变卖、毁损、挥霍夫妻共同财产或者伪造夫妻共同债务等严重损害夫妻共同财产利益的行为；②一方负有法定扶养义务的人患重大疾病需要医治，另一方不同意支付相关医疗费用。

例24-2(单选)：甲、乙系夫妻，下列财产属于夫妻共同财产的是(　　)。

A. 甲婚前承包果园，婚后果树上结的果实

B. 乙婚前购买的1套房屋升值了50万元

C. 甲用婚前的10万元婚后投资股市，得利5万元

D. 乙婚前收藏的玉石升值了10万元

【讲解】参照相关司法解释的规定：一方以个人财产投资取得的收益，属于夫妻共同财产。据此，C项表述中，甲用婚前的10万元婚后投资股市得利5万元，属于投资取得的收益，应当认定为夫妻共同财产，选C项。参照相关司法解释的规定：个人财产收益中的"孳息和自然增值"属于个人财产。A项表述中，甲承包果园的果树上结出的果实，属于天然孳息，应当认定为甲的个人财产，故A项表述不属于夫妻共同财产。B、D项表述中，乙婚前购买的房屋与收藏的玉石的升值属于婚前财产的自然增值，应当认定为乙的个人财产，不选B、D项。

【答案】C

例24-3(单选)：甲、乙系夫妻。在不损害债权人利益的情况下，甲请求分割夫妻共同财产不能得到法院支持的理由是(　　)。

A. 乙伪造夫妻共同债务　　　　　　　　B. 甲的父亲因病住院

C. 乙挥霍夫妻共同财产　　　　　　　　D. 乙将夫妻共同财产转移

【讲解】在婚姻关系存续期间，夫妻双方原则上不得分割夫妻共同财产，以维持夫妻财产的共

同共有性质。《民法典》第1066条规定，在婚姻关系存续期间，有下列情形之一的，夫妻一方可以向人民法院请求分割共同财产：（1）一方有隐藏、转移、变卖、毁损、挥霍夫妻共同财产或者伪造夫妻共同债务等严重损害夫妻共同财产利益的行为；（2）一方负有法定扶养义务的人患重大疾病需要医治，另一方不同意支付相关医疗费用。据此，A、C、D项表述的甲请求分割夫妻共同财产的请求都能得到法院的支持。针对B项，甲的父亲因病住院尚不能构成"患重大疾病需要医治"的程度，因此甲以此为理由分割夫妻共同财产不能得到法院的支持，选B项。

【答案】B

※【重点难点】法定个人特有财产制。（1）下列财产为夫妻一方的个人财产：①一方的婚前财产；②一方因受到人身损害获得的赔偿或者补偿；③遗嘱或者赠与合同中确定只归一方的财产；④一方专用的生活用品；⑤其他应当归一方的财产。"其他应当归一方的财产"主要是指：第一，当事人结婚前，父母为双方购置房屋出资的，该出资应当认定为对自己子女的个人赠与，但父母明确表示赠与双方的除外。第二，军人的伤亡保险金、伤残补助金、医药生活补助费属于个人财产。（2）属于夫或妻一方所有的财产，无论是动产还是不动产，均不因婚姻关系的延续而转化为夫妻共有财产，但当事人另有约定的除外。

例24-4（多选）：甲、乙系夫妻，甲婚前个人名下拥有花园洋房一栋。关于婚后该洋房的归属，下列表述正确的是（   ）。

A. 该洋房不能转化为夫妻共同财产

B. 婚后该洋房自动转化为夫妻共同财产

C. 婚姻关系持续8年后该洋房依法转化为夫妻共同财产

D. 甲、乙可以约定婚姻关系持续5年后该洋房转化为夫妻共同财产

【讲解】《民法典》第1063条规定，下列财产为夫妻一方的个人财产：（1）一方的婚前财产；（2）一方因受到人身损害获得的赔偿或者补偿；（3）遗嘱或者赠与合同中确定只归一方的财产；（4）一方专用的生活用品；（5）其他应当归一方的财产。此外，夫妻一方所有的财产，不因婚姻关系的延续而转化为夫妻共同财产。但当事人另有约定的除外。据此，花园洋房属于甲的婚前财产，若当事人之间没有特别约定，属于甲的个人财产，且不因婚姻关系的存续而转化为共同财产。可见，A项表述正确，B、C项表述错误。《民法典》第1065条第1款规定，男女双方可以约定婚姻关系存续期间所得的财产以及婚前财产归各自所有、共同所有或者部分各自所有、部分共同所有。约定应当采用书面形式。没有约定或者约定不明确的，适用本法第1062条（法定共同财产制）、第1063条（法定个人特有财产制）的规定。同样，基于意思自治原则，当事人可以特别约定婚前个人财产的归属。如果双方约定婚姻关系持续5年后该洋房转化为夫妻共同财产，应当认定为有效。可见，D项表述正确。

【答案】AD

例24-5（单选）：甲与乙长期保持同性恋关系，甲创作同性恋题材的小说发表。后甲迫于父母压力娶丙为妻。结婚时丙父母赠与一套房屋，登记在甲和丙名下。婚后，甲收到出版社支付的稿酬10万元。此后，丙得知甲在婚前和婚后一直与乙保持同性恋关系，非常痛苦。对此，下列说法正确的是（   ）。

A. 甲隐瞒同性恋重大事实，构成欺诈，丙可撤销该婚姻

B. 丙受欺诈而登记结婚，导致丙父母赠与房屋的意思不真实，丙的父母可以撤销赠与

C. 该房屋不属于夫妻共同财产

D. 10万元稿酬属于夫妻共同财产

【讲解】《民法典》第1052条规定，因胁迫结婚的，受胁迫的一方可以向人民法院请求撤销婚姻。请求撤销婚姻的，应当自胁迫行为终止之日起1年内提出。被非法限制人身自由的当事人请求撤销婚姻的，应当自恢复人身自由之日起1年内提出。《民法典》第1053条规定，一方患有重大疾病的，应当在结婚登记前如实告知另一方；不如实告知的，另一方可以向人民法院请求撤销婚姻。请求撤销婚姻的，应当自知道或者应当知道撤销事由之日起1年内提出。据此，可撤销婚姻的事由

有二：（1）因受胁迫而结婚；（2）患有重大疾病的一方在结婚登记前未如实告知另一方。本题表述中，甲虽然隐瞒同性恋重要事实，构成欺诈，但不属于可撤销婚姻的范围，故 A 项说法错误。《民法典》第 657 条规定，赠与合同是赠与人将自己的财产无偿给予受赠人，受赠人表示接受赠与的合同。据此，基于有效的婚姻关系，丙的父母赠与房屋的意思表示真实，赠与合同完全有效，B 项说法错误。《民法典》第 1062 条第 1 款规定，夫妻在婚姻关系存续期间所得的下列财产，为夫妻的共同财产，归夫妻共同所有：（1）工资、奖金、劳务报酬；（2）生产、经营、投资的收益；（3）知识产权的收益；（4）继承或者受赠的财产，但是本法第 1063 条第 3 项规定的除外；（5）其他应当归共同所有的财产。据此规定第 4 项，受赠的房屋登记在夫妻双方名下，属于典型的婚姻关系存续期间取得的财产，应当认定为夫妻共同财产。可见，C 项说法错误。《民法典》第 1062 条第 1 款规定中的"知识产权的收益"，是指婚姻关系存续期间，实际取得或者已经明确可以取得的财产性利益，属于夫妻共同财产。据此，甲虽在婚前创作小说并发表，但稿酬是婚后实际取得的，应当认定为夫妻共同财产，D 项说法正确，选 D 项。

【答案】 D

※**【重点难点】** 夫妻债务和夫妻财产制中的约定财产制。（1）夫妻双方共同签名或者夫妻一方事后追认等共同意思表示所负的债务，以及夫妻一方在婚姻关系存续期间以个人名义为家庭日常生活需要所负的债务，属于夫妻共同债务。夫妻一方在婚姻关系存续期间以个人名义超出家庭日常生活需要所负的债务，不属于夫妻共同债务；但是，债权人能够证明该债务用于夫妻共同生活、共同生产经营或者基于夫妻双方共同意思表示的除外。（2）男女双方可以约定婚姻关系存续期间所得的财产以及婚前财产归各自所有、共同所有或者部分各自所有、部分共同所有。约定应当采用书面形式。没有约定或者约定不明确的，适用《民法典》第 1062 条（法定共同财产制）、第 1063 条（法定个人特有财产制）的规定。夫妻对婚姻关系存续期间所得的财产以及婚前财产的约定，对双方具有法律约束力。夫妻对婚姻关系存续期间所得的财产约定归各自所有，夫或者妻一方对外所负的债务，相对人知道该约定的，以夫或者妻一方的个人财产清偿。

例 24-6（单选）： 张某与王某系夫妻，张某想借钱炒股，王某不同意，张某说："我自己借钱自己还！"二人书面约定此后各自收入归各自所有。张某以自己名义向不知有此约定的同事孙某借钱 10 万元，双方未约定利息。对此，下列表述正确的是（　　）。

A. 张某和王某有关夫妻财产归属的约定无效

B. 孙某有权请求张某和王某对 10 万元债务承担连带责任

C. 张某欠孙某 10 万元债务属于张某的个人债务

D. 张某所欠 10 万元债务，只有在王某事后追认后才有义务清偿

【讲解】 张某和王某约定实行分别财产制（各自收入归各自所有），该约定有效，A 项表述错误。《民法典》第 1065 条第 3 款规定，夫妻对婚姻关系存续期间所得的财产约定归各自所有，夫或者妻一方对外所负的债务，相对人知道该约定的，以夫或者妻一方的个人财产清偿。据此，第三人孙某并不知道张某与王某有关夫妻财产归属的约定，因此该约定不能对抗债权人孙某，孙某有权请求张某和王某对 10 万元债务承担连带责任。可见，B 项表述正确，C 项表述错误。《民法典》第 1064 条第 1 款规定，夫妻双方共同签名或者夫妻一方事后追认等共同意思表示所负的债务，以及夫妻一方在婚姻关系存续期间以个人名义为家庭日常生活需要所负的债务，属于夫妻共同债务。不过，本题中，由于张某与王某有关夫妻财产归属的约定不能对抗债权人孙某，因此无所谓适用"追认"的问题。可见，D 项表述错误。

【答案】 B

※**【重点难点】** 登记离婚。（1）夫妻双方自愿离婚的，应当签订书面离婚协议，并亲自到婚姻登记机关申请离婚登记。离婚协议应当载明双方自愿离婚的意思表示和对子女抚养、财产及债务处理等事项协商一致的意见。（2）自婚姻登记机关收到离婚登记申请之日起 30 日内，任何一方不愿意离婚的，可以向婚姻登记机关撤回离婚登记申请。上述规定期限届满后 30 日内，双方应当亲自到婚姻登记机关申请发给离婚证；未申请的，视为撤回离婚登记申请。（3）婚姻登记机关查明双方

确实是自愿离婚，并已经对子女抚养、财产及债务处理等事项协商一致的，予以登记，发给离婚证。

例24-7（单选）：甲、乙系夫妻，因感情不和达成书面离婚协议，并亲自到婚姻登记机关申请离婚登记。对此，下列表述正确的是（　　）。

A. 甲、乙须具有民事行为能力才能登记离婚

B. 离婚协议应当载明对子女抚养、财产和债务处理等事项达成一致的意见

C. 若甲不愿意离婚，自婚姻登记机关收到离婚登记申请之日起15日内，可以向婚姻登记机关撤回离婚登记申请

D. 婚姻登记机关收到离婚登记申请之日起30日内，若甲、乙未申请发给离婚证，视为撤回离婚登记申请

【讲解】《民法典》第1076条规定，夫妻双方自愿离婚的，应当签订书面离婚协议，并亲自到婚姻登记机关申请离婚登记。离婚协议应当载明双方自愿离婚的意思表示和对子女抚养、财产及债务处理等事项协商一致的意见。据此，登记离婚须具备四个条件：(1) 双方当事人适格。(2) 双方当事人必须有真实的离婚合意。(3) 双方当事人对子女的抚养、财产和债务处理等事项有协商一致的意见。(4) 离婚协议的内容必须合法。这里的"双方当事人适格"，就是要求双方当事人具有完全民事行为能力，限制民事行为能力人或者无民事行为能力人不能通过登记离婚，只能诉讼离婚。可见，A项表述错误，B项表述正确，选B项。《民法典》第1077条规定，自婚姻登记机关收到离婚登记申请之日起30日内，任何一方不愿意离婚的，可以向婚姻登记机关撤回离婚登记申请。前款规定期限届满后30日内，双方应当亲自到婚姻登记机关申请发给离婚证；未申请的，视为撤回离婚登记申请。据此，C、D项表述都是错误的。

【答案】B

※【重点难点】诉讼离婚。(1) 人民法院审理离婚案件，应当进行调解；如果感情确已破裂，调解无效的，应当准予离婚。(2) 有下列情形之一，调解无效的，应当准予离婚：①重婚或者与他人同居；②实施家庭暴力或者虐待、遗弃家庭成员；③有赌博、吸毒等恶习屡教不改；④因感情不和分居满2年；⑤其他导致夫妻感情破裂的情形。(3) 一方被宣告失踪，另一方提起离婚诉讼的，应当准予离婚。(4) 经人民法院判决不准离婚后，双方又分居满1年，一方再次提起离婚诉讼的，应当准予离婚。(5) 夫以妻擅自中止妊娠侵犯其生育权为由请求损害赔偿的，人民法院不予支持；夫妻双方因是否生育发生纠纷，致使感情确已破裂，一方请求离婚的，人民法院经调解无效，应予离婚。(6) 现役军人的配偶要求离婚，应当征得军人同意，但是军人一方有重大过错的除外。(7) 女方在怀孕期间、分娩后1年内或者终止妊娠后6个月内，男方不得提出离婚；但是，女方提出离婚或人民法院认为确有必要受理男方离婚请求的除外。

例24-8（单选）：甲男与乙女自由恋爱结婚。乙于2017年1月怀孕，3月乙因痛苦难忍自行至医院实施人流手术中止妊娠。经查，自结婚后乙一直私自服用避孕药品，2017年1月为意外怀孕，甲为此诉至法院。对此，下列表述正确的是（　　）。

A. 甲可以提出离婚请求　　　　　　B. 乙侵害了甲的生育权

C. 甲可请求精神损害赔偿　　　　　D. 甲可以请求损害赔偿

【讲解】《民法典》第1079条第3款规定，有下列情形之一，调解无效的，应当准予离婚：(1) 重婚或者与他人同居；(2) 实施家庭暴力或者虐待、遗弃家庭成员；(3) 有赌博、吸毒等恶习屡教不改；(4) 因感情不和分居满2年；(5) 其他导致夫妻感情破裂的情形。对于夫以妻擅自中止妊娠侵犯其生育权为由请求损害赔偿的，人民法院不予支持；夫妻双方因是否生育发生纠纷，致使感情确已破裂，一方请求离婚的，人民法院经调解无效，属于上述规定第5项的情形，应予离婚。据此，乙女依法有生育和不生育的自由，男方甲不得以生育权被侵害为由主张损害赔偿，但双方因此而导致感情确已破裂的，可以判决离婚。可见，A项表述正确，B、C、D项表述错误。

【答案】A

※【重点难点】离婚财产分割和救济。(1) 离婚时，夫妻的共同财产由双方协议处理；协议不

成的，由人民法院根据财产的具体情况，按照照顾子女、女方和无过错方权益的原则判决。（2）夫妻一方因抚育子女、照料老年人、协助另一方工作等负担较多义务的，离婚时有权向另一方请求补偿，另一方应当给予补偿。具体办法由双方协议；协议不成的，由人民法院判决。（3）离婚时，夫妻共同债务应当共同偿还。共同财产不足清偿或者财产归各自所有的，由双方协议清偿；协议不成的，由人民法院判决。（4）离婚时，如果一方生活困难，有负担能力的另一方应当给予适当帮助。具体办法由双方协议；协议不成的，由人民法院判决。（5）有下列情形之一，导致离婚的，无过错方有权请求损害赔偿：①重婚；②与他人同居；③实施家庭暴力；④虐待、遗弃家庭成员；⑤有其他重大过错。（6）夫妻一方隐藏、转移、变卖、毁损、挥霍夫妻共同财产，或者伪造夫妻共同债务企图侵占另一方财产的，在离婚分割夫妻共同财产时，对该方可以少分或者不分。离婚后，另一方发现有上述行为的，可以向人民法院提起诉讼，请求再次分割夫妻共同财产。（7）对离婚损害赔偿请求权限制的情形有：①人民法院判决不准离婚的案件，对于当事人提出的损害赔偿请求不予支持。②在婚姻关系存续期间，当事人不起诉离婚而单独依据《民法典》第1091条提起损害赔偿请求的，人民法院不予受理。③无过错方作为原告，向人民法院提起损害赔偿请求的，必须在离婚诉讼的同时提出。④符合《民法典》第1091条规定的无过错方作为被告的离婚诉讼案件，如果被告不同意离婚也不基于该条规定提起损害赔偿请求的，可以在离婚后1年内就此单独提起诉讼。⑤无过错方作为被告的离婚诉讼案件，一审时被告未基于《民法典》第1091条规定提出损害赔偿请求，二审期间提出的，人民法院应当进行调解，调解不成的，告知当事人在离婚后1年内另行起诉。⑥登记离婚后，当事人向人民法院提起损害赔偿请求的，人民法院应当受理。但当事人在协议离婚时已经明确表示放弃该项请求，或者在办理离婚登记手续1年后提出的，不予支持。

例24-9（单选）：甲男与乙女自愿达成离婚协议并约定财产平均分配，婚姻关系存续期间的债务全部由乙偿还。经查，甲以个人名义在婚姻关系存续期间向丙借款20万元用于购买婚房。对此，下列表述正确的是（　　）。

A. 丙只能请求乙偿还20万元

B. 丙只能请求甲偿还20万元

C. 如甲偿还了20万元，则有权向乙追偿20万元

D. 甲、乙应当各自向丙偿还10万元

【讲解】《民法典》第1064条第1款规定，夫妻双方共同签名或者夫妻一方事后追认等共同意思表示所负的债务，以及夫妻一方在婚姻关系存续期间以个人名义为家庭日常生活需要所负的债务，属于夫妻共同债务。据此，本题中，甲在婚姻关系存续期间向丙借款20万元购买婚房，虽然甲是以个人名义所借，但所借款项用于购置婚房，这属于"为家庭日常生活"所负的债务，应当认定为夫妻共同债务。夫妻双方虽约定婚姻关系存续期间的债务全部由乙偿还，但该协议仅对甲与乙具有约束力，不能对抗不知情的债权人丙。因此，丙有权就该夫妻共同债务，请求夫妻双方承担连带责任。可见，A、B项表述错误。《民法典》第178条规定，二人以上依法承担连带责任的，权利人有权请求部分或者全部连带责任人承担责任。连带责任人的责任份额根据各自责任大小确定；难以确定责任大小的，平均承担责任。实际承担责任超过自己责任份额的连带责任人，有权向其他连带责任人追偿。参照相关司法解释，夫妻一方就共同债务承担连带责任后，基于离婚协议或者人民法院的法律文书向另一方主张追偿的，人民法院应当支持。据此，C项表述中，若甲向丙偿还了20万元债务，则有权依据离婚协议向乙追偿20万元。可见，C项表述正确，D项表述错误。

【答案】C

例题拓展

例24-10（单选）：甲、乙是夫妻，甲在婚前发表小说《昨日》，婚后获得稿酬。乙在婚姻关系

存续期间发表了小说《今日》，离婚后第二天获得稿酬。甲在婚姻关系存续期间创作小说《明日》，离婚后发表并获得稿酬。这三笔稿酬中，属于夫妻共同财产的是（　　）。

    A.《昨日》和《今日》稿酬　　　　　　B.《昨日》和《明日》稿酬
    C.《今日》和《明日》稿酬　　　　　　D.《昨日》、《今日》和《明日》稿酬

　　【讲解】小说稿酬属于知识产权收益。《昨日》虽为婚前发表，但稿酬是婚姻关系存续期间"实际取得"的，为夫妻共同财产。《今日》稿酬虽是在离婚后实际取得的，但在婚姻关系存续期间已经"确定取得"的，为夫妻共同财产。《明日》虽在婚姻关系存续期间完成，但尚未确定或实际取得报酬，应当认定为夫妻个人财产。可见，选A项。

　　【答案】A

　　例24-11（多选）：甲男和乙女结婚后，甲承诺，在子女出生后，将其婚前所有的一套洋房，变更登记为夫妻共同财产。后女儿丙出生，但甲不愿兑现承诺，导致夫妻感情破裂离婚，女儿丙随乙一起生活。后甲又与丁女结婚。未成年的丙因重病住院急需医疗费30万元，甲与丁签订借款协议从夫妻共同财产中支取该30万元。对此，下列表述正确的有（　　）。

    A. 甲与乙离婚时，洋房为夫妻共同财产
    B. 甲与丁的协议视为双方约定处分共同财产
    C. 如甲、丁离婚，有关医疗费按借款协议约定处理
    D. 如丁不同意甲支付医疗费，甲无权请求分割共有财产

　　【讲解】参照相关司法解释的规定，婚前或者婚姻关系存续期间，当事人约定将一方所有的房产赠与另一方，赠与方在赠与房产变更登记之前撤销赠与，另一方请求判令继续履行的，人民法院可以按照《民法典》第658条的规定处理。《民法典》第658条规定，赠与人在赠与财产的权利转移之前可以撤销赠与。据此，该洋房为甲的婚前个人财产，甲在财产过户登记前有权撤销对乙的赠与。因当事人未实际办理过户登记，该洋房并非夫妻共同财产，故A项表述错误。参照相关司法解释的规定，夫妻之间订立借款协议，以夫妻共同财产出借给一方从事个人经营活动或用于其他个人事务的，应视为双方约定处分夫妻共同财产的行为，离婚时可按照借款协议的约定处理。据此，甲与丁婚姻关系存续期间，甲因个人事务（未成年之女丙生重病住院急需治疗费）与丁签订借款协议，从夫妻共同财产中支取30万元，应视为双方约定处分夫妻共同财产的行为，离婚时可以按照借款协议的约定处理。可见，B、C项表述正确。《民法典》第1066条规定，婚姻关系存续期间，有下列情形之一的，夫妻一方可以向人民法院请求分割共同财产：（1）一方有隐藏、转移、变卖、毁损、挥霍夫妻共同财产或者伪造夫妻共同债务等严重损害夫妻共同财产利益的行为；（2）一方负有法定扶养义务的人患重大疾病需要医治，另一方不同意支付相关医疗费用。据此，甲负有法定扶养义务的子女丙患重大疾病需要治疗，而丁不同意甲支付医疗费时，甲有权请求分割共有财产。可见，D项表述错误。

　　【答案】BC

　　例24-12（多选）：董楠（男）和申蓓（女）是美术学院同学，共同创作一幅油画作品《爱你一千年》。毕业后二人结婚育有一女。董楠染上吸毒恶习，未经申蓓同意变卖了《爱你一千年》，所得款项用于吸毒。因董楠恶习不改，申蓓在女儿不满1周岁时提起离婚诉讼。对此，下列说法正确的是（　　）。

    A. 申蓓虽然在分娩后1年内提出离婚，法院应予受理
    B. 如调解无效，应准予离婚
    C. 董楠出售《爱你一千年》侵犯了申蓓的物权和著作权
    D. 对董楠吸毒恶习，申蓓有权请求离婚损害赔偿

　　【讲解】《民法典》第1082条规定，女方在怀孕期间、分娩后1年内或者终止妊娠后6个月内，男方不得提出离婚；但是，女方提出离婚或者人民法院认为确有必要受理男方离婚请求的除外。据此，男方即董楠不得在女方分娩后1年内提出离婚，但女方即申蓓提出离婚的，不受限制，法院应予受理，A项表述正确。《民法典》第1079条第1款和第3款第3项规定，夫妻一方要求离婚的，

可以由有关组织进行调解或者直接向人民法院提起离婚诉讼。对于有赌博、吸毒等恶习屡教不改，经调解无效，应当准予离婚。据此，因董楠染上吸毒恶习屡教不改，属于法定离婚情形，如调解无效，应准予离婚，B项表述正确。《民法典》第308条规定，共有人对共有的不动产或者动产没有约定为按份共有或者共同共有，或者约定不明确的，除共有人具有家庭关系等外，视为按份共有。据此，因董楠与申蓓存在夫妻关系，因此油画《爱你一千年》应当属于董楠和申蓓共同共有，董楠未经共有人申蓓同意处分油画《爱你一千年》，属于无权处分，构成对申蓓物权的侵害。《著作权法》第18条规定，美术等作品原件所有权的转移，不视为作品著作权的转移，但美术作品原件的展览权由原件所有人享有。据此，本题中，因董楠处分了共有油画，油画著作权虽未发生转移，但原件的展览权即由受让人取得，而申蓓对原件展览权归于消灭，故董楠构成对申蓓著作权的侵犯，C项表述正确。《民法典》第1091条第5项规定，有其他重大过错导致离婚的，无过错方有权请求损害赔偿。这里的"其他重大过错"，如通奸、卖淫、嫖娼、赌博、吸毒等屡教不改。据此，董楠染上吸毒且屡教不改，属于重大过错，申蓓有权提出离婚损害赔偿，D项表述正确。

【答案】ABCD

专题二十五　继　承

※【重点难点】继承权的丧失、放弃和法定继承。（1）继承人有下列行为之一的，丧失继承权：①故意杀害被继承人；②为争夺遗产而杀害其他继承人；③遗弃被继承人，或者虐待被继承人情节严重；④伪造、篡改、隐匿或者销毁遗嘱，情节严重；⑤以欺诈、胁迫手段迫使或者妨碍被继承人设立、变更或者撤回遗嘱，情节严重。继承人有上述第3项至第5项行为，确有悔改表现，被继承人表示宽恕或者事后在遗嘱中将其列为继承人的，该继承人不丧失继承权。受遗赠人有上述5项规定行为的，丧失受遗赠权。（2）遗产按照下列顺序继承：①第一顺序：配偶、子女、父母；②第二顺序：兄弟姐妹、祖父母、外祖父母。继承开始后，由第一顺序继承人继承，第二顺序继承人不继承；没有第一顺序继承人继承的，由第二顺序继承人继承。（3）丧偶儿媳对公婆，丧偶女婿对岳父母，尽了主要赡养义务的，作为第一顺序继承人。

例25-1（多选）：甲男与乙女结婚，其子小强21周岁时，甲与乙离婚。后甲与丙女再婚，丙子小凯7周岁，随甲、丙共同生活。小凯成年成家后，甲与丙深感孤独，收养孤儿小曼为养女，视同己出，但未办理收养手续。丙去世，其遗产的第一顺序继承人有（　　）。

A. 小强　　　　　B. 小凯　　　　　C. 甲　　　　　D. 小曼

【讲解】根据《民法典》第1127条的规定，第一顺序继承人为配偶、子女、父母。这里所说的"子女"，包括婚生子女、非婚生子女、养子女和有扶养关系的继子女。据此，丙去世时，其配偶甲以及其子小凯当然为第一顺序继承人，选B、C项。甲与丙再婚时，甲之子小强为丙的继子女，因其已经成年，并无扶养关系，故不具有第一顺序继承资格，不选A项。《民法典》第1105条第1款规定，收养应当向县级以上人民政府民政部门登记。收养关系自登记之日起成立。据此，甲与丙虽收养孤儿小曼为养女，但因未办理收养手续而不发生收养效力，小曼并非第一顺序继承人，不选D项。

【答案】BC

※【重点难点】代位继承和转继承。（1）代位继承。被继承人的子女先于被继承人死亡的，由被继承人的子女的直系晚辈血亲代位继承。被继承人的兄弟姐妹先于被继承人死亡的，由被继承人的兄弟姐妹的子女代位继承。代位继承人一般只能继承被代位继承人有权继承的遗产份额。继承人丧失继承权的，其直系晚辈血亲和其兄弟姐妹的子女不得代位继承。（2）转继承。继承开始后，继承人于遗产分割前死亡，并没有放弃继承的，该继承人应当继承的遗产转给其继承人，但是遗嘱另有安排的除外。此外，受遗赠人表示接受遗赠，并于遗产分割前死亡的，其接受遗赠的权利转移给

他的继承人。

例 25 - 2（多选）：甲、乙系夫妻，生子丙。丙成家后生女丁。某日，甲与丙驱车外出，在高速公路上遭遇车祸，二人均身负重伤，被送往医院后，甲、丙因失血过多相继去世。遗产分割时，丁继承其祖父甲的遗产的行为属于（　　）。

A. 代位继承　　　　B. 转继承　　　　C. 遗赠　　　　D. 法定继承

【讲解】《民法典》第1152条规定，继承开始后，继承人于遗产分割前死亡，并没有放弃继承的，该继承人应当继承的遗产转给其继承人，但是遗嘱另有安排的除外。据此，甲、丙相继去世，死亡先后时间确定，继承人丙后于被继承人甲死亡，符合转继承。转继承既可适用于法定继承，也可适用于遗嘱继承，本题未提及遗嘱，应属于法定继承，选B、D项。《民法典》第1121条第2款规定，相互有继承关系的数人在同一事件中死亡，难以确定死亡时间的，推定没有其他继承人的人先死亡。都有其他继承人，辈分不同的，推定长辈先死亡；辈分相同的，推定同时死亡，相互不发生继承。据此，本题似乎适用该规定，但需要注意的是，甲、丙相继去世，死亡先后时间确定，不必适用死亡先后时间推定规则。

【答案】BD

例 25 - 3（多选）：刘某生有一子一女，子女均已成家，子甲生女乙，女丙生子丁、戊。刘某一直对两外孙格外偏爱，曾多次私下表示死后把遗产赠与丁、戊。某年，丙不幸遇难，刘某在料理完丙的丧事后也死亡。经查，刘某有两处房产，股票、债券若干，总价值60万元。甲、乙、丁、戊就遗产分割发生纠纷。则（　　）。

A. 丁、戊可代位继承刘某的遗产　　　　B. 刘某的遗产由甲全部继承

C. 甲可以继承刘某的遗产　　　　D. 甲可以继承丙的遗产

【讲解】《民法典》第1128条规定，被继承人的子女先于被继承人死亡的，由被继承人的子女的直系晚辈血亲代位继承。被继承人的兄弟姐妹先于被继承人死亡的，由被继承人的兄弟姐妹的子女代位继承。代位继承人一般只能继承被代位继承人有权继承的遗产份额。据此，丙死亡，丙之子丁、戊可代位继承刘某的遗产，A项表述正确。虽然刘某生前表示将遗产赠与丁、戊，但遗嘱须采取法定形式，刘某的口头表述不发生法律效力，因此，刘某的遗产应当按照法定继承办理，甲、丙都是刘某的第一顺序法定继承人，刘某的遗产应由甲、丙继承，B项表述错误，C项表述正确。丁、戊是丙的第一顺序法定继承人，甲是丙的第二顺序法定继承人，有第一顺序法定继承人的，第二顺序的继承人不能继承，因此，甲不能继承丙的遗产，D项表述错误。

【答案】AC

※**【重点难点】**遗嘱继承。（1）法定遗嘱方式有自书遗嘱、代书遗嘱、打印遗嘱、录音录像遗嘱、口头遗嘱和公证遗嘱。上述六种法定遗嘱方式中，代书遗嘱、打印遗嘱、录音录像遗嘱和口头遗嘱应当有两个以上见证人在场见证。口头遗嘱还须遗嘱人在危急情况下所立，但危急情况消除后，遗嘱人能够以书面或者录音录像形式立遗嘱的，所立的口头遗嘱无效。立遗嘱后，遗嘱人实施与遗嘱内容相反的民事法律行为的，视为对遗嘱相关内容的撤回。立有数份遗嘱，内容相抵触的，以最后的遗嘱为准。（2）下列人员不能作为遗嘱见证人：①无民事行为能力人、限制民事行为能力人以及其他不具有见证能力的人；②继承人、受遗赠人；③与继承人、受遗赠人有利害关系的人。（3）有效遗嘱应具备下列条件：①遗嘱人立遗嘱时必须具有完全民事行为能力。无行为能力人所立的遗嘱，即使其本人后来有了行为能力，仍属无效遗嘱。遗嘱人立遗嘱时有行为能力，后来丧失了行为能力，不影响遗嘱的效力。②遗嘱人立遗嘱时必须意思表示真实。③遗嘱内容必须合法，即遗嘱的内容不得违反法律、社会公德。④遗嘱的形式必须符合民法的规定。（4）下列情形的遗嘱无效：①无民事行为能力人或者限制民事行为能力人所立的遗嘱无效。②遗嘱必须表示遗嘱人的真实意思，受欺诈、胁迫所立的遗嘱无效。③伪造的遗嘱无效。④遗嘱被篡改的，篡改的内容无效。

例 25 - 4（单选）：甲生子乙、丙，女丁，其妻早逝，丙成年后娶妻戊，生子庚。三子女中，甲立遗嘱指定丙继承其全部遗产。丙因公殉职，噩耗传来，甲痛不欲生，当天即因突发脑溢血去世，留下遗产若干。甲的遗产（　　）。

A. 全部由庚代位继承　　　　　　　　B. 由戊、庚继承

C. 由乙、丁继承　　　　　　　　　　D. 由乙、丁、庚继承

【讲解】《民法典》第1154条规定，有下列情形之一的，遗产中的有关部分按照法定继承办理：(1)遗嘱继承人放弃继承或者受遗赠人放弃受遗赠；(2)遗嘱继承人丧失继承权或者受遗赠人丧失受遗赠权；(3)遗嘱继承人、受遗赠人先于遗嘱人死亡或者终止；(4)遗嘱无效部分所涉及的遗产；(5)遗嘱未处分的遗产。据此，虽然甲曾立下遗嘱指定丙继承其全部遗产，然而丙先于甲而死，遗嘱继承无发生余地。对甲的遗产应当按照法定继承办理，全部由甲的法定继承人继承。丙先于甲而死，符合代位继承的适用条件，因此应由丙之子庚代位丙继承甲的遗产。可见，选D项。

【答案】D

例25-5（单选）：甲有乙、丙、丁三个女儿。甲于3月1日立一份自书遗嘱，写明其全部遗产由乙继承。3月2日，甲又请李律师立一份代书遗嘱，写明其全部遗产由丙继承。5月3日，甲因病被丁送至医院急救，甲又立一份口头遗嘱，内容是其全部遗产由丁继承，在场的冯医生和陈护士见证。甲病情好转后出院，未立新遗嘱。若甲死亡，甲的遗产继承人为（　　）。

A. 乙　　　　　　B. 丙　　　　　　C. 丁　　　　　　D. 乙、丙、丁

【讲解】甲于3月1日所立遗嘱为有效的自书遗嘱。《民法典》第1135条规定，代书遗嘱应当有两个以上见证人在场见证，由其中一人代书，并由遗嘱人、代书人和其他见证人签名，注明年、月、日。据此，甲又于3月2日所立代书遗嘱因只有一个见证人在场见证，不符合代书遗嘱的成立条件，代书遗嘱无效。《民法典》第1138条规定，遗嘱人在危急情况下，可以立口头遗嘱。口头遗嘱应当有两个以上见证人在场见证。危急情况消除后，遗嘱人能够以书面或者录音录像形式立遗嘱的，所立的口头遗嘱无效。据此，甲于5月3日立口头遗嘱，但病情好转后出院，危急情况解除，所立口头遗嘱无效。因此，只有甲所立的自书遗嘱有效，乙为遗产继承人，选A项。

【答案】A

例25-6（多选）：须有两个以上无利害关系的人在场见证的遗嘱形式有（　　）。

A. 打印遗嘱　　　　B. 录音录像遗嘱　　　　C. 代书遗嘱　　　　D. 口头遗嘱

【讲解】根据《民法典》继承编有关规定，遗嘱人订立代书遗嘱、打印遗嘱、录音录像遗嘱、口头遗嘱时都须有两个以上的见证人在场见证，只有自书遗嘱和公证遗嘱不需要见证人在场见证。

【答案】ABCD

※**【重点难点】**遗赠和遗赠扶养协议。(1)受遗赠人应当在知道受遗赠后60日内，作出接受或者放弃受遗赠的表示；到期没有表示的，视为放弃受遗赠。遗嘱继承人在继承开始后遗产处理前，没有以书面形式表示放弃继承的，视为接受继承。(2)自然人可以与继承人以外的组织或者个人签订遗赠扶养协议。按照协议，该组织或者个人承担该自然人生养死葬的义务，享有受遗赠的权利。

例25-7（单选）：甲生前曾立有遗嘱指定全部遗产由其子乙继承，乙目的达到遂对甲不闻不问。甲伤心欲绝，又与其好友之女丙签订遗赠扶养协议，约定丙对其生养死葬，甲死后则将全部遗产赠与丙。甲死后，在处理遗产时发生纠纷。对甲的遗产（　　）。

A. 按照遗嘱继承处理　　　　　　　　B. 按照法定继承处理

C. 按照遗赠扶养协议处理　　　　　　D. 由乙全部继承

【讲解】《民法典》第1123条规定，继承开始后，按照法定继承办理；有遗嘱的，按照遗嘱继承或者遗赠办理；有遗赠扶养协议的，按照协议办理。据此，被继承人生前与他人订有遗赠扶养协议，同时又立有遗嘱的，继承开始后，如果遗赠扶养协议与遗嘱没有抵触，遗产分别按协议和遗嘱处理；如果有抵触，按协议处理，与协议抵触的遗嘱全部或部分无效。本题中，甲生前曾立有遗嘱指定全部遗产由其子乙继承，然而乙目的达到遂对甲不闻不问，甲遂又与丙签订遗赠扶养协议，约定丙对其生养死葬，甲死后则将全部遗产赠与丙。因此，甲死后其遗产应当按照遗赠扶养协议处理，选C项。

【答案】C

※【重点难点】遗产的处理。（1）遗产是自然人死亡时遗留的个人合法财产。依照法律规定或者根据其性质不得继承的遗产，不得继承。（2）夫妻共同所有的财产，除有约定的外，遗产分割时，应当先将共同所有的财产的一半分出为配偶所有，其余的为被继承人的遗产。遗产在家庭共有财产之中的，遗产分割时，应当先分出他人的财产。（3）遗嘱应当为缺乏劳动能力又没有生活来源的继承人保留必要的遗产份额。（4）非继承人获得遗产的情形：对继承人以外的依靠被继承人扶养的人，或者继承人以外的对被继承人扶养较多的人，可以分给适当的遗产。（5）被继承人债务的清偿原则包括限定继承原则、清偿债务优先于遗赠的原则、保留必留份原则、连带责任原则。关于限定继承原则：继承人以所得遗产实际价值为限清偿被继承人依法应当缴纳的税款和债务。超过遗产实际价值部分，继承人自愿偿还的不在此限。继承人放弃继承的，对被继承人依法应当缴纳的税款和债务可以不负清偿责任。此外，既有法定继承又有遗嘱继承、遗赠的，由法定继承人清偿被继承人依法应当缴纳的税款和债务；超过法定继承遗产实际价值部分，由遗嘱继承人和受遗赠人按比例以所得遗产清偿。

例 25-8（单选）：甲死后，其遗产分割完毕。乙根据甲的遗嘱继承了 8 万元现金，丙获得了甲遗赠的价值 12 万元的汽车，丁根据法定继承分得房产一处，价值 20 万元。现甲生前的债权人戊持 5 万元借据请求偿还。对此，戊的债权（　　）。

A. 由丁全部偿还

B. 由乙、丙、丁按继承遗产的价值比例偿还

C. 由乙偿还 2 万元，由丙偿还 3 万元

D. 由丙全部偿还

【讲解】《民法典》第 1123 条规定，继承开始后，按法定继承办理；有遗嘱的，按照遗嘱继承或者遗赠办理；有遗赠扶养协议的，按照协议办理。《民法典》第 1163 条规定，既有法定继承又有遗嘱继承、遗赠的，由法定继承人清偿被继承人依法应当缴纳的税款和债务；超过法定继承遗产实际价值部分，由遗嘱继承人和受遗赠人按比例以所得遗产清偿。据此，丁作为法定继承人应当首先在其继承遗产的实际价值限度内清偿被继承人债务。因此，选 A 项。

【答案】A

 例题拓展

例 25-9（多选）：甲自书遗嘱将所有遗产全部留给长子乙，并明确次子丙不能继承，乙与丁婚后育有一女戊、一子己。后乙、丁遇车祸，死亡先后时间不能确定。甲悲痛成疾，不久去世。丁母健在。对此，下列表述正确的是（　　）。

A. 甲、戊、己有权继承乙的遗产　　　　B. 丁母有权转继承乙的遗产

C. 戊、己、丁母有权继承丁的遗产　　　D. 丙有权继承、戊和己有权代位继承甲的遗产

【讲解】《民法典》第 1127 条规定，遗产按照下列顺序继承：（1）第一顺序：配偶、子女、父母；（2）第二顺序：兄弟姐妹、祖父母、外祖父母。继承开始后，由第一顺序继承人继承，第二顺序继承人不继承；没有第一顺序继承人继承的，由第二顺序继承人继承。据此，乙遇车祸死亡时，其父甲、其子己、其女戊作为第一顺序继承人，有权继承乙的遗产。可见，A 项表述正确。丁死亡后，丁母、其子己、其女戊作为第一顺序继承人，有权继承丁的遗产。可见，C 项表述正确。《民法典》第 1121 条规定，继承从被继承人死亡时开始。相互有继承关系的数人在同一事件中死亡，难以确定死亡时间的，推定没有其他继承人的人先死亡。都有其他继承人，辈分不同的，推定长辈先死亡；辈分相同的，推定同时死亡，相互不发生继承。据此，乙、丁在同一车祸事故中死亡，死亡先后时间不能确定，因二人辈分相同，推定同时死亡，彼此不发生继承。因此，丁母无法转继承乙的遗产。可见，B 项表述错误。《民法典》第 1154 条第 3 项规定，遗嘱继承人、受遗赠人先于遗

嘱人死亡或者终止的，遗产中的有关部分按照法定继承办理。据此，虽然甲立有遗嘱由乙继承遗产，但乙先于甲死亡，其遗产适用法定继承。作为甲的次子，丙作为第一顺序法定继承人继承。《民法典》第1128条规定，被继承人的子女先于被继承人死亡的，由被继承人的子女的直系晚辈血亲代位继承。被继承人的兄弟姐妹先于被继承人死亡的，由被继承人的兄弟姐妹的子女代位继承。代位继承人一般只能继承被代位继承人有权继承的遗产份额。据此，甲的长子乙先于甲死亡，其直系晚辈血亲戊和己有权代位继承甲的遗产。可见，D项表述正确。

【答案】ACD

例25-10（单选）： 甲死后留下一间价值12万元的房屋和8万元现金。甲立有遗嘱，8万元现金由四个子女平分，房屋的归属未作处理。甲的女儿主动提出放弃对房屋的继承权，于是三个儿子将房屋变卖，每人分得4万元。现债权人乙主张甲生前曾向其借款24万元，并有借据为证。对此，下列说法正确的是（　　）。

A. 甲已死，债权债务关系消灭

B. 四个子女平均分担，每人偿还6万元

C. 四个子女各自以继承所得用于清偿债务，剩下的4万元由四人各分担1万元

D. 四个子女以各自继承所得用于清偿债务，剩下4万元可以不予清偿

【讲解】《民法典》第1161条规定，继承人以所得遗产实际价值为限清偿被继承人依法应当缴纳的税款和债务。超过遗产实际价值部分，继承人自愿偿还的不在此限。继承人放弃继承的，对被继承人依法应当缴纳的税款和债务可以不负清偿责任。据此，债权债务关系不因债务人的死亡而当然消灭，死者有遗产的，须以该财产承担生前债务。可见，A项表述错误。同时，继承人仅在继承遗产的价值范围内承担偿还被继承人生前债务的责任。本案中，甲的女儿放弃了对房屋的继承，仅对现金继承了2万，因此她仅需对债权人乙偿还2万元。本案中，被继承人所有遗产的价值为20万元，继承人仅需在继承20万元的财产范围内承担还债责任，对于剩余的4万元债务，四人可以不予清偿。当然，如果继承人自愿清偿的，法律不予禁止。可见，B、C项表述错误，D项表述正确。

【答案】D

专题二十六　侵权责任的一般原理

　　※**【重点难点】**侵权责任的适用范围和归责原则。（1）对于侵害生命权、健康权、姓名权、名誉权、荣誉权、肖像权、隐私权、婚姻自主权、监护权、所有权、用益物权、担保物权、著作权、专利权、商标专用权、发现权、股权、继承权等人身、财产权益的，依法承担侵权责任。（2）过错责任原则是指以行为人的过错作为归责根据的原则。过错责任原则是侵权行为的一般归责原则，在法律没有特别规定的情况下，都适用过错责任原则。过错推定责任原则是过错责任原则的特殊形态。过错推定责任原则是指在法律特别规定的场合，从损害事实的本身推定加害人有过错，并据此确定造成他人损害的行为人赔偿责任的归责原则。适用过错推定责任原则的主要情形有：①无民事行为能力人在教育机构中受到损害的侵权责任。②机动车与非机动车驾驶人或者行人发生交通事故的赔偿责任。③动物园动物的损害责任。④物件损害责任。（3）无过错责任原则是指不问行为人主观是否有过错，只要有行为、损害后果以及二者之间存在因果关系，就应承担民事责任的归责原则。适用无过错责任原则的主要情形有：①监护人责任。②产品责任。③环境污染和生态破坏责任。④高度危险责任。⑤饲养动物致人损害责任。⑥工伤事故责任（但个人劳务的工伤事故除外）。

　　例26-1（单选）： 老刘回家途中，看见邻居老李带着外孙小文和另一家邻居的孩子小伟在小区花园中玩耍，便上前拿出几根香蕉送给小文，随后离去。小文接过香蕉后，递给小伟一根，小伟吞食时误入气管导致休克，经抢救无效死亡。对此，下列表述正确的是（　　）。

A. 老刘应对小伟的死亡承担民事责任

B. 老李应对小伟的死亡承担民事责任

C. 小文的父母应对小伟的死亡承担民事责任

D. 小伟的死亡属于意外事件，不产生相关人员的过错责任

【讲解】《民法典》第1165条第1款规定，行为人因过错侵害他人民事权益造成损害的，应当承担侵权责任。据此，本题中，虽然发生了小伟吞食香蕉导致死亡的悲剧结果，但无论是老刘（赠送香蕉）、老李（照看外孙），还是小文的父母，均对该损害后果的发生欠缺过错，无须承担责任。小伟的死亡属于意外事件，选D项。

【答案】 D

例26-2（单选）： 下列案件中，应当适用过错推定责任原则确定侵权责任的是(　　　　)。

A. 甲前往教学楼自习室复习考试，觉得天气炎热，遂将电扇打开，不料电扇叶片飞出将在自习室复习的乙打伤

B. 甲经过某小区时，乙家窗台上的花盆突然掉落，将甲砸伤

C. 甲饲养的动物无故将行人乙咬伤

D. 甲盗用乙的名字进行公司注册

【讲解】 A项表述中，虽然发生损害，且损害的发生因开电扇行为所致，但因甲无过错而不承担侵权责任，因而无法适用过错推定责任原则，不选A项。B项表述为物件损害责任，适用过错推定责任原则，选B项。C项表述的饲养动物致人损害，适用无过错责任原则，不选C项。D项表述的情形为侵犯姓名权的侵权行为，适用过错责任原则，不选D项。

【答案】 B

※ **【重点难点】** 侵权损害赔偿。(1) 侵害他人造成人身损害的，应当赔偿医疗费、护理费、交通费、营养费、住院伙食补助费等为治疗和康复支出的合理费用，以及因误工减少的收入。造成残疾的，还应当赔偿辅助器具费和残疾赔偿金；造成死亡的，还应当赔偿丧葬费和死亡赔偿金。(2) 被侵权人死亡的，支付被侵权人医疗费、丧葬费等合理费用的人有权请求侵权人赔偿费用，但是侵权人已经支付该费用的除外。(3) 侵害他人人身权益造成财产损失的，按照被侵权人因此受到的损失或者侵权人因此获得的利益赔偿；被侵权人因此受到的损失以及侵权人因此获得的利益难以确定，被侵权人和侵权人就赔偿数额协商不一致，向人民法院提起诉讼的，由人民法院根据实际情况确定赔偿数额。(4) 侵害自然人人身权益造成严重精神损害的，被侵权人有权请求精神损害赔偿。只有自然人人格权遭受非法侵害时，当事人才能主张精神损害赔偿，法人和非法人组织的人格权受到侵害的，不得主张精神损害赔偿。因故意或者重大过失侵害自然人具有人身意义的特定物造成严重精神损害的，被侵权人有权请求精神损害赔偿。但物权、债权、知识产权、继承权等遭受侵害，当事人不得主张精神损害赔偿。此外，非法使被监护人脱离监护，导致亲子关系或者近亲属间的亲属关系遭受严重损害的，被侵权人也可以主张精神损害赔偿。(5) 侵害他人财产的，财产损失按照损失发生时的市场价格或者其他合理方式计算。(6) 故意侵害他人知识产权，情节严重的，被侵权人有权请求相应的惩罚性赔偿。(7) 受害人和行为人对损害的发生都没有过错的，依照法律的规定由双方分担损失。(8) 自愿参加具有一定风险的文体活动，因其他参加者的行为受到损害的，受害人不得请求其他参加者承担侵权责任；但是，其他参加者对损害的发生有故意或者重大过失的除外。活动组织者的责任适用《民法典》第1198条至第1201条的规定。(9) 合法权益受到侵害，情况紧迫且不能及时获得国家机关保护，不立即采取措施将使其合法权益受到难以弥补的损害的，受害人可以在保护自己合法权益的必要范围内采取扣留侵权人的财物等合理措施；但是，应当立即请求有关国家机关处理。受害人采取的措施不当造成他人损害的，应当承担侵权责任。

例26-3（单选）： 甲旅游途中，前往某玉石市场参观，在乙经营的摊位上拿起一只翡翠手镯，经乙同意后试戴，并问价。乙报价20万元（实际进货价8万元，市价10万元），甲感觉价格太高，急忙取下，不慎将手镯摔断。对此，甲应(　　　　)。

A. 承担违约责任　　　　　　　　　　B. 赔偿乙8万元损失

C. 赔偿乙 10 万元损失　　　　　　　　　D. 赔偿乙 20 万元损失

【讲解】《民法典》第 1165 条第 1 款规定，行为人因过错侵害他人民事权益造成损害的，应当承担侵权责任。据此，甲不慎将手镯摔断，侵犯了乙的财产权，主观上存在过错，应依法承担侵权责任。因双方不存在合同关系，没有适用违约责任的余地。可见，不选 A 项。《民法典》第 1184 条规定，侵害他人财产的，财产损失按照损失发生时的市场价格或者其他合理方式计算。据此，乙的财产损失应当按照损失发生时的市场价格来确定，即 10 万元。可见，选 C 项，不选 B、D 项。

【答案】C

例 26-4（多选）：甲女委托乙公司为其拍摄一套艺术照。不久，甲女发现丙网站有其多张半裸照片，使其受到众人嘲讽和指责。经查，乙公司为了牟利未经甲女同意将其照片上传到公司网站做宣传，丁男下载后将甲女头部移植他人半裸照片，上传到丙网站。则（　　）。

A. 乙公司侵犯了甲女的肖像权　　　　　B. 丁男侵犯了乙公司的著作权
C. 丁男侵犯了甲女的名誉权　　　　　　D. 甲女有权主张精神损害赔偿

【讲解】《民法典》第 1019 条规定，任何组织或者个人不得以丑化、污损，或者利用信息技术手段伪造等方式侵害他人的肖像权。未经肖像权人同意，不得制作、使用、公开肖像权人的肖像，但是法律另有规定的除外。未经肖像权人同意，肖像作品权利人不得以发表、复制、发行、出租、展览等方式使用或者公开肖像权人的肖像。据此，乙公司未经肖像权人甲女的同意将甲女的照片上传到网上做宣传，侵害了甲女的肖像权，选 A 项。《著作权法》第 17 条规定，受委托创作的作品，著作权的归属由委托人和受托人通过合同约定。合同未作明确约定或者没有订立合同的，著作权属于受托人。据此，艺术照的著作权归属于受托人乙公司，因此，丁男下载甲女的照片并将甲女的头部移植他人半裸照片，上传到网站，侵犯了乙公司的著作权，选 B 项。丁男将甲女的头部移植他人半裸照片，上传到丙网站，丁男的行为贬损了甲女的名誉，侵犯了甲女的名誉权，选 C 项。《民法典》第 1183 条规定，侵害自然人人身权益造成严重精神损害的，被侵权人有权请求精神损害赔偿。因故意或者重大过失侵害自然人具有人身意义的特定物造成严重精神损害的，被侵权人有权请求精神损害赔偿。据此，甲女有权主张精神损害赔偿，选 D 项。

【答案】ABCD

例 26-5（单选）：甲在乙经营的酒店进餐时饮酒过度，离去时拒付餐费。乙不知甲的身份和去向。甲酒醒后回酒店欲取回遗忘的外衣，乙以甲未付餐费为由拒绝交还。乙的行为属于（　　）。

A. 侵权行为　　　　　　　　　　　　　B. 自助行为
C. 行使不安抗辩权的行为　　　　　　　D. 行使同时履行抗辩权的行为

【讲解】《民法典》第 1177 条规定，合法权益受到侵害，情况紧迫且不能及时获得国家机关保护，不立即采取措施将使其合法权益受到难以弥补的损害的，受害人可以在保护自己合法权益的必要范围内采取扣留侵权人的财物等合理措施；但是，应当立即请求有关国家机关处理。受害人采取的措施不当造成他人损害的，应当承担侵权责任。据此，本题中，乙如果不采取自助措施，则甲离去后其权利将难以实现，乙的行为属于自助行为，不构成侵权行为，不需要承担侵权责任，选 B 项。甲、乙之间虽然存在用餐服务合同，但甲支付餐费和乙扣留外衣并非基于同一双务合同互负的对价，因而乙的行为并非行使同时履行抗辩权或者不安抗辩权的行为。

【答案】B

※【重点难点】数人侵权。(1) 共同侵权行为：二人以上共同实施侵权行为，造成他人损害的，应当承担连带责任。(2) 共同危险行为：二人以上实施危及他人人身、财产安全的行为，其中一人或者数人的行为造成他人损害，能够确定具体侵权人的，由侵权人承担责任；不能确定具体侵权人的，行为人承担连带责任。(3) 无意思联络承担连带责任的数人侵权：二人以上分别实施侵权行为造成同一损害，每个人的侵权行为都足以造成全部损害的，行为人承担连带责任。(4) 无意思联络承担按份责任的数人侵权：二人以上分别实施侵权行为造成同一损害，能够确定责任大小的，各自承担相应的责任；难以确定责任大小的，平均承担责任。

例 26-6（单选）：甲（13 岁）、乙（12 岁）和丙（13 岁）放学后在学校附近的河堤玩"推人下河"的游戏，三人在互推时，被学校老师丁路过看到，丁制止了一声便离开。之后，甲、乙、丙继续玩互推，此时，戊恰好路过，不慎被推下河堤，摔断胳膊。后经查，无法确定戊是被谁推倒。对于戊的损害（　　）。

A. 应由学校和甲、乙、丙的监护人共同承担责任

B. 应由丁和甲、乙、丙的监护人共同承担责任

C. 应由甲、乙、丙的监护人承担连带责任

D. 应由甲、乙、丙的监护人分别对戊承担1/3责任

【讲解】《民法典》第1170条规定，二人以上实施危及他人人身、财产安全的行为，其中一人或者数人的行为造成他人损害，能够确定具体侵权人的，由侵权人承担责任；不能确定具体侵权人的，行为人承担连带责任。据此，能够确定戊的损害由甲、乙、丙的侵权行为所致。由于已经放学，学校不再具有临时监护职责，而丁作为学校的工作人员，没有实施侵权行为，不承担侵权责任，不选A、B项。但究竟是甲、乙、丙三人中何人导致戊的损害，不能确定，因而属于共同危险行为。根据《民法典》第1188条的规定，无民事行为能力人、限制民事行为能力人造成他人损害的，由监护人承担侵权责任。据此，由于甲、乙、丙为限制民事行为能力人，其实施的侵权行为应由其监护人承担。可见，选C项。对于实施共同危险行为的，行为人应当承担连带责任，而不是按份责任，不选D项。

【答案】C

 例题拓展

例26-7（多选）：甲毕业要去外地工作，将自己贴身生活用品、私密照片及平板电脑等装箱交给乙快递公司运送。甲在箱外贴了"私人物品，严禁打开"的字条。甲到外地收到快递后察觉有异，经查实，乙公司工作人员丙曾翻看箱内物品，并损坏了平板电脑。则（　　）。

A. 乙公司侵犯了甲的隐私权　　　　　B. 甲可请求乙公司承担精神损害赔偿责任

C. 甲可请求乙公司赔偿平板电脑的损失　　D. 甲可请求乙公司和丙承担连带赔偿责任

【讲解】甲将放有私人物品的箱子密封邮寄，并在箱外贴了"私人物品，严禁打开"的字条，乙公司工作人员擅自打开翻看，侵犯了甲的通信秘密，构成了对隐私权的侵犯，选A项。《民法典》第832条规定，承运人对运输过程中货物的毁损、灭失承担赔偿责任。但是，承运人证明货物的毁损、灭失是因不可抗力、货物本身的自然性质或者合理损耗以及托运人、收货人的过错造成的，不承担赔偿责任。据此，甲交付运输的平板电脑受到损害，且乙公司不存在法定免责事由，应当承担赔偿责任，选C项。《民法典》第1191条第1款规定，用人单位的工作人员因执行工作任务造成他人损害的，由用人单位承担侵权责任。用人单位承担侵权责任后，可以向有故意或者重大过失的工作人员追偿。据此，丙为执行工作任务造成他人损害，应当由乙公司承担赔偿责任，丙无须承担连带责任，不选D项。《民法典》第1183条规定，侵害自然人人身权益造成严重精神损害的，被侵权人有权请求精神损害赔偿。因故意或者重大过失侵害自然人具有人身意义的特定物造成严重精神损害的，被侵权人有权请求精神损害赔偿。据此，甲虽隐私权受到侵害，但是依据社会一般观念尚未达到"严重精神损害"的程度，故无权主张精神损害赔偿，不选B项。

【答案】AC

例26-8（多选）：甲、乙、丙三家毗邻而居，甲、乙分别饲养山羊各一只。某日二羊走脱，将丙辛苦栽培的珍稀药材悉数啃光。关于甲、乙的责任，下列表述正确的是（　　）。

A. 甲、乙可各自通过证明已尽到管理职责而免责

B. 基于共同侵权行为，甲、乙应承担连带责任

C. 如能确定二羊各自啃食的数量，则甲、乙各自承担相应赔偿责任

D. 如不能确定二羊各自啃食的数量，则甲、乙平均承担赔偿责任

【讲解】《民法典》第 1245 条规定，饲养的动物造成他人损害的，动物饲养人或者管理人应当承担侵权责任；但是，能够证明损害是因被侵权人故意或者重大过失造成的，可以不承担或者减轻责任。据此，因甲、乙饲养的山羊导致的侵权行为，应当由甲和乙承担无过错责任，不得通过证明已尽到管理职责而免责，A 项表述错误。《民法典》第 1168 条规定，二人以上共同实施侵权行为，造成他人损害的，应当承担连带责任。据此，甲、乙并无因共同的故意或过失侵害他人权利的情形，故二人无须承担连带责任，B 项表述错误。《民法典》第 1172 条规定，二人以上分别实施侵权行为造成同一损害，能够确定责任大小的，各自承担相应的责任；难以确定责任大小的，平均承担责任。据此，甲、乙二人分别实施侵权行为，任何一方行为均不足以造成全部损害后果，应当由甲、乙承担按份责任。如不能确定二羊各自啃食的数量，则甲、乙平均承担赔偿责任。可见，C、D 项表述正确。

【答案】 CD

专题二十七 各类具体侵权责任

※ **【重点难点】**（1）监护人责任。无民事行为能力人、限制民事行为能力人造成他人损害的，由监护人承担侵权责任。监护人尽到监护职责的，可以减轻其侵权责任。有财产的无民事行为能力人、限制民事行为能力人造成他人损害的，从本人财产中支付赔偿费用；不足部分，由监护人赔偿。（2）委托监护。无民事行为能力人、限制民事行为能力人造成他人损害，监护人将监护职责委托给他人的，监护人应当承担侵权责任；受托人有过错的，承担相应的责任。

例 27-1（单选）：甲的儿子乙（10 岁）因遗嘱继承了祖父遗产 30 万元。某日，乙玩耍时将另一小朋友丙的眼睛划伤。丙的监护人请求甲承担赔偿责任 20 万元。后法院查明，甲已尽到监护职责。对此，下列说法正确的是（　　）。

A. 因乙的财产足以赔偿丙，故不需用甲的财产赔偿
B. 甲已尽到监护职责，无须承担侵权责任
C. 用甲的财产向丙赔偿，甲赔偿后可在乙应承担的份额内向乙追偿
D. 应由甲直接赔偿，否则会损害被监护人乙的利益

【讲解】《民法典》第 1188 条规定，无民事行为能力人、限制民事行为能力人造成他人损害的，由监护人承担侵权责任。监护人尽到监护职责的，可以减轻其侵权责任。有财产的无民事行为能力人、限制民事行为能力人造成他人损害的，从本人财产中支付赔偿费用；不足部分，由监护人赔偿。据此，侵权人乙虽属限制民事行为能力人，但其个人财产足以承担侵权责任，应先以其财产赔偿。可见，A 项表述正确，C、D 项表述错误。监护人责任在归责上适用无过错责任，即使监护人已经尽到监护职责，只能"减轻"而非"免除"责任，故 B 项表述错误。

【答案】 A

例 27-2（单选）：甲出差，委托同事乙照看 10 岁的儿子小明。某日，乙将小明独自留在家中，自己出去蹦迪。小明在玩耍时将邻居小孩小文打伤。小文的损害（　　）。

A. 由甲承担 　　　　　　　　B. 由乙承担
C. 由甲、乙承担连带责任 　　D. 由甲承担，乙承担相应的责任

【讲解】《民法典》第 1189 条规定，无民事行为能力人、限制民事行为能力人造成他人损害，监护人将监护职责委托给他人的，监护人应当承担侵权责任；受托人有过错的，承担相应的责任。据此，甲将小明委托给乙监护，甲对小明给小文造成的人身伤害，应当承担监护责任。乙将小明独自留在家中，乙也有过错，应当承担相应的责任，这里的"相应"的责任并非连带责任。

【答案】 D

※【重点难点】用工责任。（1）用人单位责任。用人单位的工作人员因执行工作任务造成他人损害的，由用人单位承担侵权责任。用人单位承担侵权责任后，可以向有故意或者重大过失的工作人员追偿。（2）劳务派遣单位、劳务用工单位责任。劳务派遣期间，被派遣的工作人员因执行工作任务造成他人损害的，由接受劳务派遣的用工单位承担侵权责任；劳务派遣单位有过错的，承担相应的责任。（3）个人用工责任。个人之间形成劳务关系，提供劳务一方因劳务造成他人损害的，由接受劳务一方承担侵权责任。接受劳务一方承担侵权责任后，可以向有故意或者重大过失的提供劳务一方追偿。提供劳务一方因劳务受到损害的，根据双方各自的过错承担相应的责任。提供劳务期间，因第三人的行为造成提供劳务一方损害的，提供劳务一方有权请求第三人承担侵权责任，也有权请求接受劳务一方给予补偿。接受劳务一方补偿后，可以向第三人追偿。（4）定作人指示过失责任。承揽人在完成工作过程中造成第三人损害或者自己损害的，定作人不承担侵权责任。但是，定作人对定作、指示或者选任有过错的，应当承担相应的责任。

例 27-3（单选）：A机关法定代表人甲安排驾驶员乙开车执行公务，乙以身体不适为由拒绝。甲遂临时安排丙出车，丙在途中将行人丁撞成重伤。有关部门认定丙和丁对事故的发生承担同等责任。对此，丁的人身损害应由（　　）。

A. 甲承担责任　　　　B. 乙承担责任　　　　C. 丙承担责任　　　　D. A机关承担部分责任

【讲解】《民法典》第1191条第1款规定，用人单位的工作人员因执行工作任务造成他人损害的，由用人单位承担侵权责任。用人单位承担侵权责任后，可以向有故意或者重大过失的工作人员追偿。据此，用人单位对其工作人员执行职务的行为承担无过错责任。本题中，丙因执行A机关工作任务而造成他人损害，应当由用人单位即A机关承担责任，法定代表人甲不承担责任。可见，不选A、C项。乙因身体不适而未执行任务，并无不法与过错可言，且与丁的损害无因果关系，故无须承担责任，不选B项。《民法典》第1173条规定，被侵权人对同一损害的发生或者扩大有过错的，可以减轻侵权人的责任。据此，本题中，经有关部门认定，丙和丁对事故的发生承担同等责任，即受害人丁对损害的发生存在过错，侵权人即A机关可以主张减轻责任，无须承担全部赔偿责任，即只承担部分赔偿责任，选D项。

【答案】D

例 27-4（单选）：王某将自家三层楼房的承建工程承包给没有施工资质的包工头李某。双方合同约定，李某"包工不包料"，在施工过程中产生的一切事故责任由李某承担。李某找来邻居张某帮工，工资100元/天，施工过程中脚手架倒塌，将在地面往上递砖块的张某压成重伤。张某请求包工头李某赔偿医药费、误工费等，李某不允，双方闹至法院。对于张某的损害（　　）。

A. 李某承担全部责任　　　　　　　　B. 王某承担全部责任

C. 李某、张某承担连带责任　　　　　D. 李某承担责任，王某承担相应的责任

【讲解】《民法典》第1193条规定，承揽人在完成工作过程中造成第三人损害或者自己损害的，定作人不承担侵权责任。但是，定作人对定作、指示或者选任有过错的，应当承担相应的责任。据此，本题中，王某是定作人，李某是承揽人，张某和李某是雇佣关系，张某被压成重伤，对于张某的损害，应由李某承担责任。同时，李某没有施工资质，王某对于李某的选任存在过失，也应当承担相应的责任。可见，D项表述正确，选D项。

【答案】D

※【重点难点】网络侵权责任。（1）网络用户、网络服务提供者利用网络侵害他人民事权益的，应当承担侵权责任。法律另有规定的，依照其规定。（2）网络用户利用网络服务实施侵权行为的，权利人有权通知网络服务提供者采取删除、屏蔽、断开链接等必要措施。通知应当包括构成侵权的初步证据及权利人的真实身份信息。网络服务提供者接到通知后，应当及时将该通知转送相关网络用户，并根据构成侵权的初步证据和服务类型采取必要措施；未及时采取必要措施的，对损害的扩大部分与该网络用户承担连带责任。权利人因错误通知造成网络用户或者网络服务提供者损害的，应当承担侵权责任。法律另有规定的，依照其规定。（3）网络用户接到转送的通知后，可以向网络服务提供者提交不存在侵权行为的声明。声明应当包括不存在侵权行为的初步证据及网络用户

的真实身份信息。网络服务提供者接到声明后，应当将该声明转送发出通知的权利人，并告知其可以向有关部门投诉或者向人民法院提起诉讼。网络服务提供者在转送声明到达权利人后的合理期限内，未收到权利人已经投诉或者提起诉讼通知的，应当及时终止所采取的措施。(4) 网络服务提供者知道或者应当知道网络用户利用其网络服务侵害他人民事权益，未采取必要措施的，与该网络用户承担连带责任。

例 27 - 5（单选）：甲、乙是同事，因工作争执甲对乙不满，写了一份丑化乙的短文发布在丙网站。乙发现后请求丙网站删除，丙网站不予理睬，致使乙遭受的损害扩大。关于损害扩大部分，应由（　　　）。

A. 甲承担全部责任　　　　　　　　　　B. 丙网站承担全部责任
C. 甲和丙网站承担连带责任　　　　　　D. 甲和丙网站承担按份责任

【讲解】《民法典》第 1195 条规定，网络用户利用网络服务实施侵权行为的，权利人有权通知网络服务提供者采取删除、屏蔽、断开链接等必要措施。通知应当包括构成侵权的初步证据及权利人的真实身份信息。网络服务提供者接到通知后，应当及时将该通知转送相关网络用户，并根据构成侵权的初步证据和服务类型采取必要措施；未及时采取必要措施的，对损害的扩大部分与该网络用户承担连带责任。权利人因错误通知造成网络用户或者网络服务提供者损害的，应当承担侵权责任。法律另有规定的，依照其规定。据此，对于损害扩大部分，应由网络用户甲和网络服务提供者丙网站承担连带责任，选 C 项。

【答案】 C

※**【重点难点】** 违反安全保障义务的侵权责任。(1) 宾馆、商场、银行、车站、机场、体育场馆、娱乐场所等经营场所、公共场所的经营者、管理者或者群众性活动的组织者，未尽到安全保障义务，造成他人损害的，应当承担侵权责任。(2) 因第三人的行为造成他人损害的，由第三人承担侵权责任；经营者、管理者或者组织者未尽到安全保障义务的，承担相应的补充责任。经营者、管理者或者组织者承担补充责任后，可以向第三人追偿。

例 27 - 6（单选）：甲在某餐厅就餐，邻座乙、丙因喝酒发生争吵，继而动手打斗，餐厅保安见状未出面制止。乙拿起酒瓶向丙砸去，丙躲闪，结果甲头部被砸伤。甲的损害（　　　）。

A. 由乙承担，餐厅不承担责任　　　　　B. 由餐厅承担，但餐厅可向乙追偿
C. 由乙承担，餐厅承担补充赔偿责任　　D. 由乙和餐厅承担连带赔偿责任

【讲解】《民法典》第 1198 条第 2 款规定，因第三人的行为造成他人损害的，由第三人承担侵权责任；经营者、管理者或者组织者未尽到安全保障义务的，承担相应的补充责任。经营者、管理者或者组织者承担补充责任后，可以向第三人追偿。据此，餐厅作为公共场所负有保障客人在餐厅内的人身、财产安全的义务，甲的人身安全在公共场所因乙的侵权行为造成损害，应当由第三人乙承担侵权责任，而公共场所的管理者即餐厅未尽到安全保障义务，应当承担相应的补充责任。可见，选 C 项。

【答案】 C

例 27 - 7（单选）：甲旅行社组织旅游团旅游，在参观景点时，导游何某和其他游客闲聊，没有及时跟进照顾其他旅游者，旅游团中的肖某私自离开队伍购买饮料，与小贩吴某发生争执被打伤。对于肖某的损害应由（　　　）。

A. 吴某承担赔偿责任
B. 甲旅行社承担赔偿责任
C. 甲旅行社和吴某承担连带赔偿责任
D. 吴某承担赔偿责任，甲旅行社承担相应的补充赔偿责任

【讲解】《民法典》第 1198 条规定，宾馆、商场、银行、车站、机场、体育场馆、娱乐场所等经营场所、公共场所的经营者、管理者或者群众性活动的组织者，未尽到安全保障义务，造成他人损害的，应当承担侵权责任。因第三人的行为造成他人损害的，由第三人承担侵权责任；经营者、管理者或者组织者未尽到安全保障义务的，承担相应的补充责任。经营者、管理者或者组织者承担

补充责任后，可以向第三人追偿。据此，旅行社作为群众性活动的组织者，负有安全保障义务，但因其过错，致使肖某遭受第三人的人身伤害，对此应由第三人吴某承担侵权责任，但旅行社也应承担相应的补充责任，选D项。

【答案】D

※**【重点难点】**学校、幼儿园等教育机构的责任。（1）无民事行为能力人在幼儿园、学校或者其他教育机构学习、生活期间受到人身损害的，幼儿园、学校或者其他教育机构应当承担侵权责任；但是，能够证明尽到教育、管理职责的，不承担侵权责任。（2）限制民事行为能力人在学校或者其他教育机构学习、生活期间受到人身损害，学校或者其他教育机构未尽到教育、管理职责的，应当承担侵权责任。（3）无民事行为能力人或者限制民事行为能力人在幼儿园、学校或者其他教育机构学习、生活期间，受到幼儿园、学校或者其他教育机构以外的第三人人身损害的，由第三人承担侵权责任；幼儿园、学校或者其他教育机构未尽到管理职责的，承担相应的补充责任。幼儿园、学校或者其他教育机构承担补充责任后，可以向第三人追偿。

例27-8（单选）： 由于幼儿园管理疏忽，精神病人甲冲进一家幼儿园将幼儿乙杀死。对于乙的死亡（　　）。

A. 由甲的监护人承担全部赔偿责任

B. 由幼儿园承担全部赔偿责任

C. 由甲的监护人承担赔偿责任，幼儿园承担相应的补充责任

D. 由幼儿园和甲的监护人承担连带赔偿责任

【讲解】《民法典》第1188条第1款规定，无民事行为能力人、限制民事行为能力人造成他人损害的，由监护人承担侵权责任。监护人尽到监护职责的，可以减轻其侵权责任。据此，甲为无民事行为能力人，其侵权责任由其监护人替代承担。《民法典》第1201条规定，无民事行为能力人或者限制民事行为能力人在幼儿园、学校或者其他教育机构学习、生活期间，受到幼儿园、学校或者其他教育机构以外的第三人人身损害的，由第三人承担侵权责任；幼儿园、学校或者其他教育机构未尽到管理职责的，承担相应的补充责任。幼儿园、学校或者其他教育机构承担补充责任后，可以向第三人追偿。据此，甲的监护人承担赔偿责任，由于幼儿园管理疏忽，存在过错，应当承担相应的补充责任。可见，选C项。

【答案】C

※**【重点难点】**产品责任。（1）因产品存在缺陷造成他人损害的，生产者应当承担侵权责任。（2）因产品存在缺陷造成他人损害的，被侵权人可以向产品的生产者请求赔偿，也可以向产品的销售者请求赔偿。产品缺陷由生产者造成的，销售者赔偿后，有权向生产者追偿。因销售者的过错使产品存在缺陷的，生产者赔偿后，有权向销售者追偿。（3）因运输者、仓储者等第三人的过错使产品存在缺陷，造成他人损害的，产品的生产者、销售者赔偿后，有权向第三人追偿。（4）因产品缺陷危及他人人身、财产安全的，被侵权人有权请求生产者、销售者承担停止侵害、排除妨碍、消除危险等侵权责任。（5）产品投入流通后发现存在缺陷的，生产者、销售者应当及时采取停止销售、警示、召回等补救措施；未及时采取补救措施或者补救措施不力造成损害扩大的，对扩大的损害也应当承担侵权责任。依据上述规定采取召回措施的，生产者、销售者应当负担被侵权人因此支出的必要费用。（6）明知产品存在缺陷仍然生产、销售，或者没有依据《民法典》第1206条的规定采取有效补救措施，造成他人死亡或者健康严重损害的，被侵权人有权请求相应的惩罚性赔偿。

例27-9（单选）： 甲用200元从乙商场购买一只电热壶，使用时因漏电致甲手臂灼伤，花去医药费800元，该电热壶是丙厂生产的。对此，下列表述正确的是（　　）。

A. 甲可以请求丙厂赔偿800元损失 　　B. 甲只能请求乙商场赔偿800元损失

C. 乙商场只赔偿甲200元购置费 　　D. 甲只能请求乙商场承担违约责任

【讲解】本题表述的情形为违约责任与侵权责任的竞合。《民法典》第186条规定，因当事人一方的违约行为，损害对方人身权益、财产权益的，受损害方有权选择请求其承担违约责任或者侵权责任。据此，甲既可以请求乙商场承担违约责任，也可以请求乙商场承担侵权责任，D项表述错

误。《民法典》第1203条第1款规定，因产品存在缺陷造成他人损害的，被侵权人可以向产品的生产者请求赔偿，也可以向产品的销售者请求赔偿。据此，电热壶因漏电缺陷致甲手臂灼伤的，甲既可以请求销售者乙商场赔偿，也可以请求生产者丙厂赔偿。可见，A项表述正确，B项表述错误。《民法典》第584条规定，当事人一方不履行合同义务或者履行合同义务不符合约定，造成对方损失的，损失赔偿额应当相当于因违约所造成的损失，包括合同履行后可以获得的利益；但是，不得超过违约一方订立合同时预见到或者应当预见到的因违约可能造成的损失。据此，违约损害以违约造成的损害范围来决定，赔偿范围不以合同价款200元为限。可见，C项表述错误。

【答案】A

※【重点难点】机动车交通事故责任。(1)机动车发生交通事故造成损害的，依照道路交通安全法律和民法的有关规定承担赔偿责任。(2)因租赁、借用等情形机动车所有人、管理人与使用人不是同一人时，发生交通事故造成损害，属于该机动车一方责任的，由机动车使用人承担赔偿责任；机动车所有人、管理人对损害的发生有过错的，承担相应的赔偿责任。(3)当事人之间已经以买卖或者其他方式转让并交付机动车但是未办理登记，发生交通事故造成损害，属于该机动车一方责任的，由受让人承担赔偿责任。(4)以挂靠形式从事道路运输经营活动的机动车，发生交通事故造成损害，属于该机动车一方责任的，由挂靠人和被挂靠人承担连带责任。(5)未经允许驾驶他人机动车，发生交通事故造成损害，属于该机动车一方责任的，由机动车使用人承担赔偿责任；机动车所有人、管理人对损害的发生有过错的，承担相应的赔偿责任，但是另有规定的除外。(6)机动车发生交通事故造成损害，属于该机动车一方责任的，先由承保机动车强制保险的保险人在强制保险责任限额范围内予以赔偿；不足部分，由承保机动车商业保险的保险人按照保险合同的约定予以赔偿；仍然不足或者没有投保机动车商业保险的，由侵权人赔偿。(7)以买卖或者其他方式转让拼装或者已经达到报废标准的机动车，发生交通事故造成损害的，由转让人和受让人承担连带责任。(8)盗窃、抢劫或者抢夺的机动车发生交通事故造成损害的，由盗窃人、抢劫人或者抢夺人承担赔偿责任。盗窃人、抢劫人或者抢夺人与机动车使用人不是同一人，发生交通事故造成损害，属于该机动车一方责任的，由盗窃人、抢劫人或者抢夺人与机动车使用人承担连带责任。保险人在机动车强制保险责任限额范围内垫付抢救费用的，有权向交通事故责任人追偿。(9)机动车驾驶人发生交通事故后逃逸，该机动车参加强制保险的，由保险人在机动车强制保险责任限额范围内予以赔偿；机动车不明、该机动车未参加强制保险或者抢救费用超过机动车强制保险责任限额，需要支付被侵权人人身伤亡的抢救、丧葬等费用的，由道路交通事故社会救助基金垫付。道路交通事故社会救助基金垫付后，其管理机构有权向交通事故责任人追偿。(10)非营运机动车发生交通事故造成无偿搭乘人损害，属于该机动车一方责任的，应当减轻其赔偿责任，但是机动车使用人有故意或者重大过失的除外。

例27-10（单选）：张某从甲公司购买一辆汽车，约定张某试用5天，试用期满后5天内办理登记过户手续。试用期间，张某违反交通规则将朱某撞成重伤。朱某的损害（   ）。

A. 由甲公司赔偿
B. 由张某赔偿
C. 由甲公司和张某承担连带赔偿责任
D. 由张某赔偿，甲公司承担相应的赔偿责任

【讲解】《民法典》第1209条规定，因租赁、借用等情形机动车所有人、管理人与使用人不是同一人时，发生交通事故造成损害，属于该机动车一方责任的，由机动车使用人承担赔偿责任；机动车所有人、管理人对损害的发生有过错的，承担相应的赔偿责任。据此，张某虽非汽车所有权人，但是汽车的实际使用人，因其违章驾驶对造成的交通事故承担损害赔偿责任。甲公司并无过错，不承担责任。可见，选B项。

【答案】B

※【重点难点】医疗损害责任。(1)患者在诊疗活动中受到损害，医疗机构或者其医务人员有过错的，由医疗机构承担赔偿责任。(2)因抢救生命垂危的患者等紧急情况，不能取得患者或者其近亲属意见的，经医疗机构负责人或者授权的负责人批准，可以立即实施相应的医疗措施。(3)患者在诊疗活动中受到损害，有下列情形之一的，推定医疗机构有过错：①违反法律、行政法规、规

章以及其他有关诊疗规范的规定；②隐匿或者拒绝提供与纠纷有关的病历资料；③遗失、伪造、篡改或者违法销毁病历资料。（4）因药品、消毒产品、医疗器械的缺陷，或者输入不合格的血液造成患者损害的，患者可以向药品上市许可持有人、生产者、血液提供机构请求赔偿，也可以向医疗机构请求赔偿。患者向医疗机构请求赔偿的，医疗机构赔偿后，有权向负有责任的药品上市许可持有人、生产者、血液提供机构追偿。（5）患者在诊疗活动中受到损害，有下列情形之一的，医疗机构不承担赔偿责任：①患者或者其近亲属不配合医疗机构进行符合诊疗规范的诊疗；②医务人员在抢救生命垂危的患者等紧急情况下已经尽到合理诊疗义务；③限于当时的医疗水平难以诊疗。上述第①项情形中，医疗机构或者其医务人员也有过错的，应当承担相应的赔偿责任。

例27-11（单选）：下列选项中，应当由医院承担医疗损害责任的是(　　)。

A. 甲在A医院做白内障手术，该医院刘医生因手术失误导致甲失明

B. 乙在B医院进行肝癌晚期化疗，乙因医治无效死亡

C. 患者丙无故拒绝签名同意手术，导致贻误治疗给丙造成损害

D. 丁因车祸重伤昏迷不醒，被经过现场的路人于某送至医院抢救，因联系不上丁的家属，经院长同意，医院对丁采取紧急抢救措施，使丁脱离生命危险，但仍导致丁左手臂残疾

【讲解】医疗损害责任适用过错责任原则。《民法典》第1218条规定，患者在诊疗活动中受到损害，医疗机构或者其医务人员有过错的，由医疗机构承担赔偿责任。据此，A项表述中，刘医生因失误造成患者甲损害，医院应当承担赔偿责任，选A项。《民法典》第1224条第1款规定，患者在诊疗活动中受到损害，有下列情形之一的，医疗机构不承担赔偿责任：（1）患者或者其近亲属不配合医疗机构进行符合诊疗规范的诊疗；（2）医务人员在抢救生命垂危的患者等紧急情况下已经尽到合理诊疗义务；（3）限于当时的医疗水平难以诊疗。据此，B项表述中，对于肝癌晚期的患者，囿于目前的医疗水平，还不能诊治，因此医院可以免责，不选B项。C项表述中，患者丙无故拒绝签名，不配合医疗机构进行符合诊疗规范的诊疗，医院可以免责，不选C项。《民法典》第1220条规定，因抢救生命垂危的患者等紧急情况，不能取得患者或者其近亲属意见的，经医疗机构负责人或者授权的负责人批准，可以立即实施相应的医疗措施。据此，D项表述中，丁昏迷不醒，无法取得其本人同意，也无法联系上丁的近亲属，因而医院有紧急处置权，且保住了丁的生命，因而对于造成丁左臂残疾，医院无过错，不承担侵权责任，不选D项。

【答案】A

※**【重点难点】**环境污染和生态破坏责任。（1）因污染环境、破坏生态造成他人损害的，侵权人应当承担侵权责任。（2）因污染环境、破坏生态发生纠纷，行为人应当就法律规定的不承担责任或者减轻责任的情形及其行为与损害之间不存在因果关系承担举证责任。（3）两个以上侵权人污染环境、破坏生态的，承担责任的大小，根据污染物的种类、浓度、排放量，破坏生态的方式、范围、程度，以及行为对损害后果所起的作用等因素确定。（4）侵权人违反法律规定故意污染环境、破坏生态造成严重后果的，被侵权人有权请求相应的惩罚性赔偿。（5）因第三人的过错污染环境、破坏生态的，被侵权人可以向侵权人请求赔偿，也可以向第三人请求赔偿。侵权人赔偿后，有权向第三人追偿。（6）违反国家规定造成生态环境损害，生态环境能够修复的，国家规定的机关或者法律规定的组织有权请求侵权人在合理期限内承担修复责任。侵权人在期限内未修复的，国家规定的机关或者法律规定的组织可以自行或者委托他人进行修复，所需费用由侵权人负担。（7）违反国家规定造成生态环境损害的，国家规定的机关或者法律规定的组织有权请求侵权人赔偿下列损失和费用：①生态环境受到损害至修复完成期间服务功能丧失导致的损失；②生态环境功能永久性损害造成的损失；③生态环境损害调查、鉴定评估等费用；④清除污染、修复生态环境费用；⑤防止损害的发生和扩大所支出的合理费用。

例27-12（单选）：甲化工厂排放的污水流入某湖泊后，导致乙养殖的鱼类大量死亡。对此，下列表述正确的是(　　)。

A. 甲化工厂主观上无过错，对乙的损失不承担赔偿责任

B. 甲化工厂应当赔偿乙的损失

C. 甲化工厂可以排放的废水完全符合规定的排放标准而免责

D. 乙提出赔偿请求的诉讼时效为 2 年

【讲解】环境污染责任适用无过错责任原则，不论甲化工厂主观上是否存在过错，只要其行为造成损害，就应当承担侵权责任，A 项表述错误。《民法典》第 1229 条规定，因污染环境、破坏生态造成他人损害的，侵权人应当承担侵权责任。据此，甲化工厂作为排污者，因排放污水导致乙养殖的鱼类大量死亡，应当承担侵权责任，且污染者不得以排污符合国家或者地方污染物排放标准为由主张不承担责任。可见，B 项表述正确，C 项表述错误。因环境污染提出赔偿请求的诉讼时效为 3 年，D 项表述错误。

【答案】 B

例 27－13（多选）：甲环保局进口的树种栽种在路边，该数种寄生某种蛾，使周边 30 公里内的由乙承包经营的梨树生产受到严重损害。对于乙的损害，下列表述正确的是（　　）。

A. 本案属于破坏生态责任

B. 乙对破坏生态责任负举证责任

C. 甲环保局只要证明自身无过错，就可以免责

D. 甲环保局应当赔偿乙的损失

【讲解】《民法典》第 1229 条规定，因污染环境、破坏生态造成他人损害的，侵权人应当承担侵权责任。据此，本题中，甲环保局引进的树种因有寄生蛾，给乙造成损害，这不是环境污染，但属于破坏生态的行为，甲环保局应当赔偿乙的损失，该案件属于破坏生态责任案件，A、D 项表述正确。《民法典》第 1230 条规定，因污染环境、破坏生态发生纠纷，行为人应当就法律规定的不承担责任或者减轻责任的情形及其行为与损害之间不存在因果关系承担举证责任。据此，环境污染、破坏生态责任采取举证责任倒置，即由甲环保局对破坏生态责任负举证责任，B 项表述错误。破坏生态责任适用无过错责任，C 项表述错误。

【答案】 AD

例 27－14（多选）：下列选项中，被侵权人有权请求相应惩罚性赔偿的是（　　）。

A. 甲故意侵犯某公司商标专用权，获利巨大，情节严重

B. 乙未经影星刘某同意，擅自使用刘某肖像并出租获利

C. 丙商场明知冰柜漏电仍然销售，造成消费者陈某因冰柜漏电死亡

D. 丁企业故意违反国家排污规定，将工业废水排入河流，导致生态遭受严重破坏

【讲解】《民法典》第 1185 条规定，故意侵害他人知识产权，情节严重的，被侵权人有权请求相应的惩罚性赔偿。据此，选 A 项。《民法典》第 1019 条规定，任何组织或者个人不得以丑化、污损，或者利用信息技术手段伪造等方式侵害他人的肖像权。未经肖像权人同意，不得制作、使用、公开肖像权人的肖像，但是法律另有规定的除外。未经肖像权人同意，肖像作品权利人不得以发表、复制、发行、出租、展览等方式使用或者公开肖像权人的肖像。据此，B 项表述的情形构成侵犯肖像权，但《民法典》并未规定侵犯肖像权的惩罚性赔偿，不选 B 项。《民法典》第 1207 条规定，明知产品存在缺陷仍然生产、销售，或者没有依据前条规定采取有效补救措施，造成他人死亡或者健康严重损害的，被侵权人有权请求相应的惩罚性赔偿。据此，选 C 项。《民法典》第 1232 条规定，侵权人违反法律规定故意污染环境、破坏生态造成严重后果的，被侵权人有权请求相应的惩罚性赔偿。据此，选 D 项。

【答案】 ACD

※ **【重点难点】** 高度危险责任。（1）从事高度危险作业造成他人损害的，应当承担侵权责任。（2）民用核设施或者运入运出核设施的核材料发生核事故造成他人损害的，民用核设施的营运单位应当承担侵权责任；但是，能够证明损害是因战争、武装冲突、暴乱等情形或者受害人故意造成的，不承担责任。（3）民用航空器造成他人损害的，民用航空器的经营者应当承担侵权责任；但是，能够证明损害是因受害人故意造成的，不承担责任。（4）占有或者使用易燃、易爆、剧毒、高放射性、强腐蚀性、高致病性等高度危险物造成他人损害的，占有人或者使用人应当承担侵权责

任；但是，能够证明损害是因受害人故意或者不可抗力造成的，不承担责任。被侵权人对损害的发生有重大过失的，可以减轻占有人或者使用人的责任。（5）从事高空、高压、地下挖掘活动或者使用高速轨道运输工具造成他人损害的，经营者应当承担侵权责任；但是，能够证明损害是因受害人故意或者不可抗力造成的，不承担责任。被侵权人对损害的发生有重大过失的，可以减轻经营者的责任。（6）遗失、抛弃高度危险物造成他人损害的，由所有人承担侵权责任。所有人将高度危险物交由他人管理的，由管理人承担侵权责任；所有人有过错的，与管理人承担连带责任。（7）非法占有高度危险物造成他人损害的，由非法占有人承担侵权责任。所有人、管理人不能证明对防止非法占有尽到高度注意义务的，与非法占有人承担连带责任。（8）未经许可进入高度危险活动区域或者高度危险物存放区域受到损害，管理人能够证明已经采取足够安全措施并尽到充分警示义务的，可以减轻或者不承担责任。

例 27 - 15（多选）：下列侵权行为中，对侵权人可以减轻责任的是（　　）。

A. 某艾滋病患者甲将注射毒品的针头乱扔，被小孩乙捡到当玩具，染上艾滋病毒

B. 甲爬进高速火车隔离网内抓蝈蝈，被卷入火车轮底身亡

C. 甲负责监管放射物，管理措施符合规定，小孩乙爬窗进库，遭受放射性毒害

D. 甲钓到一条大鱼，在用鱼竿上挑时碰到高压线，触电后受伤

【讲解】《民法典》第 1241 条规定，遗失、抛弃高度危险物造成他人损害的，由所有人承担侵权责任。所有人将高度危险物交由他人管理的，由管理人承担侵权责任；所有人有过错的，与管理人承担连带责任。据此，甲抛弃高度危险物，造成乙伤害，由于不存在减轻责任的事由，不选 A 项。《民法典》第 1243 条规定，未经许可进入高度危险活动区域或者高度危险物存放区域受到损害，管理人能够证明已经采取足够安全措施并尽到充分警示义务的，可以减轻或者不承担责任。据此，B、C 项表述中的管理人能够证明采取了足够安全措施并尽到充分警示义务，可以减轻或者不承担侵权责任。可见，选 B、C 项。《民法典》第 1240 条规定，从事高空、高压、地下挖掘活动或者使用高速轨道运输工具造成他人损害的，经营者应当承担侵权责任；但是，能够证明损害是因受害人故意或者不可抗力造成的，不承担责任。被侵权人对损害的发生有重大过失的，可以减轻经营者的责任。据此，高度危险责任实行无过错责任，侵权人应当承担侵权责任，但如果被侵权人对其损害的发生有过失，可以减轻经营者的责任。D 项表述中，甲无过失，不能减轻侵权人的责任，不选 D 项。

【答案】 BC

※**【重点难点】** 饲养动物致人损害责任。（1）饲养的动物造成他人损害的，动物饲养人或者管理人应当承担侵权责任；但是，能够证明损害是因被侵权人故意或者重大过失造成的，可以不承担或者减轻责任。（2）禁止饲养的烈性犬等危险动物造成他人损害的，动物饲养人或者管理人应当承担侵权责任。（3）动物园的动物造成他人损害的，动物园应当承担侵权责任；但是，能够证明尽到管理职责的，不承担侵权责任。（4）遗弃、逃逸的动物在遗弃、逃逸期间造成他人损害的，由动物原饲养人或者管理人承担侵权责任。（5）因第三人的过错致使动物造成他人损害的，被侵权人可以向动物饲养人或者管理人请求赔偿，也可以向第三人请求赔偿。动物饲养人或者管理人赔偿后，有权向第三人追偿。

例 27 - 16（单选）：甲因全家外出旅游，请邻居乙代为看管其饲养的宠物狗。乙看管期间，丙偷狗，被狗咬伤。关于丙的损害（　　）。

A. 甲承担全部赔偿责任　　　　　　B. 乙承担全部赔偿责任

C. 甲、乙承担连带赔偿责任　　　　D. 甲、乙不承担侵权责任

【讲解】《民法典》第 1245 条规定，饲养的动物造成他人损害的，动物饲养人或者管理人应当承担侵权责任；但是，能够证明损害是因被侵权人故意或者重大过失造成的，可以不承担或者减轻责任。据此，本题中，因饲养动物侵权造成损害的，应当由动物的饲养人即乙承担责任，但因被侵权人丙偷狗造成了损害，对损害的发生有重大过失，可以免除或减轻饲养人或管理人的责任，故 D 项表述正确，选 D 项。

【答案】D

※【重点难点】物件损害责任。(1)建筑物、构筑物或者其他设施倒塌、塌陷造成他人损害的，由建设单位与施工单位承担连带责任，但是建设单位与施工单位能够证明不存在质量缺陷的除外。建设单位、施工单位赔偿后，有其他责任人的，有权向其他责任人追偿。因所有人、管理人、使用人或者第三人的原因，建筑物、构筑物或者其他设施倒塌、塌陷造成他人损害的，由所有人、管理人、使用人或者第三人承担侵权责任。(2)建筑物、构筑物或者其他设施及其搁置物、悬挂物发生脱落、坠落造成他人损害，所有人、管理人或者使用人不能证明自己没有过错的，应当承担侵权责任。所有人、管理人或者使用人赔偿后，有其他责任人的，有权向其他责任人追偿。(3)禁止从建筑物中抛掷物品。从建筑物中抛掷物品或者从建筑物上坠落的物品造成他人损害的，由侵权人依法承担侵权责任；经调查难以确定具体侵权人的，除能够证明自己不是侵权人的外，由可能加害的建筑物使用人给予补偿。可能加害的建筑物使用人补偿后，有权向侵权人追偿。物业服务企业等建筑物管理人应当采取必要的安全保障措施防止上述情形的发生；未采取必要的安全保障措施的，应当依法承担未履行安全保障义务的侵权责任。(4)堆放物倒塌、滚落或者滑落造成他人损害，堆放人不能证明自己没有过错的，应当承担侵权责任。(5)在公共道路上堆放、倾倒、遗撒妨碍通行的物品造成他人损害的，由行为人承担侵权责任。公共道路管理人不能证明已经尽到清理、防护、警示等义务的，应当承担相应的责任。(6)因林木折断、倾倒或者果实坠落等造成他人损害，林木的所有人或者管理人不能证明自己没有过错的，应当承担侵权责任。(7)在公共场所或者道路上挖掘、修缮安装地下设施等造成他人损害，施工人不能证明已经设置明显标志和采取安全措施的，应当承担侵权责任。窨井等地下设施造成他人损害，管理人不能证明尽到管理职责的，应当承担侵权责任。

例 27-17（单选）： 甲商场委托乙广告公司制作了一块宣传企业形象的广告牌，并由乙公司负责安装在商场外墙。某日，广告牌被大风吹落砸伤过路人丙。经查，广告牌的安装存在质量问题。对于丙的损害（　　）。

A. 甲商场承担赔偿责任，乙公司承担补充责任

B. 甲商场承担赔偿责任，但其有权向乙公司追偿

C. 乙公司承担赔偿责任，甲商场承担补充责任

D. 甲商场和乙公司承担连带赔偿责任

【讲解】《民法典》第 1253 条规定，建筑物、构筑物或者其他设施及其搁置物、悬挂物发生脱落、坠落造成他人损害，所有人、管理人或者使用人不能证明自己没有过错的，应当承担侵权责任。所有人、管理人或者使用人赔偿后，有其他责任人的，有权向其他责任人追偿。据此，因为广告牌被大风吹落砸伤路人丙，广告牌的所有人甲商场若不能证明没有过错，应当承担侵权责任。因广告牌坠落是因乙公司安装质量瑕疵所致，甲商场承担责任之后，有权向乙公司追偿。可见，选B项。

【答案】B

例题拓展

例 27-18（单选）： 小明（8周岁）在从甲小学放学回家的路上，将石块扔向路上正常行驶的长途客运汽车，致使乘客李某受伤，李某经治疗后脸上仍留下一块大伤疤。客运汽车为乙长途客运公司所有。则（　　）。

A. 李某有权请求乙公司赔偿医药费及精神损害

B. 甲小学和乙公司应当向李某承担连带赔偿责任

C. 李某有权请求甲小学赔偿医疗费及精神损害

D. 李某有权请求小明的监护人赔偿医疗费及精神损害

【讲解】《民法典》第 823 条第 1 款规定，承运人应当对运输过程中旅客的伤亡承担赔偿责任；但是，伤亡是旅客自身健康原因造成的或者承运人证明伤亡是旅客故意、重大过失造成的除外。据此，李某乘坐长途客运汽车，与乙公司成立客运合同。只要不存在法定的免责事由，承运人应当对旅客的人身伤亡负无过错责任，故即使承运人乙公司对损害的发生并无过错，仍应当承担违约责任。精神损害赔偿为侵权责任的赔偿范围，并非违约责任的赔偿范围。本题中，因长途客运汽车是在正常行驶，乙公司并无过错，不承担侵权责任。故李某只能基于违约责任向乙公司请求赔偿医药费，而不能请求精神损害赔偿。可见，不选 A 项。《民法典》第 1200 条规定，限制民事行为能力人在学校或者其他教育机构学习、生活期间受到人身损害，学校或者其他教育机构未尽到教育、管理职责的，应当承担侵权责任。据此，小明的侵权行为发生在放学回家路上，已超出了甲小学应尽的职责范围，甲小学无过错而无须承担侵权责任。可见，不选 B、C 项。《民法典》第 1188 条第 1 款规定，无民事行为能力人、限制民事行为能力人造成他人损害的，由监护人承担侵权责任。监护人尽到监护职责的，可以减轻其侵权责任。据此，监护人责任在归责上适用无过错责任。《民法典》第 1183 条规定，侵害自然人人身权益造成严重精神损害的，被侵权人有权请求精神损害赔偿。因故意或者重大过失侵害自然人具有人身意义的特定物造成严重精神损害的，被侵权人有权请求精神损害赔偿。据此，因未成年人小明实施侵权行为造成损害的，其监护人应当承担赔偿责任，既包括医疗费等人身损害，也包括精神损害。可见，选 D 项。

【答案】 D

例 27-19（多选）：甲家盖房，邻居乙、丙前来帮忙。施工中，丙因失误从高处摔下受伤，乙不小心撞伤小孩丁。对此，下列表述正确的是（　　　）。

A. 对丙的损害，甲应承担赔偿责任，但可以减轻其责任

B. 对丙的损害，甲不承担赔偿责任，但可以在受益范围内予以适当补偿

C. 对丁的损害，甲应承担赔偿责任

D. 对丁的损害，甲应承担补充赔偿责任

【讲解】《民法典》第 1192 条第 1 款规定，个人之间形成劳务关系，提供劳务一方因劳务造成他人损害的，由接受劳务一方承担侵权责任。接受劳务一方承担侵权责任后，可以向有故意或者重大过失的提供劳务一方追偿。提供劳务一方因劳务受到损害的，根据双方各自的过错承担相应的责任。据此，甲家盖房，邻居乙、丙前来帮忙，乙在帮工过程中将第三人丁撞伤，应当由接受劳务一方即甲承担侵权责任。可见，C 项表述正确，选 C 项，D 项表述错误。提供劳务一方丙在帮工过程中从高处摔下受伤，即丙自己遭受损害，应当根据双方各自的过错承担相应的责任。《民法典》第 1173 条规定，被侵权人对同一损害的发生或者扩大有过错的，可以减轻侵权人的责任。据此，丙因失误受伤，这表明丙有过错，因此，甲虽然应当承担侵权责任，但可以减轻甲的责任。可见，A 项表述正确，选 A 项，B 项表述错误。

【答案】 AC

例 27-20（多选）：因 A 小区物业管理公司未采取必要的安全保障措施，高空抛物事件时有发生。某日，甲邀请乙到自家做客，乙进入甲所居住的 A 小区后，突然从小区高楼内抛出一块磨刀石，将乙砸伤。如果难以确定具体侵权人，则乙的损害（　　　）。

A. 由甲承担全部赔偿责任

B. 由 A 小区物业管理公司承担全部赔偿责任

C. 由可能的加害人给予补偿

D. 由 A 小区物业管理公司承担未履行安全保障义务的侵权责任

【讲解】《民法典》第 1254 条规定，禁止从建筑物中抛掷物品。从建筑物中抛掷物品或者从建筑物上坠落的物品造成他人损害的，由侵权人依法承担侵权责任；经调查难以确定具体侵权人的，除能够证明自己不是侵权人的外，由可能加害的建筑物使用人给予补偿。可能加害的建筑物使用人补偿后，有权向侵权人追偿。物业服务企业等建筑物管理人应当采取必要的安全保障措施防止前款

规定情形的发生；未采取必要的安全保障措施的，应当依法承担未履行安全保障义务的侵权责任。发生本条第1款规定的情形的，公安等机关应当依法及时调查，查清责任人。据此，由于难以确定具体侵权人，则乙的损害应由可能的加害人给予补偿。可见，选C项。此外，A小区经常发生高空抛物事件，表明A小区物业管理公司未采取必要的安全保障措施，应当依法承担未履行安全保障义务的侵权责任。可见，选D项。

【答案】CD

专题二十八　著　作　权

※**【重点难点】**著作权的主体。（1）著作权的主体包括作者和其他依照著作权法享有著作权的公民、法人或者其他组织。①著作权属于作者，创作作品的公民是作者。这里的"创作"，是指直接产生文学、艺术和科学作品的智力活动。为他人创作进行组织工作，提供咨询意见、物质条件，或者进行其他辅助工作，均不视为创作。②由法人或者其他组织主持，代表法人或者其他组织意志创作，并由法人或者其他组织承担责任的作品，法人或者其他组织视为作者。如无相反证明，在作品上署名的公民、法人或者其他组织为作者。（2）职务作品的著作权由作者享有，但法人或者其他组织有权在其业务范围内优先使用。作品完成2年内，未经单位同意，作者不得许可第三人以与单位使用的相同方式使用该作品。有下列情形之一的职务作品，作者享有署名权，著作权的其他权利由法人或者其他组织享有，法人或者其他组织可以给予作者奖励：①主要是利用法人或者其他组织的物质技术条件创作，并由法人或者其他组织承担责任的工程设计图、产品设计图、地图、计算机软件等职务作品；②法律、行政法规规定或者合同约定著作权由法人或者其他组织享有的职务作品。（3）受委托创作的作品，著作权的归属由委托人和受托人通过合同约定。合同未作明确约定或者没有订立合同的，著作权属于受托人。（4）两人以上合作创作的作品，著作权由合作作者共同享有。（5）改编、翻译、注释、整理已有作品而产生的作品，其著作权由改编、翻译、注释、整理人享有，但行使著作权时不得侵犯原作品的著作权。（6）汇编作品的著作权由汇编人享有，但行使著作权时，不得侵犯原作品的著作权。（7）电影作品和以类似摄制电影的方法创作的作品的著作权由制片者享有，但编剧、导演、摄影、作词、作曲等作者享有署名权，并有权按照与制片者签订的合同获得报酬。电影作品和以类似摄制电影的方法创作的作品中的剧本、音乐等可以单独使用的作品的作者有权单独行使其著作权。

例28－1（单选）：甲于2015年1月1日开始撰稿小说《情人巷》，并于2017年7月3日创作完成，2018年2月12日发表于某刊物后被乙改编成剧本，丙公司根据该剧本拍成电视剧，丁电视台将该电视剧进行播放。则（　　）。

A．甲于2015年1月1日开始对小说享有著作权

B．乙对剧本不享有著作权

C．丙公司将剧本拍成电视剧应当取得甲、乙同意但不必支付报酬

D．丁电视台播放电视剧应当取得丙公司许可并支付报酬

【讲解】《著作权法实施条例》第6条规定，著作权自作品创作完成之日起产生。据此，甲于2017年7月3日创作完成小说《情人巷》，自此开始享有著作权。可见，A项错误。《著作权法》第12条规定，改编、翻译、注释、整理已有作品而产生的作品，其著作权由改编、翻译、注释、整理人享有，但行使著作权时不得侵犯原作品的著作权。据此，乙因改编剧本而取得剧本的著作权，B项错误。第三人若使用演绎作品，既要经演绎著作权人同意，还要经原作品著作权人同意，并支付报酬。据此，丙公司欲将剧本拍成电视剧，应当取得演绎著作权人乙及原作品作者甲的双重许可并支付报酬。可见，C项错误。《著作权法》第46条规定，电视台播放他人的电影作品和以类似摄制电影的方法创作的作品、录像制品，应当取得制片者或者录像制作者许可，并支付报酬；播放他

人的录像制品，还应当取得著作权人许可，并支付报酬。据此，丁电视台播放该电视剧，应当取得制片者丙公司许可并支付报酬，D项正确，选D项。

【答案】D

※【重点难点】著作权的客体。（1）著作权的客体是作品。著作权法所称的作品，包括：①文字作品。②口述作品。③音乐、戏剧、曲艺、舞蹈、杂技艺术作品。④美术、建筑作品。⑤摄影作品。⑥电影作品和以类似摄制电影的方法创作的作品。⑦工程设计图、产品设计图、地图、示意图等图形作品和模型作品。⑧计算机软件。⑨法律、行政法规规定的其他作品。（2）下列作品不受著作权法保护：①依法禁止出版、传播的作品；②法律、法规，国家机关的决议、决定、命令和其他具有立法、行政、司法性质的文件，及其官方正式译文；③时事新闻；④历法、通用数表、通用表格和公式。

例28-2（多选）： 甲公司在报纸上向社会征集广告用语，声明被采用的应征者将获得奖金1万元。乙设计的独特广告语应征后被选中，获得1万元奖金。甲公司使用该广告语3年以后，乙对广告语的著作权提出主张，要求甲公司停止使用。对此，下列表述正确的是（　　）。

A. 广告语属于商务用语，不受著作权法保护

B. 甲公司享有广告语的著作权

C. 乙享有广告语的著作权

D. 甲公司可以在其商业活动中使用该广告语

【讲解】《著作权法》第2条第1款规定，中国公民、法人或者其他组织的作品，不论是否发表，依照本法享有著作权。《著作权法实施条例》第2条规定，著作权法所称作品，是指文学、艺术和科学领域内具有独创性并能以某种有形形式复制的智力成果。据此，乙设计的广告语符合法律规定的作品的特征，应受著作权法保护，是否为商业用语并不影响其受到保护。可见，A项表述错误。《著作权法》第17条规定，受委托创作的作品，著作权的归属由委托人和受托人通过合同约定。合同未作明确约定或者没有订立合同的，著作权属于受托人。据此，广告语属于委托作品，甲公司与乙并没有明确约定著作权的归属，因此广告语的著作权归受托人乙享有。可见，B项表述错误，C项表述正确。《最高人民法院关于审理著作权民事纠纷案件适用法律若干问题的解释》第12条规定，委托作品的著作权属于受托人，委托人在约定的使用范围内享有使用作品的权利；双方没有约定使用作品范围的，委托人可以在委托创作的特定目的范围内免费使用该作品。据此，甲公司与乙没有约定广告语的使用范围，即甲公司可以在其商业活动中使用该广告语。可见，D项表述正确。

【答案】CD

※【重点难点】著作人身权。（1）发表权。发表权即决定作品是否公之于众的权利。（2）署名权。署名权即表明作者身份，在作品上署名的权利。（3）修改权。修改权即修改或者授权他人修改作品的权利。（4）保护作品完整权。保护作品完整权即保护作品不受歪曲、篡改的权利。上述作者的署名权、修改权、保护作品完整权的保护期不受限制。公民的作品，其发表权的保护期为作者终生及其死亡后50年，截止于作者死亡后第50年的12月31日。

例28-3（单选）： 甲生前多次表示要将自己尚未发表的书稿赠送给乙，但一直未交付。后甲立遗嘱由丙继承全部遗产，但甲临终前又将该书稿赠与丁并立即交付。该书稿的发表权属于（　　）。

A. 乙　　　　　　　　B. 丙　　　　　　　　C. 丁　　　　　　　　D. 丙和丁

【讲解】《民法典》第224条规定，动产物权的设立和转让，自交付时发生效力，但是法律另有规定的除外。据此，甲虽然多次表示要将自己尚未发表的书稿赠给乙，但一直未交付，而在临终前将该书稿赠与丁并交付，丁可以取得书稿原件所有权。《著作权法》第18条规定，美术等作品原件所有权的转移，不视为作品著作权的转移，但美术作品原件的展览权由原件所有人享有。据此，丁取得书稿的所有权，但并未取得书稿著作权。甲的书稿的著作权仍由遗嘱继承人丙继承。《著作权法实施条例》第17条规定，作者生前未发表的作品，如果作者未明确表示不发表，作者死亡后50年内，其发表权可由继承人或者受遗赠人行使；没有继承人又无人受遗赠的，由作品原件的所有人行

使。据此，甲书稿原件的发表权应该由其继承人丙行使，而非由原件所有人丁行使。需要注意的是，丁仅是书稿赠与合同的受赠人，而非受遗赠人，故无权行使书稿的发表权。综上所述，选B项。

【答案】B

※**【重点难点】**著作财产权。（1）复制权。复制权是指以印刷、复印、拓印、录音、录像、翻录、翻拍等方式将作品制作一份或者多份的权利。（2）发行权。发行权即以出售或者赠与方式向公众提供作品的原件或者复制件的权利。（3）出租权。出租权即有偿许可他人临时使用电影作品和以类似摄制电影的方法创作的作品、计算机软件的权利，计算机软件不是出租的主要标的的除外。（4）展览权。展览权即公开陈列美术作品、摄影作品的原件或者复制件的权利。展览权的对象仅限于美术作品和摄影作品。（5）表演权。表演权即公开表演作品，以及用各种手段公开播送作品的表演的权利。（6）播放权。播放权即放映权和广播权。放映权，即通过放映机、幻灯机等技术设备公开再现美术、摄影、电影和以类似摄制电影的方法创作的作品等的权利；广播权，即以无线方式公开广播或者传播作品，以有线传播或者转播的方式向公众传播广播的作品，以及通过扩音器或者其他传送符号、声音、图像的类似工具向公众传播广播的作品的权利。（7）信息网络传播权。信息网络传播权即以有线或者无线方式向公众提供作品，使公众可以在其个人选定的时间和地点获得作品的权利。（8）摄制权。摄制权即以摄制电影或者以类似摄制电影的方法将作品固定在载体上的权利。（9）改编权。改编权即改变作品，创作出具有独创性的新作品的权利。（10）翻译权。翻译权即将作品从一种语言文字转换成另一种语言文字的权利。（11）汇编权。汇编权即将作品或者作品的片段通过选择或者编排，汇集成新作品的权利。（12）获得报酬权。著作权人可以许可他人行使著作权法规定的各项著作财产权利，并依照约定或者本法有关规定获得报酬。著作权人可以全部或者部分转让著作权法规定的著作财产权利，并依照约定或者本法有关规定获得报酬。上述著作财产权的保护期为作者终生及其死亡后50年，截止于作者死亡后第50年的12月31日。

例28-4（单选）：李教授2015年1月1日将我国刚颁布的一部法律译成英文，投递给《法学论坛》，于2015年6月1日发表。国家有关机关认为李教授的译文质量很高，经与李教授协商，于2015年12月5日发文定为官方正式译文。李教授对其译文（　　）。

A. 自2015年1月1日起一直享有著作权

B. 自2015年6月1日起享有著作权

C. 自2015年12月5日起享有著作权

D. 自2015年1月1日起至2015年12月5日期间享有著作权

【讲解】根据《著作权法实施条例》第6条的规定，著作权自作品创作完成之日起产生，无须登记注册。故在创作完成之后，李教授对其译文享有著作权。根据《著作权法》第5条的规定，本法不适用于：（1）法律、法规，国家机关的决议、决定、命令和其他具有立法、行政、司法性质的文件，及其官方正式译文；（2）时事新闻；（3）历法、通用数表、通用表格和公式。据此，在李教授的译文确定为官方正式译文后，不得再作为保护对象，李教授的著作权消灭。可见，选D项。

【答案】D

例28-5（单选）：某出版社出版一本学术论文集，专门收集国内学者公开发表的关于法学方面的有关论文或论文摘要。该论文集收录的论文受我国著作权法保护。则该出版社的行为（　　）。

A. 属于侵犯汇编权的行为　　　　　　　B. 属于侵犯改编权的行为

C. 属于公益性行为　　　　　　　　　　D. 属于侵犯发表权的行为

【讲解】《著作权法》第10条第1款第16项规定，汇编权，即将作品或者作品的片段通过选择或者编排，汇集成新作品的权利。据此，国内学者公开发表的关于法学方面的有关论文和论文摘要，作者享有独立的著作权，有权决定是否将论文进行汇编，故出版社应当征得被选编论文著作权人的同意，并向其支付报酬，否则构成侵权，选A项，不选C项。根据《著作权法》第10条第1款第14项规定，改编权，即改变作品，创作出具有独创性的新作品的权利。据此，出版社仅是对论文进行具有独创性的选择和编排活动，而非对论文进行改变的活动，因而没有侵犯改编权，不选

B项。发表权只能行使一次，既然论文已经发表，不会再有侵犯发表权的侵权行为，不选D项。

【答案】 A

例28-6（多选）：画家李某将其创作的一幅油画以30万元的价格卖给A公司。A公司因此取得的权利是（　　）。

　　A. 油画的发表权　　　B. 油画的所有权　　　C. 油画的复制权　　　D. 油画的展览权

【讲解】《著作权法》第18条规定，美术等作品原件所有权的转移，不视为作品著作权的转移，但美术作品原件的展览权由原件所有人享有。据此，油画的所有权转移给A公司，展览权也随之转移给A公司。但复制权并不转移。

【答案】 BD

例28-7（单选）：甲公司委托乙技术公司将十件昂贵艺术品摄制成不同颜色的精美照片，合同未约定著作权条款。后丙公司请人仿照这些精美照片编成精美画册销售。丙公司侵犯了（　　）。

　　A. 甲公司的复制权　　B. 乙公司的复制权　　C. 甲公司的摄制权　　D. 乙公司的版式设计权

【讲解】 A、B项：《著作权法》规定的复制权，是指以印刷、复印、拓印、录音、录像、翻录、翻拍等方式将作品制作一份或者多份的权利。据此，复制方式多种多样，不仅包括传统的复制方式，还包括在不同于原作载体上复制（如在彩釉的陶盘或者瓷盘上复制绘画、雕刻等），以及使用不同的技术复制。本题中，丙公司仿照精美照片编成精美画册，侵犯了复制权。《著作权法》第17条规定，受委托创作的作品，著作权的归属由委托人和受托人通过合同约定。合同未作明确约定或者没有订立合同的，著作权属于受托人。据此，甲公司是委托人，乙公司是受托人，二公司并未约定著作权条款，则著作权属于受托人乙公司。所以，丙公司侵犯了乙公司的复制权，选B项，不选A项。复制权不同于摄制权，根据《著作权法》的规定，摄制权，即以摄制电影或者以类似摄制电影的方法将作品固定在载体上的权利。据此，丙公司没有侵犯摄制权，不选C项。根据《著作权法》规定，版式设计权是指对图书、期刊编排格式设计所享有的权利，该权利针对的是图书或者期刊，因而丙公司没有侵犯版式设计权，不选D项。

【答案】 B

※**【重点难点】** 邻接权。(1) 邻接权的内容包括出版者的权利、表演者的权利、录音（录像）制作者的权利和播放者的权利。(2) 出版者的权利。①图书出版者对著作权人交付出版的作品，按照双方订立的出版合同的约定可以享有专有出版权。②图书出版者重印、再版作品的，应当通知著作权人，并支付报酬。图书脱销后，图书出版者拒绝重印、再版的，著作权人有权终止合同。③著作权人向报社、期刊社投稿的，自稿件发出之日起15日内未收到报社通知决定刊登的，或者自稿件发出之日起30日内未收到期刊社通知决定刊登的，可以将同一作品向其他报社、期刊社投稿。双方另有约定的除外。作品刊登后，除著作权人声明不得转载、摘编的外，其他报刊可以转载或者作为文摘、资料刊登，但应当按照规定向著作权人支付报酬。④图书出版者经作者许可，可以对作品修改、删节。报社、期刊社可以对作品作文字性修改、删节。对内容的修改，应当经作者许可。⑤出版改编、翻译、注释、整理、汇编已有作品而产生的作品，应当取得改编、翻译、注释、整理、汇编作品的著作权人和原作品的著作权人许可，并支付报酬。(3) 表演者的权利。表演者的邻接权包括人身权利和财产权利。表演者使用他人作品或演绎作品演出，应当取得著作权人许可，并支付报酬。演出组织者组织演出，由该组织者取得著作权人许可，并支付报酬。表演者对其表演享有下列权利：①表明表演者身份；②保护表演形象不受歪曲；③许可他人从现场直播和公开传送其现场表演，并获得报酬；④许可他人录音录像，并获得报酬；⑤许可他人复制、发行录有其表演的录音录像制品，并获得报酬；⑥许可他人通过信息网络向公众传播其表演，并获得报酬。上述6项权利中，前2项属于人身权利，后4项属于财产权利。被许可人以后4项规定的方式使用作品，还应当取得著作权人许可，并支付报酬。前2项权利的保护期不受限制，后4项权利的保护期为50年。(4) 录音（像）制作者的权利。录音录像制作者使用他人作品或演绎作品制作录音录像制品，应当取得著作权人许可，并支付报酬。录音制作者使用他人已经合法录制为录音制品的音乐作品制作录音制品，可以不经著作权人许可，但应当按照规定支付报酬；著作权人声明不许使用的不得使

用。录音录像制作者对其制作的录音录像制品，享有许可他人复制、发行、出租、通过信息网络向公众传播并获得报酬的权利；权利的保护期为50年。被许可人复制、发行、通过信息网络向公众传播录音录像制品，还应当取得著作权人、表演者许可，并支付报酬。(5) 播放者的权利。广播电台、电视台播放他人未发表的作品，应当取得著作权人许可，并支付报酬。广播电台、电视台播放他人已发表的作品，可以不经著作权人许可，但应当支付报酬。广播电台、电视台有权禁止未经其许可的下列行为：①将其播放的广播、电视转播；②将其播放的广播、电视录制在音像载体上以及复制音像载体。此外，电视台播放他人的电影作品和以类似摄制电影的方法创作的作品、录像制品，应当取得制片者或者录像制作者许可，并支付报酬；播放他人的录像制品，还应当取得著作权人许可，并支付报酬。

例 28-8（多选）：甲电视台模仿某境外电视节目创作并录制了一档新娱乐节目，尚未播放。乙闭路电视台贿赂甲电视台工作人员郝某复制了该节目，并将获得的复制品抢先播放。则（　　）。

A. 乙电视台侵犯了甲电视台的播放权　　　　B. 乙电视台侵犯了甲电视台的复制权

C. 郝某应当与乙电视台承担连带责任　　　　D. 郝某应当承担补充责任

【讲解】 广播组织权（播放权）是指广播电台、电视台对其播放的节目信号享有的邻接权。本题表述中，甲电视台虽制作完成新的娱乐节目，但尚未播放，还未形成传播信号，故乙电视台没有侵犯播放权，A项表述错误。《著作权法实施条例》第2条规定，著作权法所称作品，是指文学、艺术和科学领域内具有独创性并能以某种有形形式复制的智力成果。据此，甲电视台模仿（而非抄袭）某境外电视节目创作并录制了一档新娱乐节目，具有一定的独创性，属于著作权法保护的文艺作品。甲电视台为著作权人。《著作权法》第10条第1款第5项规定，复制权，即以印刷、复印、拓印、录音、录像、翻录、翻拍等方式将作品制作一份或者多份的权利。据此，乙电视台未经甲电视台许可而私自复制了该节目，并将获得的复制品抢先播放的行为，侵犯了甲电视台的复制权。可见，B项表述正确。《民法典》第1168条规定，二人以上共同实施侵权行为，造成他人损害的，应当承担连带责任。据此，乙电视台与郝某实施了共同侵权行为，主观上具有共同故意，构成共同侵权，应当依法承担连带责任。可见，C项表述正确，D项表述错误。

【答案】 BC

※**【重点难点】** 著作权的合理使用。下列情况下使用作品，可以不经著作权人许可，不向其支付报酬，但应当指明作者姓名、作品名称，并且不得侵犯著作权人依照著作权法享有的其他权利：(1) 为个人学习、研究或者欣赏，使用他人已经发表的作品。(2) 为介绍、评论某一作品或者说明某一问题，在作品中适当引用他人已经发表的作品。(3) 为报道时事新闻，在报纸、期刊、广播电台、电视台等媒体中不可避免地再现或者引用已经发表的作品。(4) 报纸、期刊、广播电台、电视台等媒体刊登或者播放其他报纸、期刊、广播电台、电视台等媒体已经发表的关于政治、经济、宗教问题的时事性文章，但作者声明不许刊登、播放的除外。(5) 报纸、期刊、广播电台、电视台等媒体刊登或者播放在公众集会上发表的讲话，但作者声明不许刊登、播放的除外。(6) 为学校课堂教学或者科学研究，翻译或者少量复制已经发表的作品，供教学或者科研人员使用，但不得出版发行。(7) 国家机关为执行公务在合理范围内使用已经发表的作品。(8) 图书馆、档案馆、纪念馆、博物馆、美术馆等为陈列或者保存版本的需要，复制本馆收藏的作品。(9) 免费表演已经发表的作品，该表演未向公众收取费用，也未向表演者支付报酬。(10) 对设置或者陈列在室外公共场所的艺术作品进行临摹、绘画、摄影、录像。(11) 将中国公民、法人或者其他组织已经发表的以汉语言文字创作的作品翻译成少数民族语言文字作品在国内出版发行。(12) 将已经发表的作品改成盲文出版。上述对著作权人的权利12个方面的限制规定，同样适用于对出版者、表演者、录音录像制作者、广播电台、电视台的权利的限制。

例 28-9（多选）：周某创作一首歌曲《百年西飞》，陈某经周某许可后演唱该歌曲并由大地公司合法制成录音制品后发行。对此，下列行为中，未经权利人许可而构成侵权的是（　　）。

A. 甲咖啡厅购买该正版录音制品后在咖啡厅内播放供顾客欣赏

B. 乙公司购买该正版录音制品后进行出租

C. 丙学生购买正版的录音制品后用于个人欣赏

D. 丁学生购买正版录音制品试听后将其上传到网络上传播

【讲解】根据《著作权法》第10条第1款第9项的规定，表演权，即公开表演作品，以及用各种手段公开播送作品的表演的权利。据此，甲咖啡厅未经著作权人周某许可，公开播送其作品，侵犯了周某的表演权（本案涉及的表演权为机械表演权）。可见，A项表述构成侵权。《著作权法》第42条规定，录音录像制作者对其制作的录音录像制品，享有许可他人复制、发行、出租、通过信息网络向公众传播并获得报酬的权利；权利的保护期为50年，截止于该制品首次制作完成后第50年的12月31日。被许可人复制、发行、通过信息网络向公众传播录音录像制品，还应当取得著作权人、表演者许可，并支付报酬。据此，乙公司购买该正版录音制品后未经许可进行出租的，侵犯了录音录像制作者的出租权。可见，B项表述构成侵权。需要注意的是，乙公司的出租行为并不侵犯词曲作者周某与表演者陈某的权利。针对C项，根据《著作权法》第22条第1款第1项的规定，为个人学习、研究或者欣赏，使用他人已经发表的作品，属于合理使用，不构成侵权。因此，C项表述的情形不构成侵权，不选C项。针对D项，根据《著作权法》第10条第1款第12项的规定，信息网络传播权，即以有线或者无线方式向公众提供作品，使公众可以在其个人选定的时间和地点获得作品的权利。根据《著作权法》第38条第1款第6项规定，表演者对其表演享有下列权利：……（6）许可他人通过信息网络向公众传播其表演，并获得报酬。根据《著作权法》第42条的规定，录音录像制作者对其制作的录音录像制品，享有许可他人复制、发行、出租、通过信息网络向公众传播并获得报酬的权利。根据上述规定，丁学生购买正版录音制品试听后将其上传到网络上传播，侵犯了著作权人周某、表演者陈某以及录音录像制作者大地公司的信息网络传播权，构成侵权。可见，选D项。

【答案】ABD

※【重点难点】著作权的法定许可。（1）为实施九年制义务教育和国家教育规划而编写出版教科书，除作者事先声明不许使用的外，可以不经著作权人许可，在教科书中汇编已经发表的作品片段或者短小的文字作品、音乐作品或者单幅的美术作品、摄影作品，但应当按照规定支付报酬，指明作者姓名、作品名称，并且不得侵犯著作权人依照著作权法享有的其他权利。（2）凡是著作权人向报社、杂志社投稿的，作品刊登后，除著作权人声明不得转载、摘编的外，其他报刊可以转载或者作为文摘、资料刊登，但应当按照规定向著作权人支付报酬。（3）录音制作者使用他人已经合法录制为录音制品的音乐作品制作录音制品，可以不经著作权人许可，但应当按照规定支付报酬；著作权人声明不许使用的不得使用。（4）广播电台、电视台播放他人已发表的作品，可以不经著作权人许可，但应当支付报酬。（5）广播电台、电视台播放已经出版的录音制品，可以不经著作权人许可，但应当支付报酬。当事人另有约定的除外。

例28-10（多选）：某诗人署名"舞动的音符"，在甲网站发表题为"天坛"的诗作，乙出版社的《诗文集萃》收录该诗，丙教材编写单位将该诗作为范文编入《语文》教材，丁文学网站转载了该诗。对此，下列表述正确的是（ ）。

A. 该诗人在甲网站署名方式不合法

B. "天坛"在《诗文集萃》中被正式发表

C. 丙单位可以不经该诗人同意使用"天坛"，但应当按照规定支付报酬

D. 丁网站未经该诗人和甲网站同意而转载，构成侵权行为

【讲解】《著作权法》第10条第1款第2项规定，署名权，即表明作者身份，在作品上署名的权利。署名权既包括决定是否在作品上署名，也包括署名的方式（署真名还是笔名、艺名等）及顺序等。据此，该诗人对自己的作品享有署名权，且有权决定署名的方式，即署真名还是笔名，故署名"舞动的音符"是合法的，A项表述错误。《著作权法》第10条第1款第1项规定，发表权，即决定作品是否公之于众的权利。"公之于众"是指著作权人自行或经著作权人许可将作品向不特定的人公开，但不以公众知晓为条件。据此，该诗人将自己创作的"天坛"的诗作在甲网站上公之于众，即已经正式发表，发表权因用尽而消灭，并非在《诗文集萃》中出版时才正式发表，B项表述

错误。《著作权法》第23条第1款规定，为实施九年制义务教育和国家教育规划而编写出版教科书，除作者事先声明不许使用的外，可以不经著作权人许可，在教科书中汇编已经发表的作品片段或者短小的文字作品、音乐作品或者单幅的美术作品、摄影作品，但应当按照规定支付报酬，指明作者姓名、作品名称，并且不得侵犯著作权人依照著作权法享有的其他权利。据此，丙教材编写单位属于法定许可，可以不经该诗人同意使用"天坛"，但应当按照规定支付报酬。可见，C项表述正确。《最高人民法院关于审理侵害信息网络传播权民事纠纷案件适用法律若干问题的规定》第3条规定，网络用户、网络服务提供者未经许可，通过信息网络提供权利人享有信息网络传播权的作品、表演、录音录像制品，除法律、行政法规另有规定外，人民法院应当认定其构成侵害信息网络传播权行为。通过上传到网络服务器、设置共享文件或者利用文件分享软件等方式，将作品、表演、录音录像制品置于信息网络中，使公众能够在个人选定的时间和地点以下载、浏览或者其他方式获得的，人民法院应当认定其实施了前款规定的提供行为。据此，D项表述正确。

【答案】CD

※【重点难点】著作侵权行为。有下列侵权行为的，应当根据情况，承担停止侵害、消除影响、赔礼道歉、赔偿损失等民事责任：（1）未经著作权人许可，发表其作品的。（2）未经合作作者许可，将与他人合作创作的作品当作自己单独创作的作品发表的。（3）没有参加创作，为谋取个人名利，在他人作品上署名的。（4）歪曲、篡改他人作品的。（5）剽窃他人作品的。（6）未经著作权人许可，以展览、摄制电影和以类似摄制电影的方法使用作品，或者以改编、翻译、注释等方式使用作品的，著作权法另有规定的除外。（7）使用他人作品，应当支付报酬而未支付的。（8）未经电影作品和以类似摄制电影的方法创作的作品、计算机软件、录音录像制品的著作权人或者与著作权有关的权利人许可，出租其作品或者录音录像制品的，著作权法另有规定的除外。（9）未经出版者许可，使用其出版的图书、期刊的版式设计的。（10）未经表演者许可，从现场直播或者公开传送其现场表演，或者录制其表演的。（11）其他侵犯著作权以及与著作权有关的权益的行为。

例题拓展

例28-11（单选）：甲、乙合作创作一部小说，后甲希望出版小说，乙无故拒绝。甲把小说上传至自己博客并保留了乙的署名。丙未经甲、乙许可，在自己博客中设置链接，用户点击链接可进入甲的博客阅读小说。丁未经甲、乙许可，在自己博客中转载了小说，并向甲、乙支付了高额报酬。则（　　）。

A. 甲侵害了乙的发表权和信息网络传播权

B. 丙侵害了甲、乙的信息网络传播权

C. 丁侵犯了甲、乙的信息网络传播权

D. 丁的行为属于合理使用，不必支付报酬

【讲解】《著作权法实施条例》第9条规定，合作作品不可以分割使用的，其著作权由各合作作者共同享有，通过协商一致行使；不能协商一致，又无正当理由的，任何一方不得阻止他方行使除转让以外的其他权利，但是所得收益应当合理分配给所有合作作者。据此，甲、乙合作创作小说，共同享有著作权。因双方无法协商一致，故乙无正当理由无权阻止甲行使除转让以外的权利。故甲发表作品并通过网络进行传播，并未侵犯乙的著作权。可见，A项错误。《著作权法》第10条第1款第12项规定，信息网络传播权，即以有线或者无线方式向公众提供作品，使公众可以在其个人选定的时间和地点获得作品的权利。据此，丙虽在自己博客中设置链接，但用户点击链接仍是在甲的博客中阅读小说，丙的行为并未侵犯甲、乙的信息网络传播权。可见，B项错误。《著作权法》第33条规定，著作权人向报社、期刊社投稿的，自稿件发出之日起15日内未收到报社通知决定刊登的，或者自稿件发出之日起30日内未收到期刊社通知决定刊登的，可以将同一作品向其他报社、

期刊社投稿。双方另有约定的除外。作品刊登后，除著作权人声明不得转载、摘编的外，其他报刊可以转载或者作为文摘、资料刊登，但应当按照规定向著作权人支付报酬。据此，已经发表的作品转载的法定许可仅适用于报刊或者期刊，而不适用于网络转载。故丁的转载虽向甲、乙支付了报酬，但因未经著作权人甲、乙许可，侵犯了著作权人的信息网络传播权。可见，C项正确，D项错误。

【答案】C

例28-12（单选）：某电影公司委托王某创作电影剧本，但未约定该剧本著作权的归属，并据此拍摄电影。对此，下列选项中，未经电影公司和王某许可，同时侵犯二者著作权的是（　　）。

A. 某音像出版社制作并出版该电影的DVD

B. 某动漫公司根据该电影的情节和画面绘制一整套漫画，并在网络上传播

C. 某学生将该电影中的对话用方言配音，产生滑稽效果，并将配音后的电影上传网络

D. 某电视台在"电影经典对话"专题片中播放30分钟电影中带有经典对话的画面

【讲解】《著作权法》第15条规定，电影作品和以类似摄制电影的方法创作的作品的著作权由制片者享有，但编剧、导演、摄影、作词、作曲等作者享有署名权，并有权按照与制片者签订的合同获得报酬。电影作品和以类似摄制电影的方法创作的作品中的剧本、音乐等可以单独使用的作品的作者有权单独行使其著作权。据此，A项表述中，电影公司将剧本拍摄为电影后形成的电影作品，其著作权由制片者即电影公司享有，即该电影公司的复制权和发行权等财产权利均由电影公司单独行使。某音像出版社未经许可制作并出版该电影的DVD，侵犯了电影作品著作权人电影公司的复制权和发行权，但并未侵犯电影剧本著作权人王某的权利，故不选A项。《著作权法》第12条规定，改编、翻译、注释、整理已有作品而产生的作品，其著作权由改编、翻译、注释、整理人享有，但行使著作权时不得侵犯原作品的著作权。据此，B项表述中，在电影作品和剧本的基础上绘制一整套漫画，可以取得演绎作品漫画的著作权，但其行使不得侵犯原作品著作权人的权利。该动漫公司未经许可将漫画上传到网上，同时侵犯了电影作品著作权人电影公司和剧本著作权人王某的信息网络传播权。可见，选B项。C项表述中，某学生将该电影中的对话用方言配音，可以取得制作的新影视作品的著作权，但其行使需要经过原著作权人即电影公司的许可并支付报酬。某学生未经许可将配音后的电影上传网络的，侵犯了电影公司的复制权和信息网络传播权，但未侵犯剧本著作权人王某的合法权益。可见，不选C项。《著作权法》第46条规定，电视台播放他人的电影作品和以类似摄制电影的方法创作的作品、录像制品，应当取得制片者或者录像制作者许可，并支付报酬；播放他人的录像制品，还应当取得著作权人许可，并支付报酬。据此，某电视台在"电影经典对话"专题片中播放30分钟该部电影中带有经典对话的画面，需要经过制片者即电影公司的许可，否则侵犯了电影公司的广播权，但并未侵犯剧本著作权人王某的权利。可见，不选D项。

【答案】B

例28-13（单选）：甲电视台经过主办方的专有授权，对篮球俱乐部联赛进行了现场直播，包括在比赛休息时舞蹈演员跳舞助兴的场面。乙电视台未经许可截取电视信号进行同步转播。乙电视台的行为（　　）。

A. 侵犯了主办方对篮球比赛的著作权　　B. 侵犯了篮球运动员的表演者权

C. 侵犯了舞蹈演员的表演者权　　D. 侵犯了主办方的播放权

【讲解】《著作权法实施条例》第2条规定，著作权法所称作品，是指文学、艺术和科学领域内具有独创性并能以某种有形形式复制的智力成果。据此，主办方主办的篮球比赛，并不属于著作权法意义上的"作品"，不能享有著作权，不选A项。表演者权是指表演者对表演活动所享有的权利。据此，篮球运动员参加比赛，并非对"作品"的表演活动，故运动员并无表演者权，不选B项。《著作权法》第38条第1款规定，表演者对其表演享有下列权利：……（3）许可他人从现场直播和公开传送其现场表演，并获得报酬……据此，舞蹈演员的助兴表演，属于对舞蹈作品的表演活动，依法享有表演者权，乙电视台未经许可从现场直播和公开传送其现场表演，且未支付报

酬，侵害了舞蹈演员的表演者权。可见，选C项。广播组织权（播放权）是指广播电台、电视台对其播放的节目信号享有的邻接权。广播组织权的主体是特定的，指广播电台和电视台。据此，篮球联赛的主办方不可能成为广播组织权的主体。可见，不选D项。

【答案】 C

专题二十九　专利权

※**【重点难点】** 专利权的主体。(1) 专利权的主体是专利权人，我国自然人和单位都可以成为专利权的主体。(2) 职务发明创造是指执行本单位的任务或者主要是利用本单位的物质技术条件所完成的发明创造。"执行本单位的任务所完成的职务发明创造"是指：①在本职工作中作出的发明创造；②履行本单位交付的本职工作之外的任务所作出的发明创造；③退休、调离原单位后或者劳动、人事关系终止后1年内作出的，与其在原单位承担的本职工作或者原单位分配的任务有关的发明创造。(3) 非职务发明创造，申请专利的权利属于发明人或者设计人；申请被批准后，该发明人或者设计人为专利权人。发明人或者设计人是指对发明创造的实质性特点作出创造性贡献的人。在完成发明创造过程中，只负责组织工作的人、为物质技术条件的利用提供方便的人或者从事其他辅助工作的人，不是发明人或者设计人。(4) 两个以上单位或者个人合作完成的发明创造、一个单位或者个人接受其他单位或者个人委托所完成的发明创造，除另有协议的以外，申请专利的权利属于完成或者共同完成的单位或者个人；申请被批准后，申请的单位或者个人为专利权人。

例29-1（多选）：甲在A公司专门从事电脑存储器的研发工作。对此，下列选项中，属于甲完成的职务发明创造的是(　　)。

A. 甲在业余时间完成的电脑存储器的研发工作
B. 甲利用自有资金和设备完成的电脑存储器的研发工作
C. 甲履行A公司交付的电脑鼠标的研制工作
D. 甲调离A公司1年后完成的电脑存储器的研发工作

【讲解】《专利法》第6条第1款规定，执行本单位的任务或者主要是利用本单位的物质技术条件所完成的发明创造为职务发明创造。职务发明创造申请专利的权利属于该单位；申请被批准后，该单位为专利权人。《专利法实施细则》第12条规定，《专利法》第6条所称执行本单位的任务所完成的职务发明创造，是指：(1) 在本职工作中作出的发明创造；(2) 履行本单位交付的本职工作之外的任务所作出的发明创造；(3) 退休、调离原单位后或者劳动、人事关系终止后1年内作出的，与其在原单位承担的本职工作或者原单位分配的任务有关的发明创造。《专利法》第6条所称本单位，包括临时工作单位；《专利法》第6条所称本单位的物质技术条件，是指本单位的资金、设备、零部件、原材料或者不对外公开的技术资料等。据此，本题表述中，研发电脑存储器是甲的本职工作，故无论是在业余时间还是工作时间完成，都属于在本职工作中作出的发明创造，选A项。甲利用自有资金和设备完成的电脑存储器的研发工作，这并非属于"利用本单位的物质技术条件"，不属于职务发明创造，不选B项。甲履行A公司交付的电脑鼠标的研制工作，这属于"履行本单位交付的本职工作之外的任务所作出的发明创造"，选C项。甲调离A公司1年后完成的电脑存储器的研发工作，由于是甲调离原单位1年后完成的发明创造，不属于职务发明创造，不选D项。

【答案】 AC

例29-2（单选）：甲公司委托丁科研所为其设计一套新的工艺流程，未约定权利归属。科研所将研发工作交给本单位职工乙和丙，乙和丙经反复研究设计出一套工艺流程方案。该技术方案申请专利的权利属于(　　)。

A. 甲公司　　　　B. 丁科研所　　　　C. 乙　　　　D. 丙

【讲解】 本题表述的发明创造属于委托发明创造。《专利法》第8条规定，两个以上单位或者个人合作完成的发明创造、一个单位或者个人接受其他单位或者个人委托所完成的发明创造，除另有协议的以外，申请专利的权利属于完成或者共同完成的单位或者个人；申请被批准后，申请的单位或者个人为专利权人。据此，在没有约定权利归属的情况下，委托发明创造申请专利的权利属于受托方，即应由受托方丁科研所享有专利权，选B项。针对C、D项，职务发明创造的权利归属遵循"合同优先于法律"的原则解决，合同约定不明或者合同未对权利归属予以约定的，申请专利的权利属于该单位；申请被批准后，该单位为专利权人。可见，不选C、D项。

【答案】B

※【重点难点】专利权的客体。(1)专利权的客体包括发明、实用新型和外观设计。发明是指对产品、方法或者其改进所提出的新的技术方案。实用新型是指对产品的形状、构造或者其结合所提出的适于实用的新的技术方案。外观设计是指对产品的形状、图案或者其结合以及色彩与形状、图案的结合所作出的富有美感并适于工业应用的新设计。(2)下列发明创造不能授予专利权：①违反法律、社会公德或者妨害社会公共利益的发明创造。②违反法律、行政法规的规定获取或者利用遗传资源，并依赖该遗传资源完成的发明创造。(3)对下列各项，不授予专利权：①科学发现；②智力活动的规则和方法；③疾病的诊断和治疗方法；④动物和植物品种；⑤用原子核变换方法获得的物质；⑥对平面印刷品的图案、色彩或者二者的结合作出的主要起标识作用的设计。但对第④项所列产品的生产方法，可以授予专利权。

例29-3（单选）： 某植物研究所培育出一种新型的"常春藤"。经专家鉴定，"常春藤"的繁殖材料尚未在中国境内外销售，且经过多次繁殖保持其基本特征。该植物研究所对常春藤享有（　　）。

A. 商业秘密权　　　　B. 专利权　　　　　　C. 植物新品种权　　　D. 产地标记权

【讲解】《民法典》第123条规定的知识产权客体包括：(1)作品；(2)发明、实用新型、外观设计；(3)商标；(4)地理标志；(5)商业秘密；(6)集成电路布图设计；(7)植物新品种；(8)法律规定的其他客体。不过，《民法典》未将产地标记、域名、科学发现权、商号权等纳入知识产权的保护范围。根据《植物新品种保护条例》第2条的规定，植物新品种是指经过人工培育的或者对发现的野生植物加以开发，具备新颖性、特异性、一致性和稳定性并有适当命名的植物品种。根据我国《专利法》规定，对于植物新品种，不能授予专利权，但可以根据《植物新品种保护条例》授予植物新品种权，选C项。

【答案】C

例29-4（多选）： 范某的下列有关骨科病预防与治疗方面的研究成果中，可以申请专利的有（　　）。

A. 发现了导致骨癌的特殊遗传基因
B. 发明了一套帮助骨折病人尽快康复的理疗器械
C. 发明了如何精确诊断股骨头坏死的方法
D. 发明了一种高效治疗软骨病的中药制品

【讲解】《专利法》第25条规定，对下列各项，不授予专利权：(1)科学发现；(2)智力活动的规则和方法；(3)疾病的诊断和治疗方法；(4)动物和植物品种；(5)用原子核变换方法获得的物质；(6)对平面印刷品的图案、色彩或者二者的结合作出的主要起标识作用的设计。对前款第(4)项所列产品的生产方法，可以依照本法规定授予专利权。据此，针对A项，发现了导致骨癌的特殊遗传基因属于"科学发现"，不授予专利权，不选A项。针对C项，精确诊断股骨头坏死的方法，属于"疾病的诊断和治疗方法"，不授予专利权，不选C项。针对B、D项，"帮助骨折病人尽快康复的理疗器械"和"一种高效治疗软骨病的中药制品"都属于对产品、方法或者其改进所提出的新的技术方案，可以成为专利权的客体。可见，选B、D项。

【答案】BD

※【重点难点】专利权的取得。(1)授予发明和实用新型的实体条件。授予专利权的发明和实用新型，应当具备新颖性、创造性和实用性三个条件。①新颖性。新颖性是指该发明或者实用新型

不属于现有技术；也没有任何单位或者个人就同样的发明或者实用新型在申请日以前向国务院专利行政部门提出过申请，并记载在申请日以后公布的专利申请文件或者公告的专利文件中。申请专利的发明创造在申请日以前6个月内，有下列情形之一的，不丧失新颖性：在中国政府主办或者承认的国际展览会上首次展出的；在规定的学术会议或者技术会议上首次发表的；他人未经申请人同意而泄露其内容的。②创造性。专利法对发明和实用新型的创造性要求不同。对发明而言，必须同申请日以前已有的技术相比，具有突出的实质性特点和显著的进步；对实用新型而言，要求同申请日以前已有的技术相比，具有实质性特点和进步。③实用性。实用性是指该发明或者实用新型能够制造或者使用，并且能够产生积极效果。(2) 授予外观设计的实体条件。授予专利权的外观设计，应当不属于现有设计；也没有任何单位或者个人就同样的外观设计在申请日以前向国务院专利行政部门提出过申请，并记载在申请日以后公告的专利文件中。(3) 授予专利的程序条件。申请发明或者实用新型专利的，应当提交请求书、说明书及其摘要和权利要求书等文件。发明或者实用新型专利权的保护范围以其权利要求的内容为准，说明书及附图可以用于解释权利要求的内容。外观设计专利权的保护范围以表示在图片或者照片中的该产品的外观设计为准，简要说明可以用于解释图片或者照片所表示的该产品的外观设计。发明专利申请须经实质审查，发明专利权自公告之日起生效。实用新型和外观设计专利申请只需经初步审查即可，实用新型专利权和外观设计专利权自公告之日起生效。

例29-5（多选）：申请专利的发明创造在申请日以前的6个月内，有下列情形之一的，不丧失新颖性的有（   ）。

A. 甲未经申请人同意而泄露其内容的

B. 乙在某省工程协会组织的学术会议上首次发表的

C. 丙在中国政府主办的国际展览会上首次展出的

D. 申请人丁将发明内容写入文章发表的

【讲解】《专利法》第24条规定，申请专利的发明创造在申请日以前6个月内，有下列情形之一的，不丧失新颖性：(1) 在中国政府主办或者承认的国际展览会上首次展出的；(2) 在规定的学术会议或者技术会议上首次发表的；(3) 他人未经申请人同意而泄露其内容的。其中规定的学术会议或者技术会议，根据《专利法实施细则》第30条的规定，必须是国务院有关主管部门或者全国性学术团体组织召开的学术会议或者技术会议。可见，A、C项表述的情形不丧失新颖性，选A、C项。

【答案】AC

※**【重点难点】**专利权的期限、无效与终止。(1) 发明专利权的期限为20年，实用新型专利权和外观设计专利权的期限为10年，均自申请日起计算。(2) 专利权的无效。专利权无效的原因包括：①被授予专利的发明不符合授予专利权的实体条件。②专利权申请文件不符合法律规定，如说明书披露及公开不充分；对发明、实用新型专利申请文件的修改超出了原说明书的权利要求书记载的范围，对外观设计专利申请文件的修改超出了原图片或者照片表示的范围。③属于不授予专利权的范围。④属于重复授权的情形，该情形违反了"同样发明创造只能被授予一项专利"（申请单一性原则）的规定。⑤违反"在先申请"原则。(3) 有下列情形之一的，专利权终止：①专利权因期限届满而终止。②没有按照规定缴纳年费的；③专利权人以书面声明放弃其专利权的。专利权在期限届满前终止的，由国务院专利行政部门登记和公告。

例29-6（单选）：赵某于2017年2月9日完成一项工业品外观设计，4月1日申请该项外观设计专利，2018年2月8日被授予专利权。这项专利权的保护期限终止于（   ）。

A. 2027年2月9日 B. 2027年4月1日 C. 2028年2月8日 D. 2038年2月8日

【讲解】《专利法》第42条规定，发明专利权的期限为20年，实用新型专利权和外观设计专利权的期限为10年，均自申请日起计算。据此，选B项。

【答案】B

※**【重点难点】**专利权的强制许可和专利侵权行为。(1) 强制许可。①普通强制许可。②交叉

强制许可。③以公共利益为目的的强制许可。（2）专利侵权行为。发明和实用新型专利权被授予后，除另有规定的以外，任何单位或者个人未经专利权人许可，为生产经营目的制造、使用、许诺销售、销售、进口其专利产品，或者使用其专利方法以及使用、许诺销售、销售、进口依照专利方法直接获得的产品，均构成侵权；外观设计专利权被授予后，任何单位或者个人，未经专利权人许可，为生产经营目的制造、销售、进口、许诺销售其外观设计专利产品，同样构成侵权。此外，专利法还规定了善意侵权，即为生产经营目的使用或者销售不知道是未经专利权人许可而制造并售出的专利产品或者依照专利方法直接获得的产品，能够证明其产品合法来源的，不承担赔偿责任。善意侵权也是侵权，只不过不承担赔偿责任。（3）不视为侵犯专利权的行为。①权利用尽原则。②先用权原则。③临时过境原则。④非商业利用原则。⑤行政审批原则。

例29-7（单选）： 甲在2016年5月10日提交了一项专利申请，于2018年3月5日获得该项汽车发动机专利权，乙公司在2015年10月就在自己的工厂就汽车发动机的生产做了必要准备，乙公司上马的这种汽车发动机包含了上述专利技术。乙公司能够继续生产该汽车发动机的权利是（　　）。

A. 优先权　　　　B. 许可使用权　　　　C. 先用权　　　　D. 转让权

【讲解】《专利法》第69条第2项规定，在专利申请日前已经制造相同产品、使用相同方法或者已经做好制造、使用的必要准备，并且仅在原有范围内继续制造、使用的，不视为侵犯专利权。此为先用权原则。据此，甲享有的权利为先用权，选C项。

【答案】 C

例29-8（多选）： 甲拥有一节能热水器的发明专利权，乙对此加以改进后获得重大技术进步，并取得新的专利权。但是专利之实施有赖于甲的专利之实施，双方又未能达成实施许可协议。对此，下列表述正确的是（　　）。

A. 甲可以申请实施乙之专利的强制许可

B. 乙可以申请实施甲之专利的强制许可

C. 乙在取得实施强制许可后，无须给付甲使用费

D. 任何一方在取得实施强制许可后即享有独占的实施权

【讲解】《专利法》第51条规定，一项取得专利权的发明或者实用新型比前已经取得专利权的发明或者实用新型具有显著经济意义的重大技术进步，其实施又有赖于前一发明或者实用新型的实施的，国务院专利行政部门根据后一专利权人的申请，可以给予实施前一发明或者实用新型的强制许可。在依照前款规定给予实施强制许可的情形下，国务院专利行政部门根据前一专利权人的申请，也可以给予实施后一发明或者实用新型的强制许可。据此，A、B项表述正确，选A、B项。《专利法》第56条规定，取得实施强制许可的单位或者个人不享有独占的实施权，并且无权允许他人实施。第57条规定，取得实施强制许可的单位或者个人应当付给专利权人合理的使用费，或者依照中华人民共和国参加的有关国际条约的规定处理使用费问题。付给使用费的，其数额由双方协商；双方不能达成协议的，由国务院专利行政部门裁决。据此，C、D项表述错误。

【答案】 AB

例29-9（单选）： 甲公司获得了某医用镊子的实用新型专利，不久后乙公司自行研制出相同的镊子，并通过丙公司销售给丁医院使用。乙公司、丙公司、丁医院都不知道甲公司已经获得该专利。则（　　）。

A. 乙公司的制造行为不构成侵权

B. 丙公司的销售行为不构成侵权

C. 丁医院的使用行为不构成侵权

D. 丙公司和丁医院能证明其产品合法来源，不承担赔偿责任

【讲解】《专利法》第11条规定，发明和实用新型专利权被授予后，除本法另有规定的以外，任何单位或者个人未经专利权人许可，都不得实施其专利，即不得为生产经营目的制造、使用、许诺销售、销售、进口其专利产品，或者使用其专利方法以及使用、许诺销售、销售、进口依照该专

利方法直接获得的产品。外观设计专利权被授予后，任何单位或者个人未经专利权人许可，都不得实施其专利，即不得为生产经营目的制造、许诺销售、销售、进口其外观设计专利产品。据此，乙公司、丙公司、丁医院的行为都构成侵权。《专利法》第 70 条还规定了善意侵权，即：为生产经营目的使用、许诺销售或者销售不知道是未经专利权人许可而制造并售出的专利侵权产品，能证明该产品合法来源的，不承担赔偿责任。据此，选 D 项。

【答案】D

 例题拓展

例 29 - 10（单选）：甲公司开发了一种汽车节能环保技术，并依法获得了实用新型专利证书。乙公司拟与甲公司签订独占实施许可合同引进该技术，但在与甲公司协商谈判过程中，发现该技术在专利申请日前已经属于现有技术。对此，乙公司的做法不合法的是（　　）。

A. 在该专利技术基础上继续开发新技术　　B. 诉请法院判决该专利无效

C. 请求专利复审委员会宣告该专利无效　　D. 无偿使用该技术

【讲解】《专利法》第 45 条规定，自国务院专利行政部门公告授予专利权之日起，任何单位或者个人认为该专利权的授予不符合本法有关规定的，可以请求专利复审委员会宣告该专利权无效。第 22 条第 1、2 款规定，授予专利权的发明和实用新型，应当具备新颖性、创造性和实用性。新颖性，是指该发明或者实用新型不属于现有技术；也没有任何单位或者个人就同样的发明或者实用新型在申请日以前向国务院专利行政部门提出过申请，并记载在申请日以后公布的专利申请文件或者公告的专利文件中。据此，甲公司获得的专利技术在专利申请日前已经属于现有技术，因欠缺新颖性而不符合授予专利的条件，故任何单位或者个人均可以请求专利复审委员会宣告该专利权无效，而非诉请人民法院判决该专利权无效。可见，C 项表述正确，B 项表述错误，选 B 项。《专利法》第 47 条第 1 款规定，宣告无效的专利权视为自始即不存在。据此，在该技术宣告无效后，甲公司自始无专利权，任何人均可无偿使用该技术，或在该专利技术基础上继续开发新技术。可见，A、D 项表述正确。

【答案】B

例 29 - 11（多选）：2013 年 3 月，甲公司将其研发的一种汽车零部件向国家有关部门申请发明专利。该专利申请于 2014 年 9 月公布，2016 年 7 月 3 日获得专利权并公告。2014 年 2 月，乙公司独立研出一种相同零部件后，立即组织生产并于次月起持续销售给丙公司用于组装汽车。2015 年 10 月，甲公司发现乙公司的销售行为。2018 年 6 月，甲公司向法院起诉。对此，下列表述正确的是（　　）。

A. 甲公司可要求乙公司对其在 2016 年 7 月 3 日以前实施的行为支付适当的费用

B. 甲公司要求乙公司支付适当费用的诉讼时效已过

C. 乙公司侵犯了甲公司的专利权

D. 丙公司没有侵犯甲公司的专利权

【讲解】《专利法》第 13 条规定，发明专利申请公布后，申请人可以要求实施其发明的单位或者个人支付适当的费用。《专利法》第 68 条规定，侵犯专利权的诉讼时效为 2 年，自专利权人或者利害关系人得知或者应当得知侵权行为之日起计算。发明专利申请公布后至专利权授予前使用该发明未支付适当使用费的，专利权人要求支付使用费的诉讼时效为 2 年，自专利权人得知或者应当得知他人使用其发明之日起计算，但是，专利权人于专利权授予之日前即已得知或者应当得知的，自专利权授予之日起计算（本书认为，诉讼时效应当适用《民法典》规定的 3 年诉讼时效期间，但就本题而言，无论适用 2 年期间，还是 3 年期间，对 B 项的判断没有影响）。据此，因甲公司在被授予专利权之前即知道乙公司的销售行为，故诉讼时效从授予专利权日即 2016 年 7 月 3 日起计算 2

年（《民法典》规定为3年），由此可见，2018年6月甲公司起诉时尚没有超过诉讼时效。总之，A项表述正确，B项表述错误。《专利法》第69条第2项规定，在专利申请日前已经制造相同产品、使用相同方法或者已经做好制造、使用的必要准备，并且仅在原有范围内继续制造、使用的，不视为侵犯专利权。此为先用权原则。据此，乙公司生产制造与甲公司专利相同产品是发生于专利申请日（2013年3月）之后，不能主张先用权抗辩，构成侵犯甲公司专利权的行为。可见，C项表述正确。《专利法》第70条规定，为生产经营目的使用、许诺销售或者销售不知道是未经专利权人许可而制造并售出的专利侵权产品，能证明该产品合法来源的，不承担赔偿责任。据此，即使丙公司主观上为善意并能证明合法来源，但因其使用行为未经专利权人许可，仍构成专利侵权，只是不承担赔偿责任。可见，D项表述错误。

【答案】 AC

专题三十　商　标　权

※**【重点难点】** 商标权法律关系要素。（1）商标权的主体是商标注册人（商标注册权人、注册商标专用权人），包括自然人、法人和其他组织。（2）商标权的客体是注册商标，在我国，未经注册的商标虽然在不侵害他人注册商标的前提下可以使用，但不受法律保护，也不能取得商标专用权。注册商标包括商品商标、服务商标、集体商标、证明商标。（3）商标权的内容包括：①独占使用权。②转让权。③使用许可权。

例30-1（单选）：甲服装公司2014年以"宏大"作为公司名称在A市注册登记，2015年又以"宏大"作为西服商标在国家商标局注册。乙公司2016年也使用"宏大"作为公司名称和使用"宏大"作为其生产、销售的西服商标。对此，下列表述正确的是（　　）。

A. 乙公司侵犯了甲公司的商标专用权　　B. 乙公司侵犯了甲公司的企业名称权

C. 甲公司的商标属于驰名商标　　　　　D. 甲公司无权将企业名称权转让

【讲解】 甲公司以"宏大"作为公司名称，从性质上看，"宏大"属于商号，也可认定为法人名称权。商标和商号的保护范围是不同的，商标一经注册核准就在全国范围内受法律保护，而商号仅在法人注册登记的范围内受法律保护。因此，甲公司的企业名称权仅在A市受法律保护。可见，乙公司侵犯了甲公司的商标专用权，但未侵犯甲公司的企业名称权，选A项，不选B项。甲公司的商标未必是驰名商标，不选C项。法人的名称权可以依法转让，不选D项。

【答案】 A

例30-2（单选）：甲公司有一注册商标"苹果"被核定使用在冰箱上。为了有效区别商品，该公司在冰箱上又申请注册了"红苹果""青苹果""黄苹果"三件商标，分别用于不同类型的冰箱，这三件商标属于（　　）。

A. 联合商标　　　B. 防御商标　　　C. 集体商标　　　D. 证明商标

【讲解】 商标所有人在同一种商品或者类似商品上注册与主商标相近似的一系列商标，这一系列商标构成主商标的联合商标。联合商标有利于避免商标侵权，避免消费者对商品来源混淆。

【答案】 A

※**【重点难点】** 商标注册。（1）要想取得商标专用权，必须进行商标注册。商标注册的原则包括：①申请在先和使用在先相结合的原则。②自愿与强制相结合原则。（2）商标注册的积极条件：①商标由法定构成要素组成。②商标应具有显著性。（3）绝对禁止注册条件。下列标志不得作为商标使用：①同中华人民共和国的国家名称、国旗、国徽、国歌、军旗、军徽、军歌、勋章等相同或者近似的，以及同中央国家机关的名称、标志、所在地特定地点的名称或者标志性建筑物的名称、图形相同的。②同外国的国家名称、国旗、国徽、军旗等相同或者近似的，但经该国政府同意的除外。③同政府间国际组织的名称、旗帜、徽记等相同或者近似的，但经该组织同意或者不易误导公

众的除外。④与表明实施控制、予以保证的官方标志、检验印记相同或者近似的，但经授权的除外。⑤同"红十字""红新月"的名称、标志相同或者近似的。⑥带有民族歧视性的。⑦带有欺骗性，容易使公众对商品的质量等特点或者产地产生误认的。⑧有害于社会主义道德风尚或者有其他不良影响的。⑨县级以上行政区划的地名或者公众知晓的外国地名，不得作为商标。但是，地名具有其他含义或者作为集体商标、证明商标组成部分的除外；已经注册的使用地名的商标继续有效。（4）相对禁止注册商标的情形。下列标志不得作为商标注册：①仅有本商品的通用名称、图形、型号的；②仅直接表示商品的质量、主要原料、功能、用途、重量、数量及其他特点的；③其他缺乏显著特征的。上述所列标志经过使用取得显著特征，并便于识别的，可以作为商标注册。

例 30-3（单选）： 下列尚未申请注册的商品商标中，可以取得商标专用权的是（　　）。

A. 甲公司在其生产的人用药品上使用"病必治"商标

B. 乙公司在其生产的土豆片、锅巴等小食品上使用"嘎嘣脆"商标

C. 丙公司在其生产的白酒类制品上使用"红高粱"文字商标

D. 丁公司在其生产的创可贴上使用"耐适康"商标

【讲解】 根据《商标法》第 10 条的规定，对于带有欺骗性，容易使公众对商品的质量等特点或者产地产生误认的商标，不予注册并禁止使用。据此，由于"病必治"的字面含义带有欺骗性，容易使公众对商品的质量等特点产生误认，因而不得注册为商标并禁止使用，不选 A 项。《商标法》第 11 条规定，下列标志不得作为商标注册：（1）仅有本商品的通用名称、图形、型号的；（2）仅直接表示商品的质量、主要原料、功能、用途、重量、数量及其他特点的；（3）其他缺乏显著特征的。前款所列标志经过使用取得显著特征，并便于识别的，可以作为商标注册。据此，B 项表述的"嘎嘣脆"三字直接表明了土豆片、锅巴的特点，不能作为商标申请注册；C 项表述的"红高粱"仅直接表示了商品的主要原料，不得作为商标申请注册，不选 B、C 项。只有 D 项表述符合商标注册条件，可以申请注册，选 D 项。

【答案】 D

※**【重点难点】** 对驰名商标的特殊保护：（1）为相关公众所熟知的商标，持有人认为其权利受到侵害时，可以依照商标法规定请求驰名商标保护。就相同或者类似商品申请注册的商标是复制、摹仿或者翻译他人未在中国注册的驰名商标，容易导致混淆的，不予注册并禁止使用。就不相同或者不相类似商品申请注册的商标是复制、摹仿或者翻译他人已经在中国注册的驰名商标，误导公众，致使该驰名商标注册人的利益可能受到损害的，不予注册并禁止使用。（2）驰名商标的保护方式有：①拒绝注册或撤销注册。②禁止作为商标使用。③禁止作为商号登记。④禁止作为域名注册。⑤生产、经营者不得将"驰名商标"字样用于商品、商品包装或者容器上，或者用于广告宣传、展览以及其他商业活动中。（3）认定驰名商标应当考虑下列因素：①相关公众对该商标的知晓程度；②该商标使用的持续时间；③该商标的任何宣传工作的持续时间、程度和地理范围；④该商标作为驰名商标受保护的记录；⑤该商标驰名的其他因素。

例 30-4（单选）： 甲酒厂生产的"天下景"牌葡萄酒，其包装正面和两侧的图形、字体、色彩均与已经在我国注册的驰名商标"万宝路"牌卷烟盒相近似，其封口上印的标识也与"万宝路"卷烟封口相近似。对此，下列表述正确的是（　　）。

A. 甲酒厂使用的是商品装潢，不构成侵犯商标专用权

B. 葡萄酒与卷烟不是同类产品，不构成侵犯商标专用权

C. "万宝路"是驰名商标，甲酒厂侵犯了"万宝路"的商标专用权

D. 甲酒厂没有使用"万宝路"牌商标，不构成侵权

【讲解】《商标法》第 13 条规定，为相关公众所熟知的商标，持有人认为其权利受到侵害时，可以依照本法规定请求驰名商标保护。就相同或者类似商品申请注册的商标是复制、摹仿或者翻译他人未在中国注册的驰名商标，容易导致混淆的，不予注册并禁止使用。就不相同或者不相类似商品申请注册的商标是复制、摹仿或者翻译他人已经在中国注册的驰名商标，误导公众，致使该驰名商标注册人的利益可能受到损害的，不予注册并禁止使用。据此，我国对驰名商标的保护，其保护

范围已经扩大到不相类似的商品上，只要这种使用误导公众，使得驰名商标注册人的利益可能受到损害即可认定为侵权。可见，选C项。

【答案】C

※【重点难点】注册商标的无效、撤销和终止：(1)注册商标的无效：①已经注册的商标，违反《商标法》第4条、第10条、第11条、第12条、第19条第4款规定的，或者是以欺骗手段或者其他不正当手段取得注册的，由商标局宣告该注册商标无效；其他单位或者个人可以请求商标评审委员会宣告该注册商标无效。②已经注册的商标，违反《商标法》第13条第2款和第3款、第15条、第16条第1款、第30条、第31条、第32条规定的，自商标注册之日起5年内，在先权利人或者利害关系人可以请求商标评审委员会宣告该注册商标无效。对恶意注册的，驰名商标所有人不受5年的时间限制。③依照《商标法》第44条、第45条的规定宣告无效的注册商标，由商标局予以公告，该注册商标专用权视为自始即不存在。宣告注册商标无效的决定或者裁定，对宣告无效前人民法院做出并已执行的商标侵权案件的判决、裁定、调解书和工商行政管理部门做出并已执行的商标侵权案件的处理决定以及已经履行的商标转让或者使用许可合同不具有追溯力。但是，因商标注册人的恶意给他人造成的损失，应当给予赔偿。依照上述规定不返还商标侵权赔偿金、商标转让费、商标使用费，明显违反公平原则的，应当全部或者部分返还。(2)商标权的撤销。商标注册人在使用注册商标的过程中，自行改变注册商标、注册人名义、地址或者其他注册事项的，由地方工商行政管理部门责令限期改正；期满不改正的，由商标局撤销其注册商标。注册商标成为其核定使用的商品的通用名称或者没有正当理由连续3年不使用的，任何单位或者个人可以向商标局申请撤销该注册商标。被撤销的注册商标，由商标局予以公告，该注册商标专用权自公告之日起终止。

例30-5（多选）： 2013年，甲饮料厂开始制造并销售"香香"牌果汁并已产生一定影响。甲饮料厂在外地的经销商乙发现甲饮料厂尚未注册"香香"商标，就于2017年在果汁和碳酸饮料两类商品上同时注册了"香香"商标，但未实际使用。2018年，乙与丙饮料厂签订商标转让协议，将果汁类"香香"商标转让给了丙饮料厂。对此，下列表述正确的是(　　)。

A. 甲饮料厂可以随时请求宣告乙注册的果汁类"香香"商标无效

B. 乙应将注册在果汁和碳酸饮料上的"香香"商标一并转让给丙饮料厂

C. 乙就果汁和碳酸饮料两类商品注册商标必须分别提出注册申请

D. 甲饮料厂可在果汁产品上附加区别标识，并在原有范围内继续使用"香香"商标

【讲解】《商标法》第32条规定，申请商标注册不得损害他人现有的在先权利，也不得以不正当手段抢先注册他人已经使用并有一定影响的商标。另据《商标法》第45条第1款的规定，已经注册的商标，违反本法第32条规定的，自商标注册之日起5年内，在先权利人或者利害关系人可以请求商标评审委员会宣告该注册商标无效。对恶意注册的，驰名商标所有人不受5年的时间限制。据此，乙以不正当手段抢注甲饮料厂使用在先的商标，故甲饮料厂有权在5年内请求宣告"香香"商标无效，A项表述中的"随时请求"说法不正确，不选A项。根据《商标法》第42条的规定，转让注册商标的，转让人和受让人应当签订转让协议，并共同向商标局提出申请。转让注册商标的，商标注册人对其在同一种商品上注册的近似的商标，或者在类似商品上注册的相同或者近似的商标，应当一并转让。据此，乙在果汁和碳酸饮料两类商品上同时注册"香香"商标，与丙饮料厂签订商标转让协议时应当一并转让，B项表述正确。《商标法》第22条第2款规定，商标注册申请人可以通过一份申请就多个类别的商品申请注册同一商标。据此，乙就果汁和碳酸饮料两类商品注册商标可以通过一份申请来注册，即该条确立的"一表多类"原则，而非必须分别提出注册申请，故C项表述错误。《商标法》第59条第3款规定，商标注册人申请商标注册前，他人已经在同一种商品或者类似商品上先于商标注册人使用与注册商标相同或者近似并有一定影响的商标的，注册商标专用权人无权禁止该使用人在原使用范围内继续使用该商标，但可以要求其附加适当区别标识。据此，甲饮料厂在乙申请注册商标之前已经先使用相同的商标，故可在原有范围内主张先用权抗辩，但应当附加适当区别标识。可见，D项表述正确。

【答案】BD

※【重点难点】商标侵权行为。（1）注册商标的有效期为 10 年，自核准注册之日起计算。注册商标有效期满，需要继续使用的，商标注册人应当在期满前 12 个月内按照规定办理续展手续；在此期间未能办理的，可以给予 6 个月的宽展期。每次续展注册的有效期为 10 年，自该商标上一届有效期满次日起计算。期满未办理续展手续的，注销其注册商标。商标局应当对续展注册的商标予以公告。注册商标期满不再续展的，自该商标被注销之日起 1 年内，商标局对与该商标相同或者近似的商标注册申请，不予核准。（2）有下列行为之一的，均属侵犯注册商标专用权：①未经商标注册人的许可，在同一种商品上使用与其注册商标相同的商标的。②未经商标注册人的许可，在同一种商品上使用与其注册商标近似的商标，或者在类似商品上使用与其注册商标相同或者近似的商标，容易导致混淆的。③销售侵犯注册商标专用权的商品的。④伪造、擅自制造他人注册商标标识或者销售伪造、擅自制造的注册商标标识的。⑤未经商标注册人同意，更换其注册商标并将该更换商标的商品又投入市场的。⑥故意为侵犯他人商标专用权行为提供便利条件，帮助他人实施侵犯商标专用权行为的。⑦给他人的注册商标专用权造成其他损害的。此外，销售不知道是侵犯注册商标专用权的商品，能证明该商品是自己合法取得并说明提供者的，不承担赔偿责任。此为善意侵权之规定，对于善意侵犯商标权的，构成侵权，但不承担赔偿责任，不过，侵权行为必须停止。

例 30-6（多选）：甲公司通过签订商标许可使用合同许可乙公司使用其注册商标"布谷鸟"，核定使用的商品为西装。后乙公司发现丙公司生产假冒"布谷鸟"商标的西服，还发现个体户丁销售假冒"布谷鸟"西装，但能够证明西装的合法来源。则（　　）。

　　A. 商标使用许可合同自报商标局备案后生效

　　B. 乙公司应当在"布谷鸟"儿童服装上标明乙公司的名称和产地

　　C. 丙公司的行为构成商标侵权，应当承担赔偿责任

　　D. 丁的行为构成侵权，应当承担赔偿责任

【讲解】《商标法》第 43 条第 3 款规定，许可他人使用其注册商标的，许可人应当将其商标使用许可报商标局备案，由商标局公告。商标使用许可未经备案不得对抗善意第三人。《最高人民法院关于审理商标民事纠纷案件适用法律若干问题的解释》第 19 条第 1 款规定，商标使用许可合同未经备案的，不影响许可合同的效力，但当事人另有约定的除外。据此，在商标局备案并非商标使用许可合同的生效要件，A 项表述错误。《商标法》第 43 条第 2 款规定，经许可使用他人注册商标的，必须在使用该注册商标的商品上标明被许可人的名称和商品产地。据此，甲公司通过签订商标使用许可合同许可乙公司使用其注册商标"布谷鸟"，被许可人乙公司依法必须在"布谷鸟"西装上标明乙公司的名称和产地，B 项表述正确。《商标法》第 57 条第 1 项规定，未经商标注册人的许可，在同一种商品上使用与其注册商标相同的商标的，构成侵犯商标专用权。据此，丙公司在同一种商品上使用"布谷鸟"商标，构成侵权，C 项表述正确。《商标法》第 64 条第 2 款规定，销售不知道是侵犯注册商标专用权的商品，能证明该商品是自己合法取得并说明提供者，不承担赔偿责任。据此，丁的行为构成侵犯商标专用权，但属于善意侵权，不承担赔偿责任，D 项表述错误。

【答案】BC

例题拓展

例 30-7（多选）：甲公司生产注册商标为"美多"的薰衣草保健枕，薰衣草为该枕头的主要原料之一。其产品广告和包装上均突出宣传"薰衣草"，致使"薰衣草"保健枕被消费者熟知，其他厂商也推出"薰衣草"保健枕。后甲公司要将"薰衣草"申请驰名商标。据此，下列表述正确的是（　　）。

　　A. 甲公司可以在一种商品上同时使用两件商标

　　B. 甲公司对"美多"享有商标专用权

C. "薰衣草"不能作为驰名商标申请注册

D. 法院对"薰衣草"是否可以作为驰名商标不予认定

【讲解】法律并不禁止企业在同一种商品上使用两件商标，故甲公司可在一种商品上同时使用两件商标，A 项表述正确。《商标法》第 3 条第 1 款规定，经商标局核准注册的商标为注册商标，包括商品商标、服务商标和集体商标、证明商标；商标注册人享有商标专用权，受法律保护。据此，"美多"为注册商标，甲公司对此依法享有商标专用权，B 项表述正确。《商标法》第 11 条规定，下列标志不得作为商标注册：(1) 仅有本商品的通用名称、图形、型号的；(2) 仅直接表示商品的质量、主要原料、功能、用途、重量、数量及其他特点的；(3) 其他缺乏显著特征的。前款所列标志经过使用取得显著特征，并便于识别的，可以作为商标注册。据此，"薰衣草"仅直接表示了该商品的主要原料，原则上不能申请注册，但经使用已经取得显著特征，并被消费者所熟知的，可以申请注册。可见，C 项表述错误。《最高人民法院关于审理涉及驰名商标保护的民事纠纷案件应用法律若干问题的解释》第 13 条规定，在涉及驰名商标保护的民事纠纷案件中，人民法院对于驰名商标的认定，仅作为案件事实和判决理由，不写入判决主文；以调解方式审结的，在调解书中对商标驰名的事实不予认定。据此，法院对于驰名商标应认定，只不过不写入判决理由，只是以调解方式审结的，在调解书中对商标驰名的事实不予认定，D 项表述错误。

【答案】AB

第三部分　法　理　学

专题一　法律继承、法律移植和法律全球化

※【重点难点】法律继承。(1) 法律继承是不同历史类型的法律之间的延续和继受，一般表现为旧法对新法的影响和新法对旧法的承接和继受。(2) 法律继承的根据和理由主要表现在：①社会生活条件的历史延续性决定了法律具有继承性。②法律的相对独立性决定了法律发展过程中的延续性和继承性。③法作为人类文明成果的共同性决定了法律继承的必要性。④法律发展的历史事实验证了法律继承性。

例 1－1（多选）： 下列关于法律继承的表述，能够成立的是(　　　)。

A. 法律具有阶级性决定了新法不能对旧法予以继承

B. 法律的相对独立性决定了法律的继承性

C. 法律的继承性体现为旧法对新法的影响

D. 大陆法系以罗马法作为基础体现了法律的继承

【讲解】 法律继承是一种客观的和普遍的现象，法律具有阶级性，但这并不否认法律之间存在继承性，新法完全可以吸取和借鉴旧法中的有益成分和优秀传统。可见，A 项表述不成立。社会生活条件的历史延续性和法的相对独立性决定了法律发展过程的延续性和继承性。法作为人类文明成果的共同性决定了法的继承性的必要性。可见，B 项表述成立。法律的继承性不仅体现为旧法对新法的影响，还体现为新法对旧法的承继和继受。可见，C 项表述不成立。法律发展的历史事实验证了法律继承性。法的继承不只是一个理论命题，也是一个经历史验证的事实，大陆法系的基础是罗马法，这是法律继承性的体现。可见，D 项表述成立。

【答案】 BD

※【重点难点】法律移植。(1) 法律移植是指在鉴别、认同、调适、整合的基础上，引进、采纳、摄取、同化外国法，使之成为本国法律体系中的有机组成部分，为本国所用。(2) 法律移植有其必然性和必要性体现在：①社会发展和法律发展的不平衡性决定了法律移植的必然性。②市场经济的客观规律和根本特征决定了法律移植的必要性。③法律移植是对外开放的应有内容。④法律移植是法制现代化的必然需要。

例 1－2（单选）： 下列关于法系和法律移植的表述，能够成立的是(　　　)。

A. 民法法系侧重于归纳式思维，普通法法系侧重于演绎型思维

B. 法律移植是法系形成和发展的重要途径

C. 民法法系有编纂成文法典的传统，有成文法典的国家都属于民法法系

D. 法律移植的范围包括制定法、国际法、外国法等，但不包括判例法和习惯法

【讲解】在法律思维上，民法法系侧重于演绎型思维，普通法法系侧重于归纳式思维，A项表述不成立。民法法系有编纂成文法典的传统，这没有错，但有成文法典的国家未必都属于民法法系，普通法法系的有些国家也存在成文法典，C项表述不成立。法律移植是一国对外国法的借鉴、吸收和摄取，因此，法律移植是法系形成和发展的重要途径，B项表述成立。法律移植是不同国家"法律制度"的吸收和借鉴，不限于制定法，还包括国际法、判例法、习惯法，D项表述不成立。

【答案】B

※【重点难点】法律全球化。(1) 法律全球化是指法律跨越国家的疆界，在世界范围传播、流动。具体而言，是指法律的各种要素如法律原则、法律理念、法律价值观、法律制度、执法标准与原则等在全球范围内的趋同，并在全球范围形成一个法治的标准或模范。(2) 法律全球化的趋势主要表现为：①法律的"非国家化"。②法律的"标本化"或"标准化"。③法律的"趋同化"。④法律的"世界化"。(3) 法律全球化的重大进展主要表现在：①《联合国宪章》是世界共同遵守的基本规范。②国际法的许多任意性规范成为强制性规范。③国际司法机制正在强化。(4) 法律全球化的主要途径有：①国际法的国内化、地方化。②地方法或国内法的全球化。

例1-3（多选）：下列关于法律全球化的表述，能够成立的是(   )。
A. 国际法的许多任意性规范成为强制性规范是法律全球化的重大进展
B. 法律全球化需要处理好国家的制定法和民间风俗习惯之间的关系
C. 法律全球化是经济全球化的基础
D. 法律移植是法律全球化进程中最重要的发展手段之一

【讲解】国际法的许多任意性规范成为强制性规范是法律全球化的重大进展的表现之一，A项表述成立。法律全球化指法律的跨国界流动，而B项表述的"处理好国家的制定法和民间风俗习惯之间的关系"并不体现法律跨疆界的问题，实际上处理好国家的制定法和民间风俗习惯之间的关系属于法律现代化的问题，法律全球化和法律现代化有关联，但不能混为一谈，B项表述不能成立。经济全球化是法律全球化的基础，C项表述不能成立。某一法律规则、法律制度，如果世界上各个国家或地区纷纷通过法律移植的方式从输入国引进过来，最终使得该法律在全球范围内通行有效，从目前的实践来看，这是发展法律全球化的重要的有效途径，D项表述成立。

【答案】AD

 例题拓展

例1-4（多选）：关于法律移植，下列表述正确的是(   )。
A. 只有发展中国家采纳发达国家的法律制度才是法律移植
B. 经济、文化和政治处于相同或基本相同发展阶段水平的国家相互吸收对方的法律也是法律移植
C. 法律移植应当考虑本国法与外国法之间的同构性和兼容性
D. 法律移植要有适当的超前性

【讲解】法律移植是一个国家的法律制度中的某些因素从另一个国家的法律制度或多个国家的法律制度中输入的，反映了一个国家对同时代的其他国家法律制度的借鉴和吸收，虽然一般情况下，是落后国家吸收借鉴发达国家的经验，但并不是绝对的。可见，A项表述不成立，B项表述成立。法律移植以供体和受体之间存在共同性为前提，即二者受同一规律支配，互不排斥，可互相吸纳。法律移植应当考虑本国法与外国法之间的同构性和兼容性，注意法律的系统性，同时法律移植要有适当的超前性。可见，C、D项表述成立。

【答案】BCD

专题二　法的作用和法的价值

※【重点难点】法的规范作用。(1) 指引作用：①指引作用是指法律规范对本人行为起到的导向和引导的作用。②指引作用的对象是本人的行为。③指引包括规范性指引和个别性指引。指引作用中的"指引"，是一种规范性指引，而不是个别性指引。④指引作用分为确定性指引和不确定性指引。确定的指引是指人们必须根据法律规范的指示而行为：法律要求人们必须从事一定的行为，而为人们设定积极的义务；法律要求人们不得从事一定的行为，而为人们设定消极的义务。不确定性的指引，又称为有选择的指引，是指对人们行为的指引是随行为人的主观意愿而定的，允许自行选择。(2) 评价作用：①评价作用是指法作为人们对他人行为的评价标准所起的作用。②评价作用的对象是他人的行为。③评价作用的形式主要有专门评价和社会评价。专门评价是指经法律专门授权的国家机关、组织及其成员对他人的行为所作的评价，法院、仲裁机构、行政机关对人们行为所作的裁判或决定，其特点是代表国家，具有国家强制力，产生法律约束力。社会评价是指普通主体以舆论的形式对他人行为所作的评价，其特点是没有国家强制力和约束力，是人们自发的行为。(3) 预测作用：①预测作用是指人们根据法律可以预先估计人们相互间将怎样行为以及行为的后果等，从而对自己的行为作出合理的安排。②预测作用的对象是人们之间的相互行为。(4) 教育作用：①教育作用是指通过法的实施，使法对一般人的行为产生影响。②教育作用的对象是一般人的行为。(5) 强制作用：①强制作用是指法律可以用来制裁、强制、约束违法犯罪的行为。②强制作用的对象是违法犯罪者的行为。法的上述作用对人的行为或者在某个案中会综合发挥各种作用，而不仅仅体现一种作用。

例 2-1 (单选)：关于法的规范作用，下列表述能够成立的是(　　)。

A. 赵法官依据诉讼法的规定主动申请回避，体现了法的教育作用

B. 法院判决钱某的行为构成诈骗罪，体现了法的指引作用

C. 孙某参加法律培训后开始重视所经营企业的法律风险防控，体现了法的强制作用

D. 李某因嫖娼被罚款 1 000 元，体现了法的强制作用

【讲解】赵法官依据诉讼法的规定主动申请回避，这体现了法的指引作用而非教育作用，A 项表述不成立。法院判决钱某的行为构成诈骗罪，体现了法的评价作用，B 项表述不成立。需要注意的是，关于 B 项表述，并没有体现指引作用。有的认为，法院作出判决的行为，既然是根据相关法律规定作出的，所以也体现指引作用，这种看法是错误的，因为 B 项主要表述的是"法院在评价钱某的定罪问题"，因此直接体现的是"评价作用"。假如将 B 项表述修改为"法院依照刑法的规定判案"，则体现的是指引作用。关于 C 项，孙某参加法律培训后开始重视所经营企业的法律风险防控，反映了法的教育作用，而非强制作用，C 项表述不成立。李某因嫖娼被罚款 1 000 元，这体现了法的强制作用，D 项表述成立。

【答案】D

例 2-2 (单选)：甲已经通过全国统一法律职业资格考试，决定申请律师执业证书。根据有关的法律、法规，他认为有关部门会批准他的申请，并向他颁发律师执业证书。这体现的法律的(　　)。

A. 教育作用　　　　B. 指引作用　　　　C. 评价作用　　　　D. 预测作用

【讲解】甲根据法律的规定而行为，法律对甲本人的行为进行预测，体现的是预测作用，选 D 项。

【答案】D

例 2-3 (单选)：《民法典》第 157 条规定："民事法律行为无效、被撤销或者确定不发生效力后，行为人因该行为取得的财产，应当予以返还；不能返还或者没有必要返还的，应当折价补偿。

有过错的一方应当赔偿对方由此所受到的损失；各方都有过错的，应当各自承担相应的责任。法律另有规定的，依照其规定。"针对这一规定，下列表述正确的是（　　　）。

A. 这一规定既体现了法律的确定性指引作用，又体现了法律的选择性指引作用

B. 这一规定既体现了法律的确定性指引作用，又体现了法律的个别性指引作用

C. 这一规定既体现了法律的确定性指引作用，又体现了法律的规范性指引作用

D. 这一规定既体现了法律的选择性指引作用，又体现了法律的规范性指引作用

【讲解】指引作用是指法律规范对本人行为起到的导向和引导的作用。指引作用的"指引"有两种形式：一种是个别性指引，即具体指示对具体人的具体情况的指引；另一种是规范性指引，即一般的规则对同类的人或行为的指引。从立法技术上看，法的指引作用又有两种方式：一种是确定性指引方式，即通过设置法律义务要求人们作出或者抑制一定的行为，使社会成员明确自己必须从事或不得从事的行为界限；另一种是选择性指引，即通过宣告权利，给人们一定的选择范围。题干中的这一规定是命令，也是义务，属于确定性指引；针对的是一般人的一般行为，是规范性指引。可见，选 C 项。

【答案】C

※【重点难点】法的社会作用和法的局限性。（1）法的社会作用包括维护阶级统治的作用和执行社会公共事务的作用两大作用。（2）法的作用的局限性：①法律调整的范围是有限的；②法的特性与社会生活的现实之间存在着矛盾；③法的制定和实施受人的因素的制约；④法的实施受政治、经济、文化等社会因素的制约。

例 2-4（多选）：《突发事件应对法》规定，有关人民政府及其部门采取的应对突发事件的措施，应当与突发事件可能造成的社会危害的性质、程度和范围相适应；有多种措施可供选择的，应当选择有利于最大程度地保护公民、法人和其他组织权益的措施。关于对《突发事件应对法》及该规定的理解，下列说法正确的是（　　　）。

A. 《突发事件应对法》属于基本法律

B. 该规定体现了法在执行社会公共事务中的作用

C. 该规定中隐含着公共利益和个人利益的冲突

D. 该规定主要采取的解决价值冲突的方法是价值位阶原则

【讲解】法律有基本法律和非基本法律之分。基本法律是由全国人大制定和修改，比较全面地规定和调整国家及社会生活某一方面的"基本社会关系"的法律。非基本法律是指由全国人大常委会制定和修改的，规定和调整关于国家和社会生活"某一方面具体问题"的关系的法律。《突发事件应对法》中的"突发事件"，属于"某一方面的具体问题"，因而是非基本法律，而不是基本法律。可见，A 项说法错误。该规定体现了法在执行社会公共事务中的作用，即法律具有维护社会公共秩序的作用，B 项说法正确。该规定隐含了公共利益和个人利益的冲突，在解决两者冲突时，该规定采取的解决价值冲突的方法是比例原则，即为了保护较为优越的价值而必须侵害某一法益时，不能突破达到此目的所必要的限度。可见，C 项说法正确，D 项说法错误。

【答案】BC

※【重点难点】法的秩序、自由、平等价值。（1）秩序。法律有助于社会秩序的建立与维护：①在建立秩序方面，法律制度通常依照人们所向往的理想社会秩序来设计；法律不仅通过赋予社会主体一定的权利和自由来引导社会主体的各种行为，还通过对各社会主体施加一定的义务与责任的方式，使之对自身的行为加以必要的克制与约束，以建立相应的社会秩序。②在维护社会秩序方面，法律既有助于维护合理的政治统治秩序和权力运行秩序；也有助于维护正常的经济秩序和社会生活秩序。（2）自由。①法律确认自由。一是以权利和义务来设定主体享有自由的范围，即把自由法律化为权利。法律在把自由确认为权利的同时，也就确定了自由的范围，国家通过对权利的保护来实现自由。二是以权利和义务来设定主体自由的实现方式。②法律保障自由。首先，法律通过划定国家权力本身的合理权限范围，明确规定公权力正当行使的程序，排除各种非法妨碍，以保障社会主体的自由免受公权力的侵害；其次，法律对每个主体享有的自由进行界定和限制，防止主体之

间对各自自由的相互侵害，防止社会主体超越权利滥用自由；再次，法律禁止主体任意放弃自由；最后，法律为各种对主体自由的非法侵害确立救济手段与救济程序。(3) 平等。法律的平等价值体现在，法律能够确认和保障平等价值的实现。法律一般是通过立法、执法和司法等活动来确认和保障平等的实现。其基本方式有：①法律把平等宣布为一项基本的法律原则。②法律确认和保障主体法律地位的平等。③法律确认和保障社会财富、资源、机会与社会负担的平等分配。④法律公平地分配法律责任。

例 2 - 5（多选）："法律只是在自由的无意识的自然规律变成有意识的国家法律时，才成为真正的法律。哪里法律成为实际的法律，即成为自由的存在，哪里法律就成为人的实际的自由存在。"关于上述论断，下列说法正确的是(　　)。

A. 法律是不自由的，但却是有意识的　　B. 法律是"人的实际的自由存在"的条件
C. 国家法律须尊重自然规律　　D. 自由是评价法律进步与否的标准

【讲解】论断中提到的"法律成为自由的存在"，这就意味着法律也有"自由的法律"，所以"法律是不自由的"表述不正确，A 项说法错误。论断中提到"……法律就成为人的实际的自由存在"，这句话的意思是：法律保障自由，据此法律是"人的实际的自由存在"的条件（但不是唯一条件，其他还包括经济、政治等），B 项说法正确。自然规律是法律的前提和基础，因此，任何立法都不能违背自然规律，C 项说法正确。自由是评价法律进步与否的标准（其他还有人权、正义），D 项说法正确。

【答案】BCD

※【重点难点】法的人权、正义、效率价值。(1) 人权。①人权有应有权利、法律权利和实有权利三种存在形态。②人权作为法律价值的意义体现在：第一，人权作为法律价值表明了法律对作为主体的人的肯定，即对人的独立且平等的人的尊严的尊重。第二，人权作为法律价值，表明法律的来源、法律运作的各个环节以及法律的根本目的都基于人本身，并以人的现实生活为关注焦点，以人的理想生活为直接目标。第三，人权作为法律价值，既是对法律的精神、原则、规范的直接检验和方向引导，也是对法律的内在品质进行批判的标准和完善的依据。(2) 正义。①正义作为法律价值的作用有：正义是法律的存在根据和评价标准；正义是法律发展和进步的根本动因；正义适用于具体的法律实践。②法律对正义的保障作用表现为：第一，法律通过将社会生活的主要领域及其重要的社会关系纳入法律之内，使正义融入法律规范和制度之中，实行法治化治理，严格依法办事，从而全面促进和保障社会正义。第二，通过法律权利和法律义务机制，公正地、权威地分配资源、社会利益和负担，并设定公正的程序来保障，使实体正义与程序正义得以通过立法来落实。第三，通过法律实施，发挥法律的特殊强制性，惩罚非正义行为，以促进和保障正义的实现。(3) 效率。实现法的效率价值的方式包括：①确认并保障主体的物质利益，从而鼓励主体增进物质利益。②确认和保护产权关系，鼓励人们为着效益的目的而占有、使用或转让财产。③确认、保护、创造最具有效率的经济运作模式，使之容纳更多的生产力。④承认和保护知识产权，使人类创造性的智力成果最大化的发展。⑤通过设立法律责任、赔偿与惩罚等机制，使社会上的违法、犯罪行为最大限度地减少，从而使人们的人身安全与社会财富总量不受损害或少受损害，从而使社会效率得到一定程度的保障。

例 2 - 6（单选）：下列关于法律与人权关系的表述，错误的是(　　)。

A. 人权的法律化表明人权只能是一种实有权利
B. 保障人权是权利保障原则的基本内容
C. 人权可以促进法律的自我完善
D. 人权表明了法律对作为主体的人的肯定

【讲解】人权有应有权利、法律权利和实有权利三种存在形态。从层次上看，人权首先是一种道德权利和应有权利。人权的内容通过立法转化为法律权利；然后通过法律实施，使法律权利转化为实有权利，但并非表明人权只是一种实有权利，A 项表述错误，选 A 项。法治的基本原则包括法律至上原则、权利保障原则、权力制衡原则和正当程序原则，其中，权利保障原则的内容包括尊

重和保障人权、法律面前人人平等和权利与义务相一致三项。可见，B项表述正确。人权有利于实现法律的有效性，促进法律的自我完善，C项表述正确。人权作为法律价值表明了法律对作为主体的人的肯定，即对人的独立且平等的人的尊严的尊重，D项表述正确。

【答案】A

※【重点难点】法的价值的冲突与解决。（1）法的价值冲突的表现：①个体之间法律所承认的价值冲突；②共同体之间发生的价值冲突；③个体与共同体之间的价值冲突。（2）解决价值冲突的原则：价值位阶原则、个案平衡原则、比例原则和人民根本利益原则。

例2-7（单选）：宽严相济是我国的基本刑事政策，要求法院对于危害国家安全、恐怖组织犯罪、"黑恶"势力犯罪等严重危害社会秩序和人民生命财产安全的犯罪分子，尤其对于极端仇视国家和社会，以不特定人为侵害对象，所犯罪行特别严重的犯罪分子，该依法判处死刑立即执行的绝不手软。对于解决公共秩序、社会安全、犯罪分子生命之间存在的法律冲突，应当遵循的原则是（ ）。

A. 个案平衡原则　　　B. 比例原则　　　　　C. 价值位阶原则　　　D. 人民根本利益原则

【讲解】题目要求为针对"宽严相济是我国的基本刑事政策"，"对于解决公共秩序、社会安全、犯罪分子生命之间存在的法律价值冲突"遵循的原则。在利益衡量中，首先就必须考虑与此涉及的一种法益较其他法益是否具有明显的价值优越性。严重危害社会秩序和人民生命财产安全、所犯罪行特别严重的犯罪分子，其生命一般而言低于公共秩序、社会安全。这是价值位阶原则的体现。可见，选C项。

【答案】C

例题拓展

例2-8（单选）：法律格言说："法律不能使人人平等，但在法律面前人人是平等的。"关于对该法律格言的理解，下列表述正确的是（ ）。

A. 每个人在法律面前事实上是平等的

B. 在任何时代和社会，法律面前人人平等都是一项基本法律原则

C. 法律可以解决现实中一切不平等问题

D. 法律面前人人平等原则并不禁止在立法上作出合理区别的规定

【讲解】法律面前人人平等作为一项法律原则，主要实现的是"法律上的平等"，但并不意味着能够实现"事实上的平等"，A项表述错误。法律面前人人平等是近代资产阶级革命以后才开始成为一项基本的法律原则，B项表述错误。社会是法律的前提和基础，法律对社会有能动的反作用，但是法律不是万能的，法律有其局限性，不可能解决现实中的任何不平等问题。法律所能解决的问题，要立足于社会的现实能力，C项表述错误。法律面前人人平等并不意味着"对等"，也并不意味着"完全相同"，允许有合理的差别，D项表述正确。

【答案】D

例2-9（单选）：宋某以虚构言论、合成图片的手段在网上传播多条"警察打人"的信息，造成恶劣影响，县公安局对其处以行政拘留10日处罚。宋某认为自己是在行使言论自由权，遂诉至法院。法院认为，原告捏造、散布虚假事实的行为不属于言论自由，为法律所明文禁止，应承担法律责任。对此，下列说法正确的是（ ）。

A. 相对于自由价值，秩序价值属于基本价值

B. 法官在该案中运用了个案平衡原则解决法的价值冲突

C. 本案存在自由价值与秩序价值的冲突

D. 言论自由作为公民的政治权利，属于个体人权

【讲解】秩序价值和自由价值属于同一位阶的基本价值，A项表述错误。所谓个案平衡原则，是指在处于同一位阶上的法律价值之间发生冲突时，要基于个案的基本情况作出适当的平衡，同时，必须综合考虑主体之间的特定情形、需求和利益，便利个案的解决能够适当兼顾双方的利益。该案中，法官认定宋某的行为不涉及言论自由，换言之，本案中不存在自由价值与秩序价值的冲突，自然没有"运用个案平衡原则解决法的价值冲突"，故B、C项表述错误。人权有集体人权和个体人权之分，个体人权包括如下两大类：（1）公民权利和政治权利。如生命权、人身自由与安全权、人格尊严权、隐私权、选举与被选举权，信仰、言论、出版、集会、结社与游行、示威自由等。（2）经济、社会和文化权利。如财产权、劳动权、休息权、受教育权、社会保障权等。可见，D项表述正确，选D项。

【答案】D

例2-10（分析）： 甲公司周经理与员工在饭店喝酒聚餐后表示：别开车了，酒驾入罪，咱把车推回去。随后，周经理在车内掌握方向盘，其他人推车缓行。记者从交警部门了解到，如机动车未发动，只操纵方向盘，由人力或其他车辆牵引，不属于酒后驾车。但交警部门指出，路上推车既会造成后方车辆行驶障碍，也会构成对推车人的安全威胁，建议酒后将车置于安全地点，或找人代驾。鉴于我国对"酒后代驾"缺乏明确规定，周经理起草了一份《酒后代驾服务规则》，包括总则、代驾人、被代驾人、权利与义务、代为驾驶服务合同、法律责任共6章21条邮寄给国家立法机关。

请结合上述材料，运用法理学相关知识，回答下列问题：

（1）周经理和员工拒绝酒驾体现了法的规范作用中的何种作用？为什么？

（2）交警部门的推车前行不属于酒驾的解释，运用的推理形式是什么？为什么？

（3）周经理起草的《酒后代驾服务规则》是否属于立法议案？为什么？

【参考答案】（1）周经理和员工拒绝酒驾体现了法的指引作用。周经理和员工在酒驾入罪（构成危险驾驶罪）的指引下，没有实施酒驾行为，这正是指引作用的体现。

（2）交警部门运用的是演绎推理。演绎推理是从一般到个别的推理，交警部门依据大前提"酒驾入罪"和小前提"推车前行"的具体案件事实，结论是"推车前行不入罪"。交警部门的推车前行不属于酒驾的解释显然是根据演绎推理而得出的结论。

（3）周经理起草的《酒后代驾服务规则》并非属于立法议案。因为周经理不符合法律规定的立法议案的提案主体资格，《酒后代驾服务规则》只是公民的立法建议。

专题三 法的渊源、法律要素和法律体系

※【重点难点】法的渊源。（1）法的正式渊源包括制定法、习惯法、判例法和国际条约等。（2）法的非正式渊源如正义标准、理性原则、公共政策、道德信念、社会思潮、习惯、宗教规则、学说等。（3）当代中国正式意义的法律渊源包括宪法、法律（基本法律和非基本法律）、行政法规、地方性法规、自治条例和单行条例、特别行政区的法律、行政规章、国际条约和国际惯例。（4）当代中国法的非正式渊源包括政策、判例、习惯、法律学说和道德规范等。（5）法的效力等级的一般原则为：①上位法的效力高于下位法；②特别法优于一般法；③新法优于旧法。

例3-1（单选）： 关于法律渊源和法律部门，下列说法正确的是（　　）。

A. 划分法律部门的首要标准是法律调整的不同社会关系

B. 自治条例和单行条例是地方国家权力机关及其常设机关制定的规范性文件

C. 行政法部门是由国务院制定的行政法规构成的

D. 国际公法是当代中国特色社会主义法律体系的组成部分

【讲解】划分法律部门的首要标准是法律所调整的不同的社会关系，即调整对象；其次是法律调整的方法，A项说法正确。根据我国宪法和立法法的规定，民族自治区、自治州和自治县的人大

有权制定自治条例和单行条例。这里要注意：只有自治区、自治州和自治县的"人大"才有权制定自治条例和单行条例，自治机关的常设机关即人大常委会无权制定自治条例和单行条例，B项说法错误。法律渊源不同于法律部门。当代中国的正式法律渊源包括宪法、法律（基本法律和非基本法律）、行政法规、地方性法规、自治条例和单行条例、特别行政区的法律、行政规章、国际条约和国际惯例。当代中国的主要法律部门包括宪法及其相关法部门、行政法部门、民商法部门、经济法部门、社会法部门、刑法部门和程序法部门。由此可见，法的正式渊源与法律部门的分类标准不同：法的正式渊源是根据制定机关及效力高低进行的分类；法律部门则是根据调整对象和调整方法进行的分类。因而，针对C项，"行政法"属于"法律部门"的范畴，是指所调整的行政法律关系的法律、法规、规章等；"行政法规"属于"法律渊源"的范畴，是指国务院制定的相关法规的总称。行政法不同于行政法规，行政法属于法律的范畴。可见，C项说法错误。法律体系即一国现行部门法体系。它是将一国现行全部法律规范根据一定的标准和原则划分成不同的法律部门，并由这些法律部门所构成的具有内在联系的统一整体。因此，法律体系是由一国现行法律规范构成的体系，既不包括具有完整意义的国际法范畴，也不包括已经宣布废止的法律和尚未制定的法律，或者虽然制定颁布，但还尚未生效的法律。据此，D项说法错误。

【答案】 A

例3-2（单选）： 根据《立法法》的规定，关于不同法律渊源之间出现冲突时的法律适用，下列表述正确的是（　　）。

A. 自治条例、单行条例与地方性法规不一致的，适用地方性法规

B. 地方性法规和部门规章之间对同一事项规定不一致的，应当适用地方性法规

C. 省政府制定的规章和下设设区的市的地方性法规不一致的，适用省政府规章

D. 公安部的部门规章和民政部的部门规章不一致的，由国务院裁决

【讲解】《立法法》第90条规定，自治条例和单行条例依法对法律、行政法规、地方性法规作变通规定的，在本自治地方适用自治条例和单行条例的规定。经济特区法规根据授权对法律、行政法规、地方性法规作变通规定的，在本经济特区适用经济特区法规的规定。这表明，《立法法》确立了"变通规定优先适用"原则：民族自治立法和经济特区法规具有优先适用效力，A项表述错误。《立法法》第95条第1款第2项规定，地方性法规与部门规章之间对同一事项的规定不一致，不能确定如何适用时，由国务院提出意见，国务院认为应当适用地方性法规的，应当决定在该地方适用地方性法规的规定；认为应当适用部门规章的，应当提请全国人民代表大会常务委员会裁决。据此，B项表述错误。《立法法》第72条第3款规定，省、自治区的人民代表大会常务委员会在对报请批准的设区的市的地方性法规进行审查时，发现其同本省、自治区的人民政府的规章相抵触的，应当作出处理决定。据此，出现C项表述的情形，只能由省人大常委会处理，C项表述错误。《立法法》第95条第1款第3项规定，部门规章之间、部门规章与地方政府规章之间对同一事项的规定不一致时，由国务院裁决。据此，D项表述正确。

【答案】 D

例3-3（多选）： 某区质监局以甲公司未依《食品安全法》取得许可从事食品生产为由，对其处以行政处罚。甲公司认为，依特别法优先于一般法原则，应适用国务院《工业产品生产许可证管理条例》（以下简称《条例》）而非《食品安全法》，遂提起行政诉讼。对此，下列说法正确的是（　　）。

A.《条例》是《食品安全法》的特别法

B.《食品安全法》中规定食品生产经营许可的法律规范属于公法

C. 若《条例》与《食品安全法》抵触，法院有权撤销

D.《条例》与《食品安全法》都属于当代中国法律的正式渊源

【讲解】 A项涉及对"特别法"的理解。简言之，特别法是指针对特定人、特定事或特定地区、特定时间内适用的法律。特别法是同一机关针对同类事项作出的更为具体的规定。本题中，《条例》是国务院制定的行政法规，《食品安全法》是全国人大常委会制定的法律，不属于"同一机关制

定"，因此，《条例》不是《食品安全法》的特别法，A项说法错误。B项涉及对公法的理解。公法和私法属于法律的一种分类。公法是主要调整国家与普通个人之间关系的法律，私法主要是调整国家的公民个人之间的关系。本题中规定的食品生产经营许可的法律规范，属于公法，B项说法正确。C项涉及合法性审查的问题，《宪法》第67条第7项规定，全国人大常委会撤销国务院制定的同宪法、法律相抵触的行政法规、决定和命令。据此，"行政法规"与"法律"冲突时，由全国人大常委会予以撤销，而法院没有撤销的权力，更何况，我国法院没有法规的合法性审查权。可见，C项说法错误。D项涉及法律渊源问题，《条例》属于行政法规，《食品卫生法》属于法律，二者都是我国正式意义上的法律渊源，D项说法正确。

【答案】 BD

※**【重点难点】** 法律规则。(1)法律规则不同于法律条文：①并不是所有的法律条文都直接规定法律规则。②不是每一个条文都完整地表述一个法律规则。③不是每一个条文只表述一个法律规则。④一个法律规则可以包括在几个法律条文中。⑤法律规则不一定非得用法律条文表述。(2)法律规则不同于法律的技术性规定：①法律规则是法律的构成要素；而法律的技术性规定不是所有法律都具备的。②法律规则具有假定（条件）、行为模式和法律后果三要素；而法律的技术性规定则不具备也不需要有完整的逻辑结构。(3)法律规则不同于规范性法律文件、非规范性法律文件：①规范性法律文件是法律规则的载体，没有规范性法律文件就没有具体的法律规则，但规范性法律文件的内容又不限于法律规则，还包括法律原则、法律概念和法律技术性规定等。②国家专门机关制定的判决书、逮捕证、离婚证等非规范性法律文件是依据法律规则制作的，但只对特定的对象有法律效力，并不具有普遍约束力；而法律规则具有普遍约束力。(4)法律规则的种类：①按照规则的内容规定不同（规定的行为模式的不同），法律规则可以分为授权性规则和义务性规则。②按照规则对人们行为规定和限定的范围或程度不同，可以把法律规则分为强行性规则和任意性规则。③按照法律规则内容的确定性程度不同，可以将法律规则分为确定性规则、委任性规则和准用性规则。④依据法律规则功能的不同，将法律规则分为调整性规则和构成性规则。(5)法律规则的逻辑结构是由假定（条件）、行为模式和法律后果三个要素构成的。假定（条件）是指法律规则中规定的适用该规则的条件和情况的部分，即规则在什么时间、空间对什么人适用以及在什么情景下对人的行为有约束力的问题。行为模式是指法律规则中关于行为的规定，即法律关于允许做什么、禁止做什么和必须做什么的规定。法律后果是指法律规则中对遵守或违反规则的行为予以肯定或否定的评价的部分。

例3-4（多选）：《老年人权益保障法》第18条第1款规定："家庭成员应当关心老年人的精神需求，不得忽视、冷落老年人。"关于该条款，下列说法正确的是(　　)。

A. 该条款规定的是确定性规则，也是义务性规则

B. 该条款只规定了行为模式，没有规定法律后果

C. 该条款规定的行为模式为"应为"模式和"勿为"模式

D. 该条款规定了权利，没有规定义务

【讲解】 针对A、C、D项，该条文规定的内容很明确，无须引用其他条文，也没有委托其他国家机关进行新的立法，所以属于确定性规则。题干中的条文前半句"家庭成员应当关心老年人的精神需求"使用了"应当"这样的词汇，规定的行为模式是"应为"模式，属于义务性规则中的命令性规则；后半句"不得忽视、冷落老年人"使用了"不得"这样的词汇，规定的行为模式是"勿为"模式，属于义务性规则中的"禁止性规则"。可见，A、C项说法正确。由上面分析可知，该条款既规定了权利，也有义务的规定，D项说法不正确。法律规则在逻辑上包括假定（条件）、行为模式和法律后果三要素。题干中的条文只是规定了"行为模式"，并没有规定法律后果，B项说法正确。

【答案】 ABC

例3-5（单选）：《治安管理处罚法》第115条规定："公安机关依法实施罚款处罚，应当依照有关法律、行政法规的规定，实行罚款决定与罚款收缴分离；收缴的罚款应当全部上缴国库。"关

于该条文及相关术语，下列说法正确的是(　　)。

  A. 该条文属于禁止性规则   B. 该条文属于强行性规则

  C. 该条文中"罚款"属于法律保留事项 D. 该条文表达了法律规则中的法律后果

  【讲解】禁止性规则规定的是"勿为"模式，一般使用"不得""禁止"等词汇；命令性规则规定的是"应为"模式，一般使用"应当""必须"等词汇。题干使用的是"应当"，因此属于命令性规则，而非禁止性规则，A项说法错误。强行性规则的内容一般不允许当事人自由处分或协商变更，题干规定的是公安机关实施处罚时"必须"遵守的义务，不得任意变更，因此属于强行性规则，B项说法正确。《立法法》第8条规定的法律保留事项中，没有"罚款"，题干中也表述"罚款"应当依照"法律、行政法规"的规定，既然行政法规可以规定"罚款"，则"罚款"并非属于法律保留事项，C项说法错误。题干表述的条文中，"公安机关依法实施罚款处罚"属于假定条件，"应当依照有关法律、行政法规的规定，实行罚款决定与罚款收缴分离；收缴的罚款应当全部上缴国库"属于行为模式（"应为"模式），该条文省略了法律后果，D项说法错误。

  【答案】B

  ※【重点难点】法律原则和法律概念。(1) 法律原则与法律规则在内容、适用范围、适用方式和作用上存在区别。(2) 法律原则的种类：①按照法律原则产生的基础不同，可以把法律原则分为政策性原则和公理性原则。②按照法律原则对人的行为及其条件之覆盖面的宽窄和适用范围大小，可以把法律原则分为基本原则和具体原则。③按照法律原则涉及的内容和问题不同，可以把法律原则分为实体性原则和程序性原则。(3) 法律概念的功能主要体现在三个方面：①表达功能。②认识功能。③改进法律、提高法律科学化程度的功能。(4) 法律概念的种类：①主体概念：用以表达法律关系主体的概念。②关系概念：用以表达法律关系主体之间权利义务关系的概念。③客体概念：用以表达各种权利义务所指向的对象的概念。④事实概念：用以表达各种事件和行为的概念。

  例3-6（多选）： 关于法律原则的理解，下列表述正确的是(　　)。

  A. 在具体案件审理中，有法律规则不得适用法律原则

  B. 法律原则都规定在法律条文中

  C. 法律原则的适用可以弥补法律漏洞

  D. 法律原则的适用采取"全有或者全无"的方式

  【讲解】法律原则和法律规则都属于法律要素。在具体案件审理中，倘若适用某一法律规则，就不能再适用另外的法律规则。此外，在有具体的法律规则可以适用的情况下，不能适用法律原则。只有在穷尽一切法律规则，即只有在没有具体法律规则的情况下，才能适用法律原则。可见，A项表述正确。法律原则可以规定在法律条文中，也可以不规定在法律条文中，例如，在判例法国家，没有相应的法律条文，但存在从判例中总结出来的法律原则。可见，B项表述错误。法律原则能够弥补法律规则的漏洞和不足，强化法律的调控能力，C项表述正确。在适用方式上，法律规则是以"全有或全无的方式"应用于个案当中的，如果一条规则所规定的事实是既定的，或者这条规则是有效的，在这种情况下，必须接受该规则所提供的解决办法。而法律原则的适用则不同，它不是以"全有或全无的方式"应用于个案当中的，当两个原则在具体的个案中冲突时，法官必须根据案件的具体情况及有关背景在不同强度的原则间作出权衡。不同强度的甚至冲突的原则都可能存在于一部法律之中。可见，D项表述错误。

  【答案】AC

  ※【重点难点】法律部门和法律体系。(1) 法律体系和法律部门的关系：法律部门是法律体系的基础。法律体系与法律部门是整体与局部的关系，法律体系是一个国家法律的整体，法律部门是这一整体的构成单位。(2) 划分法律部门的主要标准是法律所调整的不同社会关系，即调整对象；其次是法律的调整方法。(3) 法律部门的划分原则主要有客观原则、合目的性原则、适当平衡原则、辩证发展原则、相对稳定原则和主次原则等。(4) 法律体系是由一国现行法律规范构成的体系，既不包括具有完整意义的国际法范畴，也不包括已经宣布废止的法律和尚未制定的法律，或者虽然制定颁布，但还尚未生效的法律。同时，它又是由不同的部门法构成的有机整体。法律体系不

同于立法体系、法学体系和法系。（5）当代中国的法律体系是产生于我国社会主义经济基础之上的，并为我国社会主义经济基础服务的上层建筑之一。当代中国的法律体系的特色有：①体现社会主义的本质要求；②体现改革开放和现代化建设的时代要求；③体现结构内在统一而又多层次的国情要求；④体现继承中国法律文化传统和借鉴人类法制文明成果的文化要求；⑤体现动态、开放、与时俱进的社会发展要求。（6）构成当代中国法律体系的法律部门主要有宪法及其相关法、行政法、民商法、经济法、社会法、刑法和程序法7个法律部门。（7）完善当代中国法律体系，要着力加强和完善以下几个方面的立法：①积极加强发展社会主义民主政治的立法。②继续加强经济领域立法。③突出加强社会领域立法。④更加注重文化科技领域立法。⑤高度重视生态文明领域立法。⑥深入推进科学立法、民主立法，着力提高立法质量。

例3-7（单选）：《伯尔尼保护文学和艺术作品公约》属于国际公约，对于该公约的理解，下列表述正确的是（　　）。

A.《伯尔尼保护文学和艺术作品公约》属于我国的法律渊源

B.《伯尔尼保护文学和艺术作品公约》属于我国法律体系的组成部分

C. 我国法院依据《伯尔尼保护文学和艺术作品公约》审理案件违反了"以法律为准绳"的原则

D.《伯尔尼保护文学和艺术作品公约》属于民商法部门

【讲解】 完整意义的国际法不属于我国正式意义上的法律渊源，但经我国政府批准加入的国际条约属于我国正式意义上的法律渊源，我国已经批准加入了《伯尔尼保护文学和艺术作品公约》，因此《伯尔尼保护文学和艺术作品公约》属于我国正式意义上的法律渊源，A项表述正确。我国的法律体系是指我国现行的国内法律规范体系，不包括国际法，因此《伯尔尼保护文学和艺术作品公约》不是我国法律体系的组成部分，B项表述错误。这里要区分法律渊源和法律体系，即：《伯尔尼保护文学和艺术作品公约》属于我国正式意义上的法律渊源，但不是我国法律体系的组成部分。法院可以依据《伯尔尼保护文学和艺术作品公约》审理案件，因为法院的判决依据是法律渊源而不是法律体系，因此，我国法院援引《伯尔尼保护文学和艺术作品公约》判决，并不违背"以法律为准绳"的司法原则，C项表述错误。法律部门是一国现行法律规范构成的部门法体系，既然《伯尔尼保护文学和艺术作品公约》不属于我国法律体系的范畴，那也谈不上属于我国的法律部门，D项表述错误。

【答案】 A

例题拓展

例3-8（多选）：《集会游行示威法》第4条规定："公民行使集会、游行、示威的权利的时候，必须遵守宪法和法律，不得反对宪法所确定的基本原则，不得损害国家的、社会的、集体的利益和其他公民的合法的自由和权利。"关于这一规定，下列理解正确的是（　　）。

A. 该条是权利的规定，因此属于授权性规则

B. 该规定表明法律保护人的自由，但自由也应受到法律的限制

C. 该规定的内容比较模糊，因而对公民并不具有指导意义

D. 该规定设定了不作为义务，是"勿为模式"的规则

【讲解】 针对A、D项，授权性规则规定的是"可为"模式，义务性规则规定的是"应为"模式和"勿为"模式。义务性规则包括两种：（1）命令性规则，即"应为"；（2）禁止性规则，即"勿为"。从题干表述的条文来看，"……不得反对宪法所确定的基本原则，不得损害国家的、社会的、集体的利益和其他公民合法的自由和权利"规定的是"不得……"，这是"勿为"模式，设定的是"不作为义务"，因此属于义务性规则，而不是授权性规则。可见，A项表述错误，D项表述

正确。法律应当确认和保障自由，但同时自由也要受到外在的、特别是法律的限制，B项表述正确。题干"不得反对宪法所确定的基本原则，不得损害国家的、社会的、集体的利益和其他公民的合法的自由和权利"，以"义务"的方式明确设定了公民的行为模式，对公民的行为具有指导意义。可见，C项表述错误。

【答案】BD

例3-9（多选）：《民法典》第498条规定："对格式条款的理解发生争议的，应当按照通常理解予以解释。对格式条款有两种以上解释的，应当作出不利于提供格式条款一方的解释。格式条款和非格式条款不一致的，应当采用非格式条款。"对该条文的理解，正确的是（　　）。

A. 该法律条文规定的内容是法律原则

B. 格式条款本身追求的是法律效率价值，该条文的内容追求的是法的正义价值

C. 该法律条文是对法的价值冲突的一种解决

D. 该法律条文规定了法律解释的方法和遵循的标准

【讲解】辨认某个条文属于法律规则还是法律原则的方法是：主要看是否规定了权利或义务的具体内容，或者具体的行为模式。题干表述的条文明确规定了解决争议的"具体的行为模式"，属于法律规则，A项错误。格式条款的使用，避免了相同条款的重复，有利于实现效率原则；但是，一般而言，提供格式条款一方处于强势地位，如果对格式条款出现争议，应当作出不利于格式条款提供方的解释，这恰恰体现了平等和正义的要求，B项正确。法的价值之间发生冲突时，按照价值位阶原则、个案平衡原则、比例原则和人民根本利益原则解决，题干中的条文采用了价值位阶原则，正义优先于效率，C项正确。该条文表述了格式条款的解释方法：（1）按照通常理解；（2）作出不利于提供方的解释；（3）非格式条款优先于格式条款。可见，D项正确。

【答案】BCD

例3-10（分析）：甲与所就职的A航空公司发生劳动争议，解决争议中曾言语威胁将来乘坐A航空公司航班时采取报复措施。甲离职后在选乘A航空公司航班时被拒载，遂诉至法院。法院认为，A航空公司依《民法典》负有强制缔约义务，依《民用航空法》有保障飞行安全义务。尽管相关国际条约和我国法律对此类拒载无明确规定，但依航空业惯例航空公司有权基于飞行安全事由拒载乘客。

请结合上述材料，运用法理学相关知识，回答下列问题：

（1）甲乘坐飞机和A航空公司拒载体现了哪些法律价值之间的冲突？

（2）我国缔结或参加的国际条约、航空业惯例是否属于我国正式意义上的法律渊源？

【参考答案】（1）自由与秩序之间的冲突。因为甲有乘坐飞机的自由，但航空公司基于安全的考虑，可以对这种自由作出限制，从而发生自由与秩序的冲突。

（2）我国缔结或参加的国际条约，属于我国正式意义上的法律渊源。但航空业惯例属于行业惯例，属于我国非正式意义上的法律渊源。

专题四　立　　法

※**【重点难点】**立法和立法体制。（1）立法是指有立法权的国家机关或经授权的国家机关，依照法定的职权和程序，创制、认可、修改或废止法律和其他规范性法律文件的专门性活动，是掌握国家政权的阶级把自己的意志上升为国家意志的活动。（2）立法活动具有如下特征：①立法是国家的一项专门活动。②立法的主体是特定的国家机关。③立法是专门机关依照法定的程序进行的活动。④立法是特定国家机关运用专门技术的活动。⑤立法是一项系统性、多层次性的综合性法律创制活动。⑥立法的目标在于产生具有普遍性、规范性、强制性的法律规范，将统治阶级的意志上升为国家意志。（3）立法体制是关于立法权的配置方面的组织制度，其核心是立法权限的划分问题。

我国实行"既统一又分层次"的立法体制。(4) 法律汇编和法典编纂是规范性法律文件系统化的两种基本方式，但法规清理和编纂法律全书不是立法活动。

例4-1（单选）：下列关于立法和立法体制的理解，正确的是（　　）。

A. 立法是创制、修改和废止法律的专门性活动，但认可法律不是立法活动

B. 我国实行一元立法体制

C. 立法体制的核心问题是立法权的划分

D. 法典编纂和法规清理属于立法活动

【讲解】立法是指有立法权的国家机关或经授权的国家机关，依照法定的职权和程序，创制、认可、修改或废止法律和其他规范性法律文件的专门性活动，认可法律的活动也是立法活动，A项表述错误。我国实行"既统一又分层次"的立法体制，B项表述错误。立法体制是关于立法权的配置方面的组织制度，其核心是立法权限的划分问题，C项表述正确。法律汇编和法典编纂是规范性法律文件系统化的两种基本方式，但法规清理和编纂法律全书不是立法活动，D项表述错误。

【答案】C

※【重点难点】立法原则。(1) 合宪性与法制统一原则。立法要遵守宪法，要维护法制统一，其内容包括合宪原则、依法立法原则和法制统一原则。(2) 民主原则。一是立法内容的民主，二是立法过程和立法程序的民主。(3) 科学原则。其内容包括：①立法从实际出发，尊重客观规律，维护和保障立法的科学性。②立法活动应当科学合理地规定权利与义务、权力与责任。③法律规范明确、具体，具有针对性和可执行性。

例4-2（单选）：马克思指出："立法者应当把自己看作一个自然科学家。他不是在制造法律，不是在发明法律，而仅仅是在表述法律。他把精神关系的内在规律表现在有意识的现行法律之中。"对于该论断的理解，下列表述正确的是（　　）。

A. 立法要尊重和反映客观规律

B. 立法者要阐述精神关系的内容

C. 立法者应当像自然科学家那样要求法律

D. 立法者要用语言表述法律

【讲解】马克思的论断表明，立法不能脱离客观实际存在，不能凭主观臆想进行。从实际出发首先要求立法要从现实的国情出发，符合国情；要求立法要尊重和反映客观规律。这表明，立法者在立法时应当像科学家那样尊重科学性和规律性。可见，只有A项对该论断的理解正确，选A项。

【答案】A

例4-3（多选）：2017年12月，十二届全国人大常委会第三十一次会议对法官法（修订草案）进行了初次审议。会后，法制工作委员会将修订草案印发各省（区、市）人大常委会、中央有关部门和部分高等院校、研究机构、基层立法联系点等征求意见。法制工作委员会还到广东、北京、山西、重庆等地进行调研，了解情况、听取意见，并就修订草案有关问题与最高人民法院等部门进行沟通。宪法和法律委员会根据常委会组成人员的审议意见和各方面意见，对修订草案进行了逐条审议。该立法过程体现的立法原则有（　　）。

A. 合宪性与法制统一原则　　　　　　B. 民主原则

C. 科学原则　　　　　　　　　　　　D. 便民原则

【讲解】在修订法官法过程中，全国人大常委会根据立法法的规定对法律草案进行初审和逐条审议，以保证合宪性与法制的统一，体现了合宪性与法制统一原则。在修改过程中，法制工作委员会将修订草案印发各省（区、市）人大常委会、中央有关部门和部分高等院校、研究机构、基层立法联系点等征求意见，宪法和法律委员会还根据常委会组成人员的审议意见和各方面意见进行审议，这些都体现了民主原则。在修改过程中，法制工作委员会还到广东、北京等地进行调研，了解情况、听取意见，并就修订草案有关问题与最高人民法院等部门进行沟通，宪法和法律委员会还对法律草案逐条审议，这体现了立法的科学原则。可见，选A、B、C项。

【答案】ABC

※【重点难点】立法程序。(1) 我国法律的制定程序包括法律草案的提出、法律草案的审议、法律草案的表决和通过、法律的公布。(2) 法律草案的提出。①全国人大主席团、全国人大常委会、国务院、中央军事委员会、最高人民法院、最高人民检察院、全国人大各专门委员会，可以向全国人大提出法律案；1个代表团或者30名以上的代表联名，可以向全国人大提出法律案。②委员长会议、国务院、中央军事委员会、最高人民法院、最高人民检察院、全国人大各专门委员会，可以向常委会提出法律案；常委会组成人员10人以上联名，可以向常委会提出法律案。(3) 法律草案的表决和通过。法律草案的表决和通过是立法程序中具有决定意义的一个步骤。宪法的修改，由全国人大常委会或者1/5以上的全国人大代表提议，并由全国人大以全体代表的2/3以上的多数通过。法律和其他议案由全国人大以全体代表的过半数通过。关于全国人大常委会审议的法律草案表决稿，由常务委员会全体组成人员的过半数通过。(4) 法律的公布。法律的公布是法律生效的前提。法律通过后，凡是未经公布的，都不能产生法律效力。对于宪法和修正案的公布，由全国人大以公告的方式公布实施；全国人大及其常委会通过的法律由国家主席签署主席令予以公布。

例4-4（多选）：关于全国人大常委会的立法程序，下列表述正确的有（　　）。

A. 最高人民法院可以向全国人大常委会提出法律案

B. 法律草案表决稿由宪法和法律委员会提出

C. 列入议程的法律案，应当经二次常委会会议审议后再交付表决

D. 全国人大常委会通过的法律由全国人大常委会委员长发布公告予以公布

【讲解】根据《立法法》第26条的规定，委员长会议可以向常务委员会提出法律案，国务院、中央军事委员会、最高人民法院、最高人民检察院、全国人民代表大会各专门委员会，可以向常务委员会提出法律案。据此，A项表述正确。《立法法》第41条第1款规定，法律草案修改稿经常务委员会会议审议，由（宪法和）法律委员会根据常务委员会组成人员的审议意见进行修改，提出法律草案表决稿，由委员长会议提请常务委员会全体会议表决，由常务委员会全体组成人员的过半数通过。据此，B项表述正确。《立法法》第29条第1款规定，列入常务委员会会议议程的法律案，一般应当经3次常务委员会会议审议后再交付表决。据此，C项表述错误。《立法法》第44条规定，常务委员会通过的法律由国家主席签署主席令予以公布。据此，D项表述错误。

【答案】AB

例题拓展

例4-5（单选）：下列关于授权立法的表述，错误的是（　　）。

A. 授权决定应当明确授权的目的、范围

B. 被授权的机关可以将该项权力转授给其他机关

C. 授权立法事项，经过实践检验，制定法律的条件成熟时，由全国人大常委会及时制定法律

D. 法律制定后，相应立法事项授权终止

【讲解】《立法法》第10条第1款规定，授权决定应当明确授权的目的、事项、范围、期限以及被授权机关实施授权决定应当遵循的原则等。据此，A项表述正确。《立法法》第12条规定，被授权机关应当严格按照授权决定行使被授予的权力。被授权机关不得将被授予的权力转授给其他机关。据此，B项表述错误。《立法法》第11条规定，授权立法事项，经过实践检验，制定法律的条件成熟时，由全国人民代表大会及其常务委员会及时制定法律。法律制定后，相应立法事项的授权终止。据此，C、D项表述正确。

【答案】B

例4-6（单选）：关于立法技术，下列表述错误的是（　　）。

A. 立法技术直接影响到立法质量

B. 立法技术是立法表达技术

C. 法的名称和表达要规范和统一是立法表达技术的要求

D. 立法技术是立法过程中所形成的一切知识、经验、规则、方法和技巧的总和

【讲解】立法技术是立法过程中所形成的一切知识、经验、规则、方法和技巧的总和，D项表述正确。立法技术直接影响到立法质量，A项表述正确。根据立法的进程，立法技术分为立法预测技术、立法规划技术和立法表达技术，B项表述错误。立法表达技术的主要内容有：（1）法的名称的表达要规范和统一；（2）法律规范的表达要完整、概括和明确；（3）法的体例安排要规范和统一；（4）立法语言要做到准确、严谨和简明。可见，C项表述正确。

【答案】B

例4-7（分析）：2007年，某国政府批准在实验室培育人兽混合胚胎，以用于攻克帕金森症等疑难疾病的医学研究。该决定引发了社会各界的广泛关注和激烈争议。目前，人兽胚胎研究在法律上尚未有明确规定。2018年11月26日，世界上首例人类基因编程婴儿在中国诞生。一时间关于"基因编程"带来的伦理和道德问题再一次备受瞩目。该行为严重违背伦理道德和科研诚信，在国内外造成恶劣影响。

请结合上述材料，运用法理学相关知识，回答下列问题：

（1）胚胎研究在法律上尚未有明确规定，这体现了法的作用的何种局限性？

（2）为什么对人兽胚胎研究和基因编程要予以立法回应？

（3）结合材料说明法与道德的联系。

【参考答案】（1）首先，这体现了法的调整范围的局限性。法律虽然是重要的调整手段，但并非是唯一的调整手段。其次，法律具有保守性和稳定性，胚胎研究在法律上尚未有明确规定，说明法律具有一定的滞后性，受到社会发展水平的局限，特别是在人兽胚胎这一问题上，是否会造成严重社会问题需要作出判断。

（2）首先，人兽胚胎研究和基因编程涉及人类自身的健康、安全问题，有可能引发严重的社会问题和伦理危机，因此必须通过立法给予规范和调整。其次，要通过立法限制人兽胚胎研究和基因编程研究，避免引发伦理道德危机。

（3）法与道德的联系体现在：①道德是法的理论基础。②道德是法的价值基础。③道德是法运作的社会基础。（结合材料对上述三点予以说明）

专题五　执法、守法、法律监督

※【重点难点】执法的含义。（1）执法有广义和狭义之分。广义的执法是指国家行政机关、司法机关和法律法规授权、行政主体委托的组织及其公职人员依照法定职权和程序贯彻实施法律的活动，包括一切执行法律、适用法律的活动。狭义上的执法则专指国家行政机关和法律法规授权、行政主体委托的组织及其公职人员依照法定职权和程序行使行政管理职权、履行职责、实施法律的活动。一般在狭义上使用执法的概念。（2）执法的特征：行政执法具有主动性、单方面性、非终局性、主体的法定性以及注重结果的实质性等。

例5-1（多选）：下列选项中，属于狭义执法的是（　　）。

A. 公安机关对涉嫌嫖娼的甲采取强制措施

B. 交警对闯红灯的违章司机乙处以罚款并扣分

C. 县监察委员会对县民政局副局长丙贪污救济款的行为进行调查

D. 公安机关根据《禁毒法》的规定对丁采取强制隔离戒毒措施

【讲解】狭义上的执法专指国家行政机关和法律法规授权、行政主体委托的组织及其公职人员依照法定职权和程序行使行政管理职权、履行职责、实施法律的活动。A、D项表述的公安机关属

于行政机关，B项表述的交警属于依法履行行政职责的行政公职人员，他们的行为都属于狭义执法。C项表述中，监察委员会是监察机关，不是行政机关，其调查活动属于监察活动，并非执法行为，不选C项。

【答案】ABD

※【重点难点】执法原则：依法行政原则（合法性原则）、合理性原则、讲求效率原则、正当程序原则、比例原则、诚实守信原则、权责统一原则。

例5-2（多选）：某市自然资源局为了收回一幅已经依法出让的建设用地使用权，将其公布的信息篡改，使已经公布的信息失去真实性和全面性，导致该幅建设用地使用权人乙遭受重大损失。该市自然资源局的做法违反了（　　　）。

A. 合理性原则　　　　B. 比例原则　　　　C. 依法行政原则　　　　D. 诚实守信原则

【讲解】合理性原则是指执法主体在执法活动中，特别是在行使自由裁量权进行行政管理时，必须做到适当、合理、公正，即符合法律的基本精神和目的，具有客观、充分的事实根据和法律依据，与社会生活常理相一致。该原则主要针对的是"自由裁量权"的合理行使，而本题表述的情形不涉及此问题，因而不选A项。比例原则是指行政机关实施行政行为应兼顾行政目标的实现和保护相对人的权益，如果为了实现行政目标可能对相对人权益造成某种不利影响时，应使这种不利影响限制在尽可能小的范围和限度，使二者处于适度的比例。可见，本题表述没有违反比例原则，不选B项。依法行政原则是指行政机关必须依照法定的权限、法定程序和法治精神进行管理，越权无效。据此，市自然资源局违背法治精神篡改已经依法发布的行政信息，导致当事人财产损失，违反了依法行政原则，选C项。诚实守信原则的内涵分为两个方面：（1）行政信息真实原则。行政机关公布的信息应当全面、准确、真实。无论是向普通公众公布的信息，还是向特定人或者组织提供的信息，行政机关都应当对其真实性承担法律责任。（2）保护公民信赖利益原则。非因法定事由并经法定程序，行政机关不得撤销、变更已经生效的行政决定；因国家利益、公共利益或者其他法定事由需要撤回或者变更行政决定的，应当依照法定权限和程序进行，并对行政管理相对人因此而受到的财产损失依法予以补偿。从题干表述的情形分析，市自然资源局篡改行政信息，使已经公布的信息失去真实性和全面性，这导致发布的信息不全面、准确、真实，违反了诚实守信原则，选D项。

【答案】CD

※【重点难点】守法。（1）守法专指公民、社会组织和国家机关以法律为自己的行为准则，依照法律行使权利、履行义务的活动。包括积极守法和消极守法（不违法）。（2）守法的要素包括守法主体、守法范围和守法内容等。（3）国内外学者对守法的理由主要归纳有习惯、出于对合法性的认识、出于畏惧、出于社会压力、出于对个人利益的考虑、出于道德上的要求。上述各种理由都不全面。一般而言，社会成员遵守法律往往出于多方面的考虑。在一个现代文明不太发达的社会里，守法多出于习惯、畏惧心理和道德等多种因素的考虑；而在法治文明较为发达的社会里，人们守法一般出于对法律的认同和信仰的考虑。（4）守法的状态包括最低状态、中层状态和高级状态这三种类型。守法的最低状态是不违法犯罪。守法的中层状态是依法办事，形成统一的法律秩序。守法的高级状态是守法主体不论是外在的行为，还是内在动机都符合法的精神和要求，严格履行法律义务，充分行使法律权利，从而真正实现法律调整的目的。

例5-3（单选）：市民吴某在城市街道上无照经营销售食品，在被城市综合管理执法人员查处过程中暴力抗法，导致一名城市综合管理执法人员受伤。经媒体报道，人们议论纷纷。对此，下列说法错误的是（　　　）。

A. 甲指出，城市综合管理执法人员的活动属于执法行为，具有权威性和主动性

B. 乙认为，城市综合管理机构执法，不仅要合法，还要强调公平合理，其执法方式应让一般社会公众能够接受

C. 丙认为，如果老百姓认为执法不公，就有权抗拒

D. 丁指出，守法是公民的义务，如果认为城市综合管理机构执法不当，可以寻求救济

【讲解】城市综合管理执法人员的执法活动属于执法行为，其是以国家名义进行，因而具有权

威性，城市综合管理执法人员积极主动地履行职责，因而具有主动性，A 项说法正确。城市综合管理执法人员在执法过程中，在合法性前提下做到了公正、合理，体现了执法的合理性原则，其执法方式能够为一般社会公众接受，B 项说法正确。对于执法不公，不能通过暴力的方式抗法，而应采取行政诉讼等救济手段，C 项说法错误，D 项说法正确。

【答案】C

例 5-4（单选）：甲是县人事局的干部，他向县监察委员会举报了县人事局领导乙在干部调配中收受钱物的行为，2 个月后未见回音，甲几经努力才弄清楚，是监察委员会的丙把举报信私下扣住并给乙。甲于是又向县人大、市监察委员会举报乙的行为。甲的行为属于（ ）。

A. 法的适用　　B. 法的遵守　　C. 法的执行　　D. 法律论证

【讲解】法的遵守即守法，专指公民、社会组织和国家机关以法律为自己的行为准则，依照法律行使权利、履行义务的活动。包括积极守法和消极守法（不违法）。甲的行为属于依法行使法律权利的行为，属于法的遵守，选 B 项。法的适用即司法，法的执行即执法，司法和执法的主体都是特殊主体，即有权的国家机关，这不同于守法，因为守法的主体是一般主体，不选 A、C 项。法律论证主要是指在司法过程中对判决理由的正当性、合法性或合理性进行论证，即在诉讼过程中，诉讼主体运用证据确定案件事实、得出结论的思维过程。可见，甲的行为并非法律论证，不选 D 项。

【答案】B

※【重点难点】法律监督。(1) 法律监督有广义和狭义两种理解。狭义上的法律监督，是指由特定的国家机关依照法定职权和法定程序，对立法、执法和司法活动的合法性进行的监督。广义上的法律监督，是指由所有的国家机关、社会组织和公民对各种法律活动的合法性所进行的监督。法理学在广义上研究和使用法律监督这一概念。(2) 法律监督的意义：①法律监督是社会主义民主政治的保障和重要组成部分。②法律监督是依法治国、建设社会主义法治国家的保证。③法律监督是建立和完善社会主义市场经济的需要。(3) 当代中国的法律监督分为国家监督与社会监督。国家监督包括国家权力机关的监督、国家监察机关的监督、国家司法机关的监督和国家行政机关的监督。社会监督有政党的监督、社会组织的监督、社会舆论的监督和人民群众的监督。

例 5-5（单选）：下列关于法律监督的说法，正确的是（ ）。

A. 中国人民银行对工商银行总行的监督属于狭义的法律监督

B. 公民甲对税务局的工作提出批评建议属于社会舆论监督

C. 县审计局对人民医院财务收支的监督属于社会监督

D. 某市人大常委会对行政法规违反法律向全国人大常委会书面提出审查建议，这属于立法监督

【讲解】法律监督有广义和狭义两种理解。狭义上的法律监督，是指由特定的国家机关依照法定职权和法定程序，对立法、执法和司法活动的合法性进行的监督。广义上的法律监督，是指由所有的国家机关、社会组织和公民对各种法律活动的合法性所进行的监督。中国人民银行作为国家机关，依照法定权限和程序对工商银行总行进行的检查和督导属于狭义的法律监督，A 项说法正确。社会舆论的监督作为社会监督的一种，主要是指借助传媒手段进行的新闻舆论的监督。这种监督是利用新闻或出版这些手段进行监督，而公民甲对税务局的工作提出批评建议并非利用新闻、出版等媒体，因而不是社会舆论监督，而是人民群众监督，B 项说法错误。C 项表述的情形是审计监督，审计监督为国家行政机关的监督，不是社会监督，C 项说法错误。《立法法》第 99 条第 2 款规定，前款规定以外的其他国家机关和社会团体、企业事业组织以及公民认为行政法规、地方性法规、自治条例和单行条例同宪法或者法律相抵触的，可以向全国人民代表大会常务委员会书面提出进行审查的建议，由常务委员会工作机构进行研究，必要时，送有关的专门委员会进行审查、提出意见。D 项表述中，某市人大常委会可以提出合法性审查建议，但也仅仅是"建议"，这并非属于立法监督。作为国家权力机关监督的一种，所谓立法监督，是指由国家权力机关对立法行为和立法活动及其结果的合法性所进行的监督。其主体是国家权力机关，其监督的对象是国家权力机关对其本身制定的法律（或者省或者设区的市对其制定的地方性法规）进行的监督。因此，D 项表述的违宪审查

建议并非是立法监督，D项说法错误。

【答案】A

 例题拓展

例 5-6（单选）：甲向生态环境局提出信息公开申请，但未在法定期限内获得答复，遂诉至法院，法院判决生态环境局败诉。对此，下列说法错误的是（　　）。

A. 甲申请信息公开属于守法行为

B. 法院判决生态环境局败诉体现了法的强制作用

C. 甲起诉生态环境局的行为属于社会监督

D. 甲的诉权属于绝对权利

【讲解】守法包括积极守法和消极守法（不违法）。本题中，甲申请信息公开，这是依法行使权利的行为（行使知情权），属于守法行为，A项说法正确。强制作用是指法律可以用来制裁、强制、约束违法犯罪的行为。法院判决生态环境局败诉，生态环境局因违法行为承担法律责任，体现了法的强制作用，B项说法正确。社会监督即非国家机关的监督，是指由各政党、各社会组织和人民群众依照宪法和有关法律，对各种法律活动的合法性进行的监督。本题中，甲起诉生态环境局属于公民个人发起的对行政机关的法律监督，因此属于社会监督（同理，法院审理生态环境局则属于国家监督），C项说法正确。法律权利有绝对权利和相对权利之分，绝对权利对应的是不特定的义务人。一般而言，在题干中能找到双方当事人的是相对权利，否则就是绝对权利。例如，所有权属于绝对权利。本题中，甲行使诉权需要存在特定的被告人，因此诉权属于相对权利，D项说法错误。

【答案】D

专题六　司　　法

※【重点难点】司法概念。（1）司法又称为"法的适用"，是指司法机关依照法定职权和程序，具体应用法律处理案件的专门活动。（2）我国的司法权包括审判权和检察权。（3）司法具有被动性、中立性、终极性、形式性（程序性）、专属性和交涉性等特点。

例 6-1（单选）：下列关于司法的表述，能够成立的是（　　）。

A. 我国司法的依据主要是正式意义上的法律渊源

B. 司法是司法机关以国家的名义对社会进行全面管理的活动

C. 司法权是适用法律处理案件，作出判决和裁定的权力

D. 司法具有程序性和主动性

【讲解】我国司法裁判的依据是各类正式意义上的法律渊源，包括宪法、法律、行政法规、地方性法规等规范性法律文件，A项表述正确。司法不同于执法，司法是指司法机关依照法定职权和程序，具体应用法律处理案件的专门活动，这种专门活动是以国家名义实现其司法权的活动。而执法是以国家的名义对社会进行全面管理的活动，B项表述错误。司法权包括审判权和检察权。审判权是适用法律处理案件，作出判决和裁定的司法权。检察权包括代表国家批准逮捕、提起公诉、不起诉、抗诉等司法权。可见，C项表述错误。司法具有程序性，这没有错，但司法具有被动性，行政执法才具有主动性，D项表述错误。

【答案】A

例 6-2（单选）：甲法官处理一起伤害赔偿案件，耐心向被告乙解释计算赔偿数额的法律依据，

并将最高人民法院公报发布的已经生效的同类判决提供乙参考。乙接受甲法官建议，在民事调解书上签名并赔偿了原告的损失。对此，下列说法正确的是（　　）。

　　A. 法院已生效的同类判决具有普遍约束力

　　B. 甲法官在对该案进行调解时适用了判例法

　　C. 甲法官提供的指导性案例具有说服力

　　D. 民事调解书经乙签署后即具有行政强制执行力

　　【讲解】 A项说法涉及非规范性法律文件的效力问题。非规范性法律文件是指通过法律适用而形成的判决书、调解书、裁定书、逮捕证、许可证、合同等法律文件。这些文件只能约束当事人，不具有普遍适用的效力，A项说法错误。B项说法涉及判例法。判例法是指在特定国家，基于法院的判决可以形成具有普遍法律效力的规则，从而作为法院审判类似案件的依据。判例法是英美法系国家的主要法律渊源，我国不存在判例法。当然，我国虽然没有判例法，但是存在各级法院的判决即判例，特别是最高人民法院公布的指导性案例，对于判案具有更强的"参照"作用（但仍属于法的非正式渊源）。甲法官将最高人民法院公报已发布的已经生效的同类判决提供乙参考，并不是适用判例法，而是参照"判例"。可见，B项说法错误。C项说法涉及法的非正式渊源问题。判例作为法的非正式渊源，在法的适用中具有参照力和说服力。判例可以弥补法的不足，在一定程度上消除语言的模糊性。可见，C项说法正确。D项说法涉及司法强制力问题。民事调解书属于司法文书，而非行政文书，因而具有司法强制执行力，而非行政强制执行力，D项说法错误。

　　【答案】 C

　　例6-3（多选）： 下列选项中，体现了司法区别于行政的特点有（　　）。

　　A. 甲法院对上诉案件作出终审判决

　　B. 乙法院审理一起刑事案件，发现被告人另有罪行并建议检察院补充起诉，在检察院补充起诉后对所有罪行一并判决

　　C. 丙法院邀请人大代表对其审判活动进行监督

　　D. 丁法院审理一起行政案件，经过多次开庭审理，在原告、被告及其他利害关系人充分举证、质证、辩论的基础上作出判决

　　【讲解】 司法具有终极性，即司法是解决纠纷、处理冲突的最后环节，法律适用结果是最终性的决定。司法的终极性不同于执法，因为行政执法在效力上的"先定力"意味着执法的非终极性。A项体现的是司法的终极性特点，选A项。司法具有被动性，即司法活动的惯常机制是以"不告不理"为原则，司法程序的启动离不开权利人或特定机构的提请或诉求，但司法权非因诉方、控方请求不能主动发起。B项体现的是司法的被动性特点，选B项。C项表述的是"受监督"，无论是行政权还是司法权，都要接受监督，这不是司法的专属特点，不选C项。司法具有交涉性，即司法离不开多方当事人的诉讼参与。司法机关作出的裁判，必须是在受判决直接影响的有关各方的参与下，通过提出证据并进行理性说服和辩论，以此为基础促成裁判的形成。这不同于执法，因为执法是通过单方面调查取证形成的。D项体现的是司法的交涉性特点，选D项。

　　【答案】 ABD

　　※**【重点难点】** 司法原则。（1）司法法治原则（以事实为根据、以法律为准绳原则）。（2）司法平等原则（公民在法律面前一律平等原则）。（3）司法独立原则（司法机关依法独立行使职权原则）。（4）司法责任原则。（5）司法公正原则。

　　例6-4（单选）： 下列选项中，符合我国司法原则的做法是（　　）。

　　A. 赵法官在审理某合同纠纷案件时，根据市委书记不能判外地公司胜诉的指示，作出有利于本地企业的判决

　　B. 钱法官为办好案件，与原告及其代理律师多次私下接触研究案件

　　C. 在审理甲起诉县政府罚款5万元的案件时，合议庭法官认为县政府处罚过重，建议县政府减少罚款数额

　　D. 某市党委决定抽调市财政局、自然资源局的有关人员参与一土地纠纷的审理

【讲解】A项表述中，市委书记的指示不符合司法独立原则，不选A项。B项表述中，钱法官与原告及其代理律师多次私下接触研究案件，会影响司法裁决的公正性，因而不符合司法公正原则，不选B项。C项表述是司法机关提出的司法建议，符合司法原则，选C项。D项表述不符合司法独立原则，不选D项。

【答案】C

例6-5（多选）： 关于司法公正的理解，下列表述正确的有（　　　）。

A. 司法公正包括实体公正和程序公正

B. 追求实体公正，是我国司法制度和法律职业道德的基本准则

C. 程序公正主要是司法过程的公正，以及保证当事人受到平等对待

D. 为了保证程序公正，可在有关司法过程中实行"类推"和进行法律论证

【讲解】司法公正是社会正义的一个重要组成部分，它既包括实体公正，也包括程序公正，A项表述正确。追求实体公正，是我国司法制度和法律职业道德的基本准则，B项表述正确。程序公正主要是指司法过程的公正，司法程序具有正当性，当事人在司法过程中受到公平的对待，C项表述正确。为了保证司法公正，在司法过程中进行法律论证是必要的，这没有错，但对于"类推"，需要有严格的适用条件，否则会破坏司法公正，D项表述错误。

【答案】ABC

※【重点难点】提高司法公信力。（1）司法体制改革的方向和原则：①坚持正确的政治方向。②坚持以宪法为根本遵循。③坚持以提高司法公信力为根本尺度。④坚持符合国情和遵循规律相结合，坚持依法有序推进。（2）司法改革的主要任务：①保证公正司法、提高司法公信力。②增强全民法治观念、推进法治社会建设。③加强法治队伍建设。（3）落实司法责任制。要深化司法体制综合配套改革，就要全面落实司法责任制，全面落实司法责任制，应当完善一系列配套性措施。（4）完善人权司法保障制度：①完善人权司法保障要注重对法治原则的遵循。②完善人权司法保障要体现对基本人权的尊重。③完善人权司法保障要突出对司法权力的制约。④完善人权司法保障要强化对诉讼权利的保障。⑤完善人权司法保障要加强对公民权利的救济。（5）提高司法公信力的改革要求：①完善确保依法独立公正行使审判权和检察权的制度。②优化司法职权配置。③推进严格公正司法。④保障人民群众参与司法。⑤加强人权司法保障。⑥加强对司法活动的监督。

例6-6（多选）： 某法院推行办案责任制后，直接由独任法官、合议庭裁判的案件比例达到99.9%，提交审判委员会讨论的案件仅占0.1%。对此，下列说法正确的是（　　　）。

A. 实行办案责任制是深化司法体制综合配套改革，全面落实司法责任制的重要举措

B. 实行办案责任制从根本上杜绝了由审判委员会讨论决定案件重大疑难问题

C. 办案责任制体现了"让审理者裁判，由裁判者负责"的精神

D. 提交审判委员会讨论的案件应以审判委员会的名义发布裁判文书

【讲解】实行办案责任制是深化司法体制综合配套改革，全面落实司法责任制的重要举措，针对"审者不判、判者不审"问题对症下药，明确要求法官、检察官对案件质量终身负责。可见，A项说法正确。实行办案责任制并不是要从根本上杜绝由审判委员会讨论决定案件重大疑难问题，在案情重大复杂的情况下，特别是对认定事实和适用法律比较困难的案件，须经审判委员会讨论决定。可见，B项说法错误。深化司法体制改革，落实司法责任制，必须落实审判责任制，做到让审理者裁判，由裁判者负责。可见，C项说法正确。提交审判委员会讨论的案件仍应以法院的名义发布裁判文书，D项说法错误。

【答案】AC

例6-7（多选）： 关于保障人民群众参与司法，下列理解正确的是（　　　）。

A. 在司法调解、司法听证、涉诉信访等司法活动中保障人民群众参与

B. 完善人民陪审员制度，缩小参审范围，完善公开选拔方式

C. 逐步实行人民陪审员不再审理法律适用问题，只参与审理事实认定问题

D. 加强法律文书释法说理，建立生效法律文书统一上网和公开查询制度

【讲解】保障人民群众参与司法，包括完善人民陪审员制度，构建开放、动态、透明、便民的阳光司法机制等举措。根据《中共中央关于全面推进依法治国若干重大问题的决定》，保障人民群众参与司法具体包括如下内容：（1）坚持人民司法为人民，依靠人民推进公正司法，通过公正司法维护人民权益。在司法调解、司法听证、涉诉信访等司法活动中保障人民群众参与。完善人民陪审员制度，保障公民陪审权利，扩大参与范围，完善随机抽选方式，提高人民陪审制度的公信度，逐步实行人民陪审员不再审理法律适用问题，只参与审理事实认定问题。（2）构建开放、动态、透明、便民的阳光司法机制，推进公开审判、检务公开、警务公开、狱务公开，依法及时公开执法司法依据、程序、流程、结果和生效法律文书，杜绝暗箱操作。加强法律文书释法说理，建立生效法律文书统一上网和公开查询制度。可见，A、C、D项表述正确。B项表述错在：完善人民陪审员制度，不是"缩小"参审范围，而是"扩大"参与范围。

【答案】ACD

例6-8（多选）：关于加强人权司法保障的表述，下列理解正确的是（　　）。

A. 强化诉讼过程中当事人和其他诉讼参与人的知情权、陈述权、辩护辩论权、申请权和申诉权的制度保障

B. 健全落实罪刑法定、疑罪从无、非法证据排除等法律原则的法律制度

C. 完善限制人身自由司法措施和侦查手段的司法监督

D. 落实终审和诉讼终结制度，实行诉访结合

【讲解】根据《中共中央关于全面推进依法治国若干重大问题的决定》，加强人权司法保障主要包括3点内容：（1）强化诉讼过程中当事人和其他诉讼参与人的知情权、陈述权、辩护辩论权、申请权、申诉权的制度保障。健全落实罪刑法定、疑罪从无、非法证据排除等法律原则的法律制度。完善对限制人身自由司法措施和侦查手段的司法监督，加强对刑讯逼供和非法取证的源头预防，健全冤假错案有效防范、及时纠正机制。（2）切实解决执行难，制定强制执行法，规范查封、扣押、冻结、处理涉案财物的司法程序。加快建立失信被执行人信用监督、威慑和惩戒法律制度。依法保障当事人及时实现权益。（3）落实终审和诉讼终结制度，实行访诉分离，保障当事人依法行使申诉权利。对不服司法机关生效判决、决定的申诉，逐步实行由律师代理制度。对聘不起律师的申诉人，纳入法律援助范围。可见，A、B、C项表述正确。D项表述错在：实行"访诉分离"，而非"诉访结合"。

【答案】ABC

例6-9（多选）：保证公正司法、提高司法公信力，就要加强对司法活动的监督。关于加强对司法活动的监督，下列表述正确的是（　　）。

A. 完善监察机关行使监察权的法律制度，完善人民监督员制度

B. 严禁司法人员私下接触当事人及律师

C. 坚决惩治司法掮客行为，防止利益输送

D. 坚决破除各种潜规则

【讲解】保证公正司法、提高司法公信力，就要加强对司法活动的监督。主要有：完善检察机关行使监督权的法律制度，完善人民监督员制度。建立终身禁止从事法律职业制度等举措。根据《中共中央关于全面推进依法治国若干重大问题的决定》，加强对司法活动的监督主要有3点内容：（1）完善检察机关行使检察权的法律制度，加强对刑事诉讼、民事诉讼、行政诉讼的法律监督，完善人民监督员制度，重点监督检察机关查办职务犯罪的立案、羁押、扣押和冻结财物、起诉等环节的执法活动。司法机关要及时回应社会关切。规范媒体对案件的报道，防止舆论影响司法公正。（2）依法规范司法人员与当事人及律师、特殊关系人、中介组织的接触、交往行为，严禁司法人员私下接触当事人及律师、泄露或者为其打探案情、接受吃请或者收受其财物、为律师介绍代理和辩护业务等违法违纪行为，坚决惩治司法掮客行为，防止利益输送。（3）对因违法违纪被开除公职的司法人员、吊销执业证书的律师和公证员，终身禁止从事法律职业。构成犯罪的要依法追究刑事责任。可见，B、C、D项表述正确。A项表述错在：应当完善"检察机关"行使"监督权"，而非

"监察机关"行使"监察权"。

【答案】BCD

 例题拓展

例 6 - 10（多选）： 司法公正体现在司法活动各个方面和对司法人员的要求上。下列选项中，体现司法公正内涵的做法是（　　）。

A. 甲法院对社会关注的重大案件通过微博直播庭审过程

B. 乙法院将本院公开审理后作出的判决书在网上公布

C. 丙检察院为辩护人查阅、摘抄、复制案卷材料提供便利

D. 丁检察院为暴力犯罪的被害人提供医疗和物质救济

【讲解】司法公正是司法的生命和灵魂，是司法的本质要求和终极价值准则。司法公正的内涵包括必须确保司法机关依法、公正、独立行使职权；坚持实体公正［司法裁判的结果公正（司法程序具有正当性，如严格遵循法定程序及保持法官中立性；当事人在司法过程中受到公平的对待），当事人的权益得到了充分的保障，违法犯罪者受到了应得的惩罚和制裁］和程序公正并重；切实维护当事人的诉讼权利；加强对司法工作的监督，不断推进司法公开；提高司法人员的业务素质和职业道德；提高司法工作效率；遵守司法回避规定；抵制人情关系案等。A 项和 B 项表述的情形属于司法公开的要求，C 项表述的情形属于程序公正的要求，D 项表述的情形与司法公正无关，仅是司法为民措施。

【答案】ABC

例 6 - 11（多选）： 提高司法公信力，要优化司法职权配置。下列关于优化司法职权配置的表述，正确的是（　　）。

A. 推动实行审判权和执行权相分离的制度

B. 合理调整行政诉讼案件管辖制度

C. 改革案件受理制度，实行立案审查制

D. 建立司法机关内部人员过问案件的记录制度

【讲解】提高司法公信力，要优化司法职权配置。主要有：推动实行审判权和执行权相分离的体制改革试点，统一刑罚执行体制，探索实行法院、检察院司法行政事务管理权和审判权、检察权相分离，最高人民法院设立巡回法庭，探索设立跨行政区划的人民法院和人民检察院，探索建立检察机关提起公益诉讼制度等举措。根据《中共中央关于全面推进依法治国若干重大问题的决定》，具体包括如下 7 点内容：（1）健全公安机关、检察机关、审判机关、司法行政机关各司其职，侦查权、检察权、审判权、执行权相互配合、相互制约的体制机制。（2）完善司法体制，推动实行审判权和执行权相分离的体制改革试点。完善刑罚执行制度，统一刑罚执行体制。改革司法机关人财物管理体制，探索实行法院、检察院司法行政事务管理权和审判权、检察权相分离。（3）最高人民法院设立巡回法庭，审理跨行政区域重大行政和民商事案件。探索设立跨行政区划的人民法院和人民检察院，办理跨地区案件。完善行政诉讼体制机制，合理调整行政诉讼案件管辖制度，切实解决行政诉讼立案难、审理难、执行难等突出问题。（4）改革法院案件受理制度，变立案审查制为立案登记制，对人民法院依法应该受理的案件，做到有案必立、有诉必理，保障当事人诉权。加大对虚假诉讼、恶意诉讼、无理缠诉行为的惩治力度。完善刑事诉讼中认罪认罚从宽制度。（5）完善审级制度，一审重在解决事实认定和法律适用，二审重在解决事实法律争议、实现二审终审，再审重在解决依法纠错、维护裁判权威。完善对涉及公民人身、财产权益的行政强制措施实行司法监督制度。检察机关在履行职责中发现行政机关违法行使职权或者不行使职权的行为，应该督促其纠正。探索建立检察机关提起公益诉讼制度。（6）明确司法机关内部各层级权限，健全内部监督制约机制。司

法机关内部人员不得违反规定干预其他人员正在办理的案件，建立司法机关内部人员过问案件的记录制度和责任追究制度。完善主审法官、合议庭、主任检察官、主办侦查员办案责任制，落实谁办案谁负责。(7) 加强职务犯罪线索管理，健全受理、分流、查办、信息反馈制度，明确纪检监察和刑事司法办案标准和程序衔接，依法严格查办职务犯罪案件。综上所述，A、B、D 项表述正确。C 项表述错在：变"立案审查制"为"立案登记制"，而非实行"立案审查制"。

【答案】ABD

例 6-12（分析）：某日凌晨，A 市某小区地下停车场发现一具男尸，经辨认，死者为甲公司法定代表人刘某。停车场记录显示一男子持刀杀死了被害人，但画面极为模糊，小区保安向侦查人员证实其巡逻时看见形似李某的人拿刀捅了被害人后逃走（开庭后保安已辞职无法联系）。侦查人员在现场提取了一只白手套，一把三菱刮刀（由于疏忽，提取时未附笔录）。侦查人员对现场提取的血迹进行了血型鉴定，认定其中的血迹与犯罪嫌疑人李某的血型一致。李某到案后几次讯问拒不认罪，后来交代杀人的事实并承认系被他人雇佣所为，公安机关据此抓获了另外两名犯罪嫌疑人乙公司房地产开发商张一、张二兄弟。侦查终结后，检察机关提起公诉，认定此案系因开发某地块利益之争，张一、张二雇佣李某杀死刘某。

法庭上张一、张二、李某同时翻供，称侦查中受到严重刑讯，不得不按办案人员意思供认，但均未向法院提供非法取证的证据或线索，未申请排除非法证据。公诉人指控定罪的证据有：①小区录像；②小区保安证言；③现场提取的手套、刮刀；④血型鉴定；⑤侦查预审中三被告人的有罪供述及其相互证明。三被告对以上证据均提出异议，主张自己无罪。

请结合上述材料，运用法理学相关知识，回答下列问题：

(1) 材料中，哪些司法活动体现了对程序公正的追求？

(2) 结合材料说明如何"确保侦查、审查起诉的案件事实证据经得起法律的检验"？

(3) 如何推动以审判为中心的诉讼制度改革？

【参考答案】(1) 程序公正追求的体现：①侦查人员依法在案发现场提取证据和进行血型鉴定；②检察机关依法提起公诉；③侦查预审对被告人的有罪供述进行相互质证。

(2) 要确保侦查、审查起诉的案件事实证据经得起法律的检验，首先要坚持直接言词原则，确保侦查、审查起诉收集的证据，在法庭上经过质证。本案被告人对证据提出异议，如果确系需要鉴定的，应当重新鉴定，需要出庭作证的证人应当出庭作证。如果被告人对证据合法性提出异议，法官认为确有疑问的，应当依照职权启动调查程序。其次要贯彻证据裁判原则，对所有事实的认定，都应当建立在证据的基础之上。作为定案根据的证据必须具有证据能力；所有证据都要经过质证，查证属实；定罪证据应当确实充分，排除其他可能性。

(3) 推动以审判为中心的诉讼制度改革，要切实发挥审判程序的职能作用，促使侦查程序和公诉程序围绕审判程序的要求进行，确保侦查程序和公诉程序收集的证据达到审判程序的法定定案标准，使事实认定符合客观规律，办案结果符合实体公正，办案过程符合程序公正，保证庭审在查明事实、认定证据、保护诉权、公正裁判中发挥决定性作用，最终实现司法公正目标。

专题七　法律职业和法律方法

※【重点难点】法律职业。(1) 从狭义上说，法律职业主要包括法官、检察官、律师三种具体的职业。从广义上说，法律职业还包括一切受过法律专业训练、从事法律工作的人员，如司法辅助人员、企业和行政机关里从事法律事务的人、法学教师、法学研究人员，等等。(2) 法律职业具有如下特点：①法律职业的技能特征；②法律职业的伦理特征；③法律职业的自治特征；④法律职业的准入特征。(3) 我国实行国家统一法律职业资格考试制度。(4) 法律职业的任职条件。取得国家统一法律职业资格必须同时具备下列条件：①具有中华人民共和国国籍；②拥护中华人民共和国宪

法，享有选举权和被选举权；③具有良好的政治、业务素质和道德品行；④具有完全民事行为能力；⑤具备全日制普通高等学校法学类本科学历并获得学士及以上学位，或者全日制普通高等学校非法学类本科及以上学历并获得法律硕士、法学硕士及以上学位或获得其他相应学位且从事法律工作 3 年以上；⑥参加国家统一法律职业资格考试并获得通过，法律法规另有规定的除外。以下人员不得享有从事法律职业的资格：①因故意犯罪受过刑事处罚的；②曾被开除公职或者曾被吊销律师执业证书、公证员执业证书的；③被吊销法律职业资格证书的；④被给予 2 年内不得报名参加国家统一法律职业资格考试（国家司法考试）处理期限未满或者被给予终身不得报名参加国家统一法律职业资格考试（国家司法考试）处理的；⑤因严重失信行为被国家有关单位确定为失信联合惩戒对象并纳入国家信用信息共享平台的；⑥因其他情形被给予终身禁止从事法律职业处理的。

例 7-1（多选）： 下列关于法律职业的表述，正确的是（　　）。

A. 法律职业是指以法官、检察官、律师为代表的职业自治共同体

B. 法律职业之间具备同质性而无行业属性

C. 法律职业都应具备一定的资格条件

D. 法律职业具有自治性，但不具有自主性

【讲解】 法律职业是指以法官、检察官、律师为代表的，受过专门的法律专业训练，具有娴熟的法律技能与法律伦理的法律人所构成的自治性共同体，A 项表述正确。法律职业之间存在着法官、检察官、律师等具体行业，因而不可能有完全统一的法律职业道德规范，B 项表述错误。法律职业具有准入特征，加入法律职业必将认真考查，获得许可证，得到资格。中国公民要想成为一名法官、检察官、律师或公证员等法律职业者，必须通过国家统一法律职业资格考试并取得相应的法律职业资格。可见，C 项表述正确。法律职业既具有自治性，又具有自主性，D 项表述错误。

【答案】 AC

※【重点难点】 法律职业伦理。（1）法官职业道德的基本要求：忠诚司法事业、保证司法公正、确保司法廉洁、坚持司法为民、维护司法形象。（2）法官应当履行下列义务：①严格遵守宪法和法律；②秉公办案，不得徇私枉法；③依法保障当事人和其他诉讼参与人的诉讼权利；④维护国家利益、社会公共利益，维护个人和组织的合法权益；⑤保守国家秘密和审判工作秘密，对履行职责中知悉的商业秘密和个人隐私予以保密；⑥依法接受法律监督和人民群众监督；⑦通过依法办理案件以案释法，增强全民法治观念，推进法治社会建设；⑧法律规定的其他义务。（3）检察官职业道德的基本要求：①坚持忠诚品格，永葆政治本色。②坚持为民宗旨，保障人民权益。③坚持担当精神，强化法律监督。④坚持公正理念，维护法制统一。⑤坚持廉洁操守，自觉接受监督。（4）检察官应当履行下列义务：①严格遵守宪法和法律；②秉公办案，不得徇私枉法；③依法保障当事人和其他诉讼参与人的诉讼权利；④维护国家利益、社会公共利益，维护个人和组织的合法权益；⑤保守国家秘密和检察工作秘密，对履行职责中知悉的商业秘密和个人隐私予以保密；⑥依法接受法律监督和人民群众监督；⑦通过依法办理案件以案释法，增强全民法治观念，推进法治社会建设；⑧法律规定的其他义务。（5）律师职业道德的基本要求：①忠诚；②为民；③法治；④正义；⑤诚信；⑥敬业。

例 7-2（多选）： 法官的下列做法中，体现了"司法为民"要求的是（　　）。

A. 民事庭张法官加班加点，春节前及时审结拖欠农民工工资案件

B. 刑事庭李法官拒绝承办案件辩护律师的宴请

C. 立案庭刘法官将收案材料细化分类整理，方便群众查询

D. 执行庭王法官多方调查被执行人财产，成功执行赡养费支付判决

【讲解】 《法官职业道德基本准则》从五个方面对法官职业道德准则提出要求，即：忠诚司法事业、保证司法公正、确保司法廉洁、坚持司法为民、维护司法形象。A 项表述中，张法官在春节前及时审结农民工工资案件，重视解决事关群众利益的重点难点问题，体现了"坚持司法为民"原则，选 A 项。C 项表述中，刘法官将收案材料细化分类整理，方便群众查询，从而改进了司法作风，完善便民措施，体现了"坚持司法为民"原则，选 C 项。D 项表述中，王法官多方调查被执行

人财产，成功执行赡养费案件，从而保障群众的合法权益，体现了"坚持司法为民"的原则，选D项。B项表述体现的是"确保司法廉洁"原则，不符合题意，不选B项。

【答案】ACD

※【重点难点】法律解释。(1) 法律解释具有如下特点：①法律解释的对象是法律规定。②法律解释与具体案件密切相关。③法律解释具有一定的价值取向性。④法律解释受解释学循环的制约。(2) 法律解释的必要性：①由于法律具有概括性、抽象性的特点，因此需要法律解释化抽象为具体，变概括为特定。②人们对同一法律规定往往有不同的理解，因此需要通过法律解释来统一人们的理解，保证法的实施的统一性。③对于立法缺憾，需要通过法律解释改正、弥补。④由于法律滞后于社会发展，因此需要通过法律解释解决法律的稳定性与社会发展之间的矛盾。法律规范是相对稳定、定型的规则，而社会生活却是不断发展变化的。⑤通过法律解释普及法律知识，开展法制教育。

例7-3（单选）：下列关于法律解释的说法，正确的是(　　)。

A. 法律解释的对象是具体的案件事实

B. 法律解释和法律规定具有同等法律效力

C. 法律解释必然存在于法律适用中

D. 法律解释是一种主观活动，不具有客观性

【讲解】法律解释的对象是法律规定及其附随情况，而不是具体的案件事实，A项说法错误。法律解释有有权解释和无权解释之分，无权解释不具有法律效力，B项说法错误。法律解释在法律实施和法律实现的过程中占有重要地位，法律解释是法律实施的前提，又是法律发展的重要方法。法律解释必然存在于法律适用过程中，这是因为从抽象的法律规定到现实生活的具体应用，需要借助法律解释作为桥梁。可见，C项说法正确。法律解释要依赖于客观条件，这些客观条件至少包括法律条文依赖的社会环境、法律条文所关联的案件事实等。可见，D项说法错误。

【答案】C

※【重点难点】法律解释的分类与方法。(1) 法律解释的分类。①正式解释与非正式解释。正式解释是指由特定的国家机关、官员或其他有解释权的人对法律作出的具有法律约束力的解释，有立法解释、司法解释和行政解释之分。非正式解释是指由学者或其他个人及组织对法律规定所作的不具有法律约束力的解释。②限制解释、扩充解释与字面解释。限制解释是指在法律条文的字面含义显然比立法原意广时，作出比字面含义窄的解释。扩充解释是指在法律条文的字面含义显然比立法原意窄时，作出比字面含义广的解释。字面解释是指严格按照法律条文字面的通常含义解释法律，既不缩小，也不扩大。(2) 法律解释的方法。①文义解释是指严格遵循法律规范的字面含义的一种以尊重立法者意志为特征的解释。②历史解释是指通过对法律文件制定的时间、地点、条件等历史背景材料的研究，或者通过将这一法律与历史上同类法律规范进行比较研究来阐明法律规范的内容和含义。③体系解释是指通过分析某一法律规范在整个法律体系和所属法律部门中的地位和作用，来揭示其内容和含义，以便确定法律规范的效力等级和法律规范之间的逻辑联系。④目的解释是指从制定某一法律的目的来解释法律。⑤社会学解释是指着重于社会效果的预测和社会利益的衡量，根据各种社会因素对法律规范的社会目的和社会效益进行解释。⑥比较法解释是指通过比较外国的立法和判例及其原则、经验和效果，对本国法律进行解释。

例7-4（单选）：甲与乙存有积怨，后乙服毒自杀。甲患风湿病全身疼痛，怀疑是乙阴魂纠缠，遂到乙的墓地掘坟撬棺，挑出乙头骨。事发后，检察院对甲提起公诉，一审法院认定甲的行为构成侮辱尸体罪。甲不服，认为坟内乙已成为白骨，并非尸体。甲对"尸体"的解释属于(　　)。

A. 正式解释　　　　B. 比较法解释　　　　C. 文义解释　　　　D. 目的解释

【讲解】甲对"尸体"的解释，不具有普遍的法律约束力，因而是非正式解释，不选A项。比较法解释是指通过比较外国的立法和判例及其原则、经验和效果，对本国法律进行解释。甲认为"白骨"不属于"尸体"，这是从一般的语言使用方式上来解释，并没有参照外国的立法或判例，属于文义解释，而非比较法解释，选C项，不选B项。目的解释是指从制定某一法律的目的来解释法律，甲的解释并非目的解释，不选D项。

【答案】C

※【重点难点】立法解释。（1）我国宪法规定由全国人大常委会解释法律，这里的"法律"包括基本法律和基本法律以外的其他法律（非基本法律）。（2）法律有以下情况之一的，由全国人民代表大会常务委员会解释：①法律的规定需要进一步明确具体含义的；②立法后出现新的情况，需要明确适用法律依据的。（3）国务院、中央军事委员会、最高人民法院、最高人民检察院和全国人民代表大会各专门委员会以及省、自治区、直辖市的人民代表大会常务委员会可以向全国人民代表大会常务委员会提出法律解释要求。（4）立法解释的主要任务有：①阐明法律实施中产生的疑义。②适应社会发展，赋予法律规定以新含义。③解决法条冲突以及司法解释之间的冲突。

例7-5（单选）：我国A省人大常委会制定了该省《产品质量条例》。关于该地方性法规，下列表述正确的是（ ）。

A. 该法规须报全国人大常委会批准后实施

B. 该法规属于我国正式意义上的法律渊源，法院审理相关案件时可直接适用

C. 该法规的具体应用问题，应由A省人大常委会进行解释

D. 该法规的效力高于部门规章

【讲解】《立法法》第72条第1款规定，省、自治区、直辖市的人民代表大会及其常务委员会根据本行政区域的具体情况和实际需要，在不同宪法、法律、行政法规相抵触的前提下，可以制定地方性法规。据此，省、自治区、直辖市制定的地方性法规不必报批，但根据《立法法》第98条的规定，省、自治区、直辖市的人民代表大会及其常务委员会制定的地方性法规，报全国人民代表大会常务委员会和国务院备案。可见，A项表述错误。当代中国法的正式渊源包括宪法、法律、行政法规、地方性法规等，A省人大常委会制定的《产品质量条例》属于地方性法规，属于正式渊源，法院审理相关案件时可直接适用，B项表述正确，选B项。根据《全国人民代表大会常务委员会关于加强法律解释工作的决议》的规定，凡关于法律条文本身需要进一步明确界限或作补充规定的，由制定法规的省、自治区、直辖市的人大常委会进行解释或作出规定。关于法规的应用解释问题，该决议规定，凡属于地方性法规如何具体应用的问题，由省、自治区、直辖市人民政府主管部门进行解释。C项"由该省人大常委会进行解释"的表述错误，不选C项。根据《立法法》第95条的规定，地方性法规与部门规章之间对同一事项的规定不一致，不能确定如何适用时，由国务院提出意见，国务院认为应当适用地方性法规的，应当决定在该地方适用地方性法规的规定；认为应当适用部门规章的，应当提请全国人民代表大会常务委员会裁决。据此，D项"该法规的效力高于部门规章"的表述错误，不选D项。

【答案】B

※【重点难点】司法解释。（1）司法解释是指国家最高司法机关对司法工作中具体应用法律问题所作的解释。司法解释只能由最高司法机关进行。司法解释包括审判解释和检察解释。如果审判解释和检察解释有原则性分歧，报请全国人民代表大会常务委员会解释或决定。司法解释的效力低于立法解释。（2）最高人民法院、最高人民检察院作出的属于审判、检察工作中具体应用法律的解释，应当主要针对具体的法律条文，并符合立法的目的、原则和原意。遇有《立法法》第45条第2款规定情况的，应当向全国人民代表大会常务委员会提出法律解释的要求或者提出制定、修改有关法律的议案。（3）最高人民法院、最高人民检察院作出的属于审判、检察工作中具体应用法律的解释，应当自公布之日起30日内报全国人民代表大会常务委员会备案。（4）地方人民法院、人民检察院不得制定司法解释性质文件。（5）司法解释的基本作用有：①对法律规定不够具体而使理解和执行有困难的问题进行解释，赋予比较概括、原则的规定以具体内容。②通过法律解释适应变化了的新的社会情况。法律调整应当与社会现实相协调，应当随社会的发展而赋予某类行为以相应的法律意义，作出适合社会发展的评价。③对适用法律中的疑问进行统一的解释，保证法律适用的统一性。④对各级法院之间应如何依据法律规定相互配合审理案件，确定管辖以及有关操作规范问题进行解释。⑤通过解释活动，弥补立法的不足。

例7-6（单选）：最高人民法院在裁判文书汇编前言中指出："最高人民法院的裁判文书，由于

具有最高的司法效力，因而对各级人民法院的审判工作具有重要的指导作用，同时还可以为法律、法规的制定和修改提供参考，也是法律专家和学者开展法律教育和研究的宝贵素材。"对于这段文字的理解，下列表述正确的是(　　)。

A. 最高人民法院的裁判文书属于我国法的非正式渊源

B. 最高人民法院的裁判文书属于司法解释

C. 最高人民法院的裁判文书具有普遍适用的效力

D. 最高人民法院汇编裁判文书的活动属于立法活动

【讲解】当代中国法律的非正式渊源包括判例、习惯和政策等。裁判文书属于判例的范畴，属于我国法律的非正式渊源，A项表述正确。最高人民法院的裁判文书并非属于司法解释，因为对于如何具体适用或者应用法律问题的解释才是司法解释，而裁判文书并非针对法律的具体适用问题，因而不是司法解释，B项表述错误。最高人民法院的裁判文书虽然对具体审判工作具有指导作用，但毕竟不是正式意义上的法律渊源，因而不具有普遍适用的效力，C项表述错误。最高人民法院并非立法机关，不能制定法律，而裁判文书也不是法律，而是法律适用后的非规范性法律文件，D项表述错误。

【答案】A

※【重点难点】行政解释。(1)行政解释是指由国家最高行政机关，即国务院及其主管部门对有关法律和法规进行的解释。(2)行政解释包括两种情况：一种是对不属于审判和检察工作中的其他法律如何具体应用的问题所作的解释，另一种是国务院及其主管部门在行使职权时对自己制定的法规进行的解释。(3)为了保证国家法制的统一，行政解释不得与宪法和法律相抵触。全国人大常委会有权撤销国务院及其主管部门违反宪法和法律的解释。

例7-7（单选）：A市公安机关在其官网上发布信息，敦促在逃的犯罪嫌疑人蔡某投案自首，并对案件事实作出投案后从轻处罚的问题作出详细的解释。该解释属于(　　)。

A. 无权解释　　　B. 司法解释　　　C. 行政解释　　　D. 文义解释

【讲解】无权解释是指由学者或其他个人及组织对法律规定所作的不具有法律约束力的解释。本题中，A市公安机关的解释就是无权解释，选A项。司法解释的主体是国家最高司法机关，而A市公安机关并非国家最高司法机关，无权进行司法解释，不选B项。行政解释的主体是国家最高行政机关即国务院及其主管部门，而A市公安机关并非国家最高行政机关，也非国务院主管部门，无权进行行政解释，不选C项。A市公安机关的解释不能认定为文义解释，因为题干中交代的解释方式中无法确认是对哪些字句进行了文义解释，不选D项。

【答案】A

※【重点难点】演绎推理。(1)演绎推理又称为三段论推理，它是从一般到特殊的推理形式，即从一般的知识推出特殊的知识的一种必然性推理。在成文法国家，这是一种主要的法律推理形式。(2)演绎推理的特点是，法院既有可以适用的法律规则和原则（大前提），也有通过审理确定的、可以归入该规则或原则的案件事实（小前提），由此法院可以作出一个确定的判决（结论）。

例7-8（单选）：甲男准备迎娶乙女。婚礼当天，乙女却已飞往国外嫁给他人，离婚手续随后办理。此事对甲造成严重伤害。法院认为，乙违背诚实信用和公序良俗原则，侮辱了甲的人格尊严，判决乙赔偿甲财产损失和精神抚慰金。本案法官运用的推理方式是(　　)。

A. 归纳推理　　　B. 演绎推理　　　C. 类比推理　　　D. 辩证推理

【讲解】演绎推理是从一般到特殊的推理形式。本案中，法官直接依据法律规定中的法律原则（诚实信用原则和公序良俗原则）作为大前提进行裁判，属于演绎推理，选B项。

【答案】B

例7-9（单选）：甲被乙侮辱后一直寻机报复，某日携带尖刀到乙住所将其刺成重伤。经司法鉴定，甲作案时辨认和控制能力存在，有完全的刑事责任能力。法院审理后以故意伤害罪判处甲有期徒刑10年。对此，下列表述正确的是(　　)。

A. 司法鉴定是对生活事实的认定，不具有法律意义

B. 法院判决体现了法的强制作用，但未体现法的评价作用

C. 该案中法官运用了演绎推理

D. "甲被乙侮辱后一直寻机报复，某日携带尖刀到乙住所将其刺成重伤"是该案法律推理的大前提

【讲解】在法律适用中，法律人查明和确认事实的过程不是纯粹的事实归结过程，而是在法律规范和事实之间的循环过程。本题中，司法鉴定即"甲作案时辨认和控制能力存在，有完全的刑事责任能力"并非在纯粹地归纳生活事实，而是根据相关法律规定，赋予了该事实的"法律意义"。可见，A项表述错误。法院判决甲的行为构成故意伤害罪，体现了法的评价作用（效力性评价）；法院判处甲有期徒刑10年，体现了法的强制作用。可见，B项表述错误。演绎推理是从一般到个别的推理方式，最为常见的方法是三段论推理，即：法院既有可以适用的法律规则和原则（大前提），也有通过审理确定的、可以归入该规则或原则的案件事实（小前提），由此法院可以作出一个确定的判决（结论）。本题中，法官根据刑法规定（大前提）和案件的事实（小前提）作出判决（结论），是典型的演绎推理。可见，C项表述正确。一般而言，法律适用中往往借助于三段论推理：大前提＋小前提→结论。其中，案件事实属于小前提；与案件事实有关的法律规则是大前提。本题中，"甲被乙侮辱后一直寻机报复，某日携带尖刀到乙住所将其刺成重伤"侧重于对案件事实的确定，是小前提而非大前提，D项表述错误。

【答案】C

※【重点难点】归纳推理和类比推理。（1）归纳推理。归纳推理是从个别事物或现象的知识推出该类事物或现象的一般原则的一种或然性推理。归纳推理的特点是，在法律推理中，归纳推理是在没有现成的对号入座的法律规则或原则的情况下，法院从以往判例中总结出法律规则或原则的活动。判例法国家多运用归纳推理。由于归纳推理意味着确立新的规则，因此这实际上是一种立法活动。在我国，法官的判决一般以制定法作为基础，因而在法律适用过程中，归纳推理适用的比较少，但在司法实践中，最高人民法院公布的指导性案例也有重要作用。（2）类比推理。类比推理是一种从个别到个别的推理，它是根据两类对象的某些属性的相似性推出它们在另一些属性方面也具有相似性的一种或然性推理。类比推理的特点是，在法律推理中，法院有时可以在确定两个案件的事实存在相似性的情况下，推定两个案件适用的法律以及判决结果也应相似。类比推理就是所谓"类似案件，类似处理"。

例7-10（单选）：最高人民法院通过对下级法院对类似案例的若干判决进行比较，从中总结出各种一般原则或规则，以司法解释的形式公布出来或下发给有关下级法院，指导下级法院的审判活动。最高人民法院总结出指导性案例的活动所运用的推理形式是（　　）。

A. 归纳推理　　　　B. 演绎推理　　　　C. 类比推理　　　　D. 辩证推理

【讲解】归纳推理是从个别事物或现象的知识推出该类事物或现象的一般原则的推理。最高人民法院通过对下级法院对类似案例的若干判决进行比较，从中总结出各种一般原则或规则，这是从具体到一般的推理，因而属于归纳推理，选A项。

【答案】A

※【重点难点】辩证推理。（1）辩证推理是指这样一种情形：当作为推理前提的是两个或两个以上的相互矛盾的法律命题时，借助于辩证思维，从中选择出最佳的命题，以解决法律问题的推理形式。（2）辩证推理的作用体现在：①法律规定本身的意义模糊。②法律有缺漏，出现了"法律空隙"或"法律漏洞"，即在法律中对有关主题没有直接的明文规定。③同一位阶的法律规定之间有抵触，发生冲突。④某些法律规定明显落后于社会发展情势，即出现通常所说的"合法"与"合理"的矛盾。

例7-11（单选）：出租车司机甲因运送产妇就医闯红灯受到交警处罚。有评论认为，甲虽然涉嫌违法，但情有可原，不应处罚。该评论意见所运用的推理方式是（　　）。

A. 归纳推理　　　　B. 演绎推理　　　　C. 类比推理　　　　D. 辩证推理

【讲解】辩证推理是指这样一种情形：当作为推理前提的是两个或两个以上的相互矛盾的法律命题时，借助于辩证思维，从中选择出最佳的命题，以解决法律问题的推理形式。本题表述的情形

就出现了相互冲突的疑难问题，对于闯红灯的行为应予处罚，以维持秩序价值；但孕妇临产，需要维护人权价值，两种价值发生冲突，需要在这两个疑难问题中找出最佳选择，该推理形式就是辩证推理，选D项。

【答案】 D

※**【重点难点】** 法律论证。（1）法律论证主要是指在司法过程中对判决理由的正当性、合法性或合理性进行论证，即在诉讼过程中，诉讼主体运用证据确定案件事实、得出结论的思维过程。（2）法律论证具有如下特点：①法律论证是合目的论证。②法律论证是合情理论证。③法律论证具有可证伪性。（3）法律论证的正当性标准有：①内容的融贯性；②程序的合理性；③依据的客观性和逻辑的有效性；④结论的可接受性。

例 7 - 12（单选）： 关于法律论证，下列表述正确的是（　　）。

A. 法律论证需要内容上的融贯一致性和不可改写性

B. 法律论证不需要借助演绎推理进行证成

C. 法律论证的结论应当准确、恰当

D. 法律论证的逻辑是否有效有赖于推理规则的有效性

【讲解】 内容的融贯性是法律论证的正当性标准之一，因此，法律论证需要内容上的融贯一致性，这没有错，但法律论证的结论未必正确，因此具有可改写性或者称之为可废止性、可证伪性，A项表述错误。法律论证需要借助演绎推理，需要遵循推理的规律，以达成有效的证成，B项表述错误。法律论证的结论未必正确，但法律论证的结论须具有可接受性，C项表述错误。法律论证的逻辑是否有效有赖于推理规则的有效性，换言之，法律论证必须按照一定的推理规则进行证成，这里关系到大前提和小前提是否合理，是否内外融贯等问题，D项表述正确，选D项。

【答案】 D

例 7 - 13（多选）： 原告与被告是亲兄弟，父母退休后与被告共同居住并由其赡养。父母去世时被告独自料理后事，未通知原告参加。原告以被告侵犯其悼念权为由诉至法院。法院认为，按照我国民间习惯，原告有权对死者进行悼念，但现行法律对此没有规定，该诉讼请求于法无据，判决原告败诉。对此，下列表述正确的是（　　）。

A. 被告侵犯了原告的经济、社会、文化权利

B. 习惯在我国是一种非正式的法律渊源

C. 法院之所以未支持原告的诉讼请求，理由在于被告侵犯的权利并非法定权利

D. 法官对本案进行了法律论证

【讲解】 法定权利仅仅是指被法律化的那些权利，由此可见，是否被法律明文规定或明确保护，是区分法定权利与非法定权利的主要标准。本题中，悼念权并没有明文的法律规定，因此，悼念权是非法定权利，而不是法定权利，法院也因此而判决原告败诉。可见，C项表述正确。同理，A项中提到的"经济、社会、文化权利"是宪法专有概念，悼念权并非法定权利，更谈不上侵犯"经济、社会、文化权利"，A项表述错误。我国非正式法律渊源包括党的政策、习惯、道德等，B项表述正确。法官认为"现行法律对此没有规定，该诉讼请求于法无据"，从而得出原告败诉的结论，这表明，法官对本案进行了法律论证，D项表述正确。

【答案】 BCD

 例题拓展

例 7 - 14（单选）： 青年男女在去结婚登记的路上被迎面驶来的卡车撞伤，未能登记即被送往医院抢救。女方伤势过重成为植物人，男方遂悔婚约。女方父母把男方告到法院，要求男方对女方承担照顾抚养的责任。法院以法无明文规定为由，裁定不予受理。对此，下列理解正确的是（　　）。

　　A. 法院不应受理，因为本案纠纷不属于法律调整对象

　　B. 法院不应受理，因为法官使用了归纳推理得出了不受理的正确结论

　　C. 法院应予受理，因为法官可运用法律方法将案件事实涵盖至法律规定的范围内

　　D. 法院应予受理，因为法官可运用自由裁量权创造法律以解决纠纷

　　【讲解】法律的调整对象是人与人之间的社会关系。男女之间虽然没有法律上的夫妻关系，但由于该法律事实是在二人登记结婚途中发生的，导致法定权利（健康权）受到侵害，并产生了纠纷。此类纠纷属于法律调整的对象。可见，A项表述错误。本题中，法官运用了演绎推理而非归纳推理，即法无明文规定是大前提，男女不存在婚姻关系是小前提，不予受理则属于结论。可见，B项表述错误。法官不得以法无明文规定为由不受理案件，而应当综合运用法律解释、法律推理、法律论证等多种法律方法，将案件事实涵摄到法律规定的范围内，创造性地将法律运用到现实生活中。可见，C项表述正确。法官有自由裁量权，可以创造性地解决法律纠纷，但"创造性地解决法律纠纷"并不等于"创造法律"，法院是裁判者而非规则的制定者。可见，D项表述错误。

　　【答案】C

　　例7-15（单选）：甲请风水先生选了块墓地安葬亡父，下葬时却挖到十年前安葬的乙的父亲的棺木，甲将该棺木锯下一角，紧贴着安葬了自己的父亲。后乙发觉，以故意损害他人财物为由起诉甲，要求赔偿损失以及精神损害赔偿。对于此案，合议庭意见不一。丙法官认为，下葬棺木不属于民法上的物，本案不存在精神损害。丁法官认为，甲不仅要承担损毁他人财物的侵权责任，还要因其行为违背公序良俗而向乙支付精神损害赔偿金。对此，下列表述正确的是（　　　　）。

　　A. 下葬棺木是否属于民法上的物，可以通过"解释学循环"进行判断

　　B. 下葬棺木是否属于民法上的物，可以通过目的解释的方法作出判断

　　C. "入土为安，死者不受打扰"不能成为法律推理的前提

　　D. "公序良俗"不能成为法律推理的前提，丁法官的推理不成立

　　【讲解】法律解释受解释学循环的制约。解释学循环是指整体只有通过理解它的部分才能得到理解，而对部分的理解又只能通过对整体的理解来实现。具言之，理解文本的部分语句有赖于对文本的整体意涵的把握，而对整体意涵的理解又必须从理解单个语句出发。A项表述中，民法上的物是否包括"下葬棺木"，需要联系物权制度乃至民法的整体精神来确定。可见，A项表述正确，选A项。系统解释是指通过分析某一法律规范在整个法律体系和所属法律部门中的地位和作用，来揭示其内容和含义，以便确定法律规范的效力等级和法律规范之间的逻辑联系。体系解释是在遵循解释学循环原则的基础上所进行的解释。B项表述中，下葬棺木是否属于民法上的物，可以通过体系解释的方法，而非通过目的解释的方法作出判断。可见，B项表述错误。"入土为安，死者不受打扰"是中国大部分地区的传统，属于"风俗习惯"的范畴，属于法的非正式意义上的法律渊源，在一定程度上可以成为法律推理的前提（尽管较为少见），C项表述错误。我国民法确立了公序良俗原则，属于法律原则，能够成为法律推理的前提，D项表述错误。

　　【答案】A

　　例7-16（分析）：杨某是省高速公路建设指挥部的处长，为某承包商承建某段高速公路立交桥绿化工程结算问题向该工程的建设指挥部打招呼，使该承包商顺利地拿到了工程款，然后收受了该承包商的20万元人民币。一审法院依据上述事实认为杨某的行为触犯了《刑法》第385条的规定，构成受贿罪，判处杨某有期徒刑10年。杨某不服，提出上诉。二审法院经审理认为不构成受贿罪，撤销一审判决，宣告杨某无罪。理由是，该工程的建设指挥部是一个独立的单位，其人、财、物均归该省所管辖的某市的人民政府管理，因此，该省高速公路建设指挥部与该省工程建设指挥部之间不存在直接的领导关系。另外，该承包商的工程结算款不属于不正当利益，杨某的行为不具备"为请托人谋取不正当利益"的受贿罪要件。

　　请结合上述材料，运用法理学相关知识，回答下列问题：

　　（1）根据演绎推理，说明一审法院可能进行的法律推理的基本逻辑。

　　（2）二审法院运用的推理形式是什么？

（3）二审法院的法律论证是否具有正当性？

【参考答案】（1）一审法院进行法律推理的基本逻辑：

大前提（《刑法》第385条规定）：国家工作人员利用职务上的便利，索取他人财物的，或者非法收受他人财物，为他人谋取利益的，是受贿罪。

小前提：杨某作为国家工作人员，非法收受请托人财物20万元，为请托人谋取利益。

结论：杨某的行为构成受贿罪。

（2）二审法院运用的推理形式是类比推理。二审法院审理时，将"省高速公路建设指挥部"与"工程建设指挥部"进行属性上的比较，并进而认为杨某不构成受贿罪。这种推理符合类比推理的特征。因此，二审法院侧重对案件的实质内容进行评价和选择，运用的是类比推理。

（3）二审法院的法律论证具有正当性：①论证内容具有融贯性。二审法院的说理论证符合规定受贿罪的法律规则，也符合法律原则（刑法并不禁止有利于被告人的无罪类推），在规定上具有一致性。②论证程序具有合理性。二审法院依据事实和法律进行认定，撤销了一审法院的判决，在程序上具有合理性。③论证说理在逻辑上具有客观有效性。二审法院从逻辑上进行证成，认为"省高速公路建设指挥部与该省工程建设指挥部之间不存在直接的领导关系"，从而在逻辑上否定存在领导关系，进而认定杨某的行为不构成受贿罪，在逻辑上具有客观有效性。

专题八　法律关系、法律责任与法律制裁

※【重点难点】法律关系的概念和特征。（1）法律关系是根据法律规范产生的、以主体之间的权利与义务关系的形式表现出来的特殊社会关系，即在法律规范调整社会关系的过程中所形成的人们之间的权利和义务关系。（2）法律关系具有如下特征：①法律关系是依法建立的社会关系。②法律关系是一种体现意志性的特殊社会关系。③法律关系是以法律上的权利义务为内容的社会关系。

例8-1（单选）：下列关于法律关系与意志或意识关系的表述，正确的是（　　）。

A. 契约关系是法律关系，是人们有意识、有目的建立的社会关系

B. 法律关系是只体现国家意志的社会关系

C. 法律关系只体现法律关系参加者的意志

D. 法律关系是不以人的意志为转移的社会关系

【讲解】契约关系属于法律关系的范畴，体现了法律关系参加者的意志，因此，契约关系是人们有意识、有目的建立的社会关系，A项表述正确。法律关系不仅体现了国家意志，还体现了参加者的意志，B、C项表述错误。法律关系既体现国家意志，也体现法律关系参加者的意志，因此，在体现参加者的意志时，则具有"以人的意志为转移"的属性，D项表述错误。

【答案】A

※【重点难点】法律关系的分类。（1）按照法律关系所体现的社会内容的性质，将法律关系分为基本法律关系、普通法律关系与诉讼法律关系。（2）按照法律关系主体的法律地位是否平等，将法律关系分为平权型法律关系与隶属型法律关系。（3）按照法律关系主体是否完全特定化，将法律关系分为绝对法律关系与相对法律关系。（4）按照法律关系产生的依据、作用和实现规范的内容不同，将法律关系分为调整性法律关系与保护性法律关系。此外，还有横向法律关系和纵向法律关系、实体法律关系和程序法律关系、第一性法律关系和第二性法律关系之分。

例8-2（多选）：甲、乙、丙组建一有限合伙企业，甲为有限合伙人。后甲在乙、丙知情但不同意的情况下，为帮助弟弟获取贷款，将合伙企业中的财产份额质押给丁银行，乙、丙以侵犯合伙人权益为由向法院提起诉讼。对此，下列说法正确的是（　　）。

A. 甲、丁银行之间形成的债权法律关系，是保护性法律关系

B. 乙、丙和丁银行之间形成的诉讼法律关系，是纵向法律关系

C. 甲与乙、丙之间形成的诉讼法律关系，是横向法律关系

D. 甲、丁银行之间形成的担保法律关系，是第二性法律关系

【讲解】按照法律关系产生的依据、作用和实现规范的内容不同，将法律关系分为调整性法律关系与保护性法律关系。调整性法律关系是基于人们的合法行为产生的、发挥法的调整作用的法律关系，它所实现的是法律规范的行为模式的内容。保护性法律关系是由于违法行为而产生的、旨在恢复破坏的权利和秩序的法律关系，它发挥着法的保护作用，所实现的是法律规范的法律后果的内容，是法的实现的非正常形式。债权法律关系是调整性法律关系，A 项表述错误。诉讼法律关系有可能是纵向法律关系，也有可能是横向法律关系，在诉讼法律关系中，当事人之间的关系是横向的，但当事人与法院之间的法律关系是纵向的，B 项表述错误，C 项表述正确。甲与丁银行之间既存在债权关系，也存在担保关系，就担保关系而言，其是隶属于债权关系的从法律关系，因而是第二性法律关系，而债权关系是第一性法律关系，D 项表述正确。

【答案】CD

※【重点难点】法律关系的构成要素。(1) 法律关系是由法律关系的主体、法律关系的内容和法律关系的客体三要素构成的。(2) 法律关系的内容为法律权利和法律义务。关于法律权利，主要分类有：①按照法律关系主体的不同，可以将法律权利分为公民的权利、法人或其他组织的权利、国家的权利。②按照法律关系内容的不同，可以将法律权利分为政治权利，人身权利，经济、文化教育和社会等方面的权利。③按照法律权利行使范围的不同，可以将法律权利分为绝对权利和相对权利。④按照法律权利所体现的社会关系重要程度的不同，可以将法律权利分为基本权利和普通权利。⑤按照权利是否有法律的明确规定，可以将法律权利分为法定权利与推定权利。(3) 法律关系的客体包括物、行为、智力成果、精神产品、人身利益和数据产品。

例 8 - 3（单选）： 甲穿行马路时遇车祸负伤，交警出具的责任书认定司机负全责。甲无法与肇事司机乙达成赔偿协议，遂提起民事诉讼，认为乙虽赔偿 5 000 元医疗费，但因甲腿部受伤无法正常行走，侵犯了甲的正常行走权。对此，下列表述正确的是（　　）。

A. 引起甲与乙之间损害赔偿关系的法律事实是交警出具的责任书

B. 交警出具的责任书属于非规范性法律文件，具有法律效力

C. 甲主张的"正常行走权"属于法定权利

D. 乙赔偿 5 000 元是绝对义务的承担方式

【讲解】法律事实是导致法律关系变动的小前提，具体包括法律事件和法律行为。从题干来看，司机乙因为肇事，导致其与甲之间产生损害赔偿法律关系。换言之，甲、乙之间的损害赔偿法律关系是由"交通肇事"这种法律行为引起的，A 项表述错误。交警出具的责任认定书属于非规范性法律文件，虽不具有普遍适用的效力，但对甲、乙具有法律效力，B 项表述正确。法定权利是法律明文规定的由法律关系主体享有的权利，而"正常行走权"虽属权利，但并非法定权利，C 项表述错误。法律权利有绝对权和相对权之分，与之相对应，法律义务有绝对义务和相对义务之分，题干中，司机乙具有赔偿义务，甲具有接受赔偿的权利，二者相对应，是相对义务，D 项表述错误。

【答案】B

※【重点难点】法律事实。(1) 法律事实是指能够引起法律关系产生、变更和消灭的各种事实的总称。(2) 法律事实的特点有：①法律事实是一种规范事实。②法律事实是一种能用证据证明的事实。③法律事实是一种具有法律意义的事实。(3) 按照法律事实是否与当事人的意志有关，可以把法律事实分为法律事件和法律行为。法律事件是法律规范规定的、与当事人意志无关的、且能够引起法律关系产生、变更或消灭的客观事实。根据事件是否由人们的行为而引起可以划分为绝对事件和相对事件。绝对事件不是由人们的行为而是由某种自然原因引起的。相对事件是由人们的行为引起的，但它的出现在该法律关系中并不以权利主体意志为转移。法律行为是指与当事人意志有关的，能够引起民事法律关系产生、变更和消灭的作为或不作为。

例 8 - 4（单选）： 甲、乙因生活琐事发生争吵，甲怒而挥刀砍向乙，致乙死亡。事后，甲与乙的妻子在中间人的主持下"私了"。后乙父母得知儿子身亡，坚决不同意私了，遂向当地公安部门

告发。公安部门立案侦查之后，移送检察院。最后，法院判处甲无期徒刑，同时判决乙向甲的家属承担民事责任。对此，下列说法正确的是（　　　）。

A. 甲与国家之间存在刑事法律关系

B. 引起甲与司法机关之间的法律关系的法律事实属于法律事件

C. 甲与检察院、法院之间不存在法律关系

D. 甲、乙之间不存在实体法律关系

【讲解】甲杀死乙，导致甲和国家之间产生刑事法律关系，A 项表述正确。引起甲与司法机关之间法律关系的是甲杀乙这一法律事实，该法律事实与当事人甲的意志有关，属于法律行为，B 项表述错误。由于甲的犯罪行为，使得甲与检察院、法院之间产生了诉讼法律关系，C 项表述错误。甲、乙之间存在民事赔偿法律关系，属于实体法律关系，D 项表述错误。

【答案】A

※【重点难点】法律责任与法律制裁。（1）法律责任是指行为人由于违法行为、违约行为或者由于法律规定而应承受的某种不利的法律后果。法律责任不同于法律义务。（2）产生法律责任的原因主要有违法行为、违约行为和法律规定。（3）法律责任的种类包括刑事责任、民事责任、行政责任和违宪责任。（4）法律责任的构成要件包括责任主体、违法行为、损害结果、因果关系和主观过错。（5）法律责任的归责原则包括责任法定原则、因果关系原则、责任与处罚相称原则和责任自负原则。（6）免责是指法律责任由于出现法定条件被部分或全部地免除。免责不同于"不负责任"或"无责任"，因为免责以法律责任的存在为前提，而后两者并不存在责任。不应把未达到法定责任年龄、精神失常、正当防卫、紧急避险等不负法律责任的条件当作免除责任的条件。（7）免责的条件有时效免责、不诉免责、自首立功免责、有效补救免责、自助免责等。（8）法律责任与法律制裁的关系表现在：①法律制裁是承担法律责任的一个重要方式。②应承担法律责任是实施和接受法律制裁的前提，法律制裁是具体承担法律责任的结果或体现。没有法律责任就没有法律制裁。③法律责任并不等于法律制裁，有法律责任并不一定就有法律制裁。（9）法律制裁的种类有刑事制裁、民事制裁、行政制裁和违宪制裁。（10）刑事制裁以刑罚为主，承担刑事责任的主体既可以是公民，也可以是法人或其他组织。（11）民事制裁的方式有：停止侵害；排除妨碍；消除危险；返还财产；恢复原状；修理、重作、更换；继续履行；赔偿损失；支付违约金；消除影响、恢复名誉；赔礼道歉。此外，还有其他民事制裁方式。（12）行政制裁可分为行政处分、行政处罚两种。行政处分主要有警告、记过、记大过、降级、降职、开除等形式。行政处罚主要有警告、罚款、没收财产、责令停产停业、暂扣或吊销营业执照、停发许可证、拘留等。其中，限制人身自由的行政处罚，只能由法律规定。（13）违宪制裁措施包括撤销或改变同宪法相抵触的法律、行政法规、地方性法规、规章等规范性文件，罢免违宪的国家机关领导成员等。

例 8-5（单选）：中学生小张在打篮球时被同学小王撞断锁骨，小张诉请中学和小王赔偿 2 万元。法院审理后认为，虽然两被告对原告受伤均无过错，不应承担赔偿责任，但原告毕竟为小王所撞，该校的不当行为也是伤害事故发生的诱因，且原告花费 2 万余元后尚未完全康复，依据公平原则，法院酌定被告各补偿 5 000 元。对此，下列说法正确的是（　　　）。

A. 法院对被告实施了法律制裁

B. 法院对被告采取了不诉免责的措施

C. 法院作出对被告有利的判决，在于法院对该案进行了法律论证

D. 被告承担法律责任主要不是因为行为与损害之间存在因果关系

【讲解】法律制裁是由特定的国家机关对违法者（或违约者）依其所应承担的法律责任而实施的强制性措施。法律制裁的对象是违法者（或违约者）。本题中，被告对原告受伤没有过错，没有违法行为，被告承担法律责任属于"公平分担损失"，属于"补偿"而非"赔偿"，"补偿"不具有"惩罚"性质，因此不是法律制裁。可见，A 项表述错误。不诉免责是指，如果受害人及有关当事人不向法院起诉，行为人的法律责任就实际上被免除。本题中，小张已经向法院提起了侵权诉讼，不存在不诉免责的情形，B 项表述错误。法院对损害事实进行了查明，并对被告的行为与损害事实

的因果关系进行了法律论证，依据法律中的"公平分担损失"作出判决，C项表述正确。由于法院认为小王的冲撞行为和学校的不当行为是该伤害事故的诱因，遂依据"公平分担损失"的规定酌定被告各赔偿5 000元。法院的这一行为旨在说明：被告承担法律责任的主要原因是行为与损害之间存在因果关系，D项表述错误。

【答案】C

 例题拓展

例8-6（单选）：甲因走私珍贵动物被立案侦查，在此期间逃往A国并一直滞留于该国。对此，下列说法正确的是（　　）。

A. 该案涉及法的对人效力和空间效力问题
B. 甲不在中国，因此对其行为不适用中国法律
C. 该案与法律溯及力相关
D. 如果甲长期滞留在A国，应当适用时效免责

【讲解】题干涉及中国法对甲是否具有法律效力，同时也涉及中国法可以适用于哪些地区，即涉及法的对人效力和空间效力，A项说法正确。在刑事管辖权上，我国刑法坚持"属地主义为主，属人主义与保护主义相结合"的原则。据此，甲是中国公民，犯罪行为发生在中国领域内，并不因为甲潜逃至国外而不再适用中国法律，B项说法错误。法的溯及力是指新法颁布后，对其生效前的事件和行为是否适用的问题。如果适用，则具有溯及力；如果不适用，则不具有溯及力。据此，题干表述并未涉及法律溯及力问题，C项说法错误。时效免责是指违法者在其违法行为发生一定期限后不再承担强制性法律责任，如果没有法律的特别规定，违反法律的行为超过一定期限将不再被追究法律责任，法律责任因时间的流逝而消失。据此，题干表述中，甲被立案侦查后逃往A国，不适用时效免责（不受追诉期限限制），D项说法错误。

【答案】A

专题九　法　　治

※【**重点难点**】法治。(1) 法治是一种治国方略，是依法办事的原则，是将国家权力的行使和社会成员的活动纳入完备的法律规则系统。法治包含着如下多种内涵和意义：①法治是一种治国方略或社会调控方式。②法治是依法办事的原则。③法治是良好的法律秩序。④法治代表某种包含特定价值规定性的社会生活方式。(2) 法治与法制相比，两者的不同主要表现在以下几个方面：①法制侧重于形式意义上的法律制度及其实施；法治不仅包括形式意义上的法律制度及其实施，更强调实质意义上的法律至上、权利保障的内涵。②法治关注法律制度的内容，讲究"良法"之治，强调法律的至高权威，强调法律的公正性、稳定性、普遍性、公开性和平等性，以及对权力的制约与对人权的保障；而法制侧重于关注法的规范性和有效性，要求严格依法办事，以实现立法者期望的法律秩序，对法律本身的内容和价值取向并无特殊的规定性。只要有法律和制度存在就有法制存在，但这不一定就是法治。③法治与人治相对立，法治要求"法律的统治"，将法律置于统治者的权力之上，要求公共权力必须依法取得和行使；而法制与人治并不截然对立，历史上的专制君主和法西斯独裁统治者为了建立有利于他们的统治秩序，也可以在一定时期建立或推行法制。④法治的政治基础是民主政治，其根本意义在于制约国家权力，以确认和保障公民的权利和自由，实现公民对国家和社会事务的管理。在没有民主和宪政的时代，不可能有真正的法治。法制的问世先于法治，早

在没有民主和宪政的时候，就已经存在法制。（3）法治是与人治对立的治国方略。法治与人治的区别主要表现为：①法治是民主政治，人治一般是君主专制或贵族政治；②法治依据的是反映众人意志的法律，人治依据的是统治者个人或少数人的意志；③当法律与当权者个人的意志发生冲突时，法治国家中的法律高于个人意志，而人治国家中则相反。（4）法治与民主既存在矛盾，又具有统一性。社会主义法治与民主有着非常密切的关系，两者相互依存，不可分离：①社会主义民主是社会主义法治的前提或基础。②社会主义法治是社会主义民主的保障。

例9-1（单选）： 下列有关法治与法制、人治之间关系的说法，正确的是（　　）。

A. 法制与法治都以民主为前提　　　　B. 有了法制就有了法治

C. 法治与人治相互依存，相辅相成　　D. 法制与人治并不对立

【讲解】 法治与民主相联系，但法制与民主并不必然联系，A项表述错误。有了法制未必就有法治，B项表述错误。法治与人治是对立的，C项表述错误。法制与人治并不必然对立，D项表述正确。

【答案】 D

※**【重点难点】** 法治的基本原则。法治的基本原则包括法律至上原则、权利保障原则、权力制约原则和正当程序原则。

例9-2（多选）： 下列关于现代法治的表述，正确的有（　　）。

A. 公平正义是法治的基本价值

B. 科学立法是法治的前提

C. 建设法治国家，要坚持权利保障原则

D. "将权力关进笼子"是权力制约的法治原则的体现

【讲解】 法治的基本价值包括公平、正义、自由、秩序、平等、效率等，A项表述正确。科学立法，一是要尊重客观规律；二是要体现民意；三是要切合实际；四是要完善程序；五是要符合科学。因此，科学立法是法治的前提，B项表述正确。法治的基本原则包括法律至上原则、权利保障原则、权力制约原则和正当程序原则，C项表述正确。"将权力关进笼子"是权力制约的法治原则的体现。"权力"主要包括立法权、行政权、司法权；"制度"主要是指法律制度；"关进笼子"是指通过制度合理规制权力的行使，包括通过立法机制与监督机制将权力的行使限制在合理范围内。可见，D项表述正确。

【答案】 ABCD

※**【重点难点】** 社会主义法治。（1）社会主义法治的核心内容是依法治国。（2）社会主义法治基本理念的基本内容有：①依法治国是社会主义法治的核心内容，是中国共产党领导人民治理国家的基本方略。②执法为民是社会主义法治的本质要求，这是党全心全意为人民服务的根本宗旨和立党为公、执政为民的执政理念在政法工作上的体现。③公平正义是社会主义法治的价值追求。④服务大局是社会主义法治的重要使命。⑤党的领导是社会主义法治的根本保证。（3）法治思维是指按照社会主义法治的逻辑来观察、分析和解决社会问题的思维方式，它是将法律规定、法律知识、法治理念付诸实施的认识过程。法治思维还可以从以下方面进行理解：①法治思维是规则思维。②法治思维是平等思维。③法治思维是权力受制约思维。④法治思维是程序思维。⑤法治思维是人权保障思维。（4）法治方式与法治思维是内在的和外在的关系，法治方式就是法治思维实际作用于人的行为的外在表现。法治思维影响和决定着法治方式。

例9-3（多选）： 甲利用私家车从事网约车服务，遭客管中心查处。执法人员认为甲的行为属于以"黑车"非法营运，遂依该省《道路运输条例》对其处以2万元罚款。对此，下列说法正确的是（　　）。

A. 要运用法治思维和法治方式对新事物进行科学、适当管理

B. 以罚代管克服了法律的局限性

C. 科学技术的进步对治理体系和治理能力提出了更高的要求

D. 以罚代管是缺乏法治思维的表现

【讲解】利用私家车从事网约车服务属于新出现的经营模式，对于该新生的经营方式，应当运用法治思维和法治方式进行科学、适当管理，而不能一味采取以禁代管、以罚代管，否则无法克服法律的局限性，应当灵活运用法律解释、法律推理等技巧，努力实现法律与社会发展的协调。可见，A、D项说法正确，B项说法错误。随着科学技术的进步，必然对治理体系和治理能力提出更高的要求，C项说法正确。

【答案】ACD

※【重点难点】全面依法治国。（1）全面依法治国的意义：①依法治国是坚持和发展中国特色社会主义的本质要求和重要保障。②依法治国是实现国家治理体系和治理能力现代化的必然要求。③依法治国事关我们党执政兴国，事关人民幸福安康，事关党和国家长治久安。④依法治国也是全面建成小康社会、实现中华民族伟大复兴的中国梦的必然要求。⑤依法治国是全面深化改革、完善和发展中国特色社会主义制度，提高党的执政能力和执政水平的必然要求。依法治国是党领导人民治理国家的基本方略，是党的执政方式和国家治理方式的重大变革。它把坚持党的领导、发扬人民民主和严格依法办事统一起来，从制度上和法律上保证党的基本路线和基本方针的贯彻实施，保证党始终发挥领导核心的作用。这对于推进社会主义民主政治建设，促进社会主义市场经济的发展，确保国家长治久安和社会稳定等都具有极其重要的意义。（2）全面依法治国的总目标是：建设中国特色社会主义法治体系，建设社会主义法治国家。即在中国共产党领导下，坚持中国特色社会主义制度，贯彻中国特色社会主义法治理论，形成完备的法律规范体系，坚持依法治国、依法执政、依法行政共同推进，坚持法治国家、法治政府、法治社会一体建设，实现科学立法、严格执法、公正司法、全民守法，促进国家治理体系和治理能力现代化。

例9-4（单选）：关于全面推进依法治国的重大意义和总目标，下列表述错误的是（　　　）。

A. 依法治国也是全面建成小康社会、实现中华民族伟大复兴的中国梦的必然要求

B. 全面依法治国的总目标是坚持依法治国和以德治国相结合原则

C. 依法治国是坚持和发展中国特色社会主义的本质要求和重要保障

D. 依法治国是提高党的执政能力和执政水平的必然要求

【讲解】A、C、D项表述的是全面推进依法治国的重大意义，表述正确。全面依法治国的总目标是：建设中国特色社会主义法治体系，建设社会主义法治国家。即在中国共产党领导下，坚持中国特色社会主义制度，贯彻中国特色社会主义法治理论，形成完备的法律规范体系，坚持依法治国、依法执政、依法行政共同推进，坚持法治国家、法治政府、法治社会一体建设，实现科学立法、严格执法、公正司法、全民守法，促进国家治理体系和治理能力现代化。B项表述的是全面依法治国的基本原则，而非总目标，B项表述错误，选B项。

【答案】B

※【重点难点】全面推进依法治国坚持的基本原则：（1）党的领导原则（坚持中国共产党的领导）。（2）人民主体地位原则（坚持人民主体地位）。（3）法律面前人人平等原则（坚持法律面前人人平等）。（4）依法治国和以德治国相结合原则（坚持依法治国和以德治国相结合）。（5）从实际出发原则（坚持从中国实际出发）。

例9-5（多选）：关于全面依法治国的基本原则，下列说法正确的是（　　　）。

A. 全面依法治国要坚持中国共产党的领导

B. 全面依法治国要坚持人民主体地位

C. 全面依法治国要坚持法律面前一律平等

D. 全面依法治国要坚持从中国的实际出发

【讲解】全面推进依法治国坚持的基本原则有：（1）党的领导原则（坚持中国共产党的领导）。（2）人民主体地位原则（坚持人民主体地位）。（3）法律面前人人平等原则（坚持法律面前人人平等）。（4）依法治国和以德治国相结合原则（坚持依法治国和以德治国相结合）。（5）从实际出发原则（坚持从中国实际出发）。

【答案】ABCD

※【重点难点】全面依法治国的基本格局：坚持中国特色社会主义法治道路，既要建成一套高效严密、统一协调的法治体系，更要以此为前提，实现科学立法、严格执法、公正司法、全民守法，促进国家治理体系和治理能力现代化，建成社会主义法治国家。

例9-6（单选）：完善以宪法为核心的中国特色社会主义法律体系，要求推进科学立法和民主立法。下列做法中，没有体现这一要求的是（　　）。

A. 在《大气污染防治法》修改中，全国人大常委会法制工作委员会就处罚幅度听取政府部门和专家学者的意见

B. 在《法官法》修改中，全国人大常委会法制工作委员会到各地调研、了解情况、听取意见

C. 在《检察官法》修改中，全国人大常委会法制工作委员会和部分高等院校、研究机构、基层立法联系点等征求意见，推进立法精细化

D. 某市人大常委会在城乡建设与管理地方性法规制定中发挥主导作用，表决通过后由其公布实施

【讲解】《中共中央关于全面推进依法治国若干重大问题的决定》指出：深入推进科学立法、民主立法，需要"健全立法机关和社会公众沟通机制，开展立法协商，充分发挥政协委员、民主党派、工商联、无党派人士、人民团体、社会组织在立法协商中的作用，探索建立有关国家机关、社会团体、专家学者等对立法中涉及的重大利益调整论证咨询机制"。A项表述中，如何界定处罚幅度，需要听取政府部门和专家学者的意见，体现了科学立法与民主立法，A项正确。《中共中央关于全面推进依法治国若干重大问题的决定》指出：深入推进科学立法、民主立法，需要"拓宽公民有序参与立法途径，健全法律法规规章草案公开征求意见和公众意见采纳情况反馈机制，广泛凝聚社会共识"。B项表述中，在法律修改过程中，到各地调研，公开征求意见，有利于凝聚社会共识，B项正确。《中共中央关于全面推进依法治国若干重大问题的决定》指出：深入推进科学立法、民主立法，需要"加强人大对立法工作的组织协调，健全立法起草、论证、协调、审议机制，健全向下级人大征询立法意见机制，建立基层立法联系点制度，推进立法精细化"。可见，C项正确。《立法法》第72条第2款规定，设区的市的人民代表大会及其常务委员会根据本市的具体情况和实际需要，在不同宪法、法律、行政法规和本省、自治区的地方性法规相抵触的前提下，可以对城乡建设与管理、环境保护、历史文化保护等方面的事项制定地方性法规，法律对设区的市制定地方性法规的事项另有规定的，从其规定。设区的市的地方性法规须报省、自治区的人民代表大会常务委员会批准后施行。据此，D项表述中，市人大常委会有权制定城乡建设与管理的地方性法规，但是需要省级人大常委会批准后方可公布、实施，而不是表决通过后直接公布、实施。可见，D项表述错误。

【答案】D

※【重点难点】全面依法治国的基本途径。（1）"一个共同推进"：坚持依法治国、依法执政、依法行政共同推进。（2）"一个一体建设"：坚持法治国家、法治政府、法治社会一体建设。

例9-7（多选）：全面推进依法治国，要求深入推进依法行政，加快建设法治政府。下列做法符合该要求的是（　　）。

A. 为打击医药购销领域商业贿赂，甲省对列入不良记录逾期不改的药品生产企业，取消所有产品的网上采购资格

B. 乙市建立行政机关内部重大决策合法性审查机制，未经审查的，不得提交讨论

C. 丙省交管部门开展校车整治行动时，坚持以人为本，允许家长租用私自改装的社会运营车辆接送学生

D. 某市推进综合执法，为减少市县两级政府执法队伍种类，要求无条件在所有领域实现跨部门综合执法

【讲解】《中共中央关于全面推进依法治国若干重大问题的决定》指出：各级政府必须坚持在党的领导下、在法治轨道上开展工作，创新执法体制，完善执法程序，推进综合执法，严格执法责任，建立权责统一、权威高效的依法行政体制，加快建设职能科学、权责法定、执法严明、公开公正、廉洁高效、守法诚信的法治政府。针对A项，医疗购销领域的商业贿赂比较严重，而且危害

极大，特别是网上采购，更加提高了查处的难度，因此，对于此类行为，取消其网上采购资格并没有明显的违法之处，A 项做法符合要求。针对 B 项，《中共中央关于全面推进依法治国若干重大问题的决定》提出：健全依法决策机制。把公众参与、专家论证、风险评估、合法性审查、集体讨论决定确定为重大行政决策法定程序，确保决策制度科学、程序正当、过程公开、责任明确。建立行政机关内部重大决策合法性审查机制，未经合法性审查或经审查不合法的，不得提交讨论。据此，B 项做法符合要求。针对 C 项，《中共中央关于全面推进依法治国若干重大问题的决定》指出：坚持严格规范公正文明执法。依法惩处各类违法行为，加大关系群众切身利益的重点领域执法力度。完善执法程序，建立执法全过程记录制度。明确具体操作流程，重点规范行政许可、行政处罚、行政强制、行政征收、行政收费、行政检查等执法行为。严格执行重大执法决定法制审核制度。据此，交管部门开展校车整治行动时，应当坚持以人为本，但是家长租用私自改装的社会营运车辆接送学生正是校车安全隐患整治的对象，不能以"以人为本"为理由，就不予整治。可见，C 项做法不符合要求。针对 D 项，《中共中央关于全面推进依法治国若干重大问题的决定》提出：深化行政执法体制改革。根据不同层级政府的事权和职能，按照减少层次、整合队伍、提高效率的原则，合理配置执法力量。推进综合执法，大幅减少市县两级政府执法队伍种类，重点在食品药品安全、工商质监、公共卫生、安全生产、文化旅游、资源环境、农林水利、交通运输、城乡建设、海洋渔业等领域内推行综合执法，有条件的领域可以推行跨部门综合执法。据此，某市在推进综合执法时，为减少市县两级政府执法队伍种类，不能要求无条件在所有领域实现跨部门综合执法。可见，D 项做法不符合要求。

【答案】AB

※【重点难点】建设中国特色的社会主义法治体系：（1）要形成完备、良善的法律规范体系。（2）要形成公正高效的法治实施体系。（3）要形成科学严密的法治监督体系。（4）要形成充分有力的法治保障体系。（5）要形成完善的党内法规体系。

例 9-8（单选）：建设中国特色的社会主义法治体系，要形成公正高效的法治实施体系。下列情形中不符合这一要求的是（　　　）。

A. 健全依法决策机制　　　　　　　　B. 全面推进政务公开与保密相结合
C. 优化司法职权配置　　　　　　　　D. 推进严格司法

【讲解】要形成公正高效的法治实施体系，在行政执法领域必须做到：依法全面履行政府职能；健全依法决策机制（包括公众参与、专家论证、风险评估、合法性审查、集体讨论决定）；深化行政执法体制改革；坚持严格规范公正文明执法；全面推进政务公开（坚持公开为常态、不公开为例外原则，推进决策公开、执行公开）。公正是法治的生命线，实现公正司法必须做到：完善确保依法独立行使审判权和检察权的制度；优化司法职权配置（让公安机关、检察机关、审判机关、司法行政机关各司其职）；推进严格司法（坚持以事实为根据、以法律为准绳）；保障人民群众参与司法；加强人权司法保障；加强对司法活动的监督。可见，A、C、D 项表述正确。B 项表述错在：应"全面推进政务公开"，而非"全面推进政务公开与保密相结合"。

【答案】B

 例题拓展

例 9-9（多选）：对于法治和德治相结合原则的理解，下列表述正确的是（　　　）。
A. 道德可以滋养法治精神和支撑法治文化
B. 国家和社会治理需要法治和道德共同发挥作用
C. 坚持依法治国和以德治国相结合，要发挥道德的教化作用
D. 道德教化可以劝人向善，也可以弘扬公序良俗，培养人们的规则意识

【讲解】依法治国和以德治国相结合原则（坚持依法治国和以德治国相结合）是全面依法治国的基本原则之一。针对 A、B 项，《中共中央关于全面推进依法治国若干重大问题的决定》指出：必须坚持一手抓法治、一手抓德治，既重视发挥法律的规范作用，又重视发挥道德的教化作用，以法治体现道德理念、强化法律对道德建设的促进作用，以道德滋养法治精神、强化道德对法治文化的支撑作用，实现法律和道德相辅相成、法治和德治相得益彰。可见，A、B、C 项表述正确。法律与道德相互渗透，道德是法律的基础和评价标准，法律是传播道德、保障道德实施的有效手段，二者具有共同的价值标准。因此，道德可以劝人向善，也可以弘扬公序良俗，培养人们的规则意识。可见，D 项表述正确。

【答案】ABCD

例 9 - 10 （分析）：材料 1：法律是治国之重器，法治是国家治理体系和治理能力的重要依托。全面推进依法治国，是解决党和国家事业发展面临的一系列重大问题、解放和增强社会活力、促进社会公平正义、维护社会和谐稳定、确保党和国家长治久安的根本要求。要推动我国经济社会持续健康发展，不断开拓中国特色社会主义事业更加广阔的发展前景，就必须全面推进社会主义法治国家建设，从法治上为解决这些问题提供制度化方案。

——摘自习近平《关于〈中共中央关于全面推进依法治国若干重大问题的决定〉的说明》

材料 2：同党和国家事业发展要求相比，同人民群众期待相比，同推进国家治理体系和治理能力现代化目标相比，法治建设还存在许多不适应、不符合的问题，主要表现为：有的法律法规未能全面反映客观规律和人民意愿，针对性、可操作性不强，立法工作中部门倾向化、争权诿责现象较为突出；有法不依、执法不严、违法不究现象比较严重，执法体制权责脱节、多头执法、选择性执法现象仍然存在，执法司法不规范、不严格、不透明、不文明现象较为突出，群众对执法司法不公和腐败问题反映强烈。

——摘自《中共中央关于全面推进依法治国若干重大问题的决定》

请结合上述材料，运用法理学相关知识，回答下列问题：

（1）如何完善中国特色的社会主义法治体系？

（2）如何深入推进依法行政，加快建设法治政府？

（3）如何保证公正司法，提高司法公信力？

【参考答案】（1）要完善以宪法为核心的法律体系，加强宪法实施。建设中国特色社会主义法治体系，必须坚持立法先行，发挥立法的引领和推动作用，抓住提高立法质量这个关键。形成完备的法律规范体系，要贯彻社会主义核心价值观，使每一项立法都符合宪法精神。要完善立法体制机制，坚持立改废释并举，增强法律法规的及时性、系统性、针对性、有效性。

（2）要深入推进依法行政，加快建设法治政府。法律的生命力和法律的权威均在于实施。建设法治政府要求在党的领导下，创新执法体制，完善执法程序，推进综合执法，严格执法责任，建立权责统一、权威高效的依法行政体制，加快建设职能科学、权责法定、执法严明、公开公正、廉洁高效、守法诚信的法治政府。

（3）要保证公正司法，提高司法公信力。要完善司法管理体制和司法权力运行机制，规范司法行为，加强监督，让人民群众在每一个司法案件中感受到公平正义。

专题十　法与社会

※【重点难点】法与社会的相互作用。（1）社会是法律产生与形成的基础：①法是社会的产物。②社会是法赖以产生或形成的基础。（2）法律是社会关系的调整器。

例 10 - 1 （单选）：马克思曾说：社会不是以法律为基础，那是法学家的幻想。相反，法律应该以社会为基础。法律应该是社会共同的，由一定的物质生产方式所产生的利益需要的表现，而不是单个人的恣意妄为横行。对该论断的理解，下列表述正确的是（　　　）。

    A. 强调法律以社会为基础，这是马克思主义法学与其他派别法学的根本区别

    B. 法律在本质上是社会共同意志的体现

    C. 在任何社会，利益需要实际上都是法律内容的决定性因素

    D. 特定时空下的特定国家的法律都是由一定的社会物质生活条件所决定的

【讲解】 马克思主义法学的根本观点在于"承认物质的根本决定作用"，而不在于"承认社会是法律的基础"。可见，A项表述错误。法律在本质上不是"社会共同体"意志的体现，而是专指"统治阶级"意志的体现。统治阶级虽然属于"社会共同体"，但仅仅是社会共同体的一种，不得将"统治阶级"与"社会共同体"等同。可见，B项表述错误。法律内容的决定性因素是"物质生活条件"，而不是利益需要，C项表述错误。根据马克思主义的基本观点，特定条件下的法律是由一定社会的物质生活条件决定的。可见，D项表述正确。

【答案】 D

※**【重点难点】** 法与社会和谐、社会治理、社会发展。（1）当代中国法律在构建和谐社会中的地位：和谐社会离不开法，法也离不开和谐社会的建设。（2）当代中国社会主义法在构建社会主义和谐社会中的作用：①法对于社会主义民主的实现具有重要作用。②法通过确认并保障正义标准的实现，协调主体之间的利益关系。③法可以为诚信友爱的实现提供良好的制度环境。④法为激发主体的活力创造制度条件。⑤法为维护社会的安定和秩序提供有力保障。⑥协调人与自然的关系，为经济发展与自然环境的和谐提供制度支持。（3）当代中国社会主义法在社会治理中的作用：①法制的统一、尊严和权威，是实现社会治理、发挥法治作用的前提和保障。②加强宪法和法律实施，有助于实现社会治理。③深化司法体制改革，确保司法公正，有助于实现社会治理。④弘扬法治精神，有助于人们在社会治理中树立社会主义法治精神。（4）法律助推五大社会发展理念，体现和保障创新、协调、绿色、开放、共享的社会发展：①依法实施创新驱动发展战略，将创新摆在第一位，是因为创新是引领发展的第一动力。②依法增强发展的整体协调性。③依法推进人与自然和谐共生绿色发展观。④依法形成对外开放新体制。⑤依法践行以人民为中心的共享发展思想。

例10-2（多选）： 完善以宪法为核心的中国特色的社会主义法律体系是建设有中国特色社会主义法治体系的内容之一。对此，下列表述正确的是（　　　）。

    A. 完善以宪法为核心的中国特色的社会主义法律体系，有助于实现社会治理

    B. 完善以宪法为核心的中国特色的社会主义法律体系是实现社会治理、发挥法治作用的前提和保障

    C. 完善以宪法为核心的中国特色的社会主义法律体系能够助推社会发展理念

    D. 完善以宪法为核心的中国特色的社会主义法律体系要坚持人大在立法工作中的主导作用

【讲解】 完善以宪法为核心的中国特色的社会主义法律体系，能够加强宪法和法律实施，从而有助于实现社会治理，A项表述正确。完善以宪法为核心的中国特色的社会主义法律体系，能够维护法制的统一、尊严和权威，是实现社会治理、发挥法治作用的前提和保障，B项表述正确。完善以宪法为核心的中国特色的社会主义法律体系能够助推社会发展理念，体现和保障创新、协调、绿色、开放、共享的社会发展，C项表述正确。《中共中央关于全面推进依法治国若干重大问题的决定》中明确提出"健全有立法权的人大主导立法工作的体制机制"，这表明，完善以宪法为核心的中国特色的社会主义法律体系要坚持人大在立法工作中的主导作用，D项表述正确。

【答案】 ABCD

※**【重点难点】** 法与经济。（1）法与经济基础。①经济基础决定法：经济基础决定法律的性质；经济基础决定法律的基本内容；经济基础的发展变化决定法律的发展变化。②法律对经济基础的反作用：法律对经济基础具有选择和确认作用；法律对经济基础具有加速或延缓其发展的作用；法律对经济基础具有保障和促进作用；法律对生产关系的某些方面具有否定、阻碍或限制作用。（2）法与市场经济。①社会主义法律对社会主义市场经济的作用主要体现在：社会主义市场经济是主体独立的经济，市场主体的行为需要法律来规范，市场主体的地位需要法律来确认和保障；市场

经济关系是契约关系，现代市场经济运行过程中的各种活动，几乎都是通过契约来实现的，契约关系是一种法的关系，具有法律约束力，也需要法律来确认和保障；市场经济是自由竞争、平等竞争的经济，法律就是竞争的规则；市场经济的运行需要正常的秩序，需要有正常的市场进入、市场交易秩序，这些都离不开法律的作用；市场经济还是开放性经济，要求主权国家不仅要完善国内法律体系，而且要善于运用国际法律、规则和惯例等。②法律对社会主义市场经济宏观调控方面的作用主要表现在对市场经济运行的引导、促进、保障和必要的制约方面。

例 10-3（单选）：下列选项中，没有表明市场经济是法治经济的是（　　）。

A. 市场经济是主体独立的经济 　　　　B. 市场经济是契约经济

C. 市场经济是宏观调控下的经济 　　　D. 市场经济是开放经济

【讲解】市场经济需要法律的保障，这体现在：（1）市场经济是主体独立、平等的经济；（2）市场经济是契约经济；（3）市场经济是自由竞争、平等竞争的经济；（4）市场经济是开放性经济。可见，A、B、D 项表述正确。法的宏观调控功能是法在克服市场经济运行机制的弱点中产生的功能，是用以弥补市场经济缺陷的，本身不能体现市场经济是法治经济。可见，选 C 项。

【答案】C

※**【重点难点】**法与科技。（1）科技对法的影响：①科学技术影响法的内容，成为法律规定的重要依据。②科学技术的发展扩展了法律调整的领域。③科学技术的发展引起了有关传统法律概念和原则的变化。④科学技术的发展完善了法律调整机制，为立法和执法提供了新的技术和手段，对法的制定和实施产生了重大影响。⑤科学技术的发展影响了法学教育、法制宣传和法学研究的方式和内容，促进其方式和内容的更新和发展，推动人类法律意识的变化。（2）法对科技的作用：①法保证科学技术的顺利发展有良好的社会环境。②法为组织科学技术活动提供必要的准则。③法是鼓励科学技术发展的有效手段。④法律可以协调科技进步与社会伦理道德之间的关系。

例 10-4（单选）：生物科技和医疗技术的不断发展，使交叉换肾成为延续人的生命的一种手段。近年来，我国一些专家呼吁对交叉换肾进行立法，还提出要对器官捐献和移植进行规范。对此，下列说法正确的是（　　）。

A. 科技发展影响了法学教育

B. 法律直接决定了科技的内容

C. 法律能够对科技发展带来的不良后果加以抑制

D. 科技发展不应考虑伦理问题

【讲解】科技发展的确影响了法学教育，但这并非本题题干表达的意思，不选 A 项。虽然法律能够为组织科学技术活动提供必要的准则，但这只是通过法律对科技发展的确认和保护，而非法律决定了科技的内容，B 项表述错误。法律可以协调科技进步与社会伦理道德之间的关系，从而抑制科技发展带来的不良后果，C 项表述正确。科技发展应当考虑伦理问题，如果不通过立法对科技与伦理的矛盾予以规范，就会造成伦理危机，D 项表述错误。

【答案】C

※**【重点难点】**法与政治。（1）法与国家的关系：①国家是法律存在的政治基础。②法律对国家权力起到支持和制约作用。（2）法与政治的关系：①政治对法的影响和制约作用。②法对政治的确认和调整作用。（3）法与政策的关系：①社会主义法与执政党政策的一致性。②社会主义法与执政党政策的区别：意志属性不同、表现形式不同、实施方式不同、稳定性程度和程序化程度不同。③社会主义法与执政党政策的相互作用：执政党政策是社会主义法的核心内容；社会主义法是贯彻执政党政策，完善和加强党的领导的不可或缺的基本手段；执政党政策充分发挥作用，能够保障、促进社会主义法的实现。

例 10-5（多选）：我国于 2015 年公布了全面实施一对夫妇可生育两个孩子的政策，《人口与计划生育法》随即作出修改。对此，下列说法正确的是（　　）。

A. 在我国，政策与法律具有共同的指导思想和社会目标

B. 立法在实践中总是滞后的，只能"亡羊补牢"而无法适度超越和引领社会发展

C. 越强调法治，越要提高立法质量，通过立法解决改革发展中的问题

D. 在我国，执政党政策充分发挥作用，能够保障、促进法律的实现

【讲解】在我国，执政党的政策与社会主义法作为社会调整的两种基本形式，它们之间有着内在的一致性，它们都产生并服务于社会主义社会的经济基础，都体现着广大劳动人民的意志和要求，它们的基本指导思想和价值取向是一致的，它们所追求的社会目标从根本上说也是一致的。可见，A项表述正确。立法虽然是滞后的，但并不总是滞后的；事实上在立法时往往要提前作出"有预测性"的规定，从而引领社会发展。可见，B项表述错误。高质量的立法（良法）是法治的前提，立法与改革措施必须衔接起来，立法能够主动适应改革和经济社会发展需要。可见，C项表述正确。我国于2015年公布了全面实施一对夫妇可生育两个孩子的政策，《人口与计划生育法》随即作出修改。这表明，在我国，执政党政策充分发挥作用，能够保障、促进社会主义法的实现。可见，D项表述正确。

【答案】ACD

※【重点难点】法律意识。(1)法律意识是社会意识的一种特殊形式，泛指人们对法律，特别是对本国现行法律的思想、观点、心理或态度的总称。法律意识是法律文化的重要组成部分，是人们关于法律的思想、观念、知识、心理的总称，包括对法律本质、作用的看法，对现行法律的态度和评价，以及对人们行为的法律评价等。(2)法律意识可以从不同角度分类：①依据法律意识主体的不同，可以将法律意识分为个人法律意识、群体法律意识和社会法律意识。②依据法律意识的专门化、职业化的不同程度，可以将法律意识分为职业法律意识与非职业法律意识。③从认知阶段来看，法律意识可以分为低级阶段的法律心理和高级阶段的法律思想体系。④从法律意识的社会政治属性角度，可以将法律意识分为占统治地位的法律意识与不占统治地位的法律意识。(3)法律意识的作用：①统治阶级的法律意识往往直接起到法的作用。②法律意识体现了社会主体对于一定法律现象的价值评价。③法律意识制约和影响着法律实践活动。④法律意识对于坚持和实行依法治国，建设社会主义法治国家的意义。

例10-6（多选）：下列选项中，属于法律意识范畴的是（　　）。

A. 甲认为中国没有司法腐败行为　　　B. 乙将犯罪嫌疑人扭送至公安机关

C. 丙认为在公交车上扒窃不构成犯罪　D. 丁进城务工，因拿不到劳动报酬而自认倒霉

【讲解】法律意识是社会意识的一种特殊形式，泛指人们对法律，特别是对本国现行法律的思想、观点、心理或态度的总称。法律意识不同于法律实践或者法律实施。针对A项，甲认为中国没有司法腐败行为，这是对现行法律的态度问题。针对C项，丙认为在公交车上扒窃不构成犯罪，这是对现行法律的态度问题。针对D项，丁因未拿到劳动报酬而自认倒霉，这是对现行法律的态度和评价。这都属于法律意识的范畴。B项表述的"扭送"属于守法，而守法属于法律实施或者法律实践的范畴，超出了法律意识的范畴，故不选B项。

【答案】ACD

※【重点难点】法律文化。(1)法律文化是一种特殊的文化现象。法律文化一般是指在一定社会物质生活条件的作用下，国家创制的法律规范、法律制度或人们关于法律现象的态度、价值、信念等的复合有机体。法律文化是由如下两个层面组成的：①物质性的法律文化，诸如法律制度、法律规范等，即制度形态的法律文化。②精神性的法律文化，诸如法律学说、法律心理、法律习惯等，即观念形态的法律文化。(2)法律文化的内容特点有：①法律文化是人们从事法律活动的行为模式和思维模式。②法律文化具有多样性。③法律文化具有阶级性和相对独立性。(3)当代中国的法律文化受到多种法律文化的影响，包括中国传统的法律文化、西方资本主义的法律文化、苏联的法律文化和中国社会主义建设过程中形成的法律文化，这些法律文化在不同的历史时期、不同的条件下对不同的社会阶层发挥着不同的影响。总的来讲，中国社会主义建设过程中形成的法律文化影响最大，而中国传统法律文化则在其中发挥着潜在的作用。(4)弘扬社会主义法治精神与建设社会主义法治文化：①全面推进依法治国，科学立法是前提，严格执法是保障，公正司法是生命线，法治建设的成效如何则要看全民守法的情况如何。②要达到"全民守法"的目标，必须以法治政府的

建立促进法治社会的发育，以司法的严谨、执法的严格来培育公民守法的自觉性。③推动社会主义法治文化和法律精神建设，离不开类型多样的宣传与教育。

例10-7（单选）：增强全民法治观念，推进法治社会建设，使人民群众内心拥护法律，需要健全普法宣传教育机制。甲市的下列做法没有体现这一要求的是（　　）。

A. 通过《每周说法》电视节目、微信公众号等平台开展以案释法，进行普法教育

B. 印发法治宣传教育工作责任表，把普法工作全部委托给人民团体

C. 通过举办法治讲座、警示教育报告会等方式开展多样的宣传与教育

D. 在暑期组织"预防未成年人违法犯罪模拟法庭巡演"，向青少年宣传《未成年人保护法》

【讲解】《中共中央关于全面推进依法治国若干重大问题的决定》指出：健全普法宣传教育机制，各级党委和政府加强对普法工作的领导，宣传、文化、教育部门和人民团体要在普法教育中发挥职能作用。实行国家机关"谁执法谁普法"的普法责任制，建立法官、检察官、行政执法人员、律师等以案释法制度，加强普法讲师团、普法志愿者队伍建设。把法治教育纳入精神文明创建内容，开展群众性法治文化活动，健全媒体公益普法制度，加强新媒体新技术在普法中的运用，提高普法实效。A项表述体现了媒体公益普法制度以及新媒体新技术普法，不选A项。针对B项，要加强各级党委和政府对普法工作的领导，"谁执法谁普法"，同时发挥人民团体的作用，而不能把普法工作全部委托给人民团体，选B项。增强全民法治观念，推进法治社会建设，使人民群众内心拥护法律，需要健全普法宣传教育机制。通过举办法治讲座、警示教育报告会等方式开展多样的宣传与教育就是这一要求的体现，不选C项。《中共中央关于全面推进依法治国若干重大问题的决定》指出：把法治教育纳入国民教育体系，从青少年抓起，在中小学设立法治知识课程。D项表述体现出多渠道推动法律意识的建立，不选D项。

【答案】B

※**【重点难点】**法与道德。（1）法与道德的区别：①产生方式不同。②表现形式不同。③实现方式不同。④调整范围不完全相同。⑤评价的尺度不同。⑥权利义务的特点不同。（2）法与道德的联系：①道德是法律的基础和评价标准。②法律是传播道德、保障道德实施的有效手段。（3）法与道德的冲突及解决：①冲突的表现：合理不合法、合法不合理。②冲突的结果：没有坚实社会基础的法律在道德面前修改或崩溃，适应道德的新法律产生；在法律的影响下，一些旧道德退出历史舞台，形成与法律相适应的新道德。（4）社会主义道德对社会主义法的作用：①社会主义道德是社会主义立法的价值指导；②社会主义道德对法的实施的促进作用；③社会主义道德可以弥补社会主义法在调整社会关系方面的不足。（5）社会主义法律对社会主义道德建设的作用：①社会主义法以法律规范的形式把社会主义道德的某些原则和要求加以确认，使之具有法的属性。②社会主义法是进行社会主义道德教育的重要方式。

例10-8（单选）："一般说来，近代以前的法在内容上与道德的重合程度极高，有时浑然一体。……近现代法在确认和体现道德时大多注意二者重合的限度，倾向于只将最低限度的道德要求转化为法律义务，注意明确法与道德的调整界限。"据此引文，下列说法正确的是（　　）。

A. 在历史上，法与道德一直是浑然一体的

B. 道德义务和法律义务是可以转化的

C. 近现代法律倾向于将道德要求转化为法律义务

D. 近现代立法者均持有"恶法亦法"的立场

【讲解】法与道德在内容上存在相互渗透的密切联系，法与道德还曾经由浑然一体发展为相对独立，因此，法与道德的关系不是要么浑然一体，要么绝对分开，A项表述错误。近现代法在确认和体现道德时大多注意二者重合的限度，倾向将最低限度的道德要求转化为法律义务，因此道德义务和法律义务是可以转化的，B项表述正确。近现代法律倾向于将"最低限度"的道德要求转化为法律义务，C项表述错误。"恶法亦法"是分析法学派的观点，并非所有的近现代学者持有的观点，D项表述错误。

【答案】B

※【重点难点】法与宗教。(1) 法与宗教的联系：法与宗教的联系，表现在精神、规则、组织结构三个层面上。(2) 法与宗教的区别在于：①产生方式不同。②实施方式不同。③适用原则不同。(3) 我国法律在处理宗教问题中的作用：贯彻宗教信仰自由原则。

例 10-9（单选）：关于法与宗教的关系，下列表述错误的是（　　）。

A. 法与宗教在一定意义上都属于文化现象

B. 在政教合一国家，宗教与法在精神、规则和组织结构三个层面是融为一体的

C. 法与宗教在历史上是浑然一体的

D. 现代法治国家，一般通过法律规定确立政教分离制度

【讲解】 法与宗教都是社会存在的反映，都是社会意识，属于上层建筑的范畴，属于广义的文化现象的组成部分，A项表述正确。法与宗教的联系，表现在精神、规则、组织结构三个层面上，在政教合一的国家中，宗教与法在精神、规则和组织结构三个层面都是融为一体的。可见，B项表述正确。在社会发展早期，法与宗教是浑然一体的，没有严格分离。但随着社会的发展，法与宗教逐渐分离，二者的调整范围也开始分开。可见，C项表述错误。在现代国家，普遍实行政教分离的制度。在政教分离的条件下，国家不得确立或禁止某个宗教，国家行为与宗教分离，宗教不得干预国家活动，不得干预国家设立的各项制度，公民有宗教信仰自由，宗教组织管理宗教事务，宗教活动在社会公共领域须遵守国家的法律。可见，D项表述正确。

【答案】 C

例题拓展

例 10-10（多选）："社会的发展是法产生的社会根源。社会的发展，文明的进步，需要新的社会规范来解决社会资源有限与人的欲求无限之间的矛盾，解决社会冲突，分配社会资源，维持社会秩序。适应这种社会结构和社会需要，国家和法这一新的社会组织和社会规范就出现了。"对于以上阐述的理解，下列表述正确的是（　　）。

A. 社会不是以法律为基础，相反，法律应以社会为基础

B. 法律的起源与社会发展的进程基本一致

C. 法律产生的根本原因在于社会资源有限与人的欲求无限之间的矛盾

D. 解决社会冲突，分配社会资源，维持社会秩序属于法的规范作用

【讲解】 法是社会的产物，社会性质决定法律性质，社会物质生活条件最终决定着法律的本质。法律发展与社会发展的进程基本一致。国家以社会为基础，国家权力以社会力量为基础，国家法以社会法为基础，"纸上的法"以"活法"为基础。可见，A、B项表述正确。马克思主义法律观认为，私有制和商品经济的产生是法产生的经济根源，这是法产生的真正原因。阶级的产生是法产生的阶级根源。社会的发展是法产生的社会根源，需要新的社会规范来解决社会资源有限与人的欲求无限之间的矛盾。由此可见，马克思主义虽然承认"社会资源有限与人的欲求无限之间的矛盾"，但这并不是根本原因，根本原因在于私有制和商品经济（或者称之为社会物质生活条件）之间的矛盾。可见，C项表述错误。法的作用有规范作用和社会作用之分，解决社会冲突，分配社会资源，维持社会秩序属于法的社会作用。可见，D项表述错误。

【答案】 AB

例 10-11（单选）：孙某早年与妻子吕某离婚，儿子小强随吕某生活。小强 15 岁时，其祖父去世，孙某让小强参加葬礼而小强与祖父没有感情，加上吕某阻挡，未参加葬礼。从此，孙某就不再支付小强的抚养费。吕某和小强向当地法院起诉，请求责令孙某承担抚养费。在法庭上，孙某提出不承担抚养费用的理由是，小强不参加祖父葬礼属不孝之举，天理难容。法院没有采纳孙某的理由，而根据我国相关法律判决吕某和小强胜诉。对此，下列表述正确的是（　　）。

A. 孙某败诉表明法院判决不必考虑道德因素

B. 孙某败诉表明法院依法判决，没有将道德转化为法律义务

C. 吕某和法院之间形成实体法律关系

D. 法院的判决体现了对当事人的消极、否定的评价

【讲解】孙某败诉并不意味着法院判决不考虑道德因素，因为道德是法律的理论基础和价值基础，A 项表述错误。孙某提出不承担抚养费的理由是"小强不参加祖父的葬礼属于不孝之举，天理难容"，这是道德上的考虑；而法院根据法律作出判决，并没有采纳孙某的理由，这意味着法院没有将道德转化为法律义务，B 项表述正确。吕某和法院之间形成诉讼法律关系，而非实体法律关系，C 项表述错误。法院的判决体现了评价作用（效力性评价），但对吕某和小强的行为体现的是积极、肯定的评价，而对孙某的行为作出了消极的、否定的评价，D 项表述错误。

【答案】B

例 10-12（分析）：王某参加朋友李某婚礼期间，自愿帮忙接待客人。婚礼后王某返程途中遭遇车祸，住院治疗花去费用 1 万元。王某认为，参加婚礼并帮忙接待客人属于帮工行为，遂将李某诉至法院要求赔偿损失。法院审理认为，王某的行为属于由道德规范调整的情谊行为，不在法律的调整范围内。

请结合上述材料，运用法理学相关知识，回答下列问题：

（1）法律有哪些局限性？

（2）法院审理案件能否将道德规范作为裁判的理由？

（3）如何解决法与道德的冲突？

【参考答案】（1）法律的局限性体现在：①法律调整的范围是有限的。②法的特性与社会生活的现实之间存在着矛盾。③法的制定和实施受人的因素的制约。④法的实施受政治、经济、文化等社会因素的制约。正因为法律有上述局限性，法律不能调整所有的社会关系，针对该案中的情谊行为，法律则不宜调整，这表明了法律的局限性。

（2）在既有法律规则或法律原则的情况下，不能援引道德规范作出裁判，特别是在刑法领域，道德规范不能作为裁判依据。但法律与道德不能截然分开，法官往往参照道德规范进行价值判断。在特定情形下，道德规范可以作为裁判的理由，这在民商事领域体现明显，这里的特定情形包括：①没有法律规定可借助道德规范；②有法律规定但裁判结果不公正、不合理可借助道德规范。

（3）解决法律与道德在日常法律适用领域中冲突的措施主要有：①提高立法质量，尽量避免出现法律的漏洞，要最大限度地减少法律与道德进行不必要碰撞的概率。②在宣传法律过程中，对旧道德进行批判，使道德与法律尽量吻合。

例 10-13（分析）：材料 1：某国跨国甲公司发现中国乙公司申请注册的域名侵犯了甲公司的商标权，遂起诉要求乙公司撤销该域名注册。乙公司称，商标和域名是两个领域完全不同的概念，网络域名的注册和使用均不属于中国《商标法》的调整范围。法院认为，两国均为《巴黎公约》成员国，应当根据中国法律和该公约处理注册纠纷。法院同时认为，对驰名商标的权利保障应当扩展到网络空间，故乙公司的行为侵犯了甲公司的商标专用权。

材料 2：科学技术的发展对法律适用产生重大影响。例如，1905 年，英国伦敦破获一起凶杀案，被公认为世界上第一个用指纹来确定罪犯的案例。再如，美国一家公司开发出了一种神经网络计算机系统，能够从成千上万的人中间准确无误地辨认出银行抢劫犯。又如，国际商业贸易企业之间正频繁地使用电子信息交换（EDI）来传送信息，关于这种信息的证据力问题已经引起司法界的关注和讨论。

请结合上述材料，运用法理学相关知识，回答下列问题：

（1）结合材料 1 说明科技对法的影响和法对科技的作用。

（2）结合材料 2 说明科技对司法的影响。

【参考答案】（1）材料 1 中，法院对驰名商标的权利保障扩展到网络空间，这表明：①科技发展影响了法律的调整范围，也对传统法律领域的认定产生影响。②科技发展影响到法律推理，将驰

名商标的权利保障扩展到域名，对法律推理方式产生影响。③法院通过判决乙公司的行为构成侵权，抑制了侵权行为的发生，这表明，在知识经济时代，法律对科技活动和科技发展所引发的各种侵权行为起到抑制和预防作用。

（2）材料2中，各类事例体现了科技对司法中的事实认定和法律适用的影响。指纹认定、神经网络计算机系统的应用表明科技发展对司法过程中事实认定的影响；而电子信息交换在司法领域中的应用，增强了证据认定能力，推动了法律适用的扩展。

例 10－14（分析）： 中华法律文化中有"天理、国法、人情"的要求，它要求法律与道德、法律效果与社会效果相统一。中华法律文化中有"天理、国法、人情"的要求也是建设中国特色社会主义法治体系、建设社会主义法治国家的题中之义。在现实社会的司法、执法实践中，一些影响性裁判、处罚决定公布后，有的深获广大公众认同，取得良好的社会效果，有的则与社会公众较普遍的认识有相当的距离。

请分析：

（1）依据"天理、国法、人情"的要求，分析法律与道德的关系及该要求的意义。

（2）联系实际说明为什么要实现法律效果与社会效果的统一？

（3）如何保证公正司法？

【参考答案】（1）中华法律文化中的"天理、国法、人情"三者密切相关，背后是法律效果与社会效果不可分离。天理离不开国法，法律无外乎人情。以天理与国法来体现人情与道德的理念，以天理与国法来保障人情与道德，实现天理、国法和人情、道德相辅相成，天理、法理和人情、道德相得益彰。

（2）如果司法不公，人心不服，小康社会就没有办法实现。现实中，如于欢案等，一些裁判、处罚决定公布后，有的深受广大公众认可，取得良好的社会效果，有的则与社会公众较普遍的认识有相当距离，需要实现法律效果和社会效果的统一。

（3）保证公正司法：①完善确保依法独立行使审判权和检察权的制度。②优化司法职权配置。③推进严格司法。④保障人民群众参与司法。⑤加强人权司法保障。⑥加强对司法活动的监督。

第四部分　中国宪法学

专题一　宪法的基本原则

※【重点难点】宪法原则包括人民主权原则、基本人权原则、法治原则和权力制衡原则。

例 1-1（多选）：下列选项中，体现了我国宪法规定的权力制约原则的是（　　）。

A. 全国人大和地方各级人大由民主选举产生，对人民负责，受人民监督

B. 法院、检察院和公安机关办理刑事案件，应当分工负责，互相配合，互相制约

C. 地方各级人大及其常委会依法对"一府两院"进行监督

D. 国家尊重和保障人权

【讲解】全国人大和地方各级人大由民主选举产生，对人民负责，受人民监督，这体现的是人民对国家权力的监督，选 A 项。法院、检察院和公安机关办理刑事案件，应当分工负责，互相配合，互相制约，这体现的是不同国家机关之间的分权与监督，选 B 项。地方各级人大及其常委会依法对"一府两院"进行监督，这体现的是国家权力机关对一府两院的监督，选 C 项。国家尊重和保障人权，这体现的是基本人权原则，而非权力制约原则，不选 D 项。

【答案】ABC

※【重点难点】法治原则。（1）法治原则的内容包括宪法优位、法律保留和审判独立。（2）下列事项只能制定法律：①国家主权的事项；②各级人民代表大会、人民政府、人民法院和人民检察院的产生、组织和职权；③民族区域自治制度、特别行政区制度、基层群众自治制度；④犯罪和刑罚；⑤对公民政治权利的剥夺、限制人身自由的强制措施和处罚；⑥税种的设立、税率的确定和税收征收管理等税收基本制度；⑦对非国有财产的征收、征用；⑧民事基本制度；⑨基本经济制度以及财政、海关、金融和外贸的基本制度；⑩诉讼和仲裁制度；⑪必须由全国人民代表大会及其常务委员会制定法律的其他事项。上述事项尚未制定法律的，全国人民代表大会及其常务委员会有权作出决定，授权国务院可以根据实际需要，对其中的部分事项先制定行政法规，但是有关犯罪和刑罚、对公民政治权利的剥夺和限制人身自由的强制措施和处罚、司法制度等事项除外。

例 1-2（单选）：下列专属立法事项中，全国人大常委会可授权国务院制定行政法规的是（　　）。

A. 犯罪和刑罚　　　　　　　　　　B. 对公民政治权利的剥夺

C. 金融和外贸的基本制度　　　　　D. 司法制度

【讲解】根据《立法法》第 9 条的规定，对于法律保留中的事项，全国人民代表大会及其常务委员会有权作出决定，授权国务院可以根据实际需要，对其中的部分事项先制定行政法规，但是有关犯罪和刑罚、对公民政治权利的剥夺和限制人身自由的强制措施和处罚、司法制度等事项除外。

据此，只有 C 项表述的金融和外贸的基本制度可授权国务院制定行政法规，选 C 项。

【答案】 C

例题拓展

例 1 - 3（多选）：我国宪法规定了"一切权力属于人民"的原则。对此，下列理解正确的是（　　）。

A. 国家的一切权力来自人民，并且属于人民

B. "一切权力属于人民"仅体现在直接选举制度之中

C. 我国的人民代表大会制度以"一切权力属于人民"为前提

D. "一切权力属于人民"贯穿于我国国家和社会生活的各个领域

【讲解】 国家的一切权力来自人民，并且属于人民，A 项表述正确。人民通过选举人大代表来行使国家权力，我国选举包括直接选举和间接选举，B 项表述错误。人民主权原则是人民代表大会制度的前提，贯穿于国家和社会生活的各个领域，C、D 项表述正确。

【答案】 ACD

专题二　违宪审查制

※**【重点难点】** 违宪审查模式。（1）普通法院模式。美国联邦最高法院在 1803 年的马伯里诉麦迪逊一案创立了普通法院的违宪审查模式。日本、加拿大、澳大利亚，以及墨西哥、阿根廷、巴西、智利等拉丁美洲国家等效法，建立起普通法院实施违宪审查的模式。（2）专门机关模式。专门机关模式即成立专门的机关行使违宪审查权的模式。如欧洲大陆国家的宪法法院和法国的宪法委员会。近现代的违宪审查机构，有的国家称为宪法法院，奥地利于 1920 年设立宪法法院，是最早设置宪法法院作为违宪审查机关的国家，之后，德国、意大利、西班牙、俄罗斯、波兰、韩国等国采纳。有的国家称为宪法委员会，比如法国。（3）立法机关模式。立法机关模式就是由立法机关行使违宪审查权的模式。立法机关模式最先产生于英国，我国也采取这一模式，即全国人大及其常委会行使宪法监督的职权。

例 2 - 1（单选）：下列关于违宪审查体制的表述，正确的是（　　）。

A. 普通司法机关违宪审查体制起源于法国 1799 年设立的护法元老院

B. 宪法法院和宪法委员会是专门机关负责保障宪法实施体制的主要形式

C. 我国负责保障宪法实施的专门机关是全国人民代表大会宪法和法律委员会

D. 宪法法院的权限限于对法律、法规抽象的审查权

【讲解】 普通司法机关违宪审查体制起源于美国，美国于 1803 年通过马伯里诉麦迪逊一案确立了由普通法院审查法律是否违反联邦宪法的违宪审查体制，A 项表述错误。专门机关的违宪审查体制包括宪法法院和宪法委员会两种模式，B 项表述正确。我国负责保障宪法实施的机关是全国人大及其常委会，C 项表述错误。宪法法院的权限不限于对法律、法规抽象的审查权，比如，德国宪法法院的权限还包括诸如裁判有关宪法问题的案件；审理和裁决因联邦总统故意违反联邦基本法或其他法律的行为而提起的弹劾案以及联邦议员的申诉案等。可见，D 项表述错误。

【答案】 B

※**【重点难点】** 违宪审查方式。（1）事先审查。事先审查是法律、法规或其他的法律文件在发生法律效力前，或行为还没有实施前，由特定的机关所作的一般性的预防性审查。我国对自治条例

和单行条例的审查属于事先审查。即：民族自治地方的人民代表大会有权依照当地民族的政治、经济和文化的特点，制定自治条例和单行条例。自治区的自治条例和单行条例，报全国人民代表大会常务委员会批准后生效。自治州、自治县的自治条例和单行条例，报省或者自治区的人民代表大会常务委员会批准后生效，并报全国人民代表大会常务委员会备案。（2）事后审查。事后审查是指法律、法规或其他的法律文件在发生法律效力后，或者行为已经实施后，由特定的机关所作的具体审查。事后审查主要有附带性审查和宪法控诉。我国没有附带性审查和宪法控诉，但存在事后审查（对抽象的规范性文件的合宪性审查）。

例 2-2（多选）： 根据我国宪法和法律的规定，下列说法正确的是（　　　）。

A. 地方性法规报全国人大常委会和国务院备案，属于事后审查

B. 自治区人大制定的自治条例报全国人大常委会批准后生效，属于事先审查

C. 全国人大常委会应国务院的书面审查要求对某地方性法规进行审查，属于附带性审查

D. 全国人大常委会只有在相关主体提出对某规范性文件进行审查要求或建议时才启动审查程序

【讲解】 在我国，事后审查主要是指"法律文件的备案"。根据《立法法》第 98 条第 2 项的规定，省、自治区、直辖市的人民代表大会及其常务委员会制定的地方性法规，报全国人民代表大会常务委员会和国务院备案。可见，A 项表述正确。在我国，事先审查主要是指"法律文件的批准"。《宪法》第 116 条规定，民族自治地方的人民代表大会有权依照当地民族的政治、经济和文化的特点，制定自治条例和单行条例。自治区的自治条例和单行条例，报全国人民代表大会常务委员会批准后生效。自治州、自治县的自治条例和单行条例，报省或者自治区的人民代表大会常务委员会批准后生效，并报全国人民代表大会常务委员会备案。据此，自治区人大制定的自治条例须报全国人大常委会批准后生效。可见，B 项表述正确。附带性审查是指司法机关在审理案件过程中，因提出对所适用的法律、法规和规范性文件是否违宪的问题，而对该法律、法规和规范性文件所进行的合宪性审查。附带性审查存在于以美国为代表的普通司法机关进行违宪审查的模式中，我国不存在这种违宪审查模式，C 项表述错误。全国人大常委会可以主动启动违宪审查程序，其具体流程是：全国人大各专门委员会或者全国人大常委会法制工作机构发现相关文件违反宪法、法律，可以主动进行审查。可见，D 项表述错误。

【答案】 AB

※**【重点难点】** 我国违宪审查（含合法性审查）的适用程序。（1）宪法具有最高的法律效力，一切法律、行政法规、地方性法规、自治条例和单行条例、规章都不得同宪法相抵触。（2）法律的效力高于行政法规、地方性法规、规章。行政法规的效力高于地方性法规、规章。（3）地方性法规的效力高于本级和下级地方政府规章。省、自治区的人民政府制定的规章的效力高于本行政区域内的设区的市、自治州的人民政府制定的规章。（4）自治条例和单行条例依法对法律、行政法规、地方性法规作变通规定的，在本自治地方适用自治条例和单行条例的规定。经济特区法规根据授权对法律、行政法规、地方性法规作变通规定的，在本经济特区适用经济特区法规的规定。（5）部门规章之间、部门规章与地方政府规章之间具有同等效力，在各自的权限范围内施行。（6）同一机关制定的法律、行政法规、地方性法规、自治条例和单行条例、规章，特别规定与一般规定不一致的，适用特别规定；新的规定与旧的规定不一致的，适用新的规定。（7）法律、行政法规、地方性法规、自治条例和单行条例、规章不溯及既往，但为了更好地保护公民、法人和其他组织的权利和利益而作的特别规定除外。（8）法律之间对同一事项的新的一般规定与旧的特别规定不一致，不能确定如何适用时，由全国人民代表大会常务委员会裁决。行政法规之间对同一事项的新的一般规定与旧的特别规定不一致，不能确定如何适用时，由国务院裁决。（9）地方性法规、规章之间不一致时，由有关机关依照下列规定的权限作出裁决：同一机关制定的新的一般规定与旧的特别规定不一致时，由制定机关裁决。地方性法规与部门规章之间对同一事项的规定不一致，不能确定如何适用时，由国务院提出意见，国务院认为应当适用地方性法规的，应当决定在该地方适用地方性法规的规定；认为应当适用部门规章的，应当提请全国人民代表大会常务委员会裁决。部门规章之间、部

门规章与地方政府规章之间对同一事项的规定不一致时，由国务院裁决。根据授权制定的法规与法律规定不一致，不能确定如何适用时，由全国人民代表大会常务委员会裁决。

例 2-3（单选）：某设区的市的市政府制定了《关于加强环境保护的决定》。关于该决定，下列理解正确的是（　　）。

A. 市人大常委会认为该决定不适当，可以提请上级人大常委会撤销

B. 法院在审理案件时发现该决定与上位法不一致，可以作出司法解释

C. 该决定与生态环境部制定的有关环境保护的规定具有同等法律效力

D. 该决定与生态环境部制定的有关环境保护的规定之间对同一事项的规定不一致时，由国务院送请全国人大常委会裁决

【讲解】《立法法》第97条第5项规定，地方人民代表大会常务委员会有权撤销本级人民政府制定的不适当的规章。据此，市人大常委会有权直接将该市政府规章撤销，而无须提请上级人大常委会，A项表述错误。司法解释是指最高司法机关针对法律的具体应用问题作出的有普遍法律约束力的解释。可见，司法解释须由"最高人民法院"或者"最高人民检察院"作出，且司法解释的对象是"法律"，不包括"政府规章"，B项表述错误。对于B项，需要补充说明的是，法院发现地方性法规与上位法的规定不一致，可以直接根据"上位法优先于下位法"的原则来确定适用"上位法"，也可以向有关机关提出审查建议。《立法法》第91条规定，部门规章之间、部门规章与地方政府规章之间具有同等效力，在各自的权限范围内施行。据此，C项表述正确。《立法法》第95条第1款第3项规定，部门规章之间、部门规章与地方政府规章之间对同一事项的规定不一致时，由国务院裁决。据此，D项表述错误。

【答案】C

※ **【重点难点】**我国违宪审查（含合法性审查）的备案审查程序。就抽象的规范性法律文件而言，我国违宪审查对象包括法律、行政法规、地方性法规、自治条例和单行条例、规章、经济特区法规和司法解释。（1）行政法规、地方性法规、自治条例和单行条例、规章应当在公布后的30日内依照下列规定报有关机关备案：①行政法规报全国人民代表大会常务委员会备案。②省、自治区、直辖市的人民代表大会及其常务委员会制定的地方性法规，报全国人民代表大会常务委员会和国务院备案；设区的市、自治州的人民代表大会及其常务委员会制定的地方性法规，由省、自治区的人民代表大会常务委员会报全国人民代表大会常务委员会和国务院备案。③自治州、自治县的人民代表大会制定的自治条例和单行条例，由省、自治区、直辖市的人民代表大会常务委员会报全国人民代表大会常务委员会和国务院备案；自治条例、单行条例报送备案时，应当说明对法律、行政法规、地方性法规作出变通的情况。④部门规章和地方政府规章报国务院备案；地方政府规章应当同时报本级人民代表大会常务委员会备案；设区的市、自治州的人民政府制定的规章应当同时报省、自治区的人民代表大会常务委员会和人民政府备案。⑤根据授权制定的法规应当报授权决定规定的机关备案；经济特区法规报送备案时，应当说明对法律、行政法规、地方性法规作出变通的情况。（2）最高人民法院、最高人民检察院作出的属于审判、检察工作中具体应用法律的解释，应当主要针对具体的法律条文，并符合立法的目的、原则和原意。遇有《立法法》第45条第2款规定情况的，应当向全国人民代表大会常务委员会提出法律解释的要求或者提出制定、修改有关法律的议案。最高人民法院、最高人民检察院作出的属于审判、检察工作中具体应用法律的解释，应当自公布之日起30日内报全国人民代表大会常务委员会备案。

例 2-4（多选）：下列选项中，应当报全国人大常委会备案的有（　　）。

A. 国务院制定的行政法规

B. 省、自治区、直辖市人大及其常委会制定的地方性法规

C. 自治州、自治县人大制定的自治条例和单行条例

D. 最高人民法院、最高人民检察院作出的司法解释

【讲解】根据《立法法》第98条的规定，行政法规报全国人民代表大会常务委员会备案；省、自治区、直辖市的人民代表大会及其常务委员会制定的地方性法规，报全国人民代表大会常务委员

会和国务院备案；自治州、自治县的人民代表大会制定的自治条例和单行条例，由省、自治区、直辖市的人民代表大会常务委员会报全国人民代表大会常务委员会和国务院备案。据此，选 A、B、C 项。根据《立法法》第 104 条第 2 款的规定，最高人民法院、最高人民检察院作出的属于审判、检察工作中具体应用法律的解释，应当自公布之日起 30 日内报全国人民代表大会常务委员会备案。据此，D 项表述正确。

【答案】ABCD

※【重点难点】我国违宪审查（含合法性审查）的启动和受理。国务院、中央军事委员会、最高人民法院、最高人民检察院和各省、自治区、直辖市的人民代表大会常务委员会认为行政法规、地方性法规、自治条例和单行条例同宪法或者法律相抵触的，可以向全国人民代表大会常务委员会书面提出进行审查的要求，由常务委员会工作机构分送有关的专门委员会进行审查、提出意见。上述规定以外的其他国家机关和社会团体、企业事业组织以及公民认为行政法规、地方性法规、自治条例和单行条例同宪法或者法律相抵触的，可以向全国人民代表大会常务委员会书面提出进行审查的建议，由常务委员会工作机构进行研究，必要时，送有关的专门委员会进行审查、提出意见。

例 2-5（多选）：关于规范性法律文件的备案审查制度，下列表述正确的是（　　）。

A. 全国人大各专门委员会可以对报送备案的规范性文件进行主动审查

B. 某公民认为某自治区人大制定的自治条例违反宪法规定，可以向全国人大常委会书面提出违宪审查要求

C. 某省的高级人民法院在审理案件中认为该省制定的地方性法规违反宪法规定，可以裁定该省地方性法规无效

D. 自治县人大制定的自治条例和单行条例应当按程序报全国人大常委会和国务院备案

【讲解】《立法法》第 99 条第 3 款规定，有关的专门委员会和常务委员会工作机构可以对报送备案的规范性文件进行主动审查。据此，A 项表述正确。《立法法》第 99 条第 1、2 款规定，国务院、中央军事委员会、最高人民法院、最高人民检察院和各省、自治区、直辖市的人民代表大会常务委员会认为行政法规、地方性法规、自治条例和单行条例同宪法或者法律相抵触的，可以向全国人民代表大会常务委员会书面提出进行审查的要求，由常务委员会工作机构分送有关的专门委员会进行审查、提出意见。前款规定以外的其他国家机关和社会团体、企业事业组织以及公民认为行政法规、地方性法规、自治条例和单行条例同宪法或者法律相抵触的，可以向全国人民代表大会常务委员会书面提出进行审查的建议，由常务委员会工作机构进行研究，必要时，送有关的专门委员会进行审查、提出意见。据此，某公民认为某自治区人大制定的自治条例违反宪法规定，可以向全国人大常委会书面提出违宪审查"建议"，而非"要求"。可见，B 项表述错误。我国各级法院没有抽象文件的违宪审查权，C 项表述错误。《宪法》第 116 条规定，民族自治地方的人民代表大会有权依照当地民族的政治、经济和文化的特点，制定自治条例和单行条例。自治区的自治条例和单行条例，报全国人民代表大会常务委员会批准后生效。自治州、自治县的自治条例和单行条例，报省或者自治区的人民代表大会常务委员会批准后生效，并报全国人民代表大会常务委员会备案。据此，自治县人大制定的自治条例和单行条例需要省级人大常委会批准（因此不用再到省级人大常委会备案），省级人大常委会的上位法制定机关是全国人大常委会和国务院，因此须报全国人大常委会和国务院备案，D 项表述正确。

【答案】AD

※【重点难点】我国的违宪审查（含合法性审查）程序。（1）有关的专门委员会和常务委员会工作机构可以对报送备案的规范性文件进行主动审查。上述审查程序是对规范性法律文件的事后主动审查，无须相应机构或其他组织、公民等提出违宪审查要求或建议。（2）全国人民代表大会专门委员会、常务委员会工作机构在审查、研究中认为行政法规、地方性法规、自治条例和单行条例同宪法或者法律相抵触的，可以向制定机关提出书面审查意见、研究意见；也可以由宪法和法律委员会与有关的专门委员会、常务委员会工作机构召开联合审查会议，要求制定机关到会说明情况，再向制定机关提出书面审查意见。制定机关应当在 2 个月内研究提出是否修改的意见，并向全国人民

代表大会宪法和法律委员会和有关的专门委员会或者常务委员会工作机构反馈。上述审查程序既可以是事后主动审查，也可以是事后被动审查。

例2-6（多选）： 下列关于抽象性文件审查程序的表述，正确的是（　　）。

A. 全国人大有关的专门委员会可以对报备文件进行主动审查

B. 全国人大专门委员会认为行政法规与宪法相抵触的，应当组织召开联合审查会议

C. 全国人大宪法和法律委员会认为地方性法规与宪法相抵触的，有权撤销

D. 全国人大有关的专门委员会应当按照规定要求，将审查、研究情况向提出审查建议的公民反馈，并可以向社会公开

【讲解】《立法法》第99条第3款规定，有关的专门委员会和常务委员会工作机构可以对报送备案的规范性文件进行主动审查。据此，A项表述正确。《立法法》第100条规定，全国人民代表大会专门委员会、常务委员会工作机构在审查、研究中认为行政法规、地方性法规、自治条例和单行条例同宪法或者法律相抵触的，可以向制定机关提出书面审查意见、研究意见；也可以由宪法和法律委员会与有关的专门委员会、常务委员会工作机构召开联合审查会议，要求制定机关到会说明情况，再向制定机关提出书面审查意见。据此，全国人大专门委员会认为行政法规与宪法相抵触的，可以向制定机关提出书面审查意见、研究意见；也可以由宪法和法律委员会组织召开联合审查会议。可见，B项表述错误。全国人大宪法和法律委员会受全国人大及其常委会领导，不能独立行使职权，C项表述错误。《立法法》第101条规定，全国人民代表大会有关的专门委员会和常务委员会工作机构应当按照规定要求，将审查、研究情况向提出审查建议的国家机关、社会团体、企业事业组织以及公民反馈，并可以向社会公开。据此，D项表述正确。

【答案】 AD

※**【重点难点】** 我国违宪审查的结果。（1）修改、废止、撤销。全国人民代表大会专门委员会、常务委员会工作机构在审查、研究中认为行政法规、地方性法规、自治条例和单行条例同宪法或者法律相抵触的，可以向制定机关提出书面审查意见、研究意见；也可以由法律委员会与有关的专门委员会、常务委员会工作机构召开联合审查会议，要求制定机关到会说明情况，再向制定机关提出书面审查意见。制定机关应当在2个月内研究提出是否修改的意见，并向全国人民代表大会宪法和法律委员会和有关的专门委员会或者常务委员会工作机构反馈。全国人民代表大会宪法和法律委员会、有关的专门委员会、常务委员会工作机构根据上述规定，向制定机关提出审查意见、研究意见，制定机关按照所提意见对行政法规、地方性法规、自治条例和单行条例进行修改或者废止的，审查终止。全国人民代表大会宪法和法律委员会、有关的专门委员会、常务委员会工作机构经审查、研究认为行政法规、地方性法规、自治条例和单行条例同宪法或者法律相抵触而制定机关不予修改的，应当向委员长会议提出予以撤销的议案、建议，由委员长会议决定提请常务委员会会议审议决定。全国人民代表大会有关的专门委员会和常务委员会工作机构应当按照规定要求，将审查、研究情况向提出审查建议的国家机关、社会团体、企业事业组织以及公民反馈，并可以向社会公开。（2）改变和撤销。法律、行政法规、地方性法规、自治条例和单行条例、规章有下列情形之一的，由有关机关予以改变或者撤销：超越权限的；下位法违反上位法规定的；规章之间对同一事项的规定不一致，经裁决应当改变或者撤销一方的规定的；规章的规定被认为不适当，应当予以改变或者撤销的；违背法定程序的。改变或者撤销法律、行政法规、地方性法规、自治条例和单行条例、规章的权限是：全国人民代表大会有权改变或者撤销它的常务委员会制定的不适当的法律，有权撤销全国人民代表大会常务委员会批准的自治条例和单行条例；全国人民代表大会常务委员会有权撤销同宪法和法律相抵触的行政法规，有权撤销同宪法、法律和行政法规相抵触的地方性法规，有权撤销省、自治区、直辖市的人民代表大会常务委员会批准的自治条例和单行条例；国务院有权改变或者撤销不适当的部门规章和地方政府规章；省、自治区、直辖市的人民代表大会有权改变或者撤销它的常务委员会制定的和批准的不适当的地方性法规；地方人民代表大会常务委员会有权撤销本级人民政府制定的不适当的规章；省、自治区的人民政府有权改变或者撤销下一级人民政府制定的不适当的规章；授权机关有权撤销被授权机关制定的超越授权范围或者违背授权目的的法规，

必要时可以撤销授权。

例 2 - 7（单选）：关于改变或者撤销的权限，下列表述正确的是（　　）。

A. 全国人大有权改变和撤销全国人大常委会批准的违背宪法和法律相关规定的自治条例和单行条例

B. 省、自治区、直辖市人大有权改变或者撤销其常委会制定和批准的不适当的地方性法规

C. 地方人大常委会有权改变或者撤销本级人民政府制定的不适当的规章

D. 省、自治区的人民政府有权改变或者撤销设区的市的人大制定的地方性法规

【讲解】《立法法》第 97 条第 1 项规定，全国人民代表大会有权改变或者撤销它的常务委员会制定的不适当的法律，有权撤销全国人民代表大会常务委员会批准的违背宪法和本法第 75 条第 2 款规定的自治条例和单行条例。《立法法》第 75 条第 2 款规定，自治条例和单行条例可以依照当地民族的特点，对法律和行政法规的规定作出变通规定，但不得违背法律或者行政法规的基本原则，不得对宪法和民族区域自治法的规定以及其他有关法律、行政法规专门就民族自治地方所作的规定作出变通规定。据此，全国人大有权改变或者撤销它的常务委员会制定的不适当的法律，但全国人大只能"撤销"全国人大常委会批准的违背宪法和法律相关规定的自治条例和单行条例，A 项表述错误。《立法法》第 97 条第 4 项规定，省、自治区、直辖市的人民代表大会有权改变或者撤销它的常务委员会制定的和批准的不适当的地方性法规。据此，B 项表述正确。《立法法》第 97 条第 5 项规定，地方人民代表大会常务委员会有权撤销本级人民政府制定的不适当的规章。据此，地方人大常委会只能"撤销"本级人民政府制定的不适当的规章，C 项表述错误。关于设区的市的人大及其常委会制定的地方性法规和省、自治区政府制定的规章的效力，《立法法》没有明确规定，但《立法法》第 72 条第 3 款规定，省、自治区的人民代表大会常务委员会在对报请批准的设区的市的地方性法规进行审查时，发现其同本省、自治区的人民政府的规章相抵触的，应当作出处理决定。据此，设区的市的人大及其常委会制定的地方性法规与省、自治区政府制定的规章发生抵触，应由省、自治区人大常委会处理，而不是改变和撤销。可见，D 项表述错误。

【答案】B

※ **【重点难点】**我国的宪法宣誓制度。（1）全国人大及其常委会、国务院、中央军委、国家监察委员会、最高人民法院、最高人民检察院等中央国家机关和县级以上人大及其常委会、人民政府、监察委员会、人民法院、人民检察院等县级以上地方国家机构选出或任命的国家工作人员在就职时应当公开进行宪法宣誓。（2）宣誓的誓词为："我宣誓：忠于中华人民共和国宪法，维护宪法权威，履行法定职责，忠于祖国、忠于人民，恪尽职守、廉洁奉公，接受人民监督，为建设富强民主文明和谐美丽的社会主义现代化强国努力奋斗！"（3）2018 年宪法修正案在《宪法》第 27 条增加一款作为第 3 款，明确规定："国家工作人员就职时应当依照法律规定公开进行宪法宣誓。"这是以根本法的形式确立了宪法宣誓制度。

例 2 - 8（多选）：关于我国宪法宣誓制度，下列表述正确的是（　　）。

A. 我国以根本法的形式确立了宪法宣誓制度

B. 宪法宣誓制度有助于维护宪法的权威

C. 宪法宣誓主体限于各级政府、法院和检察院

D. 最高人民法院副院长、审判委员会委员进行宪法宣誓由最高人民法院组织

【讲解】《宪法》第 27 条第 3 款规定，国家工作人员就职时应当依照法律规定公开进行宪法宣誓。据此，A 项表述正确。宪法宣誓制度的建立有利于维护宪法的最高法律地位、法律权威和法律效力，有利于激励和教育国家工作人员忠于宪法、维护宪法，是我国宪法实施制度完善的最新发展。可见，B 项表述正确。《全国人民代表大会常务委员会关于实行宪法宣誓制度的决定》第 1 条规定，各级人大及县级以上各级人大常委会选举或者决定任命的国家工作人员，以及各级人民政府、监察委员会、人民法院、人民检察院任命的国家工作人员，在就职时应当公开进行宪法宣誓。可见，C 项表述错误。上述《决定》第 6 条规定，全国人民代表大会常务委员会任命或者决定任命的最高人民法院副院长、审判委员会委员、庭长、副庭长、审判员和军事法院院长，最高人民检察

院副检察长、检察委员会委员、检察员和军事检察院检察长，中华人民共和国驻外全权代表，在依照法定程序产生后，进行宪法宣誓。宣誓仪式由最高人民法院、最高人民检察院、外交部分别组织。据此，D 项表述正确。

【答案】ABD

 例题拓展

例 2-9（单选）：根据《立法法》规定，下列表述正确的是（   ）。

A. 设区的市、自治州的人大有权改变或者撤销其常委会制定的地方性法规

B. 全国人大常委会可授权国务院设定限制人身自由的强制措施和处罚

C. 最高人民法院的司法解释应当自公布之日起 30 日内报全国人大宪法和法律委员会备案

D. 没有法律或者国务院的行政法规、决定、命令的依据，部门规章不得设定减损公民、法人和其他组织权利或者增加其义务的规范

【讲解】设区的市、自治州的人大常委会制定的地方性法规，不能由同级的人大改变或者撤销，只能由省级人大改变或者撤销。这是因为，设区的市、自治州的人大常委会制定的地方性法规，须报省级人大常委会批准。对于上级人大常委会批准的法规，下级人大当然无权改变或者撤销。可见，A 项表述错误。根据《立法法》第 8 条的规定，限制人身自由的强制措施和处罚属于法律保留事项，且属于不得授权事项，B 项表述错误。《立法法》第 104 条第 2 款规定，最高人民法院、最高人民检察院作出的属于审判、检察工作中具体应用法律的解释，应当自公布之日起 30 日内报全国人民代表大会常务委员会备案。据此，C 项表述错误。《立法法》第 80 条第 2 款规定，部门规章规定的事项应当属于执行法律或者国务院的行政法规、决定、命令的事项。没有法律或者国务院的行政法规、决定、命令的依据，部门规章不得设定减损公民、法人和其他组织权利或者增加其义务的规范，不得增加本部门的权力或者减少本部门的法定职责。据此，D 项表述正确，选 D 项。

【答案】D

例 2-10（分析）：2003 年发生于广州的孙志刚案，引发了 3 位法学博士以公民的名义向全国人大常委会递交建议书，建议对国务院颁布的《城市流浪乞讨人员收容遣送办法》进行审查。随后，5 位法学界人士也以公民的名义，向全国人大常委会提交就孙志刚案及收容遣送制度实施状况启动特别调查程序建议书。两部分人士的建议书都要求全国人大常委会对收容遣送制度进行违宪审查。

请结合上述材料，根据我国宪法和法律，回答下列问题：

（1）《城市流浪乞讨人员收容遣送办法》公布后，应如何备案？

（2）你认为对收容遣送制度应当进行违宪审查还是进行违法审查？为什么？

（3）两部分人士的建议书都要求违宪审查，全国人大常委会应如何处理？

【参考答案】（1）《城市流浪乞讨人员收容遣送办法》属于行政法规，公布后应当报全国人民代表大会常务委员会备案。

（2）收容遣送办法实际上既违宪，又违法。由于法律体系内部存在分工，在收容遣送办法既违反宪法又违反法律时，应当援引下位法（上位法与下位法的规定不存在冲突时），否则下位法的规定就成为多余。此外，宪法为原则性规定，不能被司法机关适用，因此宪法必须经过立法机关"法律化"，才能被适用。

（3）全国人大常委会收到审查建议后，由常委会工作机构进行研究，必要时，送有关的专门委员会进行审查、提出意见。全国人大专门委员会、常委会工作机构可以向制定机关提出书面审查意见、研究意见。制定机关根据上述意见对该条例进行修改或废止，审查终止；制定机关不予修改的，提请全国人大常委会审议决定。全国人大专门委员会和常委会工作机构应当将审查研究情况向两部分人士反馈。

专题三　选举制度

※【重点难点】选举制度的基本原则。（1）选举权的普遍性原则。（2）选举权的平等性原则。（3）直接选举与间接选举并用的原则。（4）差额选举原则。（5）秘密投票的原则。

例3-1（多选）：某省人大选举实施办法中规定："本行政区域各选区每一代表所代表的人口数应当大体相等。各选区每一代表所代表的人口数与本行政区域内每一代表所代表的平均人口数之间相差的幅度一般不超过百分之三十。"关于这一规定，下列说法正确的是（　　）。

A. 该规定是选举权的平等原则在选区划分中的具体体现

B. "大体相等"允许每一代表所代表的人口数之间存在差别

C. "百分之三十"的规定是对前述"大体相等"的进一步限定

D. 该规定不保证各地区、各民族、各方面都有适当数量的代表

【讲解】选举权平等性原则的要求有：（1）除法律有特别的规定外，选民平等地享有选举权和被选举权。（2）在一次选举中，选民平等地拥有投票权。（3）每一代表所代表的选民的人数相同。本行政区域内各选区每一代表所代表的人口数应当大体相等。根据我国国体、政体的实际情况，实行城乡按相同人口比例选举人大代表，应当体现以下原则要求：①保障公民都享有平等的选举权，实行城乡按相同人口比例选举代表，体现人人平等；②保障各地方在国家权力机关有平等的参与权，各行政区域不论人口多少，都应有相同的基本名额数，都能选举一定的数量的代表，体现地区平等；③允许合理差别：保障各民族都有适当数量的代表，人口再少的民族，也要有一名代表，体现民族平等。题干规定的是选举平等的具体实施办法，A项表述正确。"大体相等"并非绝对相等，允许存在合理差别，B项表述正确。该实施办法中规定了"百分之三十"，即差别幅度不能超过百分之三十，是对"大体相等"的进一步限制，C项表述正确。为了提升人大代表的广泛性，还要保证各地区、各民族和各方面都有一定数量的代表，D项表述错误。

【答案】ABC

※【重点难点】选举的组织机构。在实行间接选举的地方，由本级人大常委会主持选举。在实行直接选举的地方，设立选举委员会主持本级人大的选举。县级以上的地方各级人民代表大会在选举上一级人民代表大会代表时，由各该级人民代表大会主席团主持。

例3-2（单选）：根据选举法和相关法律的规定，关于选举的主持机构，下列表述正确的是（　　）。

A. 乡镇选举委员会的组成人员由不设区的市、市辖区、县、自治县的人大常委会任命

B. 县级人大常委会主持本级人大代表的选举

C. 省人大在选举全国人大代表时，由省人大常委会主持

D. 选举委员会的组成人员为代表候选人的，应当向选民说明情况

【讲解】《选举法》第9条第1款规定，不设区的市、市辖区、县、自治县的选举委员会的组成人员由本级人民代表大会常务委员会任命。乡、民族乡、镇的选举委员会的组成人员由不设区的市、市辖区、县、自治县的人民代表大会常务委员会任命。据此，A项表述正确，选A项。《选举法》第8条第2款规定，不设区的市、市辖区、县、自治县、乡、民族乡、镇设立选举委员会，主持本级人民代表大会代表的选举。不设区的市、市辖区、县、自治县的选举委员会受本级人民代表大会常务委员会的领导。乡、民族乡、镇的选举委员会受不设区的市、市辖区、县、自治县的人民代表大会常务委员会的领导。据此，B项表述错误。《选举法》第38条规定，县级以上的地方各级人民代表大会在选举上一级人民代表大会代表时，由各该级人民代表大会主席团主持。据此，C项表述错误。《选举法》第9条第2款规定，选举委员会的组成人员为代表候选人的，应当辞去选举委员会的职务。据此，D项表述错误。

【答案】A

例 3-3（多选）：关于选举机构，下列表述正确的有（　　　）。

A. 特别行政区全国人大代表的选举由特别行政区立法会主持

B. 省、自治区、直辖市、设区的市、自治州的人大常委会指导本行政区域内县级以下人大代表的选举

C. 乡、民族乡、镇的选举委员会受不设区的市、市辖区、县、自治县的人大常委会的领导

D. 选举委员会对依法提出的有关选民名单的申诉意见，应在 5 日内作出处理决定

【讲解】《选举法》第 8 条第 1 款规定，全国人民代表大会常务委员会主持全国人民代表大会代表的选举。省、自治区、直辖市、设区的市、自治州的人民代表大会常务委员会主持本级人民代表大会代表的选举。据此，同大陆地区的全国人大代表选举一样，特别行政区全国人大代表选举是由全国人大常委会主持，A 项表述错误。《选举法》第 8 条第 3 款规定，省、自治区、直辖市、设区的市、自治州的人民代表大会常务委员会指导本行政区域内县级以下人民代表大会代表的选举工作。据此，B 项表述正确。《选举法》第 8 条第 2 款规定，不设区的市、市辖区、县、自治县、乡、民族乡、镇设立选举委员会，主持本级人民代表大会代表的选举。不设区的市、市辖区、县、自治县的选举委员会受本级人民代表大会常务委员会的领导。乡、民族乡、镇的选举委员会受不设区的市、市辖区、县、自治县的人民代表大会常务委员会的领导。据此，C 项表述正确。《选举法》第 28 条规定，对于公布的选民名单有不同意见的，可以在选民名单公布之日起 5 日内向选举委员会提出申诉。选举委员会对申诉意见，应在 3 日内作出处理决定。申诉人如果对处理决定不服，可以在选举日的 5 日以前向人民法院起诉，人民法院应在选举日以前作出判决。人民法院的判决为最后决定。据此，D 项表述错误。

【答案】BC

※【重点难点】选举程序：（1）划分选区。（2）选民登记。（3）代表候选人的提出。（4）投票选举。（5）公布选举结果。

例 3-4（单选）：根据宪法和选举法规定，下列表述正确的是（　　　）。

A. 选民登记按选区进行，每次选举前选民资格都要进行重新登记

B. 选民名单应在选举日的 15 日以前公布

C. 对于公布的选民名单有不同意见的，可以向选举委员会申诉或者直接向法院起诉

D. 法院对于选民名单意见的起诉应在选举日以前作出判决

【讲解】《选举法》第 26 条第 1 款规定，选民登记按选区进行，经登记确认的选民资格长期有效。每次选举前对上次选民登记以后新满 18 周岁的、被剥夺政治权利期满后恢复政治权利的选民，予以登记。对选民经登记后迁出原选区的，列入新迁入的选区的选民名单；对死亡的和依照法律被剥夺政治权利的人，从选民名单上除名。据此，A 项表述的"每次选举前选民资格都要进行重新登记"是错误的，选民资格长期有效，无须重新登记。《选举法》第 27 条规定，选民名单应在选举日的 20 日以前公布，实行凭选民证参加投票选举的，并应当发给选民证。据此，B 项表述错误。《选举法》第 28 条规定，对于公布的选民名单有不同意见的，可以在选民名单公布之日起 5 日内向选举委员会提出申诉。选举委员会对申诉意见，应在 3 日内作出处理决定。申诉人如果对处理决定不服，可以在选举日的 5 日以前向人民法院起诉，人民法院应在选举日以前作出判决。人民法院的判决为最后决定。据此，C 项表述的"向选举委员会申诉或者直接向法院起诉"是错误的，应当先向选举委员会申诉，对选举委员会处理决定不服的，再向人民法院起诉（被告是选举委员会）。而 D 项表述正确，选 D 项。

【答案】D

例 3-5（单选）：某选区有选民 600 人，在人大代表的选举中，共有 310 位选民参加投票，有效票共有 296 张，候选人李某如果当选，则其获得的赞成票最低是（　　　）。

A. 301 张　　　　　　B. 156 张　　　　　　C. 149 张　　　　　　D. 400 张

【讲解】《选举法》第 44 条第 1 款规定，在选民直接选举人民代表大会代表时，选区全体选民

的过半数参加投票，选举有效。代表候选人获得参加投票的选民过半数的选票时，始得当选。据此，本题中的选举有效，候选人李某应该获得参加投票的选民过半数的选票（310÷2＋1＝156 张）方能当选。

【答案】B

例3－6（多选）：选民王某，外出打工期间本村进行乡人民代表的选举。王某因路途遥远和工作繁忙不能回村参加选举，于是打电话嘱咐 14 岁的儿子帮他投本村李某 1 票。据此，下列表述正确的是(　　)。

A. 王某仅以电话通知受托人的方式，不能发生有效的委托投票授权

B. 王某必须同时以电话通知受托人和村民委员会，才能发生有效的委托投票授权

C. 王某以电话委托他人投票，必须征得选举委员会的同意

D. 王某不能电话委托 14 岁的儿子投票

【讲解】《选举法》第 41 条规定，选民如果在选举期间外出，经选举委员会同意，可以书面委托其他选民代为投票。每一选民接受的委托不得超过 3 人，并应当按照委托人的意愿代为投票。据此，委托行为成立须具备三个条件：（1）经选举委员会同意；（2）以书面形式委托；（3）被委托人具有选民资格。因此，选 A、D 项。

【答案】AD

※【重点难点】对代表的监督和罢免、代表的辞职和补选。（1）对代表的监督。全国和地方各级人大代表，受选民和原选举单位监督。选民或原选举单位都有权罢免自己选出的代表。（2）对代表的罢免。对于县级人大代表，原选区选民 50 人以上联名，对于乡级人大代表，原选区选民 30 人以上联名，可以向县级人大常委会书面提出罢免要求。县级以上的地方各级人大举行会议的时候，主席团或者 1/10 以上代表联名，可以提出对由该级人大选出的上一级人大代表的罢免案。在人大闭会期间，县级以上的地方各级人大常委会主任会议或者常委会 1/5 以上组成人员联名，可以向常委会提出对由该级人大选出的上一级人大代表的罢免案。（3）代表的辞职。全国人大代表，省、自治区、直辖市、设区的市、自治州的人大代表，可以向选举他的人大常委会书面提出辞职。常委会接受辞职，须经常委会组成人员的过半数通过。县级人大代表可以向本级人大常委会书面提出辞职，乡级人大代表可以向本级人大书面提出辞职。县级人大常委会接受辞职，须经常委会组成人员的过半数通过。乡级人大接受辞职，须经人大过半数的代表通过。（4）代表的补选。人民代表因故在任期内出缺，由原选区或选举单位补选。

例3－7（多选）：根据宪法和选举法规定，下列关于人大代表的罢免、辞职和补选的表述，正确的是(　　)。

A. 乡级人大接受代表辞职，须经本级人大过半数的代表通过

B. 经原选区选民 30 人以上联名，可以向县级的人大常委会书面提出罢免乡级人大代表的要求

C. 罢免县级人大代表，须经原选区 2/3 以上的选民通过

D. 补选出缺的代表时，代表候选人的名额应当多于应选代表的名额

【讲解】《选举法》第 54 条规定，全国人民代表大会代表，省、自治区、直辖市、设区的市、自治州的人民代表大会代表，可以向选举他的人民代表大会的常务委员会书面提出辞职。常务委员会接受辞职，须经常务委员会组成人员的过半数通过。接受辞职的决议，须报送上一级人民代表大会常务委员会备案、公告。县级的人民代表大会代表可以向本级人民代表大会常务委员会书面提出辞职，乡级的人民代表大会代表可以向本级人民代表大会书面提出辞职。县级的人民代表大会常务委员会接受辞职，须经常务委员会组成人员的过半数通过。乡级的人民代表大会接受辞职，须经人民代表大会过半数的代表通过。接受辞职的，应当予以公告。据此，A 项表述正确。《选举法》第 49 条第 1 款规定，对于县级的人民代表大会代表，原选区选民 50 人以上联名，对于乡级的人民代表大会代表，原选区选民 30 人以上联名，可以向县级的人民代表大会常务委员会书面提出罢免要求。据此，B 项表述正确。《选举法》第 52 条规定，罢免县级和乡级的人民代表大会代表，须经原选区过半数的选民通过。罢免由县级以上的地方各级人民代表大会选出的代表，须经各该级人民代

表大会过半数的代表通过；在代表大会闭会期间，须经常务委员会组成人员的过半数通过。罢免的决议，须报送上一级人民代表大会常务委员会备案、公告。据此，C项表述错误。《选举法》第56条第4款规定，补选出缺的代表时，代表候选人的名额可以多于应选代表的名额，也可以同应选代表的名额相等。据此，D项表述错误。

【答案】AB

 例题拓展

例3-8（单选）：根据选举法的规定，下列表述正确的是（ ）。

A. 各级人大代表的选举，由选举委员会主持

B. 县级以上地方各级人大举行会议的时候，主席团或者1/10以上代表联名，可以提出对由该级人大选出的上一级人大代表的罢免案

C. 直接选举方式限于县级人大代表的选举

D. 选民或者代表20人以上，可以推荐代表候选人

【讲解】根据《选举法》第8条的规定，全国人民代表大会常务委员会主持全国人民代表大会代表的选举。省、自治区、直辖市、设区的市、自治州的人民代表大会常务委员会主持本级人民代表大会代表的选举。不设区的市、市辖区、县、自治县、乡、民族乡、镇设立选举委员会，主持本级人民代表大会代表的选举。据此，A项表述错误。根据《选举法》第50条第1款的规定，县级以上的地方各级人民代表大会举行会议的时候，主席团或者1/10以上代表联名，可以提出对由该级人民代表大会选出的上一级人民代表大会代表的罢免案。在人民代表大会闭会期间，县级以上的地方各级人民代表大会常务委员会主任会议或者常务委员会1/5以上组成人员联名，可以向常务委员会提出对由该级人民代表大会选出的上一级人民代表大会代表的罢免案。罢免案应当写明罢免理由。据此，B项表述正确。《选举法》第2条规定，全国人民代表大会的代表，省、自治区、直辖市、设区的市、自治州的人民代表大会的代表，由下一级人民代表大会选举。不设区的市、市辖区、县、自治县、乡、民族乡、镇的人民代表大会的代表，由选民直接选举。据此，我国实行直接选举和间接选举并用的原则。对于直接选举，不仅限于县级人大代表的选举，还包括乡级人大代表的选举，C项表述错误。根据《选举法》第29条的规定，选民或者代表，10人以上联名，可以推荐代表候选人。据此，D项表述错误。

【答案】B

例3-9（分析）：某乡进行人大代表的选举。该乡选举委员会根据各方面提名、推荐，最后以代表候选人名额多于应选举代表名额的1/4比例，确定了代表候选人名单，并于选举日的5日前予以公布。为便于选民对候选人的了解，选举委员会大张旗鼓地向选民介绍代表候选人，直至投票的当天。投票当日，该乡选民王某因公出差不能参加选举，他口头委托该乡选民刘某代他投票，并得到选举委员会同意。投票结果，按候选人得票多少的顺序，选出了该乡新一届的人大代表。

请用宪法和选举法的有关知识，分析上述案例有无问题，并说明理由。

【参考答案】本案例主要存在以下三个方面的问题：

（1）关于推荐代表候选人。根据《选举法》的规定，正式代表候选人的人数，应当多于应选代表名额的1/3至1倍。但该乡选举委员会却根据各方面提名、推荐，最后以代表候选人名额多于应选举代表名额的1/4比例，确定了代表候选人名单，存在错误。

（2）关于确定代表候选人名单。根据《选举法》的规定，正式代表候选人名单及代表候选人的基本情况应当在选举日的7日以前公布。而乡选举委员会在选举日的5日前予以公布，这是错误的。

（3）关于介绍代表候选人。根据《选举法》的规定，选举委员会根据选民的要求，应当在选举

日前通过召开见面会或者其他形式，组织代表候选人与选民见面，由代表候选人介绍本人情况，回答选民的问题，选举日必须停止。但是，该乡却是由选举委员会大张旗鼓地向选民介绍代表候选人，直至投票的当天，存在明显错误。

（4）关于委托投票。根据《选举法》的规定，选民在选举期间外出的，经过选举委员会同意，可以书面委托其他公民代为投票。但是，该乡却同意王某口头委托刘某代为进行投票，存在违法。

专题四　特别行政区制度

※【重点难点】特别行政区的特点、法律地位和高度自治权。（1）特别行政区的特点：①特别行政区享有的高度自治权。②特别行政区保留原有的资本主义制度和生活方式50年不变。③特别行政区由当地人管理。④特别行政区原有的法律基本不变。（2）特别行政区的法律地位：特别行政区的设立以及所实行的制度由全国人大以法律来规定，特别行政区是中华人民共和国的一个享有高度自治权的地方行政区域，直辖于中央人民政府，中央人民政府与特别行政区的关系是单一制国家结构形式内中央与地方之间的关系。特别行政区享有高度的自治权，但不享有主权，也不是一个独立的政治实体，其法律地位相当于省、自治区、直辖市。（3）特别行政区的高度自治权：①行政管理权。②立法权。③独立的司法权和终审权。

例4-1（单选）：根据宪法和港澳基本法的规定，关于港澳基本法的修改，下列表述正确的是（　　）。

A. 全国人大常委会有权修改特别行政区基本法

B. 港澳基本法修改提案权属于国务院、最高人民法院、最高人民检察院和港澳特别行政区

C. 港澳特别行政区对基本法的修改议案，由港澳特别行政区出席全国人大会议的代表团向全国人大会议提出

D. 港澳特别行政区立法会和行政长官可以联合提出修改基本法的动议

【讲解】根据《香港特别行政区基本法》第159条、《澳门特别行政区基本法》第144条的规定，港澳基本法的修改程序是：（1）修改权属于全国人大。据此，A项表述错误。（2）修改提案权属于全国人大常委会、国务院和港澳特别行政区。据此，B、D项表述错误。（3）港澳特别行政区的修改议案，须经港澳特别行政区的全国人大代表2/3多数、港澳特别行政区立法会全体议员2/3多数、港澳特别行政区行政长官同意后，交由港澳特别行政区出席全国人大的代表团向全国人大提出。据此，C项表述正确。

【答案】C

例4-2（单选）：澳门特别行政区享有高度自治权。关于中央和澳门特别行政区的关系，下列表述正确的是（　　）。

A. 全国性法律不是澳门特别行政区的法律渊源

B. 澳门特别行政区终审法院法官的任命和免职须报全国人大常委会备案

C. 澳门特别行政区立法机关制定的法律须报全国人大常委会批准后生效

D. 《澳门特别行政区基本法》属于非基本法律

【讲解】全国性法律是否能够成为澳门特别行政区的法律渊源，关键要看该全国性法律是否在特别行政区域内实施，凡是列入特别行政区基本法附件的全国性法律，才是特别行政区的法律渊源。可见，A项表述错误。《澳门特别行政区基本法》第87条第4款规定，终审法院法官的任命和免职须报全国人民代表大会常务委员会备案。据此，B项表述正确。关于B项，注意对比：《香港特别行政区基本法》第90条第2款规定，香港特别行政区终审法院的法官和高等法院首席法官的任命或免职，还须由行政长官征得立法会同意，并报全国人民代表大会常务委员会备案。《澳门特别行政区基本法》第17条第2款规定，澳门特别行政区的立法机关制定的法律须报全国人民代表

大会常务委员会备案。备案不影响该法律的生效（香港特别行政区也是如此）。据此，C项表述错误。《澳门特别行政区基本法》是根据我国宪法，由全国人大制定的基本法律，不是非基本法律，D项表述错误。

【答案】B

※**【重点难点】**特别行政区的政治体制和政权组织。特别行政区的政治体制可以概括为行政主导、司法独立、行政与立法相互制约与配合。(1) 行政长官。行政长官是特别行政区的首长，代表特别行政区，对中央人民政府和特别行政区负责。行政长官对立法会负责。行政长官由年满40周岁，在香港通常居住连续满20年并在外国无居留权的香港特别行政区永久性居民中的中国公民担任（《澳门特别行政区基本法》没有将在外国无居留权作为任职条件的限制）。行政长官通过选举或者协商产生，由中央人民政府任命。行政长官任期5年，可连任一次。行政长官的职权包括执行权、立法方面的职权、行政方面的职权和司法方面的职权等。(2) 行政机关。特别行政区政府是特别行政区的行政机关，对立法会负责。政府主要官员由行政长官提名报中央人民政府任命。主要官员由在香港或澳门通常居住连续满15年并在外国无居留权（《澳门特别行政区基本法》没有将在外国无居留权作为任职条件的限制）的特别行政区永久性居民中的中国公民担任。(3) 立法机关。立法会是特别行政区的立法机关，享有包括立法权、财政权、监督权和任免权等各项权力在内的广泛的权力。(4) 司法机关。①香港特别行政区设立终审法院、高等法院、区域法院、裁判署法庭和其他专门法庭。香港特别行政区法律属于英美法系，因而没有单独的检察机关，其检察职能属于政府下设的律政司，属于行政机关。香港特别行政区终审法院和高等法院的首席法官，应由在外国无居留权的香港特别行政区永久性居民中的中国公民担任。行政长官在根据独立委员会推荐而任命他们时，须征得立法会同意，并报全国人大常委会备案。②澳门特别行政区设立初级法院（包括行政法院）、中级法院和终审法院，初级法院还可根据需要设立若干专门法庭。行政法院是管辖行政诉讼和税务诉讼的法院，不服行政复议裁决者，可向中级法院上诉。终审法院是澳门特别行政区的最高法院，行使澳门特别行政区的终审权。澳门特别行政区法律属于大陆法系，设有独立的检察机关。

例4-3（单选）：根据宪法和特别行政区基本法的规定，关于特别行政区，下列表述正确的是（　　）。

A. 澳门特别行政区财政收入全部由其自行支配，不上缴中央人民政府

B. 澳门特别行政区立法会举行会议的法定人数为不少于全体议员的三分之二

C. 不具有中国国籍的香港特别行政区永久性居民不得当选为香港特别行政区立法会议员

D. 香港特别行政区廉政公署独立工作，对香港特别行政区立法会负责

【讲解】根据港澳基本法规定，无论是香港还是澳门，财政收入均自行支配，不上缴中央政府，A项表述正确。无论是香港还是澳门，立法会举行会议的法定人数为不少于全体议员的1/2，通过决议的法定人数为不少于全体议员的2/3，B项表述错误。香港特别行政区立法会由在外国无居留权的香港特别行政区永久性居民中的中国公民组成。但非中国籍的香港特别行政区永久性居民和在外国有居留权的香港特别行政区永久性居民也可以当选为香港特别行政区立法会议员，其所占比例不得超过立法会全体议员的20%。可见，C项表述错误。香港特别行政区设立廉政公署和审计署，二者均独立工作，对行政长官负责。可见，D项表述错误。

【答案】A

例4-4（多选）：根据港澳基本法的规定，下列表述正确的是（　　）。

A. 香港特别行政区设立终审法院、高等法院、行政法院、裁判署法庭和其他专门法庭

B. 澳门特别行政区检察长由澳门特别行政区永久性居民中的中国公民担任，由行政长官提名，报立法会批准

C. 香港特别行政区立法会议员因行为不检或违反誓言而经出席会议的议员三分之二通过谴责，由立法会主席宣告其丧失立法会议员资格

D. 基本法的解释权属于全国人大常委会

【讲解】香港特别行政区设立终审法院、高等法院、区域法院、裁判署法庭和其他专门法庭，

香港特别行政区没有行政法院，A项表述错误。《澳门特别行政区基本法》第90条规定，澳门特别行政区检察院独立行使法律赋予的检察职能，不受任何干涉。澳门特别行政区检察长由澳门特别行政区永久性居民中的中国公民担任，由行政长官提名，报中央人民政府任命。检察官经检察长提名，由行政长官任命。据此，B项表述错误。《香港特别行政区基本法》第79条规定，香港特别行政区立法会议员如有下列情况之一，由立法会主席宣告其丧失立法会议员的资格：（1）因严重疾病或其他情况无力履行职务；（2）未得到立法会主席的同意，连续3个月不出席会议而无合理解释者；（3）丧失或放弃香港特别行政区永久性居民的身份；（4）接受政府的委任而出任公务人员；（5）破产或经法庭裁定偿还债务而不履行；（6）在香港特别行政区区内或区外被判犯有刑事罪行，判处监禁1个月以上，并经立法会出席会议的议员2/3通过解除其职务；（7）行为不检或违反誓言而经立法会出席会议的议员2/3通过谴责。根据第（7）点可知，C项表述正确。根据港澳基本法的规定，香港和澳门基本法的解释权属于全国人大常委会，D项表述正确。

【答案】CD

例4-5（单选）： 根据香港特别行政区基本法的规定，可由非永久性居民担任的职务是（　　）。
A. 行政长官　　　　　B. 政府主要官员　　　　C. 立法会议员　　　　D. 法院法官

【讲解】《香港特别行政区基本法》第44条规定，香港特别行政区行政长官由年满40周岁，在香港通常居住连续满20年并在外国无居留权的香港特别行政区永久性居民中的中国公民担任。据此，不选A项。《香港特别行政区基本法》第61条规定，香港特别行政区的主要官员由在香港通常居住连续满15年并在外国无居留权的香港特别行政区永久性居民中的中国公民担任。据此，不选B项。《香港特别行政区基本法》第67条规定，香港特别行政区立法会由在外国无居留权的香港特别行政区永久性居民中的中国公民组成。但非中国籍的香港特别行政区永久性居民和在外国有居留权的香港特别行政区永久性居民也可以当选为香港特别行政区立法会议员，其所占比例不得超过立法会全体议员的20％。据此，C项表述错误。《香港特别行政区基本法》第88条规定，香港特别行政区法院的法官，根据当地法官和法律界及其他方面知名人士组成的独立委员会推荐，由行政长官任命。第90条第1款规定，香港特别行政区终审法院和高等法院的首席法官，应由在外国无居留权的香港特别行政区永久性居民中的中国公民担任。除本法第88条和第89条规定的程序外，香港特别行政区终审法院的法官和高等法院首席法官的任命或免职，还须由行政长官征得立法会同意，并报全国人民代表大会常务委员会备案。据此，在香港，一般法官并没有要求必须由香港特别行政区永久性居民担任，只有终审法院和高等法院的首席法官有此要求。可见，选D项。

【答案】D

例题拓展

例4-6（单选）： 关于特别行政区制度，下列说法正确的是（　　）。
A. 香港特别行政区行政长官任职须年满45周岁
B. 香港特别行政区司法机关由法院和检察院组成
C. 港澳特别行政区的各级法院有权解释特别行政区基本法有关自治范围内的条款
D. 国务院有权对港澳特别行政区的部分地区宣布进入紧急状态

【讲解】《香港特别行政区基本法》第44条规定，香港特别行政区行政长官由年满40周岁，在香港通常居住连续满20年并在外国无居留权的香港特别行政区永久性居民中的中国公民担任。据此，A项表述错误。《香港特别行政区基本法》第80条规定，香港特别行政区各级法院是香港特别行政区的司法机关，行使香港特别行政区的审判权。第63条规定，香港特别行政区律政司主管刑事检察工作，不受任何干涉。据此，香港特别行政区的司法机关是各级法院，香港不存在检察院，行使刑事检察权的是律政司，而律政司属于行政机关。可见，B项表述错误。根据《香港特别行政区基本法》第158条和《澳门特别行政区基本法》第143条的规定，特别行政区基本法的解释权属于全国人大常委会，但对于特别行政区自治范围内的条款，各级法院均可行使解释权。可见，C项表述正确。根据《香港特别行政区基本法》第18条和《澳门特别行政区基本法》第18条的规定，宣布香港和澳门特别行政区部分地区进入紧急状态的权力属于全国人大常委会，国务院无权宣布特别行政区进入紧急状态。可见，D项表述错误。

【答案】C

专题五　基层群众自治制度

※【重点难点】居民委员会。(1) 居民委员会的设立。(2) 居民委员会的组成。(3) 居民委员会的任务。(4) 居民会议。

例5-1（单选）： 关于居民委员会，下列表述正确的是(　　)。

A. 居民委员会可以分设若干居民小组，小组长由居民小组推选

B. 居民公约由居民委员会制定

C. 居民委员会成员不得兼任下属的委员会的成员

D. 有五分之一以上的十八周岁以上的居民、五分之一以上的户或者过半数的居民小组提议，应当召集居民会议

【讲解】《城市居民委员会组织法》第14条规定，居民委员会可以分设若干居民小组，小组长由居民小组推选。据此，A项表述正确。《城市居民委员会组织法》第15条规定，居民公约由居民会议讨论制定，报不设区的市、市辖区的人民政府或者它的派出机关备案，由居民委员会监督执行。居民应当遵守居民会议的决议和居民公约。居民公约的内容不得与宪法、法律、法规和国家的政策相抵触。据此，B项表述错误。《城市居民委员会组织法》第13条规定，居民委员会根据需要设人民调解、治安保卫、公共卫生等委员会。居民委员会成员可以兼任下属的委员会的成员。居民较少的居民委员会可以不设下属的委员会，由居民委员会的成员分工负责有关工作。据此，C项表述错误。《城市居民委员会组织法》第10条规定，居民委员会向居民会议负责并报告工作。居民会议由居民委员会召集和主持。有1/5以上的18周岁以上的居民、1/5以上的户或者1/3以上的居民小组提议，应当召集居民会议。涉及全体居民利益的重要问题，居民委员会必须提请居民会议讨论决定。居民会议有权撤换和补选居民委员会成员。据此，D项表述错误。

【答案】A

※【重点难点】村民委员会。(1) 村民委员会的设立。(2) 村民委员会的组成。(3) 村民委员会的任务。(4) 村民委员会的选举。(5) 村民会议。(6) 村民代表会议。(7) 村民小组会议。(8) 村务监督委员会。

例5-2（单选）： 根据村民委员会组织法的规定，下列表述正确的是(　　)。

A. 村民委员会每届任期3年，村民委员会成员连续任职不得超过两届

B. 罢免村民委员会成员，须经投票的村民过半数通过

C. 村民委员会选举由乡镇政府主持

D. 村民委员会成员丧失行为能力的，其职务自行终止

【讲解】《村民委员会组织法》第11条规定，村民委员会主任、副主任和委员，由村民直接选举产生。任何组织或者个人不得指定、委派或者撤换村民委员会成员。村民委员会每届任期5年，届满应当及时举行换届选举。村民委员会成员可以连选连任。据此，A项表述错误。《村民委员会组织法》第16条规定，本村1/5以上有选举权的村民或者1/3以上的村民代表联名，可以提出罢免村民委员会成员的要求，并说明要求罢免的理由。被提出罢免的村民委员会成员有权提出申辩意见。罢免村民委员会成员，须有登记参加选举的村民过半数投票，并须经投票的村民过半数通过。

据此，罢免村委会成员，须满足"两个过半数"的条件，B项表述错误。《村民委员会组织法》第12条第1、2款规定，村民委员会的选举，由村民选举委员会主持。村民选举委员会由主任和委员组成，由村民会议、村民代表会议或者各村民小组会议推选产生。据此，乡镇政府无权主持（但可以指导、监督）村民委员会的选举，C项表述错误。《村民委员会组织法》第18条规定，村民委员会成员丧失行为能力或者被判处刑罚的，其职务自行终止。据此，D项表述正确。另据《村民委员会组织法》的规定，村民委员会成员的职务终止主要有如下四种情况：（1）丧失行为能力；（2）被判处刑罚；（3）辞职或被罢免；（4）连续两次被评议不称职。

【答案】D

例5-3（单选）：关于村民委员会，下列说法正确的是（　　）。

A. 村民委员会实行村务公开制度，涉及财务的事项至少每年公布一次

B. 村民委员会决定问题，采取村民委员会主任负责制

C. 村民委员会根据需要设人民调解、治安保卫、公共卫生委员会

D. 村民委员会由主任、副主任和村民小组长若干人组成

【讲解】《村民委员会组织法》第30条规定，村民委员会实行村务公开制度。村民委员会应当及时公布下列事项，接受村民的监督：（1）本法第23条、第24条规定的由村民会议、村民代表会议讨论决定的事项及其实施情况；（2）国家计划生育政策的落实方案；（3）政府拨付和接受社会捐赠的救灾救助、补贴补助等资金、物资的管理使用情况；（4）村民委员会协助人民政府开展工作的情况；（5）涉及本村村民利益，村民普遍关心的其他事项。前款规定事项中，一般事项至少每季度公布一次；集体财务往来较多的，财务收支情况应当每月公布一次；涉及村民利益的重大事项应当随时公布。村民委员会应当保证所公布事项的真实性，并接受村民的查询。据此，财务事项不是"每年公布一次"，而是"一般财务事项，每季度公布一次；集体财务往来较多的，财务收支情况应当每月公布一次；涉及村民利益的重大财务事项应当随时公布"。可见，A项表述错误。《村民委员会组织法》第29条规定，村民委员会应当实行少数服从多数的民主决策机制和公开透明的工作原则，建立健全各种工作制度。据此，B项表述错误。《村民委员会组织法》第7条规定，村民委员会根据需要设人民调解、治安保卫、公共卫生与计划生育等委员会。村民委员会成员可以兼任下属委员会的成员。人口少的村的村民委员会可以不设下属委员会，由村民委员会成员分工负责人民调解、治安保卫、公共卫生与计划生育等工作。据此，C项表述正确。《村民委员会组织法》第6条第1款规定，村民委员会由主任、副主任和委员共3至7人组成。据此，村民委员会组成人员不包括村民小组组长，D项表述错误。

【答案】C

例5-4（单选）：某镇政府为有效指导、支持、帮助村民委员会的工作，结合本乡实际作出了下列规定，其中符合法律规定的是（　　）。

A. 村委会的年度工作报告由乡政府审议

B. 村民会议制定和修改的村民自治章程和村规民约，报乡政府备案

C. 对登记参加选举的村民名单有异议并提出申诉的，由乡政府作出处理并公布处理结果

D. 本村1/3以上有选举权的村民或者半数以上的村民代表联名，可以提出罢免村民委员会成员的要求

【讲解】《村民委员会组织法》第23条规定，村民会议审议村民委员会的年度工作报告，评议村民委员会成员的工作；有权撤销或者变更村民委员会不适当的决定；有权撤销或者变更村民代表会议不适当的决定。村民会议可以授权村民代表会议审议村民委员会的年度工作报告，评议村民委员会成员的工作，撤销或者变更村民委员会不适当的决定。据此，对于村委会的年度工作报告，由村民会议或村民会议授权的村民代表会议审议，A项表述错误。《村民委员会组织法》第27条第1款规定，村民会议可以制定和修改村民自治章程、村规民约，并报乡、民族乡、镇的人民政府备案。据此，B项表述正确。《村民委员会组织法》第14条第2款规定，对登记参加选举的村民名单有异议的，应当自名单公布之日起5日内向村民选举委员会申诉，村民选举委员会应当自收到申诉

之日起3日内作出处理决定，并公布处理结果。据此，C项表述错在"由乡政府处理并公布处理结果"。《村民委员会组织法》第16条第1款规定，本村1/5以上有选举权的村民或者1/3以上的村民代表联名，可以提出罢免村民委员会成员的要求，并说明要求罢免的理由。被提出罢免的村民委员会成员有权提出申辩意见。据此，D项表述错误。

【答案】B

※【重点难点】基层群众性自治组织的发展与完善。（1）基层群众性自治组织存在的问题有：①居民委员会和村民委员会的自治职能错位。②部分自治组织的经济状况较差；部分人员的素质较低。③多数居民委员会和村民委员会的民主建设停留在抓换届选举上，忽视或放松了民主决策、民主管理、民主监督的贯彻等。（2）基层群众性自治组织的完善途径有：①尊重宪法和法律规定的关于基层群众性自治组织的自治权和法律地位，避免将其当作人民政府的派出机关。②提高基层群众性自治组织干部的素质。③帮助基层群众性自治组织增加经济来源。④搞好基层群众性自治组织的制度建设，规范自治组织的行为。⑤拓宽基层群众自治的途径和形式。

例5-5（多选）： 基层群众性自治组织完善的途径有（ ）。

A. 尊重宪法和法律规定的关于基层群众性自治组织的自治权和法律地位

B. 提高基层群众性自治组织干部的素质

C. 帮助基层群众性自治组织增加经济来源

D. 拓宽基层群众自治的途径和形式

【讲解】基层群众性自治组织的完善途径有：（1）尊重宪法和法律规定的关于基层群众性自治组织的自治权和法律地位，避免将其当作人民政府的派出机关。（2）提高基层群众性自治组织干部的素质。（3）帮助基层群众性自治组织增加经济来源。（4）搞好基层群众性自治组织的制度建设，规范自治组织的行为。（5）拓宽基层群众自治的途径和形式。

【答案】ABCD

例题拓展

例5-6（单选）： 根据宪法和法律的规定，关于基层群众自治，下列表述正确的是（ ）。

A. 村民委员会的设立、撤销，由乡镇政府提出，经村民会议讨论同意，报县级政府批准

B. 有关征地补偿费用的使用和分配方案，经村民会议讨论通过后，报乡镇政府批准

C. 居民公约由居民会议讨论通过后，报不设区的市、市辖区或者它的派出机关批准

D. 居民委员会的设立、撤销，由不设区的市、市辖区政府提出，报市政府批准

【讲解】《村民委员会组织法》第3条第2款规定，村民委员会的设立、撤销、范围调整，由乡、民族乡、镇的人民政府提出，经村民会议讨论同意，报县级人民政府批准。据此，A项表述正确。《村民委员会组织法》第24条规定，涉及村民利益的下列事项，经村民会议讨论决定方可办理：（1）本村享受误工补贴的人员及补贴标准；（2）从村集体经济所得收益的使用；（3）本村公益事业的兴办和筹资筹劳方案及建设承包方案；（4）土地承包经营方案；（5）村集体经济项目的立项、承包方案；（6）宅基地的使用方案；（7）征地补偿费的使用、分配方案；（8）以借贷、租赁或者其他方式处分村集体财产；（9）村民会议认为应当由村民会议讨论决定的涉及村民利益的其他事项。村民会议可以授权村民代表会议讨论决定前述规定的事项。据此，B项表述的事项，无须乡政府批准，B项表述错误。《城市居民委员会组织法》第15条规定，居民公约由居民会议讨论制定，报不设区的市、市辖区的人民政府或者它的派出机关备案，由居民委员会监督执行。居民应当遵守居民会议的决议和居民公约。居民公约的内容不得与宪法、法律、法规和国家的政策相抵触。据此，C项表述错在：应当是"备案"而不是"批准"。《城市居民委员会组织法》第6条规定，居民委员会根据居民居住状况，按照便于居民自治的原则，一般在100户至700户的范围内设立。居民

委员会的设立、撤销、规模调整，由不设区的市、市辖区的人民政府决定。据此，D项表述错误。需要注意：在基层群众性自治组织中，仅有"设立、撤销、范围或规模调整"事项需要"批准"，再无其他事项需要批准。

【答案】 A

例5-7（分析）：乙村村民赵某与户籍在甲村的村民钱某登记结婚后，与甲村村委会签订了"不享受本村村民待遇"的"入户协议"。此后，赵某将户籍迁入甲村，但与钱某长期在外务工。甲村村委会任期届满进行换届选举，赵某与钱某要求参加选举，遭到拒绝。甲村村委会还制定了土地承包经营方案，侵害了甲村村民的合法权益，引发了村民的强烈不满。

请结合上述材料，根据我国宪法和法律，回答下列问题：

（1）赵某和钱某是否有权参加甲村村委会的选举？为什么？

（2）甲村村委会制定土地承包经营方案是否违反法律规定？为什么？

（3）就土地承包经营方案，甲村村民如何维护自己的合法权益？

（4）就土地承包经营方案，村民如何依法罢免村委会成员？

【参考答案】（1）赵某和钱某有权参加村委会的选举。根据《村民委员会组织法》的规定，户籍在本村，不在本村居住，本人表示参加选举的村民，应当列入参加选举的村民名单。赵某、钱某是甲村村民，不在甲村居住，但赵某、钱某表示参加选举的，应当列入选民名单。

（2）甲村村委会制定土地承包经营方案违反了法律规定。根据《村民委员会组织法》的规定，土地承包经营方案属于须经村民会议讨论决定方可办理的事项，而村委会制定该方案，违反了法律规定。村民会议有权撤销或者变更村民委员会制定的该土地承包经营方案。

（3）受到侵害的公民可以申请人民法院撤销该土地承包经营方案，责任人应当依法承担法律责任。

（4）本村1/5以上有选举权的村民或者1/3以上的村民代表联名，可以提出罢免村委会成员的要求。

专题六　公民的基本权利

※ **【重点难点】** 公民的基本权利。（1）我国国籍的取得方式采取的是出生地主义与血统主义相结合的方式，即我国对出生国籍采取以血统主义为主、出生地主义为辅的原则，即父母双方或一方为中国公民，本人无论出生在中国或外国，都具有中国国籍，但出生时取得外国国籍的，不具有中国国籍。（2）公民和人民的主要区别有：①二者的性质不同。②二者的法律地位有别。③地位不同导致二者在享有权利方面的差异。④二者的范围不同。⑤二者的适用对象不同。（3）我国《宪法》规定的基本权利可以归纳为8大类：①平等权。②政治权利和自由。③宗教信仰自由。④人身自由权。⑤监督权。⑥财产权。⑦社会文化权利。⑧特定主体的权利。（4）人权与公民权的区别有：①性质不同。②二者不能简单等同。③属性不同。（5）公民基本权利的主体包括自然人和法人。

例6-1（单选）：根据我国法律，下列选项中，不具有中国国籍的情形是（　　）。

A. 张某出生在香港特别行政区，父亲为法国人，母亲为中国人

B. 李某出生在美国，其父母是在美国攻读博士学位的中国留学生

C. 钱某出生在中国，父母是无国籍人，定居在中国

D. 赵某出生在中国，其父是中国人，母亲是英国人

【讲解】 我国对出生国籍的取得方式采取的是出生地主义与血统主义相结合的方式，即我国对出生国籍采取以血统主义为主、出生地主义为辅的原则，即父母双方或一方为中国公民，本人无论出生在中国或外国，都具有中国国籍，但出生时取得外国国籍的，不具有中国国籍。据此，D项表

述中，赵某具有中国国籍，不选D项。A项表述中，香港特别行政区采取出生地主义，在香港出生便自动获得中国国籍，不选A项。B项表述中，美国也采取出生地主义，本人出生时即具有外国国籍的，不具有中国国籍，选B项。根据《国籍法》的规定，C项表述中的父母都是无国籍人，定居在中国，本人出生在中国，具有中国国籍，不选C项。

【答案】B

※【重点难点】公民基本权利的限制。（1）基本权利的限制，或者源于不同权利之间的冲突，或者因为公共利益的保护。（2）基本权利限制的形式有基本权利的宪法限制和基本权利的法律限制。（3）对基本权利进行一般性的限制，唯有国会可以为之。而立法除要符合法律保留原则外，还要受到下列原则的进一步约束，此即基本权利限制的限制：①明确性原则。②比例原则，包括手段合适性、限制最小化和狭义比例原则。

例6-2（多选）： 关于我国宪法规定的基本权利，下列说法正确的是（　　）。

A. 人权是基本权利的来源，基本权利是人权宪法化的具体表现

B. 基本权利的主体主要是我国公民，我国法人也可以成为基本权利的主体

C. 对基本权利限制的手段要合适，所采用手段必须适合目的之达成

D. 对基本权利的限制要求手段达成的公共目的与造成损害之间具有适当的比例关系

【讲解】人权是基本权利的来源，基本权利是人权宪法化的具体表现，A项表述正确。基本权利的主体主要是我国公民，我国法人也可以成为基本权利的主体，B项表述正确。对基本权利限制的限制要遵循比例原则，比例原则包括3个方面的内容：（1）手段合适性，所采用手段必须适合目的之达成；（2）限制最小化，立法所采取的是对基本权利影响、限制最小的手段；（3）狭义比例原则，要求手段达成的公共目的与造成损害之间具有适当的比例关系，即均衡法。可见，C、D项表述正确。

【答案】ABCD

※【重点难点】平等权。（1）我国宪法关于平等权的规定，包括一般平等权条款和具体平等权条款。具体平等权条款主要包括：①民族平等权。②选举平等权。③宗教信仰平等权。④性别（男女）平等权。（2）平等权既是我国公民的一项基本权利，也是我国宪法的基本原则。保护公民的平等权是宪法的要求。平等权具有如下含义：①平等权的主体是全体公民。②平等权是公民的基本权利，是国家的基本义务。③平等权意味着公民平等地享有权利、履行义务。④平等权是贯穿于公民其他权利的一项权利，它通过其他权利，如男女平等、民族平等、受教育权平等而具体化。（3）平等权的效力采取法律内容平等说。（4）平等权并不意味着对所有公民采取无差别待遇，只要存在差别待遇的合理理由，就应当承认这种差别，这就是合理差别。判断政府的措施是合理差别还是违反平等保护的歧视性做法的标准有：①政府进行区别对待的目的必须是实现正当的而且是重大的利益。②这种区别对待必须是实现其所宣称的正当目的的合理的乃至必不可少的手段。③政府负有举证责任。合理差别有以下几种具体类型：①由于年龄的差异所采取的责任、权利等方面的合理差别。②依据人的生理差异所采取的合理差别。③依据民族的差异所采取的合理差别。④依据经济上的能力以及所得的差异所采取的纳税负担上的轻重的合理差别。⑤对从事特定职业的权利主体的特殊义务的加重和特定权利的限制等合理差别。

例6-3（单选）： 关于我国宪法规定的平等权，下列表述正确的是（　　）。

A. 平等权既是我国公民的一项基本权利，也是我国宪法的基本原则

B. 犯罪嫌疑人被依法判处刑罚与我国宪法规定的平等权相冲突

C. "只有年满18周岁享有政治权利的中国公民才享有选举权和被选举权"的规定没有体现合理差别

D. 妇女享有同男子平等的权利，但对其特殊情况予以保护，这构成性别歧视

【讲解】平等权既是我国公民的一项基本权利，也是我国宪法的基本原则，A项表述正确。任何人的宪法权利都应当受到平等保护，犯罪嫌疑人也不例外，但需要说明的是，犯罪嫌疑人的某些权利依法受到限制，这与平等保护并不冲突，B项表述错误。"只有年满18周岁享有政治权利的中

国公民才享有选举权和被选举权"的规定，体现了合理差别，属于宪法规定的允许差别的理由，C项表述错误。D项表述的构成性别歧视是错误的。法律上承认男女平等，但也承认男女之间的生理差别，如生理休假、产假等，在特殊情况下可以得到特殊的保护，D项表述错误。

【答案】A

※**【重点难点】**政治权利。政治权利包括：（1）选举权和被选举权。（2）言论自由。（3）出版自由。（4）集会、游行、示威自由。（5）结社自由。

例6-4（单选）： 执法部门发布通告："为了进一步提升本市市容和环境卫生整体水平，根据相关规定，全市范围内禁止设置各类横幅标语。"根据该通告，关于禁设横幅标语，下列说法正确的是（　　）。

A. 横幅标语涉及公民的出版自由　　　　B. 横幅标语不构成对公民基本权利的限制
C. 横幅标语在目的上具有正当性　　　　D. 横幅标语涉及合理差别问题

【讲解】对公民基本权利的限制主要考虑：（1）有法律根据（合法性原则）；（2）目的正当（合目的性）；（3）手段正当（正当性原则）；（4）符合比例原则。本题中，为了改善市容环境，全市禁止设置横幅标语，而且是根据"相关规定"作出的，因此满足了"有法律根据""目的正当"这两个条件，C项表述正确。"禁止设置横幅标语"限制了公民言论表达自由，因此，A项表述的"涉及公民的出版自由"、B项表述的"不构成对公民基本权利的限制"是错误的。针对D项，从题干表述看，"全市禁止……"，并没有提到"合理差别"，D项表述错误。

【答案】C

※**【重点难点】**宗教信仰自由。中华人民共和国公民有宗教信仰自由。任何国家机关、社会团体和个人不得强制公民信仰宗教或者不信仰宗教，不得歧视信仰宗教的公民和不信仰宗教的公民。国家保护正常的宗教活动。任何人不得利用宗教进行破坏社会秩序、损害公民身体健康、妨碍国家教育制度的活动。宗教团体和宗教事务不受外国势力的支配。

例6-5（单选）： 根据我国宪法关于公民基本权利的规定，下列表述正确的是（　　）。

A. 公民在年老、疾病和遭受自然灾害时有获得物质帮助的权利
B. 宪法规定了迁徙自由和罢工自由
C. 公民有宗教信仰自由，但没有规定公开传教的自由
D. 被剥夺政治权利的公民不再享有科学研究和艺术创作的自由

【讲解】《宪法》第45条第1款规定，中华人民共和国公民在年老、疾病或者丧失劳动能力的情况下，有从国家和社会获得物质帮助的权利。国家发展为公民享受这些权利所需要的社会保险、社会救济和医疗卫生事业。据此，宪法没有规定公民在遭受自然灾害时有获得物质帮助的权利，A项表述错误。我国宪法没有规定迁徙自由和罢工自由，B项表述错误。我国公民有宗教信仰自由，但我国宪法并没有规定公开传教的自由，C项表述正确。《刑法》第54条规定，剥夺政治权利是剥夺下列权利：（1）选举权和被选举权；（2）言论、出版、集会、结社、游行、示威自由的权利；（3）担任国家机关职务的权利；（4）担任国有公司、企业、事业单位和人民团体领导职务的权利。据此，被剥夺政治权利的公民仍然享有科学研究和艺术创作的自由，D项表述错误。

【答案】C

※**【重点难点】**人身自由。（1）公民的人身自由不受侵犯。任何公民，非经人民检察院批准或者决定或者人民法院决定，并由公安机关执行，不受逮捕。禁止非法拘禁和以其他方法非法剥夺或者限制公民的人身自由，禁止非法搜查公民的身体。（2）公民的人格尊严不受侵犯。禁止用任何方法对公民进行侮辱、诽谤和诬告陷害。（3）公民的住宅不受侵犯。禁止非法搜查或者非法侵入公民的住宅。（4）公民的通信自由和通信秘密受法律的保护。除因国家安全或者追查刑事犯罪的需要，由公安机关或者检察机关依照法律规定的程序对通信进行检查外，任何组织或者个人不得以任何理由侵犯公民的通信自由和通信秘密。

例6-6（多选）： 关于宪法规定的人身自由权，下列表述正确的是（　　）。

A. 禁止用任何方法对公民进行侮辱、诽谤和诬告陷害

B. 生命权属于我国宪法明确规定的法定基本权利

C. 禁止非法搜查公民身体

D. 禁止非法搜查或非法侵入公民住宅

【讲解】人身自由有广义和狭义之分。狭义的人身自由主要是指公民的身体不受非法侵害，广义的人身自由还包括宪法规定的人格尊严不受侵犯、住宅不受侵犯、通信自由和通信秘密受法律保护。从更广义的角度说，生命权也属于人身自由的范畴，但我国宪法没有规定生命权，因此生命权属于自然权利，而非法定权利（民法中生命权属于法定权利）。可见，B 项表述错误。根据《宪法》第 37～40 条的规定，A、C、D 项表述是正确的。

【答案】ACD

例 6-7（单选）：我国《宪法》第 37 条明确规定："中华人民共和国公民的人身自由不受侵犯。任何公民，非经人民检察院批准或者决定或者人民法院决定，并由公安机关执行，不受逮捕。禁止非法拘禁和以其他方法非法剥夺或者限制公民的人身自由，禁止非法搜查公民的身体。"关于该条文所体现的宪法规范，下列表述正确的是（　　）。

A. 该条文在性质上属于组织权限规范

B. 该规范内容通过《民法典》中有关人格尊严的规定得到间接实施

C. 法院在审理涉及公民人格尊严的案件中可以直接适用该条文作出判决

D. 该条文规定对司法没有约束力

【讲解】我国《宪法》第 37 条规定在性质上属于权利义务规范（宪法在调整公民基本权利和基本义务的过程中形成的规范），而非组织权限规范（处理国家机关的组织、权限和职权行使的程序，或者至少规定其原则的规范），A 项表述错误。《民法典》第 109 条规定了人格尊严，就实施宪法中的人格尊严条款而言，在性质上属于间接实施，B 项表述正确。但是，按照我国目前的宪法实施状况和司法实践，我国法院不能直接适用宪法规范作出判决，C 项表述错误。法院虽不能直接适用宪法条款，但这并不意味着宪法对司法没有约束力。法院虽然不能直接适用宪法判案，但仍然要遵守宪法规定，如法院的判决不能违宪。可见，D 项表述错误。

【答案】B

※【重点难点】财产权。公民的合法的私有财产不受侵犯。国家依照法律规定保护公民的私有财产权和继承权。国家为了公共利益的需要，可以依照法律规定对公民的私有财产实行征收或者征用并给予补偿。

例 6-8（多选）：关于公民财产权，下列表述正确的是（　　）。

A. 对公民私有财产的征收或征用构成对公民财产权的外部限制

B. 对公民私有财产的征收或征用必须具有明确的法律依据

C. 对公民财产权的限制要符合比例原则

D. 对公民财产权的限制应具有宪法上的正当性

【讲解】公民享有宪法规定的财产权，但财产权要受到限制，其中外在的限制主要来自征收或征用，A 项表述正确。对公民任何权利（包括财产权）的限制，都应当具有宪法上的正当性：（1）有法律依据（合法性原则）；（2）有正当目的（合目的性原则）；（3）限制的方式具有正当性（正当性原则）；（4）符合比例原则。可见，B、C、D 项表述正确。

【答案】ABCD

※【重点难点】社会文化权利。（1）社会文化权利主要包括劳动权、休息权、社会保障权和文化教育权。社会文化权利具有如下特点：①社会文化权利是公民从社会获得基本生活条件的权利，是公民的积极权利，国家负有保障权利实现的义务。②社会文化权利是保障公民过有尊严的生活的手段，体现了社会正义原则。③社会文化权利的内容、范围及其实现随着社会经济发展而不断改变。（2）公民有劳动的权利和义务。（3）劳动者有休息的权利。（4）社会保障权是指社会成员为了维护人的有尊严的生活而向国家要求给付的权利。2004 年宪法修正案增加了"国家建立健全同经济发展水平相适应的社会保障制度"的条款。社会保障权包括退休人员的生活保障权和物质帮助权

等方面的内容。(5) 公民有受教育的权利和义务。公民有进行科学研究、文学艺术创作和其他文化活动的自由。

例 6-9（单选）：关于我国宪法规定的财产权和社会文化权利，下列说法正确的是（　　）。

A. 宪法规定文化权利，但没有规定受教育权利

B. 宪法规定的社会权利和文化权利属于基本权利

C. 财产权、社会权利和文化权利属于积极的受益权

D. 2018 年宪法修正案增加了社会保障权的条款

【讲解】我国宪法既规定了文化权利，也规定了受教育的权利。《宪法》第 47 条规定了文化权利，即：中华人民共和国公民有进行科学研究、文学艺术创作和其他文化活动的自由。国家对于从事教育、科学、技术、文学、艺术和其他文化事业的公民的有益于人民的创造性工作，给以鼓励和帮助。《宪法》第 46 条规定了受教育的权利，即：中华人民共和国公民有受教育的权利和义务。国家培养青年、少年、儿童在品德、智力、体质等方面全面发展。可见，A 项表述错误。我国宪法规定的社会权利和文化权利都属于公民的基本权利，B 项表述正确。社会权利（劳动权、休息权、社会保障权）和文化教育权利都属于积极的受益权，但财产权（包括私有财产的继承权）不是积极的受益权，而是消极的防御权，C 项表述错误。2004 年宪法修正案新增了"国家建立健全同经济发展水平相适应的社会保障制度"的条款，2018 年宪法修正案不涉及社会保障权的规定，D 项表述错误。

【答案】B

※ **【重点难点】**监督权。公民的监督权包括：批评和建议的权利；申诉、控告或者检举的权利；取得赔偿的权利。

例 6-10（多选）：张某对当地政府干部王某的工作提出激烈批评，引起群众热议，被公安机关以诽谤他人为由拘留 5 日。张某的精神因此受到严重打击，事后相继申请行政复议和提起行政诉讼，法院依法撤销了公安机关的《行政处罚决定书》。随后，张某申请国家赔偿。对此，根据宪法和法律规定，下列表述正确的是（　　）。

A. 王某因工作受到批评，人格尊严受到侵犯

B. 张某的人身自由受到侵犯

C. 张某的公民监督权受到侵犯

D. 张某有权获得赔偿

【讲解】《宪法》第 41 条第 1 款规定，中华人民共和国公民对于任何国家机关和国家工作人员，有提出批评和建议的权利；对于任何国家机关和国家工作人员的违法失职行为，有向有关国家机关提出申诉、控告或者检举的权利，但是不得捏造或者歪曲事实进行诬告陷害。据此，王某是国家工作人员，任何公民有权利对其提出批评和建议（正常限度内，不得侮辱、诽谤、诬告陷害）。可见，A 项表述错误。同理，张某因行使批评权而招致报复，而批评权属于监督权的一种（其他包括建议、申诉、控告、检举），因此监督权受到侵犯，C 项表述正确。《宪法》第 37 条规定，中华人民共和国公民的人身自由不受侵犯。任何公民，非经人民检察院批准或者决定或者人民法院决定，并由公安机关执行，不受逮捕。禁止非法拘禁和以其他方法非法剥夺或者限制公民的人身自由，禁止非法搜查公民的身体。据此，张某的人身自由遭受了非法限制，B 项表述正确。《宪法》第 41 条第 3 款规定，由于国家机关和国家工作人员侵犯公民权利而受到损失的人，有依照法律规定取得赔偿的权利。据此，张某有权获得赔偿，D 项表述正确。

【答案】BCD

例题拓展

例 6-11（多选）：根据宪法和法律的规定，下列表述正确的是（　　）。

A. 公民的私有财产神圣不可侵犯

B. 公民的监督权包括批评建议权、控告检举权、申诉权和取得赔偿权

C. 我国公民有休息的权利

D. 受教育和劳动具有权利和义务的双重属性

【讲解】《宪法》第13条第1款规定，公民的合法的私有财产不受侵犯。据此，A项表述中有"神圣"作为修饰词，且没有表述"合法的"字样，因而A项表述错误。我国宪法规定的公民监督权包括批评建议权、控告检举权、申诉权和取得赔偿权，B项表述正确。《宪法》第43条第1款规定，中华人民共和国劳动者有休息的权利。据此，宪法规定的休息权的主体是"劳动者"，而非"公民"，C项表述错误。受教育和劳动具有权利和义务的双重属性，受教育和劳动既是基本权利，也是基本义务，D项表述正确。

【答案】BD

例6-12（单选）：甲为某高校毕业的研究生，26岁，尚未就业。根据我国宪法和法律规定，甲享有的权利和义务，下列表述正确的是（　　）。

A. 甲不承担纳税义务　　　　　　　　B. 甲应当被征集服现役

C. 甲有选举权和被选举权　　　　　　D. 甲有宪法规定的休息的权利

【讲解】《宪法》第56条规定，中华人民共和国公民有依照法律纳税的义务。据此，纳税义务的主体是"中国公民"（以及特定条件下的外国人），题干中的甲系中国公民，有纳税义务，A项表述错误。《宪法》第55条第2款规定，依照法律服兵役和参加民兵组织是中华人民共和国公民的光荣义务。据此，依法服兵役的主体是中国公民。同时，根据《兵役法》第12条的规定，每年12月31日以前年满18周岁的男性公民，应当被征集服现役。当年未被征集的，在22周岁以前仍可以被征集服现役，普通高等学校毕业生的征集年龄可以放宽至24周岁。题干中甲是高校研究生，但年龄为26岁，超出放宽条件的界限，不应当被征集服现役，B项表述错误。《选举法》第3条规定，年满18周岁的中国公民，都有选举权和被选举权，但依法被剥夺政治权利的除外。题干中甲系年满18周岁的中国公民，并且享有政治权利，因此有选举权和被选举权，C项表述正确。《宪法》第43条第1款规定，中华人民共和国劳动者有休息的权利。据此，休息权的主体是"劳动者"，题干中甲尚未就业，不属于劳动者，因此没有休息权，D项表述错误。

【答案】C

例6-13（分析）：A县政府根据省人大常委会制定的《拆迁补偿办法》的规定，以低于该《办法》中规定的补偿标准进行征地拆迁。甲因不同意该补偿标准，拒不拆迁自己的房屋。为此，县政府责令甲的儿子乙所在中学不为其办理新学期注册手续，并通知财政局解除甲的女婿丙（财政局工勤人员）与该局的劳动合同。甲最终被迫签署了拆迁协议。

请结合上述材料，根据我国宪法和法律，回答下列问题：

（1）《拆迁补偿办法》如何报备？

（2）如果甲认为《拆迁补偿办法》违宪，应如何提起审查？

（3）甲的住宅权是否受到侵害？为什么？

（4）甲、乙、丙的哪些宪法权利遭到侵害？为什么？

【参考答案】（1）《拆迁补偿办法》在性质上属于省人大常委会制定的地方性法规，应当报全国人大常委会和国务院备案。

（2）如果甲认为《拆迁补偿办法》违宪，可以向全国人大常委会提起书面违宪审查建议，由常务委员会工作机构进行研究，必要时，送有关的专门委员会进行审查、提出意见。

（3）甲的住宅权没有受到侵犯。侵犯住宅权表现为非法"搜查"和"侵入"，题干中的县政府并没有这类行为，不构成对甲的住宅权的侵犯。

（4）甲的财产权受到侵犯。《宪法》规定，公民的合法的私有财产不受侵犯。国家依照法律规定保护公民的私有财产权和继承权。国家为了公共利益的需要，可以依照法律规定对公民的私有财产实行征收或者征用并给予补偿。据此，县政府"以低于《办法》规定的补偿标准"进行征地拆

迁，变相强迫甲拆迁，这就表明甲的财产权遭受侵犯。

乙的受教育权受到侵犯。《宪法》规定，我国公民有受教育的权利和义务。据此，甲的儿子乙与拆迁没有关系，县政府却责令其所在的学校不为其办理注册手续，侵犯了乙的受教育权。

甲的女婿丙的劳动权受到侵犯。《宪法》规定，我国公民有劳动的权利和义务。据此，丙与拆迁没有关系，但县政府责令财政局解除其与丙的劳动合同，侵犯了丙的劳动权。

专题七　全国人大及其常委会

※【重点难点】全国人大的组成和任期。(1) 全国人民代表大会由省、自治区、直辖市、特别行政区和军队选出的代表组成。各少数民族都应当有适当名额的代表。(2) 全国人大的每届任期5年。全国人民代表大会任期届满的2个月以前，全国人民代表大会常务委员会必须完成下届全国人民代表大会代表的选举。如果遇到不能进行选举的非常情况，由全国人民代表大会常务委员会以全体组成人员的2/3以上的多数通过，可以推迟选举，延长本届全国人民代表大会的任期。在非常情况结束后1年内，必须完成下届全国人民代表大会代表的选举。

例7-1（多选）：关于全国人民代表大会，下列表述正确的是（　　）。

A. 全国人大代表全国人民统一行使国家权力

B. 全国人大与地方各级人大是领导与被领导的关系

C. 全国人大在国家机构体系中居于最高地位，不受任何其他国家机关的监督

D. 全国人大代表以间接选举方式由各省、自治区、直辖市人大和军队选举产生

【讲解】我国奉行民主集中制原则，即"中华人民共和国的一切权力属于人民"，但国家权力不可能由全国人民直接行使，而是由全国人大代表全国人民统一行使，A项表述正确。全国人大与地方各级人大不是领导与被领导的关系，而是监督与被监督的关系，B项表述错误。《宪法》第57条规定，中华人民共和国全国人民代表大会是最高国家权力机关。这是对全国人大性质和地位的规定，因而可以说"全国人大在国家机构体系中居于最高地位"，它受人民监督，不受任何其他"国家机关"的监督，C项表述正确。根据《选举法》第2条第1款的规定，全国人大代表以间接选举方式由各省、自治区、直辖市人大和军队选举产生。据此，D项表述正确。

【答案】ACD

※【重点难点】全国人大的职权。(1) 修改宪法，监督宪法的实施。(2) 制定和修改基本法律。(3) 选举、决定和罢免国家领导人。(4) 决定国家重大问题。(5) 最高监督权。(6) 其他职权。

例7-2（多选）：下列人选，由全国人大选举产生的是（　　）。

A. 国家副主席　　　　　　　　　B. 全国人大专门委员会主任委员

C. 全国人大常委会副委员长　　　D. 国家监察委员会主任

【讲解】下列人员由全国人大选举产生：(1) 全国人大常委会委员长、副委员长、秘书长、委员；(2) 国家主席、副主席；(3) 中央军事委员会主席；(4) 国家监察委员会主任；(5) 最高人民法院院长；(6) 最高人民检察院检察长；(7) 全国人大各专门委员会主任委员、副主任委员、委员。可见，备选项应全选。

【答案】ABCD

※【重点难点】全国人大的会议制度和工作方式。(1) 全国人民代表大会的工作方式主要是举行会议。全国人民代表大会会议每年举行一次，由全国人民代表大会常务委员会召集。全国人大举行会议前，代表按照选举单位组成代表团，并选举主席团。全国人大会议设秘书处。全国人大的会议形式包括预备会议、全体会议和小组会议。此外，在特殊情况下还可以召开临时会议和秘密会议。(2) 决议程序，要经过如下4个阶段：①提出议案。②审议议案。③表决通过议案。④公布法

律、决议。（3）询问和质询程序：在全国人民代表大会审议议案的时候，代表可以向有关国家机关提出询问。在全国人大会议期间，1个代表团或者30名以上的代表，可以书面提出对国务院和国务院各部、各委员会的质询案。在全国人大闭会期间，全国人大常委会组成人员10人以上联名，可以向常务委员会书面提出对国务院、国务院各部委、最高人民法院和最高人民检察院的质询案。（4）选举、决定、辞职和罢免国家领导人的程序。

例7-3（单选）： 有权决定全国人大会议秘密举行的是（　　）。

A. 3个以上代表团联名

B. 全国人大常委会

C. 全国人大主席团和各代表团团长会议

D. 全国人大常委会和全国人大各代表团团长会议

【讲解】《全国人民代表大会组织法》第20条规定，全国人民代表大会会议公开举行；在必要的时候，经主席团和各代表团团长会议决定，可以举行秘密会议。

【答案】 C

例7-4（单选）： 关于全国人大代表团，下列说法正确的是（　　）。

A. 代表团团长、副团长由各代表团全体成员选举产生

B. 2个以上代表团可以向全国人大提出属于全国人大职权范围内的议案

C. 3个以上代表团可以提出对于全国人大常委会组成人员的罢免案

D. 1个代表团或50名以上的代表可以联合提出对国务院各部、各委员会的质询案

【讲解】《全国人民代表大会组织法》第4条第1款规定，全国人民代表大会代表按照选举单位组成代表团。各代表团分别推选代表团团长、副团长。据此，代表团团长、副团长由各代表团"推选"产生，而不是"选举"产生，A项表述错误。《全国人民代表大会组织法》第10条规定，1个代表团或者30名以上的代表，可以向全国人民代表大会提出属于全国人民代表大会职权范围内的议案，由主席团决定是否列入大会议程，或者先交有关的专门委员会审议、提出是否列入大会议程的意见，再决定是否列入大会议程。据此，1个代表团就可以向全国人大提出属于全国人大职权范围内的议案，不必是"2个以上代表团"，B项表述错误。《全国人民代表大会组织法》第15条规定，全国人民代表大会3个以上的代表团或者1/10以上的代表，可以提出对于全国人民代表大会常务委员会的组成人员，中华人民共和国主席、副主席，国务院和中央军事委员会的组成人员，最高人民法院院长和最高人民检察院检察长的罢免案，由主席团提请大会审议。据此，C项表述正确。《全国人民代表大会组织法》第16条规定，在全国人民代表大会会议期间，1个代表团或者30名以上的代表，可以书面提出对国务院和国务院各部、各委员会的质询案，由主席团决定交受质询机关书面答复，或者由受质询机关的领导人在主席团会议上或者有关的专门委员会会议上或者有关的代表团会议上口头答复。在主席团会议或者专门委员会会议上答复的，提质询案的代表团团长或者提质询案的代表可以列席会议，发表意见。据此，质询案的提出主体：1个代表团或"30名"以上代表，而不是"50名"以上代表，D项表述错误。

【答案】 C

※【重点难点】 专门委员会。（1）专门委员会受全国人大领导，在人大闭会期间，受全国人大常委会领导。各专门委员会不是独立行使职权的国家机关，对外不能发号施令，它只是帮助全国人大及其常委会研究、审议和拟定有关议案的辅助性机构。（2）各专门委员会由主任委员、副主任委员若干人和委员若干人组成。各专门委员会的主任委员、副主任委员和委员的人选由主席团在代表中提名，大会通过。在大会闭会期间，全国人民代表大会常务委员会可以补充任命专门委员会的个别副主任委员和部分委员，由委员长会议提名，常务委员会会议通过。（3）各专门委员会的任期与全国人大每届任期相同，都是5年。（4）专门委员会的任务包括：①审议议案。②提出议案。③合宪性和合法性审查。④审议质询案。⑤对本委员会有关的问题，进行调查研究，提出建议。

例7-5（多选）： 全国人民代表大会宪法和法律委员会与其他有关专门委员会经审查认为报全国人大常委会备案的司法解释与法律相抵触，而有关解释机关不予修改或废止的，宪法和法律委员

会与其他有关专门委员会可依法采取的措施有（　　　）。

　　A. 可以决定撤销该司法解释

　　B. 可以提出要求作出司法解释的机关予以修改、废止的议案

　　C. 可以提出由全国人大常委会作出立法解释的议案

　　D. 将该司法解释发回，发回后立即失效，但失效不具有溯及力

　　【讲解】《各级人民代表大会常务委员会监督法》第 33 条规定，全国人民代表大会法律委员会和有关专门委员会经审查认为最高人民法院或者最高人民检察院作出的具体应用法律的解释同法律规定相抵触，而最高人民法院或者最高人民检察院不予修改或者废止的，可以提出要求最高人民法院或者最高人民检察院予以修改、废止的议案，或者提出由全国人民代表大会常务委员会作出法律解释的议案，由委员长会议决定提请常务委员会审议。据此，有关解释机关不予修改或废止违反法律的司法解释时，宪法和法律委员会与其他有关的专门委员会可以采取的措施有：（1）向常委会提出要求作出机关修改或废止的议案；（2）向常委会提出立法解释的议案。可见，B、C 项表述正确。对于违反法律的司法解释，宪法和法律委员会无权决定撤销，A 项表述错误。D 项提到的"发回"程序，是针对"特别行政区报全国人大常委会备案的法律"，针对司法解释问题，没有"发回"程序，D 项表述错误。

　　【答案】BC

　　※**【重点难点】**临时性委员会。（1）全国人大及其常委会认为必要的时候，可以组织关于特定问题的调查委员会，并且根据调查委员会的报告，作出相应的决议。调查委员会进行调查的时候，一切有关的国家机关、社会团体和公民都有义务向它提供必要的材料。（2）主席团、3 个以上的代表团或者 1/10 以上的代表联名，可以提议组织关于特定问题的调查委员会，由主席团提请大会全体会议决定。

　　例 7-6（单选）：关于全国人大的专门委员会及特定问题的调查委员会，下列表述正确的是（　　　）。

　　A. 各专门委员会在其职权范围内所作决议，具有全国人大及其常委会所作决定的效力

　　B. 各专门委员会的主任委员、副主任委员由全国人大及其常委会任命

　　C. 关于特定问题的调查委员会的任期与全国人大及其常委会的任期相同

　　D. 全国人大及其常委会领导专门委员会的工作

　　【讲解】根据《宪法》和《全国人民代表大会组织法》的规定，专门委员会向全国人大或全国人大常委会提供意见或报告，该意见或报告经过全国人大或者全国人大常委会审议通过之后，才具有国家权力机关决定的效力。专门委员会仅是"工作机构"，无法代替全国人大或全国人大常委会作决定，A 项表述错误。各专门委员会的主任委员、副主任委员和委员的人选，由全国人大主席团在代表中提名，大会通过。在全国人大闭会期间，全国人大常委会可以补充任命专门委员会的个别副主任委员和委员。据此，全国人大常委会只能补充任命"个别副主任委员和委员"，无权任命"主任委员"，B 项表述错误。全国人大及其常委会认为必要时，可以设立特定问题的调查委员会。调查委员会的组成人员必须是全国人大代表。调查委员会没有一定任期，对特定问题的调查任务一经完成，该委员会即予以撤销，C 项表述错误。专门委员会的任务是在全国人大领导下、闭会期间在全国人大常委会领导下，研究、审议、拟定有关议案。据此，专门委员会的工作由全国人大及其常委会领导，D 项表述正确。

　　【答案】D

　　※**【重点难点】**全国人大常委会的组成和任期。（1）全国人大常委会在每届全国人大第一次会议时，由全国人大主席团从本届的代表中提名，经各代表团酝酿协商后，再由主席团根据多数代表的意见，确定正式代表候选人名单。由全国人大从代表中选举组成全国人大常委会。全国人大常委会由下列人员组成：委员长，副委员长若干人，秘书长，委员若干人。全国人大常委会组成人员中，应当有适当名额的少数民族代表。全国人大选举并有权罢免全国人大常委会的组成人员。全国人大常委会的组成人员不得担任国家行政机关、审判机关和检察机关的职务。（2）全国人大常委会

的任期与全国人大相同，即5年。组成人员得连选连任，但委员长、副委员长连续任职不得超过两届。

例7-7（多选）：下列人员中，属于全国人大常委会的组成人员的是（　　）。

A. 委员长　　　　　B. 副委员长若干人　　C. 秘书长　　　　　D. 委员若干人

【讲解】根据《宪法》第65条的规定，全国人民代表大会常务委员会由下列人员组成：委员长，副委员长若干人，秘书长，委员若干人。

【答案】ABCD

※【重点难点】全国人大常委会的职权。（1）宪法解释双和宪法监督权（违宪审查权）。（2）立法权和法律解释权。（3）国家重大事项的决定权。（4）任免权。（5）监督权。（6）其他职权。

例7-8（多选）：下列选项中，属于全国人大常委会的职权的是（　　）。

A. 解释宪法，监督宪法的实施

B. 批准省、自治区和直辖市的建置

C. 废除同外国缔结的条约和重要协定

D. 审批国民经济和社会发展计划以及国家预算部分调整方案

【讲解】《宪法》第67条规定，全国人民代表大会常务委员会行使下列职权：（1）解释宪法，监督宪法的实施；（2）制定和修改除应当由全国人民代表大会制定的法律以外的其他法律；（3）在全国人民代表大会闭会期间，对全国人民代表大会制定的法律进行部分补充和修改，但是不得同该法律的基本原则相抵触；（4）解释法律；（5）在全国人民代表大会闭会期间，审查和批准国民经济和社会发展计划、国家预算在执行过程中所必须作的部分调整方案；（6）监督国务院、中央军事委员会、国家监察委员会、最高人民法院和最高人民检察院的工作；（7）撤销国务院制定的同宪法、法律相抵触的行政法规、决定和命令；（8）撤销省、自治区、直辖市国家权力机关制定的同宪法、法律和行政法规相抵触的地方性法规和决议；（9）在全国人民代表大会闭会期间，根据国务院总理的提名，决定部长、委员会主任、审计长、秘书长的人选；（10）在全国人民代表大会闭会期间，根据中央军事委员会主席的提名，决定中央军事委员会其他组成人员的人选；（11）根据国家监察委员会主任的提请，任免国家监察委员会副主任、委员；（12）根据最高人民法院院长的提请，任免最高人民法院副院长、审判员、审判委员会委员和军事法院院长；（13）根据最高人民检察院检察长的提请，任免最高人民检察院副检察长、检察员、检察委员会委员和军事检察院检察长，并且批准省、自治区、直辖市的人民检察院检察长的任免；（14）决定驻外全权代表的任免；（15）决定同外国缔结的条约和重要协定的批准和废除；（16）规定军人和外交人员的衔级制度和其他专门衔级制度；（17）规定和决定授予国家的勋章和荣誉称号；（18）决定特赦；（19）在全国人民代表大会闭会期间，如果遇到国家遭受武装侵犯或者必须履行国际间共同防止侵略的条约的情况，决定战争状态的宣布；（20）决定全国总动员或者局部动员；（21）决定全国或者个别省、自治区、直辖市进入紧急状态；（22）全国人民代表大会授予的其他职权。据此第（1）、（5）、（15）项的规定，选A、C、D项。《宪法》第62条规定，全国人民代表大会行使下列职权：（1）修改宪法；（2）监督宪法的实施；（3）制定和修改刑事、民事、国家机构的和其他的基本法律；（4）选举中华人民共和国主席、副主席；（5）根据中华人民共和国主席的提名，决定国务院总理的人选；根据国务院总理的提名，决定国务院副总理、国务委员、各部部长、各委员会主任、审计长、秘书长的人选；（6）选举中央军事委员会主席；根据中央军事委员会主席的提名，决定中央军事委员会其他组成人员的人选；（7）选举国家监察委员会主任；（8）选举最高人民法院院长；（9）选举最高人民检察院检察长；（10）审查和批准国民经济和社会发展计划和计划执行情况的报告；（11）审查和批准国家的预算和预算执行情况的报告；　（12）改变或者撤销全国人民代表大会常务委员会不适当的决定；（13）批准省、自治区和直辖市的建置；（14）决定特别行政区的设立及其制度；（15）决定战争和和平的问题；（16）应当由最高国家权力机关行使的其他职权。据此第（13）项，批准省、自治区和直辖市的建置属于全国人大的职权，不选B项。

【答案】ACD

※【重点难点】全国人大常委会的会议制度和工作程序。(1) 全国人大常委会的工作方式是举行会议。会议的形式有委员长会议和常委会全体会议两种。(2) 全国人大常委会在举行会议、审议及通过法律案和其他议案、选举和罢免各国家机构领导人时，均须遵守以下4个程序：①提出议案。②审议议案。③表决通过议案。④决定公布。(3) 全国人大常委会组成人员 10 人以上联名，省、自治区、直辖市、自治州、设区的市人民代表大会常务委员会组成人员 5 人以上联名，县级人民代表大会常务委员会组成人员 3 人以上联名，可以向常务委员会书面提出对本级人民政府及其部门和人民法院、人民检察院的质询案。

例 7-9（多选）：根据宪法和立法法规定，下列关于全国人大常委会委员长会议的表述，正确的是(　　)。

A. 委员长会议可以向常委会提出法律案

B. 列入常委会会议议程的法律案，一般应当经 3 次委员长会议审议后交付常委会表决

C. 委员长会议由委员长、副委员长、秘书长组成

D. 专门委员会之间对法律草案的重要问题意见不一致时，应当向委员长会议报告

【讲解】《立法法》第 26 条第 1 款规定，委员长会议可以向常务委员会提出法律案，由常务委员会会议审议。据此，A 项表述正确。《立法法》第 29 条第 1 款规定，列入常务委员会会议议程的法律案，一般应当经 3 次常务委员会会议审议后再交付表决。据此，《立法法》对法律案规定了"三审程序"：由常委会审议 3 次后再交付表决，而不是由"委员长会议"审议，B 项表述错误。《宪法》第 68 条第 2 款规定，委员长、副委员长、秘书长组成委员长会议，处理全国人民代表大会常务委员会的重要日常工作。据此，C 项表述正确。《立法法》第 35 条规定，专门委员会之间对法律草案的重要问题意见不一致时，应当向委员长会议报告。据此，D 项表述正确。

【答案】ACD

例 7-10（多选）：既可以向全国人大，也可以向全国人大常委会提出法律案的主体有(　　)。

A. 国务院　　　　　　　　　　B. 中央军事委员会

C. 全国人民代表大会各专门委员会　　D. 30 名以上全国人大代表联名

【讲解】根据《立法法》第 14、15 条的规定，有权向全国人大提出法律案的主体包括 9 个：(1) 全国人大主席团；(2) 全国人大常委会；(3) 国务院；(4) 中央军事委员会；(5) 最高人民法院；(6) 最高人民检察院；(7) 全国人大各专门委员会；(8) 1 个代表团；(9) 30 名以上的全国人大代表联名。根据《立法法》第 26、27 条的规定，有权向全国人大常委会提出法律案的主体包括：(1) 委员长会议；(2) 国务院；(3) 中央军事委员会；(4) 最高人民法院；(5) 最高人民检察院；(6) 全国人大各专门委员会；(7) 常委会组成人员 10 人以上联名。因此，既有权向全国人大又有权向全国人大常委会提出法律案的主体包括 5 个：(1) 国务院；(2) 中央军事委员会；(3) 最高人民法院；(4) 最高人民检察院；(5) 全国人大各专门委员会。可见，选 A、B、C 项。

【答案】ABC

例 7-11（多选）：关于全国人大及其常委会的质询案，下列表述正确的是(　　)。

A. 全国人大会议期间，1 个代表团可书面提出对国务院的质询案

B. 全国人大会议期间，30 名以上代表联名可书面提出对国务院各部的质询案

C. 全国人大常委会会议期间，常委会组成人员 10 人以上可书面提出对国务院各委员会的质询案

D. 全国人大常委会会议期间，委员长会议可提出对最高人民法院的质询案

【讲解】《全国人民代表大会组织法》第 16 条规定，在全国人民代表大会会议期间，1 个代表团或者 30 名以上的代表，可以书面提出对国务院和国务院各部、各委员会的质询案，由主席团决定交受质询机关书面答复，或者由受质询机关的领导人在主席团会议上或者有关的专门委员会会议上或者有关的代表团会议上口头答复。据此，A、B 项表述正确。《全国人民代表大会组织法》第 33 条规定，在常务委员会会议期间，常务委员会组成人员 10 人以上，可以向常务委员会书面提出对

国务院和国务院各部、各委员会的质询案，由委员长会议决定交受质询机关书面答复，或者由受质询机关的领导人在常务委员会会议上或者有关的专门委员会会议上口头答复。在专门委员会会议上答复的，提质询案的常务委员会组成人员可以出席会议，发表意见。据此，C项表述正确。《全国人民代表大会常务委员会议事规则》第26条规定，在常务委员会会议期间，常务委员会组成人员10人以上联名，可以向常务委员会书面提出对国务院及国务院各部门和最高人民法院、最高人民检察院的质询案。据此，不选D项。

【答案】ABC

※【重点难点】全国人大代表。（1）全国人大代表的工作包括在全国人大会议期间的工作和在全国人大闭会期间的工作。（2）全国人大代表的权利（全国人大代表的特殊身份保障）：①全国人大代表有出席全国人大会议，发表意见，参与表决，共同决定中央国家机关领导人员的人选和国家生活中的重大问题的权利。②根据法律规定的程序提出议案、建议和意见的权利。③依照法律规定的程序提出质询案的权利。④依法提出罢免案的权利。⑤人身特别保护权。⑥言论免责权。⑦物质保障权。（3）全国人大代表的义务：①模范地遵守宪法和法律，在代表参加的生产、工作和社会活动中，宣传法治并协助宪法和法律的贯彻实施。②与原选举单位和群众保持密切联系，接受原选举单位和群众的监督，原选举单位有权罢免其所选出的代表。③保守国家秘密。④出席全国人大会议，认真参与对国家事务的讨论和决定，积极参加代表的视察活动。（4）代表有下列情形之一的，暂时停止执行代表职务，由代表资格审查委员会向本级人民代表大会常务委员会或者乡、民族乡、镇的人民代表大会报告：①因刑事案件被羁押正在受侦查、起诉、审判的；②被依法判处管制、拘役或者有期徒刑而没有附加剥夺政治权利，正在服刑的。（5）代表有下列情形之一的，其代表资格终止：①辞职被接受的；②未经批准两次不出席本级人民代表大会会议的；③被罢免的；④丧失中华人民共和国国籍的；⑤依照法律被剥夺政治权利的。

例7-12（多选）：关于全国人大代表，下列表述正确的是（　　　　）。

A. 10名以上全国人大代表联名，可以书面提出对国务院及其各部委的质询案

B. 在全国人大闭会期间，全国人大代表非经全国人大常委会许可，不受逮捕和刑事审判

C. 全国人大代表在全国人民代表大会各种会议上的发言和表决，不受法律追究

D. 全国人大代表受原选举单位的监督

【讲解】《全国人民代表大会和地方各级人民代表大会代表法》第14条第1款规定，全国人民代表大会会议期间，1个代表团或者30名以上的代表联名，有权书面提出对国务院和国务院各部、各委员会，最高人民法院，最高人民检察院的质询案。据此，A项表述错误。《宪法》第74条规定，全国人民代表大会代表，非经全国人民代表大会会议主席团许可，在全国人民代表大会闭会期间非经全国人民代表大会常务委员会许可，不受逮捕或者刑事审判。据此，B项表述正确。《宪法》第75条规定，全国人民代表大会代表在全国人民代表大会各种会议上的发言和表决，不受法律追究。据此，C项表述正确。《宪法》第77条规定，全国人民代表大会代表受原选举单位的监督。原选举单位有权依照法律规定的程序罢免本单位选出的代表。据此，D项表述正确。

【答案】BCD

例题拓展

例7-13（多选）：根据宪法和法律的规定，下列关于立法权限和立法程序的表述，正确的是（　　　　）。

A. 全国人大常委会在全国人大闭会期间，可以对全国人大制定的法律进行部分补充和修改，但不得同该法律的基本原则相抵触

B. 全国人大通过的法律由全国人大主席团予以公布

C. 全国人大宪法和法律委员会审议法律案时，应邀请有关专门委员会的成员列席会议，发表意见

D. 列入全国人大常委会会议议程的法律案，除特殊情况外，应当在举行会议 7 日前将草案发给常委会组成人员

【讲解】根据《宪法》第 67 条的规定，在全国人大闭会期间，全国人大常委会可以对全国人大制定的法律进行部分补充和修改，但不得同该法律的基本原则相抵触，A 项表述正确。全国人大通过法律案以及其他议案要经过以下 4 个阶段：（1）提出议案；（2）审议议案；（3）表决通过议案；（4）公布法律、决议。其中，法律议案通过后即成为法律，由国家主席以发布命令的形式予以公布，B 项表述错误。关于 B 项，需要注意的是，国家领导人的选举结果及宪法修正案，由全国人大主席团公布。根据《立法法》第 33 条第 2 款的规定，宪法和法律委员会审议法律案时，应当邀请有关的专门委员会的成员列席会议，发表意见。据此，C 项表述正确。根据《立法法》第 28 条第 1 款的规定，列入常务委员会会议议程的法律案，除特殊情况外，应当在会议举行的 7 日前将法律草案发给常务委员会组成人员。据此，D 项表述正确。

【答案】ACD

例 7－14（多选）：下列人员中，既可以由全国人大也可以由全国人大常委会产生的是（　　）。

A. 国家监察委员会副主任　　　　　　　B. 中央军委副主席

C. 最高人民检察院副检察长　　　　　　D. 全国人大专门委员会部分委员

【讲解】根据《宪法》第 67 条第（11）项的规定，国家监察委员会副主任根据国家监察委员会主任提请，由全国人大常委会任免，不选 A 项。根据《宪法》第 62 条第（6）项的规定，中央军委副主席根据中央军委主席的提名，由全国人大决定人选；根据《宪法》第 67 条第（10）项的规定，在全国人大闭会期间，根据中央军委主席的提名，决定中央军委副主席等其他组成人员的人选。可见，军委副主席既可以由全国人大也可以由全国人大常委会产生，选 B 项。根据《宪法》第 67 条第（13）项的规定，根据最高人民检察院检察长的提请，任免最高人民检察院副检察长、检察员、检察委员会委员和军事检察院检察长，并且批准省、自治区、直辖市的人民检察院检察长的任免。据此，最高人民检察院副检察长只能由全国人大常委会任免，不选 C 项。《全国人民代表大会组织法》第 35 条第 3 款规定，各专门委员会的主任委员、副主任委员和委员的人选，由主席团在代表中提名，大会通过。在大会闭会期间，全国人民代表大会常务委员会可以补充任命专门委员会的个别副主任委员和部分委员，由委员长会议提名，常务委员会会议通过。据此，全国人大专门委员会部分委员既可由全国人大产生，也可由全国人大常委会产生，选 D 项。

【答案】BD

专题八　其他国家机关

※【重点难点】本专题涉及的其他国家机关包括国家主席、国务院、中央军事委员会、监察委员会、人民法院、人民检察院和地方国家机关。因重难点分散，不宜归纳。在此仅以例题形式讲解。

例 8－1（多选）：根据宪法和法律规定，下列表述正确的是（　　）。

A. 国家主席对全国人大及其常委会负责

B. 国务院对全国人大负责并报告工作，在全国人大闭会期间对全国人大常委会负责并报告工作

C. 最高人民法院、最高人民检察院对全国人大及其常委会负责

D. 中央军事委员会对全国人大及其常委会负责并报告工作

【讲解】关于全国人大及其常委会对其他国家机关的监督，可以归纳为如下内容：（1）国家主

席是国家元首，代表的是国家，因此无须向全国人大及其常委会负责，也无须报告工作。（2）国务院、最高人民法院和最高人民检察院需要向全国人大及其常委会负责并报告工作。（3）中央军事委员会"主席"向全国人大及其常委会负责，但不报告工作。此外，我国宪法没有规定"中央军委"负责制，仅规定了"中央军委主席"负责制。（4）国家监察委员会需要向全国人大常委会负责，但是否报告工作，目前宪法和法律尚无规定。可见，只有B、C项表述是正确的。

【答案】BC

例8-2（单选）：关于各级人大常委会组织的特定问题调查委员会，下列说法正确的是（　　）。

A. 经1/5以上常委会组成人员书面联名提议或有关专门委员会提议，可以组织关于特定问题的调查委员会

B. 经调查委员会聘请，有关专家可以作为调查委员会的委员参加调查工作

C. 委员长会议或者主任会议可以提议组织关于特定问题的调查委员会

D. 特定问题调查委员会应当向有关专门委员会提出调查报告

【讲解】《各级人民代表大会常务委员会监督法》第40条规定，委员长会议或者主任会议可以向本级人民代表大会常务委员会提议组织关于特定问题的调查委员会，提请常务委员会审议。1/5以上常务委员会组成人员书面联名，可以向本级人民代表大会常务委员会提议组织关于特定问题的调查委员会，由委员长会议或者主任会议决定提请常务委员会审议，或者先交有关的专门委员会审议、提出报告，再决定提请常务委员会审议。据此，可以向本级人大常委会提议组织关于特定问题调查委员会的主体有2个：（1）1/5以上的常委会组成人员；（2）委员长会议或者主任会议。可见，A项表述错误，C项表述正确。《各级人民代表大会常务委员会监督法》第41条规定，调查委员会由主任委员、副主任委员和委员组成，由委员长会议或者主任会议在本级人民代表大会常务委员会组成人员和本级人民代表大会代表中提名，提请常务委员会审议通过。调查委员会可以聘请有关专家参加调查工作。与调查的问题有利害关系的常务委员会组成人员和其他人员不得参加调查委员会。据此，B项表述错误。《各级人民代表大会常务委员会监督法》第43条规定，调查委员会应当向产生它的常务委员会提出调查报告。常务委员会根据报告，可以作出相应的决议、决定。据此，D项表述错误。

【答案】C

例8-3（多选）：根据宪法和有关法律的规定，实行双重领导体制的国家机关是（　　）。

A. 人民法院　　　　　　　　　　　B. 人民检察院

C. 地方各级审计机关　　　　　　　D. 地方各级监察委员会

【讲解】根据宪法和人民法院组织法的规定，最高人民法院对全国人大及其常委会负责并报告工作；地方各级法院对本级人大及其常委会负责并报告工作；最高人民法院和地方各级人民法院之间的关系是监督与被监督的关系，上级法院与下级法院也是监督与被监督的关系，因此，人民法院不是双重领导体制，不选A项。根据宪法和人民检察院组织法的规定，人民检察院实行双重从属制，即最高人民检察院领导地方各级人民检察院和专门人民检察院的工作，上级人民检察院领导下级人民检察院的工作。最高人民检察院对全国人大及其常委会负责并报告工作，地方各级人民检察院对本级人大及其常委会负责并报告工作。人民检察院组织法和地方组织法中地方各级人民检察院检察长的任免也体现了双重从属制。可见，选B项。根据《地方各级人民代表大会和地方各级人民政府组织法》第64条第2款规定，县级以上的地方各级人民政府设立审计机关。地方各级审计机关依照法律规定独立行使审计监督权，对本级人民政府和上一级审计机关负责。据此，选C项。《宪法》第125条第2款规定，国家监察委员会领导地方各级监察委员会的工作，上级监察委员会领导下级监察委员会的工作。据此，选D项。

【答案】BCD

例8-4（单选）：根据宪法规定，下列关于国务院的表述，正确的是（　　）。

A. 国务院有权决定个别省、自治区、直辖市进入紧急状态

B. 国务院由总理、副总理、国务委员、秘书长组成

C. 国务院常务会议由总理、副总理、国务委员组成

D. 国务院有权改变或者撤销地方各级国家行政机关的不适当的决定和命令

【讲解】《宪法》第 89 条第（16）项规定，国务院依照法律规定决定省、自治区、直辖市的范围内部分地区进入紧急状态。据此，国务院只能决定省、自治区、直辖市的"范围内部分地区"进入紧急状态，A 项表述错误。关于 A 项，需要注意的是，《宪法》第 67 条第（21）项规定，全国人大常委会决定全国或者个别省、自治区、直辖市进入紧急状态。《宪法》第 80 条规定，国家主席根据人大的决定和全国人大常委会的决定，宣布进入紧急状态。《宪法》第 86 条第 1 款规定，国务院由下列人员组成：总理，副总理若干人，国务委员若干人，各部部长，各委员会主任，审计长，秘书长。据此，B 项表述中遗漏了各部部长、各委员会主任、审计长，因此，B 项表述错误。《宪法》第 88 条第 2 款规定，总理、副总理、国务委员、秘书长组成国务院常务会议。据此，C 项表述中遗漏了"秘书长"，C 项表述错误。《宪法》第 89 条第（14）项规定，国务院有权改变或者撤销地方各级国家行政机关的不适当的决定和命令。据此，D 项表述正确。

【答案】D

例 8-5（单选）：关于中央军事委员会，下列表述正确的是(　　)。

A. 实行集体负责制

B. 每届任期同全国人大相同

C. 向全国人大及其常委会负责并报告工作

D. 副主席由全国人大选举产生

【讲解】《宪法》第 93 条第 3、4 款规定，中央军事委员会实行主席负责制。中央军事委员会每届任期同全国人民代表大会每届任期相同。据此，A 项表述错误，B 项表述正确。《宪法》第 94 条规定，中央军事委员会主席对全国人民代表大会和全国人民代表大会常务委员会负责。据此，中央军事委员会主席只是"负责"，但不报告工作，C 项表述错误。军委副主席属于《宪法》第 62 条第（6）项规定的"中央军事委员会其他组成人员"，由全国人大根据军委主席的提名来"决定"其人选，而非由全国人大选举产生，D 项表述错误。

【答案】B

例 8-6（多选）：根据宪法和法律的规定，关于国家机构，下列表述正确的是(　　)。

A. 全国人民代表大会代表受原选举单位的监督

B. 中央军事委员会实行主席负责制

C. 地方各级审计机关依法独立行使审计监督权，对本级人民政府和上一级审计机关负责

D. 市辖区的政府经本级人大批准可设立若干街道办事处，作为派出机关

【讲解】《选举法》第 48 条规定，全国和地方各级人民代表大会的代表，受选民和原选举单位的监督。选民或者选举单位都有权罢免自己选出的代表。据此，A 项表述正确。根据我国宪法规定，中央军委实行主席负责制，B 项表述正确。《地方各级人民代表大会和地方各级人民政府组织法》第 64 条第 2 款规定，县级以上的地方各级人民政府设立审计机关。地方各级审计机关依照法律规定独立行使审计监督权，对本级人民政府和上一级审计机关负责。据此，C 项表述正确。《地方各级人民代表大会和地方各级人民政府组织法》第 68 条规定，省、自治区的人民政府在必要的时候，经国务院批准，可以设立若干派出机关。县、自治县的人民政府在必要的时候，经省、自治区、直辖市的人民政府批准，可以设立若干区公所，作为它的派出机关。市辖区、不设区的市的人民政府，经上一级人民政府批准，可以设立若干街道办事处，作为它的派出机关。据此，市辖区的人民政府设立街道办事处须经上一级人民政府批准。可见，D 项表述错误。

【答案】ABC

例 8-7（多选）：根据宪法和法律的规定，下列表述正确的是(　　)。

A. 县级以上的地方各级人民代表大会常务委员会由主任、副主任若干人、秘书长、委员若干人组成

B. 县级以上的地方各级人民代表大会根据需要，可以设法制委员会、财政经济委员会等专门

委员会

C. 县级以上的地方各级人民代表大会可以组织关于特定问题的调查委员会

D. 县级以上的地方各级人民代表大会会议由本级人民代表大会常务委员会召集并主持

【讲解】《地方各级人民代表大会和地方各级人民政府组织法》第41条第1、2款规定，省、自治区、直辖市、自治州、设区的市的人民代表大会常务委员会由本级人民代表大会在代表中选举主任、副主任若干人、秘书长、委员若干人组成。县、自治县、不设区的市、市辖区的人民代表大会常务委员会由本级人民代表大会在代表中选举主任、副主任若干人和委员若干人组成。据此，县级人大常委会的组成人员中不包括秘书长，故A项表述错误。需要补充说明的是，县级及县级以下的各级国家机关都没有"秘书长"这一职位。《地方各级人民代表大会和地方各级人民政府组织法》第30条第1款规定，省、自治区、直辖市、自治州、设区的市的人民代表大会根据需要，可以设法制委员会、财政经济委员会、教育科学文化卫生委员会等专门委员会；县、自治县、不设区的市、市辖区的人民代表大会根据需要，可以设法制委员会、财政经济委员会等专门委员会。各专门委员会受本级人民代表大会领导；在大会闭会期间，受本级人民代表大会常务委员会领导。据此，B项表述正确。《地方各级人民代表大会和地方各级人民政府组织法》第31条第1款规定，县级以上的地方各级人民代表大会可以组织关于特定问题的调查委员会。据此，C项表述正确。《地方各级人民代表大会和地方各级人民政府组织法》第12条规定，县级以上的地方各级人民代表大会会议由本级人民代表大会常务委员会召集。第13条第3款规定，县级以上的地方各级人民代表大会举行会议的时候，由主席团主持会议。据此，县级以上的地方各级人大会议由本级人大常委会召集，由主席团主持会议，D项表述错误。

【答案】BC

例8-8（单选）：根据有关法律规定，关于地方各级人民政府工作部门的设立，下列表述正确的是（　　）。

A. 县人民政府设立审计机关

B. 县人民政府工作部门的设立、增加、减少或者合并由县人大批准，并报上一级人民政府备案

C. 县人民政府在必要时，经上级人民政府批准，可以设立若干区公所作为派出机关

D. 县人民政府有权制定地方政府规章

【讲解】《地方各级人民代表大会和地方各级人民政府组织法》第64条第2~4款规定，县级以上的地方各级人民政府设立审计机关。地方各级审计机关依照法律规定独立行使审计监督权，对本级人民政府和上一级审计机关负责。省、自治区、直辖市的人民政府的厅、局、委员会等工作部门的设立、增加、减少或者合并，由本级人民政府报请国务院批准，并报本级人民代表大会常务委员会备案。自治州、县、自治县、市、市辖区的人民政府的局、科等工作部门的设立、增加、减少或者合并，由本级人民政府报请上一级人民政府批准，并报本级人民代表大会常务委员会备案。据此，A项表述正确。县人民政府工作部门的设立、增加或者合并由县人民政府报上一级人民政府批准，并报本级人民代表大会常务委员会备案。因此，县人民代表大会对县人民政府工作部门的设立、增加、减少或者合并没有批准权，也无须报上一级人民政府备案，B项表述错误。《地方各级人民代表大会和地方各级人民政府组织法》第68条第2款规定，县、自治县的人民政府在必要的时候，经省、自治区、直辖市的人民政府批准，可以设立若干区公所，作为它的派出机关。据此，县人民政府设立若干区公所作为派出机关需要经省、自治区、直辖市的人民政府批准，C项表述错误。根据《立法法》第82条第1、3款的规定，省、自治区、直辖市和设区的市、自治州的人民政府，可以根据法律、行政法规和本省、自治区、直辖市的地方性法规，制定规章。设区的市、自治州的人民政府……制定地方政府规章，限于城乡建设与管理、环境保护、历史文化保护等方面的事项。据此，县人民政府无权制定地方政府规章，D项表述错误。

【答案】A

例8-9（单选）：某县人大闭会期间，赵某和钱某因工作变动，分别辞去县法院院长和检察院

检察长职务。法院副院长孙某任代理院长，检察院副检察长李某任代理检察长。对此，根据宪法和有关法律，下列说法正确的是（　　）。

A. 赵某的辞职请求向县人大常委会提出，由县人大常委会决定接受辞职
B. 钱某的辞职请求由上一级检察院检察长向该级人大常委会提出
C. 孙某出任代理院长由县人大常委会决定，报县人大批准
D. 李某出任代理检察长由县人大常委会决定，报上一级检察院和人大常委会批准

【讲解】针对 A 项，赵某是县法院院长，应当向县人大提出辞职，县人大闭会期间，向县人大常委会提出辞职，由县人大常委会决定是否接受辞职。可见，A 项表述正确。针对 B 项，钱某是县检察院检察长，应当向县人大提出辞职，县人大闭会期间，向县人大常委会提出辞职，由县人大常委会决定是否接受辞职，接受辞职的，还需要由上一级检察院检察长报请该上一级常委会批准。可见，B 项表述错误。针对 C 项，孙某担任的是县法院代理院长，由县人大常委会决定即可，C 项表述错误。针对 D 项，李某出任的是县检察院代理检察长，由县人大常委会决定，并报上一级检察院和上一级人大常委会备案。可见，D 项表述错误。

【答案】A

例题拓展

例 8-10（多选）：根据宪法和法律规定，下列关于各级人大常委会依法行使监督权的表述，正确的是（　　）。

A. 各级人大常委会行使监督权的情况，应当向本级人大报告，接受监督
B. 全国人大常委会可以委托下级人大常委会对有关法律、法规在本行政区域内的实施情况进行检查
C. 特定问题调查委员会在调查过程中，应当公布调查的情况和材料
D. 政府可以委托有关部门负责人向本级人大常委会作专项工作报告

【讲解】《各级人民代表大会常务委员会监督法》第 6 条规定，各级人民代表大会常务委员会行使监督职权的情况，应当向本级人民代表大会报告，接受监督。据此，A 项表述正确。《各级人民代表大会常务委员会监督法》第 25 条规定，全国人民代表大会常务委员会和省、自治区、直辖市的人民代表大会常务委员会根据需要，可以委托下一级人民代表大会常务委员会对有关法律、法规在本行政区域内的实施情况进行检查。受委托的人民代表大会常务委员会应当将检查情况书面报送上一级人民代表大会常务委员会。据此，虽然全国人大常委会和省级人大常委会可以委托检查，但受托对象局限于"下一级"人大常委会，而不是"下级"人大常委会，B 项表述错误。《各级人民代表大会常务委员会监督法》第 42 条规定，调查委员会进行调查时，有关的国家机关、社会团体、企业事业组织和公民都有义务向其提供必要的材料。提供材料的公民要求对材料来源保密的，调查委员会应当予以保密。调查委员会在调查过程中，可以不公布调查的情况和材料。据此，C 项表述错误。《各级人民代表大会常务委员会监督法》第 13 条规定，专项工作报告由人民政府、人民法院或者人民检察院的负责人向本级人民代表大会常务委员会报告，人民政府也可以委托有关部门负责人向本级人民代表大会常务委员会报告。据此，D 项表述正确。

【答案】AD

例 8-11（多选）：甲市政府违反《政府信息公开条例》，对某行政事业收费项目的依据和标准迟迟未予公布，社会各界意见较大。下列关于这一问题的表述，正确的是（　　）。

A. 《政府信息公开条例》应报全国人大常委会备案
B. 市政府可向市人大常委会要求就该类事项作专项工作报告
C. 市人大常委会组成人员可依法向常委会书面提出针对市政府不公开信息的质询案

D. 市人大举行会议时，市人大代表可依法书面提出针对市政府不公开信息的质询案

【讲解】《政府信息公开条例》属于行政法规，根据《立法法》第98条第（1）项规定，行政法规报全国人民代表大会常务委员会备案。据此，A项表述正确。《各级人民代表大会常务委员会监督法》第9条第2款规定，人民政府、人民法院和人民检察院可以向本级人民代表大会常务委员会要求报告专项工作。据此，B项表述正确。《各级人民代表大会常务委员会监督法》第35条第1款规定，全国人民代表大会常务委员会组成人员10人以上联名，省、自治区、直辖市、自治州、设区的市人民代表大会常务委员会组成人员5人以上联名，县级人民代表大会常务委员会组成人员3人以上联名，可以向常务委员会书面提出对本级人民政府及其部门和人民法院、人民检察院的质询案。据此，C项表述正确。《全国人民代表大会和地方各级人民代表大会代表法》第14条第2款规定，县级以上的地方各级人民代表大会代表有权依照法律规定的程序提出对本级人民政府及其所属各部门，人民法院，人民检察院的质询案。据此，D项表述正确。

【答案】ABCD

例8－12（分析）：某市公安局通过官方微博发布消息证实，某市人大代表、著名影星李某因涉嫌"组织卖淫"、"吸毒"和"嫖娼"被逮捕。国家广播电视总局依据《关于加强有关广播电视节目、影视剧和网络视听节目制作传播管理的通知》，对李某的"吸毒""嫖娼"行为明确点名，除电视剧作品外，由"劣迹艺人"参与制作的电影、电视节目、网络剧、微电影等也都被要求暂停播出。

请结合上述材料，根据我国宪法和法律，回答下列问题：

（1）市公安局逮捕李某，应履行何种法定程序？

（2）李某的何种宪法权利遭受侵害？为什么？

（3）本案是否存在违宪？为什么？

【参考答案】（1）李某是市人大代表，市公安局逮捕李某，须经市级人民代表大会常务委员会许可。

（2）李某有从事文学艺术创作的权利。李某参与制作电影、电视节目、网络剧、微电影等，属于从事文学艺术创作的权利，是宪法规定的李某应当享有的基本权利。

（3）本案存在违宪，因为从事文学艺术创作属于公民的基本权利，对于公民基本权利的限制，行政机关不得代为规定。此外，即便对公民基本权利进行限制，也要遵循明确性原则和比例原则。

第五部分　中国法制史

专题一　西周法律制度

※【重点难点】立法概况。（1）西周实行明德慎罚的立法指导思想。（2）西周实行宗法制度，遵循如下三个基本原则：①周天子、诸侯、卿大夫、士在宗祧继承上实行嫡长子继承制。②大宗与小宗权利义务关系明确，相辅相成。③家国一体，亲贵合一，等级秩序分明。（3）礼与刑的关系：礼之所去，刑之所取，失礼则入刑；礼不下庶人，刑不上大夫。

例1-1（单选）： 西周时期的礼仪形式含有外在的具体规范内容，其中，用于冠婚之礼称为（　）。

A. 吉礼　　　　　　　B. 军礼　　　　　　　C. 宾礼　　　　　　　D. 嘉礼

【讲解】礼的内容是由"五礼"构成的，包括吉礼、凶礼、军礼、宾礼、嘉礼。吉礼是祭祀之礼，古人认为祭祀鬼神、祭祀祖先能给自己带来福祉，故称祭祀之礼为吉礼；凶礼是丧葬之礼；军礼是行兵打仗之礼；宾礼是迎宾待客之礼；嘉礼是冠婚之礼。

【答案】D

※【重点难点】刑事立法。（1）据《左传·昭公六年》记载："周有乱政，而作九刑。"（2）《吕刑》是西周中期具有代表性的法典，其主要内容有：①继承和贯彻了明德慎罚的立法指导思想。②强调惩罚与罪行相符。③在刑事司法上贯彻"五刑之疑有赦、五罚之疑有赦"的原则。④系统规定了奴隶制五刑和以赎刑制度为中心的刑罚体系。（3）主要刑法原则：①老幼犯罪减免刑罚。②区分故意和过失、惯犯和偶犯。③罪疑从轻、罪疑从赦。④宽严适中原则。⑤因地、因时制宜原则。⑥上下比罪原则。⑦同罪异罚。（4）主要罪名。①贼、藏、盗、奸。②违抗王命。③寇攘奸宄。④五过之疵。⑤不孝不友和杀人越货。

例1-2（单选）：《尚书·康诰》记载："人有小罪，非眚，乃惟终，自作不典，式尔，有厥罪小，乃不可不杀。乃有大罪，非终，乃惟眚灾，适尔，既道极厥辜，时乃不可杀。"对此，下列说法正确的是（　）。

A. "非眚"就是过失犯罪　　　　　　　B. "惟终"就是惯犯

C. 该段文字体现的是罪疑从赦原则　　　D. 该段文字体现的是宽严适中原则

【讲解】西周时期已经对于故意犯罪和过失犯罪、惯犯和偶犯在观念上有所区分。《尚书·康诰》记载："人有小罪，非眚（不是过失），乃（如果）惟终（一贯犯罪），自作不典（自行不法），式尔，有厥（jué）罪小（即使其罪很小），乃不可不杀。乃有大罪（如果犯有大罪），非终（不是一贯犯罪），乃惟眚灾（如果是出于过失），适尔，既道极厥辜（虽须按断狱之道处罚其罪），时乃不可杀（仍罪不至死）。"据该记载可知，西周时期将故意犯罪称为"非眚"，将过失犯罪称为

"眚"，将惯犯称为"惟终"，将偶犯称为"非终"。可见，A项说法错误，B项说法正确。该段文字体现的是区分故意和过失、惯犯和偶犯原则，C、D项说法错误。

【答案】 B

※【重点难点】 民事立法。（1）契约：质剂、傅别。（2）婚姻的成立：①一夫一妻制原则。②父母之命，媒妁之言。③同姓不婚。④六礼。（3）婚姻的解除：①七出。②三不去。（4）嫡长子继承制度。

例1-3（单选）： 西周时期，格伯以良马四匹折价，购买佣生三十亩。双方签订买卖契约，刻写在竹简之上，中破为两半，双方各执一半。依西周礼法，该契约的称谓是（　　）。

A. 傅别　　　　　　B. 质剂　　　　　　C. 券书　　　　　　D. 书券

【讲解】 西周时期的买卖契约称为"质剂"，对于买卖契约（质剂），买卖双方将交易的内容写于竹简上，一分为二（一式二份），双方各执一份。质，用于"大市"，也就是在买卖奴隶、牛马时使用的较长的契券；剂，用于"小市"，也就是凡是买卖兵器珍异之物时使用的较短的契券。可见，选B项。傅别是西周时期借贷契约的称谓。券书和书券是汉代的买卖契约。

【答案】 B

※【重点难点】 司法制度。（1）司法机关：司寇。（2）诉讼制度：狱、讼。（3）审判制度：五听。

例1-4（单选）： 据《周礼·秋官·大司寇》记载："以两造禁民讼，入束矢于朝，然后听之。以两剂禁民狱，入钧金，三日乃致于朝，然后听之。"这段文字体现的是（　　）。

A. 区分刑事诉讼和民事诉讼　　　　　　B. 区分束矢和钧金
C. 区分两造和两剂　　　　　　　　　　D. 区分礼与刑

【讲解】 西周时期最早区分了刑事诉讼和民事诉讼。《周礼·秋官·大司寇》有"以两剂禁民狱""以两造禁民讼"的记载。"剂"即诉状；"造"即到庭。据郑玄注："讼，谓以财货相告者"，即"讼"是指民事诉讼，审理民事案件称为"听讼"；"狱，谓相告以罪名者"，即"狱"是指刑事诉讼，审理刑事案件称为"断狱"。可见，题干中的文字体现的是刑事诉讼和民事诉讼的区分。

【答案】 A

例题拓展

例1-5（多选）： 下列选项中，属于西周时期规定的罪名是（　　）。

A. 贼、藏、盗、奸　　B. 杀越人于货　　　　C. 三风十愆　　　　D. 昏、墨、贼

【讲解】 西周规定了贼、藏、盗、奸之罪。《左传·文公十八年》引周公作誓命曰："毁则为贼，掩贼为藏，窃贿为盗，盗器为奸。主藏之名，赖奸之用，为大凶德，有常无赦，在《九刑》不忘。"即：破坏礼法者为贼，窝藏隐匿罪人者为藏，窃人财物者为盗，偷盗国器宝物者为奸。可见，选A项。西周规定了杀人越货之罪，《尚书·康诰》记载："凡民自得罪，寇攘奸宄，杀越人于货"。可见，选B项。"三风十愆"是商朝的罪名，属于职务犯罪，即官吏有巫风、淫风、乱风三类恶劣风气以及与之相关的十种行为者，当处墨刑。昏、墨、贼为夏朝的罪名，《左传·昭公十四年》中有"昏、墨、贼，杀，皋陶（gāo yáo）之刑也"的记载，据春秋后期晋国大夫叔向的解释："己恶而掠美为昏，贪以败官为墨，杀人不忌为贼"，即对于行为恶劣而夺取善名的，为昏；贪婪败坏官纪的，为墨；肆无忌惮地杀人的，为贼，三者均处死刑。

【答案】 AB

例1-6（分析）： 《礼记·昏义》：昏礼者，将合二姓之好，上以事宗庙，而下以继后世也，故君子重之。是以昏礼，纳采、问名、纳吉、纳征、请期，皆主人筵几于庙，而拜迎于门外，入揖让而升，听命于庙，所以敬慎重正昏礼也。

《大戴礼记·本命》：妇有七去：不顺父母去，无子去，淫去，妒去，有恶疾去，多言去，窃盗去。不顺父母去，为其逆德也；无子，为其绝世也；淫，为其乱族也；妒，为其乱家也；有恶疾，为其不可与共粢盛也；口多言，为其离亲也；窃盗，为其反义也。

《大戴礼记·本命》：妇有三不去：有所取无所归不去；与更三年丧不去；前贫贱后富贵不去。

请结合上述材料，运用中国法制史的相关知识，回答以下问题：

（1）概括西周婚姻成立和解除的条件。

（2）西周时期的婚姻制度是如何体现家族本位和宗法伦理的？

（3）西周婚姻制度对后世婚姻立法有什么影响？

【参考答案】（1）材料反映出西周婚姻成立的条件有：①父母之命，媒妁之言；②符合"六礼"，即纳采、问名、纳吉、纳征、请期、亲迎；③同姓不婚。

材料反映的婚姻解除的条件有：①"七去"（七出），即：不顺父母，无子，淫，妒，有恶疾，多言，窃盗。②"三不去"，即：有所取无所归；与更三年丧；前贫贱后富贵。

（2）西周婚姻关系的成立体现了家族本位，结婚的男女不论有无成年，毫无自由，必须听从于父母，否则招致刑罚制裁。婚姻本身是两个家庭而非两个人的事，包办婚姻体现了宗法关系、男尊女卑思想，父母之命也是传统社会家长制和父家长权力的显示，有助于维护家族血脉正常延续及维持生计。

西周婚姻关系的解除遵循"七去"原则，其内容的设置和权利的行使都以男方家族利益的保护为中心，旨在保障家族的稳定和延续，也体现出明显的男尊女卑观念。"三不去"对男方单意休妻有一定的限制，但实质并非维护女子权益，出发点仍然是维护礼治和倡导宗法伦理道德。

（3）西周婚姻制度对后世的婚姻立法产生了深远影响。汉唐乃至明清，各朝法律中关于婚姻成立和解除的规定，大体没有超出西周婚姻制度的内容。后世婚姻立法均是在西周婚姻制度的基础上损益而成。

专题二　秦汉法律制度

※**【重点难点】**立法概况。（1）秦朝的立法指导思想概括为：缘法而治、法令由一统和严刑重法。汉朝立法指导思想为前期的无为而治、中后期的德主刑辅。（2）秦朝的法律形式包括律、令、法律答问、封诊式和廷行事，此外，还有课、程。汉朝的法律形式有律、令、科、比。（3）汉朝的主要立法包括"约法三章"、《九章律》和"汉律六十篇"。

例2-1（单选）：下列选项中，属于汉朝法律形式的是（　　）。

A. 封诊式　　　　B. 廷行事　　　　C. 决事比　　　　D. 条法事类

【讲解】汉朝的法律形式包括律、令、科、比。其中，律是汉朝的基本法律形式，包括以刑事规范为主的具有普遍性和稳定性的成文法。令是皇帝随时发布的诏令或由臣下提出经皇帝批准的立法建议。科是律以外规定犯罪与刑罚以及行政管理方面的单行法规。比又称为决事比，是指在律无正条规定时比照援引典型判例作为裁断案件的依据。可见，选C项。封诊式和廷行事为秦朝的法律形式。条法事类为宋朝的法律形式。

【答案】C

※**【重点难点】**刑事立法。（1）秦朝定罪量刑的主要原则有：刑事责任能力；区分故意和过失；盗窃按赃值定罪；共同犯罪加重处罚；累犯和教唆犯加重处罚；自首减轻处罚；诬告反坐；连坐原则。汉朝的刑罚原则有：上请；亲亲得相首匿；恤刑。（2）秦朝的主要刑名包括死刑、肉刑、作刑、财产刑、耻辱刑和废、谇、免及收、迁等其他刑罚。经过汉文、景帝刑制改革后，汉代的刑罚种类大体上包括死刑、肉刑、笞刑、徒刑、徙边、禁锢、赎刑（含女徒顾山）、罚金等。（3）汉文帝刑制改革的主要内容有：将墨刑改为髡钳城旦舂，将劓刑改为笞三百，将斩左趾改为笞五百，

将斩右趾改为弃市。汉景帝刑制改革的内容主要有：减少笞数，改革刑具，颁布《箠令》。刑制改革具有重大历史意义。（4）秦朝的主要罪名包括盗贼、不敬皇帝、诽谤与妖言、以古非今、妄言、非所宜言、投书、盗徙封等。汉朝的主要罪名包括：①危害中央集权制的犯罪：阿党附益、左官、非正、出界、逾制、漏泄省中语、酎金不如法、事国人过员。②危害君主专制的犯罪：欺谩、诋欺、诬罔、废格诏书、怨望诽谤、左道、矫制。③危害皇帝尊严和安全的犯罪：不敬、大不敬、阑入与失阑。④危害国家政权犯罪：蔽匿盗贼、见知故纵、群饮酒、通行饮食。⑤其他犯罪：诽谤妖言、非所宜言、腹诽罪。

例2-2（多选）： 下列选项中，属于秦代作刑的是（　　）。

A. 隶臣妾　　　　　B. 女徒顾山　　　　　C. 候　　　　　D. 司寇

【讲解】 秦代的作刑主要包括城旦舂（男子为城旦即筑城，女子为舂米）、鬼薪白粲（男子为鬼薪即为山神庙砍柴，女子为白粲即择米）、隶臣妾（男子为隶臣，女子为隶妾，即为官府劳役或充当官奴婢）、司寇（伺察贼寇的劳役刑）、候（充当斥候即探马），等等。可见，选A、C、D项。女徒顾山属于汉代独有的刑罚，属于赎刑的范畴。

【答案】 ACD

例2-3（单选）： 秦统治者总结前代法律实施方面的经验，结合本朝特点，形成了一些刑罚适用原则。对于秦朝法律原则，下列说法正确的是（　　）。

A. 关于刑事责任能力的确定，以身高作为标准。男、女身高六尺二寸以上为成年人，其犯罪应负刑事责任

B. 重视人的主观意识状态，对故意行为要追究刑事责任，对过失行为则认为无犯罪意识，不予追究

C. 对共犯、累犯等加重处罚，对自首减轻处罚

D. 无论教唆成年人还是未成年人犯罪，对教唆人均实行同罪，加重处罚

【讲解】 秦律关于刑事责任能力的确定，以身高为标准，男子身高六尺五寸、女子身高六尺二寸以上为成年人，需要负刑事责任。可见，A项表述错误。秦律区分了故意和过失，例如，故意诬告者，实行诬告反坐，但主观上没有故意的，按照"告不审"从轻处罚。可见，B项表述错误。秦律规定了共同犯罪，共同犯罪较个体犯罪处罚从重，5人以上犯罪较一般犯罪处罚从重。秦朝对于犯罪被处刑后再犯罪的累犯，一律加重处罚。按照秦律规定，对自首者一般予以减刑。可见，C项表述正确。秦朝对于教唆犯的处罚是根据对象成年与否而加以区别，教唆犯与受唆使犯罪者同罪，但教唆未成年人犯罪加重处罚。可见，D项表述错误。

【答案】 C

例2-4（多选）： 汉宣帝地节四年，亲亲得相首匿原则正式成为中国封建法律原则和制度。下列关于亲亲得相首匿原则的说法，正确的是（　　）。

A. 近亲属之间相互首谋隐匿一般犯罪行为，不追究刑事责任

B. 卑亲属隐匿尊亲属犯罪，一律不追究刑事责任

C. "亲亲得相首匿"的本意在于尊崇伦理亲情

D. "亲亲得相首匿"的法律宗旨在于宽宥缘自亲情发生的隐匿犯罪亲属的行为

【讲解】 亲亲得相首匿是指亲属之间可以相互首谋藏匿犯罪行为，不予告发或作证。汉宣帝地节四年（公元前66年），正式把"亲亲得相首匿"作为刑法原则确定下来。《汉书·宣帝纪》记载："自今子首匿父母，妻匿夫，孙匿大父母，皆勿坐。其父母匿子，夫匿妻，大父母匿孙，罪殊死，皆上请廷尉以闻。"亲亲得相首匿原则的适用首先是限定在一家之内，即三代直系血亲的祖孙三代和夫妻之间。其次是卑幼首匿尊长一概不追究刑事责任；尊长首匿卑幼犯罪者，一般犯罪不负刑事责任，若因此而当处死刑的案件，则上请廷尉，由廷尉奏请皇帝裁决。但对于犯谋反、谋大逆（毁坏皇家宗庙、陵园、宫殿等）二罪不适用亲亲得相首匿原则。可见，A项表述正确，B项表述错误。"亲亲得相首匿"是法律儒家化的具体体现，其目的是支持礼的"亲亲"，尊崇伦理。对于有亲属关系的隐匿犯罪的行为，可以宽宥。可见，C、D项表述正确。

【答案】ACD

例2-5（单选）：关于汉代的犯罪，能够体现汉朝法律思想专制特色的是（　　）。

A. 蔽匿盗贼　　　　　　B. 腹诽　　　　　　　C. 阿党附益　　　　　D. 左官

【讲解】备选项中，体现汉朝思想专制特色的罪名是腹诽，"腹诽"即口无言词而心有异议，就是虽心怀不满但未诉诸言论。"腹诽"罪属于思想犯罪，对于犯"腹诽"罪者，判处死刑。可见，选B项。蔽匿盗贼是指地方官吏隐瞒盗贼消息不上报朝廷的行为。在汉代，蔽匿盗贼属于危害国家政权的犯罪，不选A项。阿党附益和左官属于危害中央集权的犯罪，阿党附益和左官虽然也会危及君主专制，但毕竟不是思想犯罪，不选C、D项。

【答案】B

※【重点难点】司法制度。(1)秦汉时期的中央最高司法机关是廷尉。(2)秦汉时期的起诉制度包括当事人或亲属到官府告发，以及官府主动纠举犯罪。秦朝对告诉有限制，称为"公室告"与"非公室告"。(3)秦朝将审讯效果分为"上""下""败"三类，在审判中重视证据的运用。秦汉时期司法官作出判决后要向被告宣读判决书，称为"读鞫"。宣读判决书后当事人不服的，可以申请再审，称为"乞鞫"。(4)秦朝对于司法官故意重罪轻判或轻罪重判的，以"不直"之罪追究办错案的法律责任；对于故意应当论罪而不论罪或者减轻情节的，对法官以"纵囚"之罪论处；由于过失导致处刑不当、失其轻重的，对法官以"失刑"之罪论处。(5)汉代法律开始儒家化，在司法领域主要体现在录囚制度、春秋决狱和秋冬行刑。魏晋南北朝时期，法律儒家化进一步加深，主要体现在八议入律、服制定罪、存留养亲和重罪十条等。

例2-6（多选）：秦律规定了司法官渎职犯罪的内容。关于秦朝司法官渎职，下列表述正确的是（　　）。

A. 故意使罪犯未受到惩罚，属于"纵囚"

B. 治安官吏得知贼盗犯罪真情，不及时举告，属于"见知故纵"

C. 对犯罪行为由于过失而轻判的，属于"失刑"

D. 对犯罪行为故意重判的，属于"不直"

【讲解】秦朝明确规定了司法官的办案责任，错案必究，秦朝对于司法官故意重罪轻判或轻罪重判的，以"不直"之罪追究办错案的法律责任；对于故意应当论罪而不论罪或者减轻情节的，对法官以"纵囚"之罪论处；由于过失导致处刑不当、失其轻重的，对法官以"失刑"之罪论处。可见，选A、C、D项。治安官吏得知贼盗犯罪真情，不及时举告，属于"见知故纵"，见知故纵为汉代罪名，不选B项。

【答案】ACD

例2-7（多选）：董仲舒解说"春秋决狱"："春秋之听狱也，必本其事而原其志，志邪者不待成，首恶者罪特重，本直者其论轻。"关于该解说的要旨和倡导，下列表述正确的是（　　）。

A. 断案必须根据事实，要追究犯罪人的动机，动机邪恶者即使犯罪未遂也不免刑事责任

B. 在着重考察动机的同时，还要依据事实，分别首犯、从犯和已遂、未遂

C. 如犯罪人主观动机符合儒家的忠孝精神，即使行为构成社会危害，也不予刑事处罚

D. 以《春秋》经义断狱作为司法原则，对当时传统司法审判有积极意义，但在某种程度上为司法擅断提供了依据

【讲解】"春秋决狱"是指以儒家经典的精神和事例作为司法审判的依据，特别是以《春秋》一书中的"微言大义"作为司法审判特别是疑难案件的依据的审判方式。"春秋决狱"渊源于儒家经典《春秋》"重志"的做法。春秋决狱的基本精神是"论心定罪"，即以犯罪人的主观心理动机作为定案的主要依据。如果犯罪人的动机不纯正，违背了《春秋》精神，即使尚未作为或犯罪未遂，也要予以刑事处罚，对共同犯罪的首犯还要从重处罚；而如果行为人的目的、动机纯正，符合春秋精神，即使已违法犯罪，也可以赦免其罪或减轻处罚。A项表述中，断案要根据事实和动机，动机邪恶者即使犯罪未遂也不免责，A项表述正确。B项表述中，强调动机的同时，还要依据事实，分别首犯、从犯和已遂、未遂，从而综合作出判断，B项表述正确。C项表述中的"不予刑事处罚"是

错误的，因为或者免予刑事处罚，或者减轻处罚。D项表述中，对"春秋决狱"要辩证来看，既对传统司法审判有积极意义，但在某种程度上也为司法擅断提供了依据，D项表述正确。

【答案】ABD

 例题拓展

例2-8（单选）：秦简《法律答问》记载："隶臣妾系城旦舂，去亡，已奔，未论而自出，当笞五十，备系日（押到期满）。"根据这段文字记载，对于隶臣者最终判处笞五十，其理由在于（　　）。

A. 存在自首情节　　B. 存在立功情节　　C. 实行诬告反坐　　D. 亲属隐匿逃亡减轻处罚

【讲解】题干涉及的文字材料的大致含义是：隶臣妾（为官府服役的官奴婢）在服役期间逃亡后又自首的，仅笞五十并补足服役期限；如果犯罪以后消除犯罪后果的，可减免处罚。可见，选A项。

【答案】A

例2-9（分析）：《太平御览·刑法部·决狱》：甲父乙与丙争言相斗，丙以佩刀刺乙，甲即以杖击丙，误伤乙，甲当何论？或曰："殴父也，当枭首。"（董仲舒）论曰："臣愚以为父子至亲也，闻其斗，莫不有怵怅之心，扶杖而救之，非所以欲诟父也。《春秋》之义，许止父病，进药于其父而卒，君子原心，赦而不诛。甲非律所谓殴父，不当坐。"

请结合上述材料，运用中国法制史的相关知识，回答以下问题：

（1）本案争议的焦点是什么？

（2）董仲舒是如何解释甲"不当坐"的原因的？

（3）请从正反两方面对春秋断狱进行评价。

【参考答案】（1）本案争论的焦点在于，甲以杖击丙，原为救父，不意竟误伤自己的父亲，这是否构成汉律之所谓"殴父罪"而处以枭首之刑？

（2）董仲舒综合整个案情，灵活地引用律条，并考察行为人的主观动机和行为后果，援引春秋之义，认定甲为救父而误伤自己的父亲，并非法律上所谓殴父，其"志"是善的，动机是为"救父"，是纯正的；"殴父"并非出于本意，因此不当坐。

（3）以《春秋》经义断狱为司法原则，对传统的司法和审判是一种积极的补充。但是如果专以主观动机"心""志"的"善恶"判断有罪无罪或罪行轻重，也往往会成为司法官吏主观擅断和陷害无辜的口实，在某种程度上为司法擅断提供了依据。

专题三　唐宋法律制度

※【重点难点】唐朝的立法。（1）唐朝以德本刑用为立法指导思想，并强调立法宽简、稳定、划一。（2）唐朝的主要法律形式包括律、令、格、式。（3）《武德律》《贞观律》《永徽律疏》《开元律疏》《唐六典》《大中刑律统类》。（4）唐律十二篇为《名例》《卫禁》《职制》《户婚》《厩库》《擅兴》《贼盗》《斗讼》《诈伪》《杂律》《捕亡》《断狱》。（5）唐律的特点主要有：①"一准乎礼"。②科条简要、繁简适中。③用刑持平。④立法技术空前完善。唐律对中国后世封建法律和东亚各国法律产生深远影响。

例3-1（单选）：关于《永徽律疏》，下列表述正确的是（　　）。

A.《永徽律疏》在宋代以后又称为《唐律疏议》

B. 《永徽律疏》首次规定了"十恶"制度

C. 《永徽律疏》对条文的解释尽可能以儒家经典为根据

D. 《永徽律疏》首次规定了封建制五刑

【讲解】《永徽律疏》在"元代"以后又称为《唐律疏议》，而不是"宋代"，A项表述错误。《开皇律》首次规定了"十恶"制度，而不是《永徽律疏》，B项表述错误。《永徽律疏》总结了汉魏晋以来立法和注律经验，不仅对主要的法律原则和制度作了精确的解释和说明，而且尽可能引用儒家经典作为律文的理论依据，C项表述正确。《开皇律》首次规定了封建制五刑，而非《永徽律疏》，D项表述错误。

【答案】C

※**【重点难点】**唐朝定罪量刑的主要原则。（1）区分公罪与私罪。（2）共同犯罪以造意为首。（3）合并论罪从重。（4）自首减免刑罚。（5）类推原则。（6）老幼废疾减刑原则。（7）累犯加重。（8）贵族官员减免刑罚原则：议、请、减、赎、当。（9）同居相隐不为罪。（10）良贱相犯依身份论处。（11）化外人有犯。（12）疑罪各依所犯以赎论。

例3-2（单选）：唐朝开元年间，旅居长安的新罗人甲将波斯人乙殴打致死。对于甲的处理应适用（　　）。

A. 新罗法律　　　　　　　　　B. 波斯法律

C. 新罗法律或者波斯法律　　　D. 唐律

【讲解】化外人即外国人。《唐律疏议·名例律》规定："诸化外人，同类自相犯者，各依本俗法；异类相犯者，以法律论。"据此，对于化外人相犯的处断原则是：凡同一国籍的外国人互相侵犯，各按照其本国的习俗和法律论处；凡不同国籍的外国人互相侵犯，则按照唐朝的法律论处。从题干表述可知，甲为新罗人，乙为波斯人，属于不同国家的外国人相犯，应适用唐律，选D项。

【答案】D

※**【重点难点】**唐朝的封建五刑和罪名：（1）笞、杖、徒、流、死20等。（2）十恶：谋反、谋大逆、谋叛、恶逆、不道、大不敬、不孝、不睦、不义、内乱。（3）六杀：谋杀、故杀、斗杀、误杀、过失杀、戏杀。（4）六赃：受财枉法、受财不枉法、受所监临、强盗、窃盗、坐赃。（5）保辜。

例3-3（多选）：唐高宗永徽四年，唐高宗李治的妹夫房遗爱谋反案发。对房遗爱的下列处理符合《永徽律疏》规定的是（　　）。

A. 可适用"八议"　　B. 应被判处死刑　　　C. 可适用"上请"　　D. 不适用自首

【讲解】房遗爱所犯之罪为谋反，属于"十恶"重罪，针对"十恶"，《永徽律疏》规定，不适用八议、自首等免责条件，且为"常赦所不原"。可见，A项表述错误，D项表述正确。《唐律疏议·贼盗律》规定："诸谋反及大逆者，皆斩；父子年十六以上皆绞，十五以下及母女、妻妾、祖孙、兄弟、姊妹若部曲、资财、田宅并没官。"据此，对于犯谋反重罪的本犯，处死刑，B项表述正确。既然房遗爱不适用"八议"，则更不能适用上请，不选C项。

【答案】BD

例3-4（单选）：《唐律疏议·名例律》规定："诸断罪而无正条，其应出罪者，则举重以明轻。其应入罪者，则举轻以明重。"对此规定的理解，下列表述正确的是（　　）。

A. 若断罪无正条，可"比附援引"

B. 若断罪无正条，应"举重以明轻"

C. 若断罪无正条而被定罪的行为，处罚应从轻

D. 凡应"出罪"的，应"举轻以明重"

【讲解】题干表述的是唐律规定的类推制度。断罪而无正条的，适用类推，即可"比附援引"，A项表述正确，选A项。唐朝类推的主要内容是：（1）凡应"出罪"的，采用"举重以明轻"的办法，即法律没有明文规定的犯罪，凡是应当减轻处罚的，则按法律所列举的从重处罚的规定，比照从轻处断。（2）凡应"入罪"的，采用"举轻以明重"的办法，即凡是应当加重处罚的，则按法律

所列举的从轻处罚的规定，比照从重处断。据此，若断罪无正条，可举重以明轻，也可以"举轻以明重"，B、D项表述错误。若断罪无正条，处罚可能从重，也可能从轻，至于是从重还是从轻，取决于"入罪"，还是"出罪"。可见，C项表述错误。

【答案】 A

例3-5（多选）： 唐高宗永徽年间，甲由祖父乙抚养成人。甲好赌欠债，多次索要乙一祖传玉坠未果，决意杀乙。某日，甲趁乙熟睡，以木棒狠击乙头部，以为致死（后被救活），遂夺玉坠逃走。唐律规定，谋杀尊亲属处斩，但没有规定无故致伤如何处理。则（　　）。

A. 按"诸断罪而无正条，其应入罪者，则举轻以明重"，对甲应处斩刑

B. 按"诸断罪而无正条，其应出罪者，则举重以明轻"，对甲应处绞刑

C. 因致伤未死，对甲应处流三千里

D. 甲的行为构成"恶逆"重罪

【讲解】 《唐律疏议·名例律》规定："诸断罪而无正条，其应出罪者，则举重以明轻。其应入罪者，则举轻以明重。"题干中，"谋杀尊亲属处斩"，这里的"谋杀"，是指预谋杀人但未杀成，也处斩刑。而乙作为直系卑亲属，有谋杀故意且致伤祖父，应入罪，举轻以明重，应处斩刑，A项表述正确，B、C项表述错误。"十恶"中的"恶逆"，"谓殴及谋杀祖父母、父母，杀伯叔父母、姑、兄姐、外祖父母、夫、夫之祖父母、父母者"，即殴打和谋杀祖父母、父母；杀伯叔父母等尊长、姑、兄姊、外祖父母、夫、夫之祖父母、父母的犯罪。题干中，甲谋杀致伤祖父，构成恶逆，D项表述正确。

【答案】 AD

※ **【重点难点】** 唐朝的民事立法和经济立法。（1）契约：买卖契约、借贷契约。（2）婚姻：①婚姻的成立：尊长对卑幼的主婚权得到法律的确认和强化；婚书、聘财为婚姻成立的要件；婚姻缔结的限制。②婚姻的解除："七出""三不去""义绝""和离"。（3）家庭：注重维护家长的统治地位与权威。（4）继承：宗祧继承和财产继承。（5）赋役：租庸调法、两税法。（6）对外贸易：陆路贸易和海上贸易（外贸征税）。

例3-6（多选）： 根据唐律，构成"义绝"的情形有（　　）。

A. 丈夫殴打妻子的父母　　　　　　　B. 妻子企图谋害丈夫

C. 妻子与丈夫缌麻以上亲属通奸　　　D. 丈夫为将妾位扶正而将妻子贬为妾

【讲解】 唐律中"义绝"的情形包括丈夫杀害或伤害妻子尊长，妻子殴打、咒骂丈夫缌麻以上亲，妻子与丈夫缌麻以上亲属通奸或试图谋害丈夫等。可见，选A、B、C项。D项表述属于明朝规定的"义绝"的情形，不选D项。

【答案】 ABC

※ **【重点难点】** 唐朝的行政立法。（1）三省六部制：①三省：尚书省、中书省、门下省。②六部：吏部、户部、礼部、兵部、刑部、工部。（2）中央监察机关：御史台。（3）官吏管理：科举、考课、致仕。

例3-7（单选）： 唐朝御史台为中央最高监察机构。下列选项中，属于御史台职权的是（　　）。

A. 复核大理寺判决的徒流刑案件

B. 参与对官员犯罪案件或重大疑难案件的审判

C. 主管司法行政事务

D. 执掌职官的任命、考课、管理

【讲解】 复核大理寺判决的徒流刑案件和主管司法行政事务属于刑部的职权，不选A、C项。御史台是唐朝中央最高监察机关，参与对官员犯罪案件或重大疑难案件的审判（三司推事），选B项。吏部执掌职官的任命、考课、管理，不选D项。

【答案】 B

※ **【重点难点】** 唐朝的司法制度。（1）中央司法机关：大理寺、刑部、御史台。（2）三司推事：中央或地方发生重大疑难案件时，皇帝特诏大理寺、刑部和御史台的最高长官大理寺卿、刑部

尚书和御史大夫对案件会同审理。（3）告诉的限制。（4）回避制度。（5）死刑三复奏、五复奏。（6）法官责任制度：①断罪具引律、令、格、式。②法官断案不得出入人罪。③同职连署制。

例3-8（多选）： 唐朝对于告诉有严格限制。依据唐律，下列情形中，当事人可以告诉的是（　　）。

　A. 某甲因别籍异财被判处徒三年　　　　B. 婢女因撒谎遭到主人的殴打
　C. 某乙（82岁）受到儿孙虐待　　　　　D. 在押犯某丙受到狱官刑讯逼供

【讲解】 唐朝的"告诉"有严格限制，且一般禁止越诉。除谋反、谋大逆、谋叛等罪外，卑幼不得控告尊长；卑贱不得控告尊贵；禁止投匿名信控告等。唐朝对告诉的限制及其例外情形包括：在押犯只准告谋叛以上之罪和狱官非法残害自己之事，其他罪不得告诉；80岁以上、10岁以下以及笃病残者只准告谋反、谋大逆、谋叛以及子孙不孝或者同居之内受人侵害之事，其他罪不得告诉。A项表述中，某甲因别籍异财（分家析财，另立门户）被判处徒三年，对此不得告诉，不选A项。B项表述中，卑贱不得控告尊贵，因此婢女遭到主人殴打，不得告诉，不选B项。C项表述中，某乙年80以上，受到儿孙虐待，这属于同居内亲属受侵害之事，某乙可以告诉，选C项。D项表述中，在押犯某丙受到狱官刑讯逼供，对此，属于狱官非法残害自己之事，可以告诉，选D项。

【答案】 CD

※**【重点难点】** 宋朝的立法。（1）《宋刑统》。（2）编敕、编例和条法事类。

例3-9（多选）： 关于《宋刑统》，下列表述正确的是（　　）。

A. 《宋刑统》是中国历史上第一部刊版印行的封建成文法典
B. 《宋刑统》一共十二篇，是中华法系的代表性法典
C. 《宋刑统》在体例上取法于唐末五代的《大中刑律统类》和《大周刑统》
D. 《宋刑统》对前朝行用的敕令格式经过审核详虑后，新增"臣等起请"和"余条准此"

【讲解】 宋太祖赵匡胤建隆三年（公元962年）制定颁布了《宋建隆重详定刑统》，简称《宋刑统》，共12篇，502条，"模印颁行"天下，成为中国历史上第一部刊版印行的法典。《宋刑统》内容上沿袭《唐律疏议》，体例上取法于唐末五代的《大中刑律统类》和《大周刑统》，律下分213门，律后有唐中期以后至宋初的敕、令、格、式。可见，A、C项表述正确。《唐律疏议》是中华法系的代表性法典，而非《宋刑统》，B项表述错误。《宋刑统》新增"臣等起请"32条和"余条准此"44条，前者是修律者为适应当时形势发展的需要，对前朝行用的敕令格式经过审核详虑后，向朝廷提出的变动建议，实际上是新增条款；后者是指具有类推适用性质的条文。可见，D项表述正确。

【答案】 ACD

※**【重点难点】** 宋朝的刑事立法。（1）刑罚制度：折杖法、刺配、凌迟。（2）重法地法。

例3-10（单选）： 据《宋史·刑法志三》记载："良民偶有抵冒，致伤肌体，为终身之辱；愚顽之徒，虽一时创痛，而终无愧耻。若使情理轻者复古居作之法，遇赦第减月日，使良善者知改过自新，凶顽者有所拘系。"该段文字阐述的刑罚是（　　）。

　A. 凌迟　　　　　　B. 刺配　　　　　　C. 折杖　　　　　　D. 编管

【讲解】 《宋史·刑法志三》记载的这段文字所阐述的刑罚是折杖。折杖法就是将封建制五刑中的笞刑、杖刑折成臀杖，杖后释放；将徒刑、流刑折成脊杖，徒刑折为脊杖后，杖后释放；流刑折成脊杖后，于本地配役1年；加役流折成脊杖后，就地配役3年。这段文字揭示了实行折杖法的弊端，即实行折杖，因折杖数轻重悬殊，弊端很大，不利于犯人的改过自新，选C项。凌迟是以利刃割碎犯人身上的肌肉，残损其肢体，直到其缓慢气绝身亡的酷刑，该刑罚出现于五代。刺配是将杖刑、配役、刺面三种刑罚同时使用于一人身上的复合刑罚，该刑罚出现于宋代。编管是指将某些犯人发往指定地区，编录名籍，实行监管，限制其人身自由的刑罚，多适用于犯罪的官员和缘坐者，该刑罚为宋代所创。

【答案】 C

※【重点难点】宋朝的民事立法。（1）不动产买卖契约：①先问亲邻。②输钱印契。③过割赋税。④原主离业。（2）典卖契约。（3）财产继承：一般财产继承、遗嘱继承、法定继承、户绝财产继承和死亡客商钱物继承；立继和命继。

例 3-11（单选）：南宋时，霍某病故，留下遗产白银 9 000 两。霍某妻子早亡，夫妻二人无子，只有一女霍甲，已嫁他乡。为了延续霍某姓氏，霍某之叔霍乙立本族霍丙为霍某继子。对此，分割霍某遗产（白银）符合宋律规定的是（　　）。

A. 霍甲 9 000 两

B. 霍甲 6 000 两，霍乙 3 000 两

C. 霍甲、霍乙、霍丙各 3 000 两

D. 霍甲、霍丙各 3 000 两，余 3 000 两收归官府

【讲解】宋代继子和户绝之女均享有财产继承权。只有在室女的，在室女享有 3/4 的财产继承权，继子享有 1/4 财产继承权；只有出嫁女的，出嫁女享有 1/3 的财产继承权，继子享有 1/3 的财产继承权，另外 1/3 收归官府。本题中，出嫁女霍甲和继子霍丙各享有 1/3 的财产继承权，另外 1/3 收为官府所有，选 D 项。

【答案】D

※【重点难点】宋朝的行政立法。（1）中枢机构：两府三司制。（2）官员选任与考课制度：①科举取士。②差遣制；考课。（3）监察：御史台、提点刑狱司。

例 3-12（单选）：据《宋史·职事官》记载："掌军国机务，兵防、边备、戎马之政令，出纳密令，以佐邦治。凡侍卫诸班直，内外禁兵招募，阅试、迁补、屯戍、赏罚之事，皆掌之。"该段文字体现的宋朝中央设置的机构是（　　）。

A. 御史台　　　　　B. 中书门下　　　　　C. 审刑院　　　　　D. 枢密院

【讲解】宋代以"两府三司"共治国事。两府为中书门下和枢密院，中书门下是宋朝最高行政中枢机构。枢密院是最高军事行政机关，其长官为枢密使，与宰相品级相同，故与中书门下合称"两府"。题干中，从表述情形分析，应当是执掌军事职权的枢密院，选 D 项。

【答案】D

※【重点难点】宋朝的司法制度。（1）中央司法机关：大理寺、刑部、御史台；审刑院；制勘院和推勘院。（2）鞫谳分司制：从州到大理寺，实行鞫谳分司、审判分离的制度。（3）翻异别推制：在发生犯人推翻原口供，而且所翻情节实碍重罪时，案件须重新审理，应将该案改由另一法官或者另一司法机关审理。（4）务限法：在农务繁忙季节中停止民事诉讼审判的法律制度。

例 3-13（单选）：宋太宗在皇宫中设置新的司法机构，将刑部复核和大理寺的职权进行整合，并入该机构。该机构是（　　）。

A. 审刑院　　　　　B. 提刑司　　　　　C. 推勘院　　　　　D. 大宗正府

【讲解】宋太宗在皇宫中设立审刑院，将大理寺、刑部复核和大理寺的职权归入审刑院。宋神宗元丰变法，裁汰审刑院，刑部复核和大理寺的职权才行恢复。可见，选 A 项。提刑按察司简称提刑司，是宋太宗在路一级创立的地方司法、监察机关，不选 B 项。推勘院是宋初增设的负责审理皇帝交办案件的临时性司法机构，不选 C 项。大宗正府是元朝审理蒙古王公贵族案件的中央司法机关，不选 D 项。

【答案】A

※【重点难点】辽夏金法律制度。（1）辽：《新定条例》（《重熙条例》）、《咸雍条例》。（2）西夏：《贞观玉镜统》《天盛改旧新定律令》《亥年新法》。（3）金：《皇统制》、《泰和律令敕条格式》（《泰和律义》《律令》《新定敕条》《六部格式》）。

例 3-14（单选）：金朝制定的最完备的法典是（　　）。

A.《皇统制》　　　　　　　　　　　B.《天盛改旧新定律令》

C.《咸雍条例》　　　　　　　　　　D.《泰和律义》

【讲解】金朝制定的最成熟、最完备的法典是《泰和律义》，该法典以《唐律疏议》为蓝本制定

而成，该法典与《律令》《新定敕条》《六部格式》合称为《泰和律令敕条格式》。可见，选D项。《皇统制》是金朝制定的第一部成文法典。《天盛改旧新定律令》为西夏制定的法典。《咸雍条例》为辽朝制定的第一部比较完备的法典。

【答案】D

 例题拓展

例3-15（多选）： 关于中国古代社会几部法典的结构体例，下列表述正确的是（　　）。

A. 《法经》中相当于近代刑法典总则部分的"具法"被置于六篇中的最后一篇

B. 《魏律》将"具律"改为"刑名"，并将其置于律首

C. 《晋律》将"刑名"与"法例"合为"名例律"，并将法典篇目定为二十篇

D. 《永徽律疏》将疏议分附于律文之后颁行，分为十二篇，首篇为"名例"

【讲解】《法经》一共6篇，最后一篇为"具法"，规定了定罪量刑的基本原则，相当于近代刑法典总则篇，A项表述正确。《魏律》将"具律"改为"刑名"，并将其置于法典第一篇，B项表述正确。《晋律》在"刑名"后面增加"法例"一篇，完善成文法典总则，在此基础上，《北齐律》将"刑名"和"法例"合为一篇，作为法典总则。可见，C项表述错误。《永徽律疏》共12篇，30卷，第一篇为"名例"律，其中的"疏议"分附于律文之后颁行。可见，D项表述正确。

【答案】ABD

例3-16（多选）： 据《名公书判清明集》记载：李五三兄弟欠负主家才本，官司固当与之追理，但其家素无生业。监司胡颖在"揆之法意，揆之人情"以后，下了免杖济米的判决。对此，根据宋朝法律，下列表述正确的是（　　）。

A. 该案反映了鞫谳分司的司法特色　　　B. 该案可在十月下旬受理

C. 该案体现了翻异别推的司法特色　　　D. 该案体现了情理和法理的权衡

【讲解】《名公书判清明集》记载的案例大意是：李五三兄弟欠债，因家境极端贫困而无法还债，若按照法意，李五三兄弟受杖一百恐不可免，但监司胡颖在"揆之法意，揆之人情"以后，下了免杖济米的判决，这无疑是有利于贫苦百姓的精心之作。针对A项，鞫谳分司制即宋朝从州到大理寺，实行鞫谳分司、审判分离的制度。本案与审判分离无关，没有反映鞫谳分司制，不选A项。该案属于民事案件，根据《务限法》："所有论竞田宅、婚姻、债负之类，取十月一日以后，许官司受理，至正月三十日住接词状，三月三十日以前断遣完毕，如为未毕，停滞刑狱事由闻奏，如是交相侵夺及诸般词讼，但不干田农人户者，所在官司随时受理断遣，不拘上件月日之限。"据此，在农务繁忙季节中停止民事诉讼审判。规定每年农历二月初一"入务"，即开始进入农忙季节，直到九月三十日为止。在"务限"期内，州县官停止受理有关田宅、婚姻、债负、地租等民事诉讼。限满之日即十月初一，方可受理上述民事诉讼案件，直至次年入务日。据此，该案可在十月下旬受理，B项表述正确。针对C项，翻异别推制就是在发生犯人推翻原口供，而且所翻情节实碍重罪时，案件须重新审理，应将该案改由另一法官或者另一司法机关审理。该案与翻异别推制无关，C项表述错误。从上面分析可知，该案体现了法理与情理的衡量，D项表述正确。

【答案】BD

例3-17（分析）： 《唐律疏议·名例律》（卷二）：诸皇太子妃大功以上亲、应议者期以上亲及孙、若官爵五品以上，犯死罪者，上请，流罪以下，减一等。其犯十恶，反逆缘坐，杀人，监守内奸、盗、略人、受财枉法者，不用此律。

请结合上述材料，运用中国法制史的相关知识，回答以下问题：

（1）适用上请的人员有哪些？

（2）适用上请的程序和处罚如何？

（3）哪些情形不适用上请？

（4）分析材料反映的问题。

【参考答案】（1）适用上请的人员包括：①皇太子妃大功以上的亲属；②适用八议人员的期以上亲属；③官爵五品以上犯死罪的人。

（2）对于适用上请的人员，司法机关不能直接审判，只能将其罪状、适用请的条件、依律应当判处绞刑或者判处斩刑的情况直接奏报皇帝，由皇帝裁决。应请的人员如果犯流罪以下，减一等处刑。

（3）犯十恶重罪、反逆缘坐、杀人、监守内奸、盗、贩卖人口、受财枉法的赃罪的，不在上请之列。

（4）上请制度说明：①上请是为了保护贵族、官僚利益而规定的法律制度，反映了封建特权法的本质。②将上请的人员限定在一定范围内，并依照特殊程序进行审理，说明封建统治者以维护其统治阶级利益为根本任务。③有利于皇帝控制司法，加强皇帝的司法集权。

专题四　明清法律制度

※【重点难点】明朝的立法。（1）立法指导思想：①刑乱国用重典；②明刑弼教。（2）《大明律》《大明令》《大诰》《问刑条例》《大明会典》。

例4-1（多选）： 明太祖朱元璋在洪武十八年至洪武二十年间，手订四编《大诰》。关于《大诰》，下列说法正确的是（　　　）。

A.《大诰》对犯罪的处罚重于《大明律》

B.《大诰》的规定列入科举考试的内容

C.《大诰》体现了"重典治吏"的特点

D.《大诰》和《大明律》具有同等法律效力

【讲解】《大诰》是明太祖朱元璋制定的刑事特别法，其制定目的在于防止"法外遗奸"。《大诰》集中体现了"重典治吏"的特点，对《大明律》规定的罪名，一般都加重处罚，并且大多数为律外酷刑，或者滥施法外之刑。可见，A、C项表述正确。《大诰》空前普及，科举考试也考《大诰》的内容，B项表述正确。《大诰》的效力高于《大明律》，D项表述错误。

【答案】ABC

※【重点难点】明朝的刑事立法。（1）定罪量刑的主要原则：①断罪无正条；②化外人有犯。（2）奸党罪。（3）充军刑。（4）廷杖制。（5）犯罪与刑罚的主要特点：轻其所轻，重其所重。

例4-2（多选）： 明朝在定罪量刑上具有"轻其所轻，重其所重"的特点。下列选项中，应当"重其所重"的情形有（　　　）。

A. 京城民张某不孝顺父母，且父母在而"别籍异财"

B. 官员郭某盗卖官粮

C. 苏州府民女李刘氏闻夫丧匿不举哀，情节恶劣

D. 松江府贼寇胡某劫财二十贯

【讲解】明朝在犯罪与刑罚上的主要特点是"轻其所轻，重其所重"。一方面，明朝加重了对一些重点犯罪的镇压。薛允升在《唐明律合编·祭祀》中指出："盗贼及有关币帛钱粮等事，明律则又较唐律为重。"即：除了政治性犯罪外，对于强盗、窃盗、抢夺等侵犯财产以及官吏贪赃受贿等犯罪的处罚，明律都较唐律明显加重。备选项中，B表述的情形属于贪墨，D项表述的情形属于强盗，都应"重其所重"，选B、D项。但明律对于一些轻微触犯礼教、典礼等有违伦常礼教犯罪的罪名，比唐律处罚有所减轻，即"轻其所轻"。《唐明律合编·祭祀》指出："大抵事关典礼及风俗教化等事，唐律均较明律为重。"如列入"不孝"的父母在子孙别籍异财者，唐律处徒三年，明律

仅杖八十至杖一百。对闻父母丧或闻夫丧匿不举哀者，唐律处流二千里，明律则处杖六十至徒一年。可见，A、C项表述的情形为"轻其所轻"，不选A、C项。

【答案】BD

※**【重点难点】**明朝的司法制度。(1)中央司法机关：刑部、大理寺、都察院。(2)地方司法机关：省、府、县；提刑按察司。(3)厂卫。(4)申明亭。(5)诉讼审判制度的特点：①严厉制裁诬告。②严禁越诉。③军官、军人诉讼一般不受普通司法机构管辖。④明确地域管辖的原则。⑤强调以民间半官方组织调解"息讼"。(6)会审：三司会审、九卿圆审、朝审、大审、热审。

例4-3（单选）：关于明代法律制度，下列表述正确的是(   )。

A. 明朝以德本刑用、明刑弼教作为立法指导思想

B. 明律体现了用刑持平的特点

C. 军官、军人诉讼一般不受普通司法机构管辖

D. 明朝的会审包括九卿圆审、朝审、大审、秋审

【讲解】明朝以刑乱国用重典和明刑弼教作为立法指导思想，德本刑用是唐朝的立法指导思想，A项表述错误。明律体现了"轻其所轻，重其所重"的特点，唐律体现的是"用刑持平"的特点，B项表述错误。明朝的军官、军人诉讼一般不受普通司法机构管辖，C项表述正确。明朝的会审包括三司会审、九卿圆审、朝审、大审、热审，但没有秋审，秋审是清朝的会审制度，D项表述错误。

【答案】C

※**【重点难点】**清朝的立法。(1)立法指导思想：详译明律，参以国制。(2)《大清律例》《大清会典》。(3)则例。(4)适用于少数民族的法规。

例4-4（多选）：清朝制定的适用于少数民族的法规有(   )。

A.《回疆则例》   B.《西藏禁约十二事》

C.《台湾善后事宜》   D.《湘苗事宜》

【讲解】清朝制定的适用于各少数民族聚居区的法规包括《蒙古律》、《蒙古例》(合称《蒙古律例》)、《回律》(又称为《回疆则例》)、《苗汉杂居章程》、《湘苗事宜》、《番例条款》(又称为《西宁番子治罪条例》《西宁青海番夷成例》)、《西藏禁约十二事》、《理藩院则例》和《台湾善后事宜》等。

【答案】ABCD

※**【重点难点】**清朝的刑事立法。(1)充军、发遣、刺字。(2)死刑制度。(3)维护满族特权的内容。(4)文字狱。

例4-5（单选）：清朝顺治年间，礼部尚书刘某遭都察院官员弹劾而锒铛入狱，工部尚书张某曾为刘某写的书籍作序也遭到诬陷入狱，并以"包藏祸心，交接党类"而流放至宁古塔，但未株连亲属。对于张某可能判处的刑罚是(   )。

A. 充军   B. 发遣   C. 流刑   D. 刺配

【讲解】工部尚书张某因文字狱而被流放至宁古塔，其罪名为谋大逆，最可能判处的刑罚是发遣。发遣刑即将罪犯发配到边疆地区给驻防八旗官兵当差为奴的刑罚，清末修律废除该刑罚。清代发遣的对象主要是犯徒罪以上的文武官员，一般只限于本人。题干中交待"未株连亲属"，则限于张某本人，应当是发遣，选B项。

【答案】B

※**【重点难点】**清朝的司法制度。(1)中央司法机关：刑部、大理寺、都察院。特设的专门司法机构：内务府、宗人府、步军统领衙门、理藩院。(2)诉讼程序与审判制度：①告诉权的限制。②刑事审判程序。③审判回避。(3)秋审：①情实；②缓决；③可矜；④可疑；⑤留养承祀。(4)幕友胥吏。

例4-6（多选）：中国古代社会的死刑复奏制度是指奏请皇帝批准执行死刑的制度。关于这一制度，下列表述正确的是(   )。

A. 北魏时期正式确立了死刑复奏制度

B. 唐朝的死刑案件一般在地方实行"三复奏"，在京师实行"五复奏"

C. 明清时期以朝审、热审制度取代了死刑复奏制度

D. 死刑复奏制度加强了皇帝对司法的控制，又体现了恤刑和皇帝的仁政

【讲解】死刑复奏制度是指奏请皇帝批准执行死刑判决的制度。这一制度的建立既加强了皇帝对司法的控制，又体现了皇帝对民众的体恤和皇帝的仁政和德治，D项表述正确。死刑复奏制度出现于三国曹魏时期，但作为正式制度确立于北魏时期，A项表述正确。唐太宗为慎重起见，在地方实行"三复奏"，在京师实行"五复奏"，B项表述正确。明清时期的朝审制度，以及清朝的秋审制度，作为当时最重要的死刑复审制度，取代了死刑复奏制度，但明清时期的热审制度并非死刑复审制度，故C项表述错误。

【答案】ABD

例题拓展

例4-7（单选）：关于中国古代法律历史地位的表述，正确的是（　　）。

A.《九章律》是中国历史上第一部比较系统的封建成文法典

B.《北魏律》首次规定"重罪十条"

C.《大明会典》基本仿照《元典章》和《经世大典》，以六部官职为纲制定而成

D.《大明令》是帝制中国最后一部以"令"为法律形式的令典

【讲解】《法经》是中国历史上第一部比较系统的封建成文法典，而不是《九章律》，A项表述错误。《北齐律》首次规定"重罪十条"，而不是《北魏律》，B项表述错误。《元典章》和《经世大典》是元朝制定的典章汇编，《大明会典》基本仿照《唐六典》编制而成，而非仿照《元典章》和《经世大典》，但以六部官制为纲的做法仿照的是《元典章》，C项表述错误。《大明令》颁行于明太祖朱元璋洪武元年（1368年），是帝制中国最后一部以"令"为法律形式的令典，D项表述正确。

【答案】D

例4-8（分析）：《唐律疏议·名例律》（卷六）：诸断罪而无正条，其应出罪者，则举重以明轻；其应入罪者，则举轻以明重。

《大明律·吏律》"断罪无正条（第四十六条）"：凡律令该载不尽事理，若断罪而无正条者，引律比附。应加应减，定拟罪名，转达刑部，议定奏闻。若辄断决，致罪有出入者，以故失论。

请运用中国法制史的知识和理论，分析上述材料并回答下列问题：

（1）唐朝对类推原则是如何规定的？

（2）明朝对类推原则是如何规定的？

（3）明律关于比附立法的意义何在？

【参考答案】（1）凡应"出罪"的，采用"举重以明轻"的办法，即法律没有明文规定的犯罪，凡是应当减轻处罚的，则按法律所列举的从重处罚的规定，比照从轻处断。凡应"入罪"的，采用"举轻以明重"的办法，即凡是应当加重处罚的，则按法律所列举的从轻处罚的规定，比照从重处断。

（2）若律文没有明确规定的，比照类似律文的规定比附断罪。凡加重或减轻处罚的，拟定罪名后转达刑部，刑部议定后，上奏皇帝决定。司法官员违反比附规定，随意裁判，导致"出罪"（重罪轻判或有罪判作无罪）或"入罪"（轻罪重判或无罪判作有罪）的，区分故意或过失，分别追究法律责任。

（3）比附作为一种法律适用方法或技术，是中国古代法律传统之一。《大明律》于"断罪无正条"下确立比附制度，有利于缓和因律条抽象程度不足而导致的律文僵化之弊，增强律文的适应性；立法严格限定比附的适用条件，旨在防止司法官员的擅断，也适应了皇帝控制司法权之需。

专题五 清末法律制度

※【重点难点】预备立宪。(1)"大权统于朝廷，庶政公诸舆论"的指导原则。(2)《钦定宪法大纲》。(3)谘议局和资政院。(4)《十九信条》。

例5-1（单选）：关于清末预备立宪，下列表述正确的是( )。

A.《钦定宪法大纲》在内容上分为"君上大权"和"臣民权利义务"

B.《十九信条》规定内阁对皇帝负责

C. 清末成立的资政院在形式上不具有近代国家议会的性质

D. 清末成立的各省谘议局对省督抚具有监督弹劾的权力

【讲解】《钦定宪法大纲》共23条，分为正文"君上大权"和"臣民权利义务"两部分，A项表述正确。《十九信条》规定采行君主立宪政体，规定皇帝权力限于宪法所规定；宪法由资政院起草议决，由皇帝颁布之；内阁对国会负责；总理大臣由国会公举、皇帝任命，其他国务大臣由总理大臣推荐、皇帝任命；皇族不得为总理大臣及其他国务大臣并各省行政长官；军队对内使用时应依国会议决之特别条件；不得以命令代替法律；预决算由国会审核批准等。可见，根据《十九信条》的规定，内阁应对"国会"负责，而不是对皇帝负责，B项表述错误。清末成立的资政院在形式上具有近代国家议会的性质，而不是"不"具有国家议会的性质，C项表述错误。各省督抚对于谘议局，不仅有监督、裁夺之权，而且有令其停会及奏请解散之权，而谘议局则没有监督弹劾各省督抚的权力，D项表述错误。

【答案】A

※【重点难点】清末修律。(1)清末修律的指导思想是"中外通行，有裨治理"，为了修律活动，成立了修订法律馆，并任命沈家本和伍廷芳为修订法律大臣。(2)《大清现行刑律》。(3)《大清新刑律》。(4)《大清民律草案》。(5)商事立法及其特点。(6)清末对组织法和诉讼法的修订：《大理院审判编制法》《法院编制法》《大清刑事民事诉讼法草案》《大清刑事诉讼律草案》《大清民事诉讼律草案》。

例5-2（多选）：关于《大清新刑律》，下列表述正确的是( )。

A. 确立的主刑为死刑、无期徒刑、有期徒刑、拘役和罚金

B. 引入西方国家通用的既遂、未遂、缓刑、假释、时效、正当防卫等制度和术语

C. 以罪名为章名，规定了犯罪的构成和法定量刑幅度

D. 引进保安处分，并对少年犯采取惩治教育的办法

【讲解】《大清新刑律》采用近代刑罚体系，规定刑罚分为主刑和从刑两种。主刑包括死刑（仅绞刑一种）、无期徒刑、有期徒刑、拘役和罚金五种，从刑包括褫夺公权和没收两种。可见，A项表述正确。《大清新刑律》采用西方国家通用的既遂、未遂、缓刑、假释、时效、正当防卫、紧急避险等制度和术语。可见，B项表述正确。《大清新刑律》在体例上抛弃以往旧律"诸法合体"的编纂形式，采用近代西方刑法典的体例，将法典分为总则与分则两部分。总则17章，规定了犯罪和刑罚的一般原则及法的适用范围；分则36章，以罪名为章名，规定了犯罪的构成和法定量刑幅度。可见，C项表述正确。首次引进保安处分制度的刑法典是《中华民国刑法》（"新刑法"），而非《大清新刑律》，D项表述错误。

【答案】ABC

例5-3（单选）：关于清末对法院组织法和诉讼法律的修订，下列表述正确的是( )。

A.《法院编制法》是中国历史上第一部法院编制法

B.《大清刑事诉讼律草案》否定了刑讯逼供制度，采取据众证定罪的证据制度

C.《大清民事诉讼律草案》首次确立了司法独立的原则

D.《大清刑事民事诉讼法草案》保留了诸多中国传统的审判原则

【讲解】《大理院审判编制法》是中国历史上第一部法院编制法，而非《法院编制法》，A项表述错误。《大清刑事诉讼律草案》否定了刑讯逼供制度，采取据众证定罪的证据制度。证据的种类，包括口供、检验笔录、证人证言、鉴定结论、文件证据、物证等，其证明力由法官自由判断，即所谓"自由心证"。可见，B项表述正确。《大理院审判编制法》首次确立了司法独立原则，而非《大清民事诉讼律草案》，C项表述错误。《大清刑事民事诉讼法草案》吸收了诸多西方近代的诉讼原则，因而与中国传统的诉讼审判原则和制度格格不入。可见，D项表述错误。

【答案】B

※【重点难点】礼法之争、清末修律的特点和历史意义。(1) 礼法之争的焦点有：①关于"干名犯义"条款的存废。②关于"存留养亲"条款的存废。③关于"无夫奸"和"亲属相奸"等是否定罪。④关于"子孙违反教令"是否废除。⑤关于子孙卑幼能否对尊长行使正当防卫权。(2) 清末修律的主要特点体现在立法指导思想、内容、法典编纂形式、实质等上。(3) 清末修律的历史意义表现在：①清末修律导致中华法系走向解体。②清末修律为中国法律的近代化奠定了基础。③清末修律在一定程度上引进和传播了西方近现代法律学说和法律制度。④清末修律在客观上有助于推动中国资本主义的发展和法学教育的近代化。

例 5-4（多选）：关于清末变法修律，下列表述正确的是（　　　）。

A. 清末修律导致中华法系走向解体

B. 清末修律为中国法律的近代化奠定了基础

C. 清末修律形成了近代法律体系的雏形

D. 清末修律的指导思想是"中外通行，有裨治理"

【讲解】清末修律导致中华法系走向解体。随着修律过程中一系列新的法典、法规的出现，不仅传统的"诸法合体"形式被抛弃，而且中华法系"依伦理而轻重其刑"的特点也受到了极大的冲击。可见，A项表述正确。清末修律为中国法律的近代化奠定了基础。通过清末大规模的立法，参照西方资产阶级法律建立起来的一整套法律制度和司法体制，对后世特别是北洋政府和南京国民政府近代法律制度的发展提供了条件。可见，B项表述正确。清末修律改变了中国传统的"诸法合体"的形式，明确了实体法之间、实体法与程序法之间的差别，分别制定、颁行或起草了有关宪法、民法、商法、诉讼法、法院组织法等方面的法典或法规，形成了近代法律体系的雏形。可见，C项表述正确。清廷在《修律上谕》中提出："将一切现行律例，按照交涉情形，参酌各国法律，悉心考订，妥为拟议，务期中外通行，有裨（bì）治理。""中外通行，有裨治理"这一修律的指导思想和原则强调，修律既要吸收引进西方近现代法律形式和法律制度，又不能违背中国传统的伦理纲常，最终目的还是巩固君主专制制度。可见，D项表述正确。

【答案】ABCD

※【重点难点】司法制度的变化。(1) 领事裁判权与会审公廨。(2) 清末司法机关的调整。(3) 清末诉讼审判制度的改革。

例 5-5（单选）：1903年5月1日，在上海英租界发行的《苏报》刊载邹容的《革命军》自序和章炳麟的《客帝篇》，公开倡导革命，排斥满人。5月14日，《苏报》又指出：《革命军》宗旨专在驱除满族，光复中国。清廷谕令两江总督照会租界当局严加查办，于6月底逮捕章炳麟，不久，邹容自动投案。由谳员孙建臣、上海知事汪瑶庭、英国副领事三人组成的审判庭对邹容等人进行审理，最后判处章炳麟徒刑三年，邹容徒刑两年。对此，下列说法正确的是（　　　）。

A. 这表明清廷实行公开审判原则

B. 这表明外国人在租界内可直接干涉中国的司法裁判权

C. 这表明外国人在租界内的领事裁判权受到了限制

D. 这表明清廷变法修律取得了显著效果

【讲解】1864年，清政府与英、美、法三国驻上海领事协议在租界内设立专门审判机构，正式形成了会审公廨制度。按照1868年《上海洋泾浜设官会审章程》的规定，会审公廨名义上是中国官府派驻租界的基层法庭，对租界内中国人之间及中国人为被告的案件实施管辖，但凡诉讼牵扯到外国人的，如果被告是有约国人，由其本国领事裁判；如果被告是无约国人，仍须邀请一名外国官员"陪审"。题干中描述的虽然属于"清廷"与"革命者"之间的事务，但由于发生在英租界内，因此要由英国领事观审，并对判决进行操纵，直接干涉了司法审判权，B项表述正确。A项"公开审判"、C项"领事裁判权受到了限制"、D项"取得显著效果"，这些描述与题意相去甚远。

【答案】B

例题拓展

例5-6（多选）：清末在制定《大清新刑律》过程中，引起礼教派和法理派的论争。经妥协，在《大清新刑律》后附加5条《暂行章程》。下列选项中，属于《暂行章程》内容的有（　　　）。

A. 无夫妇女通奸要论罪

B. 对尊亲属有犯不得适用正当防卫

C. 保留"存留养亲"，以弘扬孝道

D. 加重卑幼对尊长、妻对夫杀伤等罪的刑罚

【讲解】清末礼法之争的内容主要集中在干名犯义、存留养亲、无夫奸和亲属相奸、子孙违犯教令和关于子孙卑幼能否对尊长行使正当防卫。经妥协达成《大清新刑律》的附则，即《暂行章程》。《暂行章程》规定：无夫妇女通奸要论罪，双方都要判处刑罚；对尊亲属有犯不得适用正当防卫；加重卑幼对尊长、妻对夫杀伤等罪的刑罚；减轻尊长对卑幼、夫对妻杀伤等罪的刑罚；凡危害皇室、内乱、外患罪以及杀伤尊亲属罪，处以死刑的，仍适用斩刑；凡犯毁弃、盗取尸体罪、发掘尊亲属坟墓、强盗罪等罪的，仍可视情形适用斩刑。可见，选A、B、D项。经法理派和礼教派的论争，存留养亲制度被废除，不选C项。

【答案】ABD

专题六　民国法律制度

※【重点难点】南京临时政府的立宪。（1）《中华民国临时政府组织大纲》。（2）《中华民国临时约法》。

例6-1（单选）：关于《中华民国临时约法》，下列表述正确的是（　　　）。

A.《临时约法》是辛亥革命后正式颁行的宪法

B.《临时约法》规定设立大总统，采用总统制

C.《临时约法》规定行使中央立法权的机关是参议院

D.《临时约法》规定实行五权分治的政治体制

【讲解】《临时约法》是宪法性文件，辛亥革命后首部正式颁行的宪法是1923年《中华民国宪法》（"贿选宪法"），而非《临时约法》，A项表述错误。《临时约法》为限制袁世凯，改总统制为责任内阁制，B项表述错误。《临时约法》规定行使中央立法权的机关是参议院，C项表述正确。《临时约法》确立了资产阶级民主共和国的政治体制和国家制度。《临时约法》规定实行三权分立的政府组织原则，采用责任内阁制，规定临时大总统、副总统和国务员行使行政权力，参议院是立法机关，法院是司法机关，并规定了其他相应的组织与制度。据此，D项表述错误。

【答案】C

※【重点难点】南京临时政府的司法。（1）中央司法机关：临时中央裁判所、最高法院；司法

部。（2）司法改革的主要措施包括：①确立司法独立的原则。②禁止刑讯。③禁止体罚。④试行公开审判及陪审制。⑤试行律师制度。

例6-2（多选）：1911年年底，山阳知县姚荣泽杀死两名革命党人。1912年3月，姚荣泽案在上海开庭，法庭上允许被告聘请律师出庭辩护，允许所涉外国人出庭指证，并启用陪审员制度。经过三次庭审，陪审团认定姚荣泽谋杀罪成立，但陪审员"表示同情"，认为罪不至死，后袁世凯由此将姚荣泽特赦，改为判处监禁10年，附加罚金而结案，并赔恤被害的两名革命党人。关于本案，下列说法正确的是（　　）。

A. 本案在审理上体现了司法独立原则

B. 本案试行了审判公开、陪审制和律师辩护

C. 本案的审理与南京临时政府司法改革的措施相吻合

D. 本案特赦程序不合法，有违司法改革精神

【讲解】姚荣泽案被称为民国司法独立第一案，因司法总长伍廷芳的建议，本案严格按照西方国家诉讼模式进行审理。从本案审理来看，法庭开庭审理，允许被告聘请律师出庭辩护，允许所涉外国人出庭指证，并启用陪审员制度，这些都表明本案的审理坚持了司法独立原则，至于因陪审员对姚荣泽表示同情，乃至袁世凯将姚荣泽特赦，这恰恰说明法庭审理对陪审员意见的尊重，并非违背司法独立，而且袁世凯也是在陪审员意见下将姚荣泽特赦的（姚荣泽固然受到革命党人憎恶，但这不应该左右案件的公正审理，特别要遵循程序正义——编者注）。可见，A、B项表述正确，D项表述错误。南京临时政府的司法改革措施包括确立司法独立的原则，禁止刑讯，禁止体罚，试行公开审判及陪审制，试行律师制度。本案的审理与这些司法改革措施相吻合，C项表述正确。

【答案】ABC

※【重点难点】北洋政府的立法和立宪。（1）立法原则："隆礼""重刑"。（2）立法活动的特点：①采用、删改清末新订法律。②采用西方资本主义国家的某些立法原则。③制定颁布众多的单行法规。④判例和解释例成为重要的法律渊源。（3）立宪：《中华民国宪法草案》（"天坛宪草"）、《中华民国约法》（"袁记约法"）、《修正大总统选举法》、《中华民国宪法》（"贿选宪法"）。

例6-3（单选）：规定设立独立于行政机关的审计院，负责审核国家财政收入和支出的结算的宪法性文件是（　　）。

A. "天坛宪草"　　　　B. "袁记约法"　　　　C. "贿选宪法"　　　　D. "五五宪草"

【讲解】"天坛宪草"规定设立独立于行政机关的审计院，负责审核国家财政收入和支出的决算，核准国家岁出之支付命令。审计员由参议院选举产生，总统无权任免。可见，选A项。

【答案】A

※【重点难点】北洋政府的刑事立法和司法制度。（1）《暂行新刑律》和单行刑事法规。（2）司法机关体系：四级三审制；大理院；平政院；地方司法机关。（3）诉讼审判制度的主要特点。

例6-4（单选）：1920年安徽某县发生一起分家析产纠纷案，但因案情复杂，案件经县、地方审判厅、安徽高等审判厅审理，仍不能决断，需要权威机关出台解释以平息纠纷。对于该案，有权出台解释的机关是（　　）。

A. 平政院　　　　B. 大理院　　　　C. 司法部　　　　D. 国会

【讲解】大理院是北洋政府时期的最高审判机关。北洋政府时期，有权对法律进行解释的机关是大理院，这里的解释不仅包括对法律适用的解释，还包括通过出台解释例的方式指导司法实践活动。可见，选B项。平政院是北洋政府在中央设置的受理行政诉讼的最高司法机关，本案不涉及行政诉讼，而是民事纠纷，不选A项。司法部是北洋政府的司法行政机关，无权出台解释或解释例，不选C项。国会是北洋政府的立法机关，不选D项。

【答案】B

※【重点难点】南京国民政府的立法和立宪。（1）指导思想：①总体指导思想：三民主义。②具体指导思想："权能分治""五权宪法""建国三时期"。（2）主要立法原则：坚持"党治"，即

由国民党垄断立法权。(3) 法律体系与六法全书：六法体系包括以下几个层次：①基本法。②相关法规。③判例和解释例。(4) 法律制度的主要特点：①以孙中山的"遗教"为立法的根本原则；②特别法多于普通法，其效力也高于普通法；③形成了以《六法全书》为标志的国家成文法律体系；④判例、解释例、习惯及法理等在法律体系中占据重要地位。(5) 立宪：《训政纲领》《中华民国训政时期约法》《中华民国宪法草案》《中华民国宪法》。

例 6-5（单选）：南京国民政府具体指导国家立法活动的机关是(　　)。

A. 国民党全国代表大会　　　　　B. 国民党中央执行委员会

C. 国民党中央政治会议　　　　　D. 立法院

【讲解】由于训政时期不召开国民大会，南京国民政府由国民党全国代表大会代替国民大会行使职权，国民党全国代表大会的常设机关是国民党中央执行委员会，而国民党中央政治会议则是"全国训政时期的最高指导机关"，也是具体指导国家立法活动的重要机关。立法院是名义上的"最高立法机关"，但其立法原则要受到国民党中央政治会议的指导。可见，选 C 项。

【答案】C

※**【重点难点】**南京国民政府的刑事立法。(1)《中华民国刑法》。(2) 刑事特别法。

例 6-6（多选）：关于《中华民国刑法》("新刑法")，下列说法正确的是(　　)。

A. "新刑法"继受了罪刑法定、罪刑相适应以及刑罚人道主义等原则

B. "新刑法"对亲属间犯盗罪者可以免予处罚、适用亲告

C. "新刑法"对于有妨碍社会秩序嫌疑之人，可适用保安处分

D. "新刑法"采取报应主义刑论

【讲解】"新刑法"在立法原则方面，继受罪刑法定、罪刑相适应以及刑罚人道主义等原则，A 项表述正确。"新刑法"中同居相为隐原则得到一定的体现，如规定罪犯的配偶、五亲等内之血亲或姻亲犯便利犯人逃脱、藏匿犯人、湮灭证据等犯罪，可以减轻或免除处罚；亲属间犯盗可以免予处罚、适用亲告；纵容纳妾。可见，B 项表述正确。"新刑法"首次引进保安处分，保安处分是用来补充或替代刑罚以预防犯罪，维护社会秩序的强制性措施，其适用对象是未成年的少年犯及有犯罪或妨碍社会秩序嫌疑之人，特别是那些有潜在犯罪危险，而不是已经构成犯罪的人员。可见，C 项表述正确。"新刑法"采取"侧重于防卫社会主义"的理论，而非"旧刑法"的"报应主义"的报应刑论，D 项表述错误。

【答案】ABC

※**【重点难点】**南京国民政府的民商事立法。(1) 民商合一的立法体系。(2)《中华民国民法》。(3) 商事立法。

例 6-7（单选）：关于南京国民政府民商事立法，下列表述正确的是(　　)。

A. 民商事立法继受北洋政府民商分立的模式

B. 民法典首次确立了过错赔偿责任原则

C. 民法典承认双方合意的买卖婚姻的有效性

D. 在民商事立法上同时制定民法典和商法典

【讲解】南京国民政府采取民商合一的民事立法体系，这不同于清末和北洋政府民商分立的立法体系，因此，制定统一的民法典，对于商事法律不编纂统一的商法典，而是采取单行法规，作为民法的特别法，A、D 项表述错误。《大清民律草案》首次确立了过错责任原则，而非《中华民国民法》，B 项表述错误。《中华民国民法》维护夫妻间的不平等，如承认双方合意的买卖婚姻的有效性，C 项表述正确。

【答案】C

※**【重点难点】**南京国民政府的司法制度。(1) 普通法院系统：普通司法系统和司法院。(2) 特种刑事法庭。(3) 诉讼审判制度：①诉讼法典和单行诉讼法规。②诉讼审判制度的特点：采取严密的侦查制度；实行"自由心证"的诉讼原则；实行秘密审判制度和公开陪审制度；扩大并强化军事和军法机关的审判；维护帝国主义侵华军队的特权。

例6-8（多选）：《中华民国宪法》（1947年）赋予司法院较多的权力。关于南京国民政府司法院，下列表述正确的是（　　）。

A. 司法院是南京国民政府最高司法机关　　B. 司法院享有解释宪法和法律的权力

C. 司法院享有修改宪法的权力　　　　　　D. 司法院享有惩戒公务员的权力

【讲解】司法院是南京国民政府最高司法机关，其下设四个直属机关，其中司法行政部掌管司法行政事务（后曾改归行政院统辖），最高法院行使最高审判权，行政法院行使行政诉讼案件的审判权，官吏惩戒委员会掌管文官和法官的惩戒事宜。可见，A项表述正确。1947年《中华民国宪法》颁布后，国民政府即依照宪法规定，制定新的《司法院组织法》。该法第3条规定：司法院设大法官会议，以大法官十七人组织之。行使解释宪法及统一解释法律命令之职权。大法官会议以司法院院长为主席。可见，B项表述正确。司法院无权修改宪法，C项表述错误。司法院下设官吏惩戒委员会，具有惩戒公务员的权力，D项表述正确。

【答案】ABD

例题拓展

例6-9（多选）：下列关于南京国民政府诉讼审判制度的表述，正确的是（　　）。

A. 实行"自由心证"的诉讼原则　　　　　B. 增加保安处分实施办法的规定

C. 实行四级三审制　　　　　　　　　　　D. 实行陪审制度和秘密审判制度

【讲解】南京国民政府诉讼审判制度的特点有：采取严密的侦查制度；实行"自由心证"的诉讼原则；实行秘密审判制度和公开陪审制度；扩大并强化军事和军法机关的审判；维护帝国主义侵华军队的特权。可见，A、D项表述正确。南京国民政府先后颁布两部刑事诉讼法，增加了保安处分实施办法的规定，作为《中华民国刑法》（"新刑法"）的配套规定，B项表述正确。南京国民政府实行三级三审制，C项表述错误。

【答案】ABD